AF532205

YAROSLAV HRYTSAK

UKRAINE

Yaroslav Hrytsak

UKRAINE

Biographie einer bedrängten Nation

Aus dem Englischen von
Karlheinz Dürr und Norbert Juraschitz

C.H.BECK

Für Olexander Hryzenko

Die ukrainische Originalausgabe erschien 2022 unter dem Titel «Podolaty mynule Hlobal'na istorija Ukrajiny» bei Portal Books. Diese Ausgabe folgt der englischen Übersetzung, die in Großbritannien 2023 bei Sphere unter dem Titel «Ukraine. The Forging of a Nation» erschien.

www.chbeck.de
Umschlaggestaltung: Rothfos & Gabler, Hamburg
Umschlagabbildung: © Larisa Kurganskaya, mauritius images / Alamy Stock Photos
Satz: Fotosatz Amann, Memmingen
Druck und Bindung: Pustet, Regensburg
Printed in Germany
ISBN 978 3 406 82162 2

verantwortungsbewusst produziert
www.chbeck.de/nachhaltig

INHALT

	Einleitung	7
KAPITEL 1	Was sagt ein Name aus?	17
KAPITEL 2	Die Rus	43
INTERMEZZO	Eine kurze Geschichte des ukrainischen Brotes	83
KAPITEL 3	Der Kosakenstaat	95
INTERMEZZO	Eine kurze Geschichte des ukrainischen Liedguts	141
KAPITEL 4	Das lange 19. Jahrhundert	151
INTERMEZZO	Eine kurze Geschichte des ukrainischen Grenzlands	207
KAPITEL 5	Ukraine, 1914–1945	219
INTERMEZZO	Eine kurze Geschichte der Gewalt	326
KAPITEL 6	Nachkriegs-Ukraine	349
INTERMEZZO	Eine kurze Geschichte der ukrainischen Sprache	401
AUSBLICK	Die unabhängige Ukraine	425
	Dank	457
ANHANG	Zur Transliteration	461
	Auswahlbibliographie	463
	Personenregister	475

EINLEITUNG

Am 24. Februar 2022 marschierte die russische Armee in der Ukraine ein. Die wichtigste Invasionsroute verlief von Norden her aus Belarus – der kürzeste Weg von der Grenze bis nach Kyjiw, der ukrainischen Hauptstadt. Die Russen rückten offen in Kolonnen vor, ohne jegliche Scheu und ohne Luftunterstützung oder Aufklärung. Sie hatten ihre Galauniformen für die Siegesparade dabei, die sie in drei Tagen auf dem zentralen Platz von Kyjiw veranstalten wollten.

Es gab keine Siegesparade. Sie wurden an der Stadt Butscha gestoppt – 24 Kilometer Luftlinie von Kyjiw. Das ist exakt die Entfernung, aus der die russische Artillerie das Zentrum der ukrainischen Hauptstadt erreichen konnte. Die russischen Truppen wurden von Freiwilligen aus der Nachbarstadt Irpin aufgehalten. Sie hatten einen Hügel über der Brücke zwischen den beiden Städten besetzt und feuerten von dort aus auf den Gegner.

Die Verteidiger hielten einen Monat lang die Stellung, bis reguläre ukrainische Truppen eintrafen und die Russen bis zur belarussisch-ukrainischen Grenze zurückdrängten. Die meisten Verteidiger waren Zivilisten. Unter ihnen waren ein Musiker aus einem Akademieorchester, ein Familientherapeut, der in der Freizeit argentinischen Tango unterrichtete, ein Anwalt, der sich um den Funkverkehr kümmerte, weil Funken ein Hobby von ihm war, mehrere Bauarbeiter, ein Tankwart und andere. Der Scharfschütze war Hobbyjäger. Sie waren überaus kreativ im Gefecht. Als sie von großkalibrigen Waffen unter Beschuss genommen wurden, schafften sie Betonmischer und Bulldozer heran, um einen Schutz gegen das Artilleriefeuer zu errichten. Als der Regen und die Kälte unerträglich wurden, liefen sie in ein benachbartes, inzwischen getroffenes Gebäude, um sich am Feuer aufzuwärmen und ihre Kleider zu trocknen.

Die ganze Ukraine wurde von einem Geist der Initiative und Selbstorganisation gepackt. In den ersten Kriegstagen erörterten Militärexperten, was passiert wäre, wenn Präsident Wolodymyr Selenskyj (wie westliche Regierungen angeregt hatten) Kyjiw verlassen hätte oder wenn russische Kommandotrupps (von denen es mindestens drei gab) ihn getötet hätten. Sie kamen zu dem Schluss, dass es zwar gewiss eine Tragödie für die Ukraine gewesen wäre, aber nicht radikal den Kriegsverlauf geändert hätte. Man nehme nur die Bürgermeister der großen und kleinen Städte. Jeder einzelne organisierte von sich aus die eigene Verteidigung, ohne Befehle aus der Hauptstadt abzuwarten. Das ist ein eklatanter Gegensatz zu den Russen, die jede Initiative vermissen ließen. Präsident Wladimir Putin mischte sich in die Operationen der russischen Armee ein und traf Entscheidungen auf der Ebene eines Obersten oder Brigadegenerals.

Ein Vergleich mit den Perserkriegen der alten Griechen drängt sich geradezu auf. Damals leistete eine Allianz demokratischer Gemeinwesen, die griechischen Stadtstaaten, erfolgreich dem weit größeren Perserreich Widerstand und besiegte es am Ende sogar. Herodot, der «Vater der Geschichtsschreibung», wollte die Wurzeln der griechischen Widerstandsfähigkeit verstehen. Er reiste in jene Teile der antiken Welt, die er erreichen konnte, und verglich die Gewohnheiten der alten Griechen mit denen anderer Nationen.

Die hier vorliegende Geschichte der Ukraine wurde mit einem ähnlichen Ziel geschrieben. Ich habe versucht, die Gründe für die Widerstandsfähigkeit der Ukraine im globalen Kontext zu entdecken. Denn ein Krieg zwischen Russland und der Ukraine ist nicht einfach nur ein weiterer Krieg. Dieser Krieg wird die Konturen der künftigen Welt bestimmen. Der deutsche Bundeskanzler Olaf Scholz hat ihn eine «Zeitenwende» in der neuesten Geschichte genannt. Historiker diskutieren, was geschehen wäre, wenn die Griechen die Perserkriege verloren hätten. Es gehört nicht viel Fantasie dazu, sich auszumalen, was geschehen wäre, wenn die Ukraine in den ersten Kriegswochen nicht erfolgreich Widerstand geleistet hätte. Nehmen wir nur Butscha.

Nach dem Rückzug der Russen wurden die Leichen von 461 Bewohnern dort entdeckt. In der ganzen Region waren es 1137 Opfer. Die meisten hatte man erschossen, und viele Leichname wiesen Anzeichen für Folter auf.

Inzwischen steht Butscha neben Srebrenica und Darfur als ikonisches Beispiel für modernen Völkermord. Der Krieg beschert uns immer mehr tragische Symbole. Am 6. Juni 2023 wurde der Kachowka-Staudamm, der sich damals unter der Kontrolle russischer Truppen befand, gesprengt. Die entfesselten Wassermassen überschwemmten riesige Gebiete der Südukraine bis zum Schwarzen Meer, was beträchtliche Verluste an Menschen- und Tierleben sowie irreparable Umweltschäden nach sich zog. Man spricht von einem Ökozid. Aber allem Anschein nach reichte das den Russen immer noch nicht. Putin und seine Helfershelfer drohen mittlerweile mit einem Atomschlag gegen die Ukraine und gegen die westlichen Länder, die sie unterstützen. Der Welt droht eine nukleare Apokalypse.

Diese Beispiele werfen Fragen auf, die so alt wie die Geschichtsschreibung selbst sind: Worin besteht das Wesen des menschlichen Bösen? Ist es möglich, die Gewalt in der Geschichte zu begrenzen? Ist es vielleicht sogar möglich, angesichts globaler Bedrohungen nachhaltige Fortschritte zu erzielen?

Die Geschichte der Ukraine und der benachbarten Länder und Völker enthält reiches Material auf der Suche nach Antworten auf diese Fragen. Einerseits ist die Vergangenheit der Ukraine durchdrungen von extremer Gewalt. Wie dieses Buch zu zeigen versucht, war und ist die Ukrainefrage, heute und in der Vergangenheit, an den kritischen Wendepunkten der Weltgeschichte immer besonders akut: die Krisen des 17. Jahrhunderts, der Erste und Zweite Weltkrieg, der Sturz des Kommunismus. Andererseits ist die ukrainische Geschichte auch besonders reich an Beispielen für Überleben, Solidarität und Zähigkeit. Somit enthält die Vergangenheit der Ukraine sowohl Warnungen als auch Grund zum Optimismus.

Ich muss vorausschicken, dass dieses Buch keine eindeutigen Antworten gibt. Seit alters her heißt es, Geschichte sei der Lehrmeister des Lebens. Doch diese Redensart ist, wohl oder übel, falsch. Wie schon Georg Wilhelm Friedrich Hegel argumentierte und der Popmusiker Sting einmal sang, lehrt die Geschichte uns überhaupt nichts. Sie gleicht eher einem Souffleur hinter den Kulissen, der den Schauspielern ihre Stichworte zuflüstert.

Alexander Gerschenkron war ein Historiker für osteuropäische Geschichte in Harvard, der im zaristischen, heute ukrainischen Odessa geboren wurde. Gerschenkron schreibt: «Der Beitrag des Historikers besteht darin, auf *potenziell* bedeutsame Faktoren und *potenziell* signifikante Kombinationen unter ihnen hinzuweisen, die man innerhalb eines eingeschränkteren Referenzraums nicht so ohne Weiteres erkennen kann. Das sind die Fragen. Die Antworten selbst sind hingegen eine ganz andere Sache. Keine Erfahrung in der Vergangenheit, so reich sie auch sei, und keine historische Forschung, so gründlich sie auch sei, können der lebenden Generation die kreative Aufgabe abnehmen, eigene Antworten zu finden und ihre eigene Zukunft zu gestalten.»

Viele Bücher zur ukrainischen Geschichte sind seit ihrer Unabhängigkeit im Jahr 1991 erschienen. Das vorliegende unterscheidet sich insofern von ihnen, als es andere und schwierigere Fragen zur Vergangenheit der Ukraine stellt – Fragen, deren Antworten unter Umständen für die Zukunft der Ukraine und der ganzen Welt entscheidend sind.

Es gibt kein Patentrezept für die Geschichtsschreibung. Jeder Historiker geht nach eigenem Gutdünken vor. Ich will einige Kriterien für das nennen, was mir wichtig erscheint.

Zunächst ist mein Ideal eine Geschichte ohne Namen und Daten. Ich ziehe eine Darstellung vor, die danach trachtet, die Prozesse aufzuzeigen, die sich hinter isolierten Ereignissen verbergen. So eine Darstellung zeichnet keine detaillierte Straßenkarte, aber kann als Kompass dienen und hilft uns, den richtigen Weg zu finden.

Selbstverständlich ist es unmöglich, Geschichte ganz ohne Namen oder Daten zu schreiben. Marc Bloch, einer der größten Historiker unserer Zeit, hat seine Zunft mit den Menschenfressern der Märchen verglichen: Sie wissen genau, dass dort, wo sie menschliches Fleisch wittern, die Beute nicht weit ist. Namen und Daten sind die Muskeln und das Blut der Geschichte. Entfernt man sie, so bleibt einem nur ein vertrocknetes Skelett. Aber wenn man dieses Skelett nicht sorgsam analysiert, verstehen wir nicht, woraus der Körper der Geschichte besteht. Es muss ein vernünftiger Kompromiss gefunden werden. Die vorliegende Darstellung beschränkt die Namen und Zahlen auf das absolute Minimum.

Als zweites Kriterium sollte Geschichte, meiner Ansicht nach, global sein. Rudyard Kipling fragte einmal: «Und was sollten diejenigen über England wissen, die nur England kennen?» Die gleiche Frage könnte man auch über die Ukraine stellen. Die zentralen Bestandteile ihrer Geschichte – die Entstehung der Rus, die Geschichte der Kosaken oder der Holodomor – lassen sich nicht innerhalb des begrenzten Rahmens der Ukraine selbst fassen.

Wie weit der Rahmen nach Osten oder Westen ausgedehnt werden muss, ist eine offene Frage, über die Historiker bereits seit mehreren Generationen diskutieren. Ich schlage eine radikale Lösung vor: Der ganze Erdball soll der Rahmen sein. Globale Geschichte heißt nicht einfach nur, die geographische Reichweite möglichst weit auszudehnen. Zuallererst umfasst sie eine Suche nach den Zusammenhängen, die die globalisierte heutige Welt überhaupt ermöglichten. Ich werde diesen Zusammenhängen nachspüren, um eine der Hauptthesen dieses Buches zu untermauern: Die Ukraine entstand als ein Ergebnis der Globalisierung und des Aufstiegs des Westens, die mit der Entdeckung Amerikas im Jahr 1492 begannen. So gesehen, verdient es Kolumbus, zu einer der Hauptfiguren der ukrainischen Geschichte gezählt zu werden.

Eine globale Geschichte erfordert keineswegs, die Nation als Gegenstand der Forschung und Beschreibung aufzugeben. Geschichtstheoretiker beteuern, dass man über alles eine globale Geschichte schreiben kann. In diesem Fall kann man auch eine globale Geschichte der ukrainischen Nation schreiben. Ein wichtiger Vorbehalt besteht allerdings darin, sich in Erinnerung zu rufen, dass es Zeiträume in der Geschichte gab, in denen keine Nationen existierten, so wie es keine gedruckten Bücher, Züge oder Handys gab. Nationen gibt es nicht in der Natur. Sie sind ein Produkt der historischen Entwicklung über die letzten Jahrhunderte. Aber wenn wir Nationen mit lebenden Organismen vergleichen, so verhalten sie sich völlig anders als Menschen. Während die meisten Menschen jünger aussehen wollen, trachtet jede Nation danach, älter zu erscheinen, und bemüht sich, ihre Ursprünge bis ins Altertum zurückzuverfolgen: in die Zeit des Alten Testaments oder Herodots oder der, wie manche Russen es versuchen, der Etrusker («Et*rus*ker sind *Rus*sen»).

Wir müssen imstande sein, zwischen zwei Dingen zu unterscheiden: Wie beschreiben sich Nationen in den Äußerungen der Politiker und Intellektuellen selbst? Und: Was hat sich wirklich ereignet? Ferner ist zu beachten, dass Nationen nicht aus dem Nichts entstehen. Sie werden aus den Steinen der Vergangenheit aufgebaut, oder genauer: die Menschen bauen sie. Einige dieser Bausteine sind imaginär und erfunden, bisweilen grenzen sie fast schon an Absurdität. Aber andere Bausteine sind absolut real. In der Ukraine zählen zu diesen Blöcken der fruchtbare Boden und ihr einzigartiger Status als geopolitisch wichtige Grenzregion. Deshalb ist es auch unmöglich, eine überzeugende Geschichte der Ukraine zu schreiben, wenn man sich nur auf die letzten Jahrhunderte beschränkt, als die ukrainische Nation geboren und geformt wurde.

Das führt uns zum dritten und letzten Kriterium. Die ukrainische Geschichte sollte unter dem Aspekt der *longue durée* betrachtet werden: der langen Zeiträume, der tiefen Strömungen der Vergangenheit, die sich unter Umständen über Jahrhunderte oder Jahrtausende hinziehen und noch die Gegenwart beeinflussen.

Mein Ziel ist es, die Geschichte der Ukraine unter diesen beiden Aspekten der globalen Geschichte und der *longue durée* zu präsentieren. Aber hier weiche ich nicht nur vom Pfad der meisten ukrainischen Historiker, sondern von dem der meisten Historiker überhaupt ab. Sie dürften meine Anstrengungen mit einer gewissen Skepsis betrachten. Ich trete hier in die Fußstapfen von Wirtschaftsexperten, Sozialforschern und Soziologen, die für die Beantwortung der oben gestellten Fragen einen vergleichbaren Ansatz verwenden. Um der Kürze willen beschränke ich mich hier auf die Nennung einiger weniger, bekannter Autoren, deren Spur ich in diesem Buch gefolgt bin: Daron Acemoglu, Ronald Inglehart, Douglass North, Robert D. Putnam und Hernando de Soto. Sie gehören verschiedenen Disziplinen an, sind sich aber in einem Punkt einig: Geschichte ist wichtig. Wollen wir die Gegenwart analysieren und eine Diagnose erstellen, so müssen wir mit einer seriösen und nüchternen Analyse der Vergangenheit beginnen.

Ehe wir zur eigentlichen Geschichte übergehen, seien mir ein paar subjektive Anmerkungen gestattet. Eine historische Gesamtdarstellung zu schreiben, gleicht ein Stück weit einem geistigen Selbstmord. Der Autor muss zwangsläufig über sein enges Spezialgebiet hinausschauen und in Felder vorstoßen, wo er weder über das erforderliche Fachwissen noch über das nötige Selbstvertrauen verfügt. Ich bin studierter Historiker des 19. und 20. Jahrhunderts. Naturgemäß kann man nicht von mir erwarten, fachkundig über die Geschichte des 10. oder 15. Jahrhunderts zu schreiben. So gut wie sicher werden Experten für diese Zeitspannen in meiner Darstellung Irrtümer oder Ungenauigkeiten entdecken. Dafür möchte ich mich im Voraus entschuldigen.

Eine weitere Schwierigkeit beim Schreiben einer Gesamtdarstellung ist die Frage, wie man komplexe Zusammenhänge verständlich, aber nicht zu sehr vereinfacht schildert. Um ersteres zu erleichtern und letzteres zu vermeiden, benutze ich Metaphern. Für Historiker sind Metaphern das, was Formeln für Mathematiker, Physiker oder Chemiker sind: Sie gestatten es uns, lange Erklärungen durch kurze Formulierungen zu ersetzen. Intelligente Leserinnen und Leser werden, wie ich hoffe, den Sinn und auch die Grenzen dieser Methode verstehen.

Ich erhebe an keiner Stelle den Anspruch auf absolute Richtigkeit. Im Gegenteil, der Zweifel ist meine geistige Heimat. Deshalb wird so gut wie jede Behauptung mit Worten wie «allem Anschein nach», «in der Regel» oder «häufig» relativiert. Wo ich darauf verzichtet habe, mag sich der Leser die Einschränkung selbst denken.

Es gibt keine «ehernen Gesetze» der Geschichtsschreibung. Und deshalb kann auch keine These zur Vergangenheit absolut gelten.

Aber zugleich ist Geschichte nicht einfach nur die chaotische Anhäufung von Fakten. Zwischen den nichtexistenten Gesetzen der Geschichte und dem Chaos vergangener Ereignisse können wir relevante Faktoren herauslesen – eben jene, die Alexander Gerschenkron Historiker aufforderte zu entdecken. Und genau darum habe ich mich nach besten Kräften bemüht.

Nach reiflicher Überlegung habe ich beschlossen, keine detaillierten Beschreibungen der Ausnahmen zu den allgemeinen Tendenzen aufzunehmen – vor allem wenn solche Beschreibungen eine beträchtliche Aufblähung des Textes mit sich brächten und von der zentralen Argumentation ablenkten. Das Gleiche lässt sich über die vielen Völker nicht-ukrainischer Herkunft sagen, die während der gesamten Geschichte in diesen Gegenden gelebt haben: Juden, Polen, Krimtataren und andere. Sie treten in diesem Buch nur fragmentarisch auf, stets im Zusammenhang mit dem zentralen Narrativ. Ich bin mir dieser Einschränkung bewusst und bedaure sie. Leserinnen und Lesern, die gerne mehr über die Vielfalt der Ukraine erfahren möchten, kann ich Paul Magocsis *A History of Ukraine. The Land and its Peoples* empfehlen. Im vorliegenden Buch beschränke ich mich auf die Beobachtung, dass die Ukraine einen komplexen Wandel von einer ethnischen zu einer zivilgesellschaftlichen Nation durchlaufen hat. Dieser Wandel ist eines der zentralen Motive.

Und zu guter Letzt: Norman Davies schrieb einmal: «Gute Historiker müssen ihre Grenzen eingestehen. Die schlechtesten sind jene, die sich für frei von Vorurteilen halten.» Mit Blick auf diese Ermahnung möchte ich hier meine Befangenheit zugeben: Ich möchte die Ukraine als eine liberale Demokratie sehen. Deshalb habe ich dieses Buch geschrieben, um zu zeigen, dass dieses Ziel nicht nur wünschenswert, sondern auch erreichbar ist.

Ich bin nicht der Auffassung, dass nur manche Länder liberale Demokratien erreichen können und die übrigen, wegen ihrer historischen und kulturellen Umstände, ihren eigenen Weg suchen müssen. Das ist ungefähr so, als würde man behaupten, dass die Menschen gewisser Länder es aus unerfindlichen Gründen vorziehen, ihres Besitzes beraubt zu werden, zur Armut verdammt zu sein, inhaftiert, gefoltert und hingerichtet zu werden. Dass es sie nicht stört, wenn ihre Frauen und Kinder vergewaltigt und ihre Männer in fremde Kriege in fremden Ländern in den Tod geschickt werden, nur weil sie ihre eigenen sogenannten «traditionellen Werte» haben. Bei all ihren Mängeln ist die liberale Demokratie immer noch der beste Schutz gegen Gewalt. Aufgrund der spezifischen Geschichte einer Nation mag der Weg dorthin länger oder schwieriger sein, und die liberale Demokratie wird sich wohl nicht immer durchsetzen, aber ich bin überzeugt, dass es sich lohnt, diesem Pfad zu folgen.

Juli 2023

KAPITEL 1

Was sagt ein Name aus?

◇◇◇◇◇◇◇◇◇◇◇◇◇◇◇◇◇◇◇◇◇◇◇◇◇◇◇◇◇◇◇◇◇◇

So gut wie jede allgemeine Geschichte der Ukraine beginnt mit der Feststellung, dass «Ukraine» «Grenzland» bedeute. Das ist ebenso richtig wie falsch. Tatsächlich kann Ukraine sowohl als «Grenzgebiet» wie auch als «ein Land» interpretiert werden. Der Begriff selbst ist von *krajaty* (schneiden) abgeleitet und bezeichnet somit ein bestimmtes Gebiet, das von anderen Territorien abgegrenzt oder abgeschnitten ist. Folglich kann er entweder *krajina* (das Land selbst) oder *okrajina* (Grenzland) bedeuten, je nachdem, wo man sich befindet. Wenn jemand außerhalb dieses Raumes ist, sagen wir in Moskau oder Warschau, so ist es für ihn oder sie die *okrajina* oder die Randzone. Wenn man sich aber in diesem Raum aufhält, etwa in Kyjiw oder Lwiw, dann ist damit aller Wahrscheinlichkeit nach die *krajina,* die Heimat, gemeint.

Es gibt zwar historische Texte, in denen beide Möglichkeiten denkbar sind, doch die früheste Verwendung des Wortes *Ukrajina* bezieht sich offenbar auf die Vorstellung eines Landes. Im Jahr 1187 beschreibt die Kyjiwer Chronik den Heldentod des Fürsten Wolodymyr Hlibowytsch. Der Chronist schreibt: «Die ganze *Ukrajina* trauerte um ihn.» Höchstwahrscheinlich meint er damit «ein Land» und nicht «ein Grenzland». Eine weitere Verwendung des Begriffs Ukraine im Sinne eines Landes oder Gebietes findet sich im Evangeliar von Peressopnyzja aus dem Jahr 1556, der ersten Übersetzung der Heiligen Schrift aus dem Altkirchenslawischen in die Landessprache. Wo es im kirchenslawischen Text heißt «er ging ins Land Judäa» und im griechischen Original ὅρια = «Gebiet» steht, lautet die Übersetzung in die slawische Landessprache: Er kam in die judäische *ukrajina.*

Es stimmt, dass das Wort in den ältesten Quellen relativ selten im

Sinn von «Land» verwendet wird. Allerdings ist dabei zu berücksichtigen, dass es generell nicht allzu viele schriftliche Quellen aus der Region gibt. Der Zeitraum, der sich über das 14. und 15. Jahrhundert in den ukrainischen Gebieten erstreckt, wird häufig das «lange Schweigen» genannt. Anstelle schriftlicher Quellen können wir uns der mündlichen Überlieferung von Liedern und Sprichwörtern zuwenden, und diese erwähnen häufig *Ukrajina*. Dort begegnen wir Wendungen wie «nicht weit von der *Ukrajina* entfernt», «er ging in die ferne *Ukrajina*», «meine geliebte *Ukrajina*» oder sogar die liebevolle Koseform «*Ukrajinonka*».

Die Lieder teilen uns nicht mit, wo dieses Land genau liegt. Es könnte das Land sein, in dem der Sänger lebt, oder ein fernes Land, in dem die Menschen gerne leben würden. Diese Zweideutigkeit ist nicht allzu verwunderlich. Menschen, die in den Karpaten lebten, wussten nicht, dass ihre Berge die «Karpaten» genannt werden; sie nannten sie einfach «die Berge». Ganz ähnlich haben die Sänger womöglich ihr Land schlicht *Ukrajina* genannt. Es war einfach der Standardname dafür.

Man könnte auch die Bezeichnung *Zhong guo* für China als Beispiel anführen, also «das Reich der Mitte», die Region Sloweniens, die *Krajina* (deutsch: Krain) genannt wird, oder den Namen *Deutschland* selbst. Die Bezeichnung *deutsch* ist von dem althochdeutschen *diutisc* abgeleitet, was so viel wie «zum Volk gehörig» heißt. Folglich heißt *Deutschland* wörtlich «das Land des Volkes» – sprich: «das Land, in dem wir leben». Das entspricht mehr oder weniger der Bezeichnung *Ukrajina* im Sinne von «Land».

Die Bezeichnung *Ukrajina* im zweiten Sinn, also als «Grenzland», dominiert in Dokumenten, die nach 1569 geschrieben wurden, als die ukrainischen Gebiete in die polnisch-litauische Rzeczpospolita eingegliedert wurden. So taucht die Region auch auf einer Karte auf, die von dem französischen Ingenieur und Kartographen Guillaume Le Vasseur de Beauplan im Jahr 1651 angefertigt wurde. Der polnische König stellte Beauplan für den Bau der Festung Kodak ein, die die ukrainischen Kosaken in Schach halten sollte. Die Karte Beauplans zählt zu den ältesten und detailliertesten Karten von Osteuropa.

Das dargestellte Gebiet stimmt mit den Grenzen des späteren, ethnisch ukrainischen Territoriums überein, von Lwiw im Westen bis zum Don im Osten. Aber nach Beauplans Auffassung ist die Ukraine, wie die Überschrift der Karte und das Vorwort zu seiner *Description d'Ukranie* andeuten, das Wilde Feld *(camporum desertorum)*, «eine große Grenze zwischen Moskowien und Transsylvanien».

Das Wort *Ukrajina* hat mehrere Bedeutungen. Zu verschiedenen Zeiten kann es sich auf bestimmte Provinzen (Wolhynien-Ukraine, Podolien-Ukraine, Kyjiw-Ukraine, Brazlaw-Ukraine) beziehen; auf die Grenzregionen am Rand der Union von Polen und Litauen (die Fürstentümer Brazlaw und Kyjiw); das Gebiet am «Rande Europas» (der Punkt, an dem die christliche Welt an die muslimische grenzte). Es konnte aber auch als ein «Land» genannt werden, das den damaligen polnischen und russischen Staaten ebenbürtig war (die «polnisch-litauische Rzeczpospolita», «Moskowien» und die «Ukraine»). In jener Zeit war «Ukraine» ein wechselnder Begriff, der sich nicht auf ein Gebiet und nur dieses eine festnageln lässt.

Die Bezeichnung «Ukrainer» wiederum kam um die Wende zum 17. Jahrhundert auf. Im Jahr 1619 bezeichnete sich der Saporoger Kosake Oleschka Sachariw als Ukrainer, als er im polnisch-russischen Krieg gefangen genommen wurde. In seiner *Geschichte des rußischen Reiches unter Peter dem Großen* (1759) benutzte Voltaire als erster nichtukrainischer Schriftsteller die Bezeichnung «Ukrainer». Allerdings bezeichnete er nur die Kosaken als Ukrainer und «vergaß» alle ukrainischen Bauern, Stadtbewohner und Geistlichen.

Der Kosakenaufstand unter Führung von Bohdan Chmelnyzkyj (1648–1657) bildet insofern einen Wendepunkt in der ukrainischen Geschichte, als er die Gründung des Kosakenstaates markiert. Mehrere Jahrzehnte lang war *Ukrajina* eine der Bezeichnungen für dieses Staatswesen. Es gibt darüber hinaus Verweise auf das «ukrainische Volk» und die «vereinigte Bruderschaft des ukrainischen Gemeinwesens». Die Führer des Kosakenstaates, die Hetmane, sprachen von «unserem Vaterland Ukraine» und von der «ruhmreichen Ukraine» *(slawna Ukrajina)*. Gleichzeitig verwies der Name *Ukrajina* nicht nur auf den Kosakenstaat innerhalb bestimmter Grenzen, sondern auch auf die Länder jenseits von ihnen, bis zur polnisch-ukrainischen ethnischen Grenze im Westen.

In dem Schicksal des Wortes «Ukraine» spiegelt sich das Schicksal des Kosakenstaates selbst nach seiner Eingliederung in das Moskauer Reich im Jahr 1654. Solange das Gemeinwesen seine Autonomie behielt, tauchte der Name *Ukrajina* regelmäßig in schriftlichen Dokumenten auf. Als das Gemeinwesen jedoch in das spätere Zarenreich aufgenommen wurde (ab 1721) und am Ende ganz verschwand, fanden sich auch immer seltener die Bezeichnungen «Ukraine» und «Ukrainer». Auch wenn sie verloren gingen, so verschwanden sie doch nicht völlig. Man könnte meinen, sie spielten eine Art Versteckspiel: Hier bin ich, hier nicht. Im 19. Jahrhundert, im Zuge des Aufstiegs des Nationalismus in ganz Europa, tauchte der Name «Ukraine» allmählich wieder häufiger auf. Daneben wurde auch das Wort «Ukrainer» gebräuchlicher. Zum Beispiel ist der Schriftsteller Nikolai Gogol (als Mykola Gogol, gesprochen Hohol, aus einer ukrainischen Familie stammend) im Register des Kurorts Karlsbad gemeldet als: *Mr. Nicolas de Gogol, Ukrainien, etabli a Moscou.* Im Jahr 1884 nahm die junge Dichterin Laryssa Kossatsch das Pseudonym «Ukrajinka» (also Ukrainerin) an, vermutlich wurde sie von ihrem Onkel Mychajlo Drahomanow beeinflusst, der seine Artikel mit dem Pseudonym «Ukrajinez» unterzeichnete (Ukrainer in der Landessprache). Seither ist sie als Lessja Ukrajinka bekannt.

Die Beispiele Mykola Hohol, Mychajlo Drahomanow und Lessja Ukrajinka sind nur einige der bekanntesten historischen Persönlichkeiten. Mindestens 25 weniger bekannte Personen, Schriftsteller, Politiker und Figuren der Öffentlichkeit des 19. Jahrhunderts benutzten die Pseudonyme «Ukrajinka» oder «Ukrajinez». Offensichtlich handelt es sich hier nicht um eine erschöpfende Liste aller, die sich für Ukrainer hielten, ebenso wenig deutet sie an, dass sich *alle* als Ukrainer betrachteten. Es zeigt nur, dass das Wort damals häufig gebraucht wurde. «Ukrainer» wird auch als ethnisches Etikett verwendet, um die Ukrainer von Polen, Juden, Moskowitern, Schweden, Tataren und Türken zu unterscheiden.

Allerdings ist dabei zu beachten, dass das Wort nicht zwangsläufig die Bedeutung einer ukrainischen Abstammung hatte. Als der ukrainische Literaturwissenschaftler Mychajlo Rudnyzkyj Anfang des 20. Jahrhunderts an der Sorbonne studierte, betrachteten viele ihn als ein Kuriosum: Er war der erste «Ukrainer», der kein Pole war! Bis zu diesem Zeitpunkt waren die einzigen Ukrainer, die sie gesehen hatten, Polen, die aus den ostpolnischen Regionen kamen, dem heutigen Wolhynien und der zentralen Ukraine.

Taras Schewtschenkos *Kobsar* (1840) – das Buch, das als eine Art ukrainischer Bibel gilt – ist ein weiteres merkwürdiges Beispiel. Auch wenn das ganze Buch von der Ukraine handelt, tauchen die Wörter «Ukrainer» oder «ukrainisch» nirgends auf. Das heißt keineswegs, dass es zu Schewtschenkos Zeit keine Ukrainer gegeben hätte. In der Bibel kommen auch nirgendwo die Wörter «Religion» oder «religiös» vor. Dennoch würde niemand bestreiten, dass die Bibel ein religiöses Buch ist.

Shakespeare drückte diese These poetisch wie folgt aus:

> Was ist ein Name? Was uns Rose heißt,
> Wie es auch hieße, würde lieblich duften;

Das Hauptthema der ukrainischen Geschichte lässt sich in einem Satz zusammenfassen: Die Geschichte der Ukraine dreht sich darum, sie als eigenes Land wahrzunehmen, nicht als geographische Region oder Anhängsel. Im Englischen etwa wird der Artikel «*the*», für gewöhnlich im Zusammenhang mit geographischen Regionen verwendet, nicht mit Ländern. Geographische Gebiete wie «the Scottish Highlands», «the Mississippi Delta» oder «the Donbas» (Donezker Kohlebecken) werden im Gegensatz zu Bereichen der Gerichtsbarkeit und Rechtsprechung häufig mit «the» bezeichnet. Bei Ländern wird der Artikel nur dann gebraucht, wenn der Name im Plural steht *(the United States, the Netherlands* oder *the Bahamas)*. Allerdings gibt es eine bemerkenswerte Ausnahme: *the Gambia*. Als Gambia im Jahr 1964 unabhängig wurde, bat der Regierungschef das englische Standing Committee on Geographical Names, dem Landesnamen den Artikel *the* hinzuzufügen, damit man es nicht mit dem bekannteren Sambia verwechsle.

Lange Zeit hieß es auf Englisch «*the* Ukraine». Darin spiegelte sich der formale Status wider: Die Ukraine war kein unabhängiger Staat, sondern ein Teil (Randgebiet) des russischen Zarenreichs und später der UdSSR. Das änderte sich, als sich die Ukraine 1991 für unabhängig erklärte. Seither lautet die korrekte Bezeichnung auf Englisch *Ukraine*, ohne Artikel. Wenn jemand immer noch «the Ukraine» schreibt oder sagt, so handelt es sich entweder um einen Versprecher, um Unwissenheit oder Boshaftigkeit. Als Barack Obama in einem Interview während der Ukrainekrise 2014 von «the Ukraine» sprach, wurde er von Journalisten mit Häme und Spott überschüttet.

In slawischen Sprachen wird der Unterschied zwischen der Region und dem Land Ukraine durch eine Präposition angezeigt: «*na* Ukrajine» vs. «*w* Ukrajine». «Na Ukrajine» impliziert demnach die Bedeutung der Grenzregion, am Rand, nicht *in* einem Land. Diese Unterscheidung ist in Russland besonders bedeutsam: Ein beträchtlicher Teil der russischen Elite, wenn nicht die Mehrheit, glaubt immer noch, dass die Ukraine Teil der «russischen Welt» sei und dass Ukrainer und Russen ein Volk seien. Im Jahr 2011 veranstaltete der damalige Präsident Dmitrij Medwedew ein Treffen mit einer Gruppe russischer Historiker. Als einer von ihnen «w Ukrajine» sagte, korrigierte Medwedew ihn sofort: «na Ukrajine». Er fügte hinzu: «Die sagen so, ›w Ukrajine‹. Wir sagen ›na Ukrajine‹.» Putin sprach jedoch selbst bis zum Sommer 2013 von «w Ukrajine». Erst in dem Moment, als er es zu seinem strategischen Ziel erklärte, Russen und Ukrainer in einem Staat zu vereinen, fing er an «na Ukrajine» zu sagen. Mit anderen Worten, der militärischen Aggression ging 2014 eine sprachliche Attacke voraus. Im gleichen Jahr riet Putins ehemaliger Berater und späterer Gegner Andrej Illarionow seinen liberalen russischen Freunden: «Wenn ihr der Ukraine in irgendeiner Weise helfen wollt, so hört auf, ›na Ukrajine‹ zu sagen, sondern sagt ›w Ukrajine‹.»

Diese kurze Einführung illustriert ein wesentliches Merkmal der ukrainischen Geschichte: Alles, oder so gut wie alles, was mit ihr zusammenhängt, wird sofort zum Gegenstand einer hitzigen ideologischen Debatte, angefangen bei etwas so Grundlegendem wie dem Namen des Landes selbst.

Rus und anderes: Ein terminologischer Wirrwarr

Zwei weitere historische Namen für Ukrainer lauteten «Tscherkassen» und «Kosaken». Die Herkunft des Wortes «Tscherkassen» ist unklar. Laut einer Version ist es turksprachigen Ursprungs und heißt so viel wie «Krieger». Russische Texte benutzen das Wort als einen der Namen für die ukrainischen Kosaken, die zu einem zentralen Symbol der ukrainischen Identität wurden. «Kosake» wiederum ist turksprachigen Ursprungs und heißt sowohl «freie Person» als auch «Nomade» und «Räuber» (der Name Kasachstans ist von der gleichen turksprachigen Wurzel *qazaq* abgeleitet).

Die turksprachige Herkunft der Namen «Kosake» und, höchstwahrscheinlich, «Tscherkasse» demonstriert einmal mehr, dass die Ukraine aus den Schnittmengen mehrerer Kulturkreise hervorging. Ein wesentlicher Bestandteil dieser Synthese ist in dem herabsetzenden russischen Wort für Ukrainer *chochly* enthalten. Wörtlich bezeichnet *chochol* eine einzige Haarlocke auf einem sonst kahlgeschorenen Schädel. Diese Haartracht war unter Steppenvölkern üblich. Die erste Erwähnung findet sich in Texten, die Stämme in der Mandschurei im 4. Jahrhundert beschreiben. In den ersten Jahren der polnischen Republik war die *chochol* unter dem einheimischen Adel und den Kosaken sehr beliebt. Zur Haarlocke auf dem Kopf gehörte ein rasiertes Kinn. Das unterschied die ukrainischen Kosaken von den Moskowitern, die Bärte trugen. (Dies könnte auch der Ursprung des ukrainischen Schimpfworts für Russen *kazapy* «Ziegen» sein, weil sie wie die Ziegen lange Bärte trugen.) In den Augen der orthodoxen Moskowiter (der späteren Russen) wurde die Haarlocke zu einem Symbol des Katholizismus. Sie schrieben, die ukrainischen Kosaken liefen wie Polen mit *chochly* umher, scherten sich wie die Anhänger des römischen Glaubens die Bärte und seien allesamt «ketzerische *chochly,* satanische Bettler und ungezogene Enkelkinder». Irgendwann erfuhren die Moskowiter, dass die Kosaken genau wie sie orthodox waren, trotz der Tatsache, dass sie aus der polnisch-litauischen

Rzeczpospolita kamen. An der Abneigung änderte das jedoch nichts: Die *chochly* sind zwar Teil von uns, gehören aber nicht zu uns, mit ihren eigenen ungehobelten Gewohnheiten und dem hinterhältigen *chochol*-Charakter. Schon die Existenz des Wortpaares *«chochol/kazap»* belegt, dass künftige Ukrainer und Russen verschiedenartig waren, lange bevor sie «Ukrainer» und «Russen» wurden.

Meist wurden die Ukraine und Ukrainer mit dem Namen «Rus» und später mit den Ableitungen bezeichnet: «Rossija», «Rus», «Rusyny», «Ruthenen», «Russen», «Kleinrussen», etc. Aber wenn die Geschichte der Ukraine und Ukrainer schon kompliziert ist, so ist die Geschichte der Rus und Russen noch komplizierter. Hier herrscht ein völliges terminologisches Chaos.

Es lässt sich unmöglich mit hundertprozentiger Sicherheit sagen, woher der Name «Rus» kam oder was er bedeutete. Es gibt mehrere Versionen seines Ursprungs: Es könnte ein lokales, ostslawisches Wort sein oder es ist vielleicht gotisch, keltisch, iranisch, serbisch oder skandinavisch.

Nach der These eines lokalen Ursprungs soll «Rus» von dem Namen eines ostslawischen Stammes abgeleitet sein, der in der Nähe des Flusses Ros lebte, einem Nebenfluss des Dnipro. Diese Region wurde zum Zentrum des großen mittelalterlichen Staatswesens namens Rus, mit der Hauptstadt in Kyjiw.

Das Problem an dieser Version ist, dass in historischen Quellen ein solcher Stamm nicht genannt wird. Allem Anschein nach handelt es sich hier um eine Erfindung patriotischer Historiker, die beweisen wollten, dass die alte Rus lokale Ursprünge habe. In der Sowjetzeit wurde diese Theorie zur Staatsideologie erhoben, doch sie stammte ursprünglich aus der Mitte des 18. Jahrhunderts. Am 6. Januar 1749 hielt Gerhard Friedrich Müller (1705–1783), ein Mitglied der Russischen Akademie der Wissenschaften, in St. Petersburg einen Vortrag mit dem Titel «Herkunft des Volkes und des Namens der Russen». Aufgrund seiner Kenntnis fränkischer und byzantinischer Quellen versuchte er nachzuweisen, dass die Kyjiwer Rus (früher üblich: Kiewer Rus) von Skandinaviern gegründet worden sei. Müller konnte seinen Vortrag nie beenden. Ein russischer Akademiker unterbrach seinen Redefluss mit den Worten: «Werter Autor, Ihr beleidigt unser Volk!» Ein Untersuchungsausschuss wurde zusammengestellt, und Müller wurde untersagt, sich weiter mit diesem Thema zu befassen. Man legte ihm nahe, einen harmlosen, weniger verfänglichen Gegenstand zu untersuchen: die Geschichte Sibiriens. (Er konnte von Glück reden, dass man ihn nicht dorthin geschickt hatte.)

Diese Episode zeigt, mit welchen Leidenschaften die Diskussion um die Ursprünge der Rus verbunden ist. Doch lange vor dieser Debatte, im 12. Jahrhundert, wurden die skandinavischen Ursprünge der Rus von dem anonymen Autor der *Powest wremennych let* (Erzählung längst vergangener Jahre), kurz *Nestorchronik* genannt, dokumentiert, der wichtigsten, lokalen mittelalterlichen Chronik. Die älteste Verwendung des Begriffs Rus stützt ebenfalls die These des Wikinger-Ursprungs: In den Annalen von St. Bertin ist unter dem Jahr 839 die Rede von «Schweden, die sich Rhos nennen». Im heutigen Estnisch und Finnisch heißt «ruotsi» immer noch «schwedisch». Laut dieser Interpretation bezeichnet «Rus» höchstwahrscheinlich eine militärische Gruppierung wie Kosaken, abgeleitet von dem protogermanischen oder altnorwegischen Verb für «rudern». Folglich bezog sich «Rus» auf militärische Einheiten, die in großen Booten auf Flüssen und Meeren unterwegs waren.

Vermutlich handelt es sich bei dem Wort «Rus» um ein Exonym, das heißt, einen Namen, der von Außenstehenden benutzt wurde. Sie nannten sich nicht selbst so, genau wie Indianer sich nicht Indianer nannten, weder in Indien noch in Nordamerika. Die engste Analogie zu «Rus» ist vielleicht die Bezeichnung «Spanier». Die Bewohner der Iberischen Halbinsel nannten sich nicht selbst so; sie betrachteten sich als Aragonesen, Kastilier, Katalanen und Basken. Aber außerhalb der Halbinsel, im Militärdienst, wurden sie für Fremde zu «Hispanici», weil ihre Halbinsel auf Latein seit alter Zeit *Hispania* genannt wurde.

Von Anfang an wurde «Rus» in zwei Bedeutungen verwendet: einer engen und einer breiten. Im breiteren Sinn bezeichnete «Rus» sämtliche Besitztümer der Dynastie der «Rus». Im engeren Sinn verwies es lediglich auf den Kern ihrer Besitztümer, d. h. die zentrale

Dnipro-Region um Kyjiw. In dieser Bedeutung kam der Begriff außer Gebrauch, nachdem die Mongolen in der zweiten Hälfte des 13. Jahrhunderts den Staat erobert hatten. Seither benutzten fast hundert Jahre lang nur die Herrscher der südwestlichen Gebiete, ein Territorium innerhalb der Grenzen der heutigen Ukraine, den Titel des Herrschers der Rus. Sie bezeichneten sich selbst als *dux totius terrae Russiae* (Fürst der ganzen Rus – auf Latein Russia), *dux et dominus Russiae* (Fürst und Herrscher der Rus), *rex Russiae* (König der Rus). Nach dem Aussterben dieses Fürstengeschlechts gingen die Gebiete an ihre nächsten Verwandten über – die Herrscher Polens, Ungarns und Litauens.

Die nördlichen, moskowitischen Herrscher fingen deutlich später an, das Wort «Rus» zu benutzen. Der Titel «Herrscher der ganzen Rus» wurde zum ersten Mal von Zar Iwan III. von Moskau im Jahr 1478 verwendet. Mit der Zeit begann das Moskauer Reich, sich als die einzig wahre «Rus» zu betrachten. Das galt allerdings auch für das Großfürstentum Litauen. Als Folge entstanden zwei «Rus»: eine litauische und eine moskowitische. Die Herrscher beider Reiche erhoben den Anspruch, allein über «die ganze Rus» zu herrschen, und stritten der jeweiligen Gegenseite das Recht ab. Aus diesem Grund hießen die nordöstlichen Länder in der litauisch-polnischen Überlieferung nicht Rus, sondern der moskowitische Staat, das Moskauer Reich oder einfach Moskowien, während Moskau umgekehrt die polnisch-litauische Rzeczpospolita als den litauischen Staat, Litauen oder die litauischen Länder bezeichnete.

Abgesehen von der geographisch-politischen Bedeutung hatte «Rus» auch eine religiöse Bedeutung. Das Wort konnte die orthodoxe Kirche («Kirche der Rus») und den orthodoxen Glauben («Glauben der Rus») bezeichnen. Doch die orthodoxe Kirche war nicht die einzige der «Rus». Die griechisch-katholische (Unierte) Kirche, die im Jahr 1596 entstand, wurde ebenfalls «Rus» genannt. Sie war dem Vatikan unterstellt, behielt aber den orthodoxen Ritus bei und war folglich «russisch». Andererseits wurden beide Kirchen auch «griechisch» genannt, als Zeichen, dass sie den christlichen Glauben von den «Griechen», also dem Byzantinischen Reich, übernommen hatten.

Darüber hinaus konnte «Rus» auch auf die ethnische Identität verweisen. Der ruthenische Gelehrte Meletius Smotrycki (1577–1623) erklärte: «Nicht der Glaube macht einen Ruthenen zu einem Ruthenen, einen Polen zu einem Polen, einen Litauer zu einem Litauer, sondern Geburt und Blut als Ruthene, Pole oder Litauer.» Die Bezeichnung Ruthene war besonders stark unter Menschen verbreitet, die Seite an Seite mit denen anderer Konfessionen lebten, vor allem in Galizien und Transkarpatien. Dort deckten sich religiöse Identitäten mit ethnischen. Wenn jemand sagte: «Ich bin Ruthene», so hieß das gleichzeitig «Ich bin kein Katholik» (also kein Pole oder Ungar), «kein Muslim» (Tatar) und «kein Jude». Aber ein «Ruthene» jener Zeit hätte durchaus das sein können, was wir heute einen «Belarussen» nennen würden. Obwohl der Name «Belarusse» zum ersten Mal um die gleiche Zeit wie «Ukrainer» auftaucht (Anfang des 17. Jahrhunderts), wurde damals nicht klar zwischen Belarussen und Ukrainern unterschieden. Sie waren durch einen gemeinsamen «ruthenischen Glauben» und «ruthenisches Blut» vereint und ihre Sprache wurde als die gleiche wahrgenommen. Künftige Belarussen und Ukrainer konnten nach ihrem Herkunftsort unterschieden werden: Belarussen kamen aus dem litauischen Teil der polnisch-litauischen Rzeczpospolita und wurden auch «Litauer» genannt.

Diese Bezeichnungen waren weder genau festgelegt, noch schlossen sie sich gegenseitig aus. Wenn man beispielsweise ein Mitglied des Rus-Adels aus Litauen fragte, wer er sei, hing seine Antwort von dem jeweiligen Kontext ab. In der Kirche würde er sich als «Ruthene» bezeichnen, im Sejm (dem Adelsparlament) war er Litauer, und im Gespräch mit einem Ausländer war er polnischer Adliger.

Die Angelegenheit wird zusätzlich durch die Tatsache verkompliziert, dass der Begriff «Rus» in zwei Varianten genutzt wurde: einer lateinischen und einer griechischen. Auf Latein wurde er *Russia* geschrieben. Diese Form wurde in Gegenden verwendet, die an die katholische Welt angrenzten, etwa in den Titeln galizischer Fürsten. Wir sollten uns nicht darüber wundern, dass auf Beauplans Karte das einzige Gebiet, das mit *Russia* bezeichnet war, die Region des heutigen ukrainisch-sprachigen Galiziens ist. Damals hieß der offizielle

Name für die galizischen Gebiete Woiwodschaft Rus, oder auf Latein: *Palatinatus russiae.*

Die griechische Variante lautet «Rosija»/«Rossija». Ursprünglich wurde diese Bezeichnung nur in Byzanz verwendet. Sie taucht im Jahr 1387 zum ersten Mal in einem slawischen Text auf. Der Metropolit Cyprian nannte sich Metropolit von Kyjiw und ganz Rosija. In den nordöstlichen Regionen der Länder der Rus wird «Rossija» (mit Doppel-s) seit der Zeit Peters I. verwendet. Er gab dem Reich, das er 1721 auf dem Fundament des alten Moskauer Reiches gründete, diesen Namen. Diese Variante stammte offenbar von ukrainischen Geistlichen, die gut Griechisch sprachen und ihre Heimat mit diesem Namen beschrieben. Sie halfen Peter I. beim Aufbau seines Reiches und brachten die Bezeichnung «Rossija» mit. Die Tatsache, dass der Name aus Kyjiw importiert wurde, sollte niemanden verwundern, wenn man bedenkt, dass Kyjiw damals im Hinblick auf Bildung überlegen war und dass die ukrainische Elite auf das politische und kulturelle Leben des Königreichs Moskowien und des späteren Zarenreiches starken Einfluss hatte. In slawischen Sprachen werden Adjektive häufig durch das Anhängen der Endung -skyj oder -skij gebildet. Also wird aus Rus das Adjektiv *russkij.* Die slawische Form *russkij* hat sich in der russischen Sprache gehalten; sie besteht parallel zur griechischen Varriante *rossijskij* mit «o». Ersteres wird hauptsächlich für Menschen russischer Herkunft verwendet, während Letzteres für Bürger des russischen Staates genutzt wird und genaugenommen mit «russländisch» übersetzt werden müsste.* Der Schachweltmeister Garry Kasparow ist beispielsweise ein *Rossijanin* (russischer Staatsbürger), aber kein *russkij*, weil er armenisch-jüdischer Abstammung ist. Andererseits würde ein Bürger der Russischen Föderation, der ukrainische oder belarussische Eltern hat, sowohl als *russkij* (ethnisch von der Rus abstammend) wie auch als *Rossijanin* angesehen

* Einige Historiker plädieren vehement dafür, vom Russländischen Reich zu sprechen, statt vom Russischen Reich, weil es im Russischen *Rossijskaja Imperia* heißt. Da diese Bezeichnung für viele fremd klingen dürfte, wurde im Folgenden darauf verzichtet. Siehe dazu etwa Andreas Kappeler, *Russland und die Ukraine,* Wien: Böhlau Verlag 2012, S. 19. Anmerkung des Übersetzers.

werden. Die Zentren der Alten Rus (Heiligen Rus) waren die alten orthodoxen Zentren von Kyjiw und Moskau, aber nicht das moderne, kosmopolitische Petersburg.

Und das ist noch nicht alles. Häufig wurden «Rus» noch Adjektive hinzugefügt, und damit erhöht sich die Zahl der möglichen Kombinationen. Eine der ersten Weltkarten, eine Karte des venezianischen Mönches Fra Mauro (um 1450) enthält sage und schreibe fünf Länder, die mit Varianten von *Rossia* bezeichnet werden: ein «Rossia biancha», «Rossia negra» und «Rossia rossa», dazu ein «Rossia oder Sarmatia in Europa» und ein «Rossia oder Sarmatia in Asien».

Neben «Weiß-», «Schwarz-» und «Rotrussland» gab es auch «Klein-» und «Großrussland». Die Ukraine wurde «Kleinrussland» genannt, Russland hingegen «Großrussland». In jüngerer Zeit ist «Klein-» und «Groß-» als Zeichen des Status gedeutet worden: Russland ist demnach größer und älter, die Ukraine hingegen kleiner und jünger. Dabei ist das anachronistisch. Ursprünglich war «Kleinrussland» älter und hatte einen höheren Status. Das deckt sich mit der griechischen (byzantinischen) Tradition, den ursprünglichen Kern einer Kirche oder eines Staates als «klein» zu bezeichnen, und die Länder, auf die sich die Kirche oder der Staat später ausdehnte, als «groß». Entsprechend bezog sich Kleinrussland auf den Kern der alten Lande der Rus mit dem Zentrum in Kyjiw, während Großrussland die nördlichen russischen Länder um Moskau bezeichnete. Zum ersten Mal wird «Kleinrussland» in byzantinischen Dokumenten aus dem Jahr 1303 erwähnt, die sich auf die Metropolie Galizien bezogen. Zu den Titeln des letzten galizischen Fürsten, Jurij II. Boleslaw, zählte «König von Kleinrussland». Die Bezeichnung «Großrussland» hingegen taucht erst im 16. Jahrhundert im Titel des Moskauer Zaren auf und wurde nicht sofort gebräuchlich: Die ersten Romanows übernahmen den Titel nicht.

«Klein-» und «Großrussland» sowie «Belarus» wurden erst, nachdem diese separaten Staatswesen endlich «zusammenkamen», zu festen politischen Bezeichnungen. Dazu kam es, als der ukrainische Kosakenstaat im Jahr 1654 freiwillig den Schutz des Moskauer Zaren akzeptierte. Die Kosaken bestanden auf dem gleichen Rang von

Klein- und Großrussland. Beispielsweise legte der kosakische Schriftsteller Semen Diwowytsch in seinem Poem von 1762 «Eine Unterhaltung zwischen Großrussland und Kleinrussland» seiner kleinrussischen Heimat folgende Worte in den Mund:

> Ich weiß, dass du Russland bist. So nenne ich mich auch.
> Was drohst du mir? Ich bin überaus tapfer.
> Nicht dir schwor ich Treue, sondern deinem Herrn,
> Dem du und deine Vorväter geboren wurdet.
> Glaub' nicht, dass du über mich herrschst,
> Wir haben nur den gleichen Herrn.

Im 19. Jahrhundert setzte sich dann der mit der Verwendung von «Klein-» und «Großrussland» implizierte Bezug auf Rang und Größe durch. Im Zarenreich wurde der Name «Kleinrusse» zur offiziellen Bezeichnung. In den westukrainischen Ländern, die unter österreichischer Herrschaft standen, war «Ruthene» oder «Russyne» üblich. Diese Bezeichnungen wurden im 20. Jahrhundert nach und nach durch die Namen «Ukraine» und «Ukrainer» ersetzt. Nach dem Zweiten Weltkrieg, als die sowjetische Regierung die Vereinigung aller ukrainischen Gebiete in einem einzigen Staatswesen abschloss, wurden diese Namen für das ganze Territorium verwendet. Allerdings verschwanden die Bezeichnungen «Kleinrussen», «Chochly» und «Russynen» nicht völlig. Die ersten beiden tauchen immer dann auf, wenn die russische Elite ihr Monopol auf die Vergangenheit und Gegenwart der Ukraine und ganz Osteuropas bekräftigen möchte. Und der Name «Russyne» hält sich noch in Transkarpatien und ethnisch ukrainischen Gebieten, die nie der sowjetischen Ukraine angehörten (etwa die Region Prešov in der Slowakei).

Diese kurze Geschichte des Wortes «Rus» und seiner Ableitungen gibt die lange und bisweilen verwirrende Entwicklung von Völkern oder Nationen zu modernen Staaten wieder. Seit der Zeit der Gründung des russischen Zarenreiches bis zu Putin heute bietet die russische Elite einen ganz geraden Weg an: «Russland ist schon immer Russland gewesen!» Damit beansprucht Russland ein Monopol auf die Vergangenheit und Gegenwart der Ukraine: Russen und Ukrainer («Großrussen» und «Kleinrussen») sind demnach ein Volk. Bis vor kurzem glaubten viele im Westen das auch. Das liegt nicht zuletzt daran, dass Englisch, Deutsch und Französisch nicht zwischen «Rus» und «Rossija» unterschieden haben. Beides wurde «Russland» genannt. Selbst in den Werken angesehener westlicher Historiker fanden sich so holperige Bezeichnungen wie *Kievan Russia* oder *Kiewer Russland* für den mittelalterlichen Staat, auch wenn neuere Arbeiten tendenziell den korrekteren Begriff Kyjiwer Rus benutzen. Im folgenden Text ist geographisch generell von der Rus die Rede, und bei adjektivischem Gebrauch von «ruthenisch». Zu verschiedenen Zeiten existierten unterschiedliche Rus, bisweilen sogar gleichzeitig. Es gab eine Moskowitische Rus, Ukrainische Rus, Litauische Rus. Das russische Reich wird im Folgenden Russland, Zarenreich oder Russische Föderation genannt. Ukrainische Ländernamen werden genutzt, um Gebiete zu bezeichnen, die später Teil des modernen ukrainischen Staates wurden.

Es ist wichtig, sich vor Augen zu führen, dass *russkij* nicht das gleiche ist wie *rossijskij*. Man könnte sie mit zwei Würfeln vergleichen, die unterschiedliche Kombinationen und folglich verschiedene Bedeutungen hervorbringen können. Jeweils für sich verweisen sie unter Umständen auf das, was wir heutzutage Ukraine und Ukrainer nennen.

Tradition und Moderne

Die meisten genannten Beispiele veranschaulichen die goldene Regel des Historikers: «Die Vergangenheit ist ein fremdes Land: Dort werden die Dinge anders gehandhabt.» Zu den Hauptunterschieden zählt, dass ethnische Herkunft und Nationalität in der Vergangenheit keine so zentrale Rolle spielten, wie wir sie ihnen heute zuschreiben. Wenn man in der Vergangenheit die Bewohner eines beliebigen Territoriums fragte, wer sie seien, lauteten die ersten drei Antworten etwa: «Wir sind Einheimische», «wir gehören der und der Religion an» und «wir gehören der und der Gruppe an» (Bauer, Kaufmann, Handwerker). Sofern es sich um Sklaven oder Leibeigene handelte, nannten sie womöglich auch ihren Besitzer oder Herrn.

Für uns ist das unbegreiflich. Wir leben in einer Welt der Dokumente. Unsere Größe wird gemessen und die Augenfarbe beschrieben. Wir werden nach der Sprache, die wir sprechen, nach dem Einkommen etc. identifiziert, und dann werden diese Informationen in amtliche Dokumente eingetragen. Oder von Google gesammelt. Anschließend dienen diese Informationen dazu, die Eignung für einen Arbeitsplatz, die Loyalität zur Regierung, die Kaufkraft etc. zu bestimmen. Die Redewendung aus der Stalin-Ära «Keine Dokumente, keine Person» gibt dieses Merkmal des modernen Lebens treffend wieder.

In der vormodernen Welt war es möglich, das ganze Leben ohne irgendwelche Dokumente zu verbringen. Identität hing weniger von Beziehungen unter Menschen ab, dafür stärker von der Beziehung zwischen Mensch und Gott. Und Gott wusste alles.

Zum Beispiel lebten vor nur drei oder vier Generationen die meisten Menschen in der Ukraine noch in Dörfern, und die wenigsten kannten ihr Geburtsdatum. Stattdessen kannten alle ihren Namenstag: den Tag des christlichen Heiligen, nach dem man sie benannt hatte. Wenn ein Mädchen Anfang Januar, in der zweiten Augusthälfte, Anfang September oder Mitte Oktober auf die Welt kam – zu Zeiten, als nach dem christlichen Kalender Festtage der Jungfrau Maria gefeiert wurden –, wurde es Maria getauft. Der Männername, der am häufigsten im christlichen Kalender auftaucht, ist der heilige Johannes oder Iwan. Deshalb wurde «Iwan» zu einem Kollektivnamen für Ukrainer und Russen (eine Nation der Iwane).

Alle diese Namen wiesen darauf hin, dass die Dorfbewohner einem christlichen Glauben angehörten – im Gegensatz zu, sagen wir, Juden, die ihren Kindern Namen aus dem Alten Testament gaben (Abraham, Mose, Sarah etc.). Christen und Juden hatten eines gemeinsam: Ihre Identifizierung verlief sozusagen vertikal. Sie ging von ihrer Beziehung zu Gott aus.

Heutzutage haben wir praktisch aufgehört, die Namenstage nach dem religiösen Kalender zu feiern. Stattdessen feiern wir die in unseren Pässen und Ausweisen dokumentierten Geburtstage. Die Kirche ist weitgehend vom Staat getrennt. Deshalb geben amtliche Dokumente inzwischen selten, wenn überhaupt, die Religionszugehörigkeit an. Ein orthodoxer Christ, ein griechischer Katholik, ein Jude, ein Krimtatar oder ein Atheist kann einen ukrainischen Reisepass haben. In der modernen Welt wird unsere Identität in unzähligen verschiedenen Papieren dokumentiert. Und unter all diesen möglichen Identitäten steht die Nationalität häufig an erster Stelle: die Identität des Staates, der einem einen Reisepass ausstellt.

Der Übergang von der *religiösen* vertikalen Identifikation (Mensch–Gott) zu einer *nationalen* horizontalen Identifikation (Mensch–Mensch oder genauer: Mensch–Behörde) war mit einer radikalen Umschreibung der alten Identitäten verbunden. In der modernen Gesellschaft können Kinder Namen bekommen, die nicht in christlichen Texten auftauchen, wie die «heidnischen» Namen der Kyjiwer Fürsten. Diese Namen wurden erst Mitte des 19. Jahrhunderts beliebt. Um diese Zeit tauchten die ersten Wolodymyrs, Jaroslaws, Ihors und Olhas auf – zuerst in den Familien nationalbewusster Intellektueller und später unter einfachen Stadtbewohnern und Bauern.

Nicht nur die Namen der Menschen ändern sich, sondern auch die Namen der Nationen, wenn sie sich von traditionellen, religiösen Gemeinschaften in moderne, säkulare Nationen verwandeln. Preußen und Bayern werden zu Deutschen, Samogiten werden Litauer, manche Litauer wiederum werden Belarussen, Moskowiter werden Russen, Walachen werden Rumänen, Juden werden Israelis, und die Ruthenen Österreich-Ungarns sowie die Kleinrussen des Zarenreiches werden zu Ukrainern.

Diese Veränderungen haben für Streitigkeiten gesorgt und tun es noch. Zum Beispiel streiten sich Belarussen und Litauer darum, wer das größere Anrecht auf den historischen Namen «Litwinen» hat; Ukrainer behaupten, die Russen hätten ihren Namen «gestohlen», weil Moskau ebenso wenig mit der Rus zu tun habe wie das heutige Rumänien mit dem alten Rom; und Russen behaupten ihrerseits, die

Ukrainer seien, weil man sie früher «Kleinrussen» nannte, eine künstliche Nation, die im 20. Jahrhundert vom deutschen Generalstab, den Polen, Bolschewiki, jüdischen Freimaurern etc. geschaffen worden sei.

Wenn wir die politischen Obertöne dieser Dispute einen Moment außen vor lassen, lohnt es sich, darauf hinzuweisen, dass sie auf dem Irrglauben basieren, Namen seien, genau wie die Nationen, die sie bezeichnen, festgelegt und unveränderlich. Das stimmt schlicht und einfach nicht. Alles in der Welt verändert sich. Ohne diese Veränderungen würden wir noch heute, wie der amerikanische Soziologe Rodney William Stark einmal meinte, in einer Welt leben, in der die meisten Neugeborenen ihren fünften Geburtstag nicht erleben und viele Frauen im Kindbett sterben; einer Welt voller Astrologen und Alchemisten, aber ohne Wissenschaftler; einer Welt der Despoten, ohne Hochschulen, Banken, Fabriken, Brillen, Schornsteine und Klaviere. Und in einer Welt, würde ich hinzufügen, ohne Reisepässe oder feste nationale Identitäten.

Unzählige Völker auf verschiedenen Kontinenten erlebten diese Veränderungen mit unterschiedlicher Intensität und zu unterschiedlichen Zeitpunkten. An manchen Orten entwickelten sie sich auf lokaler Ebene, an anderen wurden sie als Folge der Globalisierung und Kolonialisierung importiert. Das allgemeine Wesen dieser Veränderungen lässt sich mit dem Grundbegriff Modernisierung beschreiben. Aber selbst dieser Begriff verlangt, dass wir erklären, was Moderne ist und wie sie sich von der vormodernen Welt unterscheidet.

In der vormodernen Welt lebte die Mehrheit der Bevölkerung in Dörfern und betrieb Ackerbau; in der modernen Welt lebt die Mehrheit in Städten und arbeitet in der Industrie oder im Dienstleistungssektor. In der vormodernen Welt konnten nur wenige Menschen lesen; in der modernen Welt können die wenigsten Menschen *nicht* lesen. Die vormoderne Welt war von einer geringen sozialen und geographischen Mobilität geprägt: Eine als Bauer geborene Person starb in der Regel auch als Bauer, vermutlich im gleichen Dorf. In der modernen Welt verlassen die Kinder oder Enkelkinder derjenigen, die Ackerbau betrieben, das Land ihrer Ahnen und werden schließlich

Professoren, Schriftsteller, Befehlshaber und sogar Führer von Supermächten (wie Michail Gorbatschow oder Barack Obama).

Solche Dichotomien erleichtern uns das Denken, aber sie eignen sich nicht sonderlich für die Beschreibung der Realität. Zum Beispiel zählt der Gegensatz Stadt-Land zu den Hauptkriterien für die Bestimmung des Übergangs von der vormodernen zur modernen Welt. Eine Gesellschaft gilt als modern, wenn 50 Prozent oder mehr der Bevölkerung in Städten leben. Wenn wir uns an dieses Kriterium halten, dann wurde die Ukraine erst in den 1960er Jahren modern und die Welt insgesamt erst Anfang der 2000er. Somit gelangen wir zu einer Schlussfolgerung, die formal zwar korrekt, aber in Wirklichkeit unsinnig ist: Die Moderne begann erst vor ein paar Jahrzehnten!?

Eine weitere Schwierigkeit besteht darin, dass diese Kriterien von einer Gesellschaft zur anderen variieren. Wenn beispielsweise die Rede ist vom Anteil der Bevölkerung, die in städtischen Regionen lebt, müssen wir berücksichtigen, dass die Größe einer Stadt an verschiedenen Orten zu verschiedenen Zeiten unterschiedlich definiert wurde. Im Irland oder Frankreich des 19. Jahrhunderts wurde eine Stadt als bevölkertes Gebiet mit über 2000 Bewohnern definiert. In den Niederlanden lag die Zahl bei 20 000 Bewohnern. Folglich lässt sich eine städtische Bevölkerung von 50 Prozent in Irland überhaupt nicht mit einer städtischen Bevölkerung von 50 Prozent in den Niederlanden vergleichen.

Jene Kriterien, die wir häufig heranziehen, als wären sie allgemeingültig, gehören in Wirklichkeit einer bestimmten Gesellschaft an. Was die Moderne angeht, lässt sich diese Gesellschaft mit dem englischen Kürzel «WASP» für weiß, angelsächsisch, protestantisch umschreiben. Tatsächlich gilt die englische Gesellschaft als die Wiege der Moderne. Es stellt sich die Frage, ob die gleichen Kriterien auf Gesellschaften angewandt werden können, in denen die Mehrheit der Bevölkerung weder weiß noch angelsächsisch oder protestantisch ist?

Um diesem schmalen Pfad der Gegenüberstellungen und Kriterien zu entgehen, kann es hilfreich sein, den Fokus von objektiven Merkmalen (all jenen, die man fassen und zählen kann) zu subjektiven (jenen, die nur in unseren Köpfen existieren) zu verlagern. Das Wort «modern» ist von dem lateinischen Wort *modo* abgeleitet, was so viel wie jüngst, kürzlich heißt. Es tauchte zum ersten Mal nach dem Untergang des Römischen Reiches im 6. Jahrhundert auf und stammt aus dem sogenannten Vulgärlatein. Schon dieser Ursprung des Wortes liefert einen Hinweis auf dessen semantische Bürde. Vulgärlatein galt gegenüber dem klassischen Latein als minderwertig, und «modern» bedeutete etwas, das offensichtlich von minderer Qualität war. Alles Neue (Moderne) wurde als den «guten alten Zeiten» unterlegen angesehen. *Homines novi* (neue Menschen) entsprachen in etwa den *nouveaux riche*s auf Französisch oder den «Neuen Russen» auf Russisch beziehungsweise «Neuen Ukrainern» auf Ukrainisch: Menschen mit schlechten Manieren. Das Moderne hatte nur insofern ein Existenzrecht, als es danach trachtete, das Alte nachzuahmen. Wie Petrarca rhetorisch fragte: «Was ist die ganze Geschichte, außer dem Lobpreis Roms?»

Der Begriff «modern» ist im Laufe der letzten drei oder vier Jahrhunderte radikal von einem negativen zu einem positiven Sinn umgedeutet worden. Die Anfänge dieses Wandels lassen sich in der sogenannten *Querelle des Anciens et des Modernes* beobachten, die französische und britische Autoren im 17. und 18. Jahrhundert miteinander führten. Die «Alten» wie La Fontaine, Jonathan Swift und andere argumentierten, das alte Griechenland und Rom stünden für den Gipfel der menschlichen Zivilisation; alles, was danach gekommen sei, sei von geringerem Wert gewesen. Die «Modernen» hingegen wiesen auf wissenschaftliche Entdeckungen hin. Sie räumten ein, dass Homer, Platon oder Vergil unübertroffen seien, aber man Archimedes und Ptolemäus nicht mit Kopernikus oder Newton vergleichen könne.

Seit dem 19. Jahrhundert hat sich die Wertung, die mit «modern» und «alt» verbunden wird, komplett umgekehrt. In der Vorstellung gebildeter Menschen birgt Moderne das Versprechen einer Veränderung zum Besseren hin. Um modern zu sein, muss man nicht in einer industriellen, urbanisierten und gebildeten Gesellschaft leben; man muss lediglich *wollen,* dass die eigene Gesellschaft industrialisiert, urbanisiert und gebildet wird. Wenn Traditionalisten ihre Legitimität auf die Treue zu Traditionen stützen, so rechtfertigen sich Modernisten mit dem Glauben an eine bessere Zukunft. Die Moderne beginnt in dem Moment, wo Menschen anfangen, an den Wandel zu glauben und danach zu streben.

Die Tatsache, dass sich die moderne Welt von traditionellen Gesellschaften abhebt, heißt nicht, dass moderne Gesellschaften keine Traditionen hätten. Tatsächlich kann keine Gesellschaft ohne Traditionen existieren. Wo es keine Traditionen gibt, werden neue erfunden, etwa die oben erwähnte Idee, Kinder nach den alten Herrschern der Rus zu benennen. Deshalb könnte man das 19. Jahrhundert das Jahrhundert der «erfundenen Tradition» nennen. Das Hauptmerkmal der Moderne ist nicht An- oder Abwesenheit von Traditionen, sondern die Weise, wie diese Traditionen von Generation zu Generation weitergegeben werden. In einer traditionellen Gesellschaft lernt ein Sohn zu pflügen, indem er mit seinem Vater auf dem Feld arbeitet; eine Tochter lernt, einen Haushalt zu führen, indem sie ihrer Mutter hilft; ein Handwerkerlehrling lernt das Handwerk in der Werkstatt seines Meisters. Traditionelles Wissen wird mündlich von Mensch zu Mensch weitergegeben. Ein Vater kennt seinen Sohn, eine Mutter kennt ihre Tochter, ein Meister kennt seinen Lehrling; und man kann ihnen etwas beibringen, ohne dass dafür Schulbücher oder auch nur die Fähigkeit zu lesen nötig wären.

Im Gegensatz dazu erfordert eine moderne Gesellschaft Bildung. Wenn Fabrikarbeiter komplexe Vorgänge beherrschen sollen, brauchen sie ein Mindestmaß an Bildung. Industrielle Produktion funktioniert ohne Massenbildung nicht, und Kinder können nur in einer Sprache, die sie verstehen, in großen Gruppen mit Hilfe von Lehrbüchern unterrichtet werden. Die verschiedenen Dialekte und lokalen Varianten müssen auf eine einzige, einheitliche und standardisierte Landessprache reduziert werden, die wir die Literatursprache oder Standardsprache nennen.

Die moderne Elite muss auf die Sprache achten, weil die Stärke der Wirtschaft und folglich ihre Macht davon abhängen. Die Nation selbst ist ein Kind der Verbindung zwischen modernem Staat und Volkskultur. Traditionelle Gesellschaften kamen auch ohne Nationen aus, die moderne Gesellschaft kann das nicht. Das schließt keineswegs die Möglichkeit aus, dass in der vormodernen Welt bereits proto-nationale Gemeinschaften existierten. Aber wenn sie existierten, so waren sie eher Nationen «in sich selbst» als Nationen «für sich selbst». Sie wussten, wer sie *nicht* waren, konnten aber nicht sagen, *wer* sie waren. Damit eine Nation «in sich» zu einer Nation «für sich» wird, sind Bücher, Reisepässe, Landkarten, Schulen und so weiter nötig – all jene Bestandteile der modernen Welt, die nationale Identitäten festlegen und zu Massenidentitäten machen.

Der Unterschied zwischen einer Nation «in sich» und einer Nation «für sich» lässt sich auch durch einen anderen Gegensatz veranschaulichen: «ein Volk» und «eine Nation». Ein Volk existiert einfach in sich, so wie Gräser oder Bäume wachsen. Nationen hingegen existieren nicht in der Natur. Sie müssen gepflegt werden, wie Rasen oder Gärten. Und ein neues Produkt braucht einen neuen Namen. Die ursprünglichen Wälder, die von diesen Anlagen verdrängt wurden, hätte man wohl kaum Jardin du Luxembourg oder Central bzw. Hyde Park genannt!

Die Hauptakteure bei der Umwandlung von Völkern zu Nationen sind ganz besondere «Gärtner»: Dichter, Schriftsteller, Literaturkritiker, Historiker, Geographen, Philologen und andere «hochgeistige» Vertreter der Eliten. Sie glorifizieren die Vergangenheit der Nation und sagen ihr eine noch großartigere Zukunft voraus, definieren ihre Grenzen und zeichnen Karten, schreiben nationale Geschichte, erschaffen eine Grammatik der Landessprache und, vor allem, wählen oder erfinden einen Namen für die Nation. Bis sie sich darauf einigen, wie man sie nennen soll, herrscht ein terminologisches Chaos.

Für die Ukraine lässt sich mit ziemlicher Exaktheit sagen, wann dieses Chaos endete: in den letzten Jahrzehnten des 19. Jahrhunderts. Davor bestand keine Einigkeit darüber, wie man die meisten slawischen Völker der Region nennen sollte, mit Ausnahme der Polen und Russen. In der Ukraine konnte man die Bezeichnungen «Ruthenen», «Kleinrussen» und «Ukrainer» ebenso als austauschbar wie auch als einander ausschließend ansehen. In der ersten Hälfte des 19. Jahrhunderts war eine anonyme *Geschichte der Rus* unter den Nachfahren der Kosaken sehr beliebt. Der patriotische Verfasser des Textes sprach sich gegen die Änderung des Namens «Rus» zu «Ukraine» aus: In seinen Augen war der Name «Ukraine» die Erfindung «schamloser und boshafter polnischer und litauischer Fabeldichter».

Mitte des 19. Jahrhunderts kristallisierte sich ein Kompromiss heraus: «Rus» und «Ukraine» wurden fortan als zwei Teile des gleichen Namens verwendet. Die Bezeichnung «Rus-Ukrainer» wurde erstmals von dem galizischen Dichter Iwan Huschalewytsch im «Frühling der Nationen» (den Revolutionen von 1848/49) geprägt. Er wollte damit die Einheit zwischen den Teilen der Ukraine unter österreichischer Herrschaft und denen unter russischer Herrschaft hervorheben. Im Jahr 1890 tauchte die Bezeichnung im Namen der ersten ukrainischen politischen Partei auf: der *Rusko-ukrajinska Radykalna Partija* (meist übersetzt als: Ruthenisch-ukrainische Radikale Partei). Im Jahr 1898 nannte Mychajlo Hruschewskyj sein Standardwerk *Istorija Ukrajiny-Rusy* (Geschichte der Ukraine-Rus). Zu Beginn des 20. Jahrhunderts verschwand die erste Hälfte der Bezeichnung «Rus-Ukraine». Nach dem Ende des Ersten Weltkrieges tauchten die ersten Staatswesen mit der Bezeichnung «Ukraine» oder «Ukrainisch» in ihren Namen auf: die Ukrainische Volksrepublik, der Ukrainische Staat, die Westukrainische Volksrepublik, die Ukrainische Sozialistische Sowjetrepublik oder das Reichskommissariat «Ukraine». In der Zwischenkriegszeit verdrängten die Bezeichnungen «Ukrainisch» und «Ukrainer» nach und nach «Ruthenen» oder «Russynen». Nach dem Zweiten Weltkrieg, nach der sowjetischen Vereinigung aller ukrainischen Gebiete, wurde dann «Ukraine» zum allgemein akzeptierten Namen.

Kurzum, «Rus» ist primär der Name einer traditionellen, historischen Gemeinschaft, «Ukraine» hingegen ist primär der Name einer modernen Gesellschaft. So gesehen, verlief die Gründung der Ukraine auf drei Ebenen: von einem Volk zu einer Nation, von einer traditionellen zu einer modernen Gesellschaft, von Rus zu Ukraine. Auch wenn diese Formel den Sachverhalt allzu sehr vereinfacht, ermöglicht sie es, eine gewisse Ordnung in den terminologischen Wirrwarr zu bringen.

Indem wir Namen so große Aufmerksamkeit schenken, schieben

wir allerdings Fragen vor uns her, die ebenso wichtig sind: Woraus bestehen die Gesellschaften, über deren Namen wir diskutieren? Welches soziale Kapital wurde von Generation zu Generation weitergegeben: soziale Werte, zwischenmenschliche Beziehungen, Verhältnis zwischen Volk und Regierung? Veränderte sich dieses soziale Kapital mit jedem Transfer und in welchem Ausmaß?

Meiner Meinung nach gibt es mehr Verbindungen zwischen traditionellen und modernen Welten, als wir kennen. Insbesondere erklären diese Verbindungen zur Vergangenheit den spezifischen Charakter der modernen Ukraine – und auch, warum sie sich so vehement gegen den russischen Angriff wehrt und weshalb sie danach drängt, sich mit Europa zu vereinigen.

Eben davon handelt der Rest dieses Buches.

KAPITEL 2

Die Rus

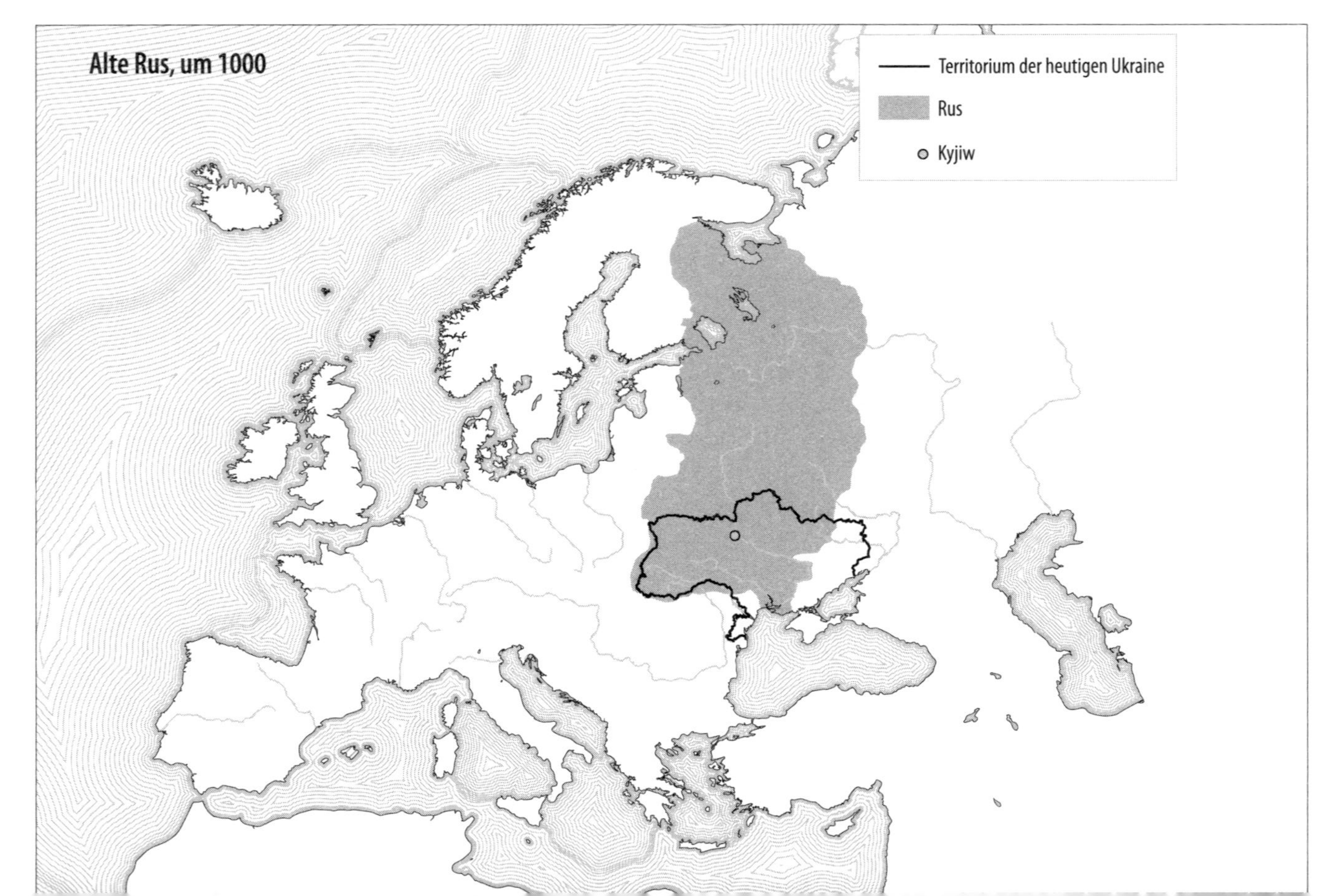
Alte Rus, um 1000
Territorium der heutigen Ukraine
Rus
Kyjiw

«Wer lebt glücklich in Russland?», fragte der russische Dichter Nikolaj Nekrassow in den 1870er Jahren. Er gab darauf keine eindeutige Antwort, und selbst wenn, so hätte sie sich auf ihn selbst bezogen: «Keine Dichter.» In Russland ist der Beruf des Dichters ebenso hoch angesehen wie riskant. Wie Ossip Mandelstam einmal meinte: «Nur bei uns [in Russland] achtet man die Dichtung – für sie werden Menschen umgebracht.» Das Schicksal des Dichters bestätigt seine Worte: Er starb 1938 im Gulag.

Kein Mensch hat jemals versucht zu schätzen, wie viele andere Dichter, Schriftsteller und Literaturkritiker russischer, ukrainischer, georgischer, kasachischer oder sonstiger Nationalität im Russischen Zarenreich und in der Union der Sozialistischen Sowjetrepubliken unterdrückt wurden. In der sowjetischen Ukraine fielen schätzungsweise 85 Prozent der Dichter, Schriftsteller und Literaturkritiker der stalinistischen Unterdrückung in den 1930er Jahren zum Opfer. Diese Phase wird die «erschossene Renaissance» genannt. Nach Stalins Tod im Jahr 1953 ließen die Repressionen etwas nach, aber sie hörten nicht ganz auf. Von 1960 bis 1980 stellten Dichter und Schriftsteller einen unverhältnismäßig hohen Anteil an den Opfern von Verfolgung.

Der ukrainische Dichter Wassyl Stus wurde im Jahr 1972 zum ersten Mal verhaftet. Im Herbst 1979 kehrte er nach langen Jahren im Gefängnis und in der Verbannung nach Kyjiw zurück, doch er blieb nicht lange in Freiheit. Wenig später schloss er sich der Ukrainischen Helsinki-Gruppe zum Schutz der Menschenrechte an und «verdiente» sich eine zweite Verhaftung, dieses Mal 15 Jahre Haft und Verbannung. Während er auf dem Weg ins Lager war, brachen im benachbarten kommunistischen Polen Arbeiterstreiks aus. Solidarność, die antikommunistische Gewerkschaft, nahm Gestalt an.

Zwar herrschten sowohl in der Ukraine als auch in Polen kommunistische Regimes, doch das polnische war deutlich milder: Dort wurden Dichter nicht zu Dutzenden unterdrückt; in der UdSSR verbotene Bücher und Zeitschriften konnte man in lokalen Bibliotheken lesen; Warschau veranstaltete als einzige kommunistische Hauptstadt ein Konzert der Rolling Stones; die katholische Kirche im kommunistischen Polen hatte mehr Einfluss als die polnischen Kommunisten; und im Jahr 1978 wurde Kardinal Karol Wojtyła aus Krakau unter dem Namen Johannes Paul II. der erste slawische Papst.

Stus bewunderte Polen. Er schrieb: «Keine andere Nation in der totalitären kommunistischen Welt hat so leidenschaftlich ihre Menschen- und nationalen Rechte verteidigt.» Er sagte voraus, dass Polen beim Sturz des Kommunismus vorangehen werde, und bedauerte es, kein Pole zu sein. Insbesondere fragte er sich, ob die Ukraine «dem polnischen Beispiel folgen» werde. Er war überzeugt, dass die Ukrainer psychologisch den Polen am nächsten wären, doch ihnen fehlte das Allerwichtigste: Nationalstolz.

Damals bereitete die sowjetische Regierung in der Ukraine die Feiern zum 1500. Jahrestag der Gründung Kyjiws vor. Dieses Datum war frei erfunden: Niemand weiß, wann Kyjiw wirklich gegründet wurde. Die atheistischen sowjetischen Behörden erfanden diesen Jahrestag, um der Jahrtausendfeier der Taufe der Rus (988) im Westen etwas entgegenzusetzen. Das Ganze bewog Stus, sich Gedanken über den Einfluss des orthodoxen christlichen Glaubens auf die Ukraine zu machen. Er schrieb: «Ich bin überzeugt, dass die Übernahme des Byzantinisch-Moskauer Ritus ein Fehler war, der uns, den östlichsten Teil des Westens, in den Osten geführt hat. Unser individualistischer westlicher Geist, geprägt von der despotischen byzantinischen Orthodoxie, konnte sich nicht von dieser Dualität des Geistes befreien, einer Dualität, die am Ende zur Scheinheiligkeit wurde.»

Diese Worte von Stus glichen den Schlussfolgerungen des bekannten russischen Byzantinisten Alexander Kazhdan. Als Jude wurde es Kazhdan 1978 erlaubt, aus der UdSSR auszureisen. Er ließ sich in den

Vereinigten Staaten nieder und war an der Harvard University tätig. Dort schrieb er, seine akademische Laufbahn resümierend: «Wenn ich an die Geschichte von Byzanz und ihre Bedeutung für das 20. Jahrhundert denke, komme ich immer wieder zu demselben Gedanken: Byzanz hat uns eine einzigartige Erfahrung eines europäischen Totalitarismus hinterlassen. Für mich ist Byzanz weniger die Wiege der Orthodoxie oder die Schatzkammer der alten Hellas, als vielmehr ein tausendjähriges Experiment totalitärer Machtausübung, ohne dessen Verständnis wir, allem Anschein nach, außerstande sind, unseren eigenen Platz im historischen Prozess zu erkennen.»

Wassyl Stus starb am 4. September 1985 in einem Gefangenenlager in Russland. Laut der amtlichen Version starb er an einem Herzstillstand. Andere sind überzeugt, dass sein Tod von den Wärtern arrangiert wurde. Fast vier Jahre danach begann, wie er vorausgesagt hatte, in Polen der Sturz des Kommunismus. Im Juni 1989 gewann Solidarność die ersten demokratischen Wahlen und bildete eine antikommunistische Regierung. Die revolutionäre Bewegung setzte sich nach Osten fort. Im September 1989 fand in Kyjiw der Gründungskongress von Ruch statt, der Volksbewegung der Ukraine, die sich nach dem Vorbild der Solidarność aufstellte.

Nach Jahren der kommunistischen Isolation fing die sowjetische Ukraine an, sich der Außenwelt zu öffnen. Im Sommer 1990 kam Ihor Ševčenko, der Harvard-Professor für byzantinische Studien, zu einer internationalen akademischen Konferenz nach Kyjiw. Mit Blick auf die Veränderungen in der ukrainischen Hauptstadt gelangte er zu dem Schluss: «Das byzantinische Vermächtnis kann ... im Verein mit späteren langfristigen Tendenzen ... inmitten rasanter Veränderungen in den Hintergrund treten, doch seine Auswirkungen werden nicht über Nacht verschwinden.»

Das 20. Jahrhundert wird das «Zeitalter der Extreme» genannt. Wassyl Stus, Alexander Kazhdan und Ihor Ševčenko hatten sehr unterschiedliche Schicksale in diesem Jahrhundert, doch sie kamen alle zur gleichen Schlussfolgerung: Die Entscheidung Fürst Wolodymyrs, im Jahr 988 den christlichen Glauben von Byzanz anzunehmen, statt den von Rom, hatte einen tiefgreifenden Einfluss auf das

Volk, das in den folgenden tausend Jahren im Schatten des russisch-orthodoxen Kulturkreises leben sollte.

Zwischen Zivilisation und Barbarei

Die Geschichte jeden Landes ist mit seiner Geographie verknüpft. Die wenigsten Menschen wissen, dass die Ukraine zu den Ländern zählt, deren Klima und Boden den Anbau von Weintrauben gestatten. Sie ist eine der wenigen Weinbrand erzeugenden Regionen. Vor der Annexion der Krim durch Russland 2014 zählte die Ukraine zu den 25 größten Weinproduzenten der Welt.

In den Regionen um das Mittelmeer und um das Schwarze Meer werden schon seit langer Zeit Trauben angebaut. Der Weinanbau hat seinen Ursprung im südöstlichen Teil, dem heutigen Westasien und Nahen Osten. Der «fruchtbare Halbmond» dieser Region – die Landschaften zwischen dem Mittelmeer und dem Persischen Golf, die vom Tigris, Euphrat und Nil bewässert werden – war die Geburtsstätte der ersten Schriftzeichen. Viel früher, vor etwa 10 000 Jahren, fingen die Menschen in diesen Regionen im Zuge der frühesten Revolution der Menschheitsgeschichte an, Weizen, Roggen und anderes Getreide anzubauen – der Übergang zur Landwirtschaft.

Brot und Wein sind Symbole des christlichen Glaubens. Im Mittelalter definierte das Christentum die Grenzen Europas. Der christliche Glaube selbst kam im Umfeld der jüdischen, griechischen und römischen Kulturen auf. Deshalb bleibt, ganz gleich für welche Geschichte wir uns entscheiden – sei es die wirtschaftliche, politische oder kulturelle –, der Mittelmeerraum die Wiege der europäischen Zivilisation. Er erstreckte sich von Ägypten im Süden bis zum Schwarzen Meer im Norden, von Gibraltar im Westen bis zum Kaukasus im Osten. Nördlich davon lebten «Barbaren». Im Altertum bestand ein Nord-Süd-Gefälle zwischen der Zivilisation und der Welt der Barbaren. Der Mittelmeerraum war der zivilisierte «Süden», wo alle Reichtümer der Welt anzutreffen waren: Gold und Silber, Luxuswaren und edle Weine. Und selbstverständlich Bücher und Bibliotheken.

Für Letztere interessierten sich die Barbaren jedoch kaum. Sie betrieben Ackerbau, wo die Bedingungen es zuließen, überall sonst führten sie ein Nomadenleben. Beide Gruppen kamen über Handel und Kriege mit dem zivilisierten Süden in Berührung. Am Ende waren Raub und Handel häufig nur zwei Seiten einer Medaille, weil sie Teil einer allgemeinen Wirtschaftsform waren, die sich weitgehend auf Gewalt stützte. Es ist bemerkenswert, dass auf den Märkten am Mittelmeer lange Zeit Sklaven aus dem Norden zu den wichtigsten Waren zählten.

Die Reichtümer des Südens zogen wie ein Magnet die nördlichen Stämme an, die unablässig die zivilisierten Gebiete überfielen. Während der Herrschaft des Römischen Reiches versuchte der Süden, sich durch den Bau von Befestigungsanlagen (dem Limes), die sich von der Atlantikküste im Norden der britischen Insel quer über den ganzen Kontinent bis zum Schwarzen Meer erstreckten, zu schützen. In der römischen Vorstellung war der Limes mehr als nur eine Befestigung. Die Wälle standen für eine fast schon heilige Grenze, die eine zivilisierte Person nicht ohne triftigen Grund überschritt.

Die von den alten Griechen bewohnte Halbinsel Peloponnes war seit der Mitte des ersten Jahrtausends v. u. Z. das Zentrum der mediterranen Zivilisation. Die Länder waren arm an natürlichen Ressourcen, weil sich nur 25 Prozent des Territoriums für den Ackerbau eigneten und der Rest gebirgig war. Aufgrund dieses Mangels an fruchtbarem Land und anderen Ressourcen war die Bevölkerung gezwungen, benachbarte Gebiete zu besiedeln. Von der Peloponnes aus breiteten sich griechische Siedler über den ganzen Mittelmeerraum aus und gelangten über die Wasserstraßen zu benachbarten Meeren und Küsten. Die griechische Kolonisation verband die Küstenlinien zu einer einzigen mediterranen Welt. Die späteren Feldzüge Alexanders des Großen und römischer Feldherren vereinten sie dann zu einem einzigen politischen Raum.

Seereisen waren gefährlich. Nach einem altgriechischen Sprichwort wird der Abstand zwischen Leben und Tod nach der Dicke der Planken eines Schiffes gemessen. Das Schwarze Meer war besonders gefährlich. Anders als im Mittelmeer oder in der Adria gibt es hier keine Inseln, wo man unterwegs anlegen kann. Außerdem wohnten damals kriegerische Stämme an der Küste. Die alten Griechen nannten dieses Meer ursprünglich «ungastlich» (Pontus Axenus). Dann änderten sie, mit der ihnen eigenen Schläue, den Namen zu «gastliches Meer» (Pontus Euxinus), um sowohl das Schicksal als auch die Götter zu täuschen.

Für die Griechen und später die Römer war die Schwarzmeerregion ein fernes, wenig bekanntes Land, das von seltsamen Kreaturen und Stämmen bewohnt wurde. Angeblich lebten dort die Amazonen, ein Stamm kriegerischer Frauen, die aus der *Ilias* und den Taten des Herkules bekannt waren. Tacitus schrieb, diese Gegenden würden von Kreaturen mit menschlichen Gesichtern, aber tierischen Leibern bewohnt. Die Vorstellung vom Schwarzen Meer als der «Heimat der Barbaren» überlebte das alte Griechenland und Rom und hielt Einzug in die spätere europäische Kultur. Robert Howard verpflanzte seinen Helden Conan der Barbar dorthin. Der Name des Amazonas (und amazon.com) wird ebenfalls mit der Mythologie des Schwarzen Meers assoziiert. Als Pizarros Krieger im südamerikanischen Urwald nach El Dorado suchten, kamen sie zu einem Fluss. Dort begegneten sie einem kriegerischen Stamm, der von Frauen angeführt wurde. Diese schlugen ihre Männer tot, wenn sie sich zurückziehen wollten. Pizarros Männer benannten den südamerikanischen Fluss nach den Kriegerinnen am Schwarzen Meer.

Hauptsächlich wissen wir dank Herodot etwas über das Schwarze Meer als Teil der Welt des Altertums. Er reiste durch den ganzen Mittelmeerraum und beschrieb, was ihm dort begegnete. Deshalb kann man sein Werk als die erste Weltgeschichte ansehen, selbstverständlich innerhalb der Grenzen dessen, was die Griechen von der Welt kannten. Wie jede gute Geschichte stützte sich das Werk auf das Aufzeigen von Ursachen, Wirkungen und Zusammenhängen – allesamt Punkte, die Geschichtsschreibung erst zu einer Wissenschaft machen. Im Fall der Bewohner der Schwarzmeerregion lag der Ausgangspunkt für den Vergleich auf der Hand: Der einheimische Stamm der Skythen hatte die gleiche Großtat wie die Griechen vollbracht, als er ein persisches Heer besiegte, das dem eigenen um ein Vielfaches überlegen war.

Aber ein Vergleich zwischen Skythen und Griechen ist wie der Vergleich von Feuer und Wasser. Die Skythen trugen Umhänge, die aus den Skalpen ihrer toten Gegner angefertigt wurden. Sie hatten keine Siedlungen; die Männer verbrachten ihr Leben auf dem Pferd, Frauen und Kinder in Karren. Sie zeichneten sich durch ihre Trunksucht aus («er trinkt wie ein Skythe», was hieß, dass sie unverdünnten Wein tranken, während Griechen den Wein mit Wasser verdünnten), durch ihre Redseligkeit («plappern wie ein Skythe») und durch ihren Mangel an Geschmack (die Griechen hielten Bescheidenheit für eine Tugend, während die Skythen sich gerne mit Gold behängten). Die Griechen betrachteten die Skythen wie durch einen Zerrspiegel. Die Skythen waren alles, was sie nicht waren und auf keinen Fall sein wollten. Kurzum: sie waren Barbaren.

Selbstverständlich fehlte es Herodot an der nötigen Objektivität, die wir von modernen Historikern verlangen. Von den Zivilisationen der Antike fasziniert vergessen wir häufig, wie chauvinistisch (um es mit einem modernen Begriff auszudrücken) die alten Griechen gegenüber anderen Völkern sein konnten. In ihren Geschichten wird häufig der wechselseitige Charakter der griechisch-skythischen Beziehungen ausgeklammert. Nicht nur die Griechen gelangten bis in die Schwarzmeerregion; die Skythen reisten ihrerseits auch bis Kleinasien. Skythische Krieger waren in Athen die Ordnungshüter. Einer der sieben großen griechischen Weisen war Skythe: Anacharsis, dem die Erfindung des Ankers zugesprochen wird. Nach seiner Rückkehr wurde er von den Skythen getötet, weil er hellenisiert worden war, und sogar die Nennung seines Namens wurde verboten. Das gleiche Schicksal erwartete den skythischen König Scyles, der versuchte, ein Doppelleben als barbarischer Skythe und zivilisierter Grieche zu führen, bis seine Stammesmitglieder sein Geheimnis entdeckten und ihn köpften.

Jedenfalls sollte die Geschichte der ukrainischen Länder mit Herodots *Historien* beginnen. Die Schwarzmeerregion hatte im Römischen Reich eine besondere Funktion: Sie war sozusagen das «römische Sibirien», ein Ort der Verbannung für Verbrecher und unerwünschte Personen. Hierhin wurde Ovid (43 v. u. Z. – 17 u. Z.) verbannt, nachdem er bei Kaiser Augustus in Ungnade gefallen war, weil er angeblich die römische Jugend mit erotischen Gedichten verdarb. Manche vermuteten jedoch persönlichere Gründe dahinter. Ovid beklagte sein Exil im «sarmatischen Land» oder Skythien, wo er unter den Stürmen, dem Meer und dem (angeblich) harten Winter litt. Hier handelt es sich um einen klassischen Fall von künstlerischer Freiheit, wonach der Dichter es nicht für falsch hielt, im Namen einer guten Story zu übertreiben oder gar zu lügen. Genau genommen waren die Dichter nicht die einzigen mit dieser Angewohnheit. Herodot selbst berichtete, in den Ländern nördlich von Skythien würden so viele Federn vom Himmel fallen, dass man überhaupt nichts sehen könne.

In der zweiten Hälfte des 18. Jahrhunderts eroberte das russische Zarenreich die Steppen um das Schwarze Meer. Zarin Katharina II. startete das Projekt, ein «Neu-Griechenland» zu gründen, und gab den neuen Städten dort griechische Namen. Sie änderte auch den Namen der tatarischen Stadt Hacıdere in Ovidiopol, wörtlich: «Ovidstadt». Diese neue Stadt lag in der Nähe einer der ältesten Städte der Region: Ophiusa, was auf Griechisch so viel wie «Schlangenstadt» heißt. Unter den Römern hieß sie dann Tyras und war der nordöstliche Vorposten des Reiches. Heute liegt sie in der Ukraine und heißt Bilhorod-Dnistrowskyj.

Ein weiterer bekannter Verbannter war Clemens von Rom (35–99), einer der ersten Päpste. Das Christentum war im Römischen Reich damals verboten, und Christen wurden verfolgt und getötet. Clemens wurde zu den Steinbrüchen auf der Krim in der Nähe von Chersonesus Taurica (Korsun in der slawischen Überlieferung) verbannt. Die Arbeit in den Steinbrüchen kam damals wegen des langsamen und qualvollen Todes an Erschöpfung einer Hinrichtung gleich. Laut der Legende überlebte Clemens nicht nur, sondern bekehrte auch mehrere Häftlinge und Wärter zum christlichen Glauben. Deshalb wurde er mit einem Anker um den Hals ertränkt, damit seine Anhänger keine Überreste von ihm fänden und sie anbeteten. Das Meer hat seinen geschundenen Leib angeblich jedoch wieder hergegeben.

Die wundertätigen Reliquien von Papst Clemens wurden in Chersonesus aufbewahrt. Im 9. Jahrhundert entdeckte der slawische Missionar Kyrill sie dort und brachte einen Teil nach Rom. Die übrigen wurden von Fürst Wolodymyr (960/963–1015), nachdem er die Stadt erobert hatte, nach Kyjiw gebracht. Er baute die Kirche des Zehnten, um die Reliquien aufzubewahren. Später wurde er zusammen mit seiner Frau, der byzantinischen Prinzessin Anna, dort begraben. Wolodymyrs Sohn, Fürst Jaroslaw (983/987–1054), zeigte das Haupt des Heiligen Clemens als seine kostbarste Reliquie dem Gesandten König Heinrichs I., den man geschickt hatte, um Anna, die Tochter Jaroslaws, zu freien. Der Kult des Heiligen Clemens breitete sich über die ganzen Lande der Rus aus. Clemens wurde einer der ersten Heiligen in der lokalen christlichen Tradition, und seine Legende ist in der einheimischen Folklore tief verwurzelt.

Wenn wir der Weiterentwicklung dieser Legende, samt den zugehörigen schriftlichen und materiellen Artefakten (wie etwa die Architektur mit weißen Steinen) nachspüren, können wir der Entwicklung der Zivilisation in ganz Osteuropa folgen. Sie breitete sich durch die antike Schwarzmeerregion von Süd nach Nord bis Kyjiw aus und anschließend von Kyjiw in alle Länder der Rus. Laut der ältesten Chronik der Rus, der *Nestorchronik,* ist der Apostel Andreas angeblich den weiten Weg bis an den Ort gereist, wo Kyjiw später entstehen sollte, und hat die Zukunft der Stadt gesegnet.

Kyjiw wird auch als «Mutter der Städte der Rus» bezeichnet, das ist im Grunde eine wörtliche Übersetzung aus dem griechischen Wort für «Hauptstadt der Rus» (*metropolis* heißt «Mutter der Städte»). Griechisch war die Sprache des Byzantinischen Reiches. Aber obwohl die Byzantiner Griechisch sprachen, nannten sie sich Römer. Sie verlegten ihre Wurzeln in die Stadt am Tiber und zu den Zwillingen Romulus und Remus. Dieses Reich war – in den Augen byzantinischer Autoren – nicht nur ein direkter Nachfolger des Römischen Reiches; es war *dasselbe* Römische Reich. In ihren Augen bestand ein Staat so lange fort, wie es eine Regierung in einer Hauptstadt gab. Wo genau diese Hauptstadt lag und wie sie genannt wurde, war demnach von sekundärer Bedeutung.

Die Hauptstadt wurde unter Kaiser Konstantin (herrschte 306–337) aus Rom wegverlegt. Um der Gefahr von Überfällen durch Barbaren zu entgehen, versetzte er das Zentrum des Römischen Reiches in die Kolonie Byzanz am Schwarzen Meer, die von allen Seiten ideal durch das Meer und Hügel geschützt war. Ursprünglich sollte diese Hauptstadt «Neu-Rom» genannt werden, doch ging sie als Stadt Konstantins in die Geschichte ein: Konstantinopel. Kaiser Konstantin wird mit einem weiteren großen Umbruch des Römischen Reiches assoziiert. Vor ihm war das Reich heidnisch und polytheistisch; nach ihm war es monotheistisch und christlich. Konstantin beendete die Verfolgung der Christen, erklärte sich zu ihrem Beschützer und konvertierte auf dem Totenbett zum christlichen Glauben.

Das Byzantinische Reich hatte über tausend Jahre Bestand, bis zur Eroberung von Konstantinopel im Jahr 1453. Durch die Zerstörung von Byzanz vollendeten die osmanischen Türken den Prozess, der mit den arabischen Eroberungen des 7. und 8. Jahrhunderts begonnen hatte: die Umwandlung des östlichen Mittelmeerraums in eine muslimische Welt. Seither hat sich die Trennlinie zwischen Süden und Norden als Hauptkennzeichen einer zivilisatorischen Spaltung nach und nach zu einer Trennlinie zwischen Osten und Westen verschoben. Aber die alte Spaltung war keineswegs verschwunden. Sie wirkte bis ins 19. Jahrhundert hinein fort. Das russische Zarenreich wurde das nördliche Reich genannt, und Reisende, die von Petersburg oder Moskau aus nach Kleinrussland (die ukrainischen Länder) aufbrachen, wussten wohl, dass sie sich auf die Suche nach den Wurzeln der alten Zivilisation nach Süden begaben.

Zwischen Wikingern und Griechen

Das erste große Staatswesen auf diesem Territorium entstand auf dieser Süd-Nord-Trennlinie, ein Staat, den Lehrbücher Kyjiwer oder Alte Rus nennen. Dabei existierte ein Staat mit diesem Namen nie wirklich. Der Name wurde erst im 19. Jahrhundert von ukrainischen und russischen Historikern geprägt, um die Rus mit dem Zentrum Kyjiw von der späteren Rus (Russland) mit den Zentren Moskau und St. Petersburg zu unterscheiden.

Auch das Byzantinische Reich existierte nicht unter diesem Namen. Deutsche Historiker erfanden im 16. Jahrhundert den Namen, um das Reich mit Rom als Zentrum von dem späteren Reich mit Konstantinopel als Zentrum zu unterscheiden. Allerdings besteht ein grundlegender Unterschied zwischen der Geschichte des Byzantinischen Reiches und der Geschichte der Alten Rus. Während ersteres eine Fülle von Texten überliefert hat, blieb letzteres «stumm». Wir wissen weniger darüber als etwa über das alte Ägypten. Die Geschichte der Rus lässt sich mit einer auf den Kopf gestellten Pyramide vergleichen: Sie basiert auf einer kleinen Zahl definitiver Fakten, über die sich eine gewaltige Masse an Hypothesen, Interpretationen, Vermutungen, Spekulationen oder schlicht Manipulationen türmt. Je weiter man sich von der Basis entfernt, desto ungezügelter tobt sich die Fantasie aus.

Eine dieser fantastischen Vorstellungen spiegelt sich in dem Disput zwischen ukrainischen und russischen Historikern: Wer kann Anspruch auf den Nationalstaat der Rus erheben – Russland oder die Ukraine? Diese Debatte ist unsinnig. Die Rus war weder ein russischer noch ein ukrainischer Staat. Genau genommen konnte man sie lange Zeit kaum einen Staat nennen. In den ersten hundert Jahren glich sie eher der Ostindischen Handelsgesellschaft, die zur Gründung des Britischen Empires beitrug. Die im Jahr 1600 gegründete Company eroberte im Lauf der nächsten 250 Jahre mit Hilfe ihrer eigenen Armee ein riesiges Gebiet von Westindien bis in den Osten Chinas. Mitte des 19. Jahrhunderts übernahm dann die britische Krone die Kontrolle über diese Gebiete. Ganz ähnlich entstand und funktionierte die Rus als ein Handelsunternehmen, das Ende des 10. Jahrhunderts zu einem Staatswesen wurde.

Die Rus einen Nationalstaat zu nennen, ist ungefähr so, als würde man einen Abakus als den ersten Computer bezeichnen. Nationalstaaten entstanden erst viel später, fast tausend Jahre später im 19. Jahrhundert, und galten dann nach dem Ersten Weltkrieg allgemein als die Basis der internationalen Politik. Sich über den Anspruch auf das Vermächtnis der Rus zu streiten, hat ebenso wenig Sinn wie die Debatte, ob das Reich der Karolinger französisch oder deutsch war.

Ein Vergleich mit dem Reich der Karolinger, einem anderen großen Reich des frühen Mittelalters in der westlichen Hälfte des europäischen Kontinents, erleichtert das Verständnis des Wesens der Rus. Beide Staatswesen waren Reiche des Nordens, gegründet von barbarischen Eroberern: im ersten Fall der Franken, im zweiten der Rus (Waräger). Ibn Chaldun, der arabische Gelehrte des 14. Jahrhunderts, der als «Vater der Soziologie» gilt, beschrieb ein allgemeines Muster der Beziehungen zwischen Eroberern und Eroberten. Er behauptete, dass bei einer militärischen Auseinandersetzung zwischen barbarischen und zivilisierten Völkern die ersteren letztere wegen ihrer größeren kriegerischen Tapferkeit und Stammessolidarität besiegen würden. Aber binnen weniger Generationen würden die Eroberer den Versuchungen der Zivilisation erliegen, in der eroberten Mehrheit aufgehen, die innere Solidarität verlieren und in innere Streitigkeiten zerfallen – und an diesem Punkt fällt ihr Staat den nächsten Barbaren zum Opfer.

Dieses Schema von Ibn Chaldun gibt die Geschichte der Rus in groben Zügen wieder. Die ersten beiden Generationen der Herrscher hatten skandinavische Namen: Hrorekr (Rurik), sein Woiwode Helgi (Oleh), sein Sohn Ingvar (Ihor) und seine Schwiegertochter Helga (Olha), die weibliche Form von Helgi. In der dritten Generation führen sie bereits slawische Namen: Swjatoslaw (938–972), Wolodymyr, Jaroslaw. Die Herrschaften von Wolodymyr (980–1015) und Jaroslaw (1019–1054) markieren den Höhepunkt der politischen Macht der Rus. Im Lauf des 12. Jahrhunderts zerfiel die Rus in kleinere Fürstentümer, die von mehreren Rurikiden (Angehörigen der Dynastie Ruriks) regiert wurden. Sie führten untereinander unablässig grausame Bruderkriege, bis sie selbst neuen Eroberern zum Opfer fielen: den Mongolen und Tataren in den Jahren 1237–1241.

Die Rus war ein multiethnisches Gemeinwesen. Die Eroberer, die Waräger oder Rus, waren höchstwahrscheinlich Skandinavier; die Völker im Norden gehörten finno-ugrischen Stämmen an (in den alten Chroniken Tschuden, Wesen und Merja genannt); die Völker im Süden waren turksprachige Nomaden (Petschenegen und Kumanen). Den Kern bildeten slawische Stämme. Woher sie kamen, ist unter den

Gelehrten umstritten. Zwei der drei etablierten Theorien über den Ursprung der Slawen lokalisieren die Heimat der slawischen Vorfahren im Gebiet der heutigen Ukraine. Kürzlich durchgeführte genetische Studien erhärten diese These. Laut einer Studie tauchte das «slawische» Gen vor etwa 15 000 Jahren auf dem Gebiet der Ukraine auf, von wo es sich nach der Eiszeit nach Westen, Norden und Süden ausbreitete, vermutlich unter dem Migrationsdruck seitens der Steppenvölker.

Sprachwissenschaftliche Analysen legen die Vermutung nahe, dass erste slawische Stämme an den Ufern von Flüssen und Seen oder in der Nähe von Sümpfen lebten. Das wird von dem Argument der «drei Bäume» untermauert: Buche, Lärche und Eibe. Es sind die einzigen drei einheimischen Baumarten, deren Namen aus anderen Sprachen entlehnt wurden, also keine slawischen Wurzeln haben. Vor allem wachsen diese drei Arten nicht in der Nähe von Sümpfen. Die Pripjat-Sümpfe an der Grenze zwischen dem heutigen Belarus und der Ukraine sind möglicherweise die Heimat der slawischen Vorfahren. Außerdem deutet die sprachwissenschaftliche Analyse an, dass die ersten Slawen nicht am Meer lebten: Wörter im Zusammenhang mit Schifffahrt, Seefischerei und Seehandel sind in slawischen Sprachen fremden Ursprungs. Die Tatsache, dass die Flüsse Daugava (Düna, russisch: Dwina) und Nemunas (Memel, russisch: Neman) baltische Namen haben, lässt darauf schließen, dass sie die Nordgrenze zwischen slawischen und baltischen Stämmen markieren, die vermutlich früher Teil einer gemeinsamen baltisch-slawischen Gruppe waren.

Im Süden reichten die alten slawischen Siedlungen bis zum Wilden Feld – der Steppenregion, die von Nomadenstämmen bevölkert war. Die von Herodot beschriebenen Skythen und benachbarten Steppenvölker waren höchstwahrscheinlich proto-iranisch und bewohnten diese Gebiete schon lange vor dem Auftreten der Slawen. Diese Theorie wird durch den Umstand erhärtet, dass die meisten großen Ströme auf slawischem Gebiet proto-iranische Namen haben, wie Donau, Dnister, Dnipro und Don (alle abgeleitet von der gemeinsamen Wurzel *d-n* für Fluss). Die Geschichte dieser Stämme und der später nomadischen Völker ist die Geschichte der großen eurasischen Steppe. Sie erstreckt sich in einem breiten Streifen von der Mandschurei und Mongolei über den Norden Chinas und Kasachstan, Südsibirien, die Wolga- und Schwarzmeerregion bis in die heutigen Territorien Moldaus (oder Moldawiens) und Rumäniens und endet in der Pannonischen Tiefebene (im heutigen Ungarn).

Die eurasische Steppe war eine Art breiter Schnellstraße, auf der nomadische Stämme – Awaren, Ugrier, Bulgaren, Tauren, Goten, Westgoten, Wandalen und andere – zur Zeit der Völkerwanderung von Ost nach West zogen. Man geht davon aus, dass ihr Auftauchen im westlichen Teil des eurasischen Kontinents mit zwei längeren Dürreperioden in West- und Zentralasien um 300 und 800 n. Chr. verbunden war.

Das Klima des Wilden Feldes unterschied sich vom Rest der eurasischen Steppe. Die Region hatte einen besonders fruchtbaren Boden, der im warmen Schwarzen Meer geschwemmt worden war. Vereinfacht ausgedrückt: Das Steppengras war hier saftiger. Allem Anschein nach geht der Ursprung der Pferdezucht auf diese Region zurück. Irgendwann zwischen 4000 und 3500 v. u. Z. wurden Pferde domestiziert, danach breitete sich die Pferdezucht bis nach China und im Süden bis Ägypten aus. Für die meisten Nomaden waren die Steppen am Schwarzen Meer eine Art Durchgangsstation: Sie passierten das Wilde Feld und zogen weiter. Das geht aus den Namen einiger europäischer Länder und Regionen hervor, wo sie sich schließlich niederließen: Andalusien (von den Wandalen), Bulgarien (von den Bulgaren), Ungarn (von den Hunnen) und höchstwahrscheinlich Katalonien (ursprünglich Gotalonien, d. h. Land der Goten). Einige Nomaden ließen sich in den Regionen an der Wolga und am Schwarzen Meer nieder. Riesige Hunnen- und Awarenreiche entstanden hier und verschwanden wieder. In der Anfangsphase der Rus lag unmittelbar östlich von ihr das Khaganat der Chasaren, ein großes turksprachiges Staatswesen, dessen Elite den jüdischen Glauben angenommen hatte. Einige slawische Stämme gerieten ebenfalls unter die Herrschaft der Khagane. Laut einer Legende waren die Khagane die wirklichen Gründer Kyjiws. Im Jahr 969 besiegte Ruriks Enkel Swjatoslaw das Khaganat der Chasaren. Swjatoslaw selbst wurde drei Jahre später von den Petschenegen getötet, einem weiteren Nomadenstamm, der Anfang des 11. Jahrhunderts von den Kumanen abgelöst wurde.

Aufgrund der Nähe der Steppe war Osteuropa eine Region des intensiven Austauschs zwischen Völkern – sowohl kriegerischer als auch friedlicher Interaktion. Ein hoher Grad an Multiethnizität und Multikulturalität hat seine Geschichte schon immer geprägt. Keine einzige ethnische Gruppe hier kann ethnische Reinheit oder autochthone Rechte für sich beanspruchen. Jede derartige Behauptung ist ein gefährliches politisches Wunschdenken. Man kann nur grob bestimmen, wer sich hier früher aufhielt und wer später kam. Es ist nicht bekannt, wann die Slawen genau in diesen Ländern auftauchten. Ihre Existenz als separate Gruppe lässt sich erst ab dem 6. Jahrhundert mehr oder weniger definitiv bestätigen. Die erste Kultur, die Archäologen für eindeutig slawisch halten, ist die Prag-Kortschak-Kultur. Sie existierte von 500 bis 700 zwischen den Strömen Elbe und Dnipro. Die ersten schriftlichen Verweise auf die Slawen sind in byzantinischen Quellen aus dem 6. Jahrhundert zu finden. Dort tauchen die Slawen als Anti, Slaveni und (vermutlich) Veneti auf. Bis zum Ende des 9. Jahrhunderts hatten sie sich in Ost-, Mittel- und Südeuropa niedergelassen und germanische Stämme im Westen und illyrische Stämme auf dem Balkan vertrieben.

Die Geschwindigkeit, mit der sich die Slawen ausbreiteten, ist ein weiteres großes Rätsel. Die Slawen hatten eine Ackerbaukultur, und solche Kulturen breiteten sich für gewöhnlich mit einer Durchschnittsgeschwindigkeit von einem Kilometer im Jahr aus. Die Slawen hingegen drangen fast sechsmal so schnell vor! Möglicherweise liegt das daran, dass die slawische Kultur keine ethnische Kultur, sondern eher eine Lebensform war. Einerseits wurde diese Lebensweise mit einer höher entwickelten ökonomischen Struktur assoziiert, die lokale Stämme über das Niveau einer reinen Subsistenzwirtschaft hoben. Andererseits sprechen byzantinische Quellen vom kriegerischen Wesen der Slawen. Sie weisen auch auf ein einzigartiges Merkmal hin: Im Gegensatz zu anderen Stämmen hielten die Slawen ihre Gefangenen nicht in ständiger Sklaverei, sondern boten ihnen nach einer gewissen Zeit die Option, nach Hause zurückzukehren oder als freier Mensch bei ihnen zu bleiben. Die Kombination dieser beiden Wesenszüge – eine effektivere Wirtschaftsweise und ein egalitäres Ethos – machte die slawische Lebensform so attraktiv für andere Stämme, vielleicht ähnlich wie die Hippie-Kommunen der 1960er und 1970er Jahre. Im Lauf der Zeit verlor sich zwar dieser Geist, und die Slawen wurden eine hierarchische Gemeinschaft, er könnte jedoch das rasche Tempo der Slawisierung in Ost-, Mittel- und Südeuropa erklären.

Im 9. Jahrhundert tauchten in dieser riesigen Kontaktzone neue Akteure auf: Skandinavier. Wie die viel ältere griechische Kolonisierung erfolgte auch die skandinavische Kolonisierung über die Wasserwege. Im östlichen Teil des europäischen Kontinents bewegten sich die skandinavischen Siedler über das Flusssystem, welches die Ostsee mit dem Schwarzen Meer verbindet, von Nord nach Süd. Ihr Auftauchen hier hängt vermutlich mit der Wiederherstellung der Handelsverbindungen zwischen Nordeuropa und dem Mittelmeerraum in den Jahren 750–900 zusammen. Diese Entwicklung beruhte einerseits auf dem Aufstieg des Reichs der Karolinger, das die politische Lage in Westeuropa stabilisierte und somit den Fernhandel erst ermöglichte. Andererseits intensivierten die arabischen Eroberungen im Süden den Sklavenhandel im Mittelmeerraum, und der barbarische Norden zählte zu den Hauptlieferanten von Sklaven.

Wie auch immer man sie nennen mag, zwischen 850 und 1050 griffen diese nördlichen Stämme alle Küstenregionen Europas an, und in England, Nordfrankreich (Normandie) und im Süden Italiens gründeten sie sogar lokale Herrschaftsbereiche. Die Stämme, die in den slawischen Ländern auftauchten, wurden die Rus genannt.

Die Nestorchronik behauptet, es habe unter den slawischen Stämmen keine Einigkeit geherrscht, und sie hätten sich unablässig untereinander bekämpft. Sie wollten diese Streitigkeiten jedoch beenden:

> und sie fuhren über das Meer zu den Warägern, zu der Rus. Denn so hießen diese Waräger: die Rus. Wie nämlich andere Schweden heißen, andere aber Normannen, Angeln und andere Goten, so auch diese. Und es sagten die Čud, die Slovenen und die Krivičen, und die Ves zu der Rus: «Unser

> Land ist groß und hat Überfluß, aber es ist keine Ordnung in ihm. So kommt, Fürst zu sein und über uns zu herrschen!» Und es wurden drei Brüder ausgewählt mit ihren Sippen, und sie nahmen mit sich die ganze Rus. Und sie kamen zuerst zu den Slovenen und zimmerten die Stadt Ladoga, und in Ladoga ließ sich der Älteste nieder, Rjurik; und der zweite Sineus am Beloozero und der dritte Truvor in Izborsk. Und von diesen Warägern erhielt das Russische Land seinen Namen.

Diese Geschichte ist zu schön, um wahr zu sein. Kein Mensch hat die Wikinger eingeladen – sie kamen von sich aus. Sie kamen und suchten nach Silber, dem wichtigsten Edelmetall des Mittelalters (Goldmünzen waren teurer und viel seltener). Im Süden gab es reichlich Silber. Die Hauptvorkommen befanden sich in der Nähe von Bagdad, der Hauptstadt der islamischen Abbasiden. Bagdad war damals eine der größten und reichsten Städte der Welt, und die arabische Drachme war in ihrer Funktion vergleichbar mit dem US-Dollar heute. Die Wikinger zogen mit ihren Schiffen über die Newa und – nach einem Stück über Land! – die Wolga bis zum Kalifat der Abbasiden. Deshalb nannten die Araber sie «Wolga-Waräger». Doch um die Mitte des 9. Jahrhunderts trocknete der Strom arabischer Silbermünzen nach und nach aus, und die Waräger orientierten sich auf der Suche nach neuen Einnahmequellen von Bagdad nach Konstantinopel um. Sie bewegten sich lawinenartig von der Ostsee zum Schwarzen Meer und verleibten sich unterwegs andere Völker ein. In den 830er Jahren stießen sie bis nach Konstantinopel vor, und im Jahr 860 griffen sie die Stadt mit einer starken Flotte von 200 Schiffen an und kehrten, nachdem sie das Umland geplündert hatten, ungehindert nach Norden zurück. Diesen Raubzug wiederholten sie später im 10. Jahrhundert mehrere Male.

Inzwischen kontrollierten sie den gesamten Handelsweg «von den Warägern zu den Griechen». Von allen Fürsten der Rus war Swjatoslaw aus militärischer Sicht der erfolgreichste. Sein Hauptziel war es, so nahe wie möglich an Byzanz heranzukommen. Diesen Ehrgeiz veranschaulicht am besten seine Absicht, die Hauptstadt nach Süden jenseits der Donau zu verlegen, in die bulgarische Stadt Weliki Preslaw. Es lässt sich unmöglich sagen, was aus diesen Plänen geworden wäre, wenn er nicht in der Nähe der Stromschnellen des Dnipro unter den Händen eines Steppenfürsten gefallen wäre. Aber es ist durchaus möglich, dass heutige Historiker in dem Fall von der Preslawer Rus statt von der Kyjiwer Rus sprechen würden.

Die Alte Rus

Der Drang der Rus nach Süden hörte auf, als Swjatoslaws Sohn Wolodymyr im Jahr 988 zum christlichen Glauben konvertierte. Wohl kein anderes Ereignis hatte einen so tiefgreifenden Einfluss auf die Geschichte Osteuropas allgemein und speziell auf die der Ukraine wie die Taufe der Rus. Es handelte sich um einen zivilisatorischen Sprung von einer heidnischen zu einer christlichen Gesellschaft – mit Konsequenzen in fast allen Bereichen des öffentlichen Lebens: Politik, Wirtschaft und Kultur. In der *Nestorchronik* schildert der Chronist die Entscheidung für einen Glauben. Demnach hörte sich Fürst Wolodymyr zuerst die Geschichten der Gesandten aus verschiedenen Ländern über ihre Religion an und schickte daraufhin eigene Gesandte in diese Länder, um zu erkunden, welcher Glaube am besten geeignet sei. Den Islam lehnte er angeblich deshalb ab, weil er den Genuss von Alkohol ganz verbot, denn: «Der Rus ist das Trinken Freude, wir können ohne das nicht sein.» Fasziniert von der Beschreibung der Hagia Sophia in Konstantinopel, wo seine Gesandten meinten, sie wären im Himmel, beschloss Wolodymyr, zum byzantinischen Glauben zu konvertieren.

Die Erzählung von der «Wahl eines Glaubens» ist keineswegs einzigartig. Sie wird von einer volkstümlichen Überlieferung zur nächsten weitergegeben. Ähnliche Geschichten finden sich unter den nächsten Nachbarn der Rus, den Chasaren, Litauern und Wolga-Bulgaren. Man kann davon ausgehen, dass die Entscheidung für den christlichen Glauben aus Konstantinopel eher eine «Wahl ohne echte Wahl» war. Da Wolodymyr im Schatten der größten und reichsten Zivilisation seiner Zeit lebte, waren seine Optionen begrenzt.

Diese Entscheidung hatte auch für Konstantinopel Vorteile. Von

Süden und Osten her rückten die Araber immer näher, und vom Balkan aus drängten die Bulgaren nach Süden. Kurz vor der Annahme des christlichen Glaubens durch die Rus kämpfte Basileios II., der byzantinische Kaiser, noch mit seinem Oberbefehlshaber um den Thron. Wolodymyr versprach dem Kaiser militärischen Beistand, und mit seiner Hilfe wurde der Thronanwärter besiegt.

Der Preis für die Unterstützung war die Heirat Wolodymyrs mit Prinzessin Anna, Basileios' Schwester. Das war ein großer Fortschritt für den Barbarenherrscher aus Kyjiw: Jetzt gehörte er der Familie des byzantinischen Kaisers selbst an. Damals galt der byzantinische Kaiser als der Vater einer großen europäischen Dynastie, in der der bulgarische König symbolisch sein Sohn war, der englische König ein Freund, und so weiter. Karl der Große, der im Jahr 800 den Papst dazu bewogen hatte, ihm den Titel Kaiser des Römischen Reiches zu verleihen, war aus der Sicht Konstantinopels nur ein dreister, barbarischer Hochstapler. Wolodymyr stieg in der europäischen dynastischen Hierarchie auf andere Weise auf: durch Heirat. Anna, die Schwester des byzantinischen Kaisers, nahm einen besonderen Status ein. Sie war «in Purpur geboren», d. h. während der Herrschaft ihres Vaters, und folglich floss kaiserliches Blut in ihren Adern. Jeder europäische Monarch träumte davon, so eine Prinzessin zu heiraten. Sowohl der französische König Hugo Capet als auch der deutsche König Otto I. hatten für ihre Söhne um ihre Hand angehalten, aber Wolodymyr bekam sie.

Wolodymyrs Sohn Jaroslaw wurde ein erfolgreicher europäischer Heiratsvermittler: Alle seine Kinder wurden mit europäischen Königen und Königinnen verheiratet. Die Kinder der Rus-Fürsten hinterließen Spuren im Leben der Königshöfe Europas. Dazu zählte das Auftauchen neuer Namen: unter den französischen Herrschern Philippe (zu Ehren des Apostels, der angeblich bis zu den Skythen gelangte); unter den ungarischen Herrschern András (eine ungarische Form des Namens des Apostels Andreas); und unter den dänischen Herrschern Waldemar (zu Ehren von Wolodymyr). Das waren die Namen der Kinder, die den Ehen einheimischer Herrscher mit den Töchtern der Kyjiwer Fürsten entsprangen. Weil einige dieser Kinder, wie Philippe oder András, selbst Herrscher wurden, schlugen ihre Namen an westlichen Höfen Wurzeln und verbreiteten sich.

Laut dem Metropoliten Ilarion von Kyjiw herrschten die Kyjiwer Fürsten «nicht über ein armes und unbekanntes Land, sondern in der Rus, die in allen vier Ecken der Erde bekannt ist». Die statistischen Angaben über Beziehungen zwischen Kyjiwer Fürsten zu damaligen Monarchen weisen ein wesentliches Merkmal auf: Von den 52 solchen Vermählungen über einen Zeitraum von 200 Jahren hinweg wurden 40 mit katholischen Staaten geschlossen (Skandinavien, Polen, das Heilige Römische Reich und Ungarn) und nur fünf mit dem orthodoxen Byzantinischen Reich. Diese Zahlen belegen, dass die Idee der Einheit zwischen der Rus und Byzanz massiv übertrieben ist – die Einheit bestand eher auf religiöser als auf politischer Ebene. Die religiöse Gemeinsamkeit mit dem orthodoxen Byzanz hielt Kyjiwer Fürsten nicht davon ab, ihre Kinder mit den Söhnen und Töchtern katholischer Monarchen zu verheiraten. Obwohl sich die geistlichen Oberhäupter von Konstantinopel und Rom im Jahr 1054 gegenseitig exkommunizierten, war vom Geist dieses großen Schismas lange Zeit weder im katholischen Europa noch in der orthodoxen Rus etwas zu spüren.

Konstantinopel hielt sich in Glaubensfragen ebenso wie in der Politik anderen für unermesslich überlegen. Es war die Hauptstadt des ersten christlichen Reiches, das bis zur Wiederkunft Christi bestehen sollte, mit anderen Worten: ewig. Laut den byzantinischen Kaisern hatte Gott ihren Staat dazu auserwählt, als neues Israel unter den Heiden zu dienen und sie zum christlichen Glauben zu bekehren. Die Evangelien waren in der Sprache geschrieben worden, die im Byzantinischen Reich gesprochen wurde. Unter den Herrschern Europas galt die Fähigkeit, auf Griechisch zu beten, als besondere Auszeichnung. Der polnische Fürst Mieszko wurde dafür gepriesen, dass er auf Griechisch betete. Sein Wissen über griechische Gebete verdankte er wiederum seinen Beziehungen zu Kyjiw. Nach dem Grad der Zivilisierung stand die Rus, die näher bei Byzanz lag, höher als das mittelalterliche Polen.

Ein byzantinischer Diplomat erklärte voller Stolz in einer Diskussion am Hof des Kalifen: «Alle Künste kommen von uns!» Dieser Diplomat war der künftige Heilige Kyrill. Gemeinsam mit seinem älteren Bruder Method übersetzte er in den Jahren 860 bis 880 die wichtigsten christlichen Texte aus dem Griechischen ins Altbulgarische. Vermutlich war das ihre Muttersprache. Später nannte man diese Sprache Altkirchenslawisch, und sie galt, neben Griechisch und Latein, als eine der christlichen Sakralsprachen.

Es hatte einige Vorteile, dass die Schriften und Gebete ins Kirchenslawische übersetzt wurden. Orthodoxe Christen verstanden die Liturgie besser als, sagen wir, polnische Katholiken, deren Liturgie auf Latein gefeiert wurde. Aber dieser Schritt hatte auch einen großen Nachteil. Da die Rus die heiligen Texte auf Kirchenslawisch statt auf Griechisch erhielt, wurde sie somit von der «griechischen Weisheit» abgeschnitten, auf die Kyrill so stolz war.

Die griechische kulturelle Tradition war reicher als die römische, doch die Rus konnte daraus keinen Nutzen ziehen. Im Gegensatz zu Rom, das den bekehrten Stämmen sowohl eine Religion als auch eine Sprache, nämlich Latein, vermittelte, gab Konstantinopel den Süd- und Ostslawen eine Religion, aber keine Sprache. Für die kulturelle Tradition der Rus brachte dies unweigerlich große Beschränkungen mit sich. Während polnische Chronisten der damaligen Zeit ungehindert Vergil, Horaz oder andere lateinische Autoren zitieren konnten, zitierten die Chronisten der Rus in der *Nestorchronik* weder Homer noch Platon oder sonstige Griechen.

Das Fehlen von Aristoteles ist besonders bemerkenswert. Dessen Übersetzung ins Arabische und dann ins Lateinische gab der Entwicklung der Wissenschaften in der muslimischen und katholischen Welt einen kräftigen Schub. Auf die Gefahr einer allzu großen Vereinfachung hin lässt sich sagen, dass die muslimische Zivilisation ihr «goldenes Zeitalter» des 8. bis 13. Jahrhunderts genau von dem Zeitpunkt an, als Aristoteles übersetzt und rezipiert wurde, bis zu der Zeit erlebte, als seine Werke in Ungnade fielen, weil sie angeblich dem Koran widersprachen. Aber sobald Aristoteles aus der muslimischen Welt «vertrieben» wurde, hielt er in der katholischen Welt Einzug. Thomas von Aquin (1225–1274) nahm ihn in die Grundlagen des katholischen Glaubens auf, und der Thomismus wurde viele Jahrhunderte lang die offizielle Lehre des Vatikans.

Die Stärke des Aristoteles war seine Logik und Rationalität. Er glaubte an einen Gott. Der Gott des Aristoteles war nicht wie die Götter des Olymps oder der Gott der jüdisch-christlichen Tradition. Sein Gott war ein metaphysisches Konstrukt, der Hauptbeweger und die primäre Ursache von allem auf Erden. Aristoteles trat in die Fußstapfen seines großen Lehrers Platon. Letzterer teilte die Welt in «die Höhle» – die Welt der Schatten, in der wir leben – und «das Licht» – eine unfassbare Wahrheit jenseits der irdischen Grenzen, die unsereiner erst nach dem Tod erfahren kann. Anders als Platon war Aristoteles überzeugt, dass wir imstande sind, diese Wahrheit während des Lebens zu erfahren. Gott schenkte uns aus gutem Grund die Vernunft, und der Grund war, uns seine Erkenntnis zu ermöglichen. Und weil unsere Welt von Gott geschaffen wurde, werden wir, indem wir die Welt kennenlernen, Gott selbst erkennen. Die Natur ist wie ein weiteres großes Buch der Offenbarung, das Gott der Menschheit neben der Bibel schenkte. Deshalb ist das Verstehen der Natur auch Gott gefällig: Es ist zugleich ein Verstehen von Gott selbst.

Die Einbeziehung von Aristoteles in die katholische Glaubenslehre unterschied den westlichen, christlichen Glauben radikal von anderen Konfessionen. In keiner anderen Religion werden wir das finden, was Thomas von Aquin tat: Versuche, die Existenz Gottes durch die Vernunft zu beweisen. Im Lauf der Zeit führte der stark rationale Zug des westlichen Christentums zur technologischen Überlegenheit des «alten Europa» über den Rest der Welt. Zu dieser Synthese des Christentums und des Rationalismus kam es bis zu einem gewissen Grad rein zufällig. Sie hätte ebenso gut auch ausbleiben können. Anfangs galten die Anschauungen des Thomas von Aquin als potenziell ketzerisch, und der Thomismus wurde erst nach seinem Tod zur kirchlichen Lehre. Es fällt einem schwer, sich die analytische Geometrie eines Descartes oder die Newtonschen Gesetze ohne den Einfluss des Aristoteles vorzustellen.

Figuren wie Aquin, Descartes oder Newton sind in der damaligen orthodoxen Welt völlig unvorstellbar. Laut Theologen tendierte die

Kirche eher zur platonischen als zur aristotelischen Lehre. Aristoteles war in der Rus lediglich über Fragmente und Berichte aus zweiter Hand bekannt. Er blieb weitgehend unbekannt, bis die Lehrer der Kyjiw-Mohyla Akademie im 17. Jahrhundert anfingen, seine Werke zu studieren. Die Armut der geistigen Tradition der Rus ist erstaunlich. Zwar gab es die mittelalterliche Tradition der mündlich tradierten Bylinen (Heldenlieder, ab dem 18. Jahrhundert aufgezeichnet), zwischen dem 10. und dem 17. Jahrhundert liegt allerdings kein einziges gelehrtes Werk in kirchenslawischer Überlieferung vor, nicht einmal ein theologisches Traktat. Schon gar nicht finden wir in der Rus etwas, das sich mit Omar Chayyam, Petrus Abaelardus, Cervantes, Machiavelli oder Shakespeare messen könnte. Was die Rus an weltlicher Literatur zu bieten hat, ist das Igorlied. Allerdings gibt es schwerwiegende Gründe für die Vermutung, dass es sich beim Igorlied nicht um ein Originalwerk, sondern um eine Fälschung aus dem 18. Jahrhundert handelt.

Wenn man sämtliche kirchenslawischen Bücher zusammentragen würde, die in den Ländern der Rus von der Taufe bis zum Beginn des 16. Jahrhunderts kursierten, so hätte die Liste nicht mehr Bände als die Bibliothek eines durchschnittlichen byzantinischen Klosters. Aus geistiger Sicht war die Rus «sklavisch abhängig» von Byzanz (wie der russische Theologe Georgij Fedotow einmal meinte). Zu Beginn des 17. Jahrhunderts las ein gebildeter Mensch in der Rus noch fast die gleichen kirchenslawischen Bücher, die schon seine Vorfahren im 11. und 13. Jahrhundert genutzt hatten.

Die Unterschiede zwischen der Buchkultur der westlichen und östlichen Christenheit verstärkten sich noch mit der Erfindung der Druckerpresse. Historiker schätzen, dass in der Welt der westlichen Christenheit von der Erfindung Mitte des 15. Jahrhunderts bis zum Ende des 17. Jahrhunderts gut 200 Millionen Bücher gedruckt wurden, während es in der ostchristlichen Welt allenfalls 40 000 oder 60 000 waren. Dieser Unterschied von gut dem 3000-fachen ist mehr als ein rein quantitativer Unterschied. Es ist ein qualitativer Unterschied.

Gedruckte Literatur zählt zu den Hauptvoraussetzungen für die Herausbildung von Nationen. Ein zeitgenössischer Historiker bezeichnete Nationen einmal prägnant als «Bücher lesende Stämme». Nimmt man die Bücher weg, so bleiben Stämme eben Stämme. Ihnen fehlt ein wesentliches Instrument, um sich selbst als Nation wahrzunehmen.

Aus Sicht der Nationsbildung war die Welt der Rus vergleichbar mit dem sprichwörtlichen «Koffer ohne Griff»: schwierig zu tragen, aber zu wertvoll, um ihn liegen zu lassen. Die Bewohner der weiten Räume hatten eine gewisse Vorstellung vom Ursprung ihrer Zivilisation aus Kyjiw. Sie sprachen untereinander verständliche Dialekte und beteten in derselben kirchenslawischen Sprache Gott an. Aber das machte sie noch lange nicht zu einer großen Nation, geschweige denn zu vielen kleinen Nationen. Ihre Welt war weitgehend eine *anationale* Welt.

Es lässt sich unmöglich sagen, was nun genau die Ursache für das «große Schweigen» der Rus war. Laut einer Erklärung lag es an der Nähe zur Steppe. Die unablässige Bedrohung durch nomadische Steppenvölker zwang sie demnach, beträchtliche Ressourcen und Energie in die Verteidigung der eigenen Länder zu investieren. Deshalb fehlte es an Ressourcen für die Entwicklung des geistigen Lebens. Dieser Faktor wirkte sich während des Mongolensturms von 1237 bis 1240 besonders verheerend aus. Kyjiw, Perejaslaw, Rjasan und andere große Städte wurden auf den Rang von Provinzstädten zurückgeworfen. Dem Vernehmen nach zählt die Eroberung durch die Mongolen zu den größten Massakern der Weltgeschichte: Als Folge kamen fast 30 Millionen Menschen ums Leben.

Doch zu jeder These gibt es auch eine Gegenthese. Die Mongolen ließen die Kirchen und Klöster in Frieden. Sie behandelten jede Religion mit Respekt; es heißt sogar, dass die orthodoxe Kirche weder vor noch nach der Mongolenherrschaft einen so privilegierten Status genossen habe. Im mittelalterlichen Europa waren Klöster und Kirchen die Hauptzentren des geistigen Lebens. Im orthodoxen Osteuropa ist jedoch keine derartige Tätigkeit überliefert.

Vermutlich liegt der Hauptgrund in der frühen Phase der slawischen orthodoxen Tradition verborgen, die sich am Hof des bulgarischen Königs Simeon (893–927) herausbildete. Simeon war ein brillanter Gelehrter der antiken Philosophen, auch des Aristoteles, aber kein Anhänger von Aristoteles. Simeon sprach sich für eine «monastische Bildungsform» aus, die sich später über alle ostchristlichen Länder ausbreitete. Zu den Hauptmerkmalen dieses Ansatzes zählten eine bewusste Zurückweisung des antiken Vermächtnisses, der Vorrang kirchlicher Literatur vor weltlicher und eine personalisierte Übertragung von Wissen vom Lehrer zum Schüler, was im Grunde den Verzicht auf die schulische Tradition des Studiums der Philosophie und Theologie bedeutete. Nach diesem Bildungsansatz braucht man keine Universitäten. Niemand verbot sie in der Rus, aber es versuchte auch niemand, sie zu gründen. Alle bekannten Universitäten jener Zeit entstanden im Kontext der katholischen Kultur. Eine der ältesten, die Jagiellonen-Universität in Krakau, wurde 1364 praktisch an der Grenze zwischen der westlichen und der östlichen christlichen Welt gegründet. Doch in der ostchristlichen Welt hielt die Hochschulbildung erst im 17. und 18. Jahrhundert mit der Gründung der Kyjiw-Mohyla Akademie (1632) und später der Moskauer Universität (1755) Einzug.

Obwohl der orthodoxe Glaube – wie alle christlichen Konfessionen, der Islam und das Judentum – eine Buchreligion ist, hatte er kein intensives Studium des Buches selbst nötig. Bis zum 17. Jahrhundert gab es keine vollständige kirchenslawische Übersetzung der Heiligen Schrift – lediglich das Neue Testament und jene Teile aus dem Alten Testament waren übersetzt, die in der Liturgie verwendet wurden. Man könnte sagen, dass die Orthodoxe Kirche lange Zeit eine Kirche ohne Bibel war. Nicht etwa, weil sie keine Übersetzung wünschte, sondern weil sie keine brauchte. Diese Form der Informationsübermittlung – mündlich und persönlich – zählt zu den wesentlichen Merkmalen einer, wie man sagt, traditionellen Gesellschaft. Sie kommt ohne das geschriebene Wort aus und ist deshalb durch eine hohe Analphabetenquote geprägt. In Mittel- und Osteuropa hielten ostchristliche und muslimische Gemeinschaften länger an traditionellen Werten fest. Das wird insbesondere durch die ersten Volkszählungen um die Wende zum 20. Jahrhundert bewiesen: In Bezug auf die Alphabetisierung unter den Völkern Österreich-Ungarns und des

Zarenreiches wurden damals unter Protestanten (im Protestantismus sind die Gläubigen gefordert, religiöse Bücher zu lesen) und Juden (unter Juden gilt diese Anforderung nur für Männer) die höchsten Quoten beobachtet, gefolgt von den Katholiken. Die niedrigsten Quoten wurden unter östlichen Christen (orthodoxe ebenso wie griechisch-katholische) und Muslimen verzeichnet.

Gelehrte nennen diesen ostslawischen Kulturkreis *Slavia Orthodoxa.* Die Bezeichnung ist nicht ganz korrekt, weil ihm neben den slawischen Völkern auch die heutigen Moldauer und Rumänen angehören, deren Liturgie ebenfalls auf Kirchenslawisch verfasst ist. Die aktuelle Kreml-Propaganda erklärt dieses ganze Umfeld stolz zur «russischen Welt», zu einem separaten Kulturkreis, der mit seinen unverdorbenen traditionellen Werten über Westeuropa steht und seinen eigenen Weg geht. Aber wenn man die historische Realität von der patriotischen Verbrämung befreit, wird deutlich, dass die Zugehörigkeit zu dieser Welt lediglich als Basis für Arroganz dienen kann, nicht für berechtigten Stolz. Die Mönche der Rus mögen mit ihrer Kultur eines spirituellen Asketismus Gott näher gewesen sein, aber wenn es um rationales Denken geht, erscheint ihr Werk eher als kläglich, selbst auf dem Feld der Theologie.

Im Lauf der Zeit wurde die Nähe der Rus zum byzantinischen Kulturkreis eher zu einem Nachteil als Vorteil. Nachdem das Licht von Byzanz ausgelöscht worden war – mit dem Fall des Byzantinischen Reichs als Folge der Eroberung der Hauptstadt im Jahr 1453 –, stürzten die Länder der Rus in eine Finsternis, aus der sie erst Ende des 16. Jahrhunderts wieder hervortraten. Aber sie betraten eine neue Welt, eine Welt, in der die Spaltung in *zivilisierten* Süden und *barbarischen* Norden nach und nach durch die Spaltung in *entwickelten* Westen und *rückständigen* Osten verdrängt werden sollte.

Die Rus war auf der alten Trennlinie zwischen Norden und Süden entstanden. Hingegen bildete sich die Ukraine auf der späteren Ost-West-Grenze heraus. Es wäre schwierig, die Entstehung der Ukraine zu verstehen, ohne sich diese Neugestaltung der Welt vor Augen zu führen. Auch wenn zwischen der Rus und der Ukraine eine gewisse Kontinuität besteht, *bedeutete die Gründung der Ukraine unweiger-*

lich die Zerstörung der Rus. Und das gilt gleichermaßen für Belarus und Russland.

Es handelte sich nicht um eine vollständige Zerstörung. Alle drei Nationen haben bestimmte Teile des Vermächtnisses der Alten Rus übernommen. Die Ukraine ist die Erbin des ältesten Kerns des mittelalterlichen Staates, samt der Hauptstadt Kyjiw. Russland entstand viel später an der Peripherie der Alten Rus. Auch wenn die Russen beanspruchen, der ältere Bruder der Ukrainer zu sein, so entspricht dies nicht der historischen Realität: In Wirklichkeit ist dieser «ältere Bruder» historisch gesehen der jüngere. Das Wichtigste, das die Ukrainer geerbt haben, ist jedoch die Vorstellung, dass Europa ihnen nicht fremd, geschweige denn feindlich sei. Diese Vorstellung hängt unmittelbar mit der Tatsache zusammen, dass die Alte Rus ein integraler Bestandteil Europas war, wenn wir die mittelalterliche Definition Europas als gemeinsamen christlichen Kulturkreis akzeptieren.

Geschichte ist weder Mathematik noch Chemie, deshalb spricht sie eher in Metaphern als in Formeln. In der Bildsprache kann man den Wandel der Rus in die Ukraine vielleicht mit der Verwandlung einer Raupe in einen Schmetterling vergleichen. Es besteht mit Sicherheit ein Zusammenhang zwischen der Raupe und dem Schmetterling. Aber dieser Zusammenhang wird nach dem Übergang vom «kriechenden» Zustand zum «fliegenden» Zustand bedeutungslos.

Der lange Schatten der Rus

Wann löste sich die Rus auf? Ihr Ende wird für gewöhnlich mit dem Mongolensturm assoziiert. Genau genommen hatte sie fast hundert Jahre zuvor aufgehört, als politische Einheit zu existieren. Nach dem Tod der Söhne Wolodymyr Monomachs, des letzten großen Kyjiwer Fürsten (1113–1125), begann in der Rus ein heftiger Bruderkrieg, in dem die Fürsten ebenso leidenschaftlich gegeneinander wie gegen externe Feinde kämpften. Der Hinweis mag genügen, dass die Macht in Kyjiw im Lauf von hundert Jahren (1146–1246) sage und schreibe 47 Mal wechselte. Von diesen Herrschern hielten sich 35 nicht einmal ein Jahr lang.

Die politische Geschichte der Länder der Rus lässt sich als abwechselnde Phasen der Integration und des Zerfalls beschreiben. Diese Zyklen deckten sich im Allgemeinen mit denen, die sich auf dem ganzen eurasischen Kontinent abspielten, vom Südosten Asiens bis zur Nordatlantikküste. Das politische System der Rus zeichnete sich jedoch durch die Tatsache aus, dass es ein besonderes Virus der Selbstzerstörung in sich trug: das Prinzip der Thronfolge. In Westeuropa ging die Macht vom Vater auf den ältesten Sohn über. Eine königliche Dynastie besaß die Macht, und solange der König einen gesunden Thronerben vorzuweisen hatte, blieb die Macht auch in dieser Familie. In der Rus herrschte nicht nur eine einzige Fürstenfamilie: der ganze erweiterte Familienkreis herrschte. Der älteste Bruder saß auf dem Thron in Kyjiw. Nach seinem Tod erbte der jüngere Bruder den Thron und so weiter, bis die Linie vollständig abgearbeitet war. Dann kamen die Söhne des ältesten Bruders an die Reihe und danach die Söhne der nächsten Brüder. Jene Söhne, deren Väter nicht die Zeit hatten, den Thron in Kyjiw zu besetzen, wurden zu Parias: Sie fielen aus der Thronfolge heraus und erhielten von den höheren Fürsten nach dem System der *kormlenije* oder «Versorgung» kleinere Lehen. Insbesondere bildete sich so das Herrschaftsgebiet von Halytsch heraus, aus dem sich später das Fürstentum Galizien-Wolhynien entwickelte.

Dieses Prinzip wird laterale Thronfolge genannt und hat seinen Ursprung dezidiert in der «Steppe»: Es galt im Khaganat der Chasaren und im frühen ungarischen Staat. Bis heute gilt es in der saudischen Monarchie. Unter diesen Umständen war der Kampf um die Macht in Kyjiw brudermörderisch, im wahrsten Sinn des Wortes. Es mag der Hinweis genügen, dass für die Übergabe des Kyjiwer Throns von Wolodymyr an seinen Sohn Jaroslaw «unterwegs» zehn Brüder sterben mussten.

Bei der Schilderung der Geschichte dieses Bruderstreits verweisen russische und ukrainische Historiker auf ein besonderes Ereignis: die Plünderung Kyjiws durch das Heer des Fürsten Andrej Bogoljubskij von Wladimir-Susdal im Jahr 1169. Laut dem Chronisten gab es während der Plünderung «keine Gnade für irgendjemanden von irgendwo». Viele betrachten dieses Ereignis als historischen Präzedenzfall für den russisch-ukrainischen Krieg. Es wird als wichtiger Wendepunkt in der Geschichte der Rus präsentiert: Die Hauptstadt wurde entthront. In Wahrheit handelt es sich dabei jedoch um eine von russischen, zaristischen Historikern erfundene Geschichte, um zu «beweisen», dass damals das Zentrum der Rus von Kyjiw nach Moskowien verlegt worden sei, das später Russland genannt werden sollte. Davon kann keine Rede sein. Historische Quellen belegen, dass die Invasion von 1169, im Gegensatz zu der Plünderung durch die Mongolen 1240, Kyjiw keineswegs verwüstete. Die Stadt wuchs weiterhin und behielt ihre Stellung als politisches und kulturelles Zentrum: Es gab keinen Transfer der Macht. Allerdings wurde es möglich, Kyjiw zu regieren, ohne in Kyjiw zu leben. Als Fürst Danylo Halyzkyj von Galizien-Wolhynien Kyjiw kurz vor dem Mongolensturm eroberte, ernannte er seinen Bojaren Dmytro zum Woiwoden. Dmytro führte die Verteidigung der Stadt an und starb zusammen mit den Verteidigern.

Nach dem Sieg der Mongolen ging die Herrschaft der Rus an separate Lehen oder Teilfürstentümer über. Die Fürsten der Rus wurden zu Vasallen des Mongolenkhans, herrschten jedoch weiterhin über ihre eigenen Gebiete. Schon aufgrund der Geographie der Goldenen Horde, des riesigen Mongolenreichs, wurden die russischen Lande in zwei große Zonen geteilt: jene, die dem Zentrum des Reichs näher waren und überaus eifrig dessen Anweisungen befolgten (das Fürstentum Wladimir-Susdal, später Moskau), und jene, die aufgrund ihrer Entfernung von dem mongolischen Zentrum und der Nähe zum katholischen Europa ein gewisses Maß an Autonomie behielten (die Stadtrepublik Nowgorod im Norden und das Fürstentum Galizien-Wolhynien mit einem neuen Zentrum in Lwiw im Westen). Danylo Halyzkyj versuchte sogar, gemeinsam mit katholischen Herrschern eine Koalition gegen die Tataren zu bilden. Dafür wurde ihm vom Papst, der ähnliche Pläne hatte, der Titel «König der Rus» verliehen, und aus den Händen des päpstlichen Legaten erhielt er sogar eine Krone.

Aber weder die Nowgoroder Republik noch das Fürstentum Galizien-Wolhynien hatten lange Bestand. Im Jahr 1478 eroberte der Moskauer Zar Iwan III. Nowgorod und zerstörte es. Die Herrschaft der galizischen Fürsten war noch kürzer und währte nur bis zum Tod des kinderlosen Jurij II. Bolesław von Masowien (1340), der von seinen eigenen Bojaren vergiftet wurde. Der Tod des letzten galizischen Fürsten führte zu einem fast fünfzigjährigen Kampf um das Territorium unter seinen engsten Verwandten, den polnischen und ungarischen Königen. Im Jahr 1387 errang der polnische König den entscheidenden Sieg, und fortan stand das Land unter polnischer Herrschaft. Mit einigen Unterbrechungen und Anpassungen hatte diese bis zum Zweiten Weltkrieg Bestand.

Litauische Fürsten eroberten von 1350 bis 1360 die übrigen südwestlichen Gebiete der Rus von den Mongolen. Das litauische Fürstentum war im frühen 12. Jahrhundert in der Region um Vilnius entstanden. Später dehnte es seine Besitztümer auf Gebiete der Rus aus – auf das heutige Belarus, Ostpolen und den Norden der Ukraine, einschließlich Kyjiw – und wurde zum Großfürstentum.

Die groben Züge der litauischen Herrschaft über ostslawische Völker, die künftigen Belarussen und Ukrainer, ähneln der Geschichte der Rus selbst. Die Litauer waren die «letzten Heiden Europas»: Sie nahmen den christlichen Glauben erst im späten 14. Jahrhundert an. Die Litauer waren in der Rzeczpospolita die Minderheit. Auf jeden Litauer kamen sieben oder acht Nicht-Litauer, hauptsächlich Stämme der Rus. Wie die Waräger nahmen auch die Litauer die Kultur der Rus an. Das ostslawische Ruthenisch war die Sprache der Kanzlei und des Rechts. Das Litauische Statut, der Hauptgesetzeskodex im Großfürstentum Litauen, das sich bis zum 19. Jahrhundert im Grunde über belarussische und ukrainische Gebiete erstreckte, war in dieser Sprache geschrieben. Eine Zeitlang lautete der volle Name des Staates Großfürstentum Litauen, Ruthenien und Samogitien. Wie die Herrscher in Kyjiw standen auch die litauischen Fürsten vor der Frage, welchen Glauben sie wählen sollten, in diesem Fall die westliche oder die östliche Konfession. In den ersten Jahrhunderten dominierte die orthodoxe Orientierung, doch am Ende setzte sich die katholische Linie durch. Im Jahr 1385 heiratete der litauische Fürst Jagiello die polnische Königin Jadwiga. Diese Eheschließung legte den Grundstein für die Vereinigung der beiden Gemeinwesen, die im Jahr 1569 zur Gründung der polnisch-litauischen Rzeczpospolita führte. Nichtsdestotrotz hatte die ruthenische Kultur im litauischen Teil des Gemeinwesens weiterhin großen Einfluss.

Die Rzeczpospolita entstand als eine Allianz zwischen zwei Herrschern: einem litauischen Fürsten und einem polnischen König. Die Bezeichnung Rus oder Ruthenisch tauchte im neuen Namen nicht mehr auf, vermutlich weil es weder einen ruthenischen Fürsten noch König gab. Der Kandidat, der einem entsprechenden Titel noch am nächsten gekommen wäre (wenn es ein Staatswesen Rus gegeben hätte), war Fürst Kostjantyn Wassyl Ostroskyj (polnisch: Konstanty Wasyl Ostrogski, 1526–1608), der «ungekrönte König der Ruthenen». Er zählte zu den letzten einheimischen, orthodoxen Adligen, in dessen Adern das Blut Ruriks floss, auch wenn er laut einer anderen Version von der litauischen Herrscherfamilie abstammte. Mit dem Tod seines Enkels Janusz im Jahr 1620 waren seit dem Ende des 16. Jahrhunderts fast vierzig einheimische Fürstenfamilien ausgestorben. Diese demographische Katastrophe ereignete sich unvermutet und ohne offensichtliche Ursache. Aber sie kann ebenfalls als ein Ende der Rus auf ukrainischem und belarussischem Boden angesehen werden.

Die männliche Linie der Rurikiden starb um die gleiche Zeit auch in den russischen Gebieten aus. Der letzte Herrscher der Rurikiden, der 1610 abgesetzte Zar Wassilij Schujskij, starb 1612 in Moskau. Sein Tod, gepaart mit der vorausgehenden, verheerenden Herrschaft Iwans IV., genannt «der Schreckliche» (1547–1584), verschärfte noch die im Moskauer Reich ohnehin bereits herrschende Krise: die Zeit der Wirren. Die polnisch-litauische Elite versuchte, einen Schwindler auf den Moskauer Thron zu setzen: den falschen Dijmitrij, der behauptete, er sei der Sohn Iwans IV. Die ruthenische Elite und die ukrainischen Kosaken beteiligten sich ebenfalls an diesem Unterfangen. Am Ende wurden die Romanows, ferne und indirekte Verwandte der Rurikiden, die Zaren Moskaus. Unter der Herrschaft des zweiten Romanow,

Alexej Michailowitsch (1645–1676) eroberte das Moskauer Reich nach dem Kosakenaufstand Chmelnyzkyjs und dem Krieg gegen die polnisch-litauische Rzeczpospolita Teile der belarussischen und ukrainischen Gebiete. Damals lautete der offizielle Titel «Großfürst, Zar und Großherzog von ganz Groß- und Klein- und Belarus». Sein Sohn, der talentierte und wagemutige Peter I. setzte radikale Reformen durch und machte im Jahr 1721 aus Moskowien das Russische Zarenreich. Auch dieses Datum könnte man als Ende der Alten Rus ansehen.

Das Zarenreich betrachtete sich als Alleinerbe der Rus und verfolgte unter dem Motto «Sammeln der russischen Lande» die bisherige gezielte Expansionspolitik weiter. Von 1772 bis 1795 teilten Russland, Österreich und Preußen die Rzeczpospolita unter sich auf, und das Zarenreich übernahm den größten Teil der belarussischen und ukrainischen Gebiete. Die Ausnahme war Galizien. Die Habsburger gliederten die Region als das angeblich wiederhergestellte «Königreich Galizien-Wolhynien» in ihr Vielvölkerreich ein. Die Annexion wurde mit der Tatsache gerechtfertigt, dass die Fürsten der Rus mit den ungarischen Königen verwandt gewesen seien. Weil die Habsburger aber die ungarische Krone kontrollierten, hätten sie einen legitimen Anspruch auf deren «ruthenisches Erbe». Dieser Anspruch erstreckte sich auch auf die Bukowina und Transkarpatien. Unmittelbar nach Ausbruch des Ersten Weltkriegs, im Herbst 1914, eroberte Russland Galizien und die Bukowina. Die russische Armee hielt sich bis zum Frühjahr 1915 dort, und zwei Jahre später, nach der Russischen Februarrevolution 1917, fiel sie komplett auseinander.

Wo das Zarenreich gescheitert war, hatte die Sowjetunion schließlich Erfolg. Während des Zweiten Weltkriegs annektierte Stalin die letzten Teile der ehemaligen Gebiete der Rus: den Westen von Belarus, die Westukraine, Bukowina und Transkarpatien. Russland wurde neugeboren, nunmehr in Gestalt der Union der Sozialistischen Sowjetrepubliken. Darauf spielen auch die Worte der sowjetischen Hymne an, die 1944 komponiert wurde:

> Die unzerbrechliche Union der freien Republiken
> vereinigte für die Ewigkeit die große Rus.

Die Theorie einer direkten historischen Verbindung zwischen der Rus und der UdSSR hielt sich bis zum Ende der Sowjetherrschaft. Man könnte meinen, dass die Rus mit dem Fall der Sowjetunion im Jahr 1991 endgültig gestorben wäre, wenn es nicht Putins Parolen und Versuche gäbe, eine «russische Welt» wiederzubeleben.

Unabhängig davon, welches Jahr man für das «Ende der Rus» ansetzt – 1146, 1169, 1340, 1440, 1569, 1620, 1721, 1917 oder 1991 –, kommt man letztlich zu der Schlussfolgerung, dass die Rus nie wirklich aufhörte zu existieren. Ihr langer Schatten hängt noch über uns. Wie ein ukrainischer Sozialist im späten 19. Jahrhundert schrieb, gibt es zusätzlich zu den drei russischen Stämmen – den Großrussen, Kleinrussen und den Belarussen – noch einen vierten «panrussischen», «irgendwie trostlosen», der die Volks-Rus, nationale Rus und Stammes-Rus unter einer dicken Staubschicht begräbt.

Derartige Vergleiche werfen unweigerlich die Frage auf: Welcher Aspekt des Vermächtnisses der Rus verdammt ihre Nachfolger zu wirtschaftlicher Rückständigkeit und chronischen Anfällen autoritärer Herrschaft? Am häufigsten wird als Antwort auf den Einfluss von Byzanz verwiesen. Und das meinen keineswegs ausschließlich Stammtischphilosophen oder Stubenpolitologen, sondern auch Experten für Byzantinistik wie Alexander Kazhdan, der zu Beginn dieses Kapitels zitiert wird.

Es gibt jedoch auch eine andere Sichtweise, die behauptet, hier handle es sich um eine «schwarze Legende», die im Westen nach dem Sturz von Byzanz aufgekommen sei. Die Schwächen dieses Mythos werden ersichtlich, wenn man das Byzantinische Reich mit dem Japanischen Reich vergleicht. Viele Jahrhunderte lang hatte Japan keine großartigen Errungenschaften in der Wissenschaft, Philosophie oder politischen Theorie vorzuweisen und blieb ein im Großen und Ganzen armes Land, bis es im späten 19. Jahrhundert anfing, sich zu modernisieren. Wir wissen nicht, was aus Byzanz geworden wäre, wenn es so lange wie Japan Bestand gehabt hätte.

Das Hauptproblem an unserer Wahrnehmung von Byzanz ist der Umstand, dass wir uns ihm mit modernen Maßstäben nähern. Und wir glauben häufig, dass Wohlstand und Demokratie Standards sind, an denen wir den Entwicklungsgrad anderer Länder messen können. In Wahrheit waren Despotismus und Armut in der Vergangenheit die Norm.

Wenn man die Weltgeschichte auf einen einzigen gemeinsamen Nenner reduzieren wollte, könnte eine Option wie folgt lauten: Sie ist die Geschichte einer herrschenden Elite, die von der breiten Bevölkerung Abgaben erhebt und unter sich verteilt, entweder für das Versprechen, sie gegen benachbarte Eliten zu schützen, oder sogar ohne jegliche Verpflichtung, einfach mit dem Recht des Eroberers. Die Schlüsselfrage ist der «Zugang zum Leib» des Herrschers, wer auch immer es sei: ein Kyjiwer Fürst, ein byzantinischer Kaiser, ein Mongolenkhan, ein moskowitischer Zar, der Generalsekretär des Zentralkomitees der KPdSU oder der Präsident Russlands. Diese Organisation der Macht nennt man «limited access order» oder «Ordnung des begrenzten Zugangs». Sie ist charakteristisch für das Babylonische Reich zu Hammurabis Zeit, für Tudor-England und Putins Russland. Die Unterschiede zwischen diesen Ländern liegen eher in den Details als in der groben Linie.

Die «open access order» oder «Ordnung des offenen Zugangs» ist das exakte Gegenteil. Anstelle von Abgaben basiert sie auf Gewinnen und der Fähigkeit, sie zu erwerben, und sie wird nicht durch Privilegien für eine Minderheit geregelt, sondern durch Rechte für alle. Ein derartiges System klingt fast schon nach einer Utopie, abgesehen von einer Kleinigkeit: es funktioniert tatsächlich. Ungefähr 25 Prozent unserer zeitgenössischen Nationen funktionieren auf der Basis des offenen Zugangs. Im Lauf der letzten 200 Jahre haben sie diesen Zustand erreicht. So gut wie alle dieser Staaten gehören dem ehemals katholischen (westlichen) Europa und deren «Ablegern» an: Vereinigte Staaten von Amerika, Australien und Neuseeland. Die einzigen Ausnahmen sind die «asiatischen Tiger» die nach dem Zweiten Weltkrieg zu einem offenen Zugang wechselten. Nach dem Sturz des Kommunismus nähern sich die ehemals kommunistischen Länder Mitteleuropas und die baltischen Staaten diesem «Goldstandard» an. Bislang ist die «russische Welt» jedoch noch weit von einem derartigen Zustand entfernt.

Verschiedene Faktoren können erklären, weshalb Westeuropa Erfolg hatte, andere Länder hingegen nicht: Klima, Geographie, wissenschaftliche und technologische Vorteile des Westens, Eroberungen etc. Diese Umstände sind allem Anschein nach notwendig, aber nicht ausreichend. Der Schlüssel besteht darin, dass die herrschende Elite ihr Monopol auf die Wirtschaft aufgibt. Für gewöhnlich tat die Elite das nicht freiwillig. Sie gab unter äußerem Druck nach: Kriege, Revolutionen, Staatsstreiche. Mit anderen Worten: Offener Zugang wird nicht geschenkt – man reißt ihn an sich. Die Erfolgschancen hängen jedoch davon ab, ob die Gesellschaft einen Akteur für die Übernahme besitzt, sprich: funktionsfähige Institutionen, die unabhängig vom Staat existieren.

In dieser Hinsicht hatte das alte Europa gewisse Vorteile, die mit der Religion zusammenhingen. Ein erster und beinahe unfehlbarer Eindruck vom politischen System und Wohlstand eines Landes mag sich auf das Aussehen der wichtigsten religiösen Gebäude stützen: ob dort hoch aufragende katholische Kathedralen, schlichte und zurückhaltende protestantische Kirchen, jüdische Synagogen, muslimische Moscheen mit hohen Minaretten oder orthodoxe Kirchen mit Zwiebeltürmen stehen.

Diese Unterschiede sind nicht erst kürzlich entstanden, sie haben Wurzeln in der Vergangenheit. Zum Beispiel war die Krönung Karls des Großen zum Kaiser in Rom nicht nur für den byzantinischen Kaiser eine Herausforderung, sondern auch für den Papst. Zwei mehr oder weniger ebenbürtige Herrscher waren in der westlichen Welt aufgetaucht: der Heilige Römische Kaiser und der Papst. Wessen Macht war größer? Aus der Sicht der Kirche war der Papst der Vikar Christi auf Erden, folglich war dessen Macht höher als die des Kaisers. Aus weltlicher Sicht existierte die katholische Kirche gemäß dem römischen Recht, nach dem der Kaiser der Mittelpunkt der Macht war. Folglich war der Papst dem Kaiser untergeordnet. Dieser theoretische Disput hatte durchaus eine praktische Dimension: Wer hatte das Recht, Bischöfe zu ernennen? Auf der einen Seite gehörten Bischöfe der kirchlichen Hierarchie an und fielen damit unter die Autorität des Papstes. Auf der anderen Seite übernahmen sie häufig weltliche Führungsaufgaben in einer Gesellschaft mit wenigen gebildeten Menschen, also wurden sie vom Kaiser ernannt.

Diese Auseinandersetzung, der sogenannte Investiturstreit, artete in einen Machtkampf zwischen Papst Gregor VII. und Kaiser Heinrich IV. aus. Er endete im Jahr 1076 dramatisch, als der Papst den Kaiser exkommunizierte. Das war damals die höchste Strafe: Man hätte nunmehr den Kaiser straflos töten dürfen; er verlor das Recht, den Thron seinem Sohn zu übergeben, und er würde, das Schlimmste von allem, nach dem Tod in die Hölle kommen. Heinrich IV. blieb nichts anderes übrig, als das Bußgewand anzuziehen und sich auf einen schwierigen Weg durch die winterlichen Alpen in die norditalienische Stadt Canossa zu begeben, wo der Papst Zuflucht gesucht hatte. Dort musste Heinrich um Vergebung bitten.

Wo zwei sich streiten, freut sich der Dritte. Diese dritten Parteien waren Institutionen mit unabhängigen Ressourcen und (relativ) unabhängiger Macht: Stadtstaaten, autonome Universitäten, Handwerkszünfte und geistliche Bruderschaften – all jene Elemente, die man heutzutage als «Zivilgesellschaft» bezeichnet. Wann immer der Papst versuchte, absolute Kontrolle über sie zu erlangen, vermochten sie sich unter den Schutz des Kaisers zu flüchten – und umgekehrt. Durch das Lavieren zwischen zwei Polen der Macht schufen sie Raum für einen dritten. Der britische Politologe George Schöpflin schreibt:

> Die Besonderheit des westlichen Entwicklungsmusters lag in der Trennung religiöser und säkularer Legitimation ... Das symbolische Drama des Gangs von Canossa illustrierte dies anschaulich. In keiner anderen historischen Tradition war es vorstellbar, dass ein mächtiger weltlicher Herrscher wie Kaiser Heinrich IV. die Pilgerreise eines Büßers auf sich nahm, im Büßerhemd mit einem Strick um den Hals, um seine politisch-religiösen Sünden zu sühnen oder um, mit Blick auf die Macht, die religiöse Autorität Papst Gregors VII. anzuerkennen, den er erfolglos herausgefordert hatte. Schon die Vorstellung, dass der Zar Moskowiens oder der byzantinische Kaiser oder der osmanische Sultan eine analoge Selbstkasteiung auf sich genommen hätte, ist völlig absurd.

Das byzantinische Reich wurde im Gegensatz dazu nach dem Grundsatz des Cäsaropapismus regiert: Der Herrscher des Landes war zugleich informelles Oberhaupt der Kirche. Man geht davon aus, dass dieses Machtverhältnis von der Rus übernommen wurde und dass es den Kern des byzantinischen Vermächtnisses bildet. Diese Annahme stützt sich auf den gleichen logischen Trugschluss wie die Annahmen zu Armut und Despotismus: In der vormodernen Welt war die Kombination von religiöser und säkularer Macht nicht die Ausnahme, es war die Regel. Die Trennung von säkularer und religiöser Macht war die Ausnahme. Und allem Anschein nach ging sie auch nicht aus den theologischen Unterschieden zwischen dem östlichen und westlichen Christentum oder zwischen Christentum und Islam hervor. Sie war das Produkt eines Zusammentreffens verschiedener Umstände. Dieses Zusammentreffen ereignete sich zufällig in der westchristlichen Welt und wurde später, als Westeuropa in der Neuzeit den Weg zur globalen Vorherrschaft bereitete, zu einer Art imaginärer Norm. Die Trennung breitet sich nach der gleichen Dynamik wie viele andere Dinge oder Konzepte aus, die den Lauf der Geschichte verändert haben: Zuerst hat es niemand, dann besitzt es jemand, dann mehrere und am Ende wollen es so gut wie alle. Die Ausnahme wird zur Regel.

Wie sieht das Vermächtnis der Rus aus dieser Perspektive aus? Immer wieder erinnern uns Beispiele daran, dass die Fürsten der Rus keine absolute Macht ausübten. In Nowgorod war sie durch die Stadtversammlung eingeschränkt, in Halytsch durch die Macht der Bojaren. Die Führer mit der größten absoluten Macht saßen in Kyjiw. Aber selbst hier konnten die Stadtbewohner unter Umständen einen unbeliebten Fürsten vertreiben oder sogar töten, wie es Ihor Olhowytsch im Jahr 1147 passierte.

In diesem Kontext ist die Krönung von Isjaslaw (1024–1078), dem Sohn Jaroslaws, ein anschauliches Beispiel. In seinem Ringen um den Thron in Kyjiw versuchte er, die Unterstützung beider Akteure des Dramas von Canossa zu gewinnen. Als seine Brüder Swjatoslaw und Wsewolod ihn aus Kyjiw vertrieben, floh er ins Heilige Römische Reich und bat Heinrich IV. um Hilfe. Seinen Sohn Jaropolk schickte er gleichzeitig nach Rom, um den Papst um Unterstützung zu bitten. Gregor VII. versprach, Isjaslaw bei der Rückgewinnung des Kyjiwer Fürstentums zu helfen, und krönte seinen Sohn zum «König der Rus». Im Gegenzug schwor Isjaslaw dem Papst die Treue. Im Jahr 1077 eroberte er tatsächlich den Thron in Kyjiw zurück, doch seine Herrschaft war von kurzer Dauer. Ein Jahr später fiel Isjaslaw im Kampf.

Das Ganze zeigt, dass es unmöglich ist, eine direkte Linie zu ziehen, die das politische Modell der Kyjiwer Fürsten mit den Moskowitischen und späteren russischen Zaren verbindet. Es gibt alternative politische Modelle wie die Nowgoroder Republik oder das Fürstentum Galizien-Wolhynien. Letztlich setzte sich ausgerechnet das moskowitische Modell durch, das politisch, kulturell und geographisch von dem westchristlichen Europa am weitesten entfernt war.

Unter dem Strich war das Erbe der Rus überaus heterogen. Verschiedene Faktoren trugen zu ihrer Entstehung und Entwicklung als Staatswesen bei: die skandinavische Expansion von Norden her, byzantinischer Einfluss von Süden, ein ostslawischer Kern im Zentrum, Nomadenstämme an der Peripherie und dynastische Beziehungen zum westchristlichen Europa. Diese Faktoren prägten die Rus nicht nur, sondern überlebten sie auch. Die Ukraine hat orthodoxe und griechisch-katholische Kirchen, katholische Kirchen, protestantische Kirchen, Synagogen und Moscheen. Jede zu diesen Gotteshäusern zugehörige Konfession hat Wurzeln, die bis in die Zeit lange vor der Rus zurückreichen. Das macht die Lage in der Ukraine keineswegs einzigartig. Eine vergleichbare Vielfalt ist auf dem Balkan und in Nordamerika zu beobachten. Einerseits geht dies mit Konflikten und einer beträchtlichen Instabilität einher, aber andererseits erhöht es die Chancen, jenen Teil des historischen Vermächtnisses zu überwinden, der mit der «russischen Welt» assoziiert wird.

INTERMEZZO

Eine kurze Geschichte des ukrainischen Brotes

Die außerordentliche Fruchtbarkeit des Bodens ist ein geographischer Faktor in der ukrainischen Geschichte. Ungefähr 40 Prozent des ukrainischen Territoriums ist Schwarzerde. Der Anteil des fruchtbaren Landes, das Schwarzerde enthält, ist noch höher: 58 Prozent. In den Vereinigten Staaten und Kanada gibt es Regionen, die der Ukraine mit Blick auf Schwarzerde Konkurrenz machen können, aber die Tiefe der ukrainischen Schwarzerde (bis zu eineinhalb Meter) ist weltweit unerreicht.

Die Fruchtbarkeit des Bodens erklärt die historischen Wurzeln der Landwirtschaft in der Region. Bereits in prähistorischer Zeit gab es hier und in den benachbarten rumänischen und moldauischen Gebieten eine entwickelte landwirtschaftliche Kultur, die sogenannte Cucuteni-Trypillja-Kultur. Die ersten schriftlichen Verweise auf die Region tauchen bei Herodot auf. Er bezeichnete die Ackerbau treibenden Stämme als «skythische Pflüger», die nördlich von den Skythen lebten. Mittelalterliche arabische Geographen behaupteten, die Slawen würden nicht nur eine, sondern zwei Ernten im Jahr einfahren, was vermutlich darauf schließen lässt, dass die einheimischen Stämme in der alten Rus irgendwann die Dreifelderwirtschaft einführten. In der Dichtung der Renaissance und des Barocks stellten sich einheimische Autoren die ukrainischen Gebiete als das Gelobte Land der Bibel vor, als ein Land, in dem Milch und Honig fließen.

Diese reiche Kornkammer war Segen und Fluch zugleich. Der Segen war der hohe Lebensstandard der einheimischen Bevölkerung. Zu einer Zeit, als der Mensch von der Natur abhängig war, fiel das

Überleben auf fruchtbarem Boden erheblich leichter. Der Fluch war der Wunsch sowohl naher als auch ferner Nachbarn, diese Gebiete für ökonomischen und politischen Gewinn zu kontrollieren. Die Vorstellung, die unablässig in den Schriften von Reisenden wiederholt wurde, dass selbst ein Stock, den man dort in den Boden steckte, im kommenden Jahr unweigerlich neue Zweige treiben würde, schuf eine Basis für koloniale Wunschvorstellungen über die Region und wurde fast schon zu einer Einladung, sie zu nutzen. Man muss sich nur Hitlers Äußerungen vor dem Angriff auf die UdSSR im Juni 1941 vor Augen führen, um die Bedeutung der ukrainischen Schwarzerde für seine Pläne der Weltherrschaft zu begreifen. Schon auf dem Parteitag von 1936 in Nürnberg erklärte er, dass die Deutschen, wenn die «Ukraine mit ihren unermesslichen Getreideflächen in Deutschland läge, ... im Überfluss schwimmen» würden. Und die Rotarmisten sangen ihrerseits:

Wir werden die Faschisten zerschlagen,
Und dann in der Ukraine leben.
Das Leben ist gut in der Ukraine,
Wir werden reichlich essen und trinken.

Größtenteils waren diese Fantasien unbegründet. Die Ukraine als Kornkammer Europas war eher eine Wunschvorstellung als Realität. Ausländischen Mächten gelang es nie, so viel Brot aus der Ukraine zu gewinnen wie erhofft. Die vollständige Ausbeutung der einheimischen natürlichen Ressourcen war nicht zuletzt mit einer rein logistischen Schwierigkeit verbunden: Es gab keine guten Land- oder Wasserwege, die das ukrainische Land mit den Weltmärkten verbanden. Bis zum 18. Jahrhundert war die ukrainische Schwarzerderegion durch das Wilde Feld vom Schwarzen Meer getrennt. Und es gab keine direkte Flussverbindung, die den Export von Getreide über die Ostsee ermöglicht hätte.

Hinzu kam ein eher sozialer als logistischer Aspekt: Wie wollte man den Erzeugern, lokalen Bauern, Getreide abnehmen, wenn die landwirtschaftliche Produktion angesichts der fehlenden Anbindung an die Weltmärkte auf dem Niveau der Subsistenzwirtschaft blieb? Ein lokales Sprichwort gibt darauf folgende Antwort: «Man muss die Bienen töten, wenn man Honig essen will.» Mit anderen Worten: Gewalt war die Hauptmethode, um Getreide zu beschaffen. Von der Mitte des 16. bis zur Mitte des 19. Jahrhunderts wurde diese Gewalt in Form von Leibeigenschaft angewandt. Die Bauern waren das unterste Glied in einer Nahrungskette, die vom Ackerboden bis in die Speisesäle der Adligen reichte. Nur das Vieh der Bauern, ihre Pferde, Ochsen, Kühe und Schweine, standen noch niedriger. Tatsächlich wurden die Bauern häufig mit ihrem Vieh verglichen und bekamen Spottnamen, die ihre niedere, tierische Wesensart noch unterstrichen: ein Bauer (oder *chokol)* ist «ein Stier, eine Schlange, ein Schwein». Er lebt und stirbt wie Vieh, und niemand kann sagen, ob er überhaupt eine Seele hat. Theologische Rechtfertigungen wurden für die Macht, die die Adligen über sie hatten, vorgebracht. Sogar das Benehmen der Bauern wurde mit tierischen Ausdrücken beschrieben: Sie waren dunkel, dreckig, stinkend, räuberisch, verräterisch, gewalttätig und, vor allem, faul. Die einzige Sprache, die sie verstanden, war demnach die Sprache des Stocks und der Peitsche. Nach der theologischen Erklärung für ihre Leibeigenschaft waren sie die Nachfahren Hams, des Sohnes von Noah, der schwer gegen seinen Vater gesündigt hatte und den Gott deshalb bestraft hatte. In Mittel- und Osteuropa wurden Bauern Ham oder «cham» genannt, was im Polnischen, Russischen, Ukrainischen und Tschechischen immer noch als Beleidigung verwendet wird, aber nicht im Englischen, Spanischen, Italienischen und Französischen – den Sprachen von Ländern, in denen Leibeigenschaft nicht ganz so weit verbreitet war.

Heutzutage spricht kaum jemand von Leibeigenschaft, als hätte es sie nie gegeben. Doch die Tatsache, dass Generationen von Ukrainern, wie auch viele benachbarten Polen, Russen und Belarussen, unter einer Form der De-facto-Sklaverei lebten, prägte unweigerlich deren Geschichte.

An Bodenschätzen reiche Gebiete haben tendenziell eine von Gewalt geprägte Geschichte. Das zeigte sich in dem kurzen 20. Jahrhundert (1914–1991), das von Kriegen und Revolutionen dominiert war, allzu deutlich. Die Gier nach Getreide, Öl, Kohle und Eisenerz aus der Ukraine erklärt nicht zuletzt die Tatsache, dass dieses Land in beiden Weltkriegen zu den Hauptkriegsschauplätzen zählte. Der Holodomor von 1932/33 liefert den höchst beredten Beweis für die existenzielle Bedrohung, die natürlicher Reichtum mit sich bringen kann.

Ein weiteres Risiko reicher natürlicher Ressourcen wird der Fluch der Ressourcen genannt. An Bodenschätzen reiche Länder neigen dazu, sich auf deren Nutzung zu konzentrieren statt auf die Entwicklung der Humanressourcen und Technologien. Warum sollte man Wert auf Effizienz legen, wenn die Natur einen doch so großzügig mit allem, was man braucht, versorgt? Die schwarze Erde gestattete es den Ukrainern, fünf bis sechs Mal so viel Getreide zu ernten, wie ausgesät wurde. Das entspricht einem weit höheren Ertrag als in benachbarten Regionen. Agrarhistorikern zufolge änderten sich Anbaumethoden in der Ukraine zwichen dem 9. und dem Ende des 19. Jahrhunderts kaum. Als Folge erzielten gegen Ende des 19. Jahrhunderts die weit ärmeren Böden Mährens dank des Einsatzes moderner Agrartechnik und Kunstdüngers drei bis vier Mal so hohe Getreideerträge wie jene der Ukraine.

Die zentrale Bedeutung des dörflichen Lebens spiegelt sich in der ukrainischen Landeskultur wider. Die Landesflagge zeigt ein Roggenfeld unter einem blauen Himmel. Die moderne ukrainische Kultur hat sich bewusst als Agrargesellschaft definiert. Das entspricht bis zu einem beträchtlichen Grad auch der Realität: Nach dem Verlust eines Großteils der Elite aufgrund der polnischen oder russischen Assimilation oder Akkulturation wurde die ukrainische Nation eine Bauernnation.

Um die Wende zum 20. Jahrhundert waren etwa 90 Prozent der Ukrainer Bauern, und unter den Bauern waren ungefähr 90 Prozent ethnische Ukrainer. Die meisten öffentlichen Figuren in der modernen Ukraine hatten entweder unter dem Strohdach eines Bauernhauses das Licht der Welt erblickt oder hatten es erst vor einer oder zwei Generationen verlassen. Sie pflegten bäuerliche Tugenden: Fleiß, Geselligkeit und Gastfreundschaft. Und dazu hatten sie auch allen Grund.

Die traditionelle Gesellschaft bot ein Gefühl der familiären Wärme und des Schutzes unter schwierigen Bedingungen – im Gegensatz zur modernen Welt mit ihrem Individualismus und der kalten Rationalität.

Was in traditionellen Gesellschaften ein Vorteil war, ist jedoch zu einem Hemmschuh beim Übergang zu einer modernen geworden. Bildung ist die Grundlage der modernen Gesellschaft. Und Bildung stand in der Agrargesellschaft nicht ganz oben auf der Prioritätenliste. Im Gegenteil: Die Schule nahm Dorfkinder von der Arbeit auf dem Hof weg; deshalb wurde Bildung als Zeitverschwendung angesehen. Landarbeit band ganze Generationen talentierter Kinder fester an die Scholle als die Schwerkraft. Von ihnen wurde erwartet, dass sie das Ackerland genau wie ihre Eltern, Großeltern und Urgroßeltern bebauten.

Ein weiteres Element der modernen Gesellschaft ist die Industrialisierung. Zu Beginn des 20. Jahrhunderts mussten viele ukrainische Bauern eine Entscheidung treffen: entweder in die Stadt gehen, um in einer Fabrik oder einem Bergwerk zu arbeiten, oder mit der ganzen Familie in ferne Länder auswandern, nach Amerika oder in den Fernen Osten, um neue Regionen zu besiedeln, ohne die traditionelle Lebensweise zu ändern. Häufig entschieden sie sich für Letzteres. Andere ethnische Gruppen zogen in die Städte und Fabriken in den ukrainischen Teilen des Zarenreiches – hauptsächlich russische Bauern. Die bisherige Lebensweise eines Menschen beeinflusste diese Entscheidungen zur Migration. Bauern aus der Schwarzerderegion zogen tendenziell in Gebiete mit ähnlichem Boden. Bis heute liegen auf der ganzen Welt Regionen mit einem hohen Anteil an Ukrainern in Gegenden, die der ukrainischen Schwarzerderegion gleichen: im Nordkaukasus und in Kasachstan, im Fernen Osten Russlands, im Westen Kanadas und in der brasilianischen Provinz Paraná. Russische Bauern hingegen hatten auf ärmeren Böden gelebt und waren es gewohnt, zusätzliche Einkünfte zu suchen: Sie ließen sich leichter für die Arbeit in der Industrie gewinnen.

Als Folge entwickelte sich ein bestimmtes Muster: Je größer die Siedlung, desto weniger ukrainischsprachig war sie. Das gilt insbesondere für große Städte. Das Gegenteil trifft ebenso zu: Je kleiner die Stadt, desto mehr Ukrainisch hörte man dort. Dieses Muster hatte sogar noch Bestand, als die Ukrainer Mitte der 1960er Jahre keine dörfliche Nation mehr waren und zu einer überwiegend städtischen Nation wurden.

Bauern standen in der sozialen Hierarchie ganz unten. Daher blickten auch alle anderen voller Verachtung auf sie herab. In den Augen der Stadtbewohner waren ukrainische Bauern rückständig und hinterlistig oder, im Gegenteil, «stumpfsinnige Buchweizenzüchter» und «Salo-Liebhaber» (Salo ist eine Art gepökelter Schweinespeck). Dieses Klischee der Ukrainer ist in der zeitgenössischen russischen Kultur immer noch sehr verbreitet. Die Bauern erwiderten diese Feindseligkeit. Sie betrachteten ihrerseits die Stadt als äußere Macht voller feindseliger Regierungsbeamter, unverständlicher Gesetzestexte und Schmarotzer, die von der Arbeit der Landbevölkerung lebten.

Der Gegensatz zwischen Stadt und Land war jedoch nicht absolut. Im 20. Jahrhundert entstand eine dritte Gruppe zwischen den ukrainischsprachigen Bauern und den russischsprachigen Stadtbewohnern: Es handelte sich um assimilierte Russisch sprechende Ukrainer, die aus Not oder Armut in große Städte gezogen waren. Sie hatten zwar ihre Hauptmerkmale der traditionellen Dorfkultur abgelegt, bewahrten aber eine emotionale Bindung zu ihrer bäuerlichen Kindheit oder, bei der nächsten Generation, eine Bindung zu den Ukrainisch sprechenden Großeltern, mit denen sie die Sommerferien auf dem Dorf verbrachten.

Der Kampf um die Herzen dieser Russisch sprechenden Ukrainer stand im Mittelpunkt vieler politischer Prozesse, seit die Ukraine im Jahr 1991 ein unabhängiger Staat wurde. Die militärische Aggression Russlands gegen die Ukraine im Jahr 2014 wurde zu ihrem «Moment der Wahrheit». Laut den Plänen des Kremls sollte die ganze urbanisierte, russischsprachige Region der Süd- und Ostukraine in einer separaten Republik namens «Noworossija» (Neu-Russland) abgespalten werden. Dazu kam es nicht: Der größte Teil der russischsprachigen Bevölkerung zog es vor, in der Ukraine zu bleiben, statt Krieg in ihre Häuser zu bringen.

In dörflichen Gegenden waren Juden tendenziell gebildeter als die einheimische Bevölkerung. Eine Analyse der statistischen Angaben aus dem 19. Jahrhundert ergibt einen eindeutigen Zusammenhang: Je niedriger die Alphabetisierungsrate unter der einheimischen, nichtjüdischen Bevölkerung in einem bestimmten Gebiet war, desto mehr Juden lebten dort. Das klingt logisch, folglich lässt sich dies vermutlich auch für die vorigen Jahrhunderte sagen. Keine Gesellschaft kann ohne Handwerk, Handel und Geld existieren. In Gesellschaften, die «an die Scholle gebunden» sind, füllen ethnische Minderheiten häufig ökonomische Nischen, die nicht auf Grundbesitz basieren, wie die Armenier im Osmanischen Reich oder Chinesen in Südostasien. In der Ukraine übernahmen Juden diese Rolle. Im christlichen Europa war es Juden verboten, eigenes Land zu besitzen. Deshalb standen ihnen hauptsächlich Berufe offen, die mit der Marktwirtschaft zu tun hatten statt mit Subsistenzwirtschaft.

Schriftliche Quellen belegen die Anwesenheit von Juden in dieser Gegend bereits seit der Zeit der Alten Rus. Sie kamen aus Nachbarstaaten: aus dem Khaganat der Chasaren, einem jüdischen Staat im Osten, und aus Böhmen und Mähren im Westen. Der größte Zustrom von Juden erfolgte im Zusammenhang mit den Massenvertreibungen aus dem katholischen Europa im 15. und 16. Jahrhundert. Die polnisch-litauische Rzeczpospolita war für ihre religiöse Toleranz bekannt, und viele Juden aus Mitteleuropa fanden hier Zuflucht. Sie standen unter dem Schutz des polnischen Königs, der sie unter anderem für die Besiedelung der reichen Länder des Wilden Feldes heranzog.

Das hebräische Wort für Polen *(Polin)* klingt wie «bleib hier». Ein polnisches Sprichwort auf Latein, der Lingua franca im mittelalterlichen Europa, nennt die Rzeczpospolita ein *paradisus judaeorum* (ein Paradies für Juden). Sie war die Heimat der Mehrheit (80 Prozent) der Juden auf der ganzen Welt, von denen die meisten im Osten der Rzeczpospolita lebten (das heutige Litauen, Belarus und Ukraine). Ukrainische Gebiete wurden also nicht nur als das «Land von Milch und Honig» zum Gelobten Land, sondern auch als Heimat für die Juden.

Das gleiche Sprichwort bezeichnet diese Ländereien jedoch als *infernus rusticorum,* also als Hölle für die Bauern. Das Leben für die Juden war zwar hart, aber sie blieben immerhin frei, während der größte Teil der Bauern leibeigen war. Die jüdische Masseneinwanderung begann um die gleiche Zeit wie die Massenversklavung der Bauern, als der Landadel und die größeren Magnaten ihre Gewinne aus der Produktion und dem Verkauf von Brot auf europäischen Märkten maximieren wollten. Lokale Bauern bekamen ihren Herrn selten zu Gesicht, der weit ab in einem Palast in Warschau, Krakau oder Lwiw wohnte. Stattdessen sahen sie regelmäßig einen jüdischen Pachteintreiber, einen jüdischen Gutsverwalter oder einen jüdischen Kneipenbesitzer, die vom Adel eine Lizenz erhalten hatten, ihr Land zu verwalten oder das Monopol des Gutsherrn für die Produktion und den Verkauf von Alkohol zu nutzen. Deshalb konzentrierte sich der Hass der Bauern, der von sozioökonomischen Problemen geschürt wurde, auf die Juden.

Die schmerzliche Ironie der jüdisch-ukrainischen Beziehungen bestand darin, dass sich ausgerechnet Gruppen am unteren Ende der gesellschaftlichen Pyramide miteinander im Krieg befanden. Sie lebten zusammen, aber separat. Sie wetteiferten um die wenigen Ressourcen, die noch geblieben waren, nachdem die herrschenden Eliten den größten Teil von dem Erzeugten bereits für sich abgezweigt hatten.

Die sozioökonomische Basis für das Misstrauen wurde durch religiöse Faktoren noch verstärkt. In der christlichen Vorstellung wurden Juden als «Mörder von Jesus Christus» beschimpft. Diese beiden Motive zusammengenommen ließen Juden zu völligen Außenseitern in den bäuerlichen Gemeinden werden. Ihnen misstraute man sogar noch mehr als den «Herren».

Stereotypen führten zu Gewalt. In der Neuzeit kam es zu etlichen umfassenden Pogromen, etwa während des Kosakenaufstands unter Chmelnyzkyj 1648, beim Kosakenaufstand von 1768, der als Koljiwschtschina bekannt ist, nach dem Mord an Zar Alexander II. 1881, während der Revolutionen von 1905–1907 und 1917–1920; im Sommer 1941 in der Westukraine und in der ganzen Ukraine während des Holocausts. Ukrainer waren nicht die einzigen Akteure der

Pogrome. Im Jahr 1881 etwa waren die Hauptpogromisten, die Industriearbeiter, überwiegend keine Ukrainer. Doch im jüdischen historischen Gedächtnis wird die Ukraine eng mit Pogromen assoziiert, und Ukrainer mit Antisemitismus.

Mit dem Beginn der Neuzeit setzte das Ende der traditionellen jüdischen Gesellschaft ein. Wachsende Zahlen junger Juden, häufig beeinflusst von den Ideen der Haskalah, der jüdischen Aufklärung, verließen ihre Gemeinden auf der Suche nach Berufschancen und Optionen, die ihnen die Welt der Moderne bot. Häufig assimilierten sie sich an die säkulare, städtische Gesellschaft. Viele berühmte Juden, von Freud bis zu Nobelpreisträgern und Hollywood-Schauspielern, hatten Vorfahren aus dem Gebiet der Ukraine. Sie identifizierten sich als Polen, Russen und Amerikaner, aber nicht als Ukrainer. Es gibt eine ganze Reihe von Gründen, um die Tatsache zu erklären, dass es so viele Juden in der Ukraine gab, aber keine ukrainischen Juden. Zum Ersten übernehmen ethnische Minderheiten, wenn sie sich assimilieren, bevorzugt die Identität der herrschenden Elite. Das bot zumindest einen gewissen Schutz vor dem Antisemitismus der einfachen Bevölkerung. Zum Zweiten hatten Juden, im Fall der Ukrainer und anderer Bauernvölker, keine Gruppe, an die sie sich hätten assimilieren können, weil es unter diesen Völkern lange Zeit weder eine Oberschicht noch eine Mittelschicht gab: Anwälte, Ärzte, Journalisten etc. Wenn sie sich assimilieren wollten, hätten sie Bauern oder Priester werden müssen, und diese Option entsprach, um es behutsam auszudrücken, kaum ihren eigenen Ambitionen. Und zum Dritten fühlten sie sich von dem Image der Ukraine als der Heimat des Antisemitismus abgestoßen.

Selbstverständlich waren die Beziehungen zwischen Juden und Ukrainern nicht immer antagonistisch. Studien der Sprache und Kultur beider Völker enthüllen zahlreiche gegenseitige Beeinflussungen. Es gab auch etliche Beispiele für Kooperation und Solidarität. Zum Beispiel forderten ukrainische Politiker in Österreich-Ungarn als erste die Anerkennung der Juden als separater Nation mit allen zugehörigen Rechten. Die Ukrainische Volksrepublik im Jahr 1917 zeichnete sich durch eine inklusive Gesetzgebung bezüglich der Juden aus. Ukrainer bilden zudem eine der größten Gruppen unter den «Gerechten unter den Völkern», also Menschen, die während des Holocausts ihr eigenes Leben und das ihrer Familien riskierten, um Juden zu retten. Lange Zeit gelang es beiden Völkern, mehr oder weniger friedlich zusammenzuleben. Antijüdische Gewalt brach in Zeiten großer Krisen aus: Kriege, Aufstände, Revolutionen oder, wie 1881, die Ermordung des Monarchen, die in der Vorstellung der traditionellen Bauern und einfachen Arbeiter gleichbedeutend mit dem Ende der Welt waren. Es gab viele Gründe für die Gewalt, aber zu den Hauptgründen zählte der ökonomische Konflikt.

Letzteres wird indirekt durch den Umstand belegt, dass der jüdisch-ukrainische Antagonismus sich abschwächte, sobald die enge Bindung der ukrainischen Bauern an das Land aufgehoben wurde. In sowjetischer Zeit erfolgte dies in zwei Phasen: in den 1930er und 1940er Jahren, als Bauern ihr Land als Folge der Zwangskollektivierung verloren, und in den 1960er Jahren, als die Ukrainer bereits ein überwiegend städtisches Volk waren.

Im 20. Jahrhundert gab es einige Juden, die das zaristische Paradigma durchbrachen, eine Solidarität mit den Ukrainern entwickelten und sich selbst als Ukrainer betrachteten. Zu einem Durchbruch kam es in den sowjetischen Lagern und Gefängnissen, wo sich jüdische und ukrainische Dissidenten in den 1970er und 1980er Jahren begegneten. Dort hatten sie reichlich Zeit und Gelegenheit, Beziehungen aufzubauen und ein Bündnis gegen ihren gemeinsamen Feind zu bilden: das sowjetische Regime. Der Schlussakkord ihrer Annäherung lässt sich bis zum Euromaidan (2013/14) verfolgen, als eine neue Gruppe auftrat: die «Schidobanderowzy». Diesen satirisch gemeinten Namen gaben sich ukrainische Juden, die die Revolution von 2014 unterstützten. Er vereinigt zwei russische Schimpfwörter in sich: das alte russische Schimpfwort für Juden als *schidy*, kombiniert mit der modernen Verunglimpfung der Ukrainer als *banderowzy* (Anhänger Banderas, was der Kreml als Synonym für Nazis verwendet). Ukrainische Juden wählten bewusst den Namen, um sich über die russische Behauptung lustig zu machen, die Regierung der Ukraine und jeder, der ihre Freiheit verteidigte, sei ein Nazi. Im Jahr 2019 waren die Ukraine und Israel die einzigen Länder, die sowohl einen Präsidenten als auch einen Regierungschef jüdischer Abstammung hatten. Eine Meinungsumfrage des Pew-Forschungszentrums von 2018 ergab, dass die Ukraine unter den postkommunistischen Ländern das am wenigsten antisemitische war.

In den postmodernen und spätneuzeitlichen Epochen werden klare Trennlinien tendenziell verwischt und vorherige Spaltungen problematisiert. Diese Veränderungen haben auch unsere Wahrnehmung von der Landwirtschaft beeinflusst. Sie hat sich vom Symbol einer überholten Tradition und Rückständigkeit zu einem der fortschrittlichsten und profitabelsten postindustriellen Sektoren gewandelt.

In einer Welt, die unter Umweltkrisen leidet, erhält die Schwarzerde der Ukraine wiederum enorme Bedeutung. Das zeigte sich besonders deutlich nach dem Beginn des großangelegten russischen Krieges gegen die Ukraine. Wie David Beasley, der Direktor des UN World Food Programme, im dritten Kriegsmonat warnte: Falls der Transport ukrainischer Produkte durch die von Russland besetzten Schwarzmeerhäfen nicht wiederaufgenommen werde, drohe der Welt «die Hölle auf Erden».

Ukrainisches Getreide ist ein Grund dafür, dass das Schicksal der ganzen Welt in den kritischsten Phasen der jüngsten Geschichte weitgehend von den Geschehnissen in und um die Ukraine abhing. Das galt während der beiden Weltkriege, und es gilt noch heute.

KAPITEL 3

Der Kosakenstaat

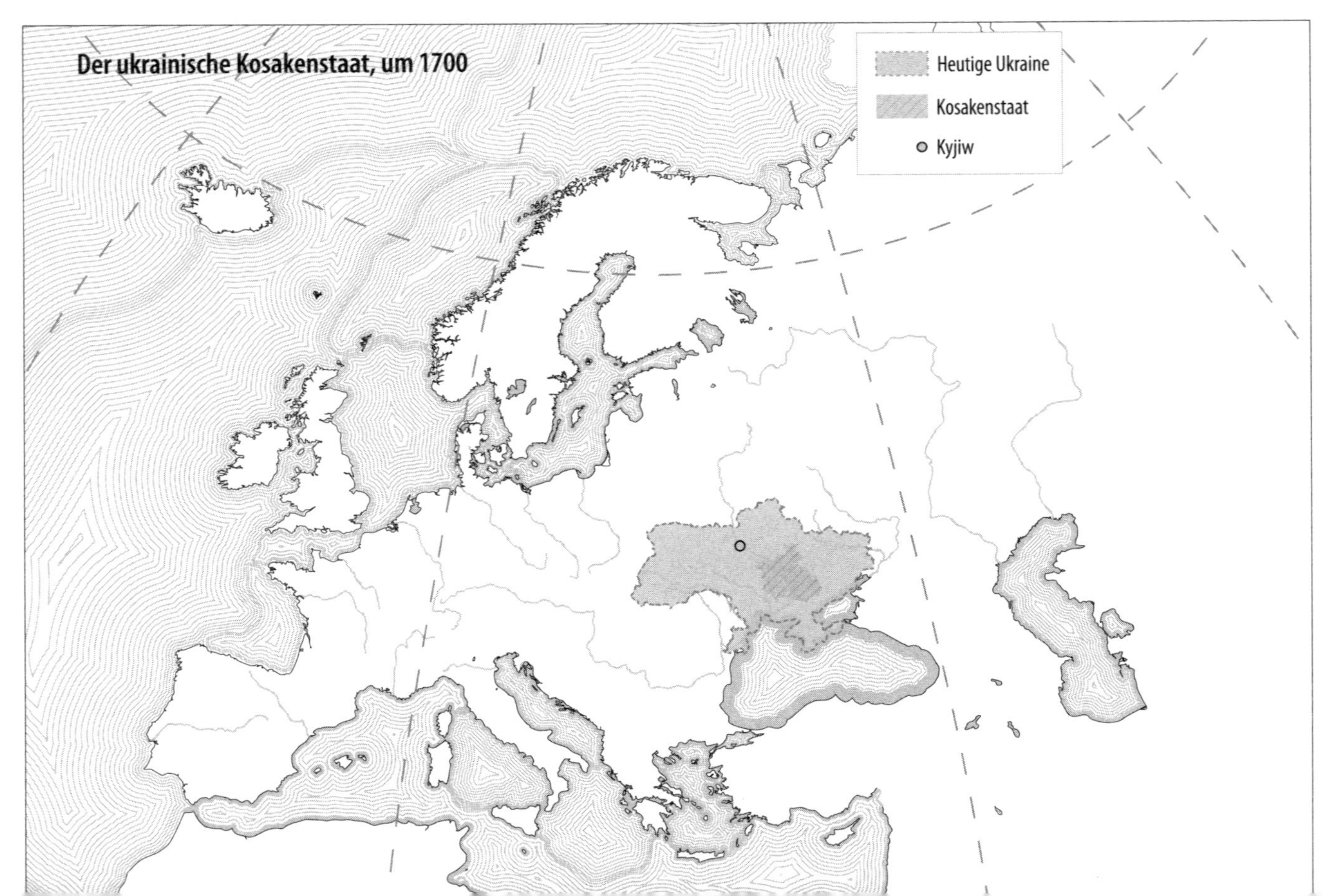
Der ukrainische Kosakenstaat, um 1700
Heutige Ukraine
Kosakenstaat
Kyjiw

◇◇◇◇◇◇◇◇◇◇◇◇◇◇◇◇◇◇◇◇◇◇◇◇◇◇◇◇◇◇

Es war das Ende. Das Ende der Welt, die Gott vor 7000 Jahren erschaffen hatte. Die Zeit hatte sich erfüllt. Gott selbst hatte die Zahl sieben auserwählt. Er schuf die Welt in sechs Tagen und am siebten Tage beschloss Er, nach getaner Arbeit zu ruhen. Ein Tag für Gott waren aber tausend Jahre für die Menschen auf Erden.

Unmittelbar vor dem Ende würde der Antichrist auf die Erde herabsteigen. Manches sprach dafür, dass er bereits da war. Das klarste Zeichen wurde erkannt, als die Muslime im Jahr 6961 seit Erschaffung der Erde Konstantinopel eroberten. Man war davon ausgegangen, dass Konstantinopel als Hauptstadt der Christenheit bis zum Ende der Zeit bestehen werde; deshalb bewies dessen Fall, dass das Ende unmittelbar bevorstand. Die orthodoxe Welt sah keinen Sinn darin, den Kirchenkalender über das Jahr 7000 hinaus zu verlängern, weil es, wie die Schreiber festhielten, voller «Terror, Kummer und großem Unglück» sein werde.

Der Fall von Konstantinopel wurde auch in der katholischen Welt betrauert, weil es die erste christliche Hauptstadt war. Im Gegensatz zu den orthodoxen Christen bestimmte der katholische Kalender die Zeit jedoch nicht von der Erschaffung der Erde an, sondern von der Geburt Christi. Das machte einen Unterschied von 5508 Jahren aus. Folglich war das orthodoxe Jahr 7000 in der katholischen Welt 1492. In diesem Jahr bestieg Alexander VI. den Heiligen Stuhl. Sein Name (Borgia) wurde zum Synonym für Ausschweifung und Korruption. Viele waren überzeugt, das Pontifikat Alexanders VI. beweise, dass der Antichrist nicht nur Konstantinopel, sondern auch die zweite christliche Hauptstadt Rom in seine Hand bekommen habe.

Es gab aber auch gute Neuigkeiten. Zu Beginn des Jahres 1492 eroberten die Truppen von König Ferdinand und Königin Isabella Granada, die Hauptstadt des muslimischen Staates auf der Iberischen Halbinsel. Dieser Sieg markierte die Endphase der Reconquista, der Vertreibung der Araber aus Spanien. Der Kampf gegen die «Ungläubigen» wurde hier seit dem 8. Jahrhundert geführt, aber erst Ferdinand und Isabella brachten ihn zu einem siegreichen Ende.

Bis zu diesem Punkt hatte die muslimische Welt bei militärischen Auseinandersetzungen mit der christlichen Welt stets den Sieg davongetragen. Das Osmanische Reich mit seiner Hauptstadt in Istanbul (dem ehemaligen Konstantinopel) setzte die Siegesserie bis ins 16. und 17. Jahrhundert fort, eroberte den Balkan und Ungarn und versuchte sogar, bis ins Herz des christlichen Europa vorzustoßen, in das Heilige Römische Reich deutscher Nation. Der Kampf zwischen den muslimischen und christlichen Welten erreichte 1683 in der Schlacht um Wien einen Höhepunkt, als die osmanischen Truppen von einer vereinten christlichen Koalition geschlagen wurden. Die Woge der militärischen Dominanz kehrte sich von da an um. Die muslimische Welt erholte sich von dieser Niederlage nie wieder.

Aber das war erst 200 Jahre später. Ein weiteres bedeutendes Ereignis fiel in das Jahr 1492. Wenige Monate nach der Reconquista rüstete das Königspaar Ferdinand und Isabella eine von dem italienischen Seefahrer Christoph Kolumbus angeführte Expedition aus. Er versprach, einen neuen Seeweg nach Indien zu entdecken, um die muslimische Blockade des christlichen Europa zu beenden.

Anstelle des Seewegs nach Indien entdeckte Kolumbus Amerika, auch wenn er selbst seinen Fehler nie erkannte. Dieser Fehler war von globaler Bedeutung. Er legte das Fundament für die Entwicklung der Neuen Welt. Bis 1492 waren die Kontinente durch weite Entfernungen voneinander getrennt gewesen, und ihre Bewohner wussten kaum etwas oder gar nichts voneinander. Die Entdeckung Amerikas markierte den Beginn des Kontaktes, indem die weit entfernten Kontinente politisch, ökonomisch und kulturell miteinander verbunden wurden. Kurzum, die Welt wurde global.

Um die gleiche Zeit spielte sich im östlichen Teil des europäischen Kontinents ein Ereignis ab, das ebenfalls dazu bestimmt war, die

Karte der Welt neu zu zeichnen, wenn auch in etwas bescheidenerem Umfang. Am Unterlauf des Dnipro eroberte ein lokaler Kosakenstamm aus Kyjiw und Tscherkassy ein türkisches Schiff und zerstörte es. Die Beschwerde des Khans auf der Krim beim Großfürsten von Litauen markiert die erste historische Erwähnung der Saporoger Kosaken. Einige Jahrhunderte später sollte der Name des Landes, das sie bewohnten, also Ukraine, der Name für eine ganze Nation und einen Staat werden.

Die Ukraine ging aus der Begegnung zweier Welten hervor: der Welt des Kolumbus und der Welt der Kosaken. Zum Zeitpunkt der ersten Nennung der Kosaken wussten diese nichts von Kolumbus, und er wusste nichts von ihnen. In den kommenden Jahrhunderten sollten diese beiden Welten so eng zusammenrücken, dass Chmelnyzkyjs Kosakenaufstand in Spanien diskutiert wurde und Produkte aus Amerika, vor allem Tabak, aus dem Leben der Kosaken nicht wegzudenken waren: Ein Volkslied rühmt den Kosaken-Hetman Sahajdatschnyj, «der seine Frau gegen Tabak und eine Pfeife eintauschte».

Die Rzeczpospolita: Der Westen in polnischem Gewand

Die Welt des Kolumbus und die Welt der Kosaken begegneten sich in einem einzigen Staat – in der 1569 gegründeten polnisch-litauischen Rzeczpospolita. Innerhalb ihrer Grenzen lebten Katholiken und Orthodoxe zu ungefähr gleichen Anteilen Seite an Seite. In keinem anderen Land lebten östliche und westliche Christen in so großer Zahl zusammen.

Häufig betrachten wir die ukrainische Geschichte im Schatten Russlands und vergessen dabei, dass der polnische Einfluss wenigstens bis zum Ende des 18. Jahrhunderts eigentlich viel länger und stärker war. Fürsten der Rus und polnische Könige hatten seit der Zeit Wolodymyrs mal gegeneinander gekämpft und mal Bündnisse gegen einen gemeinsamen Feind geschlossen. Eine starke polnische

Präsenz begann jedoch mit der Annexion Galiziens im Jahr 1349. Nach der Vereinigung Polens und Litauens im Jahr 1569 dehnte sich der polnische Einfluss aus und umfasste beinahe das gesamte Territorium der «alten Ukraine». Selbst nach der Auflösung des polnisch-litauischen Staates (1772–1795) blieb der polnische Einfluss in der zentralen Ukraine bis zum Ersten Weltkrieg stark, in der westlichen Ukraine sogar bis zum Zweiten Weltkrieg. Der polnische Faktor ist noch heute von Bedeutung. Wenn man Zonen zeichnet, die die Intensität des polnischen «Drangs nach Osten» auf einer Karte der heutigen Ukraine markieren, wird deutlich, dass sich diese Linien mit der Intensität des Gebrauchs der ukrainischen Sprache und der ukrainischen Identität decken.

Die Tatsache, dass die Rzeczpospolita Teil des westchristlichen Kulturkreises war, ist für die Herausbildung der ukrainischen Identität wichtig. Gute Gründe sprechen für die Annahme, dass das Konzept der ukrainischen Nation im Innern dieses Kulturkreises aufkam. England gilt als der Prototyp der Nation. Genau wie andere englische «Erfindungen» wie das Parlament, politische Parteien und die Industrielle Revolution breitete sich das Konzept über den europäischen Kontinent aus und entwickelte sich zu einem der Phänomene, die die moderne, globale Welt prägten. Gegen Ende des 15. Jahrhunderts kann man von den Anfängen moderner westeuropäischer Nationen sprechen: Italiener, Deutsche, Franzosen und Spanier. Andere Völker Europas sahen sich eher zwischen diese Nationen gestellt als in sie: Sie waren weder ganz eigenständig noch voll integriert. Entsprechend war der Wandel der orthodoxen Rus in eine ukrainische Nation eine Konsequenz der Ausbreitung westchristlicher Ideen nach Osten, über die Vermittlung der polnisch-litauischen Rzeczpospolita. Wie Ihor Ševčenko es ausdrückte, war in der Ukraine «dieser Westen, größtenteils in den *kontusz* (polnisches Herrengewand) gekleidet».

Damals zählte die Rzeczpospolita zu den größten Staaten Europas. Sie entstand durch eine Vereinigung des Königreichs Polen mit dem Großfürstentum Litauen. Als Folge dieser Union lag nunmehr der größte Teil des ethnisch ukrainischen Gebietes, mit Ausnahme der später besiedelten Steppe, innerhalb der Grenzen eines einzigen Staates. Schon allein diese Tatsache legte die Basis für die Ukraine als eigenständige, nationale Gemeinschaft.

Es gibt zwei gegensätzliche Sichtweisen bezüglich des Wesens der Herrschaft über belarussische und ukrainische Territorien. Laut der einen war die Rzeczpospolita eine ausbeuterische und kolonialisierende Macht, vergleichbar mit der britischen Herrschaft in Indien oder der französischen in Algerien. Die zweite hebt die Toleranz der polnischen Regierung und deren demokratischen Charakter hervor. Je nach Zeitspanne oder fraglicher Bevölkerungsgruppe treffen beide Sichtweisen zu. Aber unabhängig davon, wer wovon spricht, darf nicht vergessen werden, dass die polnisch-litauische Rzeczpospolita, verglichen mit anderen Staaten, weitgehend eine historische Anomalie war. Ihre Abnormität lässt sich in drei Merkmalen zusammenfassen:

Erstens war die Rzeczpospolita für ihre religiöse Toleranz berühmt. Obwohl westlich von ihren Grenzen Religionskriege tobten, war Polen-Litauen seit den ersten Jahren seiner Existenz eine Oase der Stabilität und des Friedens. Es war kein Zufall, dass Juden, die aus anderen katholischen Ländern vertrieben worden waren, hier Zuflucht fanden. Katholiken, Orthodoxe und Juden lebten Seite an Seite mit Protestanten, Muslimen, armenischen apostolischen Christen und jüdischen Karaiten (Karäern).

Insgesamt war die Bevölkerung der Gebiete der Rus ethnisch und religiös vielfältiger als die Bevölkerung von Zentralpolen. Der Inbegriff für diese Vielfalt war Lwiw, das nach dem Fall Kyjiws im Jahr 1240 bis Mitte des 19. Jahrhunderts die größte Stadt der Rus war. An der Wende vom 16. zum 17. Jahrhundert war Lwiw die Heimat von mindestens fünf großen ethnischen und religiösen Gruppen: Ruthenen, Deutsche, Polen, Juden und Armenier, von denen jede einzelne mehr als 5 Prozent der einheimischen Bevölkerung ausmachte. Es heißt, keine andere Stadt in der polnisch-litauischen Rzeczpospolita und vielleicht sogar in ganz Europa damals konnte es, was die Vielfalt der Bevölkerung anging, mit Lwiw aufnehmen.

Vielfalt ist ein Hauptmerkmal des Grenzlandes. Seit dem 19. Jahrhundert sind die östlichen Grenzregionen, auf Polnisch *kresy*, ein wesentlicher Bestandteil der polnischen nationalen Mythologie. Der spätere Staatschef Józef Piłsudski verglich die Rzeczpospolita mit einem Kringel: ein großes Loch in der Mitte mit dem ganzen leckeren Teig drumherum. Er wusste, wovon er sprach: Piłsudski kam selbst aus den *kresy*. Viele Wissenschaftler, Dichter und Künstler stammten aus der Grenzregion. Darin zeigt sich eine wesentliche Tatsache: Peripherien sind Zonen erhöhter Kreativität. Das liegt nicht zuletzt an ihrem multiethnischen und multikulturellen Charakter. Das Grenzgebiet war eine Region entlaufener Bauern, Abenteurer verschiedener Couleur, religiöser Abweichler und aufmüpfiger Kosaken. Dank der Koexistenz verschiedener Kulturen, der friedlichen ebenso wie der nicht friedlichen, lag der Siedepunkt hier deutlich höher als im «kalten» monokulturellen Zentrum. Eben deshalb war die Wahrscheinlichkeit, dass sich eine neue Identität herausbildete, hier viel höher als anderswo.

Ein zweites, anormales Merkmal der polnisch-litauischen Rzeczpospolita war ihr politisches System. Sie war eine Wahlmonarchie. Das Verfahren für die Wahl eines Monarchen («freie Wahlen») wurde nach dem Tod des letzten Königs der Dynastie der Jagiellonen, Sigismund II. August (1520–1572), eingeführt und hatte bis zum Ende der Rzeczpospolita Bestand. Der Gedanke an sich, einen König zu wählen, war nicht übermäßig ungewöhnlich. Das Heilige Römische Reich, Ungarn, Schweden und Dänemark waren zu verschiedenen Zeiten und in unterschiedlichem Ausmaß Wahlmonarchien. In anderen Staaten wie in Großbritannien oder im Moskauer Reich fand die «einmalige» Wahl eines Monarchen in Momenten einer politischen Krise statt. Was die Rzeczpospolita zu einer echten Anomalie machte, war der Umstand, dass sie gleichzeitig eine Monarchie und eine Republik war (schon der Name auf Polnisch ist eine wörtliche Übersetzung aus dem Latein von *res publica*, also Republik). Zu den Republiken jener Zeit zählten die Schweiz, einige Stadtstaaten in Italien, später die Niederlande und, für kurze Zeit, England unter Cromwell. In den meisten europäischen Republiken lag die Macht beim städtischen Adel. In der Rzeczpospolita war der Kleinadel die Hauptquelle der Macht. Der Adel wählte den Monarchen und schränkte dessen Macht ein. Ein Zeitgenosse meinte treffend: Der polnische König «regierte, aber er herrschte nicht».

Die dritte Anomalie der Rzeczpospolita ist die Größe eben dieser Adelsschicht sowie deren einzigartiger Status. In den meisten europäischen Ländern machte der Adel ungefähr 1 bis 2 Prozent der Bevölkerung aus. Spanien und Ungarn waren Ausnahmen, hier lag der Anteil bei 5 Prozent. In der Rzeczpospolita hingegen betrug der Anteil des Adels 8 bis 10 Prozent, in manchen Regionen sogar 20 Prozent. Die meisten Adligen unterschieden sich mit Blick auf ihr Vermögen kaum von Bauern. Viele stammten aus einfachen Familien und hatten den Adelsstatus über Geld oder vorteilhafte Heiraten erlangt, was sie selbstverständlich gerne für sich behielten. Was sie alle, reiche wie arme, vereinte, war «edle Ehre», ein Gefühl der Überlegenheit über andere.

Manche behaupten zwar, die polnischen Adligen stützten ihr Überlegenheitsgefühl auf den Mythos der Abstammung von den königlichen Sarmaten, die einst die Steppen der Schwarzmeerregion bewohnt hätten, doch jüngste Forschungen widerlegen diese Auffassung. Der «Sarmaten-Mythos» ist eine spätere Erfindung der polnischen nationalen Mythologie. Es trifft zu, dass der «sarmatische Stil» unter dem Adel sehr verbreitet war und dass die Adligen der Rzeczpospolita bei der Mode eher nach Istanbul als nach Paris blickten. Aber ein sarmatischer Bekleidungsstil ließ noch lange nicht auf den Glauben an einen besonderen Sarmaten-Mythos schließen. In Wirklichkeit sorgte sich jede Adelsfamilie hauptsächlich um den eigenen Stammbaum, nicht um den Stammbaum einer ganzen Adelsschicht. Die Identität als Adliger war nicht in der Vergangenheit verankert, sondern basierte auf dem Gedanken, der polnisch-litauischen Rzeczpospolita mit dem Schwert zu dienen. Militärische Tüchtigkeit zählte ebenso viel wie edle Vorfahren.

Genau genommen beruhte ihr privilegierter Status auf eben dieser Tüchtigkeit: Wenn sie unablässig ihr Leben für die Rzeczpospolita riskierten, hatten sie auch besondere Privilegien verdient. Die Privilegien des polnischen Adels waren tatsächlich einzigartig. Sie wählten den König, und der König hatte, bis auf wenige Ausnahmen, nicht das Recht, sie zu richten oder zu bestrafen. Dazu war lediglich ein Gericht, das aus ihresgleichen bestand, befugt. Ihr Wahlspruch lautete: «Nicht über uns ohne uns». Die Beispiellosigkeit der Privilegien spiegelte sich auch im «Veto-Recht»: Jeder Adlige konnte die Entscheidungen des ganzen Sejm mit einer einzigen abweichenden Stimme kippen: «Ich lasse das nicht zu!»

Selbstverständlich war diese Adelsdemokratie alles andere als eine moderne Demokratie. Es war eine Demokratie für 10 Prozent der Bevölkerung. Doch die Kritiker der Rzeczpospolita sollten sich vor Augen führen, dass in der Wiege der Demokratie, im alten Griechenland, die voll wahlberechtigten Bürger ebenfalls eine Minderheit waren. Die große Mehrheit – Frauen, Sklaven und Ausländer – hatte kein Stimmrecht. Jedenfalls lässt sich mit Blick auf die Herausbildung einer Ordnung des offenen Zugangs sagen, dass die polnisch-litauische Rzeczpospolita mit ihren Beschränkungen der Macht des Monarchen und mit der außerordentlich privilegierten Adelsschicht für ihre Zeit vermutlich am weitesten in dieser Richtung entwickelt war. Allerdings gibt es einen wesentlichen Vorbehalt: Der freie Wille eines großen Teils der Adligen war reine Fiktion. Aufgrund ihrer wirtschaftlichen Schwäche waren viele auf die Gunst der Großgrundbesitzer angewiesen. Das heißt, sie funktionierten als Klienten der mächtigeren Adligen und führten deren politischen Willen aus. Tatsächlich wählten die Magnaten, nicht der Adel insgesamt, den König und begrenzten dessen Macht; somit war die Adelsdemokratie weitgehend eine demokratische Oligarchie.

Zu wenig zentrale Macht ist ebenso ungesund wie zu viel. Mit der Zeit wurde das Gemeinwesen des Adels zum Symbol der Instabilität. Sein «goldenes Zeitalter» währte fünfzig Jahre und ging Anfang des 17. Jahrhunderts zu Ende. Mitte des 17. Jahrhunderts begann für die Rzeczpospolita eine längere Krisenphase, von der sie sich nie richtig erholte. Die Adelsdemokratie artete in eine Anarchie aus. Reformversuche im 18. Jahrhundert führten zu nichts. Und in den Jahren 1772–1795 verschwand die polnisch-litauische Rzeczpospolita schließlich ganz von der Landkarte. Sie wurde von den drei mächtigen Nachbarstaaten aufgeteilt: dem Habsburgerreich, dem Zarenreich und dem Königreich Preußen. Der politische Niedergang ging mit einem ökonomischen einher. Die polnische Wirtschaft galt als Symbol für Chaos und niedrige Standards.

Ein schlechtes Beispiel ist ansteckend. Die Rechte und Privilegien des polnischen Adels dienten als Vorbild, nach dem auch die orthodoxe Elite strebte. Die Rzeczpospolita war ein Staat, der aus Polen und Litauen bestand. Es ist nicht ganz klar, weshalb die Bezeichnung Rus bzw. Ruthenisch in dieser Formel nicht auftauchte. Vermutlich liegt es daran, dass die Union von Lublin eine Vereinigung zwischen den Herrschern zweier Staaten war: des polnischen Königs und des litauischen Fürsten (in diesem Fall ein und dieselbe Person); und weil es damals keinen eigenen Fürsten oder König der Rus gab, war für sie auch kein Platz darin. Dem ruthenischen Adel gelang es jedoch, seine Rechte so weit wie möglich zu verteidigen: Adlige konnten ungehindert ihren orthodoxen Glauben praktizieren, die ruthenische Sprache in der lokalen Verwaltung nutzen und das Justizwesen auf der Basis des Litauischen Statuts beibehalten. Diese Rechte wurden automatisch auch auf den Rest der ruthenischen Bevölkerung ausgedehnt. Im Lauf der Zeit folgte ein Teil des ruthenischen Adels in der Rzeczpospolita dem gleichen Weg wie der litauische Adel: Sie konvertierten zum katholischen Glauben und wurden Polen. Im Jahr 1610 beklagte der Polemiker und Gelehrte Meletius Smotrycki die Konversion der meisten «edlen, ruhmreichen, wohltätigen, starken und alten Häuser, die vom Ruhm, der Macht und Tapferkeit der Rus nachhallen». Der bezeichnendste Fall war die Geschichte der Familie Wyschnewezkyj/Wiśniowiecki: Ein Nachkomme von Dmytro Bajda Wyschnewezkyj (1510?–1563), der mit den Balladen der Kosaken als der Gründer der Saporoger Sitsch unsterblich wurde, stieg unter dem Namen Michał Korybut Wiśniowiecki (1640–1673) zum polnischen König auf. Doch ein Großteil der ruthenischen Elite blieb orthodox. Und diejenigen, die die orthodoxe Kirche verließen, entschieden sich häufiger für die protestantische als für die katholische Konfession.

Es stimmt, dass der ruthenische Adel am politischen Leben der Rzeczpospolita teilnahm und sogar zur polnischen Sprache wechselte. Aber gleichzeitig blieben die Adelsfamilien häufig ruthenische Patrioten und unterstützten Pläne, dem polnisch-litauischen Doppelstaat einen dritten Teilstaat Rus hinzuzufügen. Das ist durchaus kein Widerspruch. Regionaler oder sogar nationaler Patriotismus konnte friedlich neben dem loyalen Dienst für die Rzeczpospolita bestehen. Der ruthenische und der polnische Adel hatten das gleiche Ethos. Der Dienst lag im Kern dieses Ethos, und ruthenische Adlige dienten eben ihrem Vaterland, der polnisch-litauischen Rzeczpospolita. Der orthodoxe Adlige Adam Kysil (1600–1653) stieg zum Woiwoden auf und plädierte gleichzeitig für die Aufnahme einer dritten konstituierenden Nation, der Ruthenen, in die Zusammensetzung der Rzeczpospolita.

Unter eben diesem ruthenischen Adel tauchte im frühen 17. Jahrhundert zum ersten Mal die Auffassung eines eigenen «Volkes der Ruthenen» auf. Im Lauf der Zeit ging das Recht, dieses Volk zu vertreten, jedoch auf die ukrainischen Kosaken über. Die Kosaken übernahmen nicht nur diese primäre Rolle, sie veränderten zugleich die Konturen der Nation der Ruthenen. Die Orthodoxen im litauischen Teil der Rzeczpospolita (die künftigen Belarussen) wurden nicht länger als Teil der Ruthenen angesehen, und die Ruthenen selbst waren nicht länger Teil der polnisch-litauischen Rzeczpospolita. Folglich wurde dank der Kosaken aus der Rus die Ukraine.

Der Wandel der Kosaken zum Hauptsymbol der ukrainischen Identität ging einher mit radikalen Veränderungen auf dem europäischen Kontinent, die auf die eine oder andere Weise im Jahr 1492 eingesetzt hatten. Man kann sie kurz als zwei parallel verlaufende Prozesse beschreiben: die sogenannte Preisrevolution und die Konfessionalisierung. Beide Prozesse hatten Auswirkungen auf die Rzeczpospolita und die Länder der Rus. Sie beschleunigten den Zusammenbruch der Rus und folglich den Aufstieg der Ukraine. Ein wenig vereinfacht kann man sagen, dass die Kosaken aus der Preisrevolution hervorgingen und die Konfessionalisierung aus ihnen Ukrainern machte.

Von Kolumbus zu den Kosaken

Mit der Entdeckung Amerikas begann der Austausch von Lebensmitteln, Waren und Krankheitserregern zwischen der Neuen und der Alten Welt. Das hatte für die Völker der Neuen Welt tragische Konsequenzen: Rund 90 Prozent der indigenen Bevölkerung starben als

Folge von Gewalt und Seuchen, die die Europäer mitgebracht hatten. Die Alte Welt hingegen profitierte von diesem «Kolumbianischen Austausch». Es mag nur der Hinweis genügen, dass von den 640 landwirtschaftlichen Pflanzen, die heute auf dem europäischen Kontinent bekannt sind, gut hundert ursprünglich aus der Neuen Welt kamen. Kartoffeln und Mais sind die bekanntesten Beispiele. Nach der Überzeugung vieler Menschen ist zwar das Auftauchen dieser Produkte in Europa einer der Gründe für das ständige Bevölkerungswachstum Europas in der Neuzeit, doch ihre Ausbreitung über den ganzen Kontinent zog sich in Wirklichkeit über mehrere Jahrhunderte hin. Die Kartoffel war erst im 18. Jahrhundert weitverbreitet. Aus Südamerika importiertes Silber wirkte sich im 16. und 17. Jahrhundert viel unmittelbarer und radikaler auf Europa aus.

Die Knappheit der Edelmetalle war für die europäische Wirtschaft ein chronisches Problem. Viele Europäer, die in die Neue Welt zogen, ließen sich von Gerüchten anlocken, irgendwo im amerikanischen Dschungel liege eine «goldene Stadt» (El Dorado), wo selbst die Straßen mit Gold gepflastert wären. Sie fanden kein Gold: Der «Goldrausch» von Kalifornien begann erst Jahrhunderte später, im Jahr 1848. Aber sie fanden Silber. Im Jahr 1545 entdeckten die Spanier am Fuß des Cerro de Potosí (im heutigen Bolivien) reiche Silbervorkommen. Sie fingen an, diese Vorkommen skrupellos auszubeuten, und forderten von der einheimischen Bevölkerung grausame, unbezahlte Zwangsarbeit. Das Silber wurde dann nach Spanien gebracht, von wo es in ganz Europa verteilt wurde. Im Jahr 1600 hatte sich das Gesamtgewicht des Silbers auf dem europäischen Markt bereits verachtfacht.

Silber war damals für die Münzprägung das wichtigste Metall. Massive Importe südamerikanischen Silbers führten zu einem Anstieg der Geldmenge und folglich zu einem raschen Wertverlust. Wenn immer mehr Menschen immer mehr Geld zum Kauf von immer weniger Waren zur Verfügung haben, so führt das zwangsläufig zu rasanten Preissteigerungen. Als Erstes stiegen die Preise für die wohl universale Ware: Lebensmittel. In manchen Gegenden schossen die Getreidepreise um den Faktor acht bis zehn in die Höhe.

Des einen Leid ist des anderen Freud. Die Preisrevolution im Westen eröffnete dem Landadel und anderen Bewohnern der Rzeczpospolita die Chance, schnell reich zu werden. Der polnisch-litauische Staat galt als Kornkammer Europas und als Rohstoffquelle für den Schiffbau. Die Schwarzerde der Ukraine war besonders fruchtbar, doch es war noch nicht klar, ob (und wie) ukrainisches Getreide auf die westlichen Märkten gelangen würde. Die fruchtbaren Regionen waren durch das Wilde Feld vom Schwarzen Meer abgeschnitten. Der nächste Hafen, aus dem lokales Getreide verschifft werden konnte, war die Stadt Gdańsk (Danzig) an der Ostsee, wo westliche Kaufleute Agrarprodukte einkauften. Doch der Transport von Getreide aus den meisten Gebieten der Ukraine nach Gdańsk war außerordentlich schwierig, weil nur Galizien und Wolhynien direkte Flusswege in die Ostsee hatten. Es gab jedoch noch andere rentable Waren wie Bauholz und Pottasche in den nördlichen Waldregionen und Vieh in der Zentralukraine. Die Kosten für den Transport von Vieh waren besonders niedrig, weil man die Tiere einfach über das offene Land treiben konnte.

Jedenfalls wurden die Länder der Ukraine eine Art El Dorado der polnisch-litauischen Rzeczpospolita. Im frühen 17. Jahrhundert wiesen ukrainische Gebiete die höchsten Bevölkerungswachstumsraten auf dem ganzen europäischen Kontinent auf. Die Menschen strömten auf der Suche nach Reichtum, Abenteuer und Freiheit dorthin. Dieser Wirtschaftsaufschwung wurde nicht zuletzt dadurch ermöglicht, dass durch die Gründung der Rzeczpospolita die südliche Grenze verstärkt und dadurch die dortigen Siedlungen besser geschützt wurden. Das schuf die nötige Stabilität, um eine wirtschaftliche Entwicklung zu fördern. Außerdem führten das rasante Bevölkerungswachstum und die Notwendigkeit, ein Heer zu ernähren, zu einem Anstieg der Nachfrage nach Brot und anderen Agrarprodukten.

Binnen kurzer Zeit gelangten die einheimischen Adelsfamilien zu enormem Reichtum. Sie erhielten vom König neue Landzuteilungen und vergrößerten ihre Güter. Dieser Reichtum wurde in politischen Einfluss umgewandelt. Die Güter wurden zu einer Art Staat im Staate, mit eigenen Höfen, Kunden und Truppen, mit denen sie gegen die Tataren und Kosaken kämpften. Genau genommen wurden sie zu den eigentlichen Herrschern an der Grenze und machten dem König im Zentrum die Macht streitig. Im Gegensatz zu diesem hatte ihre Macht in den eigenen Ländereien praktisch keine Grenzen.

Neben den lokalen Magnaten beteiligte sich auch der Kleinadel aktiv an der Kolonisierung ukrainischer Gebiete. Es ist nicht bekannt, wie hoch der Anteil polnischer und ruthenischer Adliger bei diesem Vorgang war. Allerdings ist bekannt, dass die Kolonisierung der Ukraine in vieler Hinsicht der Kolonisierung Amerikas ähnelte. Beide Prozesse wurden von einem Kult der Gewalt und des schnellen Profits dominiert, und beide tarnten diesen Kult gegenüber der einheimischen Bevölkerung als Mission der Zivilisierung. Manche meinten, dass der polnische Adel, so wie die Spanier in Indien (sprich: im neu entdeckten Amerika) nach Gold suchten, in den ruthenischen Provinzen nach Geld Ausschau hielt. Um den Anbau von Getreide und anderen Produkten noch billiger zu machen, versklavte der Adel die Bauern, sodass die Gutsherren kostenlose Arbeitskräfte bekamen. Im 16. Jahrhundert erlebte das Europa östlich der Elbe die «zweite Leibeigenschaft», wie Historiker es später nannten. Wo keine Leibeigenschaft mehr bestanden hatte, wurde sie wiederbelebt, und wo sie noch existierte, wurde sie ausgedehnt.

An dieser Stelle darf nicht vergessen werden, dass kein klarer und zweifelsfreier Zusammenhang zwischen der «Preisrevolution» und der «zweiten Leibeigenschaft» besteht. Bauern im Moskauer Reich wurden ebenfalls versklavt, obwohl dieses keine engen Beziehungen zu westeuropäischen Märkten hatte, wie sie für die Rzeczpospolita charakteristisch waren. Moskowien wurde durch den Pelzhandel und die anschließende Kolonisierung Sibiriens und der Wolgaregion reich. In der Geschichte der polnisch-litauischen Rzeczpospolita selbst sind die Gründe und regionalen Merkmale der «zweiten Leibeigenschaft» noch heute Gegenstand der historischen Debatte. Aber was immer die Gründe waren, ökonomische Abläufe teilten nunmehr den Kontinent in ein West- und ein Osteuropa. Bei dieser Aufteilung wurde Osteuropa zu einer Agrarkolonie des Westens, die an der Peripherie des kapitalistischen Systems lag, das sich an der Atlantikküste Westeuropas herausbildete.

Die Leibeigenschaft nahm immer härtere und verstörendere Formen an. In seiner Beschreibung der Ukraine behauptete Guillaume le Vasseur de Beauplan, die Lage der einheimischen Bauern sei schlechter als die der Sklaven auf türkischen Galeeren. Die Unterdrückung hatte Widerstand zur Folge. Die einfachste Methode, dagegen zu protestieren, war die mit den eigenen Füßen: die Flucht in das Wilde Feld. Beträchtliche Teile der Grenzregionen der Woiwodschaft Kyjiw unterstanden direkt dem König. Der Adel konnte nicht die Rückkehr von Flüchtlingen aus den Ländereien des Königs fordern, und die königlichen Behörden und lokalen Magnaten spornten Bauern tatsächlich dazu an, dorthin umzusiedeln. Die entlaufenen Bauern ließen sich entweder in neu gegründeten Siedlungen nieder oder zogen in die Gebiete der Saporoger Sitsch. Unterdessen schlossen sich diejenigen, die auf den Ländereien ihrer Herren blieben, häufig den Rebellen der Kosakenaufstände an. Wie ein Adliger jammerte: «Die ganze Ukraine ist zum Kosaken geworden.»

In den 1590er Jahren und von 1620 bis 1630 erneut wurde die Ukraine von Aufständen erschüttert, die von der Unzufriedenheit der Kosaken mit ihrem Status in der Rzeczpospolita ausgelöst worden waren. Die Elite der Kosaken forderte die gleichen Rechte und Privilegien wie der Adel: Selbstverwaltung, die Rechte auf Grundbesitz, Jagd, Fischen, Handel, die Herstellung von Alkohol sowie Steuerbefreiungen. Sie hatten eine klare Rechtfertigung für diese Forderungen. Wie der Adel verteidigten auch die Kosaken die Grenzen des Gemeinwesens gegen Angriffe von Tataren und kämpften bei Feldzügen mit. Insbesondere Kosakeneinheiten unter der Führung von Hetman Petro Konaschewytsch-Sahajdatschnyj (1575–1622) spielten in dem Krieg gegen Moskowien 1617/18 eine bedeutende Rolle. Ihre Teilnahme war auch bei der Schlacht von Chotyn gegen die türkische Armee entscheidend.

Die Kosaken waren vor allem für ihre Seefeldzüge bekannt. Sie segelten den Dnipro hinab bis ins Schwarze Meer und griffen tatarische und türkische Küstenstädte an, auch die Hauptstadt Istanbul.

Dort plünderten sie, zerstörten Schiffe und Befestigungsanlagen und befreiten Sklaven. Dank dieser Überfälle erlangten die Kosaken internationalen Ruhm und zogen die Aufmerksamkeit der Staaten auf sich, die Verbündete im Kampf gegen das Osmanische Reich suchten, insbesondere nach der Schlacht von Lepanto (1571). Im Jahr 1594 schickte der österreichische Kaiser einen Gesandten zu Gesprächen in die Sitsch. Auch das Moskauer Reich trat an sie heran und wollte ihre Unterstützung. Die Kosaken gewannen an Bedeutung und verlangten deshalb Aufmerksamkeit und Respekt.

Die Elite der Kosaken suchte, mit einigem Erfolg, in dem polnischen König einen Verbündeten. Letzterer hoffte, seinen Einfluss bei der Auseinandersetzung mit den Magnaten und ihren adligen Klienten zu stärken. Doch die Rzeczpospolita wurde immer noch vom Adel kontrolliert, der eifersüchtig seine Privilegien hütete. Die Adligen betrachteten Kosaken als Gemeine, als aufmüpfiges Pack, welches, per definitionem, nicht die gleiche Würde wie sie beanspruchen könne. Die christliche Gesellschaft der Rzeczpospolita war in klar definierte Stände unterteilt: Adel, Klerus, Stadtbewohner und Bauern. In dieser Hierarchie war kein Platz für Kosaken.

Allerdings erkannte der polnische Adel nicht die Tatsache, dass die Kosaken de facto bereits ein eigener Stand geworden waren. Um diesen Wandel zu verstehen, müssen wir wieder auf die Geschichte der Globalisierung zurückkommen.

Als säkulare, moderne Menschen heben wir tendenziell die säkularen Elemente der Geschichte hervor und lassen die Rolle der Religion außer Acht. Aus erhaltenen Fragmenten des Tagebuchs von Kolumbus geht hervor, dass sein Wunsch, einen Weg nach Indien zu finden, zumindest zum Teil religiös motiviert war. Er hoffte, mit dem Reichtum, den er aus Indien mitbringen würde, einen neuen Kreuzzug zur Befreiung Jerusalems von der muslimischen Herrschaft zu finanzieren, und das noch vor der Wiederkunft Christi. Mit eben diesem Argument überzeugte er Ferdinand und Isabella und gewann ihre Herzen. Nach dem Sieg über die Araber war das Königspaar überzeugt, dass sie in der Geschichte der Christenheit einen besonderen Auftrag hätten. Unter den unzähligen Titeln des spanischen Herrschers

(«König von Aragon, Graf von Barcelona», etc.) war einer, der zu den Plänen des Kolumbus passte: Ferdinand war «König von Jerusalem». Man ging damals davon aus, dass der «letzte Kaiser» Jerusalem erobern, die ganze Welt vereinen und im letzten Gefecht gegen den Antichristen an der Seite Christi stehen werde. Als Vorbereitung auf diese Rolle beeilte Ferdinand sich, sein Königreich zu einem rein christlichen Staat zu machen. Nach dem Sieg über die Araber vertrieb er 1492 alle Juden aus seinem Reich. Damit schuf er einen bemerkenswerten Präzedenzfall: einen aus religiöser Sicht homogenen Staat.

So etwas hatte man damals praktisch noch nie gehört, doch mit dem Auftritt des Protestantismus wurde dies zur Norm. Im Jahr 1517 veröffentlichte der Mönch Martin Luther seine 95 Thesen, welche die Autorität des Papstes infrage stellten. Luther hatte nicht beabsichtigt, eine neue Kirche zu gründen. Er wollte sie reformieren, zu den Zeiten der ursprünglichen, unverdorbenen Kirche der frühen Christen zurückkehren. Aber wie so oft hatten Aufrufe, zur Vergangenheit zurückzukehren, Veränderungen für die Zukunft zur Folge.

Die Reformation spaltete die westlichen Christen in Katholiken und Protestanten, wobei Letztere noch in Lutheraner, Calvinisten und andere Konfessionen zersplittert waren. Diese Spaltungen zogen lange und außerordentlich grausame Religionskriege nach sich. Weil der Protestantismus ursprünglich ein deutsches Phänomen war, wurden die Kriege fast ausschließlich auf den Gebieten der deutschen Staaten ausgefochten, die dem Heiligen Römischen Reich deutscher Nation angehörten. Der erste größere Krieg zwischen dem katholischen Kaiser und Anhängern Luthers begann im Jahr 1546. Der Krieg endete ohne eindeutigen Sieger, und dieses Patt wurde mit dem Augsburger Religionsfrieden von 1555 festgeschrieben. Der Hauptpunkt der Regelung war der Grundsatz: *cuius regio, eius religio,* also: «wessen Gebiet, dessen Religion». Folglich waren die Untertanen katholischer Herrscher Katholiken, und die Untertanen lutherischer Herrscher waren Lutheraner. Wer diesem Grundsatz nicht entsprach – also Katholiken in protestantischen Staaten und Lutheraner in katholischen Staaten –, musste sich entscheiden: zum Glauben seines Herrschers konvertieren oder das eigene Heim aufgeben.

Der Augsburger Religionsfrieden sorgte zwar für Frieden, aber nicht lange. Im Jahr 1618 brach ein neuer Religionskrieg aus, der drei Jahrzehnte lang dauerte. Der Dreißigjährige Krieg zählt zu den blutigsten in der europäischen Geschichte und ist mit Blick auf die Zerstörung und den Verlust an Menschenleben durchaus vergleichbar mit den beiden Weltkriegen. In den deutschen Ländern des Heiligen Römischen Reiches, die im Zentrum des Konflikts standen, kam fast ein Drittel der Bevölkerung um. Aber selbst nach dreißig Jahren Blutvergießen konnte keine Seite einen entscheidenden Sieg erringen. Der Westfälische Friede von 1648 bestätigte den ursprünglichen Grundsatz «wessen Gebiet, dessen Religion» und führte zwei neue ein: Grenzen zwischen Staaten sind unantastbar, und kein Staat hat das Recht, sich in die Angelegenheiten eines anderen einzumischen.

Nach dem Frieden von 1648 wurde das Westfälische System benannt, das als Entwurf des modernen geopolitischen Systems angesehen wird. Allerdings handelte es sich um eine Formel für einen Staat, der auf einer religiösen statt einer ethnischen Identität basierte. Dennoch legte diese Formel das Fundament für eine Vereinigung zwischen Religion und Nationalismus: Der Übergang von einem religiösen zu einem ethnischen nationalen Staatskonzept stand unmittelbar bevor.

Die polnisch-litauische Rzeczpospolita hielt sich erfolgreich aus dem Dreißigjährigen Krieg heraus. Ironischerweise begann ausgerechnet in dem Jahr, in dem der Krieg in Westeuropa endete, in der Rzeczpospolita ein neuer. Er dauerte fast ununterbrochen die nächsten vierzig Jahre. Und er begann mit einem Kosakenaufstand unter der Führung Bohdan Chmelnyzkyjs.

Wie aus Kosaken Ukrainer wurden

Die ukrainischen Kosaken sind ein zentrales Symbol der ukrainischen Identität. So wie viele Polen sich als Nachfahren polnischer Adliger ansehen, betrachten sich viele Ukrainer als Nachfahren der Kosaken. Die ukrainische Nationalhymne identifiziert Ukrainer als Teil der

«Kosakenfamilie». Der zeitgenössische ukrainische Autor Anatolij Streljanyj hat die Bedeutung der Kosaken als Kern der ukrainischen Identität anders umschrieben. Er weist darauf hin, dass das Phänomen der Kosaken sowohl in der russischen als auch in der ukrainischen Geschichte existiert. Der Unterschied besteht demnach darin, dass die russische Geschichte auch ohne die Kosaken geschrieben werden kann – die ukrainische Geschichte nicht.

Anfangs hatten die Kosaken keinen eindeutigen Bezug zur Nationalität. Sie waren offenbar ein typisches Phänomen von Grenzgebieten: Gruppen von Jägern, die an der Grenze zwischen besiedeltem Agrarland und eurasischer Steppe im Ural, am Don, Kuban und Unterlauf des Dnipro lebten. Die Kosaken waren eine einzigartige soziale Einheit.

Am ehesten kann man sie mit den Haiduken auf dem Balkan, ungarischen Betyaren (Straßenräubern), amerikanischen Cowboys oder sogar Piraten vergleichen. Man könnte die Kosaken als die Piraten der Steppe ansehen oder schlicht als Piraten, wenn man an ihre Überfälle entlang der türkischen Schwarzmeerküste denkt. Historiker dürften den genaueren und inklusiveren Begriff «Sozialbanditen» vorziehen. Das ist keine Beleidigung: Der Engländer Robin Hood, der Slowake/Pole Jánošík und der Amerikaner Billy the Kid waren alle Sozialbanditen. Man kannte diese Parias zudem unter ihren Spitznamen – genau wie die Saporoger Kosaken. Hauptsächlich beraubten sie Adlige, die von Gemeinen häufig als «Außenseiter» wahrgenommen wurden (Robin Hood war Angelsachse, während die Adligen Normannen waren). Also wurden diese Ausgestoßenen, in der allgemeinen Fantasie, oft als Helden im Kampf gegen soziale und nationale Unterdrückung angesehen.

Die Geschichten der Ausgestoßenen wurden in Balladen und Abenteuerromanen gefeiert. Ihr Leben war tatsächlich voller Abenteuer, aber auch voller Gewalt, die in den Volksliedern und romantisch verklärten Geschichten gerne ausgeklammert wird. Man muss sich vor Augen führen, dass die Gewalt der «Ausgestoßenen» ein Spiegelbild der Kultur der Gewalt war, die unter den herrschenden Eliten dominierte.

Die Kosaken führten ein freies, aber gefährliches Leben. Gefahr war der Preis, den sie für Freiheit zahlten. Ihre Bastion war die Saporoger Sitsch, eine versteckte hölzerne Festung, die, wie wir aus byzantinischen Beschreibungen wissen, unterhalb der Stromschnellen des Dnipro lag, an der ehemaligen Route «von den Warägern zu den Griechen». Man nimmt an, dass die erste Sitsch in den 1550er Jahren gebaut wurde. Seit dieser Zeit bis 1775, als sie von russischen Truppen zerstört wurde, wechselte der Ort der Sitsch mindestens acht Mal. Aber jedes Mal wurde sie nach dem gleichen Plan aufgebaut, an Orten, die guten natürlichen Schutz boten: in den Flussniederungen verborgene Inseln. Dort lebten Kosaken, von dort brachen sie zu Feldzügen auf und dorthin kehrten sie zurück.

Die meisten Kosaken lebten eher in der Umgebung als in der eigentlichen Sitsch. Sie versammelten sich dort, sobald die Mobilmachung ausgerufen wurde, aber sie verbrachten nicht ihr ganzes Leben im Krieg. Sie übten daneben auch die gleichen Tätigkeiten wie Nicht-Kosaken aus: Ackerbau, Handwerk, Fischfang und Handel. Doch ein Leben in ständiger Gefahr zwang ihnen eigene Regeln auf. Frauen war es strikt verboten, in der Sitsch zu bleiben. Die Kosaken waren für ihre strenge Disziplin während der Feldzüge bekannt. Alkohol war auf Feldzügen mit Schiffen strikt verboten, und Verstöße wurden mit dem Tod bestraft. Außerdem zeichneten sich die Kosaken durch eine starke Solidarität und ein egalitäres Ethos aus (wenn die Kosaken in der Sitsch ihren militärischen Führer gewählt hatten, bewarfen sie ihn mit Mist, damit er sich nicht zu wichtig nahm).

Für ihr Überleben war es unerlässlich, dass sie die Kriegskunst beherrschten. Bis Ende des 16. Jahrhunderts kamen die besten Krieger aus der Steppe. Entsprechend wählten die Kosaken Waffen, Kleidung und Haartracht nach dem Vorbild dieser Nomadenvölker. Westliche Gesandte, die die Saporoger Sitsch aufsuchten, konnten beim Anblick der Kleidung und Waffen nicht sofort sagen, ob sie nun mit Christen oder Muslimen verhandelten.

Die Kosaken verbesserten bei Überfällen und Feldzügen gegen das Krim-Khanat, das Fürstentum Moldau und das Osmanische Reich ihre militärischen Fertigkeiten. So beschloss der polnische König

Stefan Bátory (1576–1586), aus ihnen ein stehendes Heer zu bilden: die registrierten «Kosaken». Ironischerweise sollten diese eingetragenen Kosaken sowohl die Grenzen der Rzeczpospolita gegen die Tataren und Türken verteidigen als auch die Kosaken selbst davon abhalten, die Tataren und Osmanen ohne ausdrückliche Befehle anzugreifen. Die Überfälle der Kosaken provozierten Konflikte mit dem Osmanischen Reich und bereiteten Warschau unablässig Kopfschmerzen. Folglich bestand eine Spannung zwischen den registrierten Kosaken und den Saporoger Kosaken. Hinzu kam, dass nicht nur Bauern und Adlige zu den Kosaken überliefen, sondern viele Saporoger Kosaken auch danach trachteten, sich registrieren zu lassen, weil der registrierte Status einen festen Sold und gewisse Privilegien bot, etwa den Anspruch auf Bezahlung, während man sich von einer Verwundung oder Krankheit erholte. Die königliche Quote war viel niedriger als die Zahl der Bewerber. In Zeiten des Krieges oder militärischer Bedrohung stieg sie an und wurde in Friedenszeiten reduziert: Trotz des Wehrdienstes des Kosakenheers bemühte sich die Regierung, die Unterhaltskosten möglichst gering zu halten. Das sorgte unter den Kosaken für Empörung. Allen, die nicht registriert waren, drohte die Leibeigenschaft. Nimmt man noch den Konflikt zwischen König und Magnaten hinzu, in dem die registrierten Kosaken ebenfalls ein Wörtchen mitzureden hatten, so war die Zahl der möglichen Kombinationen nach dem Muster «Wer mit wem gegen wen» recht beachtlich.

Wie dem auch sei, die Zahl der registrierten Kosaken stieg im Lauf der Zeit: von anfangs 530 auf bis zu 6000 am Vorabend des Aufstands von Chmelnyzkyj. Die meisten registrierten Kosaken (Mitte des 17. Jahrhunderts 80 Prozent) kamen aus den ruthenischen Gebieten der Rzeczpospolita. Manche kamen jedoch auch von viel weiter her, aus ganz Europa, von Skandinavien im Norden bis zur Peloponnes im Süden, von deutschen Ländern im Westen bis zum Ural im Osten. Anders gesagt, die Kosaken waren ein paneuropäisches oder sogar ein eurasisches Phänomen.

Die Religionskriege in Europa bildeten den Reagenzstoff, der, als er zu der übersättigten Lösung der Gesellschaft im Grenzgebiet hinzukam, die Kristallisierung der Kosaken zum Kern einer neuen, ukrainischen Nation beschleunigte. Aufgrund der Konfessionalisierung Europas waren Protestanten gezwungen, katholische Länder zu verlassen. Viele fanden dank der religiösen Toleranz in der Rzeczpospolita Zuflucht. Oft handelte es sich um Mitglieder der radikalsten protestantischen Bewegungen: Calvinisten, Unitarier und andere. Protestantische Ideen gelangten auch über die Kinder von Adligen und Kaufleuten, die an westlichen Universitäten studiert hatten, ins Land. Wie stark sich der Protestantismus ausbreitete, wird durch die Tatsache illustriert, dass zur Zeit der Gründung der Rzeczpospolita nur die Hälfte der Senatoren katholisch war, in den Ländern des Großfürstentums Litauen stellten Protestanten unter den Senatoren sogar die Mehrheit, auch unter den Ruthenen. Die Rzeczpospolita hätte dem Beispiel Englands, der Niederlande, Norddeutschlands, Dänemarks und Schweden folgen und ein protestantisches Land werden können.

Dazu kam es nicht. Im Gegensatz zu anderen europäischen Ländern schlug der Protestantismus in der Rzeczpospolita nicht bei den Monarchen, geschweige denn in der Bauernschaft Wurzeln. Hinzu kam das Eintreffen der Jesuiten. Die Bewegung der Jesuiten nahm 1534 ihren Anfang und wurde 1540 offiziell als religiöser Orden anerkannt. Sie trugen den katholischen Glauben über die Grenzen der Alten Welt hinaus und gelangten binnen weniger Jahrzehnte bis nach Nord- und Südamerika, Indien und Japan. Dennoch blieb Europa das Zentrum ihrer Tätigkeit. Hier konzentrierten sie ihre Anstrengungen darauf, den Protestantismus aufzuhalten. Die Jesuiten verfolgten Protestanten wie Jagdhunde das Wild. Fast von Anfang an tauchten sie in der Rzeczpospolita auf und dienten in den kommenden Jahrzehnten den reichsten Familien als Beichtväter und Berater.

Die Jesuiten wurden zum Gegenstand einer «schwarzen Legende», deren Nachhall noch heute in der ukrainischen Kultur zu spüren ist. Laut dieser Legende ist der typische Jesuit ein hinterhältiger Katholik, überaus beredt, aber mit einem Messer hinter dem Rücken. In Wirklichkeit besiegten die Jesuiten ihre Widersacher weniger durch nackte Gewalt als vielmehr durch sanfte Einflussnahme. Sie legten großen Wert auf Predigt, Beichte und Bildung. Letzteres war ihre wirksamste Waffe. Ein Netz jesuitischer Bildungseinrichtungen (Kollegien) bedeckte das ganze Land, auch Gebiete der Rus. Wenn relativ wohlhabende Familien beschlossen, ihre Söhne studieren zu lassen, waren jesuitische Einrichtungen häufig die einzige Option. Das galt auch für ruthenische Familien. Die Jesuiten verlangten nicht ausdrücklich, dass Studenten zum Katholizismus übertraten: Sie hofften, dass einige Jahre des Studiums an einem Jesuitenkolleg implizit aus nichtkatholischen Kindern fromme Katholiken machen würden. Jedenfalls hatten ruthenische Kinder die Option, bei den Jesuiten zu studieren und dabei den Glauben ihrer Eltern zu bewahren. Bohdan Chmelnyzkyj machte sehr wahrscheinlich an einem Jesuitenkolleg in Lwiw seinen Abschluss. Iwan Masepa, Feofan Prokopowytsch und viele andere ukrainische Führer waren Absolventen von Jesuitenkollegien, sowohl in der Rzeczpospolita als auch in Westeuropa.

Dank ihrer Schulen und Bildungsanstrengungen hatten die Jesuiten den protestantischen Einfluss im Zentrum Polens relativ problemlos unter Kontrolle. In ruthenischen Gebieten erwies sich die Lage als schwieriger. Laut der Schilderung eines Jesuiten waren diese Regionen nicht nur «von Ketzern [d. h. Protestanten] verseucht», sondern auch «von Juden vergiftet» und «mit Schismatikern [d. h. Orthodoxen] überschwemmt». Theoretisch waren die Orthodoxen zwar Christen, doch die Jesuiten betrachteten deren Glauben als fehlerhaft oder meinten, ihm mangle es, wie sie sagten, an Würde. Piotr Skarga, ein führender jesuitischer Intellektueller jener Zeit, schrieb: «Es ist unmöglich, in der kirchenslawischen Sprache unterrichtet zu werden.» Er hielt die Ruthenen für ein getäuschtes und verlorenes Volk.

In diesen Worten steckte ein bitteres Körnchen Wahrheit. Es gab keine orthodoxen Seminare, und Priester hatten kaum eine Vorstellung von den Feinheiten des Glaubens. Religiöse Bücher der Orthodoxen steckten voller Fehler, weil die Schreiber, die sie kopiert hatten, nicht Griechisch konnten, die Sprache des Originals. Laut den Jesuiten wurden orthodoxe Christen «falsch» getauft, verheiratet und bestattet, und folglich seien sie zu ewigen Höllenqualen verdammt. Ihre Seelen bräuchten ebenso dringend eine «Erlösung» wie die Seelen der Protestanten.

Die Beschlüsse des Konzils von Trient (1545–1563) und die Tätigkeit der Jesuiten ließen das Gleichgewicht zwischen Katholiken und Protestanten, das sich nach dem Religionsfrieden in Mitteleuropa eingestellt hatte, kippen. Diese Veränderungen setzten der religiösen Toleranz der Rzeczpospolita ein Ende. Die Tatsache, dass mit Sigismund III. von 1587 bis 1632 ein fanatischer Katholik auf dem Thron saß, hatte maßgeblich Anteil an diesem Wandel. Gemeinsam mit den Jesuiten entwickelte er einen Plan, um die Orthodoxen zum katholischen Glauben zu bekehren.

Gespräche über eine Vereinigung der katholischen und der orthodoxen Kirchen hatten schon Anfang des 15. Jahrhunderts begonnen. Angeregt hatte die Gespräche damals Konstantinopel, wo sich hohe Geistliche die Unterstützung Roms gegen die Bedrohung durch die Türken wünschten. Im Jahr 1437 wurde der griechische Mönch Isidor zum Metropoliten von Kyjiw und der ganzen Rus ernannt. Und 1439 unterzeichnete Metropolit Isidor auf dem Konzil von Florenz ein Vereinigungsabkommen der beiden Kirchen. Doch diese Vereinigung wurde nie vollzogen. Ende des 16. Jahrhunderts wurde die Angelegenheit erneut aufgegriffen. Nur war die orthodoxe Kirche jetzt, nachdem der Katholizismus de facto die Staatsreligion der Rzeczpospolita geworden war, in einer erheblich schwächeren Position. Im Senat saßen beispielsweise katholische Bischöfe, aber keine orthodoxen. Um ihren Status zu schützen, akzeptierten einige Vertreter der orthodoxen Hierarchie die Autorität des Papstes, setzten jedoch erfolgreich das Recht durch, die orthodoxen Riten beizubehalten. So entstand im Jahr 1596 eine neue Kirche: die Griechisch-Katholische Kirche oder, wie sie später genannt wurde, die Unierte Kirche. Das zog wiederum eine Spaltung in der orthodoxen Welt nach sich, die durchaus mit der in der katholischen Welt Anfang des 16. Jahrhunderts vergleichbar war. Nach der Gründung der Unierten Kirche wurde die Tätigkeit der orthodoxen Kirche in der Rzeczpospolita im Grunde illegal. Die Kyjiwer Metropolie wurde Rom unterstellt, und orthodoxe Kirchen traten entweder der neuen Kirche bei oder wurden zwangsweise geschlossen.

Die meisten orthodoxen Christen lehnten diese Neuerungen ab.

Sie hielten den Eintritt in die Unierte Kirche für einen Verrat am Glauben ihrer Vorväter. In Wolhynien wurde der Widerstand gegen die Katholisierung von Fürst Kostjantyn Ostroskyj angeführt, der als «der reichste und einflussreichste Herr im ganzen Königreich» galt. In Lwiw und Kyjiw übernahmen orthodoxe Bruderschaften die Aufgabe, den orthodoxen Glauben zu verteidigen. Den Kyjiwer und Lwiwer Brüdern gelang es, die Schirmherrschaft des Patriarchen von Konstantinopel zu erhalten, und auf diese Weise wurden sie unabhängig von der «verräterischen» Hierarchie der Unierten Kirche.

Die orthodoxe Elite der Ruthenen stellte sich der Herausforderung der Katholiken und Protestanten und übernahm deren Methoden bei der Auseinandersetzung: Die Katholiken sagen, unsere Priester seien ungebildet? Nun, dann bauen wir eigene Schulen, um einen gebildeten Klerus heranzuziehen. Sie beschweren sich, dass wir keine Bücher hätten? Dann gründen wir eben eigene Verlagshäuser. Stecken unsere Kirchenbücher voller Fehler? Dann übersetzen wir sie neu und lehren dazu unsere Priester und Mönche Altgriechisch.

Unter dem Druck der katholischen Kirche erfuhr die lokale Orthodoxie im späten 16. und frühen 17. Jahrhundert eine echte Wiedergeburt. Polemische theologische Schriften und der Buchdruck gediehen, und die erste ruthenische Grammatik und Fibel erschienen. Die Protestanten steckten Orthodoxe in dem Wunsch an, das Wort Gottes dem einfachen Volk in der Sprache, die es verstand, nahezubringen. Im Jahr 1561 tauchte das handschriftliche Evangeliar von Peressopnyzja auf. Das war die erste Übersetzung des Neuen Testaments aus dem Kirchenslawischen in das zeitgenössische Ruthenische. (Auf diese Bibel legen die heutigen ukrainischen Präsidenten ihren Amtseid ab.) Die Krönung dieser Renaissance der Rus war die Ostroger Bibel (1580/81), die erste vollständige, in Ostroh gedruckte Ausgabe der Bibel auf Kirchenslawisch, in der die vorigen Fehler korrigiert waren. Die Übersetzung hatte eine Gruppe ruthenischer und griechischer Gelehrter am Hof des Fürsten Ostroskyj verfasst. Noch wenige Jahrzehnte zuvor wäre keine einzige dieser Errungenschaften denkbar gewesen.

In gewisser Weise glich die Wiedergeburt der ruthenischen Orthodoxie der europäischen Renaissance mit einiger Verspätung. Sie hatte allerdings eine ganz andere Basis. Der ruthenischen Elite ging es weniger um die Wiederbelebung eines antiken, vorchristlichen Vermächtnisses, sondern um die Rückkehr zur Reinheit und Schlichtheit der frühen Christen. Iwan Fedorow, einer der ersten ruthenischen Drucker, schrieb: «Und alles, was mir unterwegs widerfuhr, hielt ich für nichts, wenn ich nur meinen Christus verstand.» Die «Suche nach Christus» war der allgemeine Geist des neuen christlichen Europas.

Dieser Nährboden gelangte sogar in das Königreich Moskowien. In den 1550er Jahren erfuhr der moskowitische Zar Iwan IV. (der Schreckliche, 1547–1584), dass Kirchenbücher «unter den Griechen und in Venedig und in Phrygien und in anderen Sprachen» gedruckt würden. Er befahl den Bau einer Druckerei in Moskau, wo auch Fedorow seine Druckertätigkeit begann. Nach der Veröffentlichung von nur zwei Büchern war Fedorow jedoch gezwungen, vor wütenden Geistlichen um sein Leben zu rennen, weil sie ihn der Ketzerei anklagten und die Druckerei niederbrannten. Daraufhin zog er in die ruthenischen Gebiete der Rzeczpospolita, zunächst in den litauischen Teil und dann nach Lwiw, wo das Druckergeschäft stark nachgefragt war.

Durch die Übersetzung der Heiligen Schrift in die Landessprache und die Gründung von Schulen und Druckereien suchte die ruthenische Elite Christus. Tatsächlich fanden sie dabei ein Volk und später eine Nation. Wir sollten nicht vergessen, dass das Lesen von Büchern in einer verständlichen Sprache ein Schlüsselelement für die Transformation einer Gemeinschaft in eine Nation ist. Indem sich die Elite von der westlichen Christenheit distanzierte, zog sie unfreiwillig auch eine Linie zwischen sich und der nicht reformierten orthodoxen Welt Moskowiens. Die Unterschiede, die zutage traten, zeigten sich etwa in der Beliebtheit der Szenen von Christi Geburt und der Weihnachtslieder in der nichtrussischen (also belarussischen und ukrainischen) Russisch-Orthodoxen Welt. Diese Weihnachtstraditionen haben katholische Wurzeln und gehen auf Franz von Assisi zurück. Sie vermochten, das Wort Gottes über mündliche Überlieferung auch jenen zu verkünden, die nicht lesen konnten. In der russischen Orthodoxie gab es so eine Weihnachtstradition nicht. Zudem wurde auf den neuen ruthenischen Ikonen der goldene Hintergrund der byzantinischen Tradition, der symbolisch für die Ewigkeit steht, durch weltliche Gegenstände wie auf katholischen Ikonen ersetzt. Diese Beispiele illustrieren, wie die reformierte orthodoxe Kultur nach und nach von der Elite bis in die Volkskultur einsickerte.

Die orthodoxe Renaissance wurde nicht «von oben», vom Staat, gefördert, sondern begann «von unten» mit der Initiative des lokalen Adels und einem starken Netzwerk öffentlicher Einrichtungen. Die Ostroher, Lwiwer und Kyjiwer Schulen wurden mit Spenden von Kostjantyn Ostroskyj und Mitteln aus den kirchlichen Bruderschaften der Städte finanziert. Absolventen dieser Schulen bildeten das Rückgrat des Kyjiw-Mohyla Kollegs (1632), der ersten orthodoxen höheren Bildungseinrichtung auf ukrainischem Gebiet. Innerhalb relativ kurzer Zeit erstreckte sich ein Netzwerk brüderlicher Schulen über die ruthenischen Gebiete und bot eine Alternative zu den Jesuitenkollegien. Es ist charakteristisch, dass diese Schulen und das Kyjiw-Mohyla Kolleg (ab 1658 Akademie) das jesuitische Bildungsprogramm kopierten: Um einen stärkeren Gegner zu besiegen, musste man dessen Waffen beherrschen.

Das ruthenische Bürgertum zeichnete sich durch «soft power» aus: Selbstorganisation, Spendenbereitschaft, Flexibilität und die Fähigkeit zu überleben. Aber wenn es hart auf hart kam, konnte man sich nicht auf es verlassen: Die Kosaken wurden die Hauptsäule der reformierten Orthodoxie. Im Jahr 1620 trat Hetman Petro Konaschewytsch-Sahajdatschnyj samt dem ganzen Saporoger Kosakenheer in die Kyjiwer orthodoxe Bruderschaft ein. Im gleichen Jahr weihte Patriarch Theophanes III. von Jerusalem den Kyjiwer Abt Iow (Hiob) Borezkyj zum Metropoliten von Kyjiw, Galizien und der ganzen Rus. Damit war eine orthodoxe Metropolie in Kyjiw wiederhergestellt, in der spirituellen Hauptstadt der russischen Orthodoxie. All diese Ereignisse zeugten vom Aufkommen eines neuen Bündnisses zwischen der reformierten ruthenischen Kirche und den lokalen Kosaken. Wie ein Historiker später schrieb, reichte der Mönch dem Krieger und der Krieger dem Mönch die Hand. Während die Kosaken der Kirche Unterstützung und Schutz boten, vermittelte die Kirche den Kosaken das Gefühl einer nationalen Mission.

Chmelnyzkyjs Aufstand von 1648 muss im Kontext dieses Bündnisses zwischen Kirche und Kosaken gesehen werden. Er war anders als die bisherigen Rebellionen der Kosaken. Er ging über die Revolte einer Klasse für ihre Rechte und Privilegien hinaus und entwickelte sich zu einem nationalen Kampf um die Neuordnung der ganzen Welt. Das zentrale Element ist hier die Existenz einer revolutionären Ideologie mit der möglichen Vision einer künftigen gerechten und vollkommeneren Welt. Im frühneuzeitlichen, westchristlichen Europa übernahmen antikatholische Glaubenslehren die Funktion einer solchen revolutionären Ideologie. Das war in den Hussitenkriegen (1419–1434), beim Freiheitskampf der Niederländer (1568–1648) und im englischen Bürgerkrieg (1642–1651) der Fall. Chmelnyzkyjs Revolution war die erste außerhalb der Grenzen der westchristlichen Welt, folgte aber dem gleichen groben Schema.

Große Revolutionen beginnen häufig mit kleinen Ereignissen. Im Fall Chmelnyzkyjs begann der Aufstand mit einem bewaffneten Überfall auf sein Gut durch einen benachbarten Adligen. Da er vergeblich den König um Gerechtigkeit bat, wandte sich Chmelnyzkyj an die Sitsch. Im Frühjahr 1648 stellte er ein großes Kosakenheer auf, und im Sommer und Herbst errang er einen Sieg nach dem anderen über die polnische Armee. Jemand meinte einmal, Chmelnyzkyj habe eigentlich in den Sattel springen wollen, sei aber gleich über das Pferd hinweggesprungen. Anfang 1649 sagte Chmelnyzkyj einer Gruppe polnischer Gesandter: «Bis jetzt habe ich wegen der Verstöße und Schädigungen gegen mich gekämpft. Jetzt werde ich für unseren orthodoxen Glauben kämpfen.» Wenige Wochen zuvor, am Ersten Weihnachtstag 1648, war Chmelnyzkyj an der Spitze eines siegreichen Kosakenheers in Kyjiw eingezogen. Er wurde von dem Metropoliten Sylvester Kossiw und dem Jerusalemer Patriarchen Paisios empfangen, der sich damals zu Besuch dort aufhielt. Kossiw begrüßte Chmelnyzkyj als «Mose, den Retter, Erlöser und Befreier der Rus aus polnischer Knechtschaft, den glänzenden Herrscher des Königreichs der Rus». Man beachte, wie diese Worte eindeutig auf die Union von

Religion und Staat hindeuten, eine Formel, die in der westchristlichen Welt damals bereits verwirklicht war. Und wie in den westeuropäischen Religionskriegen brachten auch die Kosaken erbarmungslos Vertreter anderer Konfessionen um: Polen, Juden und unierte Christen.

Chmelnyzkyjs Revolution markiert die Gründung des orthodoxen Kosakenstaates. Dessen Bedeutung für die ukrainische Nationsbildung kann nicht hoch genug veranschlagt werden, weil er das Konzept der Ukraine als separater politischer Einheit in die Welt setzte. Um besser zu verstehen, was damals passierte und auf welche Weise, wollen wir die ukrainischen und die russischen Kosaken miteinander vergleichen. Chmelnyzkyjs Aufstand trennte die ruthenischen Gebiete von der Rzeczpospolita ab und unterstellte sie 1654 der Herrschaft Moskaus. Um diese Zeit reformierte Nikon, der Moskauer Patriarch, die einheimische orthodoxe Kirche. Nikons Reformen lösten jedoch ein neues Schisma in der orthodoxen Welt aus. Altgläubige, die die Neuerungen nicht akzeptieren wollten, spalteten sich ab und erklärten Nikon zum Antichristen.

Im Großen und Ganzen ähnelte dieses Schisma dem Konflikt zwischen Katholiken und Protestanten in der westchristlichen Welt. Wie die Protestanten im katholischen Teil Europas flüchteten auch die Altgläubigen des Moskauer Reichs an die Ränder, nach Sibirien und in das Gebiet am Don, das Teil des Erbes der Kosaken war. Die Lage schien vergleichbar mit der in der Ukraine: Ein Bündnis zwischen den Altgläubigen und den Don-Kosaken hätte sich auch am Don bilden und eine separate Don-Nation entstehen lassen können.

So weit kam es nicht. Den Don-Kosaken fehlte alles, was im Fall der Ukraine bereits vorhanden war: eine gebildete Kosaken-Elite, eine organisierte und autonome Bürgerschicht und ein Netzwerk an Schulen und Verlagshäusern – allesamt Dinge, die das Rückgrat bilden, ohne das sich kein nationales Gemeinwesen entwickeln kann. Diese Gründung konnte nur auf den orthodoxen Gebieten der polnisch-litauischen Rzeczpospolita erfolgen, wo es keine Tradition einer Autokratie gab, wie sie für das Moskauer Reich charakteristisch war. Stattdessen gab es hier dank der Herausforderungen aus der westchristlichen Welt eine traditionelle Trennung der Gewalten und autonome Institutionen.

Liberale ukrainische Historiker haben diesen Unterschied wie folgt beschrieben: Der größte nationale Unterschied zwischen Russland und der Ukraine besteht nicht in der Religion, geschweige denn in der Sprache, sondern in der unterschiedlichen politischen Kultur. Dank der polnischen Vermittlung waren historische Prozesse in den ukrainischen Gebieten eng mit den Prozessen verbunden, die sich im westchristlichen Europa abspielten, wo sich andere politische Traditionen der Führung entwickelten und ein anderes Verhältnis zwischen Staat und Gesellschaft entstand.

Der Kosakenstaat

Was für die Don-Kosaken nur eine Option war, wurde für die ukrainischen Kosaken Realität: die Entstehung eines Kosakenstaates. Er hatte verschiedene Namen: Ukraine, das Saporoger Heer, das Hetmanat, Kleinrussland und sogar Ukrainischer Staat. Mit Unterbrechungen hatte er knapp über hundert Jahre Bestand, vom Aufstand Chmelnyzkyjs bis 1764, als er von Zarin Katharina II. aufgelöst wurde. (Man könnte auch argumentieren, er habe noch länger, bis 1782, existiert, als die Gebiete des Kosakenstaats offiziell in russischen Provinzen neu geordnet wurden.)

Es ist schwierig, die Geschichte der ersten Jahrzehnte zu erzählen, weil sie so verzwickt, dramatisch und häufig tragisch ist. Chmelnyzkyj starb im Jahr 1657. Mit Blick auf die Macht hinterließ er Schuhe, die wohl jedem zu groß gewesen wären. Sein Sohn Jurij, dem sein Vater das Amt des Hetmans vererbte, konnte ihm weder beim militärischen Talent noch beim Charisma das Wasser reichen. Die Nachfolgekrise führte zu einem Kampf unter verschiedenen Kosakengruppen. Als Folge wurde 1663 das Gebiet der Kosaken-Ukraine entlang des Dnipro in zwei Teile gespalten: die Linksufrige und die Rechtsufrige Ukraine. Beide hatten einen eigenen Hetman und ein Heer. Die Saporoger Sitsch war die dritte Kraft, die mal die eine, mal die andere

Seite unterstützte. Die kriegführenden Fraktionen bekamen zu verschiedenen Zeiten aus Moskau, von der Rzeczpospolita, dem Osmanischen Reich und dem Krim-Khanat Unterstützung. Somit erlangte der Bürgerkrieg eine geopolitische Dimension. Es war buchstäblich ein «Krieg aller gegen alle», der gewaltige Verluste und Zerstörung nach sich zog. Die Rechtsufrige Ukraine, der Hauptkriegsschauplatz, verlor bis zu 65 bis 70 Prozent der Bevölkerung. Das ehemalige «Land von Milch und Honig» wurde verwüstet. Die Elite wurde vernichtet, und die überlebenden Kosakeneinheiten und Teile der Bevölkerung zogen auf das linke Ufer und ließen sich an der russisch-ukrainischen Grenze in der sogenannten Sloboda-Ukraine (*Slobidska Ukrajina*, wörtlich: freies Land) nieder.

Dieser langjährige militärische Konflikt endete 1686 mit dem «Ewigen Frieden» zwischen Warschau und Moskau. Gemäß den Bestimmungen wurde das Gebiet des Kosakenstaates auf die Linksufrige Ukraine und Kyjiw reduziert und blieb unter Moskauer Herrschaft. Die Rechtsufrige Ukraine wurde an Polen abgetreten. Das Saporoger Heer wurde eine separate, halbunabhängige Militärorganisation unter dem Schutz Moskaus. Die Sloboda-Ukraine lag, auch wenn sie das Verwaltungssystem der Kosaken hatte, außerhalb der Kontrolle der Hetmane.

Ukrainische Historiker nennen die Ereignisse von 1663 bis 1687 den Ruin. Eine vergleichbare, wenn auch kürzere Phase (1655–1660) in der Rzeczpospolita wurde von Chmelnyzkyjs Aufstand und der Invasion schwedischer Truppen ausgelöst. Die Polen sprechen von der Sintflut. Wissenschaftlich betrachtet, trifft zwar keine der beiden Bezeichnungen die Realität genau, aber sie vermitteln die Stimmung jener Zeit. Gemeinsam waren die polnischen und ukrainischen Ereignisse, wie der Dreißigjährige Krieg davor, Teil der «Allgemeinen Krise» des 17. Jahrhunderts – eine Woge politischer Instabilität und Kriege, die den ganzen europäischen Kontinent erfasste. Im östlichen Teil des Kontinents waren die Gebiete der Ukraine eine Art Bonus: Wer immer sie kontrollierte, hatte die besten Aussichten, die ganze Region von der Ostsee bis zum Schwarzen Meer zu beherrschen. Am Ende trug das Moskauer Reich den Sieg davon. Tatsächlich begann

Russlands Aufstieg zum Rang einer europäischen Großmacht von diesem Moment an. Er löste zugleich den schrittweisen Niedergang und das spätere Verschwinden der polnisch-litauischen Rzeczpospolita aus. Selbstverständlich war der Faktor der Kosaken nicht der einzige oder gar entscheidende Grund für deren Sturz. Doch die Kosaken und ihre Nachfahren konnten sich rühmen, dass sie «Polen vernichtet» hätten. In Wahrheit «fiel Polen und riss auch uns mit», wie Ihor Ševčenko es ausdrückte.

Eine Frage taucht regelmäßig auf, wenn von dem Kosakenstaat die Rede ist: Was für eine Art von Staat war es, wenn seine Grenzen und sein Status sich unablässig veränderten und er durch einen einzigen Federstrich aufgelöst wurde? Kann man dieses Gemeinwesen überhaupt Staat nennen? Diese Zweifel erscheinen uns modernen Lesern durchaus vernünftig. Aber sie hatten damals keinen Sinn. Staatliche Strukturen waren damals ganz anders als heute. Formal haben moderne Staaten den gleichen Status; zur Zeit des Hetmanats konnte davon keine Rede sein. Damals operierten Staaten innerhalb eines hierarchischen Systems. An der Spitze befanden sich Staaten, die volle Souveränität genossen. Kartographen des 18. Jahrhunderts identifizierten auf dem europäischen Kontinent 16 solche Staaten: Portugal, Spanien, Frankreich, das Heilige Römische Reich deutscher Nation, die Schweiz, Italien, die Niederlande, Großbritannien, Norwegen, Dänemark, Schweden, Moskowien (das Zarenreich), Polen (die Rzeczpospolita), Ungarn, das Osmanische Reich und Preußen. Die meisten waren «zusammengesetzte Staaten». Wie ein Schreibtisch mit vielen Schubladen setzten sie sich aus kleineren Staaten mit unterschiedlichen Graden der Souveränität oder überhaupt keiner Souveränität zusammen. Die polnisch-litauische Rzeczpospolita bestand aus zwei Staaten (Polen und Litauen); die spanische Monarchie setzte sich aus dreien zusammen (Aragon, Kastilien und Katalonien). Die britische Monarchie bestand aus vier Staaten (England, Wales, Irland und Schottland, die manche Elemente einer Autonomie bewahrten). Das Heilige Römische Reich war aber die Krönung: Es umfasste 1610 verschiedene Königreiche, Fürstentümer, Bistümer, Herzogtümer und Reichsstädte. Manche genossen eine gewisse Autonomie und durften sich sogar an der Wahl des obersten Herrschers beteiligen. Andere waren nur auf dem Papier souverän und wurden in Wirklichkeit von Beamten, die das Zentrum geschickt hatte, regiert.

Das Hauptkriterium bezüglich der Autonomie war der Status des lokalen Herrschers. Der Titel «Hetman des Saporoger Heers» entsprach ungefähr dem Titel «Herzog». Er gestattete ein gewisses Maß an Souveränität, und dieses Maß hing von den Umständen ab. Anfangs genoss der Kosakenstaat die größtmögliche Unabhängigkeit, die innerhalb des Rahmens eines halbsouveränen Status erlangt werden konnte. Das Hetmanat unterstellte sich dem Zaren von Moskau auf der Basis einer weitreichenden Autonomie, samt eigenem Zoll und dem Recht, internationale Abkommen zu schließen. Bis Anfang des 18. Jahrhunderts machten die Hetmane reichlich Gebrauch von diesem Recht und schlossen bilaterale und trilaterale Abkommen mit der Rzeczpospolita, dem Königreich Schweden, dem Osmanischen Reich, dem Krim-Khanat und sogar mit Rom und Venedig.

Aber das Hetmanat war kein ganz souveräner Staat und konnte es auch nicht sein. Es hätte einer werden können, wenn Chmelnyzkyj oder einer seiner Offiziere königliches Blut in den Adern gehabt hätte. Doch Mitte des 17. Jahrhunderts waren alle fürstlichen ruthenischen Familien entweder ausgestorben oder zum katholischen Glauben konvertiert.

In der damaligen christlichen Welt gab es nur sehr wenige Beispiele dafür, dass jemand ohne königliches Blut Staatsoberhaupt wurde. Eines war Cromwell, der Lord Protector im revolutionären England, der 1649 an die Macht kam und den «gesalbten» König Karl I. hinrichten ließ. Als ehrgeizige und starke revolutionäre Führer glichen sich Cromwell und Chmelnyzkyj. In seiner zeitgenössischen Darstellung nannte Pierre Chevalier, der französische Autor der *Histoire de la Guerre des Cosaques contre la Pologne,* Chmelnyzkyj den «Cromwell der Rus». Es ging sogar das Gerücht, die beiden Männer hätten miteinander Briefe gewechselt. Aber Cromwell ging viel weiter als Chmelnyzkyj. Er war Puritaner, ein radikaler Calvinist und glaubte, es dürfe keinen Vermittler zwischen den Gläubigen und Gott geben, unabhängig davon, ob das nun ein Papst oder ein Monarch sei. Deshalb empfand Cromwell weder Skrupel noch Reue, als es um die Hinrichtung des englischen Königs ging. Chmelnyzkyj hingegen war orthodoxer Christ und lehnte sich gegen die Macht des Adels auf, nicht gegen den König. Womöglich hätte er Anspruch auf eine souveräne Herrschaft erheben können, wenn er einer Magnatenfamilie wie den Wyschnewezkyj/Wiśniowiecki angehört hätte, von denen einer polnischer König wurde. Aber Chmelnyzkyj kam aus dem Kleinadel. Er versuchte, blaues Blut «zu erwerben», indem er seinen ältesten Sohn Tymisch (1632–1653) mit der Tochter des Moldauer Fürsten verheiratete, doch der Plan ging nicht auf. Tymisch starb jung auf einem Feldzug, ehe er die Macht seines Vaters erben konnte.

Dem zweiten Sohn Chmelnyzkyjs, Jurij, gewährte der osmanische Sultan den Titel eines Fürsten. Durch diese Erhöhung im Rang sollte der Einfluss Istanbuls auf die Zentral-Ukraine und Podolien legitimiert werden. In Wirklichkeit war Jurij eine Marionette in den Händen des Sultans, und als ihre Pläne nicht funktionierten, entledigten sich die Osmanen seiner. Laut einer Version töteten sie ihn in Kamjanez-Podilskyj, nach einer anderen verbannten sie ihn in ein Kloster auf einer Insel in der Ägäis.

Ihre schwache Legitimierung war der Grund dafür, dass Chmelnyzkyj und seine Nachfolger unablässig nach Bündnispartnern suchten. Die Hetmane hielten Ausschau nach einem Souverän, unter dessen Herrschaft sie ihre Rechte und Privilegien behalten durften. Zu verschiedenen Zeiten verhandelten sie mit den Königen von Polen, Schweden und Preußen sowie mit dem osmanischen Sultan. Ihr Bündnis mit Moskau hielt am längsten. In Perejaslaw schworen die Kosaken-Offiziere 1654 dem Moskauer Zaren die Treue. Diese Übereinkunft besiegelte das Schicksal der ukrainischen Gebiete für die kommenden Jahrhunderte.

Russische und sowjetische Historiker maßen dem Vertrag von Perejaslaw große Bedeutung als historische und strategische Entscheidung bei, die angeblich zwei Brudervölker für immer miteinander vereinte. In Wahrheit war der Vertrag keineswegs außergewöhnlich. Es handelte sich um ein militärisch-politisches Bündnis, das damals im Handumdrehen geschlossen wurde und das ebenso schnell gebrochen wurde. Chmelnyzkyj hatte 1649 mit dem polnischen König in Zboriv ein ähnliches Abkommen geschlossen. Sein Nachfolger Iwan Wyhowsky schloss 1658 in Hadjatsch ein weiteres. Gemäß den Bestimmungen des Letzteren gewährte der polnische Adel den ukrainischen Gebieten eine große Autonomie, und die polnisch-litauische Rzeczpospolita sollte aus einem Staat mit zwei Nationen in einen Staat mit deren drei umgewandelt werden: Die Rus würde Polen und Litauen hinzugefügt werden. Die Übereinkunft gefiel weder der Mehrheit des polnischen Adels noch der Mehrheit der Kosaken – Versöhnung nach Jahren des Krieges kam gefühlt einem Verrat gleich. Überdies hatte ein Abkommen mit dem moskowitischen Zaren für die Kosaken einen Hauptvorteil: Sie hatten den gleichen Glauben wie der Zar.

Was auf den ersten Blick jedoch wie ein gutes Geschäft für Chmelnyzkyj und seine Nachfolger aussah, erwies sich am Ende als fatale Schwäche für das Hetmanat. Nach und nach zogen die zaristischen Behörden die Daumenschrauben an: Nach jeder neuen Wendung der Ereignisse schränkten sie langsam, aber sicher die Rechte und Freiheiten der Kosaken ein. Als diese sich hintergangen fühlten, versuchten ihre Hetmane, sich aus dem Zugriff der Moskauer Behörden zu befreien. Der erste Versuch wurde nur zwei Jahre nach Abschluss des Vertrags von Perejaslaw gestartet. Als Chmelnyzkyj 1656 erfuhr, dass das Moskauer Reich hinter seinem Rücken einen Waffenstillstand mit der Rzeczpospolita geschlossen hatte, verbündete er sich mit Transsylvanien und Schweden. Sein Tod im Jahr 1657 setzte dann allen Plänen ein Ende.

Gut fünfzig Jahre später machte Iwan Masepa da weiter, wo Chmelnyzkyj aufgehört hatte. Ein Sprichwort stellt ihn unmittelbar an die Seite Chmelnyzkyjs: «Zwischen Bohdan und Iwan gab es keinen Hetman.» Masepa kam 1687 an die Macht, ein Jahr nach dem «Ewigen Frieden», und seine Herrschaft bis zum Jahr 1708 kann als das goldene Zeitalter des Hetmanats angesehen werden. Es war eine Zeit der politischen Stabilität, wirtschaftlichen Aktivität und kulturellen Blüte in Literatur, Musik und Architektur (der Kosaken-Barock).

Masepa begann als hyper-loyaler Vasall Peters I. Deshalb nannten die Kosaken ihn anfangs auch «nicht den Vater, sondern den Stiefvater der Ukraine». Peter I. wird mit einem Wendepunkt in der russischen Geschichte assoziiert: dem Wandel des Moskauer Reiches in das russische Zarenreich nach europäischen Vorbildern. Die Absicht Peters I., «ein Fenster nach Europa zu öffnen», beanspruchte seine Kräfte und Ressourcen bis zum Äußersten. Diese Anstrengungen dienten allesamt dem strategischen Ziel, seinen Hauptrivalen, König Karl XII. von Schweden, im Großen Nordischen Krieg (1700–1721) zu besiegen. Das Hetmanat zahlte einen unverhältnismäßig hohen Preis für diesen Krieg. Die Kosaken wurden auf den Kriegsschauplatz im fernen Norden geschickt und mussten Befestigungsanlagen bauen. Ihre Einheiten verloren 50 bis 70 Prozent ihrer Männer. Unterdessen litt Kleinrussland selbst darunter, dass es die Vorposten des russischen Heeres versorgen musste, die sich wie eine Besatzungsarmee verhielten: Sie misshandelten und töteten bisweilen Einheimische, vergewaltigten Frauen und beschlagnahmten das Vieh. Auf unzählige Beschwerden hin untersagte Peter I. es seinen Truppen bei Todesstrafe, «die kleinrussische Bevölkerung zu plündern und zu schänden». Als jedoch das Gerücht kursierte, dass die Truppen des polnischen Königs Stanisław Leszczyński, eines schwedischen Verbündeten, gegen die Ukraine vorrückten, bat Masepa Peter um Hilfe. Doch Peter lehnte mit den Worten ab: «Ich kann Euch nicht zehntausend Mann geben, ich kann Euch nicht mal zehn geben; Ihr müsst Euch, so gut ihr könnt, selbst verteidigen.»

Masepa beschloss, aus Peters Diensten auszutreten und zu Karl XII. überzulaufen. Das endete jedoch in einer völligen Katastrophe: Die schwedischen Truppen und Kosakenregimenter wurden in der Schlacht von Poltawa 1709 vernichtend geschlagen. Der Name dieser Schlacht wurde zum Synonym für eine schwere Niederlage (was auch zur einheimischen Redewendung für ein vollständiges und krasses Scheitern führte: «wie ein Schwede bei Poltawa verlieren»). Für ukrainische Patrioten wurde die Schlacht von Poltawa zum Inbegriff einer nationalen Katastrophe, wie die Schlacht bei Mohács 1526 für die Ungarn, die Schlacht am Weißen Berg 1620 für die

Tschechen, die Schlacht bei Waterloo für Napoleon 1815 und die Schlacht von Caporetto (Karfeit) 1917 für die Italiener. Die Hauptstadt des Hetmanats Baturyn wurde von russischen Truppen zerstört und ertrank im Blut. Und Peter I. wurde in seiner Überzeugung bestärkt: «Seit der Zeit des ersten Hetmans, Bohdan Chmelnyzkyj, ... haben sich alle Hetmane als Verräter erwiesen.»

Von da an unterstand das Hetmanat direkt den russischen Zaren. Es wurde zweimal aufgelöst und zweimal wiederhergestellt. Das letzte Mal wurde es um Alexej Rasumowskyjs willen wiederhergestellt – ein Nachfahre der Kosaken-Elite, Günstling und Liebhaber der Zarin Elisabeth, den sie heimlich heiratete. Alexejs Bruder Kirill wurde mit 18 Jahren zum Vorsitzenden der Russischen Akademie und mit 20 zum ukrainischen Hetman ernannt. Rasumowskyj versuchte allem Anschein nach, das Hetmanat weiter zu modernisieren. Insbesondere arbeitete er Pläne aus, dort die erste Universität im russischen Reich zu gründen. Daraus wurde aber nichts: Die erste Universität wurde in Moskau gegründet. Elisabeths Nachfolgerin, Katharina II., zwang Rasumowskyj, «freiwillig» als Hetman zurückzutreten. Katharina gab Anweisungen, die Elite der Kosaken samt den Eliten Livlands und Finnlands, zweier weiterer autonomer Provinzen des Zarenreichs, «behutsam zu russifizieren, damit sie nicht länger so aussahen, als streunten sie wie Wölfe durch die Wälder».

Der Kosakenstaat existierte nicht mehr. Ukrainische Patrioten gaben Bohdan Chmelnyzkyj die Schuld, weil sie meinten, seine kurzsichtige Entscheidung, die Schirmherrschaft des russischen Zaren zu akzeptieren, habe das Hetmanat zum Scheitern verurteilt und die Ukraine zur Knechtschaft. Sie stellten ihm Iwan Masepa als Vorkämpfer der ukrainischen Unabhängigkeit gegenüber. Russische Patrioten, auch solche ukrainischer Abstammung, dachten genau das Gegenteil: Sie hielten Chmelnyzkyj für ein Vorbild und Masepa für einen abscheulichen Verräter. Die Spaltung in «Bohdanisten» und «Masepisten» war am Vorabend und während der ukrainischen Revolution von 1917 besonders stark ausgeprägt. Nach dem Willen der «Bohdanisten» sollte die Ukraine Teil Russlands bleiben, während sich die «Masepisten» für die Gründung eines unabhängigen Staates aussprachen.

Dabei ist der Gegensatz zwischen Masepa und Chmelnyzkyj ein weiteres Beispiel für einen historischen Anachronismus. Sowohl Chmelnyzkyj als auch Masepa verfolgten das gleiche Ziel und ließen sich von der gleichen Logik leiten. Beide waren Schüler der polnischen und, genau genommen, europäischen politischen Schule. Nach dieser Denkschule wurden Beziehungen innerhalb der herrschenden Elite von wechselseitigen Rechten und Verpflichtungen des Souveräns gegenüber dem Vasallen und des Vasallen gegenüber dem Souverän geregelt. Der Vasall war verpflichtet, dem Herrn treu zu dienen, und der Herr war verpflichtet, den Vasallen im Gegenzug für treue Dienste zu beschützen. Wenn der Herr gegen diese Rechte verstieß oder es versäumte, ihn zu beschützen, hatte der Vasall das Recht zu rebellieren. Dieses «Recht zum Aufstand» war in der Magna Charta und in der ungarischen Goldenen Bulle verankert. Thomas von Aquin schuf die Grundlage dafür, und John Locke aktualisierte es. In der polnisch-litauischen Rzeczpospolita, wo der Adel umfassende Rechte genoss, war dies selbstverständlich. Chmelnyzkyj folgte lediglich diesem Grundsatz, als er aus dem Dienst des polnischen Königs austrat, um dem Moskauer Zaren zu dienen. Masepa tat seinerseits das Gleiche, als er aus dem Dienst des russischen Zaren ausschied, um sich dem schwedischen König anzuschließen. Was die Kosaken jedoch für die Wahrnehmung ihres naturgegebenen Rechts hielten, wurde vom russischen Zaren als eklatanter Verrat angesehen. Die Kirche verhängte gegen Masepa den Kirchenbann, den die Russisch-Orthodoxe Kirche bis heute nicht aufgehoben hat.

Masepa war nicht der einzige Führer, der sich um diese Zeit gegen seinen Lehnsherrn auflehnte. In der zweiten Hälfte des 17. und in der ersten des 18. Jahrhunderts beobachten wir ähnliche Fälle in Portugal, England, den Niederlanden, Katalonien, Neapel, Frankreich, Livland, Ungarn, Polen und Moldau. Stets handelte es sich um Versuche des einheimischen Adels, die eigenen Rechte und Privilegien angesichts einer übergriffigen, königlichen Zentralmacht zu bewahren. Sie folgten alle einem ähnlichen Muster: In der Regel waren es keine Massenaufstände, sondern Verschwörungen kleiner Gruppierungen, die sich auf Beistand von außen stützten. Die wenigsten hatten Erfolg. Die meisten Aufstände wurden niedergeschlagen, und das Schicksal der Anführer glich dem Masepas und seiner Kumpane: Sie retteten ihren Kopf und Titel, indem sie auswanderten, und waren von dem Wohlwollen ausländischer Herrscher abhängig. Allerdings wurde kein einziger außer Masepa mit dem Kirchenbann belegt. Somit hatte Peter I. in diesem Fall eindeutig überreagiert.

Dass die Strafe so hart ausfiel, liegt an den unterschiedlichen politischen Kulturen. Der russische Herrscher war ein Autokrat, also ein absoluter Herrscher, der uneingeschränkte Macht über Leben und Besitz seiner Untertanen hatte. Damit unterschied sich Russland grundlegend vom politischen System der Rzeczpospolita, wo die Macht des Königs durch den Adel begrenzt war. Folgende Episode ist charakteristisch: Als Chmelnyzkyj und die Elite der Kosaken dem Moskauer Zaren bei der Unterzeichnung des Vertrags von Perejaslaw die Treue schworen, verlangten sie, dass die russischen Gesandten im Namen des Zaren schwören sollten, die Rechte und Freiheiten der Kosaken nicht zu verletzen. Die Gesandten weigerten sich: Der Zar schwört seinen Untertanen keinen Eid.

Die Elite der Kosaken betrachtete sich als die ruthenische Version des polnischen Adels, und ihr Staatswesen als Kopie der Rzeczpospolita. Sie forderten für sich «Adelswürde». Das bedeutete unter anderem die Befreiung von Staatspflichten und das Recht, sich nur vor einem Adelsgericht verantworten zu müssen. Chmelnyzkyjs Revolution machte den Weg für soziale Mobilität frei: Anfangs stellten die Kosaken 30 bis 50 Prozent der Bevölkerung und konnten innerhalb von einer oder zwei Generationen in den Adelsstand aufsteigen. Doch im Lauf der Zeit wurde die Elite zu einem geschlossenen Stand. Während die Zugehörigkeit ursprünglich über militärische Tapferkeit erworben wurde, erbten die Söhne den Titel nunmehr zusammen mit den Gütern. Laut Zenon Kohut, einem führenden Experten zum Kosakenstaat, stiegen nur wenige in der Hierarchie auf, hingegen sanken Tausende ab. Formal wurden die Kosaken mit dem Adel gleichgesetzt. In Wirklichkeit unterschieden sich die meisten, ähnlich wie der Kleinadel in Polen, in ihrer wirtschaftlichen Lage kaum von der Bauernschaft. Zur gleichen Zeit wurden die Bauern ihrerseits von den Eliten abhängig, und die Kosaken-Elite behandelte sie wie Sklaven. Aus der Elite ging eine Aristokratie hervor, wenige Familien der «Neureichen», die untereinander um die Macht kämpften und nicht zögerten, sich gegenseitig bei den russischen Behörden zu denunzieren. Korruption und Nepotismus grassierten im Hetmanat. Kurzum, es entwickelte sich von einer militärischen Demokratie zu einem oligarchischen Staat. Seine Geschichte kann, wie die der polnisch-litauischen Rzeczpospolita, als weiteres Beispiel für das «eherne Gesetz der Oligarchie» dienen: Demokratische Systeme entwickeln sich tendenziell zu oligarchischen Systemen. Das dürfte vielen Bewohnern moderner Demokratie bekannt vorkommen.

Ein weiterer Stand, der für sozialen Aufstieg offen war, war der Klerus. Ein einfacher Bauer oder Bürger, der eine angeborene Klugheit, Hartnäckigkeit und Begabung besaß, konnte in der orthodoxen Kirche Karriere machen. Ein religiöser Verfechter der Reformen Peters I. war Feofan Prokopowytsch, der Sohn eines einfachen Ladenbesitzers aus dem Hetmanat, aber solche Beispiele waren selten. Die meisten Menschen in der orthodoxen Hierarchie in der Ukraine kamen aus dem Adel und Kosakenfamilien.

Was die kirchliche Elite vor allem von der weltlichen unterschied, war der Umstand, dass die weltliche Elite versuchte, ein gewisses Maß an Autonomie von Russland zu bewahren, während die lokale orthodoxe Elite rasch in die Russisch-Orthodoxe Kirche integriert wurde. Solange die ukrainischen Gebiete noch Teil der Rzeczpospolita waren, blieb die lokale orthodoxe Kirche nur lose mit Moskau verbunden. Als der Kosakenstaat Moskowien eingegliedert wurde, änderte sich das grundlegend. Die lokale orthodoxe Kirche verlor auch als erste ukrainische Institution ihre Autonomie. Im Jahr 1686 überredete Moskau mit Hilfe einer Mischung aus Erpressung und Bestechung den Patriarchen von Konstantinopel, die Kyjiwer Metropolie aus dem Zuständigkeitsbereich Konstantinopels in den des Moskauer Patriarchats zu übertragen.

Am Anfang behandelten Moskauer Geistliche ukrainische Mönche und Priester argwöhnisch, als wären sie «katholisiert» worden. Sie verlangten, dass sie sich nach dem Moskauer Brauch bekreuzigten; und nach dem Tod wurden sie auf einem separaten Friedhof beigesetzt, damit sie orthodoxen Boden nicht entweihten. Doch die ukrainischen Geistlichen beherrschten die neuen Spielregeln nicht nur, sie schrieben sie sogar um. Sie prägten die Vorstellung von Russland als einem slawischen Reich. Ein deutschstämmiger Kyjiwer Mönch, Innozenz Giesel, schrieb die *Synopsis* der osteuropäischen Geschichte (1674), in der die kirchliche Einheit Kyjiws und Moskaus hervorgehoben wurde. Darüber hinaus wurde die Existenz eines einzigen «slaworussischen christlichen Volkes» bekräftigt. Über die ukrainischen Kosaken hat die *Synopsis* wenig zu sagen und erwähnt die Zeit Chmelnyzkyjs mit keinem Wort. Im Gegensatz dazu hoben Chroniken der Kosaken deren Rolle in der Geschichte der Gebiete hervor, die bis vor kurzem die Rus gewesen und jetzt die Ukraine waren. Die Unterschiede zwischen diesen beiden Narrativen deuten womöglich bereits die Kluft innerhalb der ukrainischen Elite an, die sich später auftat zwischen denjenigen, die halfen, das russische Zarenreich aufzubauen, und denjenigen, die es am liebsten zerstören wollten.

Das Hetmanat hatte unzählige Probleme und Schwächen. Sowohl populistische ukrainische als auch russische imperiale Historiker zeichnen allgemein in breiten Pinselstrichen ein negatives Bild. Dieses Image enthält zwar einige Körnchen Wahrheit, doch es wird zu einer reinen Karikatur, wenn man den historischen Kontext nicht berücksichtigt. Man könnte jeden Staat jener Zeit genauso negativ schildern, auch das russische Zarenreich (womöglich am ehesten). Was das Hetmanat vom übrigen Russland jedoch unterschied, war sein Freiheitsdrang. Mitte des 17. Jahrhunderts reiste Paul von Aleppo, der Sohn des Patriarchen von Antiochia, mit seinem Vater durch die Länder der Kosaken. Seine Reisenotizen fangen dieses Gefühl der Freiheit ein. Paul war von den exotischen ukrainischen und russischen Ländern gleichermaßen fasziniert, doch er beschreibt eine Kultur der Neugier und Denunziation in Moskau, die in seiner Beschreibung der Kosaken-Ukraine völlig fehlt. Beim Lesen seiner Reisenotizen kommt man zu dem Schluss, dass man in Moskau Macht und Geld finden konnte, in der Ukraine aber die Luft der Freiheit atmete.

Dieses Gefühl der Freiheit ging verloren, als das Hetmanat in das russische Zarenreich eingegliedert wurde, doch es verschwand nicht völlig. Während die meisten Bauern in Russland Leibeigene waren, konnten Bauern im Hetmanat ihren Herrn verlassen und in eines der wenigen Dörfer gehen, die noch frei waren, oder über die Grenze in die Steppe ziehen. Überdies machten Bauern im Hetmanat nur die Hälfte der Bevölkerung aus, während sie in der russischen Gesellschaft ungefähr 90 Prozent stellten. Die andere Hälfte bildeten freie Kosaken, Stadtbewohner und Geistliche. Dementsprechend war auch das Bildungsniveau höher. Vor allem dieser Aspekt überraschte Paul von Aleppo, während er durch die Gebiete der Kosaken reiste. Er notierte, dass hier sogar Frauen und Kinder lesen könnten.

So wie wir Luft erst dann bemerken, wenn wir zu wenig bekommen, zeigte sich die eigentliche Bedeutung des Hetmanats erst, als es Vergangenheit war. Zu den ersten Maßnahmen Katharinas II. nach der Auflösung des Kosakenstaates zählte die Einführung der Leibeigenschaft auf dessen Gebiet. Für ukrainische Bauern war das Leben unter dem Hetmanat schwer gewesen; danach wurde es noch schlimmer.

In gewisser Weise war der Kosakenstaat – in der damaligen Form – dazu verdammt unterzugehen. Zu den Staaten, die in den folgenden Jahrzehnten verschwanden, zählten die polnisch-litauische Rzeczpospolita (1772–1795), das Krim-Khanat (1783) und sogar das Heilige Römische Reich (1806). Ihr Verschwinden spiegelte den allgemeinen Zeitgeist wider: den Niedergang des Modells einer zusammengesetzten Monarchie. An dessen Stelle trat eine absolute Monarchie mit einem starken Herrscher und einer zentralisierten Macht, im Geiste Ludwigs XIV. von Frankreich. Im späten 18. Jahrhundert schien dieses Modell die Zukunft für ganz Europa anzukündigen.

Philosophen der Aufklärung befürworteten und propagierten das Modell eines starken zentralen Herrschers, und Katharina die Große förderte diese wiederum eifrig. Sie korrespondierte mit Voltaire und Diderot und nannte die ukrainischen Kosaken, um die Auflösung der Saporoger Sitsch zu rechtfertigen, «einen unschicklichen Haufen von Menschen, die verschiedene Sprachen sprechen, mit verschiedenen

Konfessionen … [und] in absolutem Müßiggang, widerwärtiger Trunkenheit und verachtenswerter Unwissenheit leben» – sprich: alles, was die Aufklärer verurteilten und korrigieren wollten, indem sie aus «unwissenden» Menschen durch Reformen nützliche Untertanen machten.

Ein Grund für den neuen Zeitgeist war die militärische Revolution, welche die Dominanz der muslimischen Welt beendete und Europa den Weg frei machte, zur Weltmacht aufzusteigen. Von 1550 bis 1650 änderte sich das Militärwesen auf dem europäischen Kontinent von Grund auf. Waffen mit Schießpulver, insbesondere Artillerie, kamen überall zum Einsatz. Das führte dazu, dass Befestigungen verstärkt und die Heere vergrößert werden mussten. Weil die Kosten dramatisch anstiegen, konnten sich nur große Staaten mit einer starken zentralisierten Macht einen Krieg leisten.

Die Hetmane und Eliten der Kosaken hatten die Notwendigkeit einer Modernisierung erkannt. Masepa war der Hetman, der in seinen Bemühungen, den Kosakenstaat zu reformieren, am weitesten ging. Er regelte den Grundbesitzstatus der Elite, beendete die Abstufung einfacher Kosaken zu Bauern, begrenzte die Fronarbeit auf den Gütern des Lehnsherrn auf wöchentlich zwei Tage und schützte die Interessen der Kaufleute. Seine Haushaltspläne förderten die wirtschaftliche Entwicklung, auch die industrielle Produktion von Textilien und Metall. Außerdem war seine Herrschaft von Fortschritten in der Bildung und Kultur geprägt. Er versuchte, ein stehendes Heer aufzustellen. Außenpolitisch konzentrierte er sich auf die Rückgabe der Rechtsufrigen Ukraine an das Hetmanat und den Schutz der südlichen Grenze.

Die groben Züge eines strategischen Plans lassen sich an den Taten Masepas ablesen: aus dem amorphen Hetmanat einen stabilen, gefestigten, reichen und gebildeten Staat machen. Letztlich verfolgte er das gleiche Ziel wie Peter I. und später Katharina die Große: eine «wohlgeordnete Gesellschaft» schaffen, wie spätere Historiker es nannten.

Masepa war ein Modernisierer. Wenn sein Plan Erfolg gehabt hätte, hätte das Hetmanat zu einem autonomen Staat reifen können, der unverhältnismäßig starken Einfluss auf das Reich ausgeübt und ihm den Weg zum Aufstieg zu einer Weltmacht geebnet hätte. Tatsächlich war Anfang des 18. Jahrhunderts der Einfluss der Kleinrussen auf das russische Zarenreich so stark, dass dieses Reich de facto ein Kleinrussisches Reich hätte werden können. Masepas Niederlage bei Poltawa setzte seinen Plänen ein Ende. Jede Modernisierung, die in den Gebieten des ehemaligen Kosakenstaats durchgeführt wurde, sollte dem russischen Reichsmuster folgen. Alle Reformen hatten zum Ziel, die Homogenität des ganzen russischen Reiches herzustellen, zunächst auf verwaltungstechnischer Ebene, später auf gesellschaftlicher und langfristig auf kultureller Ebene. In diesem Muster war kein Platz für einen autonomen Kosakenstaat oder für autonome Institutionen der Kosaken in Saporischja oder der Sloboda-Ukrajina.

Ein Jahr nach der Auflösung des Hetmanats wurde das Kosakensystem in der benachbarten Region Sloboda abgeschafft, und im Jahr 1775 wurde die Saporoger Sitsch zerschlagen. Was allerdings nicht verschwand, war das Bild der Ukraine. In den Kosaken-Chroniken des 18. Jahrhunderts war die Ukraine nicht nur eine «Randzone» oder Kosakengebiet. Sie war nicht einmal nur das Hetmanat. Die Chronisten der Kosaken sahen die Ukraine als weit größer an. Demnach gehörten die Linksufrige und die Rechtsufrige Ukraine dazu, und sie erstreckte sich von der polnisch-ukrainischen ethnischen Grenze im Westen bis zur ukrainisch-russischen ethnischen Grenze im Osten. Die Kosaken-Elite hatte ein klares Gespür dafür, was ihr Land von Polen, Moskowien, Litauen und den Ländern der Tataren abhob.

Wenn kosakische Chronisten über die Ukraine schreiben, sprechen sie von «unser Vaterland». Dieses Bild vermittelt ein besonderes Gefühl der Würde. Es ist eine heilige Pflicht, die Grenzen des eigenen «Vaterlandes» zu verteidigen und, wenn nötig, sein Leben für es zu opfern. Dieses Konzept war definitiv neu. Zuvor hatte man «Vaterland» als das Land aufgefasst, das man vom eigenen Vater geerbt hatte. Das höchste Objekt der Treue war der «gesalbte» Monarch gewesen. Diese neue Auffassung tauchte im Westen in der Renaissance auf und wurde aus der Überlieferung der Antike abgeleitet. Die Worte des Horaz «dulce et decorum pro patria mori est» – süß und ehrenvoll ist es für das Vaterland zu sterben – tauchten im Ehrenkodex des polnischen Adels Mitte des 16. Jahrhunderts auf. Bis 1648 betrachteten die Kosaken die Rzeczpospolita als ihr Vaterland. Nach Chmelnyzkyj übertrugen die Kosaken-Eliten dieses Konzept auf ihren eigenen Staat.

Die ukrainischen Kosaken existierten dreihundert Jahre lang, davon das letzte Jahrhundert mit dem Kosakenstaat. Auf ihre Weise war die Geschichte der Kosaken mit den ersten Phasen der Globalisierung verknüpft. Die Kosaken «ritten» auf der ersten Welle, verschwanden aber, als sie nicht imstande waren, mit den Herausforderungen der späteren fertig zu werden. Was zurückblieb, war jedoch das Bild der Ukraine als eines rebellischen, aber freien und reichen Landes.

INTERMEZZO

Eine kurze Geschichte des ukrainischen Liedguts

Zu den langfristigen Debatten in der akademischen Welt zählt der Streit um die Frage, wann Nationen entstehen. Eine Schule argumentiert, Nationen seien ein Konzept, das so alt wie die Welt sei. Die andere behauptet, Nationen hätten sich relativ spät, im 19. Jahrhundert, herausgebildet. Benedict Anderson, einer der führenden zeitgenössischen Theoretiker der Geschichte der Nationen und Nationalbewegungen hat einen eleganten Kompromiss vorgeschlagen. Die Modernisten, argumentierte er, hätten die Macht der Theorie hinter sich, während die Verfechter der urgeschichtlichen These die Macht der Fakten hätten. Anderson plädiert mit seinem Kompromiss für ein dazwischenliegendes Datum. Seiner Ansicht nach haben Nationen an der Grenze zwischen der mittelalterlichen und der neuzeitlichen Welt ihren Ursprung, im 16. und 17. Jahrhundert. Das Zusammenspiel dreier grundlegender Faktoren führte demnach zur Entstehung von Nationen: der Buchdruck, der Protestantismus und der Kapitalismus. Die Druckerpresse erleichterte die Herstellung von Büchern. Der Protestantismus führte die neue Tradition ein, Bücher in den Sprachen der unteren Klassen zu drucken. Und der Kapitalismus schuf einen globalen Markt, auf dem diese Bücher zu einer Massenware wurden.

Andersons Schema beschreibt offensichtlich exakt die Entstehung der Ukraine. Man könnte zwar darüber streiten, in welchem Ausmaß die von ihm beschriebenen Prozesse für die verschiedenen Gebiete der Ukraine gelten, aber es lässt sich ohne Weiteres aufzeigen, dass sich die ukrainische (oder genauer ruthenisch-ukrainische) Nation in der frühen Neuzeit herausbildete.

Selbstverständlich war diese Nation nicht identisch mit der, die später im 19. und 20. Jahrhundert entstand. Zwischen den beiden besteht weder eine direkte noch eine ausschließliche Verbindung. Wie die Geschichte des 19. Jahrhunderts zeigt, hätte die ruthenisch-ukrainische Nation durchaus entweder in der polnischen oder russischen Nation aufgehen können. Derartige Integrationsversuche wurden mit begrenztem Erfolg tatsächlich unternommen. Aber ohne die frühneuzeitliche ruthenisch-ukrainische Nation würde die heutige ukrainische Nation nicht existieren.

Andersons Formel ruft die Ideen Ernest Renans in Erinnerung, eines weiteren frühen Theoretikers der Nationen und des Nationalismus. In seiner berühmten Rede an der Sorbonne «Was ist eine Nation?» (1882) argumentierte Renan, dass es bei einer Nation nicht um eine gemeinsame Sprache, eine gemeinsame Religion oder gemeinsame wirtschaftliche Interessen gehe. Vor allen Dingen sei eine Nation «ein geistiges Prinzip». Sie sei das Ergebnis von Opfern und Selbstverleugnung, denn wir lieben im Verhältnis zu den Opfern, die wir bringen.

Und auch hier bietet die ukrainische Geschichte enorme Ressourcen – insbesondere für die Erklärung, wie das Konzept der Kosaken überlebte, nachdem die Kosaken-Ukraine selbst verschwunden war. Es überlebte im mündlichen Volkstum.

Das Wort «Volk» ist hier nicht ganz exakt. Das Volk selbst schreibt keine Lieder. Jedes Lied hat einen bestimmten Autor oder Autoren. Wir haben das Glück, einige davon mit Namen zu kennen wie Marusja Tschuraj (1625–1653) zur Zeit Chmelnyzkyjs und den kosakischen Dichter Semjen Klymowskyj (1705–1785). Nichtsdestotrotz sind die meisten Namen der Komponisten verloren gegangen.

Jedenfalls ist die Volkskultur keine spontane Schöpfung des Volkes. Sie wird geschaffen durch Repräsentanten der, wie wir gerne sagen, hohen Kultur. Volkstum entsteht, wenn diese hohe Kultur zu den unteren Gesellschaftsschichten «absinkt». Anthropologen haben dazu folgendes Bild parat: Die alte hohe Kultur ist wie ein großes Schiff, das auf den Grund der Volkskultur gesunken ist. Auch wenn es Schiffbruch erlitten hat und verändert worden ist, so sind die groben Umrisse doch noch erkennbar.

Dieses Bild ist hilfreich für die Beschreibung der Situation nach der Auflösung des Hetmanats. Als Staatswesen war es zwar verschwunden, doch das Volk erinnerte sich noch daran. Die Präsenz der «Ukraine» in Volksliedern ist unbestreitbar: Forscher haben rund 1200 Lieder gezählt, die auf die Ukraine Bezug nehmen. Diese Lieder wurden weit jenseits der Grenzen des Kosakenstaats entdeckt, nicht nur in der Rechtsufrigen und Sloboda-Ukraine, sondern sogar bis ins österreichische Galizien. In seinem Vorwort zu einer St. Petersburger Edition ukrainischer Volkslieder schreibt Platon Lukaschewytsch:

> Wer hätte geglaubt, dass ein galizischer Schafhirte viel mehr Epen über die Helden der Ukraine und ihrer Geschichte kennt als ein niedergelassener kleinrussischer Kosake? Er ist so stolz auf die Heldentaten der Kleinrussen, als wären es seine eigenen. Er freut sich über ihr Glück und ihre Erfolge und ihre wunderschönen Lieder, er sehnt sich «nach den Abenteuern der Kosaken».

Lukaschewytsch war ein Romantiker, und deshalb können wir ihm eine gehörige Portion patriotischer Übertreibung unterstellen. Der ukrainische Dichter und Aktivist Iwan Franko war jedoch ein Positivist, was heißt, dass er nur glaubte, was durch Fakten belegt werden konnte. Die Lieder und Verse, die er in seinem galizischen Heimatdorf Nahujewytschi, in der Nähe von Drohobytsch, in den 1860er und 1870er Jahren niederschrieb, bestätigen Lukaschewytschs These. In diesen Liedern taucht die Ukraine als fernes und freies Land auf, das von Kosaken gegen seine Feinde (Türken, Tataren und Polen) verteidigt wurde. Ihre Helden, die Hetmane und Obersten der Kosaken, werden vielfach namentlich genannt:

> «Oh, wie in der ruhmreichen Ukraine ...»
> «Was geschieht in Eurer ruhmreichen Ukraine?»
> «Kommt in die ruhmreiche Ukraine ...»
> «Die Ukraine ist leer unter Chmelnyzkyjs Jurij ...»
> «Ganz Ukraine ruft nach dir, Morosenko,»

Dieses Bild der Ukraine, das sich zusammengenommen aus den Volksliedern ergibt, liefert die Basis für den ukrainischen Nationalmythos. In diesem Fall ist mit Mythos keine Lüge oder bewusste Verzerrung gemeint, sondern ein viel tieferes Konzept. Es ist eine Art biblische Wahrheit und deshalb viel stärker als die kleinlichen Wahrheiten und Lügen des Alltags.

Dieser Mythos wurde von blinden, umherziehenden Musikern verbreitet (Leierspielern, Ältesten oder Kobsaren). Kobsare verdienten sich ihren Lebensunterhalt, indem sie nach Gottesdiensten in der Nähe von Kirchen spielten, auf Hochzeiten, Märkten und wo immer sich Menschen versammelten. Sie hatten ein besonderes Genre in ihrem Repertoire: die Kosaken-Duma, die oft tragische Heldengeschichten aus der Vergangenheit der Kosaken erzählte. Diese Heldenlieder bildeten einen relativ kleinen Anteil des Repertoires; meistens sangen die Kobsare religiöse Lieder. Sie schufen aber eine mündliche Überlieferung, die gemeinsam mit den Volksliedern von Generation zu Generation weitergegeben wurde, noch lange nachdem der letzte Mensch, der sich noch persönlich an die ukrainischen Kosaken erinnerte, gegangen war.

Wie bei jedem historischen Mythos können wir an den Volksmythos von der «Kosaken-Ukraine» nicht den Anspruch historischer Genauigkeit stellen. Im Lied vermag der Saporoger Heerführer Sirko gegen Napoleon zu kämpfen. Aber wenn man die Schichten dieses Kosakenmythos nach und nach abträgt, wird die Essenz einer volkstümlichen Utopie bleiben: die Ukraine als reiches und freies Land ohne soziale und ethnische Unterdrückung.

Eben dieses Bild können wir in einem Lied aus der Zeit Sahajdatschnyjs sehen:

Es gibt nichts Schöneres, nichts Besseres
Als das Leben in der Ukraine!
Keine Polen, keine Juden,
Und auch keine Griechischen Katholiken.

In diesen Worten klingt ein fernes Echo der Reconquista, des Religionsfriedens und des Westfälischen Friedens nach, also ein homogener religiöser Staat. Das ist noch kein Nationalstaat im heutigen Sinn des Wortes. Ihm fehlen mehrere fundamentale Dinge: vor allem eine klare räumliche Identifikation. In den meisten Volksliedern ist die Ukraine nicht mit erkennbaren geographischen Bezeichnungen verknüpft. Ein Beispiel ist das Bild der Donau. Der Name des Stroms wird in Volksliedern häufig wiederholt: Um in die Ukraine zu gelangen, muss man «die Donau überqueren». Wenn man bedenkt, wo diese Lieder gesungen wurden (im österreichischen Galizien und den ukrainischen Provinzen des russischen Zarenreichs), kommt man mit Blick auf die Donau zu einer eindeutigen und völlig unlogischen Schlussfolgerung: Die Ukraine der Lieder liegt nicht am Unterlauf des Dnipro, sondern irgendwo in den Gebieten des heutigen Österreichs, Ungarns oder auf dem Balkan.

Es gibt eine simple Auflösung für dieses Paradox. In der ukrainischen Folklore ist die Donau nicht ein bestimmter Fluss, sondern jede große Wasserfläche. In der traditionellen Mythologie hat «großes Wasser» eine heilige Bedeutung. Es zu überqueren heißt, einen radikalen Wandel zu vollziehen, einen qualitativ neuen Zustand zu erreichen. (Man denke an den Styx in der antiken Mythologie, der die Welt der Lebenden von der Welt der Toten trennt.) Die Donau zu überqueren heißt nicht nur, sich in einem fernen und fremden Land wiederzufinden, sondern auch sich radikal zu verändern, die Bindungen zum alten Leben abrupt zu kappen, ein neuer Mensch zu werden.

Damit aus dieser «transzendentalen Ukraine» eine moderne wurde, eine, die auf geographischen Karten und in Schulbüchern auftauchte, war die Arbeit von Schriftstellern, Historikern, Geographen und Politikern erforderlich. In vielen Fällen verbanden ukrainische Lieder diese Menschen mit dem, was sie als Kinder von ihren Müttern, Ammen oder Bauern in ihren eigenen Häusern gehört hatten.

Nehmen wir den bezeichnenden Fall Mykola Kostomarows (1817–1885), einem der ersten Forscher der Kosakengeschichte. Kostomarow wuchs in einer russischsprachigen Gegend auf und konnte nicht

Ukrainisch. Als er seine Studien 1837 an der Universität von Charkiw begann, konnte er ukrainische Literatur nicht ohne Wörterbuch lesen. Und da es damals noch kein russisch-ukrainisches Wörterbuch gab, übernahm ein ukrainischer Diener diese Rolle. Als Kostomarow die von Mychajlo Maxymowytsch 1827 veröffentlichte Sammlung kleinrussischer Lieder las, veränderte sich alles für ihn:

> Ich war fasziniert und begeistert von dem echten Zauber der kleinrussischen Volksdichtung. Ich hätte nie gedacht, dass eine solche Anmut, solche Tiefe und Frische der Gefühle in den Werken eines Volkes zu finden sei, das mir so nahe war und von dem ich so gut wie nichts wusste. Die kleinrussischen Lieder fesselten meine Gefühle und Fantasie so stark, dass ich schon nach einem Monat Maksymowytschs Sammlung auswendig konnte.

Seine Begeisterung für die ukrainische Musik bewog ihn dazu, die Sprache zu erlernen. Wenige Jahre später war Kostomarow ein Führer der ukrainischen Nationalbewegung und der Autor ihrer ersten programmatischen Dokumente geworden.

Neben den Sammlungen der Kleinrussen Lukaschewytsch und Maxymowytsch stellten auch der Georgier Nikolaj Zertelew (1790–1869) und die Polen Zorian Dołęga-Chodakowski (1784–1825) und Wacław Zaleski (1799–1849) Sammlungen ukrainischer Lieder zusammen und veröffentlichten sie. Eine Begeisterung für das ukrainische Volkstum war ein Faktor für die Entstehung der «ukrainischen Schule» in der polnischen Literatur des 19. Jahrhunderts.

Eine Vorliebe für ukrainische Lieder machte einen nicht zwangsläufig zu einem ukrainischen Nationalisten. Alexander Puschkin bewunderte sie ebenfalls, blieb aber ein russischer Dichter. Josef Stalins Lieblingslieder waren georgische und ukrainische, aber ihn könnte man kaum einen ukrainischen Nationalisten nennen.

So wie «Ukraine» nicht der einzige Name für die Region war, so war es auch in den Volksliedern nicht der einzige Begriff dafür. Das «Land der Rus» taucht ebenfalls auf und hat allem Anschein nach eine andere Bedeutung als Ukraine: Es wird häufig mit dem Wort «heilig» kombiniert. In der Volksmusik hat diese Auffassung von Land oft einen sakralen Charakter. Beispielsweise betet in der *Klage eines Gefangenen*, einem ukrainischen Heldenlied aus dem 15. oder 16. Jahrhundert, ein Kosake in türkischer Gefangenschaft zu Gott:

> Befördere, o Herr, diesen armen Gefangenen
> an die Küste der Heiligen Rus,
> in das glückliche Land, unter das getaufte Volk!

Ein weiteres Werk des ukrainischen Volkstums, ein Psalm aus dem Barock, beginnt mit den Worten: «Heilige Jungfrau, Mutter des Landes der Rus ...» Eine Geschichte erzählt von der Macht dieses musikalischen Bildes: Als der Ururgroßvater des ukrainischen Dichters Maxym Rylskyj (1895–1964), ein Pole namens Romuald Rylski, von den Haidamaken gefangen genommen wurde, rettete er demnach sein Leben und die Leben anderer Gefangener, indem er diesen Psalm sang.

Sowohl «Rus» als auch «Ukraine» enthielten ein sakrales Element. Wir können nicht wissen, wie diese Konzepte in den Köpfen derjenigen, die diese Lieder hörten, nebeneinander existierten. Waren sie gleiche oder unterschiedliche Begriffe? Wie passten Unierte, Belarussen, Altgläubige und kleinrussische Grundbesitzer, die Nachfahren der kosakischen Eliten, in diese Konzepte? Jedenfalls verfügten die Gründer einer ukrainischen Nation über reichlich Material für ihre Bemühungen, die «Kosaken-Ukraine» und «Rus» in das Konzept der «ukrainischen Nation» einzupassen. Der Weg war zwar nicht gerade, geschweige denn ergab er sich von selbst, aber sie mussten nicht bei null anfangen.

Wenn von den Grundlagen dieses Konzepts die Rede ist, sollte die Dimension der Heiligkeit separat betrachtet werden. In Gegensatzpaaren zu denken – entweder/oder, Tradition/Moderne, Volk/Nation, Mythos/Realität –, ist in den seltensten Fällen produktiv. Die effektivsten Formeln vereinen Tradition mit Moderne, das Weltliche mit dem Heiligen und die Realität mit dem Mythos. Eine mythische Weltanschauung ist jedem Menschen, ob modern oder nicht, angeboren –

wir können ohne sie einfach nicht leben. Sie manifestiert sich in Zeiten der Krise und Unruhe besonders stark.

Anfang der 1990er Jahre entdeckten Arbeiter während der Renovierung eines Gebäudes in der deutschen Stadt Freiburg einen Karton, der mit fast 1300 von Ostarbeitern geschriebenen Briefen gefüllt war. Dabei handelte es sich um Menschen, hauptsächlich junge Frauen, die man aus dem besetzten Belarus und der Ukraine zur Zwangsarbeit nach NS-Deutschland deportiert hatte. Die meisten kamen vom Dorf und waren Träger der mündlichen Überlieferung, die kaum die moderne Literatursprache kannten. Viele Briefe enthielten Gedichte, die sie geschrieben hatten. Aus künstlerischer Sicht sind es keine Meisterwerke. Ein Forscher merkt jedoch an, dass «hier Zeugnis davon abgelegt [wird], mit welchem Einsatz an Kräften man sich um Identität, Selbstbestätigung und Erhaltung der Menschenwürde» bemühte. Zum Beispiel schreibt die Autorin des Gedichts *Erinnerung an die Ukraine* nicht über die Nöte des Lagerlebens oder beklagt sich über ihre Lage. Alle ihre Gedanken gelten ihrer «lieben Ukraine», wo ihre Eltern und Liebsten leben und wohin sie gegen alle Widrigkeiten hofft, eines Tages zurückzukehren. Sie bittet ihre Familie und ihre Heimat, sie nicht zu vergessen.

Volkslieder spielten auch bei der Prägung der Identität der ukrainischen «Sechziger», der Generation sowjetischer, ukrainischer Intellektueller, die sich in den 1960er Jahren herausbildete, eine wichtige Rolle. Sie waren ein Produkt des sowjetischen Systems, sie betrachteten sich als sowjetische Patrioten, und einige sprachen hauptsächlich Russisch. Aber viele erinnerten sich an die Volkslieder, die ihre Eltern ihnen vorgesungen hatten, als sie noch klein waren, und an die Lieder, die sie auf Dorfhochzeiten gehört hatten. Als sie diese Lieder als Erwachsene wieder hörten, veränderte sich etwas in ihnen. Leonid Pljuschtsch (1938–2015), ein studierter Mathematiker und von Beruf Kybernetiker, ein ukrainischer Dissident, der in der sowjetischen Ukraine lebte, aber Russisch sprach, bis er die ukrainische Kultur entdeckte, beschreibt diesen Moment wie folgt:

> Ukrainische Lieder und Heldenlieder sind vielleicht die zutiefst ukrainischen Aspekte der Kultur. Ein Ukrainer mag sich ein Russe nennen, sein eigenes Volk verachten oder sogar foltern. Er kennt womöglich nicht einmal seine eigene Sprache, aber wenn er in der Ukraine aufgewachsen ist, wird er wieder zum Ukrainer, wenn er diese Lieder hört.

Der junge Dichter Leonid Kysselow (1946–1968) gibt wunderschön die transzendentale Dimension der ukrainischen Lieder wieder. Kysselow wurde unmittelbar nach dem Krieg in Kyjiw in eine russisch-jüdische Familie geboren. Als junger Mann wurde bei ihm Leukämie diagnostiziert. Im Krankenhauszimmer, kurz vor seinem Tod, schrieb er:

> Ich stehe am Rande des Abgrunds
> Und erkenne plötzlich, von der Sehnsucht überwältigt,
> Dass die ganze Welt ... nicht mehr ist
> Als ein ukrainisches Lied.

Schöner kann man es nicht ausdrücken.

KAPITEL 4

Das lange 19. Jahrhundert

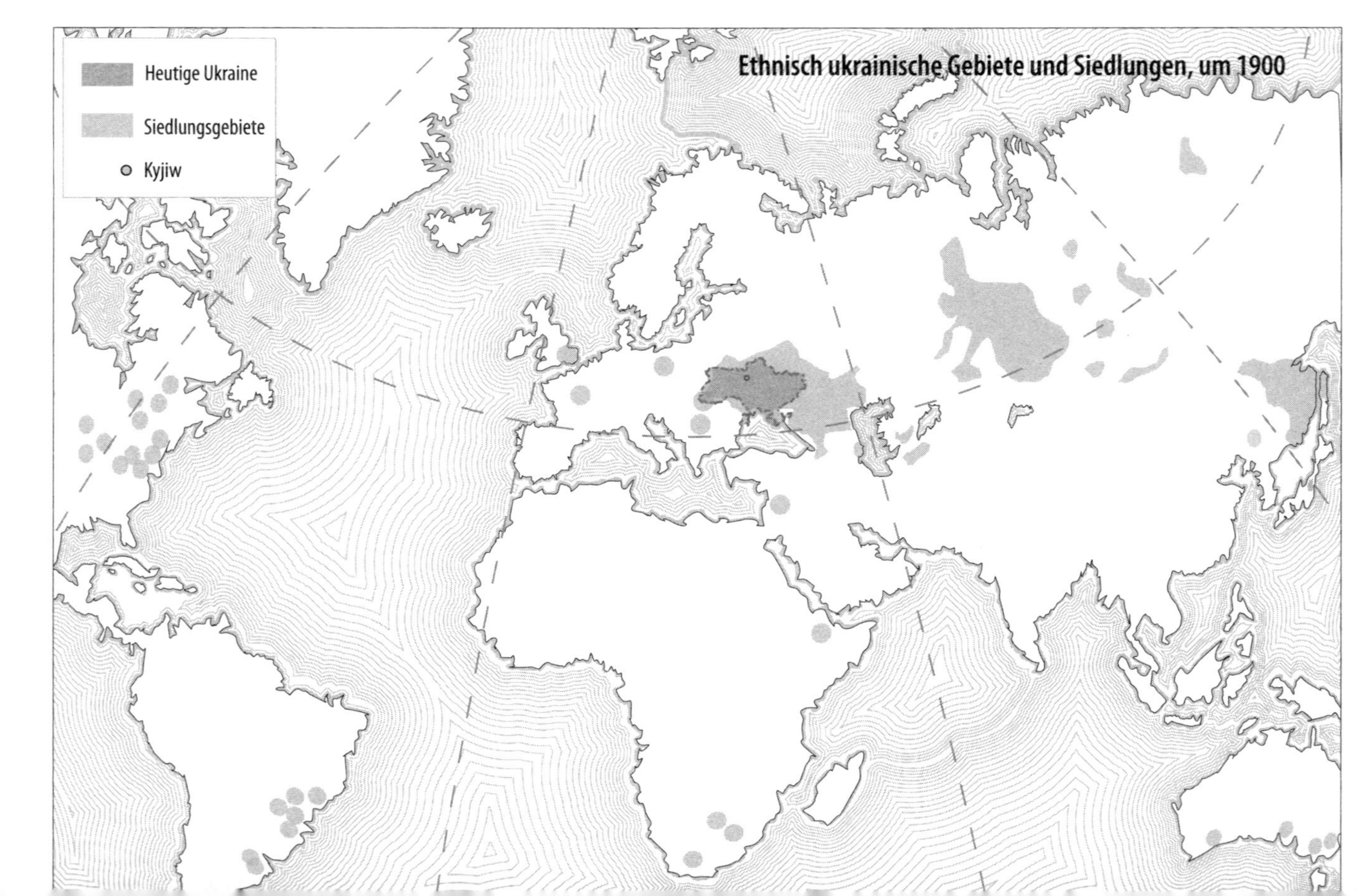
Ethnisch ukrainische Gebiete und Siedlungen, um 1900
Heutige Ukraine
Siedlungsgebiete
Kyjiw

◇◇◇◇◇◇◇◇◇◇◇◇◇◇◇◇◇◇◇◇◇◇◇◇◇◇◇◇◇◇

Anfang des 18. Jahrhunderts malte in der österreichischen Provinz Steiermark ein unbekannter Künstler eine «Völkertafel» mit kurzen Beschreibungen der europäischen Völker und ihrer besonderen Eigenschaften. Man könnte sie die erste europäische Umfrage nennen, weil die Tafel eine Liste von Stereotypen über verschiedene europäische Völker enthält. Zehn Männer sind darauf zu sehen: je ein Spanier, Franzose, Italiener, Deutscher, Engländer, Schwede, Pole, Ungar, Moskowiter und eine merkwürdige Art namens «Tirk oder Grich[e]». Die Liste der Charaktermerkmale umfasst 17 Kategorien, von «Verstand», «Kleidung» und «Wissenschaft» bis hin zu «Ihr Lebensende».

Als Erstes springt einem ins Auge, dass Westeuropäer in dieser Tabelle weit positiver als Osteuropäer geschildert werden. Was den Verstand angeht, so werden die Spanier als «klug un weis» angesehen, die Franzosen sind «firsichtig», Italiener «scharfsinig». Die Deutschen gelten als «wizig», Engländer als «anmuthig» und Schweden als «hartknäkig». Polen werden als «gering achtend» angesehen, die Ungarn sogar «noch weniger». Moskowiter haben demnach gar keinen Verstand, die Türken/Griechen hingegen sind «oben auß», also anmaßend. Mit Blick auf den Charakter sind Spanier demnach «wunderbarlich», Franzosen «holdselig» und «gesprächig», Italiener «eifersichtig», Deutsche «ganz gut», Engländer «lieb-reich» und die Schweden «graus-sam», die Polen hingegen sind «noch wilder», die Ungarn aber «allergrausambst». Die Moskowiter sind demnach «gut ungerisch», und die Türken/Griechen «ein Lung-Teufel» (Lügenteufel).

Diese Liste an Klischees zeigt eindeutig, dass die uns so vertraute

Ost-West-Spaltung bereits zu Beginn des 18. Jahrhunderts in der Vorstellung gebildeter Europäer existierte. Es gibt jedoch etwas, das unsere Wahrnehmung von jener der Europäer des 18. Jahrhunderts unterscheidet: Für sie waren diese «nationalen» Charakterzüge dauerhaft. Jeder, der das Pech hatte, als Ungar, Pole, Moskowiter, Türke oder Grieche geboren zu werden, würde unter diesem schlechten Stern auch sterben. Sie wären demnach einem Engländer, Franzosen oder Deutschen in ihren Wesenszügen immer unterlegen. So hatten Gott und die Natur es bestimmt, und das ließ sich nicht ändern.

Moderne Menschen denken anders. Karl Marx fasste diese Denkweise trefflich zusammen: «Das industriell entwickeltere Land zeigt dem minder entwickelten nur das Bild der eigenen Zukunft.» Die industrielle Entwicklung wird zu einer Realität führen, in der Ungarn, Polen, Moskowiter und sogar Türken/Griechen genauso leben und handeln werden wie Spanier, Deutsche, Franzosen oder Engländer.

Mit anderen Worten: Diese Völkertafel zeigt die moderne Spaltung in Ost und West, aber ohne die moderne Idee des Fortschritts. Fortschritt durchbricht und verändert alles: Er gleicht einer Lawine oder einem Wirbelsturm – es ist unmöglich, ihn aufzuhalten. Doch im Unterschied zu einer Naturkatastrophe bringt er eine Veränderung zum Besseren mit sich, auch die Chance für Völker im Osten, sich zu «verwestlichen».

Die Idee des Fortschritts zählt zu den wichtigsten Ideen des 19. Jahrhunderts. Das Konzept hatte es schon zuvor gegeben, im Sinne von allmählichen Veränderungen. Im Gegensatz dazu hieß Fortschritt im 19. Jahrhundert Veränderung nach dem Motto: «Mehr und immer mehr, und höher und immer weiter hinauf.»

Das spiegelte eine neue Realität wider. Das 19. Jahrhundert erlebte einen der radikalsten Umbrüche der Menschheitsgeschichte. Man kann ihn kurz als den Übergang von einer Agrar- zu einer Industriegesellschaft beschreiben. Das war ein Quantensprung für die Menschheit. Das 19. Jahrhundert definierte die Umrisse der modernen Welt, in der die meisten Menschen in Städten und nicht in Dörfern leben; in der Menschen lesen und schreiben können und keinen Hunger leiden; in der sie von Seuchen geheilt werden, die früher tödlich waren;

in der sie zehn oder hundert Mal schneller als ihre Vorväter reisen; und in der die Zeit, bis eine Botschaft aus der Hauptstadt die Randregionen erreicht, von mehreren Wochen auf den Bruchteil einer Sekunde verringert wurde.

Wir nennen diese Veränderungen Modernisierung. Historiker geben zu verstehen, dass die Modernisierung des 19. Jahrhunderts das Ergebnis einer doppelten Revolution war: einer industriellen Revolution, die in den 1770er und 1780er Jahren in Großbritannien begann, und einer politischen Revolution, die von der Amerikanischen (1775) und Französischen Revolution (1789) eingeleitet wurde. Als Ende des Jahrhunderts wird gemeinhin die erste große Katastrophe der Moderne angesehen: der Erste Weltkrieg. Diese zeitliche Einteilung deckt sich mit dem ukrainischen 19. Jahrhundert. Sein Beginn wird traditionell mit dem Erscheinen des ersten schriftlichen Werks in der modernen ukrainischen Sprache assoziiert; und es endet mit dem Ersten Weltkrieg, in dem der ukrainische Faktor eine bedeutsame Rolle spielte.

Die Zeitspanne von 1789 bis 1914 wird das «lange 19. Jahrhundert» genannt. Es dauerte 25 Jahre länger als das kalendarische 19. Jahrhundert (1801–1900). Dieses «lange» 19. Jahrhundert steht im Gegensatz zum «kurzen 20. Jahrhundert», das nach allgemeiner Meinung mit dem Ersten Weltkrieg begann und mit dem Sturz des Kommunismus endete (1914–1989/91). Die beiden Jahrhunderte unterscheiden sich in vieler Hinsicht. Aber es gibt einen Zusammenhang zwischen ihnen: Das 19. Jahrhundert schrieb die Szenarien, die im 20. Jahrhundert Realität wurden. Diese Szenarien kann man kurz als «-ismen» (also Ideologien) beschreiben: Sozialismus, Liberalismus, Konservatismus, Feminismus etc. Sie alle sind Produkte des 19. Jahrhunderts, schufen aber die Blaupausen für die «schöne neue Welt» des 20. Jahrhunderts.

Zu diesen Ideologien zählt auch der Nationalismus. Im Westen ist er negativ belegt, insbesondere nach den Albträumen der beiden Weltkriege. Allerdings müssen wir dabei zwei Dinge berücksichtigen. Erstens ist Nationalismus ein viel zu breites Phänomen, um ihn lediglich auf die fremdenfeindlichsten und gewalttätigsten Ausdrucksformen zu reduzieren. Wie alle anderen «-ismen» – Liberalismus, Marxismus, Feminismus etc. – kann er sich in verschiedener Form äußern: Es gibt konservativen, linken und sogar liberalen Nationalismus. Kurzum, Nationalismus steht sowohl für die Ideologie als auch für die politische Bewegung, die auf ihm basiert und deren Hauptforderung die folgende ist: Politische Grenzen sollten mit den Grenzen ethnischer Nationen übereinstimmen. Oder, wie der italienische Nationalist Giuseppe Mazzini forderte: «Jeder Nation ihren eigenen Staat!»

Zweitens war Nationalismus im 19. Jahrhundert eine überwiegend revolutionäre Bewegung. Er richtete sich gegen das alte Regime, das sich auf Monarchien, Reiche und die Herrschaft der Aristokratie stützte. Was nationale Revolutionäre im 19. Jahrhundert forderten, wurde im 20. Jahrhundert zur Norm der geopolitischen Ordnung. Aus diesem Grund heißt etwa die bedeutendste internationale Organisation des 20. Jahrhunderts Vereinte Nationen, nicht Vereinte Reiche.

Die Ukraine ist ein Gründungsmitglied der Vereinten Nationen. Sie taucht auf der Völkertafel des 18. Jahrhunderts nicht auf, wurde aber im 20. Jahrhundert zur Realität. Die Hauptmerkmale der späteren Unabhängigkeit der Ukraine bildeten sich zwischen dem 18. und dem 20. Jahrhundert heraus, sprich: im langen 19. Jahrhundert.

Das lange 19. Jahrhundert in der Ukraine

Wenn wir das lange 19. Jahrhundert in der Ukraine als ein Schauspiel betrachten, stellen wir fest, dass sich nicht nur das Drehbuch ändert – auch die Schauspieler und Kulisse ändern sich. Der Anfang des 19. Jahrhunderts ist geprägt von der großen Spaltung zwischen der «alten» und «neuen» Ukraine. Drei der alten Akteure der ukrainischen Geschichte sollten als erste von der Bühne abtreten: die ukrainischen Kosaken, die polnisch-litauische Rzeczpospolita und das Krim-Khanat. Nach den drei polnischen Teilungen (1772–1795) geriet der größte Teil der ukrainischen Gebiete (85 Prozent) unter die

Herrschaft des Zarenreichs, während die restlichen 15 Prozent (Galizien, Bukowina und Transkarpatien) von Österreich (ab 1867 Österreich-Ungarn) regiert wurden. Dabei blieb es ohne größere Veränderungen bis 1914.

Die «alte» und die «neue» Ukraine unterschieden sich auch in der Größe. Nachdem das Zarenreich das Krim-Khanat ausgeschaltet und das Wilde Feld annektiert hatte, wurden diese Gebiete zu einer Zone intensiver wirtschaftlicher Kolonisierung. Diese Veränderung war durchaus mit der «Erschließung» des Westens in Nordamerika vergleichbar. Von den neuen Chancen angelockt und von russischen Behörden angespornt, zogen Einwanderer aus Deutschland, orthodoxe Christen vom Balkan und Menschen aus den verschiedensten Ecken Europas auf der Suche nach Abenteuer und Reichtum hierher. Die stärkste Migration ging jedoch von den ukrainischen Bauern aus den benachbarten Regionen aus. Ende des 19. Jahrhunderts waren Ukrainer zur größten Gruppe unter der Bevölkerung des ehemaligen Wilden Feldes geworden.

Die bäuerliche Besiedelung der Schwarzmeersteppe führte dazu, dass sich das ethnisch ukrainische Gebiet in diesem Zeitraum beinahe verdoppelte. Was die russischen Behörden «Noworossija» oder «Neu-Russland» nennen wollten, wurde de facto zur «Neu-Ukraine». Das einzige Gebiet, wo Ukrainer nicht die Mehrheit stellten, war die Krim. Die Bauern ließen sich auf den fruchtbaren Feldern der Schwarzmeerregion nieder; an der felsigen Halbinsel waren sie nicht sonderlich interessiert.

Es gab jedoch noch mehr Veränderungen der traditionellen «Bühne», auf der sich die ukrainische Geschichte abspielte. Der nächste Akt begann mit der Abschaffung der Leibeigenschaft (in Österreich 1848, in Russland 1861) sowie den Entwicklungen im Verkehrswesen, allen voran Eisenbahnen und Dampfschiffe. Beide Faktoren ermöglichten die Massenmigration ukrainischer Bauern in neue, bislang unbekannte Gebiete. Um die Wende zum 20. Jahrhundert schossen ukrainische Siedlungen aus dem Boden, von Edmonton im Fernen Westen Kanadas bis nach Wladiwostok im russischen Fernen Osten. Diese Bauernmigration war Teil der ersten Welle der wirtschaftlichen Globalisierung von 1870 bis 1914. Als Folge wurden die Ukrainer ein globalisiertes Volk.

Ein weiterer Faktor verbindet die ukrainische und die Weltgeschichte im 19. Jahrhundert miteinander: ein Wandel in der Mentalität. Die alte Agrargesellschaft hatte Angst vor Veränderungen. Jede Veränderung – eine Missernte, schlechtes Wetter, ein neuer Herr oder eine neue Regierung – stellte eine Gefahr für eine Bevölkerung dar, die ohnehin nur mit Mühe über die Runden kam. In ihren Köpfen war alles Gute in der Vergangenheit, in der «guten alten Zeit», und die Gegenwart war nur ein Abklatsch der Vergangenheit. Mychajlo Kowbasjuk, der bäuerliche Abgeordnete im galizischen Sejm, drückte dies ganz klar aus: «Lasst es bleiben, wie es ist.» Moderne Menschen hingegen haben keine Angst vor Veränderungen. Im Gegenteil, sie streben nach Veränderungen, weil Veränderung die Aussicht auf ein besseres Leben bietet. Mit den Worten des ukrainischen Rockstars Slawa Wakartschuk: «Alles wird gut».

Als Folge tauchte auf ukrainischem Boden eine neue Konfliktlinie auf: zwischen jenen, die Angst vor der Modernisierung hatten und versuchten, sie zu vermeiden, und jenen, die sie begrüßten und keine Mühe scheuten, sie voranzutreiben. Letztere hielten das für eine Frage von Leben und Tod: «Modernisiere oder stirb!» Der Konflikt zwischen Anhängern und Gegnern des Fortschritts wurde zu einem der Haupthandlungsstränge der ukrainischen Geschichte des 19. Jahrhunderts.

Noch ein letztes: Wenn von den Hauptmerkmalen des 19. Jahrhunderts die Rede ist, darf nicht vergessen werden, dass es eins der friedlichsten Jahrhunderte der europäischen Geschichte war. Gut hundert Jahre lang – von der Niederlage Napoleons 1815 bis 1914 – gab es keine großen Kriege auf dem europäischen Kontinent. Es gab lokale Kriege wie den Deutschen Krieg und den deutsch-französischen Krieg, aber mit Blick auf die Opferzahlen und das Ausmaß der Zerstörung sind sie nicht zu vergleichen mit den Kriegen vor oder nach dem 19. Jahrhundert. Das gilt auch für die ukrainischen Gebiete. Der einzige große Krieg hier, der Krimkrieg von 1853 bis 1856, wirkte sich kaum auf das «Kernland» der Ukraine aus.

Kurzum: Allen, die sich nach einem Leben in Frieden und Ruhe sehnten, mochte die Ukraine des 19. Jahrhunderts ideal erscheinen. Nikolai Gogol (1809–1852) vermittelt diese Stimmung in seinen Geschichten von Grundbesitzern der Alten Welt, die, anders als ihre kosakischen Vorfahren, ein friedliches, ruhiges Leben führten. Pantelejmon Kulisch (1819–1897), ein Führer der ukrainischen Nationalbewegung, schrieb, dass in seiner Kindheit in den Gebieten des ehemaligen Hetmanats die nach Chmelnyzkyj etablierte Gesellschaftsordnung unverändert blieb und dass seine Verwandten noch wie zu Masepas Zeiten lebten.

In der Ukraine schien die Zeit still zu stehen. Die gebildete Öffentlichkeit betrachtete die Ukraine als Inbegriff des Friedens und Wohlstands. In Wahrheit konnten nur jene die Ukraine für ein friedliches und glückliches Land halten, die kaum etwas darüber wussten. Sie war wie ein schlafender Vulkan: Ruhelose Ströme schwelten unter der Oberfläche und brachen sich immer wieder Bahn. Von 1793 bis 1914 gab es einen russischen Aufstand und vier polnische Revolten, drei Bauernunruhen, zwei große antijüdische Pogrome und zwei Revolutionen – eine in Österreich (1848) und eine in Russland (1905–1907).

Außerdem gab es einen weiteren Unruhestifter in diesen Ländern: den ukrainischen Nationalismus.

Nationale Wiedergeburt

Will man die Geschichte der ukrainischen Nationalbewegung im 19. Jahrhundert erzählen, lohnt sich ein Blick auf die Völkertafel, um zu prüfen, welche Völker außer den Ukrainern noch fehlen. Es ist eine lange Liste: Albaner, Basken, Belarussen, Bulgaren, Wallonen, Armenier (in Osteuropa gab es viele von ihnen), Esten, Juden, Iren, Katalanen, Letten, Litauer, Sorben, Norweger, Provenzalen, Roma, Serben, Kroaten, Schlesier, Slowaken, Slowenen, Tschechen, Tataren, Ukrainer, Finnen und Flamen. Sie hatten alle eines gemeinsam: Sie besaßen keinen eigenen Staat. Deshalb nannte man diese Völker im 19. Jahrhundert auch «staatenlos».

Staatenlose Nationen hatten drei Merkmale gemeinsam:

1. Ihre ethnischen Grenzen stimmten nicht mit Staatsgrenzen überein; manche Völker wie die Juden oder die Ukrainer waren über mehrere Staaten verteilt.
2. Sie hatten eine unvollständige soziale Struktur: Es gab keine Adelsschicht und so gut wie keine Mittelschicht – Banker, Unternehmer, Anwälte, Professoren etc. Im Fall der Ukrainer waren der ehemalige ruthenische Adel und die Offiziere der Kosaken assimiliert und entweder zu russischen oder polnischen Adligen geworden. So wurde aus der einstigen «Kosakennation» ein «Bauernvolk».
3. Es gibt große Lücken in der Entwicklung der Kultur. Ein Engländer des 19. Jahrhunderts konnte problemlos Shakespeare lesen und verstehen, und ein heutiger Deutscher versteht Luthers Bibelübersetzung. Im Gegensatz dazu sind die Sprachen des neuzeitlichen Judentums – Jiddisch oder Ladino – völlig anders als das Hebräisch des Alten Testaments. Ganz ähnlich besteht ein deutlicher Unterschied zwischen den Sprachen der Dichter der alten und der neuen Ukraine, etwa Gregorius Skoworoda und Taras Schewtschenko.

Diese Aspekte erschweren es unter Umständen, staatenlose Nationen zu erkennen. Auf unerfindliche Weise sind sie sowohl da als auch nicht da. Auf jeden Fall ist es leicht, sie zu ignorieren. In den Augen eines «zivilisierten» Europäers haben sie nichts zur Entwicklung der europäischen Zivilisation beigetragen und verdienen deshalb auch kein anderes Los, als in den großen Nationen aufzugehen.

Im 19. Jahrhundert tauchten allerdings in diesen staatenlosen Nationen Einzelpersonen auf, die diese Sichtweise ablehnten. Sie waren überzeugt, dass die Geschichte mit ihrem Volk grausam und unfair umgesprungen sei: Einst hatte es einen Staat, doch er wurde von Angreifern gewaltsam zerstört. Nur die einfachen Bauern waren geblieben, aber trotz aller Widrigkeiten hatten sie ihre Sprache und die Erinnerung an ihre ruhmreiche Vergangenheit bewahrt. Auf diese Weise war die Nation nicht völlig verschwunden. Sie war in einen tiefen Schlaf gefallen, bei lebendigem Leib begraben worden, und jetzt war es an der Zeit, sie wieder zum Leben zu erwecken, wie der Prinz, der im Märchen die schlafende Schönheit wachküsst, wobei er unzählige Hindernisse überwindet und häufig Leib und Leben riskiert.

Entwickelt sich in staatenlosen Nationen eine Nationalbewegung, so spricht man von einer nationalen Wiedergeburt. Diese Bezeichnung ist allerdings ungenau: Die Ideologen dieser Bewegungen ließen weniger die alte Nation wiederauferstehen, vielmehr erweckten sie eine neue zum Leben. Jedenfalls hat sich der Begriff «nationale Wiedergeburt» in der Geschichtswissenschaft eingebürgert und wird, ungeachtet der Ungenauigkeit, noch heute verwendet.

Aufgrund komparativer Studien von staatenlosen Nationen hat sich gezeigt, dass eine nationale Wiedergeburt einem bestimmten Muster folgt. Sie durchläuft drei Phasen:

1. Phase A (akademische oder Sammelphase): Diese Phase ist durch das Auftreten von Gelehrten und Schriftstellern, häufig jungen, charakterisiert, die lokales Volksgut sammeln und eine neue Landessprache und Literatur auf deren Basis begründen sowie, allgemeiner, eine nationale Ideologie entwickeln.
2. Phase B (institutionelle oder organisatorische): In dieser Phase bilden sich Institutionen oder Organisationen heraus, die ein nationales Bewusstsein unter der einheimischen Bevölkerung, hauptsächlich unter Dorfbewohnern, verbreiten, die die Mehrheit der Nation stellen.
3. Phase C (politische oder Massenphase): Das ist die letzte Phase, in der politische Parteien und Massenbewegungen entstehen, welche die Gründung eines unabhängigen Nationalstaats fordern.

Um bei der bildlichen Sprache zu bleiben, kann man sich eine nationale Wiedergeburt wie ein Langstreckenrennen vorstellen. Nicht alle kommen ins Ziel. Manche Völker fallen raus und verschwinden in der Vergangenheit. Eine der Hauptvoraussetzungen für den Erfolg ist es, die Phase B zu überstehen. Sobald eine nationale Bewegung im Rückgrat von Institutionen etabliert ist, hat sie ein unumkehrbares Momentum.

Wie sieht dieses Modell im Fall der Ukraine aus? Im russischen

Zarenreich traten Ukrainer in den ersten Jahrzehnten des 19. Jahrhunderts in Phase A ein. Es begann mit den Aktivitäten einer Gruppe von Lehrern und Studierenden an den neu gegründeten Universitäten von Charkiw (1804) und Kyjiw (1834). Deren Anstrengungen kulminierten in der Veröffentlichung von *Kobsar* durch Taras Schewtschenko (1814–1861) im Jahr 1840. Im Habsburger Reich begann Phase A 1810–1820 in Przemyśl und setzte sich in den 1830er Jahren in Lwiw mit der Tätigkeit der «Ruska Trijsja» (Rus-Triade) fort: Markijan Schaschkewytsch (1811–1843), Jakiw Holowazkyj (1814–1888) und Iwan Wahylewytsch (1811–1866). Im Jahr 1837 veröffentlichten sie das erste Werk in der ukrainischen Umgangssprache, den Almanach *Russalka Dnistrowa* (etwa: Nymphe des Dnister).

Phase B setzte im russischen und im habsburgischen Reich fast gleichzeitig ein. Im Jahr 1840 tauchten die ersten kulturell-politischen Organisationen auf: 1845 wurde in Kyjiw und Lwiw die Kyrill-und-Method-Bruderschaft gegründet, die Holowna Ruska Rada (der Oberste Ruthenische Rat) wurde 1848 ins Leben gerufen. Diese Organisationen gaben zwei maßgebliche Stellungnahmen ab: Die Kyrill-und-Method-Bruderschaft verkündete die große Zukunft der ukrainischen Nation unter allen slawischen Völkern, und der Oberste Ruthenische Rat bekräftigte, dass die österreichischen «Russynen» und die russischen «Kleinrussen» ein und dasselbe Volk seien. Dieser optimistische Anfang erwies sich jedoch als Fehlstart. Im Jahr 1847 wurden Mitglieder der Bruderschaft verhaftet und bestraft; und der Oberste Ruthenische Rat löste sich nach der Niederlage der Revolution im Jahr 1851 auf.

Nach dem gegenrevolutionären Jahrzehnt der 1850er Jahre wurde das politische Klima in den beiden Reichen liberaler, nicht aufgrund einer bewussten Entscheidung, sondern aus purer Notwendigkeit heraus. Beide Reiche hatten demütigende militärische Niederlagen hinnehmen müssen: Russland im Krimkrieg (1854/55) und Österreich sowohl in Italien als auch im Krieg gegen Preußen (1866). Um weitere Niederlagen zu vermeiden, mussten die Reiche sich modernisieren. Die 1860er und 1870er Jahre waren von den systematischsten und konsequentesten Reformen in der Geschichte des russischen

Zarenreichs geprägt. Die Liberalisierung des politischen Klimas nutzend, gaben ehemalige Mitglieder der Kyrill-und-Method-Bruderschaft die Zeitschrift *Osnowa* (1861/62) in St. Petersburg heraus. In Kyjiw bildete eine Gruppe von Studenten und Lehrern die erste «Hromada» (Kommune) – eine Geheimgesellschaft zur Verbreitung der Bildung auf Ukrainisch. Die russische Regierung versetzte ihrer Tätigkeit mit zwei Gesetzen einen schweren Schlag: dem Walujew-Gesetz und dem Emser Erlass (1863 bzw. 1876), die den Druck von Büchern in ukrainischer Sprache verboten. Im Jahr 1881 setzte die Ermordung Zar Alexanders II. den Reformen im Zarenreich ein Ende und läutete eine fast 30-jährige Phase der Reaktion ein.

In Österreich verliefen die Ereignisse nach einem anderen Szenario: Hier wurden die Reformen nicht eingeschränkt. Im Jahr 1867 wurde aus dem Habsburger Reich die Doppelmonarchie Österreich-Ungarn, und den Provinzen wurde große politische Autonomie gewährt. In Galizien profitierten hauptsächlich die Mitglieder der polnischen Elite von dieser Autonomie. Sie übernahmen selbst die Macht vor Ort. Ihnen schwebte Galizien als das Gebiet vor, in dessen Umfeld die Wiedergeburt eines einigen polnischen Staates erfolgen werde, ganz ähnlich wie Piemont während des italienischen Risorgimento. Auch die galizischen Ukrainer nutzten die Reformen. Ihnen schwebte ebenfalls eine Vision von Galizien als «Piemont» vor, allerdings für den künftigen ukrainischen Staat, nicht für einen polnischen. Sie fingen an, in der Region Massenbewegungen ins Leben zu rufen, darunter die Gesellschaft *Proswita* (Aufklärung), deren Tätigkeit sich hauptsächlich an die Bauern richtete. Ende der 1880er Jahre bestand kein Zweifel, dass die galizischen Ruthenen, im Gegensatz zu den Kleinrussen, Phase B bereits durchlaufen hatten.

Die Kluft zwischen den ukrainischen Bewegungen in Österreich-Ungarn und im Zarenreich war um die Jahrhundertwende am größten. In den 1890er Jahren bildeten sich in Lwiw die ersten ukrainischen Parteien: die Ruthenisch-Ukrainische Radikale Partei (1890), die Ukrainische Sozialdemokratische Partei (1899) und die Ukrainische Nationaldemokratische Partei (1899). Diese Parteien stützten sich auf ein weitläufiges Netz aus kulturellen und politischen Organisationen. Die Stärke der ukrainischen Bewegung war bereits so offensichtlich, dass selbst ihre polnischen Gegner von der «ukrainischen Eroberung Galiziens» als überaus wahrscheinlichem Szenario sprachen.

Auch im Zarenreich wurden ukrainische Parteien gegründet: Es gab die Ukrainische Volkspartei (1902) sowie die Ukrainische Demokratische Partei und die Ukrainische Radikale Partei (1904), die beiden letzteren verschmolzen ein Jahr später zur Demokratisch-Radikalen Partei. Doch im Gegensatz zu den galizischen Parteien handelte es sich hier nur dem Namen nach um Parteien. Sie hatten keine große Mitgliederschaft. Die meisten waren in Wirklichkeit nur Gruppierungen, die sich noch bemühten, zu Phase B überzugehen, sprich: ein Netz aus Organisationen nach dem Vorbild der galizischen *Proswita* aufzubauen. Die Russische Revolution von 1905 bis 1907 bot die Chance dafür, als endlich, auf Druck von unten, in Russland eine Verfassung mit Bürgerrechten eingeführt und das Verbot der ukrainischen Sprache aufgehoben wurde. Dieses kurze Tauwetter endete jedoch mit der Phase der Reaktion von 1907 bis 1914, die von einem Verbot der Registrierung von Gesellschaften und Verlagshäusern «fremder Nationen», auch der ukrainischen, geprägt war. Die ukrainische Bewegung im Zarenreich steckte in Phase A fest, während sie in Österreich-Ungarn bereits Phase C erreicht hatte und bereit war, einen eigenen Staat auszurufen.

Der Unterschied war so ausgeprägt, dass die ukrainischen Aktivisten fürchteten, es werde zur Gründung nicht einer, sondern zweier Nationen kommen, vergleichbar mit der Lage der Serben und Kroaten: eine (kleinrussische und orthodoxe) Nation im Zarenreich und eine zweite in Österreich-Ungarn. Dieses Problem wurde überwunden, als die ukrainischen Patrioten aus dem Zarenreich ihre zentralen Aktivitäten nach Galizien verlegten. In hohem Maße trugen Patrioten aus der «Groß-Ukraine» die Verantwortung für die Ukrainisierung Galiziens. Junge galizische Ruthenen wurden in den 1860er Jahren unter dem Einfluss des Versepos *Kobsar* ukrainisiert, das aus Kyjiw ins Land gekommen war. Mychajlo Drahomanow (1841–1895), der Führer der Kyjiwer «Hromada», bekehrte in den 1870er Jahren eine ganze Generation zum ukrainischen Nationalismus, darunter auch den außerordentlich begabten Iwan Franko (1856–1916), der zum größten nationalen Dichter nach Taras Schewtschenko werden sollte. Die 1873 gegründete Taras-Schewtschenko-Gesellschaft hatte maßgeblich Anteil an der Vereinigung der Galizier und der Neuankömmlinge aus der Zentralukraine. Im Jahr 1892 änderte die Gesellschaft ihren Namen zu Wissenschaftliche Schewtschenko-Gesellschaft und übernahm die Rolle einer inoffiziellen ukrainischen Akademie der Wissenschaften. Ein junger Kyjiwer Historiker, Mychajlo Hruschewskyj (1866–1934), diente als Vorsitzender der Gesellschaft. Hruschewskyj war nach Lwiw gezogen, um die historische Fakultät an der Universität zu leiten. Dort veröffentlichte er sein monumentales Werk, die zehnbändige *Istorija Ukrajiny-Rusy* (Geschichte der Ukraine-Rus). Dank der Tätigkeit politischer Parteien und kultureller Organisationen entwickelte sich die ukrainische Bewegung in Galizien zu einer starken, dynamischen Kraft.

Im Gegensatz dazu litt die ukrainische Bewegung im Zarenreich unter der abgebrochenen Entwicklung. Die Lage lässt sich durch eine Anekdote im Zusammenhang mit der Enthüllung eines Denkmals für den Schriftsteller Iwan Kotljarewskyj in Poltawa im Jahr 1903 veranschaulichen. Alle Führer der Ukrainer reisten gemeinsam in nur zwei Bahnwaggons zu der Enthüllung. Sie scherzten, dass, wenn der Zug entgleiste, die ukrainische Bewegung erledigt wäre.

Wie jeder Witz enthielt auch dieser ein Körnchen Wahrheit. Er deckte auf, vor welchen Schwierigkeiten die ukrainische Bewegung stehen sollte, als sie, nach dem Sturz zweier Reiche 1917/18, versuchte, einen unabhängigen Staat zu gründen. In den Ländern des ehemaligen Zarenreichs waren diese Bemühungen fast zwangsläufig zum Scheitern verurteilt: Wie kann man einen eigenen Staat aufbauen, wenn man nicht einmal eigene Schulen hat? Bis zu einem gewissen Grad war die Niederlage des ukrainischen, nationalen Befreiungskampfes von 1914 bis 1920 durch die Ereignisse des 19. Jahrhunderts vorbestimmt.

Geopolitische Dimension

Das ABC-Schema dient als Leitfaden für jeden, der Nationalbewegungen staatenloser Nationen studiert. Aber wie jedes Modell kann es nicht alles erklären. Vergleichende Studien lassen darauf schließen, dass während der Revolution 1917–1920 die ukrainische Bewegung stärker als die litauische war. Dennoch bekamen die Litauer ihren eigenen Staat, die Ukrainer aber nicht.

Dass Letztere scheiterten, hatte geopolitische Gründe. Die Ukraine war für das Russische Zarenreich außerordentlich wichtig – viel wichtiger als Litauen. Zum Ersten war die Kontrolle über die reichen menschlichen und natürlichen Ressourcen der Ukraine für die zaristischen russischen Behörden von entscheidender Bedeutung: Die Ukrainer waren im Zarenreich die zweitgrößte ethnische Gruppe nach den Russen, und die ukrainischen Gebiete waren ein «Land von Milch und Honig», verglichen mit den ärmeren Regionen Belarus oder Litauen. Zum Zweiten war die symbolische Dimension ebenso wichtig. Das Zarenreich verfolgte seine Ursprünge bis zur alten Rus zurück und betrachtete Kleinrussland als seine historische Wiege. Zum Dritten standen Ukrainer (Kleinrussen) den Russen (Großrussen) sprachlich und religiös nahe und konnten beim Erhalt des Reiches als Partner auftreten. Die russischen Behörden reagierten auf jede Art von «Masepismus» sehr empfindlich – auf jede Gefahr, ukrainische Gebiete von Russland abzuspalten. Folglich wurde der Gebrauch von Ukrainisch von den Behörden systematisch unterdrückt. Ukrainische Patrioten beschwerten sich, dass das Verbot der ukrainischen Sprache ungefähr ebenso sinnvoll sei wie das Verbot von Streichhölzern wegen der Gefahr eines Feuers. Dennoch sah Petersburg darin eine glasklare Logik: Jede Anerkennung des Ukrainischen als eigener Sprache hieße, das Tor zu einem politischen Separatismus aufzustoßen. Das Zarenreich konnte gewiss ohne die baltischen Staaten auskommen, selbst ohne den Kaukasus, doch der Verlust der Ukraine wäre der Anfang vom Ende.

Nicht nur die russische Regierung dachte so: Die revolutionäre

Opposition war ebenfalls davon überzeugt. Noch vor dem Ersten Weltkrieg lehnten Lenin und die Bolschewiki kurzerhand jede Möglichkeit einer separaten Ukrainischen Marxistischen Partei ab. Sie hätten möglicherweise der Gründung einer litauischen Partei zugestimmt, aber die Bolschewiki hielten es für «politischen Selbstmord», den Ukrainern eine eigene Partei zu erlauben.

Die Ukraine-Frage war keine rein innere Angelegenheit des russischen Zarenreichs. Die Kontrolle über ukrainische Gebiete war auch für polnische Nationalisten von entscheidender Bedeutung. Die *Kresy* hatten für die polnischen Eliten die gleiche Bedeutung wie die kleinrussischen «Grenzgebiete» für die russischen Behörden. Im Jahr 1795 war die polnisch-litauische Rzeczpospolita vollständig von der Landkarte verschwunden. Dennoch wurden die Polen keine staatenlose Nation. Es gab immer noch eine starke polnische Elite, und sie mussten nicht erst die Phasen A, B und C durchlaufen: Die polnische Nationalbewegung war von Anfang an politisch. Von dem Moment der Teilungen Polens bis 1863 organisierte fast jede Generation der polnischen Elite einen eigenen Aufstand gegen die Habsburger (1846, 1848) und gegen die Romanows (1793, 1830, 1863). Es ist kein Wunder, dass der österreichische Kanzler Metternich Polen als ein Synonym für Revolution bezeichnete. Ein ukrainisches Sprichwort vermittelt diesen revolutionären Geist der Polen mit schlichter Klarheit: «Was für ein Pole bin ich denn? Ich habe gar nicht gegen die Moskowiter gekämpft!»

Der polnische Adel wurde unterdrückt und diskriminiert. Im österreichischen Galizien war es Polen bis Mitte des 19. Jahrhunderts nicht erlaubt, hohe Ämter innezuhaben. Im russischen Zarenreich wurde ein beträchtlicher Anteil der Adligen für die Aufstände mit dem Verlust ihrer Ländereien und ihres Status bestraft. Dennoch stellten polnische Grundbesitzer bis zum Ersten Weltkrieg die Mehrheit des Adels auf ukrainischem Boden.

Neben dem quantitativen Vorteil besaß die polnische Elite auch einen qualitativen Vorteil: Der polnische Adel und die Baltendeutschen zählten zu den gebildetsten Bevölkerungsgruppen im ganzen Zarenreich. Im frühen 19. Jahrhundert hatte das von der polnischen

Elite geleitete Bildungssystem in Vilnius mehr Schüler als alle anderen Bezirke des Zarenreichs zusammen. Der russische Innenminister Pjotr Walujew, der Autor des anti-ukrainischen Gesetzes von 1863, bezweifelte, dass es möglich sei, die Dominanz des polnischen Adels zu beenden, indem man einheimische polnische Familien durch importierte russische ersetzte. Seiner Meinung nach würde das nichts bewirken, weil russischen Grundbesitzern und Beamten jene nicht greifbare Kraft fehlte, der zivilisatorische Vorteil, der ein solch brachiales Vorgehen hätte rechtfertigen können.

Polnische Patrioten sahen den künftigen polnischen Staat innerhalb seiner historischen Grenzen, also den Grenzen der alten polnisch-litauischen Rzeczpospolita, «von Meer zu Meer» (von der Ostsee bis zum Schwarzen Meer). Das war keine ethnische Auffassung der Nation, sondern eine politische. Polnische Rebellen zogen unter der Losung «Für eure Freiheit und für unsere» in den Kampf. Neben den ethnischen Polen sollten der polnischen politischen Nation demnach auch Belarussen, Juden, Litauer und Ukrainer angehören.

Ganz ähnlich wie die Französische Revolution im Westen machte auch die polnische Nationalbewegung in Osteuropa einheimische Bevölkerungen zu Nationalisten. So wie Napoleons Feldzüge unter den eroberten Italienern, Spaniern und Deutschen nationale Bestrebungen weckten, verbreiteten auch die polnischen Aufstände die Idee des Nationalismus unter Belarussen, Litauern, Ukrainern und Juden. Es mag der Hinweis genügen, dass die ursprüngliche erste Zeile der ukrainischen Hymne «Noch ist die Ukraine nicht gestorben» und die Worte in der israelischen Hymne «Solange ist unsere Hoffnung nicht verloren» fast wörtlich den Anfang der polnischen Hymne wiederholen: «Noch ist Polen nicht verloren». Der Grund für diesen «Zufall» wird ersichtlich, wenn wir uns vor Augen führen, dass der Verfasser der ukrainischen Hymne Pawlo Tschubynskyj in der Rechtsufrigen Ukraine geboren wurde und Naphtali Herz Imber, der Autor der israelischen Hymne, aus Galizien stammte, sprich: Beide kamen aus historisch polnischen Ländern.

Bis ins späte 19. Jahrhundert hoben polnische Führer unter allen Völkern der *Kresy* die Ukrainer wegen ihrer freiheitsliebenden kosakischen Vergangenheit besonders hervor. Polnische Offiziere versuchten Napoleon einzureden, dass in der Ukraine die Nachfahren der Kosaken sehnsüchtig seine Ankunft erwarteten, weil sie bereit wären, sich gegen Russland aufzulehnen. Die «ukrainische Frage» nahm in der Politik von Fürst Adam Czartoryski, dem «ungekrönten König» der polnischen Emigration, einen wichtigen Platz ein. Franciszek Duchinski, ein Adliger aus Kyjiw, der Czartoryski in Paris nahestand, schrieb in einem Appell an die Völker Europas: «Zum Dnipro! Zum Dnipro! Nach Kyjiw! Oh, Völker Europas! Dort liegt eure Einheit, denn dort kämpfen Kleinrussen gegen Moskau zur Verteidigung ihrer europäischen Zivilisation.»

Es ist schwer zu sagen, inwieweit sich diese Anschauungen auf echte Überzeugung oder auf pragmatische Berechnung stützten. Wir können jedoch davon ausgehen, dass zumindest einige polnische Revolutionäre an den revolutionären Charakter der Ukrainer glaubten. Ihr Glaube war nicht unbegründet. Der russische General Alexander Michailowskij-Danilewskij, der in den 1820er Jahren in Krementschuk stationiert war, schrieb: «Kein einziger Mensch, mit dem ich in Kleinrussland sprach, war gegenüber Russland günstig eingestellt; ein eindeutiger Geist der Opposition herrschte in allen ...»

In den 1830er Jahren reiste der Deutsche Johann Georg Kohl von St. Petersburg nach Lwiw und berichtete über ähnliche Eindrücke. Er meinte, die Menschen in Kleinrussland empfänden einen so starken Abscheu gegen Großrussland, dass man bereits von Völkerhass sprechen könne. «Es ist keine Frage, daß, wenn einmal der große Riesenleib des russischen Staates wieder auseinander fallen wird, Kleinrußland eins der Theile sein wird, die sich daraus selbstständig lösen werden.»

Der kleinrussische Adel war mit der russischen Regierung unzufrieden. Aber im Gegensatz zu den polnischen Rebellen lehnte er sich nie gegen sie auf. Um den Grund dafür zu verstehen, sollten wir uns als Erstes die Tatsache vor Augen führen, dass es in ihrem Fall nicht um die Entscheidung «rebellieren oder nicht rebellieren» ging: Die Frage hatte noch mehr Aspekte. Die Haltung der Eliten in der Provinz gegenüber dem imperialen Zentrum lässt sich in drei unterschiedlichen Kategorien zusammenfassen: Loyalität, Autonomie und Separatismus. Diese Kategorien schlossen sich nicht gegenseitig aus, und in keiner Provinz herrschte nur eine davon. Sogar ein beträchtlicher Anteil des polnischen Adels entschloss sich für Loyalität und «diente den Moskowitern». Ein und dieselbe Person konnte bei der Arbeit ein loyaler Regierungsbeamter sein, in privaten Gesprächen für eine Autonomie plädieren und während eines Aufstands zum Separatisten werden. Man sollte diese Kategorien nicht als dauerhafte Entscheidungen auffassen, sondern als wechselnde Punkte auf einer breiten Skala politischer Positionen. Die Baltendeutschen waren, was die «Loyalität» anging, das Extrem. Sie waren die loyalste Elite und hatten die höchsten Regierungsposten inne. Tatsächlich wurde das russische Zarenreich bisweilen ein «deutscher Staat» genannt. Auf dem Gegenpol des «Separatismus» sind ein Teil des polnischen Adels und die muslimische Elite des Kaukasus und der Krim anzutreffen. Viele der letzteren «stimmten mit den Füßen ab», indem sie in Scharen von der Krim ins Osmanische Reich auswanderten.

Der kleinrussische Adel nahm eine Position irgendwo in der Mitte dieser Skala ein, schwankte zwischen «Loyalität» und «Autonomie», erreichte aber selten «Separatismus». Und das aus mindestens zwei Gründen: Erstens war das Zarenreich ein riesiges, aber rückständiges Reich. Es brauchte dringend eine gebildete Oberschicht, um die weiten Räume zu regieren, und diese Oberschicht war am westlichen Rand am stärksten vertreten. Der kleinrussische Adel hatte, obwohl er nicht so gebildet wie die baltendeutschen Barone und nicht so zahlreich wie der polnische Adel war, einen Vorteil: Er hatte die gleiche Konfession wie die Großrussen. Im 18. Jahrhundert stellten Kleinrussen fast die Hälfte der russischen reichsweiten Intelligenz. In der Hauptstadt selbst schufen sie eine Art bürokratischer Mafia: die «kleinrussische Kolonie», ohne deren Unterstützung man sich keine Hoffnungen auf einen hohen Posten machen konnte. Sie ebneten den Weg dafür, dass das Zarenreich zu einer Weltmacht aufstieg, weil sie es auch für ihr Reich hielten. Der russische Regierungschef Wiktor Kotschubej (1768–1834) schrieb einmal einem ukrainischen Landsmann:

> Obwohl ich als *chochol* geboren wurde, bin ich doch mehr Großrusse als alles andere … Meine Stellung erhöht mich über alle Kleinigkeiten. Ich betrachte die Schwierigkeiten Eurer Provinzen mit Rücksicht auf das gemeinsame Interesse unseres gesamten Staates. An mikroskopischen Ansichten habe ich kein Interesse.

Der Einfluss der «Kleinrussen» auf den russischen Staat im 19. Jahrhundert war zunehmend schwierig nachzuverfolgen, weil sie sich über mehrere Generationen hinweg in der Gesellschaft assimilierten und nicht ohne Weiteres von der allgemeinen Strömung unterschieden werden können. Allerdings lässt sich mit Sicherheit sagen, dass die Nachfahren der Kleinrussen, so wie die ersten Generationen der Kosakenoffiziere und die orthodoxe kleinrussische Hierarchie Russland zum Imperium von Weltrang machten, die russische Kultur vom Provinzniveau auf Weltklasseniveau anhoben. Viele, die für die höchsten Errungenschaften dieser Kultur stehen, wie Nikolai Gogol, Peter Tschaikowsky und Anton Tschechow hatten ukrainische Wurzeln. Eine beträchtliche Anzahl von ihnen hätte ohne Weiteres Kotschubejs Worte unterschreiben können, es dabei allerdings vorgezogen, ihre «kleinrussischen Wurzeln» nicht zu erwähnen. Nehmen wir etwa Anton Tschechow, der sich selbst in Anfällen der Depression einen «faulen Chochol» nannte.

Der zweite Grund dafür, dass der kleinrussische Adel nicht rebellierte, war eben das Konzept des Adels. Dem Adelsstand anzugehören hieß, dem Monarchen zu dienen. Ohne diesen Dienst verlor der Adelsrang seinen Sinn und seine Bedeutung. Wenn kleinrussische Adlige von ihren historischen Rechten sprachen, hoben sie hervor, dass sie dem russischen Zaren einen Eid geschworen hatten, nicht Russland. Weil kein eigener ukrainischer Monarch existierte, bedeutete Separatismus aus der Sicht des Adels die Suche nach einem anderen, nicht aus der Familie der Romanows stammenden Zaren. Versuche in dieser Richtung wurden tatsächlich unternommen. Im Jahr 1791 schickte die kosakische Elite heimlich den Dichter Wassyl Kapnist als Gesandten an den Königshof in Berlin, um zu sondieren, ob der kleinrussische Adel auf die Unterstützung des preußischen Königs zählen könne, falls sie versuchten, «das russische Joch abzuwerfen». Der preußische König gewährte ihm nicht einmal eine Audienz.

Im frühen 18. Jahrhundert lobten einige kleinrussische Adlige Masepa und Napoleon über den grünen Klee. Doch während der Invasion 1812 stellten sich die meisten von ihnen, anders als der polnische Adel, an die Seite des Zaren gegen Frankreich. Die Nachfahren der Kosakenoffiziere mochten die Russen zwar nicht und äußerten bisweilen auch antirussische Gefühle, doch sie hielten die Russen nicht für ihre Hauptgegner. Diese Rolle spielten immer noch Polen, Tataren und Türken.

Der russische Schriftsteller Nikolaj Leskow (1831–1895) schildert sehr genau die Weltanschauung des kleinrussischen Adels. Er lebte gut zehn Jahre lang (von 1849 bis 1861) in Kyjiw und lernte die Gewohnheiten der einheimischen Bevölkerung kennen. Leskow beschreibt in der Erzählung *Psychopathen von dazumal* einen kleinrussischen Grundbesitzer, dessen Patriotismus sich hauptsächlich in seiner Vorliebe für den kleinrussischen Umhang und die kleinrussische Sprache sowie seiner Verachtung für Außenstehende äußert. Diese Verachtung hatte jedoch eine religiöse Basis. Er achtete den orthodoxen Glauben als das einzig wahre Christentum. Alle anderen hielt er für Ketzer – hauptsächlich die Deutschen, denn «sie verehrten die Heiligen nicht» (eine Anspielung auf den Protestantismus), gefolgt von den Juden und dem übrigen «Abschaum».

Aber in seinem orthodoxen Glauben waren «Moskowiter» und «Rus» zwei völlig verschiedene Begriffe, im Himmel ebenso wie auf Erden. Er sprach dem «kleinrussischen» Heiligen Georg (Jurko) einen viel höheren Rang als dem «moskowitischen» Heiligen Nikolaus (Nikola) zu. Seine Gäste begrüßte er mit der Frage, welcher der beiden Heiligen der bedeutendere gewesen sei. Wenn der Gast die Prüfung nicht bestand, bekam er die Härte der Stühle des Hausherrn und sogar die Biegsamkeit seines Stocks zu spüren. Die Polen mochte er nicht, aber wenn es um russische Adlige ging, legte er geradezu eine Arroganz an den Tag: «Was heißt denn hier vornehm! – Ihre Großväter und Großmütter wurden noch sämtlich mit Stöcken geschlagen.» Die Baltendeutschen achtete er höher als alle anderen. Aber wenn sie gegen Russland in den Krieg ziehen sollten, dann würde er ihnen voller Eifer den Hintern versohlen.

Leskow verglich den Kopf dieses kleinrussischen Patrioten mit «einer großen Scheune ..., wo alles Mögliche angehäuft ist, aber so bunt durcheinanderliegt, dass man überhaupt nichts findet». Wir sehen hier eine tiefe Ambivalenz, in der sich gegenseitig ausschließende Ideen friedlich im Kopf eines einzigen Menschen koexistieren. Welche Idee dominiert, hängt von den Umständen ab. Die Vorstellung fällt nicht schwer, dass die kleinrussischen Adligen, wenn Napoleon den Krieg gewonnen hätte, ihm genauso bereitwillig gedient hätten, wie sie dem Zaren gedient hatten.

Es gab jedoch eine imaginäre Schranke, die die kleinrussischen Adligen nicht überspringen konnten: das alte Konzept der Nation. Laut diesem Konzept bestand die Nation aus einer einzigen Klasse: dem Adel. Die meisten ukrainischen Adligen trachteten nicht nach einer Karriere am Zarenhof, sondern blieben stattdessen auf ihren Familiengütern. Ihre Zahl war klein (im Jahr 1790 25–30 000), ihre Güter waren klein, und sie hielten sich nur mit Mühe über Wasser. Mit der Abschaffung der Leibeigenschaft im Jahr 1861 verloren sie völlig die wirtschaftliche Basis ihrer Existenz. Eine Alternative war der Staatsdienst. Doch der Anteil der Kleinrussen im Verwaltungsapparat der kleinrussischen Provinzen sank unaufhaltsam: von 50 Prozent im Jahr 1800 auf 10–15 Prozent 1914. Das lag nicht etwa an einer Diskriminierung; tatsächlich wurden Kleinrussen nie diskriminiert. Doch die aus dem Zentrum entsandten Gouverneure kamen nicht allein. Vielmehr brachten sie eine ganze Schar Beschäftigter und Verwandter mit, denen sie dann Ämter zuschanzten. So verdrängten sie die Einheimischen aus dem Staatsdienst.

Das Clan-System des russischen Zarenreichs konnte unter dem kleinrussischen Adel nationale Gefühle auslösen – Nationalismus geht häufig von dem Wahlspruch aus: «Fremde sollen nicht über uns herrschen!» Aber solange ihre eigene Auffassung von der «Nation» auf die eigene Klasse begrenzt war, standen ihnen keine Verbündeten zur Verfügung. Die einzige Option lautete, sich auf ihre historischen Rechte zu berufen und die russische Regierung aufzufordern, sie wiederherzustellen. Tatsächlich wurde die anonyme *Geschichte der Rus* – das aufschlussreichste Beispiel für die politische Denkweise derjenigen, die eine ukrainische Autonomie befürworteten – aus eben diesem Motiv heraus geschrieben. Der kleinrussische Adel hätte mit Sicherheit vom Zusammenbruch des Zarenreiches profitiert, aber sie hatten weder die Stärke noch das Bedürfnis oder Verlangen, das Reich selbst zu zerstören. Sie mochten für das Wohl ihrer kleinen Heimat arbeiten, um ihre ruhmreiche Vergangenheit trauern und die neue Ordnung verabscheuen, aber sie waren sich sicher, dass ihre kosakische Nation zusammen mit ihr zu Grabe getragen würde. Sie waren überzeugt, dass in der Welt allgemein oder in ihrem Winkel keine radikalen politischen Veränderungen zu erwarten waren.

Derartige Gefühle hegten nicht allein die Ukrainer. Nach der Niederlage von 1863 empfand der polnische Adel ebenso. Sie gaben den Kampf auf. Gegenüber den russischen Behörden bekundete der polnische Adel eine «nüchtern pragmatische Lebenseinstellung». Sie würden die zur Faust geballte Hand nicht lecken, aber sie bissen auch nicht in die solidarisch ausgestreckte Hand. Ein unabhängiges Polen existierte am Horizont ihrer Ambitionen nicht länger, und dafür zu kämpfen glich einem Anrennen gegen Windmühlen.

Nicht zuletzt lag dies daran, dass die polnische Frage aus der europäischen Politik verschwunden war. Nach dem Sieg Preußens im deutsch-französischen Krieg 1870/71 und der Gründung des deutschen Kaiserreichs rückte die deutsche Frage in den Mittelpunkt der europäischen Geopolitik. Und die ukrainische Frage verschwand zusammen mit der polnischen. Sie wurde zu einer inneren Angelegenheit für beide Reiche. Es gehörte eine große Portion Fantasie dazu zu glauben, dass die Ukraine nicht nur eine Vergangenheit, sondern auch eine Zukunft hatte.

Dichtern war es bislang stets vergönnt, ihrer Fantasie freien Lauf zu lassen. Selbstverständlich veranlasste diese künstlerische Freiheit manche Leute, auf sie herabzublicken, ihnen mangelndes Selbstvertrauen zu unterstellen. Im 19. Jahrhundert änderte sich dann der Status der Dichter von Grund auf. Sie wurden nunmehr in der öffentlichen Vorstellung in fast schon himmlische Höhen hochgelobt. Dichter nahmen fortan den Platz ein, der früher den christlichen Heiligen vorbehalten war. Sie wurden zur Stimme der Nation und zu Herolden ihrer Zukunft – nationale Dichter wurden zu nationalen Propheten. Und wie bei Heiligen führte auch der Weg der Dichter zum Ruhm über das Märtyrertum. Um Nationaldichter zu werden, mussten sie für ihre Ideale leiden, verhaftet, ins Gefängnis gesteckt und verbannt werden und dann auf tragische Weise umkommen, häufig in jungen Jahren. Der emotionale Aufruhr, den sie während ihrer Leidenszeit durchmachten, enthüllte Wahrheiten, zu denen andere keinen Zugang hatten. Gott selbst sprach in der Stimme der Nationaldichter, und deshalb konnten sie auch die Zukunft voraussagen.

Wer die Geschichte der mittel- und osteuropäischen Literatur studiert hat, wird die Namen der Deutschen Johann Wolfgang Goethe und Friedrich Schiller, des Russen Alexander Puschkin und des Ungarn Sándor Petőfi kennen. Auch drei Polen gehören in dieses Pantheon der Nationaldichter: Adam Mickiewicz, Juliusz Słowacki und Zygmunt Krasiński.

In der Ukraine war Taras Schewtschenko der Schöpfer einer neuen Ukraine. Seine niedere Herkunft zeichnet ihn gegenüber den anderen Nationaldichtern aus. Schewtschenko wurde als Leibeigener geboren, war aber dank der Bemühungen groß- und kleinrussischer Mäzene seiner Malerei und unter Beteiligung der Zarenfamilie selbst (1838) imstande, sich frei zu kaufen. Seine Freilassung fand in St. Petersburg statt, wo er als begabter, aber bis dato unfreier Künstler gelebt hatte. Im Jahr 1840 wurde seine Gedichtsammlung *Kobsar* veröffentlicht, und von da an stellte sein dichterisches Talent sein Geschick als Maler in den Schatten. Die Jahre 1845–1847 verbrachte Schewtschenko in der Ukraine. In diesem Zeitraum entstanden seine besten Gedichte, eben jene, die seinen Rang als Nationaldichter untermauerten. In Kyjiw schloss er sich dem Kreis junger Menschen an, die die Kyrill-und-Method-Bruderschaft ins Leben riefen. Es ist nicht ganz klar, ob er der Bruderschaft angehörte oder ob es überhaupt eine förmliche Mitgliedschaft in der Vereinigung gab. Jedenfalls wurden mehrere «Brüder» 1847 nach einer Denunziation verhaftet, darunter auch Schewtschenko. Darüber hinaus wurde ihm die schwerste Strafe auferlegt: Er wurde zum Wehrdienst verurteilt, ohne das Recht, zu zeichnen oder zu schreiben. Schewtschenko diente zehn Jahre lang als Soldat im Exil und kehrte in schlechter Verfassung nach St. Petersburg zurück, wo er 1861 starb.

Diese dramatische Geschichte entspricht mit Sicherheit perfekt der kanonischen Biographie eines Nationaldichters. Um das Phänomen Schewtschenko ganz zu begreifen, müssen wir jedoch den Blick auf den breiteren Kontext weiten. Man kann sich das Entstehen des Phänomens Schewtschenko und des damit verbundenen Mythos der Ukraine als ein komplexes Schachproblem vorstellen. Der erste Zug war die Französische Revolution 1789–1793. Sie führte ein völlig neues Modell der Nation ein. Die französischen Revolutionäre griffen alle drei Säulen des alten Regimes an: den Monarchen (mit der Guillotine hingerichtet), die Kirche (vom Staat getrennt und ihres Besitzes beraubt) und den Adel (verlor seine Privilegien und in vielen Fällen das Leben). Der Dritte Stand, die Gemeinen, übernahmen die Macht. Vor der Revolution waren sie «nichts», danach waren sie «alles». Entsprechend war das Konzept der «Nation» nicht länger auf den Adel begrenzt, sondern schloss alle Bürger ein.

Im zweiten Zug verbreitete Napoleon dieses revolutionäre Konzept der Nation mit den Bajonetten seiner Armee über ganz Europa. Wo immer Napoleon seinen Fuß hinsetzte, wurde ein neues politisches und geistiges Klima geschaffen. Nach seiner Niederlage bildeten die europäischen Monarchen die Heilige Allianz (1815), um die Ausbreitung des revolutionären Geistes zu stoppen. Aber sie hatten nicht überall Erfolg damit. In den 1820er Jahren fegten zwei weitere Wellen von Umwälzungen durch den Mittelmeerraum (Spanien, Neapel, Griechenland) und Südamerika (alle spanischen Kolonien in Amerika errangen binnen kurzer Zeit ihre Unabhängigkeit). Frankreich blieb das Hauptzentrum des revolutionären Virus. Wie Metternich einmal sagte: «Wenn Paris hustet, erkältet sich [ganz] Europa.» Eine neue Revolution begann im Juli 1830 in Paris. Darauf folgten revolutionäre Aufstände in Belgien, Italien und der Schweiz; und im russischen Zarenreich begann der bewaffnete polnische Aufstand.

Dieser Aufstand untergrub das alte Modell der imperialen Identität. Bislang reichte die Loyalität zur Person des Zaren aus, um einen Mann zu einem loyalen Untertanen des Zarenreichs zu machen. Ethnische oder religiöse Identitäten hatten keine übermäßige Bedeutung. Nach dem polnischen Aufstand reichte Loyalität nicht mehr aus; man musste auch den «richtigen» Glauben und die «richtige» Nationalität haben, sprich: man musste «russisch» sein.

Der russische Bildungsminister Sergej Uwarow schlug eine neue Formel für die Identität vor: «Orthodoxie, Autokratie, Nationalität». Der Dreiklang Uwarows wurde dem Wahlspruch der Französischen Revolution «Freiheit, Gleichheit, Brüderlichkeit» entgegengesetzt. Uwarow ließ sich von den Werken französischer Gegenrevolutionäre und deutscher konservativer Romantiker inspirieren. Nach Uwarows Logik musste das russische Zarenreich, um den europäischen Nationalismus strategisch abzuwehren, dessen Sprache und Logik teilweise übernehmen, ohne allerdings zuzulassen, dass sie das Reich selbst gefährdeten. Deshalb taucht der Begriff «Nationalität» in Uwarows Dreiklang auf.

Dieses Modell hatte allerdings ein massives Problem: Woher sollten die vielen Russen kommen, wenn die Orthodoxen in der Oberschicht eigentlich die Minderheit waren? Uwarows Antwort war einfach: Wenn die nötige Elite nicht existiert, dann muss sie eben geschaffen werden. Die Universitäten sollten zu Einrichtungen für die Produktion einer russischen Elite werden. Weil aber der größte Teil der Professoren nichtrussischer Herkunft war, beförderte Uwarow, um den russischen Charakter der Universitäten zu gewährleisten, die fähigsten jungen Russen in Führungspositionen.

Laut dem Petersburger Hof wurden Kleinrussen als Russen angesehen, und die Region im Südwesten des Zarenreichs (die ukrainischen Gebiete) wurde zum Hauptschlachtfeld gegen polnischen Nationalismus. Das Krementschuk-Lyceum war das Bildungszentrum für die lokale polnische Elite gewesen. Nach dem polnischen Aufstand wurde ihr ganzes Hab und Gut, auch die Bibliothek, nach Kyjiw gebracht, wo es die Grundlage für die Kyjiwer Universität bildete, die 1834 eröffnet wurde. Auf direkte Anweisung Uwarows wurde der 30-jährige Mychajlo Maxymowytsch (1804–1873), ein junger Botanikprofessor und Sammler des ukrainischen Volksguts, zum ersten Rektor der Kyjiwer Universität. Ein weiterer Schützling Uwarows war Ismajil Sresnewskyj (1812–1880), ein Professor an der Universität Charkiw und ebenfalls Sammler des ukrainischen Volksguts. Zwei bekannte Persönlichkeiten der Kyrill-und-Method-Bruderschaft, Mykola Kostomarow (1817–1885) und Pantelejmon Kulisch (1819–1897), wurden Schüler von Maxymowytsch und Sresnewskyj. Taras Schewtschenko, das dritte und bedeutendste Mitglied des «ukrainischen Trios» kam ebenfalls als Folge der Reformen Uwarows nach Kyjiw. Er wurde als Künstler bei der Kyjiwer Archäologischen Kommission angestellt, die mit der Sammlung und Veröffentlichung historischer Dokumente beauftragt wurde, um den «russischen Charakter» der Region im Südwesten zu beweisen.

Somit war es Uwarow zu verdanken, dass sich die Väter der ukrainischen Nationalbewegung, Schewtschenko, Kostomarow und Kulisch, zur selben Zeit am selben Ort begegneten. «Zwischen einem russischen Hammer und dem polnischen Amboss» gefangen, entwickelten sie ihr eigenes nationales Programm. Sie profitierten von dem russischen, materiellen Einfluss (den Ressourcen des Zarenreichs), ahmten aber die polnische «Soft Power» (geistigen Modelle) nach. Der Hinweis mag genügen, dass das programmatische Werk der Kyrill-und-Method-Gesellschaft, *Die Bücher von der Entstehung des ukrainischen Volkes,* unmittelbar von Adam Mickiewiczs *Die Bücher der polnischen Nation und der polnischen Pilgerschaft* (Paris 1832; deutsche Übersetzung: 1833) beeinflusst wurden.

Um diese Zeit entstand eine eigene «ukrainische Schule» in der polnischen Literatur. Ihr Hauptthema war die Bewunderung für die Ukraine und deren ruhmreiche Vergangenheit, und eine der zentralen Figuren war der Kosake Moses Wernyhora, der «spirituelle Hetman der Ukraine». Nach der Legende tötete Wernyhora seine eigene Mutter und seinen Bruder und hatte von da an, in einem Zustand tiefer Erschütterung und Reue, prophetische Visionen. Er wurde eine Art Nostradamus der Kosaken. In apokalyptischen Visionen vor seinem Tod hatte Wernyhora angeblich die Teilung Polens, die Französische Revolution, Napoleons Feldzüge und anschließende Niederlage (samt Verbannung auf eine Insel) sowie vor allem die Wiederherstellung Polens und große Veränderungen in der Ukraine vorausgesagt, die ihr Glück brächten. Wernyhora wurde zu einem Symbol der polnisch-ukrainischen Einheit gegen Russland aus der Sicht der polnischen Revolutionäre.

Wernyhoras Prophezeiungen waren fiktiv, aber sie waren im Geiste der europäischen Romantik fiktiv. Der Begründer der Romantik Johann Gottfried Herder sagte voraus, dass die Ukraine «ein neues Griechenland» werde: «der schöne Himmel dieses Volkes, ihr lustiges Wesen, ihre Musikalische Natur, ihr fruchtbares Land u. s. w. werden einmal aufwachen, aus so vielen kleinen wilden Völkern, wie es die Griechen vormals auch waren, wird eine gesittete Nation werden: ihre Gränzen werden sich bis zum Schwarzen Meer hinstrecken und von dahinaus durch die Welt.»

Im Zuge der Romantik kam alles Ukrainische in Mode. Man denke nur an die Beliebtheit des Masepa-Bildes unter europäischen Romantikern. Während sein Name in Russland tabu war, wurde er in den Werken Byrons, Victor Hugos und anderer europäischer Romantiker als großer Held dargestellt. In ihren Augen war das Hauptereignis in Masepas Leben nicht sein «Verrat» am russischen Zaren Peter I., sondern eine andere, völlig erfundene Episode. Es geht darin um den Aufenthalt des jungen Masepa am polnischen Hof. Ein Adliger entdeckte angeblich die Affäre seiner Frau mit Masepa und rächte sich an ihm, indem er ihn an ein Pferd fesselte und in der Steppe dem sicheren Tod aussetzte. Doch das Pferd brachte Masepa zur Sitsch der Kosaken, wo er Hetman und ein Kämpfer für die Freiheit seines Volkes wurde. Die Parallele zum Bild Wernyhoras liegt auf der Hand: Die spirituelle Veränderung eines Helden unter dem Einfluss der Sünde und persönlichen Tragödie war ein beliebtes Motiv der Romantik.

Der Einfluss der europäischen Romantik spielte auch im Leben Nikolai Gogols eine entscheidende Rolle – eines weiteren Nachkommen von Kosaken, der in der Hoffnung, Karriere zu machen, nach St. Petersburg zog. Damals war Petersburg eine kosmopolitische Metropole und die europäischste Stadt in Russland. Gogols frühe Werke waren im Stil Goethes geschrieben, und sein Debüt war kein Erfolg. Allerdings war damals alles, was mit der Ukraine zu tun hatte, in der russischen Hauptstadt groß in Mode. In seinem nächsten Werk *Abende auf dem Weiler bei Dikanka* schildert Gogol mit liebevollem (ein wenig makabrem) Humor das Leben auf einem fiktiven ukrainischen Bauernhof. Diese Geschichtensammlung brachte ihm den Ruhm ein, nach dem er sich sehnte.

Danach wandte sich Gogol russischen Themen zu. Literaturkritiker bemerken einen grundlegenden Unterschied zwischen seinen kleinrussischen und großrussischen Figuren. Erstere sind natürlich und, mit roten Bäckchen, authentisch; Letztere hingegen sind gedemütigt und verletzt, ihre Identitäten durch äußere Merkmale ersetzt *(Die Nase, Der Mantel, Die toten Seelen)*. Eins der berühmtesten Werke Gogols verblüfft durch seine implizite Russenfeindlichkeit. In *Die toten Seelen* beschreibt er Russland als die russische «Troika», den Wagen mit drei Pferden, der durch die Welt rast. «Fliegst nicht auch du, Russland, wie eine schnelle Troika, die niemand einholen kann, dahin? Wie Rauch staubt unter dir die Straße, die Brücken dröhnen, alles bleibt zurück! Der vom göttlichen Wunder erschütterte Zuschauer bleibt stehen … alles auf Erden fliegt vorbei, und alle anderen Völker und Staaten treten zur Seite und weichen ihr aus.» Doch die Person, die diese Kutsche mit drei Pferden lenkt, ist kein anderer als Tschitschikow, ein Opportunist und Halunke!

Es ist kein Wunder, dass man Gogol vorwarf, er sei antirussisch. Der russische Philosoph Wassilij Rosanow verglich Gogols Einfluss einmal mit dem Joch der Mongolen. Im Jahr 1918, nachdem er den Sturz des russischen Zarenreichs erlebt hatte, schrieb Rosanow dann: «Du hast mich geschlagen, du furchtbarer Chochol.»

Auch wenn Gogols Biographie zahlreiche Aktionen und Äußerungen umfasst, die auf eine Unterstützung für die Ukraine schließen lassen, kann man aus ihm kaum einen ukrainischen Nationalisten machen. Er schrieb selbst einmal: «Ich weiß nicht, ob ich die Seele eines Chochols oder eines Russen habe. Ich weiß nur, dass ich einen Kleinrussen niemals gegenüber einem Russen vorziehen würde, geschweige denn einen Russen gegenüber einem Kleinrussen.»

Seiner Ansicht nach bewiesen die Unterschiede zwischen den beiden Völkern, dass sie sich gegenseitig ergänzen und gemeinsam «etwas Vollkommenes in der Menschheit bilden» könnten.

Allem Anschein nach litt Gogol unter dem gleichen Chaos im Kopf wie die von Leskow geschilderten Figuren. Sein Beispiel zeigt, in welch begrenztem Ausmaß die kleinrussische Intelligenzija ihre Identität hätte herausbilden können, wenn Kleinrussland lediglich eine innere Frage des Zarenreichs geblieben wäre.

Bei Schewtschenko hingegen ist diese Dualität nicht zu beobachten. Bevor er die Hauptstadt des Reiches überhaupt zu Gesicht bekam, lebte er zwei Jahre in Vilnius, einem der größten Zentren der polnischen Kultur, genau zu der Zeit, als dort der polnische Aufstand ausbrach. In St. Petersburg verbrachte Schewtschenko dann viel Zeit mit der «kleinrussischen Kolonie», sprich: seiner Universität. Seine wichtigsten «nationalen» Gedichte wurden später, in der Ukraine, während seiner Tätigkeit in der Archäologischen Kommission geschrieben, als er und die anderen Mitglieder Überreste der ruhmreichen kosakischen Vergangenheit sammelten und dokumentierten. Die Synthese dieser drei Elemente – die volkstümliche Erinnerung an die Kosaken, der polnische Einfluss und das Umfeld gebildeter Kleinrussen in der Reichshauptstadt – half Schewtschenko, eine neue ukrainische Identität zu prägen. Kurzum, Schewtschenko ersetzte das alte Kosakenmodell der Nation, die sich aus Angehörigen eines einzigen Standes zusammensetzte, durch eine neue Vision auf der Basis des französischen Vorbilds. In den Ohren der Monarchen klang er wie ein Jakobiner: «Macht die Guillotinen bereit / Für jene Zaren, die Henker der Menschheit». Für ihn sind Peter I. und Katharina II. die Gegner des ukrainischen Volkes: «Er war der Erste, der kreuzigte / Unsere Ukraine, / Und sie die zweite, / die die arme verlassene Witwe erledigte.» In Schewtschenkos Augen sind die kosakischen Offiziere nicht mehr als «Sklavenseelen! Moskaus Müll / Und Warschaus Dreck». Sein Held ist das einfache ukrainische Volk: «Ich werde jene stummen / niedergedrückten Sklaven aufrütteln / Ich werde mein Wort nutzen / um sie zu schützen.» Schewtschenko kombinierte die kosakische Vergangenheit der Ukraine mit ihrer Gegenwart der Leibeigenschaft, die er als vorübergehenden Zustand ansah, und sagte dem Land eine große Zukunft voraus. Eines seiner berühmtesten Werke trägt den Titel *Den Toten, den Lebenden und den Ungeborenen. Meinen Landsleuten in der Ukraine und nicht in der Ukraine meine freundliche Botschaft*. Diese Begrifflichkeit erinnert stark an Edmund Burkes Formel von der Nation als spiritueller Verbindung zwischen den Generationen. Es ist unwahrscheinlich, dass Schewtschenko jemals Burke las. Vielmehr stützten sich beide auf die gleiche Quelle: den neuen europäischen Zeitgeist.

Das Phänomen Schewtschenko lässt sich nicht rational erklären. Etwas wird derartigen Erklärungsversuchen immer fehlen: die transzendente Dimension seiner Dichtung. Wie Kostomarow einmal sagte: «Schewtschenkos Muse riss den Schleier von unserem nationalen Leben. Es war entsetzlich, faszinierend, schmerzhaft und verführerisch anzusehen.» Man kann davon ausgehen, dass diese Dimension aus der Bibel hervorging, die neben der *Geschichte der Rus* die Hauptquelle seiner Inspiration wurde. Doch diese Hypothese ist ihrem Wesen nach wiederum rational und folglich mit Sicherheit nicht ausreichend, um das Phänomen Schewtschenko zu erklären.

Wir können einfach die Tatsache anerkennen, dass Schewtschenkos Biographie und Werke zeigen, dass die ukrainische Idee aus dem Export westlicher Ideologien nach Osteuropa hervorging. Der westliche Aspekt der ukrainischen Identität wurde sogar von den Gegnern der ukrainischen Bewegung erkannt, die für gewöhnlich versuchten, sie als uninteressant und provinziell darzustellen. Wie einer ihrer Vertreter meinte: «Der ukrainische Nationalismus ist die Konsequenz einer neuen Tendenz im geistigen Leben Europas, die im späten 18. Jahrhundert begann und sich allmählich von West nach Ost ausbreitete. Als diese neuen Ideen nach Russland gelangten, riefen sie eine völlige Veränderung in den Ansichten der gebildeten Klassen des russischen Volkes hervor. Auf dem Feld der Wissenschaft schufen sie den Empirismus; auf dem Feld der Fiktion die Romantik; auf dem Feld der Kunst den Realismus; in politischer und sozialer Hinsicht ließ er [der ukrainische Nationalismus] die Ideen der individuellen Freiheit und der Gleichheit aller Menschen aufkommen.»

Unter all den «-ismen», die die Ideologie der ukrainischen nationalen Bewegung beeinflussten, spielte der Sozialismus eine bedeutende Rolle. Von den Führern der Kyjiwer «Hromada» heißt es, sie trügen in der einen Tasche Schewtschenkos *Kobsar* und in der anderen *Das Kapital* von Marx mit sich. Der Haupttheoretiker der ukrainischen Bewegung, Mychajlo Drahomanow, prägte eine neue Formel für die ukrainische Identität: Da ukrainische Bauern die Mehrheit auf dem Boden der Ukraine bildeten, müsste bei den lokalen Bedingungen jeder Ukrainer ein Sozialist und jeder Sozialist ein Ukrainer sein. Sein Schüler Iwan Franko war der Inbegriff dieser Formel: Er wurde sowohl Ukrainer als auch Sozialist. Und obwohl er in eine halbadlige Familie geboren wurde, ging er nach der Bekehrung zum Sozialismus dazu über, sich einen Bauernsohn zu nennen. Indem er Bauer wurde, schien Franko das Schicksal Schewtschenkos nachzuahmen, des Bauerndichters. Dieser Schritt untermauerte noch das Bild von der Ukraine als «Bauernnation»: Zwei ihrer größten Dichter waren Bauern.

Ein weiterer Aspekt, der Franko für junge Leute attraktiv machte, war sein persönliches Schicksal. Wie Schewtschenko predigte er nicht nur neue Ideen; er litt auch für sie. Dreimal wurde er verhaftet und wäre zweimal um ein Haar in der Gefangenschaft gestorben. Lange Zeit fristete er mit den Werken seiner Feder mehr schlecht als recht sein Dasein.

Während sich Frankos Generation einfach für den Marxismus interessierte, wurde die jüngere Generation der ukrainischen Intelligenzija zu überzeugten Marxisten. Von 1870 bis 1917 wurde das *Kommunistische Manifest* von Marx und Engels sage und schreibe fünf Mal ins Ukrainische übersetzt. Eine Übersetzung wird der Dichterin Lessja Ukrajinka(1871–1913) zugeschrieben, die mit Schewtschenko und Franko auf eine Stufe gestellt wird.

Die Beliebtheit des Marxismus in Osteuropa lässt sich durch den Umstand erklären, dass er hier weniger eine Theorie des Klassenkampfs zwischen Arbeitern und Bourgeoisie war, sondern eine Theorie der Modernisierung. Die Marxisten überboten mit ihren Utopien der Moderne die Dichter sogar noch. Im Fall der Ukraine wurde Marxismus mit der utopischsten Vorstellung jener Zeit assoziiert: einem unabhängigen ukrainischen Staat. In seinem Werk von 1895 *Ukraina Irredenta* stellte der galizische «junge Radikale» (Marxist) Julian Baczyński die ukrainische Unabhängigkeit als unerlässliche Voraussetzung für den Sieg der weltweiten proletarischen Revolution dar!

Der Marxismus war in der ukrainischen Nationalbewegung nie die zentrale Ideologie. Allerdings spielte er die Rolle eines wichtigen geistigen Katalysators. Zu Beginn des 20. Jahrhunderts hatten alle großen galizisch-ukrainischen Parteien die Forderung nach politischer Unabhängigkeit übernommen, die die ukrainischen Marxisten als Erste formuliert hatten.

Es folgten weitere radikale Veränderungen in Galizien. Im Jahr 1901 wurde Andrej Scheptyzkyj zum Oberhaupt der griechisch-katholischen Kirche. Unter seiner Führung unterstützte die Kirche endlich pro-ukrainische Positionen. Ein weiterer bedeutender Wandel betraf die Hierarchie der nationalen Gegner. Zuvor waren die Polen als Hauptgegner angesehen worden, die Russen hingegen als naturgemäße Verbündete. Ende des 19. Jahrhunderts wurde Russland zum Hauptgegner, auch wenn der Konflikt mit dem polnischen Nationalismus nicht aufhörte, sondern eskalierte und gewaltsam wurde. Im Jahr 1908 erschoss der ukrainische Sozialdemokrat Myroslaw Sitschynskyj den Vizekönig von Galizien, den polnischen Grafen

Andrzej Potocki. Später kam es an der Universität von Lwiw zu polnisch-ukrainischen Zusammenstößen, wobei ein ukrainischer Student, Adam Kozko, ums Leben kam. Dennoch «fiel» Polen in der Liste der Gegner beim Streben nach ukrainischer Unabhängigkeit auf Platz zwei nach Russland.

Diese radikale antirussische Wende stand im Einklang mit dem Geist der Dichtung Schewtschenkos, aber die Kleinrussen, die unter dem Zaren lebten, zogen nicht mit. Die meisten träumten nicht von einer Zukunft losgelöst von Russland, und sie waren von der «Ukraine galizischer Machart» genervt. Doch diese galizische Ukraine war in Wirklichkeit zum großen Teil ein Produkt der «russischen Ukrainer», in erster Linie Mychajlo Drahomanows, der sich zuvor auch keine von Russland unabhängige Ukraine vorgestellt hatte. Bisweilen verändert sich eine Idee bis zur Unkenntlichkeit, wenn sie auf neuen Boden übertragen wird.

An der Wende zum 20. Jahrhundert kombinierten Führer der ukrainischen Bewegung die nationale Frage mit sozioökonomischen Themen und zogen so immer mehr junge Leute auf ihre Seite. Aber jeder Sieg hat seinen Preis. Im Fall der ukrainischen Bewegung war die starke Verknüpfung der ukrainischen Literatur mit der Politik und umgekehrt der Politik mit der Literatur der Preis. In den letzten Jahrzehnten des langen 19. Jahrhunderts ersetzten literarische Bilder und Metaphern bisweilen nüchterne politische Analysen. Unter diesem Umstand litt nicht nur die ukrainische Politik, sondern auch die ukrainische Literatur. Viele literarische Werke lesen sich wie verkappte politische Programme. Versuche junger Schriftsteller in den späten 1890er und frühen 1900er Jahren, die Literatur von der Politik zu trennen und «Kunst um der Kunst willen» zu schaffen, hatten keinen Erfolg: Die älteren ukrainischen Aktivisten «zerschlugen» sie.

Im 19. Jahrhundert brachte die ukrainische Literatur ein bemerkenswertes Trio hervor: Taras Schewtschenko, Iwan Franko und Lessja Ukrajinka. Ihre Biographien waren ihrer Dichtung ebenbürtig, jede einzelne ein Muster an kompromisslosem Opfergeist und Hingabe an eine großartige Sache. Dennoch hatten sie weniger Einfluss als das russische Trio aus Dostojewski, Tschechow und Tolstoi. Der

Grund dafür war, wie ich vermute, nicht die Größe ihres Talents. Vielmehr lag dies hauptsächlich an den Bedingungen, unter denen ukrainische und russische Literatur wirkten. Die Leserschaft ukrainischer Autoren war um ein Vielfaches kleiner als die russischer Autoren; ukrainische Schriftsteller erhielten kümmerliche Tantiemen und mussten, um zu überleben, Dutzende von Tätigkeiten ausüben, was sich unweigerlich auf die Qualität ihrer Werke auswirkte. Die meisten konnten sich nicht den Luxus leisten, sich allein auf die Literatur zu konzentrieren.

Der Rang der ukrainischen Literatur konnte sich nicht mit dem der russischen messen, die im 19. Jahrhundert weltweit bekannt wurde. Daher rührten auch die Arroganz und Verachtung der gebildeten russischen Öffentlichkeit. Für viele Russen kam eine Gegenüberstellung von Schewtschenko und Puschkin einem Sakrileg gleich. Der Nobelpreisträger Joseph Brodsky schimpfte im Jahr 1991, als die Ukraine endlich unabhängig wurde:

> Geht mit Gott, ihr Adler, Kosaken, Hetmane, Nichtsnutze!
> Nur wenn eure Todesstunde naht, ihr Ochsen,
> Dann werdet auch ihr, euch an den Bettrand klammernd,
> Alexanders [Puschkins] Zeilen röcheln, und nicht Taras' Schmarrn.

Ein Beweis dafür, dass in diesem Teil der Welt das Ringen unter nationalen Literaturen niemals aufhörte.

Urbanisierung und Industrialisierung

Im Jahr 1857 kehrte Schewtschenko auf einem Dampfschiff aus der Verbannung zurück. In seinem Tagebuch beschrieb er die Dampfkraft als «junges Kind, das nicht täglich, sondern stündlich wächst, das schon bald sämtliche Geißeln und Kronen und Throne verschlingen wird und Diplomaten und Grundbesitzer einfach vernaschen wird, wobei sie mit ihnen wie ein Schuljunge mit einem Lutscher spielt».

Schewtschenko wollte sagen, dass die Industrielle Revolution das vollbringen werde, was die Politik nicht geschafft hatte: das alte Regime vernichten. Während die Umwälzung in der Politik lediglich die Umrisse einer «schönen neuen Welt» verkündete, schuf die Industrielle Revolution «hier und jetzt» diese neue Welt und brachte politische Veränderungen mit sich.

Großbritannien war die Wiege der Industriellen Revolution. Dort begann in den 1770er und 1780er Jahren die Umwälzung, und Ende der 1840er war das ganze Königreich zur Werkstatt der Welt geworden. Von den britischen Inseln breitete sich die Industrielle Revolution allmählich auf den europäischen Kontinent aus. In den 1850er Jahren erreichte sie die Atlantikküste Europas, in den 1860er Jahren breitete sie sich über ganz Frankreich und bis Deutschland aus und gelangte in den 1870ern und 1880ern nach Süd-, Nord- und Osteuropa.

Ukrainische Gebiete wurden in der letzten Welle erfasst. Diese Verspätung hatte nicht nur Nachteile; sie bot auch gewisse Vorteile. Erstens enthob sie «verspätete» Länder der Notwendigkeit, neue Technologien zu entwickeln – sie konnten bereits ausgereifte Innovationen übernehmen. Zweitens können «rückständige» Länder in den Anfangsphasen der Industrialisierung unter Umständen beeindruckende Resultate erzielen: Je niedriger das Ausgangsniveau, desto schwindelerregender erscheint der Sprung.

Die ukrainischen Provinzen des Zarenreichs demonstrierten die Vorzüge der Verzögerung. Auch wenn so gut wie die gesamte industrielle Technologie von 1870 bis 1914 aus Westeuropa importiert wurde, zählte die lokale Wirtschaft zu den dynamischsten in ganz Europa und stand an der vordersten Front der Modernisierung. Jekaterinoslaw und Jusowka (heute Dnipro und Donezk) wurden zu Zentren der Eisenproduktion bzw. des Kohlebergbaus; in Charkiw, Kyjiw, Cherson und Odessa blühten die metallverarbeitende Industrie und der Maschinenbau auf; und in der Rechtsufrigen Ukraine die Zuckerproduktion. Neben den Industriezentren in Moskau und Łódź, den Ölvorkommen in Baku und Grosny wurden die ukrainischen Provinzen zur wirtschaftlichen Basis des Zarenreichs im Wettstreit um den Rang einer Großmacht.

Von diesem Vorteil der «Rückständigkeit» war in den österreich-ungarischen Regionen der Ukraine nichts zu spüren. Im Habsburger Reich war die Industrie im Zentrum konzentriert. Die Randgebiete Galizien, Bukowina und Transkarpatien blieben arme Agrargebiete. Die Ölfelder von Boryslaw-Drohobytsch in Galizien waren die einzige Ausnahme. Wenn also die Ukraine aus der Perspektive des Status einer Kolonie betrachtet werden soll, so trifft diese Charakterisierung eher auf den Zustand in Österreich-Ungarn zu. Auf der anderen Seite der österreichisch-russischen Grenze waren die ukrainischen Gebiete keine Kolonie, sondern integraler Bestandteil des politischen und wirtschaftlichen Lebens des russischen Zarenreichs.

Was allerdings für beide Teile galt, war der Umstand, dass sich die lokale Industrie stärker auf die Gewinnung und erste Verarbeitung von Rohstoffen konzentrierte als auf komplexe Fertigung. Die ukrainischen Provinzen lieferten etwa 75 Prozent der Kohle und des Metalls und 80 Prozent des Zuckers im Zarenreich, und die Ölfelder von Boryslaw machten Österreich-Ungarn damals zum drittgrößten Ölproduzenten der Welt nach den Vereinigten Staaten und dem russischen Zarenreich.

Ein weiteres Merkmal der Industrialisierung in der Ukraine war, dass sie außerhalb der großen Städte stattfand. In Großbritannien, der Geburtsstätte der Industriellen Revolution, ging die Industrialisierung Hand in Hand mit einer Urbanisierung. Mitte des 19. Jahrhunderts lebte bereits die Mehrheit der Engländer in Städten statt auf dem Land. Außerhalb Englands waren Industrialisierung und Urbanisierung nicht ganz so eng miteinander verknüpft. In ukrainischen Gebieten dienten Städte als administrative und kommerzielle Zentren, nicht als industrielle. Bemerkenswert ist, dass sowohl Borysowka als auch Jusowka bis 1914 offiziell noch als Dörfer eingestuft wurden. Umgekehrt konnte man weder Kyjiw und Lwiw noch Odessa oder Charkiw – vier der fünf größten Städte auf ukrainischem Boden – Industriestädte nennen. Der industrielle Sektor war für keine einzige von ihnen die Hauptstütze der Wirtschaft, und Industriearbeiter stellten in keiner mehr als 10 Prozent der Bevölkerung.

Unter den großen Städten war Jekaterinoslaw die einzige Ausnahme. Um die Jahrhundertwende glich sie stark den Industriestädten Moskau, St. Petersburg, Łódź, Manchester oder Berlin. Unter den kleineren Städten waren Luhansk (ursprünglich um eine Eisenhütte und Kanonenfabrik errichtet) und Mykolajiw (ein Zentrum des Schiffbaus) die Ausnahmen.

Die Tatsache, dass die Urbanisierung in den ukrainischen Provinzen lediglich schwach mit der Industrialisierung zusammenhing, heißt keineswegs, dass die Urbanisierung selbst schwach war. Im Gegenteil, die ukrainischen Gebiete erlebten im 19. Jahrhundert eine wahre urbane Umwälzung. Doch sie resultierte aus der Besiedlung des Wilden Feldes und hatte nichts mit der Industrialisierung zu tun. In Europa ist eine eindeutige Tendenz zu beobachten: Die meisten großen Städte wurden vor 1300 gegründet. In der heutigen Ukraine gilt diese Regel nur für die «alte» Ukraine. In den übrigen Teilen entstanden die meisten Städte viel später, nach der russischen Annexion der Schwarzmeersteppe.

Die Urbanisierung in diesen Gebieten veränderte dramatisch die Hierarchie unter den Städten in der Ukraine. Bis in die 1840er Jahre war Lwiw die größte Stadt, doch das neu gegründete Odessa überholte sie Mitte des Jahrhunderts. Erst kurz vor dem Ersten Weltkrieg, nach einer Pause von fast 700 Jahren, gewann Kyjiw seine Stellung als größte Stadt zurück. Seit dieser Zeit besteht zwischen der «alten» und «neuen» Ukraine ein deutlicher Unterschied im Urbanisierungsgrad. Die alte Ukraine ist nicht so stark urbanisiert wie die neue.

Wenn wir aber die Qualität anstelle der Quantität betrachten, sieht die Sache ein wenig anders aus. Eine moderne Stadt zeichnet sich nicht nur durch die Größe aus. Modernität wird hauptsächlich durch das Vorhandensein einer städtischen Infrastruktur, gepflasterter Straßen, einer Kanalisation, öffentlicher Verkehrsmittel, von Parks, Kaffeehäusern etc. definiert – sowie durch das Ausmaß, in dem diese Bequemlichkeiten der Bevölkerung zur Verfügung stehen. Im 19. Jahrhundert erfüllte nur eine ukrainische Stadt diese Kriterien: Lwiw. Anfang der 1880er Jahre übertraf Lwiw nicht nur Kyjiw, Odessa und Charkiw, sondern sogar Moskau bei der Zahl der regelmäßig erscheinenden Zeitschriften pro Kopf. Lwiw sonnte sich in seinem Ruf als «Wien des Ostens» und bot seinen Bewohnern ein angenehmes Leben. Paradoxerweise war dieser Komfort hauptsächlich auf das Fehlen großer Fabriken in der Stadt zurückzuführen. Das «rettete» die Stadt vor einem übermäßigen demographischen Druck (hauptsächlich seitens der Armen) auf die städtische Infrastruktur. Lwiw war eine Verwaltungsstadt. Es stand für eine besondere Art der Modernisierung – Modernisierung durch Bürokratisierung –, bei der die Hauptakteure des Wandels nicht Unternehmer oder Finanziers waren, sondern Bürokraten. Die österreichischen Beamten, die man aus dem Zentrum des Reiches in diese rückständige Peripherie verbannt hatte, glichen dies aus, indem sie eine Stadt mit einer hohen Lebensqualität schufen.

In anderen Städten waren derartige Annehmlichkeiten längst nicht so verbreitet. Bis 1914 hatten nur 60 Prozent der Bewohner Kyjiws Zugang zu fließendem Wasser, und die städtischen Schulen mussten bisweilen wegen Wassermangels schließen. Das Erste, was Touristen auffiel, wenn sie im Sommer in Odessa oder den Ferienorten am Schwarzen Meer ankamen, war der Gestank der Abwässer. Mit Ausnahme von Jekaterinoslaw sahen die Industriestädte extrem monoton aus. Die Namen der Vororte – Nachaliwka (Flegelstadt), Sobatschiwka (Hundestadt) etc. – sprechen für sich. Wenn es in Boryslaw oder Jusowka regnete, verwandelten sich die Straßen in unbegehbare Sümpfe, in denen Pferde samt den Karren versinken konnten. Die Schweine, Kühe, Pferde und streunenden Hunde, die durch die Straßen zogen, ließen die Städte eher wie Bauernhöfe aussehen.

Verblüffend an der Urbanisierung der Ukraine war außerdem, dass sie die Ukrainer weitgehend gar nicht betraf. Der Historikerin Patricia Herlihy zufolge lagen die Städte zwar in der Ukraine, waren aber nicht ukrainisch. In ganz Europa schuf die Industrialisierung einen massiven Bedarf an Arbeitskräften, und die Hauptquelle für diese Arbeiter war das Land. Durch den starken Zustrom von Dorfbewohnern wurde aus der deutschen Stadt Prag eine tschechische Stadt, aus Tallinn eine estnische Stadt und aus Riga eine lettische Stadt. Das galt nicht für die Ukraine. Ukrainische Bauern mieden weitgehend die Arbeit in den Fabriken, Werkstätten und Minen.

Bauern aus den benachbarten russischen Provinzen machten den größten Teil der industriellen Arbeiterschaft in der «neuen» Ukraine aus. Als Folge prägten sich die ethnischen Unterschiede zwischen dem Land und der Stadt eher noch stärker aus, statt zu verschwinden. Die einzige größere Stadt mit einer ukrainischen Mehrheit war Poltawa, aber sie ist die Ausnahme, welche die Regel bestätigt.

Die städtisch-dörfliche und die industriell-landwirtschaftliche sind zwei Hauptachsen der Moderne. Im Fall der Ukrainer deckten sich die beiden, und das nicht immer zum Positiven. Laut dem Historiker Orest Subtelny hatte sich zu Beginn des Ersten Weltkriegs in den ukrainischen Gebieten eine unglückliche Dichotomie herausgebildet: Was immer als modern galt, war nicht ukrainisch; was immer ukrainisch war, war nicht modern.

Solche Gegensatzpaare spiegeln in den seltensten Fällen die Realität angemessen wider, weil das echte Leben besser durch Grautöne als durch ein simples Schwarz und Weiß charakterisiert wird. Das gilt mit Sicherheit für die Geschichte der Industrialisierung in der Ukraine. Im Jahr 1911 war der deutschstämmige russische marxistische Ökonom Peter Struve überzeugt, dass der Kapitalismus in ukrainischen Ländern «Russisch spricht und auch weiterhin Russisch sprechen wird, nicht Kleinrussisch». In Wahrheit war das große Kapital im russischen Zarenreich jedoch überwiegend nicht russisch, sondern ausländisch. Aus diesem Grund sprachen die größten Unternehmer Deutsch, Englisch, Französisch und, in den zentralen Provinzen, Jiddisch oder Polnisch, aber nur selten Russisch. John Hughes, der Gründer von Jusowka und des industriellen Donbass, ist ein typisches Beispiel. Er war von Geburt Waliser und lernte nie Russisch. Statt das kyrillische Alphabet zu benutzen, unterschrieb er mit den Ziffern «103» und verband die ersten beiden mit einem Strich. Das sollte als die kyrillischen Buchstaben für «Ю3», sprich Jus, englisch: Hughes gelesen werden.

Um den Anteil der Ukrainer an der Industrialisierung zu erkennen, ist eine ähnlich komplizierte Entschlüsselung erforderlich. Sie tauchen nur selten als Arbeiter auf, häufiger als Unternehmer. Manche Akteure waren nicht von Geburt Ukrainer, nahmen aber eine ukrainische Sichtweise an. Viele kulturelle und wissenschaftliche Initiativen wurden von Unternehmern gefördert. So stellte der bekannte Industrielle und Philanthrop Platon Symyrenko 1860 das Darlehen für die Veröffentlichung von *Kobsar* zur Verfügung. Sein Bruder Wassyl zählte zu den Gründern der Wissenschaftlichen Schewtschenko-Gesellschaft in Lwiw.

Was den Gegensatz zwischen ukrainischen Dörfern und russischen Städten angeht, so war die Trennlinie außerhalb der Südukraine nicht ganz so scharf. Im linksufrigen Teil, den Ländern des ehemaligen Kosakenstaates, bildeten Ukrainer die größte Gruppe der städtischen Bevölkerung, im rechtsufrigen Teil waren hingegen Juden die größte Gruppe. Die meisten Juden lebten in Kleinstädten. Diese Städte waren zugleich die Hauptbasen der ukrainischen Bewegung: Viele Führer kamen aus mittelgroßen Städten mit gemischten städtischen und dörflichen Merkmalen. Generell war die Stadtbevölkerung in dem Gebiet der ukrainischen Länder unter dem Zarenreich in drei mehr oder weniger gleichstarke Gruppen unterteilt: Ukrainer, Russen und Juden, von denen keine dominierte.

Aber schon die Schlussfolgerung bezüglich der drei gleichstarken Gruppen bedarf einer bemerkenswerten Korrektur. Sie geht davon aus, dass diese Gruppen alle eine nationale Identität hatten, was aber nicht stimmte. Nationale Identitäten müssen erst Wurzeln schlagen. Ihre Wurzeln liegen in städtischen, öffentlichen Räumen: Zeitungen, Zeitschriften und Kaffeehäusern, wo heftige Diskussionen und der Austausch von Meinungen stattfindet. Damit diese Identitäten sich verwurzeln können, ist es zudem wichtig, dass sie nicht behindert werden, dass sie von unten wachsen, statt von oben aufgepfropft zu werden. Diese Bedingungen waren im österreichischen Galizien gegeben, wo Konzepte der Nationalität zur Jahrhundertwende in den Städten tiefe Wurzeln geschlagen hatten.

Im Gegensatz dazu hatten in den russisch-beherrschten Städten die Identitäten noch keine klare Form und waren instabil. Odessa war eine russischsprachige Stadt, aber keine russische Stadt. Russische Familiennamen existierten neben polnischen, griechischen, armenischen, deutschen und vor allem jüdischen Familiennamen. Die Odessaer Sprache war verständlich, aber nur die Bewohner von Odessa konnten sie sprechen. Der Historiker Wolodymyr Antonowytsch sagte im Scherz, die Kyjiwer würden weder großrussisch noch kleinrussisch sprechen, sondern «ein bisschen» russisch. Kyjiw wirkte russisch, aber sprachlich und kulturell war es mit Moskau überhaupt nicht vergleichbar – ein Umstand, den Moskowiter bei der Ankunft sofort bemerkten. Im Jahr 1916 schrieb ein Kritiker aus Petrograd (wie Petersburg damals hieß), dass Charkiw eine Stadt ohne Charakter sei, weil sie ihr ganzes Aussehen von jemand anderem geliehen habe.

Die meisten großen Städte auf ukrainischem Gebiet glichen eher New York als Prag oder Tallinn: Verschiedene ethnische und religiöse Gruppen schlenderten auf den gleichen Straßen, sprachen aber verschiedene Sprachen und lebten bisweilen sogar in getrennten Vierteln. Das soziale Gefüge solcher Städte ähnelte dem mittelalterlicher Städte, wo jede ethnische Gruppe eine bestimmte Nische einnahm: Ukrainer waren Hausbedienstete und lebten am Rand; Russen waren Offiziere, Ingenieure und Arbeiter; die Briten, Belgier und Franzosen waren Unternehmer oder die am besten ausgebildeten Arbeitskräfte und lebten in den teuersten Vierteln; Polen waren Grundbesitzer, die den Winter in der Stadt verbrachten, und so weiter.

Die vielfältigste Gruppe waren die Juden. Ihre sozialen Rollen und Betätigungen deckten eine breite Palette ab: von traditionellen Juden, die sich streng an die Gebote des Alten Testaments hielten, bis hin zu Vertretern der modernsten Berufe: Anwälte, Ärzte, Professoren und Unternehmer. Juden modernisierten und durchdrangen alle Sektoren des modernen Lebens, bis auf einen: Sie hatten keinen Zugang zu politischer Macht. Sie waren nicht die einzige Gruppe, für die das galt, aber bei ihnen fiel es am stärksten ins Auge. Die Modernisierung schuf ganze Gruppen von Menschen mit hohen Erwartungen und Ambitionen, die irgendwann an die Glasdecke des alten Regimes stießen. Dies zusammengenommen schuf eine explosive Situation: Im Kessel brodelte es, und die Behörden taten alles in ihren Kräften Stehende, damit der Deckel drauf blieb.

Jedenfalls wurden ukrainische Städte unter russischer Herrschaft nicht zu einem Schmelztiegel, der verschiedene ethnische Gruppen zu einer einzigen Nation verschmolz, sei es zur russischen oder einer anderen. Das Gleiche kann man auch von der Industrie sagen. Laut Lenin setzte in der Südukraine der Kapitalismus «an die Stelle des stumpfsinnigen, zurückgebliebenen, seßhaften und hinterwälderischen großrussischen oder ukrainischen Bauern den beweglichen Proletarier, dessen Lebensbedingungen die spezifisch nationale Beschränktheit, die großrussische wie die ukrainische, sprengen».

Diese Worte waren von der Wahrheit ebenso weit entfernt wie Struves Prophezeiung. Die Arbeiter von Jekaterinoslaw und Jusowka waren in drei Gruppen unterteilt: gelernte Arbeiter, jüdische Handwerker und ungelernte Arbeitskräfte. Jede Gruppe blieb unter sich und blickte auf die andere herab. Die ungelernten Arbeiter waren zu 80 Prozent «Bauernarbeiter». Sie wurden während der Pausen in der landwirtschaftlichen Saison für die Arbeit in den Minen angeheuert und waren nach ihren Herkunftsregionen in Gemeinschaften unterteilt. Faustkämpfe unter betrunkenen Landsleuten waren ein übliches Freizeitvergnügen der Arbeiter an Sonntagen. Wenn etwas die Arbeiter vereinigte, so war es ihr Antisemitismus. Arbeiterdemonstrationen nahmen häufig den Charakter antijüdischer Pogrome an. Arbeiter in den südlichen Provinzen waren die Hauptakteure des Pogroms von 1881.

Historiker des 19. Jahrhunderts staunen über das rasante Fortschreiten und die Beispiellosigkeit der Industrialisierung, vergessen aber häufig, die Auswirkung dieser Veränderungen auf die Mehrheit der Bevölkerung zu betrachten. In ukrainischen Gebieten brauchte man sich nur ein paar Kilometer von einem großen Stahlwerk zu entfernen, um festzustellen, dass die einheimischen Haushalte nicht einmal Nägel aus Eisen besaßen. Ihre Bewohner lebten noch in Strohdachhäusern, mit Geschirr aus Ton und Türen und Beschlägen, die an hölzernen Scharnieren hingen.

Bis 1914 existierte die europäische Moderne nur in isolierten Inseln, und das Beispiel der Ukraine spiegelte diesen allgemeinen Trend wider. Von den sechs Großmächten, die in den Ersten Weltkrieg eintraten – Österreich-Ungarn, Großbritannien, Italien, Deutschland,

Russland und Frankreich –, wurde nur England vom industriellen Sektor beherrscht, und nur Frankreich war eine Republik. Die industrielle Bourgeoisie und die Mittelschicht hatten an keinem dieser Orte die politische Macht, und die meisten Industriezentren waren von einem Meer an Bauernhöfen und traditionellen Werkstätten umgeben.

Ein weiteres Merkmal der europäischen Moderne war die Kluft zwischen wirtschaftlicher und politischer Modernisierung. Die politische Modernisierung hinkte so gut wie überall hinter der wirtschaftlichen Entwicklung her, aber in keinem Land nahm dies so tragische Formen wie im russischen Zarenreich an. In den 1900er und 1910er Jahren war die jährliche industrielle Wachstumsrate (8 bis 16 Prozent) die höchste in ganz Europa. Gleichzeitig waren bis zur ersten Russischen Revolution 1905–1907 Körperstrafen gang und gäbe und Gewerkschaften verboten.

Das Leben der meisten Industriearbeiter im 19. Jahrhundert war hart, geprägt von schwerer, monotoner Arbeit und quälend langen Arbeitsstunden, von Einkünften, die kaum zum Überleben reichten, und fehlender Absicherung gegen Unfälle oder Pensionen. In industrialisierten Ländern war die Verbesserung des Schicksals der Arbeiter das Ergebnis der von den Gewerkschaften organisierten Arbeiterbewegungen, häufig unter Führung sozialdemokratischer Parteien. Die Arbeiterbewegung im Westen entwickelte sich auf evolutionäre Weise. Im Zarenreich gab es, mit Ausnahme einer kurzen Phase während der Revolution von 1905–1907, so gut wie keine Gewerkschaften und wenn, dann illegale; und die Russische Sozialdemokratische Partei war hauptsächlich eine Partei der Intelligenzija, die kaum Einfluss auf die Arbeiter hatte. Die Arbeiterbewegung neigte hier zur Gewalt. Es ist kein Wunder, dass einer der einheimischen Arbeiterführer, Lasar Kaganowitsch, später zu einem Hauptverantwortlichen für die ukrainische Hungersnot von 1932/33 wurde.

Die Industrialisierung nahm je nach den lokalen historischen und kulturellen Bedingungen verschiedene Formen an und erzielte unterschiedliche Ergebnisse. In Großbritannien entwickelte sie sich unter wahrlich einzigartigen Umständen: Die Agrarfrage war hier noch vor Beginn der Industrialisierung gelöst worden, das Rechtsstaatsprinzip war bereits eingeführt, und es herrschte ein großes Reservoir an billigen, nicht versklavten Arbeitskräften. Solche Rahmenbedingungen gab es sonst nirgendwo auf dem europäischen Kontinent. Max Weber zweifelte, ob die deutsche Nation imstande sein werde, den britischen Erfolg zu wiederholen, weil sie nicht die strenge Schule des protestantischen Purismus durchlaufen habe. Er gab allem, was er in seinem Land und an sich selbst hasste, die Schuld für diesen historischen Unterschied. Im russischen Zarenreich waren diese Probleme sogar noch akuter als in Deutschland zur Zeit Max Webers: Der größte Teil der Bevölkerung gehörte noch dem Bauernstand an; es gab weder rechtsstaatliche Prinzipien noch politische Rechte, und das Bürgertum hatte keine politische Macht. Unter diesen Umständen übernahm der Staat die Führung bei der Modernisierung. Nach dem Scheitern der «Großen Reformen» Anfang der 1880er Jahre lehnte die russische Regierung das europäische Modell konstitutioneller Reformen ab und präsentierte ihr eigenes: eine Reform der Wirtschaft, ohne die Politik zu reformieren.

Ein weiteres Element in dem westlichen Modell war die Nation: Ohne Nation gibt es keine Modernisierung. Der deutsche Ökonom Friedrich List stellte, inspiriert von den amerikanischen und britischen Erfolgen, dieses Konzept vor. In Russland übernahm Finanzminister Nikolaj von Bunge, der Mentor der letzten beiden Zaren, Lists Ideen. Er schrieb: «Ungarn magyarisiert die Slawen, Deutschen und Rumänen; Deutschland germanisiert die Franzosen in Lothringen, die Dänen in Schleswig und die Polen in Posen; die Polen polonisieren die Kleinrussen in Galizien; wir müssen unsere Grenzregionen russifizieren.»

Ein Schüler Bunges war Sergej Witte, der Architekt der Vorkriegsreformen, die der russischen Volkswirtschaft zu einem beeindruckenden Entwicklungstempo verhalfen. Das Problem war, dass diese Reformen zu spät kamen und es keine politische Grundlage zu ihrer Unterstützung gab. Das russische Zarenreich hatte weder eine große Mittelschicht noch ein politisch einflussreiches Bürgertum; und vor allen Dingen gab es keine klar definierte russische Nation.

Das Modell einer autoritären Modernisierung von oben scheiterte weitgehend, selbst aus militärischer Sicht: Das Zarenreich führte in diesem Zeitraum vier große Kriege – den Krimkrieg, den Balkankrieg, den russisch-japanischen und den Ersten Weltkrieg – und verlor drei davon.

Der wirtschaftliche Erfolg des Zarenreichs vor dem Krieg und der Erfolg des stalinistischen Regimes in der Zwischenkriegszeit beeindrucken noch heute die Verfechter autoritärer Strukturen. Sie blicken geradezu hypnotisiert auf das rasante Entwicklungstempo und übersehen dabei, dass eine schnelle Entwicklung nicht zwangsläufig zu einer nachhaltigen Entwicklung führt. Nach dem Sturz des Kommunismus schlug der Politologe Andranik Migranjan ein autoritäres Modell der Modernisierung vor. Nach dieser Logik führt eine autoritäre Regierung wirtschaftliche Reformen durch, schränkt aber gleichzeitig politische Freiheiten ein; aufgrund der Reformen entwickelt sich eine Mittelschicht, die anschließend zur Basis einer stabilen Demokratie wird. Dieses Modell wurde in Russland Ende der 2000er Jahre getestet, doch die Erfolge waren sehr begrenzt. Das Beispiel Russland zeigt einmal mehr, dass diejenigen, die wirtschaftliche Reformen einleiten, ohne die Politik zu reformieren, langfristig entweder ohne eine wettbewerbsfähige Volkswirtschaft oder ohne funktionierende Demokratie dastehen werden.

Ein Meer aus Bauern

Auch wenn die Mehrzahl der Bauern nicht in die Fabriken, Betriebe und Minen ging, holte die Modernisierung sie doch auf die eine oder andere Weise ein. Das zeigte sich am deutlichsten an dem sogenannten demographischen Wandel. Bis zum 19. Jahrhundert oszillierten demographische Prozesse um ein Gleichgewicht, das man die «Malthusianische Falle» oder Bevölkerungsfalle nennt: Hohe Sterblichkeitsraten wurden durch hohe Geburtenraten ausgeglichen. Und umgekehrt führte ein Anstieg der Geburtenrate zu einem Anstieg der Sterblichkeit, weil sich die verfügbare Menge an Ressourcen zum Überleben im Wesentlichen nicht verändert hatte. In ukrainischen Gebieten brachten Frauen im Durchschnitt zehn bis zwölf Kinder zur

Welt, von denen ein Drittel das fünfte Lebensjahr nicht erreichte. Bisweilen zwangen Naturkatastrophen die Bauern, ihre Höfe zu verlassen und nach zusätzlichen Erwerbsmöglichkeiten Ausschau zu halten. Folglich stützte sich die Formel für die Fortpflanzung in traditionellen Bauerngesellschaften auf drei Säulen: hohe Sterblichkeitsrate – hohe Geburtenziffer – gelegentliche Migration über kurze Strecken.

Dieses System brach im 19. Jahrhundert zusammen. Zuerst ging die Sterblichkeitsrate zurück. Man nimmt an, dass die Ausbreitung und Verbesserung der medizinischen Versorgung und Hygienemaßnahmen, einschließlich Impfungen und der Gewohnheit, Hände mit Seife zu waschen, wesentliche Gründe dafür sind. Allerdings betrafen diese Veränderungen bäuerliche Haushalte kaum, und deshalb geht man davon aus, dass die verstärkte Übernahme der Kartoffel als Hauptanbauprodukt den Rückgang der Sterblichkeit erklären könne. Die Kartoffel ist nicht so anfällig für klimatische Schwankungen wie Getreide und enthält mehr Kalorien und Vitamine. Kartoffeln sättigen auch besser und stärken die Immunabwehr. Folglich sanken damals die Sterblichkeitsraten, doch die Geburtenziffer blieb lange Zeit hoch, was zu einem starken Bevölkerungswachstum führte. Nur waren die «zusätzlichen Esser» jetzt nicht zum Tod verurteilt, weil durch die Industrielle Revolution neue Ressourcen geschaffen worden waren: Arbeit in den Städten und Chancen, bislang unzugängliche Ländereien zu erschließen. Das Ergebnis war eine neue Form der Migration: eine geregelte, auch über lange Strecken. Das neue Fortpflanzungsschema bestand ebenfalls aus drei Säulen, aber anderen: geringe Sterblichkeit – niedrigere Fruchtbarkeit – geregelte Migration über lange Strecken.

Wie bei der Industrialisierung begann auch der demographische Wandel in Westeuropa. Im letzten Drittel des 19. Jahrhunderts erfasste die Woge Österreich-Ungarn und das russische Zarenreich. Unter Juden und Ukrainern (sowohl den österreichischen Ruthenen als auch russischen Kleinrussen) wurden einige der höchsten Wachstumsraten beobachtet. Im Jahr 1848 beanspruchte der Oberste Ruthenische Rat in Lwiw, für 15 Millionen Ruthenen zu sprechen.

Volkszählungen Ende der 1890er Jahre ergaben, dass sich diese Zahl in fünfzig Jahren auf 30 Millionen verdoppelt hatte. Ein ukrainischer Patriot schrieb damals begeistert: Wenn diese Wachstumsrate anhalte, könne in hundert Jahren, 1998, zum zweihundertjährigen Jubiläum der ukrainischen Literatur ein Redner in Lwiw verkünden: «Wir, die österreichischen Ruthenen, sind Teil einer Nation von 120 Millionen!»

Diese Worte enthüllen, wie wenig ukrainische Patrioten ihr «eigenes» Volk kannten und verstanden. Was die Patrioten in der Stadt als einen Grund zum Feiern werteten, war in Wirklichkeit für das Land eine Katastrophe. Das drastische Bevölkerungswachstum hatte zur Folge, dass die Hälfte, wenn nicht zwei Drittel der Bauernhöfe unter Landhunger litt, weil die Haushalte nicht genügend Ackerland hatten, um ihre wachsenden Familien zu ernähren.

Die Lage wurde durch das Verfahren bei der Abschaffung der Leibeigenschaft noch erschwert. Wie die Bauern sarkastisch sagten, gewannen sie durch die Abschaffung ihre Freiheit, verloren aber ihre Schuhe. Die Bestimmungen der Emanzipation sahen lange Rückzahlungen der Bauern an ihre ehemaligen Herren vor. Die Rückzahlungszeiträume erstreckten sich über Jahrzehnte: Zum Teil sollten die Tilgungen bis in die 1940er Jahre andauern! Diese Anforderung, für die eigene Freiheit zu bezahlen, entzog den bäuerlichen Haushalten dringend benötigte Mittel. Darüber hinaus verloren die Bauern den legalen Zugang zu Wäldern und Weiden, ohne den ihre Höfe nicht wirtschaften konnten.

Die Einführung intensiver Anbaumethoden mit neuen Maschinen und Kunstdünger hätte die Lage retten können. Diese Methoden wurden von zugezogenen Siedlern (Juden und Deutsche in den südlichen Steppenregionen und Tschechen in Wolhynien) angewandt, und die ukrainischen Bauern, die nicht weit davon wohnten, konnten mit eigenen Augen die Vorteile der neuen Anbaumethoden sehen. Doch die anderen Bauern waren es nicht gewöhnt, Risiken einzugehen. Und selbst wenn sie beschlossen hätten, sich auf Veränderungen einzulassen, gab es ein anderes Problem: den Mangel an günstigen Krediten, um die entsprechende Ausrüstung zu kaufen.

Ukrainische Patrioten interessierten sich dafür, welche Sprache die Bauern sprachen; die Bauern hingegen interessierten sich hauptsächlich für das Land, das sie bebauten. Zwischen den beiden bestand eine fundamentale Diskrepanz in der Denkweise. Sie lässt sich an einer Studie aus jener Zeit ablesen, und zwar zu der Frage, wie einheimische Bauern Schewtschenkos Dichtung rezipierten. Sein beliebtestes Gedicht war *Kateryna*, das die Geschichte eines Dorfmädchens erzählt, das von einem russischen Offizier verführt und dann im Stich gelassen wird. Es beginnt mit Worten, die man als nationales Manifest deuten könnte: «Verliebt euch, ihr Schönheiten mit dunklen Brauen, / Aber nicht in Moskowiter, / Denn Moskowiter sind fremd im Lande, / Und sie werden euch weh tun.» Die Dorfbewohner hörten interessiert zu, als ihnen Schewtschenko vorgetragen wurde, und staunten, dass so etwas in ihrer Sprache geschrieben werden konnte. Doch sie fassten das Gedicht ganz anders auf als ukrainische Intellektuelle. Mädchen und junge Frauen weinten über Katerynas Schicksal. Sie kombinierten den Anfang des Gedichts mit Musik und sangen es als ein trauriges Volkslied. Junge Männer hingegen machten sich über sie lustig, und die Alten jammerten, das Gedicht propagiere eine Verrohung der Sitten: «Warum hat er so etwas geschrieben? Es ist ein schlechtes Buch.» Selbst gebildete Bauern verstanden viele Wörter gar nicht: «Harem» hielt man für ein türkisches Haus, «Byzanz» war demnach bestimmt ein türkisches Schiff, und die Insel Chortyzia in der Sitsch wurde irrtümlich für ein Kosakenschiff gehalten. Borys Hrintschenko, der diese Studie in der Zentral- und Südukraine durchführte, resümierte: «Schewtschenko mag ein großer Bauerndichter sein, doch im Haus eines Bauern wird er kaum verstanden.»

Die Mentalität der Bauern unterschied sich fundamental von der Mentalität gebildeter Menschen. Sie war tief in schwerer körperlicher Arbeit auf dem Feld verwurzelt. Sie glaubten, dass ihre Arbeit, auch wenn sie schwer sei, Gott gefalle und dass diejenigen, die in dieser Welt litten, im Jenseits belohnt würden. Die bäuerliche Welt war von Religion durchdrungen, aber es war eine Volksreligion, eher manichäisch als orthodox. In ihrer Vorstellung war die Welt in zwei Teile gespalten: die Seite Gottes und die des Teufels. Auf der Seite Gottes standen «wir», die aufrichtigen Christen, die sich und die ganze Welt mit harter Arbeit ernährten. Auf der Seite des Teufels waren «sie», die «Herren», die nicht arbeiteten und wie Schmarotzer vom Leib der Bauern lebten. In den Augen der Bauern war geistige Arbeit überhaupt keine Arbeit, sondern Zeitverschwendung. Aus diesem Grund zählten sie nicht nur die Grundbesitzer, sondern auch Lehrer und sogar Priester zu den «Herren». In den Köpfen der Bauern versuchten die «Herren», sie auf jede erdenkliche Weise zu täuschen, auszunutzen und sogar zu vernichten. Und das würde den «Herren» auch gelingen, wenn der gute Zar nicht wäre. Der Zar stand zur Verteidigung der Bauern bereit, weil Gott selbst ihm die Macht verliehen hatte. Der Glaube an den «guten Zaren» gehörte zum Kern des bäuerlichen Bewusstseins, unmittelbar nach dem Glauben an Gott. Aus Sicht der Bauern konnte man den «Herren» nicht trauen. Vor allem wenn sie sich wie Bauern kleideten oder deren Sprache redeten. Das war nur ein neuer Trick, um sie zu überlisten.

Die Bauern waren der Gegenstand unablässiger Aufmerksamkeit und zugleich eine Quelle unaufhörlicher Enttäuschung – im Grunde ein Albtraum für die gebildete Gesellschaftsschicht, die besonders große Hoffnungen auf die Bauern als Verbündete in ihrem Kampf gegen die Monarchie oder das Zarenreich setzte. Als soziale Gruppe hatten die Bauern keine feste, ausgeprägte Identität. Man könnte sogar sagen, dass Bauern nicht als eigenständige soziale Gruppe existierten. Sie waren eher eine Projektion der Hoffnungen und Ambitionen städtischer Intellektueller. Sozialisten betrachteten sie als potenzielle Sozialisten und Nationalisten als potenzielle Nationalisten. Dabei war den meisten Bauern Sozialismus ebenso gleichgültig wie Nationalismus. Unter allen gesellschaftlichen Gruppen schlossen sie sich als letzte modernen gesellschaftlichen Gruppierungen an. Sogar in Frankreich, der Wiege der modernen Nation, wussten die wenigsten Bauern, dass sie Franzosen waren; sie fühlten sich stärker regionalen Identitäten verbunden. Der Wandel der «Bauern zu Franzosen» begann erst Ende des 19. Jahrhunderts und war zu Beginn des Ersten Weltkriegs weitgehend abgeschlossen. Es war die Folge eines bewussten Prozesses der Nationalisierung, die der Staat mit Hilfe zweier moderner Institutionen vollzog: Armee und Schule.

In Mittel- und Osteuropa konnte weder die Armee noch die Schule diese Funktion übernehmen, weil sie mit den Bauern nur sehr begrenzten Kontakt hatten. Lediglich 25 bis 30 Prozent der männlichen Bevölkerung absolvierten einen Wehrdienst in der zaristischen Armee, während diese Zahl in Frankreich bei knapp 80 Prozent lag. Lediglich 15 Prozent der Bevölkerung Westeuropas konnten zu Beginn des 20. Jahrhunderts nicht lesen und schreiben. Im russischen Zarenreich war es genau umgekehrt: Nur 15 Prozent der Bevölkerung konnten lesen und schreiben! In Österreich-Ungarn war die Lage mit einer Alphabetisierungsquote von 77 Prozent besser. Je weiter man in Österreich-Ungarn nach Osten ging, desto niedriger wurde der Anteil jedoch, mit nur noch 50 Prozent im östlichen («ruthenischen») Teil Galiziens.

In erster Linie waren die Behörden für diese Misere verantwortlich. Doch die charakteristischen Merkmale des Bauernlebens hatten daran ebenfalls großen Anteil. Kostenlose Kinderarbeit war in der bäuerlichen Wirtschaft eine wichtige Voraussetzung für das Überleben. Die Schule holte die Kinder nur vom Feld weg, also hatten Bauern kein großes Interesse an Bildung. Und selbst wenn Bauernkinder unregelmäßig die Grundschule besuchten, so hatten sie nach dem Abschluss nur selten einen Anlass zum Lesen. Ohne ständige Übung verschlechterten sich ihre schulischen Fähigkeiten. Nach dem Schulabschluss wurde ein Bauernkind binnen weniger Jahre de facto wieder zum Analphabeten. In den ukrainischen Provinzen des russischen Zarenreichs kam zu dieser tragischen Lage ein weiterer Faktor hinzu: das Fehlen ukrainischsprachiger Schulen. Die Kinder wurden in einer Fremdsprache unterrichtet und verlernten deshalb noch schneller Lesen und Schreiben.

Die einheimischen Bauern hatten kaum Bildung und folglich kein Nationalbewusstsein, geschweige denn eine Klassenidentität. Das heißt nicht, dass sie keine Identität gehabt hätten – nur hing die bäuerliche Identität von ihrer jeweiligen Situation ab. In Zeiten der Stabilität war von ihr nichts zu spüren, aber sie nahm in Krisenzeiten beträchtlich zu. Die Situation an der Wende zum 20. Jahrhundert kann man als eine große, ununterbrochene Krise bezeichnen. Die Krisen konnten die wesentlichen Merkmale der Agrarwirtschaft nicht aus der Welt schaffen: die Anstrengungen der Bauern, um zu überleben und unter allen Umständen jedes Risiko zu vermeiden. Es veränderte sich jedoch die Art und Weise, wie Bauern auf äußere Bedrohungen reagierten.

Eine Konsequenz war eine Massenmigration über lange Strecken: nach Sibirien, in den Fernen Osten, nach Brasilien und Nordamerika. Da die Bauern sich in einer neuen, häufig völlig anderen Umgebung in Bezug auf Sprache, Herkunft und Religion wiederfanden, mussten sie sich unweigerlich selbst definieren. Darüber hinaus untergrub die Arbeitsmigration die Grundlagen der traditionellen Lebensweise. Das Auftauchen von Geld in bäuerlichen Haushalten war eine dieser Veränderungen, und das Eindringen der Geldwirtschaft ins Dorf weckte Konsumwünsche. Junge Männer und Frauen, die von einer Arbeit fern vom Feld zurückkehrten, kauften sich häufig «herrschaftliche» Kleider. Ethnographische Studien jener Zeit dokumentierten das Auftauchen neuer Möbelstücke in dörflichen Häusern, darunter auch Bücherregale. Gemälde und Porträts tauchten neben Ikonen an den Wänden auf. Außerdem forderten junge Bauern, die von einer bezahlten Arbeit anderswo zurückkehrten, Unabhängigkeit von einer elterlichen Kontrolle. Sie weigerten sich unter Umständen, das Geld, das sie verdient hatten, in die allgemeine Haushaltskasse der Familie einzuzahlen, forderten ihren Anteil am Hof und entschieden selbst, wen sie heirateten, statt ihren Eltern zu gestatten, diesen Schritt zu kontrollieren.

Der radikalste Wandel war die Bereitschaft wohlhabenderer Bauern, in die Bildung ihrer Kinder zu investieren. Es heißt, dass zur Zeit des Ersten Weltkriegs ein durchschnittlicher ukrainischer Bauer aus Galizien es sich leisten konnte, einen oder sogar zwei Söhne auf die weiterführende Schule zu schicken. Das ist womöglich etwas übertrieben. Doch die Statistik der Zeit weist einen deutlichen Anstieg der Zahl der Bauern auf, die weiterführende Schulen, Seminare und Hochschulen besuchten, und zwar sowohl in Österreich-Ungarn als auch im Zarenreich. Meistens wählten sie Berufe mit einem direkten Nutzen für das Dorf: Agronom, Veterinär oder Priester. In den letzten Jahrzehnten vor dem Ersten Weltkrieg bildete sich eine neue Intelligenzija bäuerlicher Herkunft heraus.

Wegen dieser Veränderungen wurde die bäuerliche Welt in den ukrainischen Gebieten jünger, steckte voller sozialer Energie und war bereit, alle Hindernisse, die sich ihr in den Weg stellten, zu überwinden. Viele prominente politische Führer des 20. Jahrhunderts waren Produkte dieses Wandels. Wolodymyr Wynnytschenko (1880–1951), der Ministerpräsident der ersten unabhängigen ukrainischen Regierung, war der Sohn eines Arbeiters, schloss das Gymnasium ab und ging an die Universität in Kyjiw. Er wurde ein berühmter Schriftsteller und Führer der ukrainischen Sozialdemokraten. Andrij Melnyk (1890–1964), der Führer der Organisation Ukrainischer Nationalisten (OUN), war der Sohn eines Bauern. Zwei Generalsekretäre der Sowjetunion, Nikita Chruschtschow (1894–1971) und Leonid Breschnew (1906–1982), waren Bauernsöhne. Die Eltern Chruschtschows waren auf der Suche nach Arbeit aus dem Dorf in den Donbass gezogen, und Breschnews Eltern nach Jekaterinoslaw. Es gab noch viele andere. Manche wurden nationalistische Führer, andere kommunistische und wieder andere wie Iwan Majstrenko (1899–1984) vereinten Kommunismus mit Nationalismus.

Mit dem Auftauchen der ersten Generation dörflicher Intellektueller veränderten sich die politischen Konfigurationen. Die letzten Jahrzehnte vor dem Weltkrieg waren eine Zeit politischer Massenaktionen seitens der Bauern. Wenn Bauern in Streik traten oder Abgeordnete zur Vertretung ihrer Interessen im Parlament wählten, wandten sie sich an verschiedene Parteien mit der Bitte um Hilfe und Unterstützung. Meistens wählten sie Abgeordnete aus der Bauernschaft, weil diese dieselbe Sprache sprachen und Verständnis für ihre Forderungen hatten.

Weil die Mehrheit der Bevölkerung auf dem Feld arbeitete, hing das Schicksal der Ukraine weniger von industriellen oder nationalen Fragen, sondern von der landwirtschaftlichen Frage ab. Sie war weder in Österreich-Ungarn noch im Zarenreich gelöst worden, und es lässt sich unmöglich sagen, ob eine zufriedenstellende Lösung des Problems überhaupt möglich war. Dennoch gingen die beiden Reiche sehr unterschiedlich an das Problem heran. In Österreich-Ungarn nutzten die Bauern häufig das Justizwesen. Sie verklagten ihre Herren auf Zugang zu «Wäldern und Weiden». Sie nahmen an Demonstrationen und Kundgebungen teil, die städtische Patrioten organisiert hatten, und stimmten bei Wahlen für die von diesen Patrioten vorgeschlagenen Kandidaten. Es kam gelegentlich zu Gewaltanwendung, doch juristische Verfahren und die damit befassten Institutionen trugen dazu bei, diese Gefahr abzuschwächen, und dienten als Blitzableiter, um die aufgestaute Spannung abzuleiten.

Im Zarenreich gab es so gut wie keine derartigen Blitzableiter. Hier nehmen wir die Situation wahr, die wir zuvor bereits mit Blick auf Fragen der industriellen Entwicklung und nationalen Identität beobachteten: Die zunehmende Modernisierung steigerte die Gefahr eines massenhaften Gewaltausbruchs. Allem Anschein nach lag die größte Fertigkeit der russischen Autokratie darin, Unzufriedenheit und radikale Opposition hervorzurufen. Am Vorabend des Ersten Weltkrieges herrschte in den ukrainischen Gebieten ein allgemeiner Unmut. Liberale waren mit dem Mangel an politischen Rechten unzufrieden, Nationalisten verabscheuten die Unterdrückung ihrer eigenen Identität, das Industrieproletariat hatte mit schwierigen Lebens- und Arbeitsbedingungen zu kämpfen, Sozialdemokraten meldeten sich im Namen der Arbeiter zu Wort, Bauern forderten Land, und Juden waren über die Unfähigkeit oder den Unwillen der zaristischen Regierung verärgert, die antijüdische Gewalt in die Schranken zu weisen.

Sie alle vereinte ein gemeinsamer Feind. Die große Frage lautete jedoch, ob sie noch Verbündete wären, sobald der Feind beseitigt war.

Wir haben gesehen, dass die Modernisierung auf ukrainischem Boden während des langen 19. Jahrhunderts viele verschiedene Formen annahm, was es erschwert, eine einzige, verallgemeinernde Schlussfolgerung zu ziehen. Die ukrainische historische Erfahrung dieses Jahrhunderts dient als gutes Beispiel für etwas, das Soziologen und Historiker «multiple Moderne» nennen. In den russisch kontrollierten Gebieten gab es eine starke wirtschaftliche, aber minimale politische Modernisierung; im österreichischen Teil war es umgekehrt.

Das Gleiche lässt sich über die Herausbildung der modernen ukrainischen Nation sagen. Es war ein widersprüchlicher, unvollendeter Prozess, und das Ausmaß des Erfolgs unterschied sich erheblich von einer Region zur anderen. In der Literatur hatte er einen gewissen Erfolg, weniger in der Politik und so gut wie keinen in der Wirtschaft. Unter österreichischer Herrschaft verlief der Prozess besser als unter der russischen, er war in Städten erfolgreicher als auf dem Land und verstärkt in solchen Städten mit Universitäten und entwickelten öffentlichen Räumen. Wenn wir die Geschichte des langen ukrainischen Jahrhunderts jedoch als eine Skala betrachten, so steigt, trotz eines gewissen Maßes chaotischer Zwischentöne, der Grad des «ukrainischen Bewusstseins», je mehr wir uns dem Endpunkt nähern.

Gleichzeitig nehmen auch Gewaltakte zu. Wenn wir das ukrainische 19. Jahrhundert aus heutiger Sicht bewerten, erkennen wir deutlich, was dieses Jahrhundert an das nächste weitergab: den Embryo der modernen ukrainischen Nation und die Saat moderner Gewalt.

INTERMEZZO

Eine kurze Geschichte des ukrainischen Grenzlands

Iwan Masepa wird ein Lied über eine Möwe zugeschrieben. Es beginnt mit den Worten:

> Oh, die arme Möwe, die arme verlorene Seele,
> die ihre Küken zur belebten Straße führte.

Das Lied handelt von Tschumaken, den fahrenden Händlern der frühneuzeitlichen Ukraine, die auf der Straße vorüberfuhren und der Möwe die Küken wegnahmen. Die Möwe möchte ihre Kinder zurückhaben, doch die Tschumaken haben sie aufgegessen und antworten: «Die Küken ergaben einen guten Brei.»

Manche sagen, das Bild der Möwe hier sei das einer verzweifelten Mutter, deren Kinder von den Tataren entführt worden seien. In der *Geschichte der Rus* heißt es, das Lied verweise auf das «leidende und unterdrückte Kleinrussland».

Das Lied von der Möwe stammt aus dem späten 17. Jahrhundert. Um diese Zeit hatte auf ukrainischem Gebiet fast 40 Jahre lang (1648–1686) Krieg geherrscht. Wie ein Chronist der Kosaken einmal schrieb, floss das Blut «wie ein Fluss und kaum ein Mensch hatte seine Hände nicht in dieses Blut getaucht».

Auch in den Jahren 1914–1945 strömte das Blut wie ein Fluss durch die ukrainischen Lande. Nach einer Schätzung starben vom Anfang des Ersten bis zum Ende des Zweiten Weltkriegs 50 Prozent der Männer und 25 Prozent der Frauen in der Ukraine eines gewaltsamen Todes. Laut anderen, etwas zurückhaltenderen Schätzungen belaufen sich die demographischen Verluste in der Region in diesem Zeitraum auf rund 15 Millionen Menschen.

Diese Schätzungen lassen sich unmöglich überprüfen: Kein Mensch führte während der Weltkriege genaue Listen über die Opfer, und die Volkszählungen, die zwischen den Kriegen stattfanden, sind unzuverlässig. Es gibt jedoch einen anderen Indikator, der es uns gestattet, das Ausmaß der Katastrophe einzuschätzen: nämlich die Lebenserwartung, einer der zuverlässigsten Indikatoren für das Wohl einer Gesellschaft. Sie ist wie ein Thermometer, mit dem man die Temperatur einer Gesellschaft messen kann. Ein Vergleich der Lebenserwartung in der Ukraine und im «alten Europa» (die Europäische Union vor ihrer Ausdehnung nach Osten im Jahr 2004) im ganzen 20. Jahrhundert liefert möglicherweise bereits einen Hinweis. Die Lebenserwartung für Ukrainer ist sechs bis zwölf Jahre kürzer als die anderer Europäer. Allerdings sprang der Unterschied zweimal – in den Jahren 1932/33 und 1942/43 – auf eine katastrophale Kluft von 30 bis 40 Jahren weniger.

Wie immens und tragisch die menschlichen Verluste 1942 auch waren, sie sind nicht völlig unerwartet – damals wurde auf ukrainischem Boden Krieg geführt. In den Jahren 1932/33 herrschte jedoch kein Krieg. Es war vermeintlich eine Friedenszeit. Das könnte uns zu der Schlussfolgerung führen, dass es in der ukrainischen Geschichte des kurzen 20. Jahrhunderts wenig Sinn hat, die «friedliche» Zwischenkriegszeit von den beiden Weltkriegen zu trennen. Die Zwischenkriegszeit kann nur dem Namen nach als friedlich gelten. Es war ein «Krieg mit anderen Mitteln». Aus diesem Grund ist es sinnvoll, die Jahre 1914–1945 als einen großen Dreißigjährigen Krieg des 20. Jahrhunderts zu bezeichnen.

Jüngste Forschungen zeigen, dass diese Auffassung nicht nur für die Ukraine gilt. Mit Ausnahme von Großbritannien, Frankreich und wenigen neutralen Staaten hörte die Massengewalt mit dem Ende des Ersten Weltkrieges 1918 auf dem europäischen Kontinent nicht auf. Fast überall waren die beiden Jahrzehnte zwischen den Kriegen von Revolutionen, Staatsstreichen, Bürgerkriegen, Terror und Pogromen geprägt.

Aber selbst vor diesem Hintergrund einer paneuropäischen Katastrophe von 1914–1945 war die Ukraine ein Sonderfall. Man betrachte nur die Tatsache, wie häufig die Macht in diesem Zeitraum wechselte. Jeder Wechsel stieß das Tor für eine neue Welle des Terrors auf. Von 1914 bis 1945 veränderte sich die Regierung in London nicht grundlegend (abgesehen von den Wechseln der Regierungsparteien). In Berlin, Moskau, Petrograd und Paris wechselte die Regierung jeweils zwei oder drei Mal, in Warschau und Prag fünf Mal, in Lwiw acht Mal. In Kyjiw wechselte die Regierung elf Mal, und an einem Bahnhof im Donbass bis zu 27 Mal allein in der ersten Hälfte des Jahres 1919.

Der Raum, in dem die Regierung am häufigsten wechselte, liegt zwischen Berlin und Moskau. Das sind die Länder des heutigen Belarus, der drei baltischen Staaten, Polens und der Ukraine. Der Historiker Timothy Snyder nannte diesen Raum «Bloodlands», blutiges Land, und die Ukraine befand sich genau im Zentrum. In nur 15 Jahren (1932–1947) kam es auf ukrainischem Gebiet zu mehreren Genoziden. (Der Begriff Genozid wird hier in dem breiten Sinn verwendet, wie ihn der Schöpfer des Begriffs, Raphael Lemkin, vorgeschlagen hat: Akte von Massengewalt, die die Existenz ganzer Gruppen entweder durch physische Vernichtung oder durch die Schaffung von Bedingungen bedrohen, unter denen sie nicht als Gruppe mit eigener Kultur und Identität fortbestehen können.) Zu derart völkermörderischen Akten zählen: die Vernichtung der «Kulaken» als Klasse in den Jahren 1930/31; der Holodomor 1932/33; die «polnischen» und «griechischen» Operationen des NKWD; der Holocaust an den Juden; die Vernichtung der Roma; der Mord an sowjetischen Kriegsgefangenen durch die Nazis (1941–1944); Angriffe auf die polnische Bevölkerung durch ukrainische Nationalisten (das Massaker von Wolhynien 1943); Angriffe auf Ukrainer durch den polnischen Untergrund. Dazu noch drei Massendeportationen: die Krimtataren von der Krim (1944), die polnische Bevölkerung aus den westlichen Regionen der Ukrainischen SSR und die ukrainische Bevölkerung aus den südöstlichen Regionen des kommunistischen Polen. Die Liste der massenhaften Gewaltanwendung schließt zudem auch staatlich geförderte

Gewalt ein, die zwar nicht völkermörderisch war, aber dennoch hohe Opferzahlen forderte: Stalins Großer Terror von 1937/38, sowjetische Deportationen der Bevölkerung der Westukraine 1939–1941 und der Terror, den sowjetische Behörden im Kampf gegen den antikommunistischen nationalistischen Untergrund in den gleichen westukrainischen Gebieten von 1944 bis 1950 ausübten.

Eine solche Liste könnte man gewiss auch für die anderen «Bloodlands» zusammenstellen, aber die ukrainische Liste ist jeweils länger. Beispielsweise gab es in Belarus keinen großen, lokalen nationalistischen Untergrund, und Litauen und Polen machten keinen Holodomor durch.

Timothy Snyder beginnt seine Geschichte der «Bloodlands» mit der Hungersnot 1932/33. Dabei war die Hungersnot gar nicht der erste Akt der Massengewalt. Sie war ein Nachhall des Krieges zwischen Bolschewiki und Bauern von 1918 bis 1920. Dieser Krieg wiederum war ein Auswuchs der Revolution von 1917, und die Revolution von 1917 war ein Auswuchs des Ersten Weltkrieges. Anders gesagt, Akte der Massengewalt traten nicht von sich aus auf – sie waren über eine lange Kette kausaler und anderer Zusammenhänge miteinander verknüpft.

Wie lässt sich die Intensität der Gewalt auf ukrainischem Boden in den Jahren 1914 bis 1945 erklären? Man kann wohl kaum von spezifisch nationalen Ursachen sprechen, obwohl derartige Erklärungsversuche existieren. Die Ukrainer waren hauptsächlich ein Bauernvolk, und Bauern wird bisweilen eine besondere Neigung zur Gewalt zugeschrieben. Vor allem die ukrainische Bauernschaft «erwarb» einen geradezu legendären Ruf als fanatische Antisemiten. Tatsächlich enthält das ukrainische Volkstum Sprichwörter und Redewendungen, die wie ein direkter Aufruf zur Vernichtung der Juden und Polen klingen. Experten für die Bauerngesellschaft argumentieren jedoch, dass es, ganz entgegen der Vorstellung, Bauern würden zu besonderer Brutalität neigen, schwierig sei, sie zu Massengewalt anzustacheln. Damit Bauern zu den Waffen greifen und anfangen, ihre Grundherren oder Nachbarn, Juden, Polen oder deutsche Siedler zu ermorden, muss schon etwas Außergewöhnliches passieren, etwas, das ihre Lebensweise und sogar ihr Überleben bedroht: Krieg, Epidemie, die Ermordung des «guten Zaren». Keine einzige dieser Ursachen war lokal bedingt.

Die Massengewalt auf ukrainischem Boden von 1914 bis 1945 wurde weitgehend von externen Faktoren ausgelöst. Das geht aus der Chronologie hervor. Extreme Gewalt begann mit dem Ersten Weltkrieg und endete im Großen und Ganzen mit dem Zweiten, wobei die letzten Wellen noch bis Stalins Tod im Jahr 1953 andauerten. Alle diese Ereignisse – der Ausbruch der beiden Weltkriege und das Ende Stalins – begannen außerhalb der Ukraine und hatten Ursachen, die nur am Rand mit den dortigen Verhältnissen zu tun hatten.

Es gab allerdings gewiss auch lokale Faktoren, die die Gewalt noch anheizten. Zu den wichtigsten zählt das Thema des Liedes von der Möwe: eine «unglückliche» geographische Lage.

Das wird auf den ersten Blick klar, wenn man sich eine Karte Europas ansieht. Man erkennt sofort einen deutlichen Unterschied zwischen den westlichen und östlichen Teilen des europäischen Kontinents. Westeuropa hat viele Berge und Hügel. Aus diesem Grund war die Front im Westen weitgehend auf die französisch-belgisch-deutsche Grenze und Italien beschränkt, und zwar sowohl im Ersten als auch im Zweiten Weltkrieg. Osteuropa ist völlig anders. Es sieht wie eine große Ebene aus, die sich von den Karpaten bis zum Ural erstreckt, ohne größere Hindernisse. Osteuropa wirkt wie ein «Paradies für Generäle».

Das einzige größere Hindernis sind die Pripjat-Sümpfe Polesiens an der heutigen belarussisch-ukrainischen Grenze. Eindringlinge waren gezwungen, sie entweder auf einer Seite zu umgehen und damit ein nicht kontrolliertes Hinterland zurückzulassen, oder aber das Heer in zwei Flügel zu teilen, einen nördlichen und einen südlichen, was die Koordination gemeinsamer Operationen erschwert. Das «Problem Pripjat» gilt als eine der Hauptursachen für Hitlers Niederlage. Angeblich unterschätzte er die Bedeutung des Problems, und die Sümpfe bremsten erheblich den Vormarsch der deutschen Truppen im Sommer 1941 und vereitelten den geplanten Blitzkrieg. Allerdings war das nur relativ gesehen ein Problem: Die Sümpfe können einen

Vormarsch nicht aufhalten, wenn massive Truppenverluste keine Rolle spielen, etwa für das russische Militär während der Brussilow-Offensive 1916 oder für die Rote Armee im polnisch-sowjetischen Krieg 1920 und im Zweiten Weltkrieg 1943/44.

Der geographische Faktor ist (neben anderen) ein Grund dafür, dass die größten Schlachten beider Weltkriege ausgerechnet in diesem Gebiet geschlagen wurden. Einige dieser Schlachten, wie die genannte Brussilow-Offensive oder die Schlacht um Kyjiw im Sommer 1941, wurden auf ukrainischem Boden ausgetragen. Diese Schlachten waren zwar groß, aber nicht entscheidend; die entscheidenden Schlachten, wie die Westfront 1918 oder die Schlacht von Stalingrad 1942/43, wurden außerhalb ihrer Grenzen geführt. Aber die Ukraine diente als breiter Korridor, durch den Truppen vor und zurück marschierten, wobei sie der einheimischen Bevölkerung jedes Mal großes Leid zufügten.

Ein weiterer langfristiger geographischer Faktor ist der Umstand, dass fast die Hälfte des ethnisch ukrainischen Gebietes Steppe ist. Historiker vergleichen das Wilde Feld der Ukraine mit der amerikanischen Frontier im Westen. Der amerikanische Historiker Frederick Jackson Turner stellte die Theorie auf, dass diese Westgrenze maßgeblichen Anteil an der Herausbildung der amerikanischen Identität hatte. Ganz ähnlich bildete sich die ukrainische Identität an der ukrainischen Grenze heraus, und die Kosaken wurden zu ihrem Symbol. Allerdings entstand die ukrainische Grenze schon viel früher und hielt sich weit länger. Ihre Präsenz war eine unaufhörliche Quelle der Destabilisierung. Kyjiw wurde sowohl zum Symbol als auch zum Opfer dieser geopolitischen Instabilität. Einst zählte Kyjiw zu den zehn größten Städten Europas. Doch dann wurde sie zweimal zerstört: zuerst 1240 von den Mongolen und 1482 erneut von den Krimtataren. Danach fiel Kyjiw auf den Rang einer Kleinstadt am Rand der Steppe ab. Erst im späten 19. Jahrhundert erlangte es wieder seinen Rang als Großstadt.

Das erinnert an das Schicksal Roms, der einst größten Stadt des Altertums. Nachdem die Barbaren sie zerstört hatten, dauerte es bis ins 19. Jahrhundert, bis Rom die ehemalige Größe wiedererlangte.

Diese Analogie zeigt, inwiefern das Verschwinden der Hauptstadt, des Sitzes der lokalen Macht, ein geopolitisches Vakuum erzeugt. Und genau wie in der Natur gibt es auch in der Geopolitik einen Horror vacui. Das hilft uns womöglich zu verstehen, weshalb Mächte von außen ständig in den leeren Raum solcher ehemaligen Hauptstädte «strömen». Wie der ukrainische Soziologe der Zwischenkriegszeit Olgerd Botschkowskyj anmerkte, können alle möglichen Formen von Expansionsdrang geradezu klassisch in der Geschichte der Ukraine untersucht werden: der Drang nach Westen in der Zeit der Völkerwanderung, der Drang nach Norden: vom alten Griechenland, von Byzanz und dann von der Türkei aus; der polnische Drang nach Osten und der moskowitische Drang nach Süden. Diese Liste enthält nicht einmal die Einfälle von Norden her sowohl der Wikinger als auch der Schweden.

Nach der Annexion der Krim durch das russische Zarenreich 1783 begann die intensive landwirtschaftliche Erschließung der Steppen um das Schwarze Meer. Auch wenn sich die Lage geändert hatte, so kam diesen Gebieten doch weiterhin als breiter Berührungszone eine große Bedeutung zu. Die Besiedelung des ehemaligen Wilden Feldes zog in Wirklichkeit eine neue große Migration der Völker nach sich: Ukrainer, Russen und Juden aus den benachbarten Ländern; Bulgaren, Griechen, Deutsche und andere aus Ländern von nah und fern. Das führte zu einem weiteren verblüffenden Unterschied zwischen West- und Osteuropa. In Westeuropa endete die Wanderungsphase im Allgemeinen in der Zeit der Wikinger, im 19. Jahrhundert war die ethnische Landkarte weitgehend festgelegt. Das galt nicht für Osteuropa, wo über einen längeren Zeitraum hinweg große Migrationen stattfanden und wo es keine klaren ethnischen Grenzen zwischen unterschiedlichen Gruppen gab.

Wohl kaum eine andere Region hatte beim Aufbau von Imperien und Nationen mehr entgegengesetzte Prioritäten zu überwinden. Das lässt sich ohne Weiteres an der Karte verschiedener nationaler und imperialer Projekte in Osteuropa ablesen: Kein einziges Gebiet auf ukrainischem Boden wurde nicht gleichzeitig von mindestens zwei Nationalismen und zwei Reichen beansprucht.

Und das ist noch nicht alles. In Osteuropa hielten sich traditionelle Lebensweisen besonders hartnäckig, und ethnische und religiöse Unterschiede deckten sich mit sozialen, sodass sie sich gegenseitig verstärkten. Moses Rafe, ein Kyjiwer Führer des Bunds (der jüdischen sozialdemokratischen Partei) schrieb: «In der Ukraine, wo der Grundbesitzer ein Russe oder ein Pole war, und der Bankier und Kaufmann meistens Jude, und keiner von ihnen die Umgangssprache versteht, konnte für einen Ukrainer der Ausdruck ›Nieder mit den Herren‹ heißen ›Nieder mit Polen, Russen und Juden‹.»

Zusammengenommen machten diese geographischen und historischen Fakten aus der Ukraine ein riesiges Pulverfass, vergleichbar mit dem Balkan oder dem Kaukasus. Anfang des 20. Jahrhunderts stand dieses Pulverfass kurz vor der Explosion. Der britische Geograph Halford John Mackinder, ein Gründungsvater der Geopolitik, fasste 1919 die Situation wie folgt zusammen: «Wer Osteuropa regiert, beherrscht das Kernland; wer das Kernland regiert, beherrscht die Weltinsel; wer die Weltinsel regiert, beherrscht die Welt.» Mit «Kernland» meinte Mackinder die Länder der eurasischen Steppe und mit «Weltinsel» den ganzen eurasischen Kontinent. Laut seinen Berechnungen konzentrierten sich 75 Prozent der Weltbevölkerung und ein ebenso hoher Anteil an den weltweiten Energieressourcen auf diesen Kontinent; außerdem wurden 60 Prozent des weltweiten Bruttosozialprodukts hier erzeugt. Die Beherrschung des eurasischen Kontinents war eine direkte Folge der weltweiten Expansion des Westens. Sie hatte mit Kolumbus begonnen und war Ende des 19. Jahrhunderts im Wesentlichen abgeschlossen. Mackinder sagte voraus, dass sich aufgrund der Tatsache, dass Europa zum Zentrum der Welt geworden war, künftige europäische Konflikte unweigerlich zu Weltkriegen ausweiten würden. Jene Staaten, die das Kernland kontrollierten, hätten die größten Aussichten auf den militärischen Sieg. Zu Beginn des 20. Jahrhunderts zeigten zwei Staaten sehr großes Interesse, diese Kontrolle zu erlangen. Der erste war Russland. Über mehrere Jahrhunderte hinweg hatte Russland, angefangen mit der Entstehung des Moskauer Reichs, den größten Teil des Kernlands erobert, mit Ausnahme des westlichsten Rands. Der zweite Staat, der ein Interesse an der Kontrolle des Kernlands hatte, war das neu gegründete deutsche Kaiserreich, das Osteuropa als unverzichtbar für seine Interessen einstufte (Lebensraum). Folglich wurde Osteuropa zum zentralen Schlachtfeld, auf dem Russland und Deutschland in ihrem Kampf um die Weltherrschaft aufeinanderprallen mussten. Das war ein fundamentaler Gegensatz, der nicht davon abhing, wer an der Macht war.

Genau wie Turners Theorie zur Grenze ist auch Mackinders Theorie kritisiert worden. Dennoch hat sie nichts von ihrer Bedeutung verloren. Insbesondere geht das Gerücht, sie spiegle Putins Denkweise wider, nur dass Putin an die Stelle von Deutschland in dem Schema gleich den ganzen Westen gesetzt hat. Schon zu seinen Lebzeiten erwies sich Mackinders Theorie als prophetisch (er starb 1947). Beide Weltkriege spielten sich nach dem von ihm vorhergesagten Szenario ab, auch wenn man dies für eine sich selbst erfüllende Prophezeiung halten könnte. Mackinders These beeinflusste den amerikanischen Präsidenten Woodrow Wilson und seinen Plan für eine Nachkriegsordnung (1918) und hielt, über den NS-Geopolitiker Karl Haushofer, Einzug in Hitlers *Mein Kampf* (1925).

Die Version der Nationalsozialisten war jedoch nur eine vulgäre Parodie Mackinders. Mackinder war überzeugt, dass die Geographie starken Einfluss auf die Politik habe, dass Politiker aber keinesfalls Gefangene der Geographie werden dürften. Im Gegenteil glaubte er, dass wir, indem wir die der Geographie innewohnenden Risiken erkennen, auch imstande wären, sie zu überwinden. Nach seiner Überzeugung würde die Schaffung eines breiten Gürtels unabhängiger Staaten von der Ostsee bis zum Schwarzen Meer, der Russland und Deutschland voneinander trenne, eine Absicherung gegen künftige weltweite Konflikte bieten. Und die Ukraine wäre einer dieser Staaten. Die Nazis hingegen glaubten, dass alle Staaten in Osteuropa entweder zerstört oder zu deutschen Vasallen gemacht werden mussten.

Lenin, Stalin und die anderen Führer der Bolschewiki hatten Mackinder zwar nicht gelesen, handelten jedoch genauso, als hätten sie es getan. Sie betrachteten die ukrainischen Länder als Brückenkopf, von dem aus sich die Weltrevolution von Russland nach Westen und Süden ausbreiten würde. Letztlich war es nicht nötig, Mackinder zu lesen, um die neue Rolle Osteuropas und insbesondere der Ukraine zu erkennen.

Als Folge dieser miteinander verflochtenen äußeren und inneren Bedingungen brachen in der Ukraine nicht einer oder zwei, sondern unzählige Konflikte im Zeitraum von 1914 bis 1945 aus:

- Ukrainische Gebiete zählten in beiden Weltkriegen zu den Hauptkriegsschauplätzen.
- Seit dem Ausbruch der Russischen Revolution 1917 bis zum Ende des Zweiten Weltkrieges zählte die Region zu den Gebieten, wo sich das Schicksal des sowjetischen Regimes entschied.
- Der Erste Weltkrieg gab den Anstoß zur Gründung der ukrainischen Nationalbewegung, die die Schaffung eines ukrainischen Nationalstaats zum Ziel hatte.
- Jede dieser Konfliktlinien ging einher mit lokalen Bürgerkriegen. Der blutigste davon war der Russische Bürgerkrieg zwischen Weißen und Roten von 1918 bis 1920, aber parallel dazu wurden 1918 kleinere Kriege zwischen der ukrainischen Linken (der Regierung der Ukrainischen Volksrepublik UVR) und der ukrainischen Rechten (der Regierung des Hetmans Skoropadskyj) ausgetragen. Im Zweiten Weltkrieg bekämpften sich verschiedene Fraktionen der ukrainischen Nationalbewegung (Bandera und Melnyk) gegenseitig.
- Im Zusammenhang mit diesen Kriegen oder im Anschluss an sie brachen lokale interethnische Konflikte aus, insbesondere zwischen Polen und Ukrainern sowie beider Gruppen gegen die Juden.
- Zu guter Letzt bildete sich eine Bauernbewegung heraus, die Elemente der sozialen und nationalen Revolutionen miteinander kombinierte, sich aber auf keine von beiden reduzieren ließ. In den Jahren 1917 bis 1920 löste diese Bewegung gegen die Grundherren gerichtete Pogrome und den Kampf von Machnos Bauernarmee im Süden aus sowie Bauernaufstände in der Zentralukraine. Im Jahr 1930 zeigte sie sich in den massenhaften Bauernaufständen gegen die Kollektivierung. Im Zweiten Weltkrieg waren Teile der Bauernbewegung in der Aktivität der nationalen ukrainischen Aufstandsarmee der 1940er Jahre zu beobachten.

Kein einziger dieser Konflikte existierte isoliert für sich; sie waren alle miteinander verknüpft. Aufgrund der Kombinationen nahm die Gewalt fast schon astronomische Ausmaße an. Es ging hier um viel, und das war auch der Grund für die Heftigkeit der Auseinandersetzungen. Der Kampf um die Ukraine entschied nicht nur ihr eigenes Schicksal oder das Osteuropas. In Anbetracht der Bedeutung der Region für die globale Geopolitik kam dem Schicksal der Ukraine weltweite Bedeutung zu.

Unter anderen Umständen könnte die Bedeutung der Ukraine womöglich ihre Bewohner stolz machen. Aber nicht in dem Zeitraum 1914–1945, als sie sich in Zeiten des Krieges und der Revolution an einer geopolitisch anfälligen Grenze wiederfanden. In der ersten Hälfte des 20. Jahrhunderts wurde die Ukraine zu einem der gefährlichsten Orte auf der Welt. Und alles begann mit dem Ersten Weltkrieg.

KAPITEL 5

Ukraine, 1914–1945

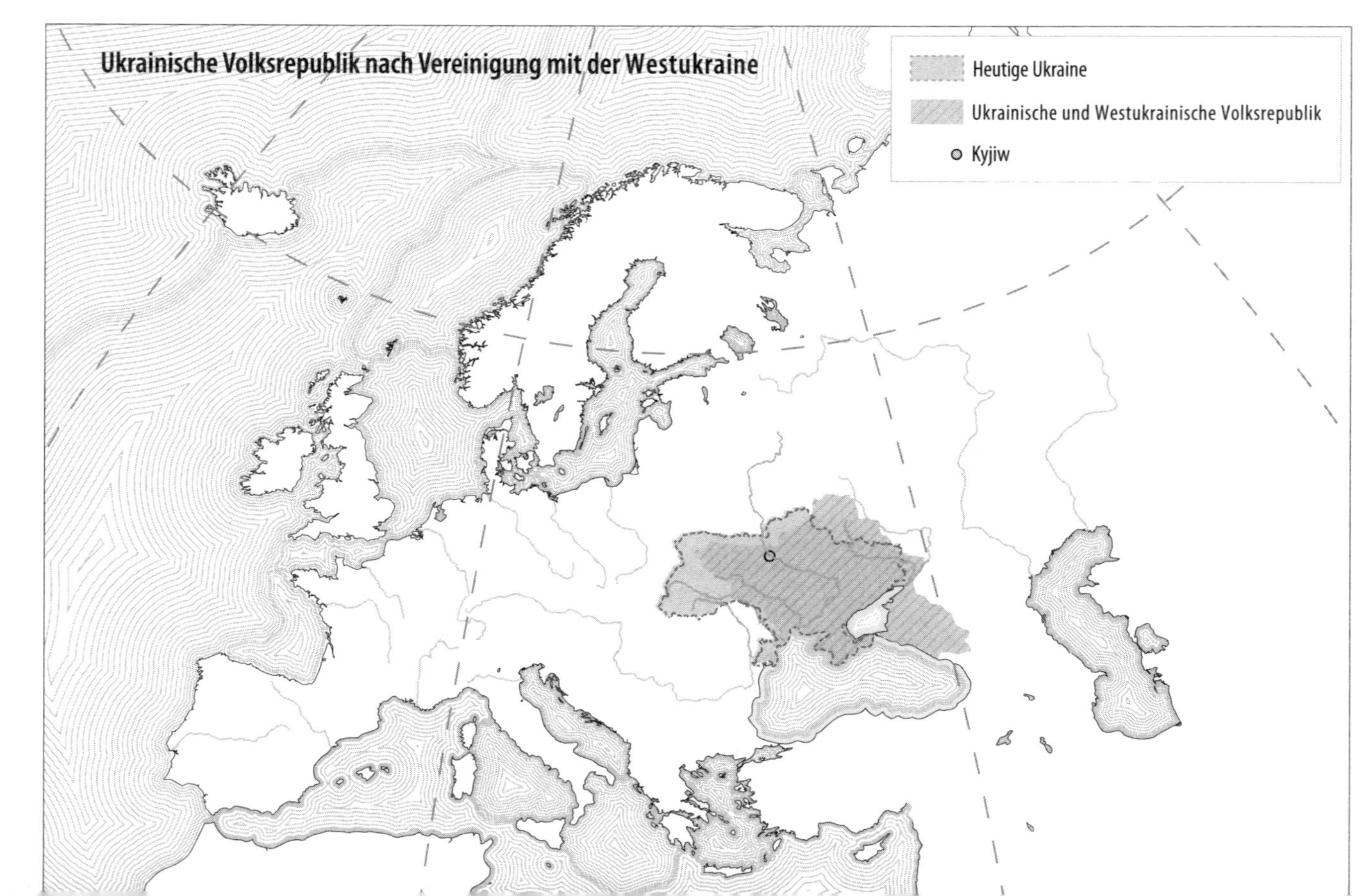
Ukrainische Volksrepublik nach Vereinigung mit der Westukraine
Heutige Ukraine
Ukrainische und Westukrainische Volksrepublik
Kyjiw

Der Große Krieg

Wenn Staaten Pässe hätten, würde darin 1914 als Geburtsjahr der Ukraine eingetragen. Das soll nicht heißen, dass es vorher keine ukrainische Nation gegeben hätte. Es gab sie, aber hauptsächlich in der Vorstellung der Menschen, die auf ukrainischem Boden lebten und sich als Ukrainer betrachteten. Ungefähr 90 Prozent der fast 30 Millionen potenziellen Ukrainer waren Bauern, die im Allgemeinen nur eine sehr vage Vorstellung davon hatten, dass sie einer einzigen Volksgemeinschaft angehörten und dass diese Gemeinschaft «Ukraine» genannt wurde.

Der Erste Weltkrieg machte aus dieser «weichen» eine «harte» Realität. Das ereignete sich aufgrund einer Vielzahl von Faktoren und auf unterschiedliche Weise. Die strategische Bedeutung der Ukraine war der wichtigste Faktor. Wie der britische Historiker Dominic Lieven anmerkt, «veränderte der Erste Weltkrieg mehr als alles andere das Schicksal der Ukraine». Die Bedeutung der Ukraine wurde vor allem durch die Wesensart dieses Krieges bestimmt. Denn er war nicht nur der erste Weltkrieg, sondern auch der erste *totale* Krieg, das heißt, er erforderte die vollständige Mobilisierung der Ressourcen sowohl an der Front als auch hinter der Front. In einem solchen Krieg kann die Kriegspartei, die über die größten Ressourcen verfügt, am längsten durchhalten und hat demzufolge auch die besten Siegeschancen. Das ukrainische Gebiet stellte ein fast unerschöpfliches Reservoir an Ressourcen dar – vor allem Getreide, also Brot. Man darf nicht vergessen, dass sowohl die Russische Revolution von 1917 in Petrograd als auch die deutsche Revolution von 1918 in Berlin mit Hungerunruhen begonnen hatte. Noch 1913, ein Jahr vor Kriegsausbruch, war in den ukrainischen Provinzen des Russischen Reiches eine Rekordernte von 16 000 Tonnen Getreide eingefahren worden. Die Zahl wirkte geradezu magisch auf die Vorstellungskraft aller Kriegsparteien. Es ist daher nicht verwunderlich, dass der im Februar 1918 in Brest-Litowsk unterzeichnete Separatfrieden zwischen den Mittelmächten und der Ukraine als «Brotfrieden» bezeichnet wurde: Er verschaffte den Heeren Österreich-Ungarns und Deutschlands den dringend benötigten Nachschub an ukrainischen Getreidelieferungen und Nahrungsmitteln.

Kohle und Eisenerz waren weitere strategisch wichtige Ressourcen. Im Russischen Kaiserreich wurde der Löwenanteil an diesen Ressourcen in den Industriezentren der südöstlichen Ukraine gewonnen und verarbeitet, also in der Region Donbass und im benachbarten Jekaterinoslaw. Und in Galizien, das zu Österreich-Ungarn gehörte, wurde Öl gefördert. Dieses Öl nutzte die deutsche Marine im Ersten Weltkrieg; die Ölressource war einer der wichtigsten Faktoren, die bei der Pariser Friedenskonferenz das Schicksal Galiziens bestimmten.

Eine weitere wichtige Ressource stellte die Bevölkerung dar. Erstmals wurden schwere Artillerie und Giftgas auf breiter Front eingesetzt, was bei den kämpfenden Truppen zu enormen Verlusten führte: Die Armeen brauchten daher einen ständigen Nachschub an «Kanonenfutter». Die Ukrainer bildeten die zweitgrößte ethnische Gruppe im Russischen Reich und die sechstgrößte Gruppe im österreichisch-ungarischen Reich und stellten daher für beide Seiten eine wesentliche Ressource an militärischem Personal dar.

Der Erste Weltkrieg bewirkte auch in anderer Hinsicht eine Wiederbelebung der nationalen Frage. Vor dem Krieg hatte zwischen den europäischen Reichen eine Art Gentlemen's Agreement bestanden, die nationale Frage nicht als Waffe gegeneinander zu verwenden. Doch der Erste Weltkrieg war kein Krieg zwischen Gentlemen. Das Russische Reich behauptete, einen Krieg zur Befreiung der slawischen Völker vom «deutschen Joch» zu führen. Der Konflikt zwischen Österreich-Ungarn und dem Russischen Reich um Galizien war ein potenzieller Casus Belli und wurde in seiner Bedeutung als

Kriegsursache nur vom Balkan übertroffen. Die russische Reichsregierung glaubte, Wien unterstütze die ukrainischen Unabhängigkeits- bzw. Vereinigungsbestrebungen in Galizien und war entschlossen, dieses Nest des «Masepismus» auszumerzen. Es ist daher kaum verwunderlich, dass Russland schon in den ersten Kriegstagen gegen Galizien vorrückte. Während der russischen Besatzung gehörten ukrainische Aktivisten zu den Hauptzielen der militärischen Unterdrückung.

Ursprünglich glaubte man, der Krieg würde nicht lange dauern und alle würden «Weihnachten wieder zuhause» sein. Er ging jedoch schon bald in einen Stellungskrieg über. Bei ungefähr gleichem Kräfteverhältnis führten selbst große Schlachten mit gewaltigen Verlusten zu keinen radikalen Verschiebungen des Frontverlaufs in die eine oder andere Richtung. Im Frühjahr 1917 kommentierten britische Offiziere ironisch, wenn sich die Westfront weiterhin im gegenwärtigen Tempo verschiebe, würde sie erst in 180 Jahren an den Rhein vorstoßen!

An der Ostfront jedoch war das anders. Hier waren die Frontlinien dünn gestreckt, so dass große und wichtige Durchbrüche möglich waren, die vor allem auf ukrainischem Boden erfolgten. Bei Kriegsbeginn hatten russische Truppen Galizien besetzt. Im Frühjahr und Sommer 1915 wurden sie von österreichisch-ungarischen Einheiten bis nach Wolhynien zurückgedrängt. Im Sommer 1916 gelang der russischen Armee mit der Brussilow-Offensive ein Durchbruch nach Westen. Die größten Veränderungen an der Front erfolgten jedoch erst in den letzten Kriegsmonaten. Vom Winter 1917 bis zum Frühjahrsanfang 1918 nutzten deutsche und österreichische Truppen den auf die Revolution folgenden Zusammenbruch der russischen kaiserlichen Armee und gingen in die Offensive, bei der sie fast alle westlichen Randgebiete des Russischen Reiches eroberten, darunter auch die Ukraine.

Die Ukraine-Frage spielte in den deutschen und österreichischen Plänen eine wichtige Rolle. Schon vor dem Krieg schrieb der deutsche Publizist Paul Rohrbach, wer Kyjiw einnehme, könne Russland kontrollieren. Bei Kriegsbeginn genehmigte die österreichische Regierung die Formierung der Sitscher Schützen, einer neuen militärischen Einheit, die aus galizischen Ukrainern bestand. Gegen Kriegsende wurden aus ukrainischen Kriegsfangenen in deutschen Lagern zwei weitere Divisionen gebildet. Diese Einheiten, die als «Blauröcke» und «Grauröcke» bezeichnet wurden, sollten die russischen Truppen bekämpfen. Ihre Gründung erfolgte unter aktiver Mitwirkung des Bundes zur Befreiung der Ukraine, einer Organisation ukrainischer Emigranten aus dem Russischen Reich, die von Berlin und Wien unterstützt wurde.

Die Habsburger hatten erkannt, dass sie ihr Reich nicht dauerhaft zusammenhalten konnten und dass es letztendlich in Nationalstaaten zerfallen könne. Deshalb bereiteten sie ihre männlichen Familienmitglieder vorausschauend darauf vor, als Monarchen in den Staatsgebilden installiert zu werden, die nach dem Krieg neu entstehen mochten. Wilhelm Franz von Habsburg-Lothringen, besser bekannt unter seinem ukrainisierten Namen Wasil Wyschywanij sollte König der Ukraine werden.

Im Herbst 1917 begannen sich die Entente-Mächte verstärkt für die ukrainische Bewegung zu interessieren, weil die Ukraine die einzige Region zu sein schien, in der noch Ordnung und Stabilität herrschten, während das Zentrum des Russischen Reiches nach der Revolution in Anarchie und Chaos versank. Ihr Interesse verflog jedoch wieder, als die ukrainische Regierung Anfang 1918 Verhandlungen mit Deutschland aufnahm, um einer drohenden Besetzung durch die Bolschewiki vorzubeugen. Den Bestimmungen des Vertrags von Brest entsprechend erkannte Deutschland die Unabhängigkeit der Ukraine an – aber nur, um sie dann zu besetzen. Diese Entscheidung wirkte sich nach dem Krieg schmerzlich für das Land aus, weil die siegreichen Entente-Mächte die ukrainische Regierung als pro-deutsch einstuften und ihr nichts als Ultimaten präsentierten.

Für die Behauptung, der Erste Weltkrieg habe die ukrainische Frage wieder in den Vordergrund gerückt, genügen diese einzelnen Vorgänge jedoch nicht, sondern es müssen auch die größeren Zusammenhänge berücksichtigt werden. Der Erste Weltkrieg war ein wichtiger Wendepunkt der Weltgeschichte. Er führte das zu Ende, was die

Französische Revolution begonnen hatte: die Zerstörung des alten Regimes. Der Krieg begann als Kampf zwischen Imperien und Monarchien und endete als Krieg zwischen Nationen und Republiken. Gegen Kriegsende verkündeten sowohl der amerikanische Präsident Woodrow Wilson als auch der russische Bolschewikenführer Wladimir Lenin – die Führer zweier Großmächte, deren Stimmen eine übergroße Rolle für das Schicksal Europas spielten – das Selbstbestimmungsrecht der Nationen als eines der Kernprinzipien der Nachkriegsordnung.

Der Erste Weltkrieg schuf Situationen und Phänomene, die in Friedenszeiten undenkbar gewesen wären. So gab es im Russischen Reich Anfang 1917 rund sechs Millionen Flüchtlinge. Vor dem Krieg hatte es keine gesellschaftlich relevante Zahl von Flüchtlingen gegeben, aber danach stellten sie eine der größten Bevölkerungsgruppen des Reiches dar. Zum Vergleich: Das gesamte Industrieproletariat des Kaiserreiches umfasste nur 3,5 Millionen Menschen. Zu den Flüchtlingen zählten auch die galizischen Ukrainer, die nach Kyjiw gezogen waren, nachdem sie im Frühjahr 1915 von den russischen Besatzungsbehörden vertrieben worden waren. Nachdem die Polen für ihre galizischen Brüder und Schwestern ein eigenes Haus errichtet hatten, taten die Kyjiwer Ukrainer dasselbe für die aus Galizien vertriebenen Ukrainer. So entstand in Kyjiw die erste «offiziell ukrainische» Institution. Etwa zur gleichen Zeit gründeten die Sitscher Schützen im besetzten Wolhynien ukrainische Schulen und schufen damit die ersten ukrainischsprachigen Bildungseinrichtungen auf dem Territorium des Russischen Kaiserreiches.

Die Landbevölkerung, die den größten Teil der Bevölkerung dieser Regionen ausmachte, bekam die Veränderungen am stärksten zu spüren. Als Folge des Ersten Weltkriegs wurde die traditionelle ländliche Welt von der Moderne förmlich überrollt. Bauern stellten die Mehrheit der Soldaten auf beiden Seiten der Front. Vor dem Krieg hatten ukrainische Bauern wählen können, ob sie in einer nahe gelegenen Fabrik oder einem Bergwerk arbeiten wollten. Nach Kriegsbeginn hatten sie keine Wahl mehr: Alle Bauern im kriegsdienstfähigen Alter wurden mobilisiert. Der Einfluss und die Anforderungen des Militärs waren durchaus mit einer Fabrik oder Werksanlage vergleichbar. Die Bauern mussten den Umgang mit der militärischen Ausrüstung erlernen, bei der teilweise die modernsten Technologien zum Einsatz kamen. Die Armee brachte ihnen auch die Prinzipien der modernen Welt bei, zum Beispiel Disziplin und Organisation. In den Schützengräben wurden die Bauern zu Zielgruppen von Propagandisten und – gegen Kriegsende – von revolutionären Agitatoren. Sie lernten moderne Ideologien kennen, vor allem Sozialismus und Nationalismus. Der Krieg machte auch die Grenzen zwischen den Klassen durchlässiger und eröffnete ein gewisses Maß an gesellschaftlicher Aufstiegsmobilität. Die Gruppe, die an der Front proportional die größten Verluste erlitt, waren die Feldoffiziere, so dass das Offizierskorps einen ständigen Nachschubbedarf hatte. Damit wurde es den fähigsten Bauern ermöglicht, in den Rang von Unteroffizieren aufzusteigen.

Auch die Wahrnehmung geographischer Räume erfuhr eine bedeutsame Erweiterung. Die zum Militärdienst eingezogenen Bauern beider Armeen mussten große Entfernungen zurücklegen und entdeckten dabei wie Kolumbus eine neue Welt. So stellten die Bauernsoldaten der russischen Armee, als sie in Galizien einmarschierten, zu ihrer Überraschung fest, dass die meisten Einheimischen fast dieselbe Sprache sprachen wie sie selbst. Am begehrtesten waren Alkohol und die Gedichtsammlung *Kobsar* von Taras Schewtschenko.

Der Krieg modernisierte die Bauernschaft und aktivierte ihr nationales Selbstbewusstsein. Als die Bauernsoldaten von der Front zurückkehrten, waren sie völlig andere Menschen. Ein lokaler Kommunist aus der Region Schytomyr beklagte sich 1924 in einem Leserbrief an die *Prawda* darüber, dass es «jetzt in jedem Dorf in der Umgebung eine politisch voreingenommene und aktive Gruppe von ›weltgewandten‹ Bauern gibt, die während des Krieges und der Revolution überall hingereist waren und die Welt gesehen haben, jetzt ständig die Zeitung lesen und bei allem mitreden wollen, so dass wir wie Idioten aussehen.»

Kriege und Revolutionen sind mächtige Beschleuniger: Prozesse, die normalerweise Jahrzehnte dauern würden, benötigen jetzt nur noch ein paar Jahre oder sogar Monate. Das trifft mit Sicherheit auf die ukrainische Nationalstaatsbildung zu, die nach 1914 viel schneller voranschritt als zuvor – vor allem die Umwandlung von «Bauern zu einer Nation». Ihre alte, kleine, vertraute Heimat wurde durch ein neues, großes und nationalbewusstes Heimatland ersetzt. Später im Krieg, nachdem der anfängliche patriotische Eifer wieder abgeklungen war, stimmten die Konturen ihres neuen Heimatlandes immer weniger mit denen des Reiches überein, für das sie gekämpft hatten.

Das heißt nicht, dass die Vorstellungen von diesem Heimatland bei den nationalen Eliten und den Bauern unbedingt dieselben waren. Die gesellschaftlichen Klassen waren nicht abgeschafft worden; es gab noch immer riesige Klassenunterschiede. Selbst unter den ukrainischen Sitscher Schützen, der Militäreinheit, die am ehesten kampfbereit war und ein besonderes Nationalbewusstsein pflegte, blickten die Offiziere auf die gemeinen Soldaten herab, und es herrschte gegenseitige Abneigung.

Unsere Beschreibung wäre unvollständig, würden wir nicht auf ein weiteres Element hinweisen: Die jahrelange Erfahrung einer blutigen und sinnlosen Abschlachterei, verbunden mit den harten Lebensbedingungen, dem Hunger und der eisigen Kälte in den Schützengräben, hatte die normalerweise bestehenden moralischen Grundlagen und Verhaltensnormen der Soldaten untereinander untergraben. Außerdem hielten sie jetzt Waffen in den Händen, die ihnen das Gefühl gaben, nicht nur über große Macht zu verfügen, sondern auch selbst für die schändlichsten Verbrechen straflos zu bleiben. Der «Mann mit dem Gewehr» oder «Frontsoldat», gewöhnlich ein Bauer im Soldatenmantel, nahm seine an der Kriegsfront gemachten Gewalterfahrungen mit zurück ins zivile Leben.

Die bittere Ironie der ukrainischen Geschichte war, dass das Ende des Ersten Weltkriegs für dieses Land keineswegs das Ende des Krieges an sich bedeutete. Vielmehr folgten unmittelbar darauf weitere äußerst brutale Revolutions- und Bürgerkriege.

Die Russische (Februar-)Revolution begann im März (Februar nach Julianischem Kalender/Julian Date, JD) 1917 mit großen Straßendemonstrationen in Petrograd und führte zur Abdankung des russischen Zaren. Neun Monate lang versuchte die Provisorische Regierung, eine liberale Demokratie in Russland zu errichten, die aber nie die nötige Stabilität erreichte. Im November (Oktober, JD) putschten sich die von Wladimir Lenin geführten Bolschewiki an die Macht; der Staatsstreich wurde später von der sowjetischen Propaganda als «Große Oktoberrevolution» bezeichnet. Mit diesem Ereignis wurde ein neues Kapitel der Weltgeschichte aufgeschlagen: die Geburt, das Wachsen und schließlich das Ende einer Supermacht, der Union der Sozialistischen Sowjetrepubliken (UdSSR). Das von dem Historiker Iván T. Berend so genannte «kurze 20. Jahrhundert» (1914–1991) war im Wesentlichen das «sowjetische Jahrhundert».

Die Russische Revolution war auch ein Wendepunkt in der Geschichte der Revolutionen. Wie bei vielen anderen Phänomenen der Moderne war Westeuropa das historische Vaterland der Revolution. Bis 1917 waren Revolutionen im Großen und Ganzen auf den europäischen Kontinent beschränkt geblieben. Bei den Ausnahmen handelte es sich um Revolutionen in Staaten, die sich im Gefolge der globalen Expansion des Westens herausgebildet hatten: die Vereinigten Staaten (1776–1787), Südamerika (1810–1820er Jahre) und Meiji-Japan (1868–1869). Die Russische Revolution jedoch war die erste globale Revolution. Von Russland ausgehend, breitete sich der Kommunismus auf der ganzen Welt aus, einschließlich Asiens und Afrikas.

Karl Marx sah in seinem *Kommunistischen Manifest* (1848) als Erster den globalen Charakter der kommenden Revolution voraus. Seiner Argumentation zufolge führte die Suche der Kapitalisten nach neuen Märkten und Profiten dazu, dass sich der Kapitalismus auf der ganzen Welt ausbreitete – und damit bringe er gleichzeitig auch seinen eigenen Totengräber hervor, das Weltproletariat. Die zukünftige proletarische Revolution werde deshalb ihrem Wesen nach notwendig eine globale sein. Marx und seine Anhänger setzten jedoch ihre größten Hoffnungen auf Deutschland mit seinem robusten industriellen Fundament, der großen Arbeiterklasse und einer starken sozialdemokratischen Partei. Die Weltrevolution werde daher mit einem Aufstand des deutschen Proletariats beginnen.

Gegen Ende seines Lebens gelangte Marx jedoch zu der Überzeugung, dass die Weltrevolution auch im rückständigen, landwirtschaftlich geprägten Russland möglich sei, wo sich die gesellschaftlichen und politischen Konflikte besonders zugespitzt hatten. Lenin baute diese Theorie vor dem Ersten Weltkrieg weiter aus. Seiner Auffassung nach war Russland das schwächste Glied im imperialistischen System, dem System also, das er als höchste und letzte Entwicklungsstufe des Kapitalismus ansah.

Allerdings könne Russland, Marx und Lenin zufolge, nur den revolutionären Funken auslösen. Die eigentliche revolutionäre Flamme werde in Deutschland und im übrigen Westeuropa auflodern und sich von dort auf der ganzen Welt ausbreiten. Die Revolution von 1917 schien die Prophezeiungen von Marx und Lenin zu bestätigen. Sie begann tatsächlich in Russland. Im November 1918 brach auch in Deutschland eine Revolution aus, in den nächsten fünf Jahren (1918–1922) folgten Ungarn, Finnland, Italien, Slowakei, Bulgarien, Estland und andere Länder. Diesem Modell entsprechend sollten die ukrainischen Gebiete als Brücke dienen, auf der die Russische Revolution auf Westeuropa übergreifen und dann die Welt erobern würde.

Stalin schrieb 1918, der wesentliche Knoten der modernen internationalen Ordnung werde in der Ukraine geknüpft. Aber die Ukraine erlebte ihre eigene Revolution, die zwar die heimischen Landstriche niederbrannte, aber auch verhinderte, dass sich die Revolutionen in Russland und im Westen miteinander verbinden konnten.

Die Ukrainische Revolution gleicht Verdis Oper *Der Troubadour*: Es ist praktisch unmöglich, die komplizierte Handlung zu beschreiben, ohne abzuschweifen oder wichtige Episoden auszulassen. Deshalb ist auch eine Beschreibung der Ukrainischen Revolution zwangsläufig selektiv. Die Historiker greifen die Aspekte auf, die am besten in ihren jeweiligen Analyserahmen passen. So schildern beispielsweise sowjetische Historiker die Ereignisse in der Ukraine als einen Teil der Oktoberrevolution; viele russische und westliche Historiker halten noch immer an dieser Auffassung fest. Aus dieser Perspektive gibt es keine Ukrainische Revolution. Und das Schicksal der *echten* Revolution, der Russischen Revolution, sei im Zentrum entschieden worden, im tödlichen Kampf zwischen den Roten (Bolschewiki) und den Weißen (ihren Feinden). Die Ukraine sei nur eines der peripheren Territorien, auf denen sich der Konflikt abspielte; die revolutionären Ereignisse auf ukrainischem Boden besäßen demzufolge keine eigene Bedeutung. Man könnte sagen, die Revolution habe *auf* der Ukraine stattgefunden, nicht *in* der Ukraine.

Die meisten ukrainischen Historiker sehen dies ganz anders. Sie sagen, dass es eine Ukrainische Revolution gegeben habe, meinen aber damit im Allgemeinen nur die *nationale* Revolution, den nationalen Befreiungskampf. Dementsprechend präsentieren sie die Geschichte der Ukrainischen Revolution fast nur als Geschichte von vier ukrainischen Staatsgebilden, die in dieser Zeit entstanden, für kurze Zeit existierten und wieder beseitigt wurden: die Ukrainische Volksrepublik der Zentralna Rada (November 1917–März 1918), das Hetmanat Ukraine unter Pawlo Skoropadskyj (April–Dezember 1918), die Ukrainische Volksrepublik der Direktoriumsperiode (Dezember 1918–Dezember 1919) und die Westukrainische Volksrepublik (November 1918–Juli 1919). Auf diese Republiken folgte der gemeinsame polnisch-ukrainische Feldzug gegen die Ukrainische Sozialistische Sowjetrepublik (April–Juli 1920).

Tatsächlich jedoch umfasste die Ukrainische Revolution mehr als nur die bolschewistischen oder nationalen Revolutionen. Denn sie beinhaltete auch eine dritte Revolution, einen Bauernaufstand. Das entsprach ihrem Charakter als Revolution im Grenzland, wo sich mehrere Konflikte miteinander verflochten. Die intensive Verquickung von Konflikten war das wichtigste Merkmal der Ukrainischen Revolution, das ihre Identität, ihre Logik und ihre Dynamik bestimmte. Und weil die Ukraine nicht einfach nur irgendeine Grenzregion, sondern ein strategisch wichtiges Grenzland war, wirkte sich der Verlauf der Ukrainischen Revolution auch in den Machtzentren Mittel- und Osteuropas aus: in Berlin, Warschau und Wien, aber vor allem in Moskau, der neuen russischen Hauptstadt (die 1918 Petrograd abgelöst hatte).

Doch es war der nationale Charakter der Ukrainischen Revolution, der sie zu einem besonderen Ereignis machte. Jede Revolution zielt letztendlich darauf ab, einen Machtwechsel herbeizuführen. In genau dieser Hinsicht zeigte sich der Unterschied zwischen dem russischen und dem ukrainischen Kontext. Das Hauptanliegen der Russischen Revolution war der Machttransfer innerhalb des bestehenden Staates. Dagegen stand die ukrainische nationale Revolution vor der Herausforderung, einen noch gar nicht existierenden Staat aufzubauen. Hinzu kommt, dass die Ukrainische Revolution eine spezifische geographische Dimension aufwies: Im Unterschied zur Russischen Revolution betraf die Ukrainische Revolution Gebiete, die in zwei verschiedenen Reichen lagen. Auch in chronologischer Hinsicht unterschieden sich die beiden Revolutionen voneinander. Wie im Falle der Tschechen, Slowaken, Litauer und Polen begann auch der nationale Befreiungskampf der Ukrainer nicht erst 1917, sondern schon 1914, als Aktivisten die militärische Situation für den Aufbau ihres Nationalstaates zu nutzen versuchten und zu diesem Zweck schon in den ersten Kriegsmonaten nationale Komitees und militärische Formationen gründeten.

Ursprünglich waren die ukrainischen Führer nicht besonders revolutionär – tatsächlich waren sie überhaupt nicht revolutionär. Bei Kriegsbeginn erklärten sie ihren jeweiligen Staaten ihre Loyalität: die im Osten gegenüber dem Russischen Reich, die Galizier gegenüber dem Österreichisch-Ungarischen Reich. Beide Seiten glaubten, die Niederlage des jeweils *anderen* Reiches würde zur Vereinigung der ukrainischen Territorien innerhalb ihres Reiches führen und somit der ukrainischen Frage den nötigen Auftrieb geben. Einen unabhängigen Nationalstaat auf ukrainischem Territorium zu schaffen, hatte für sie in der Regel keine Priorität. Einerseits war das einfach nur pragmatisch: Die ukrainische Bewegung innerhalb des Russischen Reiches war schlecht organisiert, weshalb ihre Führer gar nicht erst ein

Ziel anzustreben versuchten, das sie für unerreichbar hielten. Andererseits folgten sie noch immer der Hauptströmung des ukrainischen politischen Denkens, dessen Ursprünge bis auf die Kyrill-und-Methodius-Bruderschaft zurückgingen: die Transformation des Reiches in einen Bund von Nationen, in dem die Ukrainer politische und kulturelle Autonomie beanspruchen konnten. Damit unterschieden sie sich von den Nationalbewegungen der Polen und Finnen, deren Führer das Ziel einer uneingeschränkten nationalen Unabhängigkeit verfolgten. Die ukrainische Bewegung ähnelte eher den Bewegungen in Belarus, Armenien und Georgien, die ebenfalls Föderationspläne befürworteten. In dieser Gruppe kam der ukrainischen Bewegung eine wichtige Rolle als Richtungsweiser zu. Ihre Erfolge oder Misserfolge würden zeigen, inwieweit sich die nationale Frage innerhalb des ehemaligen Russischen Reiches lösen ließe.

Schon in den ersten Wochen der Russischen Revolution von 1917 kam es zu einer Kraftprobe. Nach der Abdankung des Zaren übernahm die Provisorische Regierung die Macht, die durch verschiedene Räte oder «Sowjets» von Delegierten der Arbeiter und Soldaten, Volksgruppen, Berufsgruppen und so weiter unterstützt wurde. In St. Petersburg und Zentralrussland etablierte sich die staatliche Macht relativ schnell in Form der «Doppelherrschaft»: Der Petrograder Sowjet der Arbeiter- und Soldatendeputierten agierte als Gegengewicht zur Provisorischen Regierung. In den ukrainischen Gebieten formierte sich jedoch ein drittes Machtzentrum: die Zentralna Rada (Zentralrat), die im März 1917 in Kyjiw gegründet und von Mychajlo Hruschewskyj angeführt wurde.

Die Zentralrada proklamierte ihre Herrschaftsansprüche über alle von ethnischen Ukrainern besiedelten Territorien. Das war kein Bluff. Von den drei Machtzentren in der Ukraine war die Zentralrada die stärkste. Die Kyjiwer Rada der Bauern-, Soldaten- und Arbeiterdeputierten war schwach und hatte keine Verbindungen zu den entsprechenden Räten in Russland, so dass sich die Zentralrada erlauben konnte, sie einfach zu ignorieren. Die Provisorische Regierung in Petrograd, die sich aus russischen Liberalen und modernen Sozialisten zusammensetzte, war stärker. Sie war bereit, die Ukrainer als eigene Nation im Sinne einer ethnischen Gruppe anzuerkennen, stand aber der Umgestaltung Russlands in eine Föderation ablehnend gegenüber. Die Provisorische Regierung musste allerdings gewisse Zugeständnisse machen. Sie erkannte die Machtstellung der Zentralna Rada an, aber nur auf dem Territorium der «alten» Ukraine. Aus ihrer Perspektive war die «neue» Ukraine (die Steppe) noch immer «Noworossiya» (Neurussland), obwohl auch dort die ukrainische Bauernschaft den größten Bevölkerungsanteil ausmachte. Deshalb kreisten die Beziehungen zwischen den revolutionären Zentren in Kyjiw und Petrograd bis zum Staatsstreich der Bolschewiki um die Frage, welches Maß an Autonomie der Ukraine zugestanden werden sollte und in welchen Grenzen.

Im Frühjahr und Sommer 1917 verlor die Provisorische Regierung allmählich an Einfluss, während die Zentralrada an Macht gewann. Manche ukrainische Führer bezeichneten 1917 als ein Jahr großer Wunder. Sie sahen sich als Götter, die aus dem Nichts eine neue Welt schufen. Die Bauernschaft fühlte sich vom Plan einer föderalen Ukraine angesprochen. Sie litt an Landhunger und glaubte, eine einheimische ukrainische Regierung würde die Landfrage besser lösen können als die Regierung im fernen Petrograd. Auch die kriegsmüden ukrainischen Soldaten in der russischen Armee unterstützten die Zentralrada. Ein ukrainischer Staat würde eine ukrainische Armee brauchen, und so wäre ihnen der Weg für eine Rückkehr in die Heimat geebnet.

Der Augenblick der Wahrheit kam mit der Wahl zur russischen konstituierenden Versammlung (auch russische Konstituante genannt) im November 1917. Man stellte sich vor, dass die Versammlung als Parlament über das Schicksal des gesamten ehemaligen Russischen Reiches entscheiden würde. In der Ukraine ging die Zentralna Rada als klarer Sieger aus der Wahl hervor. Die beiden größten Parteien in der Rada – die Sozialdemokraten und die Sozialrevolutionäre – kamen zusammen auf rund 70 Prozent der Stimmen.

Je schwächer das russische Zentrum wurde, desto radikaler wurden die ukrainischen Forderungen. Als die Bolschewiki in diesem Herbst in Petrograd an die Macht kamen, rief die Zentralna Rada die

Ukrainische Volksrepublik (UVR) aus. Doch auch dieses Mal eben nicht als unabhängigen Staat, sondern als autonomen Staat innerhalb einer föderativen Union mit einem demokratischen Russland und anderen Völkern des früheren Zarenreiches.

Die Bolschewiki erkannten die UVR an, gleichzeitig erklärten sie ihr den Krieg. In der Ukraine konnten sie sich nicht auf maßgebliche Unterstützung berufen, denn bei den Wahlen zur Konstituante waren sie in den ukrainischen Provinzen des ehemaligen Russischen Reiches nur auf einen Anteil von 10 Prozent der Stimmen gekommen. Die größte Zahl von Wählern in der Region fanden sie unter den Frontsoldaten und in den Industriestädten im Osten. Im Dezember 1917 versuchten lokale Bolschewiki, die Macht in Kyjiw an sich zu reißen, was ihnen aber nicht gelang. Nach dieser Niederlage verlegten sie ihren Aktionsmittelpunkt nach Charkiw an der russisch-ukrainischen Grenze und proklamierten dort die Ukrainische Volksrepublik der Sowjets (auch Ukrainische Sowjetische Volksrepublik genannt). Durch die Bildung einer angeblich eigenständigen ukrainischen Regierung wollten die Bolschewiki den Eindruck erwecken, dass ihr Krieg gegen die Zentralrada keine externe Aggression sei, sondern ein Bürgerkrieg zwischen gesellschaftlichen Klassen, den ukrainischen Arbeitern und der «bürgerlichen» Zentralna Rada. (Diese Taktik wandte der Kreml auch 2014 nach der Invasion der Ukraine an, als er den Kampf um den Donbass zum internen Bürgerkrieg erklären wollte.)

Im Jahr 1917 waren die lokalen Bolschewiki jedoch zu schwach, um sich dauerhaft auf ukrainischem Boden etablieren zu können. In der Ukraine konnte der Bolschewismus nur von außen, von Russland, «mit der Bajonettspitze» eingeführt werden. Gegen Ende 1917 griffen russische Bolschewiki-Einheiten die Ukraine an. Der Krieg zwischen den russischen Bolschewiki und der ukrainischen Zentralrada (1917–1918) war der erste Krieg zwischen zwei sozialistischen Staaten. Die Zentralrada erwies sich als schwächer. Das Wunder von 1917 war nur von kurzer Dauer: Wie ein Strohfeuer loderte es zunächst auf, wurde aber schnell wieder gelöscht. Die Unterstützung durch die ukrainischen Bauern und Soldaten verpuffte, nachdem die

Bauern Land erhalten hatten und die Soldaten von der Front nach Hause zurückgekehrt waren. Mit ihren Slogans stellten die Bolschewiki beide Gruppen zufrieden: «Land für die Bauern!» und «Nieder mit dem Krieg!»

Der Unterstützung von unten beraubt, nahm die Zentralrada Verhandlungen mit Deutschland auf. Am 22. Januar 1918 proklamierte die ukrainische Regierung in Kyjiw die Unabhängigkeit der Ukraine und unterzeichnete Anfang Februar 1918 in Brest einen Separatfrieden (den sogenannten «Brotfrieden») mit Deutschland und den anderen Mittelmächten. (Die Bolschewiki-Regierung unterzeichnete ihren eigenen Frieden von Brest einen Monat später.)

Nach dem Scheitern der Ukrainischen Revolution warfen die ukrainischen Nationalisten den ukrainischen Sozialisten vor, durch ihr Zaudern bei der Ausrufung der nationalen Unabhängigkeit die Niederlage verschuldet zu haben. Doch diese Vorwürfe waren ungerecht. Im Jahr 1918 erklärten mehrere Nationen ihre Unabhängigkeit: die Litauer (16. Februar), Esten (24. Februar), Belarussen (25. März), Georgier (26. Mai), Armenier und Aserbaidschaner (28. Mai) und, ganz am Ende der deutschen Besatzung, auch die Letten (18. November). Alle hatten gehofft, durch die Erklärung der Unabhängigkeit unter den Schutzschirm Deutschlands gegen den russischen Bolschewismus zu gelangen. Beim Blick auf diese Chronologie wird deutlich, dass die ukrainische Regierung tatsächlich die erste war, die den radikalen Schritt einer vollständigen Loslösung von Russland unternommen hatte.

Die deutsche Reichsregierung schloss den Frieden mit der sozialistischen ukrainischen Regierung in der Hoffnung, Zugriff auf das ukrainische Getreide zu erhalten. Anfang März 1918 rückten deutsche und österreichische Besatzungstruppen in die Ukraine ein. Die Deutschen besetzten den mittleren und nördlichen Teil, die Österreicher den Süden und Osten. Doch zu diesem Zeitpunkt war die Zentralna Rada nur noch ein schwacher Abglanz ihrer früheren Bedeutung. Sie konnte ihre Verpflichtungen, die Besatzungstruppen mit Brot zu versorgen, nicht erfüllen. Von der Rada enttäuscht, lösten die deutschen Besatzer die Versammlung auf, organisierten am 29. April

1918 einen Staatsstreich und verhalfen dem Hetman Pawlo Skoropadskyj (1873–1945) zur Macht. Er verkündete sofort, sein Vaterland wolle fortan kein Experimentierfeld für sozialistische Experimente mehr sein. Das Oberhaupt des neuen ukrainischen Staates hatte als General in der kaiserlich-russischen Armee gedient; er wird mitunter mit Carl Mannerheim, dem «Vater Finnlands», verglichen, der ebenfalls General der russischen Armee gewesen war. Der Unterschied zwischen beiden besteht jedoch darin, dass Mannerheim ein Schwede ohne finnisches Blut war, während Skoropadskyj ein direkter Nachfahr ukrainischer Hetmane war und sich ganz bewusst auf die Traditionen des Kosakenstaates des 18. Jahrhunderts berief. Man kann seine Machtausübung als konservative ukrainische Regierung mit einer Ausrichtung auf ein Kleinrussland unter deutscher Besatzung beschreiben.

Skoropadskyjs Bündnis mit Deutschland war eine Vernunftehe. Er fand sich mit der deutschen Besatzung als vorübergehendem Übel ab, weil er glaubte, dass die Entente letztendlich im allgemeinen Kriegsverlauf siegen würde und das Schicksal der Ukraine auch weiterhin mit dem Russland verbunden bliebe. Nur würde es dann kein autokratisches, sondern ein liberales Russland sein, und in diesem neuen Russland würden die Rechte der Ukraine respektiert werden.

Skoropadskyjs Regierungszeit unter deutscher Oberherrschaft erwies sich als die stabilste Periode der Ukrainischen Revolution. Die Züge fuhren pünktlich, und die Restaurants, Cafés und Theater in Kyjiw waren immer voller Menschen – von denen viele aus dem bolschewistischen Russland geflohen waren. Nie war Kyjiw russischer gewesen als unter Skoropadskyj. Zeitgenössische Beobachter schrieben, «ganz Petrograd» und «ganz Moskau» hätten hier Zuflucht gefunden. Die russischen Emigranten lebten hier zwar mit Billigung der deutschen Besatzer und Skoropodskyjs Regime, aber sie mochten beide nicht. Was die Russen betraf, so lebten sie hier unter einer feindlichen Regierung, die mit einem Kollaborateur zusammenarbeitete. Skoropadskyj wiederum bemühte sich um eine Allianz mit der Russischen Freiwilligenarmee, die mit der Weißen Bewegung verbündet war und sich im Südlichen Russland (in der Nachbarschaft zur

Ukraine) formierte. Er wollte eine anti-bolschewistische Front bilden, die aus der Ukraine, der Freiwilligenarmee, dem Don, dem Kuban-Gebiet und der Krim bestehen sollte.

Die Weiße Bewegung wird oft als reaktionär monarchistisch porträtiert. Das trifft jedoch nicht zu. Das Fundament der Weißen Bewegung bildeten nicht Monarchisten, sondern russische Liberale, die den Kern der Provisorischen Regierung ausmachten. Sie wollten keine Rückkehr Russlands zur Monarchie, sondern zu der liberalen Republik, die im Frühjahr und Sommer 1917 bestanden hatte, und sahen sich selbst als russische Version des westlichen Liberalismus. Ihr Liberalismus hatte jedoch eine klare Grenze, die sie nicht überschreiten wollten: das Konzept eines zentralisierten Russlands – «vereint, mächtig und unteilbar». Deshalb konnten sie sich nicht so recht entscheiden, wer ihr Hauptgegner war: die russischen Bolschewiki oder die ukrainischen Nationalisten. Die russischen Liberalen hielten die Bolschewiki für eine temporäre, künstliche Regierung, die schon bald vom Wind der Geschichte weggeblasen würde. Die ukrainische Bewegung hingegen hatte tiefere, volkstümliche Wurzeln. Auf jeden Fall lehnten die Weißgardisten jeden Gedanken an eine Allianz mit Skoropadskyj ab.

Skoropadskyjs Beziehung zu den russischen Weißgardisten war eine Art Spiegelbild der Beziehungen zwischen der Zentralrada und den Bolschewiki: Sowohl die russische Linke als auch die russische Rechte stand der Idee einer Ukraine als eigenständigem, autonomem Staat ablehnend gegenüber. Die nationalen Prioritäten wogen schwerer als gemeinsame ideologische Überzeugungen. Von den russischen Liberalen wurde behauptet, ihr Liberalismus ende dort, wo die Ukrainische Frage beginne.

Ohne Zweifel hätte die Ukraine ihre eigene Staatlichkeit gewinnen können, wären die Mittelmächte und nicht die Entente 1918 siegreich aus dem Weltkrieg hervorgegangen. Sicherlich wäre auch sie dann von ähnlichen Schwächen geprägt gewesen wie die anderen jungen Staaten der Zwischenkriegsperiode, beispielsweise Polen, Litauen, Rumänien und andere. Sie wäre von politischen und wirtschaftlichen Krisen geplagt worden; ihre Eliten hätten sich letztendlich dem Autoritarismus zugewandt und versucht, nationale Minderheiten zu assimilieren. Aber höchstwahrscheinlich hätte sich eine solche Ukraine nicht zu einem totalitären Regime wie das der Bolschewiki in Russland entwickelt und ganz gewiss wäre sie nicht mit Massenterror gegen die eigene Bevölkerung vorgegangen. Eine weitere große Frage lautet, wie lange die Bolschewiki an der Macht geblieben wären, hätte die Ukraine ihre Unabhängigkeit erlangt.

Ein Krieg aller gegen alle

Als der Erste Weltkrieg im November 1918 endete, herrschten in den ukrainischen Gebieten chaotische Zustände. Zehn Tage zuvor war in der Westukraine der Polnisch-Ukrainische Krieg ausgebrochen. Ukrainische Truppen waren am 1. November 1918 in Lwiw (Lemberg) einmarschiert und hatten ein paar Tage später die Westukrainische Volksrepublik (WUVR) ausgerufen. Die polnischen Einheiten, unterstützt von der lokalen polnischen Bevölkerung, reagierten mit militärischen Operationen. In der dritten Kriegswoche brachten sie Lemberg wieder völlig unter ihre Kontrolle. Die westukrainische Regierung verlegte ihren Sitz zunächst nach Ternopil und im Januar 1919 nach Stanyslawiw (Stanislau). Sie nahm Verhandlungen mit Kyjiw auf mit dem Ziel, die West- und die Ostukraine zu einem einzigen Staat zu vereinen – obwohl nicht völlig klar war, mit wem sie verhandeln sollte. Am 14. November 1918, drei Tage nach der Kapitulation Deutschlands und dem Ende des Ersten Weltkriegs, gab Skoropadskyj das Ziel der Unabhängigkeit auf und proklamierte eine föderale Union der Ukraine mit Russland. Am selben Tag rückte die neue Armee der Ukrainischen Volksrepublik unter Führung des neuen revolutionären Organs, des Direktorats der Ukrainischen Volksrepublik, auf Kyjiw vor. Hruschewskyj hatte sich inzwischen aus der Politik zurückgezogen und war emigriert. An der Spitze der ukrainischen Regierung standen nun Wolodymyr Wynnytschenko, ein guter Schriftsteller, aber naiver Politiker, und Symon Petljura, ein Journalist, der infolge der Umstände gezwungenermaßen Oberbefehlshaber der Armee wurde. Am 14. Dezember besetzte das Direktorium Kyjiw, und am 22. Januar 1919 proklamierten Delegierte der beiden ukrainischen Republiken feierlich die Vereinigungsakte der Ukrainischen Volksrepublik und der Westukrainischen Volksrepublik. Zwei Wochen später nahmen die Bolschewiki Kyjiw wieder ein.

Die Regierung der Ukrainischen Volksrepublik musste sich mit ihren Truppen in die Zentralukraine zurückziehen. Im Juli 1919 stießen die Regierung und die Armee der Westukrainischen Volksrepublik dazu, die inzwischen den Krieg in Galizien verloren und sich auf ehemals russisches Territorium zurückgezogen hatten. Die Vereinigung der beiden Armeen verlieh der Ukrainischen Revolution neuen Schwung. Am 30. August 1919 zogen die vereinigten ukrainischen Streitkräfte wieder in Kyjiw ein. Doch ihr Aufenthalt dort dauerte genau einen Tag. Die ukrainische Regierung wurde von der russischen Freiwilligenarmee vertrieben, die nun vom anderen Ufer des Dnipro in die Stadt einrückte. Die Ukrainer zogen sich nach Kamjanez-Podilskyj zurück. Im Herbst 1919 setzte die Kälte frühzeitig ein, und die ukrainische Armee saß im sogenannten «Dreieck des Todes» fest – von drei Seiten von den Polen, der Roten Armee und der Weißen Armee bedrängt. Infolge des Mangels an Munition und Medikamenten und eines Typhus-Ausbruchs erlitten die Ukrainer gewaltige Verluste.

Im Dezember 1919 wurde Petljura klar, dass die Situation hoffnungslos war; er zog sich mit dem größten Teil der Truppen nach Polen zurück. Die Führer der Westukrainischen Volksrepublik reisten nach Wien. Die ukrainische galizische Armee schlug sich zuerst auf die Seite der Weißen Armee Denikins und später der Roten Armee. Mittlerweile war auch die Offensive der Freiwilligenarmee gegen die Bolschewiki schmachvoll gescheitert. Bis Oktober 1919 hatte Denikin zwei Drittel des Weges vom Süden nach Moskau zurückgelegt, war dann aber zum Rückzug gezwungen worden, als ihn Nestor Machnos anarchistisches Bauernheer von hinten angriff. Im Winter 1919/20 mussten Denikins Truppen Charkiw, Kyjiw und den Donbass aufgeben und sich auf der Halbinsel Krim verschanzen.

Der Zeitabschnitt von Ende 1918 bis Ende 1919 wird in der ukrainischen Geschichtsschreibung «Periode des Direktorats» genannt. Doch diese Bezeichnung sollte mit Vorsicht betrachtet werden, da das Direktorat keinen entscheidenden Einfluss auf die Ereignisse hatte. Zeitweise erstreckte sich sein Machtbereich nur auf wenige Kilometer rund um das Hauptquartier der Armee der Ukrainischen Volksrepublik. Das ließ sich allerdings auch von den anderen Parteien sagen, die 1919 um die Macht in den ukrainischen Gebieten des ehemaligen Russischen Reiches rangen. Eine organisierte Verwaltung existierte nur in großen Städten und entlang der Bahnlinien. Davon abgesehen herrschte überall Anarchie, der die Behörden machtlos gegenüberstanden. Das Schicksal der französischen Besatzung zeigte dies beispielhaft. Die Entente hatte beschlossen, Frankreich nach dem Krieg die Kontrolle über die Ukraine zu übertragen. Im Dezember 1918 landeten französische Einheiten in Odessa, Mykolajiw und Cherson. Sie sollten die Ankunft der französischen Besatzungstruppen vorbereiten. Die französischen Behörden versuchten zu verwalten; sie unterstützten die Freiwilligenarmee und stellten dem Direktorium Ultimaten. Doch im März 1919 trieb Ataman Nikifor Grigoriev (Matwij Hryhorjew) mit seiner Armee von Aufständischen die Franzosen aus dem Land.

Es war ein Krieg «aller gegen alle» im wahrsten Hobbes'schen Sinne. Im Verlauf von einem einzigen Jahr – von Ende 1918 bis Ende 1919 – operierten acht Armeen in den ukrainischen Gebieten des ehemaligen Russischen Reiches: die Armeen Deutschlands und Österreichs, französische Truppeneinheiten, die Armeen der Ukrainischen Volksrepublik und der Westukrainischen Volksrepublik, die Rote und die Weiße Armee sowie die Machno-Armee, ferner noch mindestens 60 Milizen der selbsternannten Atamane. Die Ukraine zersplitterte buchstäblich in separate Gebiete, die Städte oder Bezirke und oft sogar nur Dörfer umfassten. Forscher zählten rund 120 dieser «Republiken», jede mit eigener «Regierung», «Armee» und «Front».

Keine Regierung konnte sich in den ukrainischen Gebieten des früheren Russischen Reiches länger als sechs Monate halten. Die ständigen Regimewechsel führten zum vollständigen Zusammenbruch des staatlichen Gewaltmonopols. Alle Seiten machten von Gewalt

Gebrauch, und jede Seite war Opfer und Täter zugleich. Die Hauptopfer jedoch waren die Juden. Zwischen 1918 und 1921 kam es auf dem Territorium des ehemaligen Russischen Reiches zu ungefähr 2000 Pogromen, 75 Prozent davon auf ukrainischem Boden. Ohne Ausnahme beteiligten sich sämtliche lokalen Streitkräfte daran. Zeitgenössische Beobachter schrieben, dass der Antisemitismus unter Soldaten und Offizieren an Wahn grenzte. Die Rote Armee, die Armee der Westukraine und die Bauernarmee Machnos hatten den kleinsten Anteil an der Gewalt, während 40 Prozent der Gewaltakte allein auf die Armee der Ukrainischen Volksrepublik (UVR) und die mit ihnen verbündeten Einheiten entfielen.

Die ukrainisch-jüdischen Beziehungen während der Revolution stellen ein Paradox dar. Einerseits fand die schlimmste Welle der antijüdischen Gewalttätigkeiten auf dem Territorium der Ukrainischen Volksrepublik statt. Gleichzeitig jedoch zeichnete sich die Volksrepublik durch eine außerordentlich liberale Gesetzgebung bezüglich der Rechte nationaler Minderheiten aus, vor allem Juden, denen hier mehr Rechte zugesprochen wurden als beispielsweise im benachbarten Litauen, Lettland, Estland oder Belarus.

Für diese Diskrepanz lassen sich mehrere mögliche Gründe anführen. Einer davon ist geographischer Natur. Die Ukrainische Volksrepublik war in der Zentralukraine am stärksten, wo die Mehrheit der jüdischen Bevölkerung lebte. Hier traf man praktisch tagtäglich aufeinander, und die stereotypen Vorurteile zwischen Juden und Nichtjuden waren besonders ausgeprägt, was teilweise eine Erklärung für die hohe Beteiligung der UVR-Armee sein könnte. Im Süden, wo die Zahl der Juden geringer war, führte Machnos Bauernarmee keine Pogrome durch – im Gegenteil: viele Juden kämpften in ihren Einheiten. Machnos erklärte Feinde waren die deutschen Siedler, die deshalb am meisten unter seinen Gewalttätigkeiten zu leiden hatten. Noch viele Jahre später benutzten Siedler-Mütter den Namen Machno, um ihren unfolgsamen Kindern zu drohen.

Ein weiterer Grund für die Pogrome von 1919 ist in einer späten Gewaltwelle zu sehen, die schon während des Ersten Weltkriegs eingesetzt hatte und nun einen der vielen Konfliktherde auf ukrainischem Boden darstellte. Als die Deutschen im Frühjahr 1918 die Ukraine besetzten, fanden sie eine gesellschaftliche Anarchie vor, die sie naiverweise für eine Folge der bolschewistischen Besatzungszeit hielten, welche nach der Vertreibung der Bolschewiki wieder enden würde. Doch im Laufe der Zeit wurde deutlich, dass die Anarchie tiefere Ursachen hatte und die Auflösung der gesellschaftlichen Bindungen unumkehrbar war. Hier ist festzuhalten, dass sich die Gewaltausbrüche von 1919 nicht nur gegen Juden richteten. In der südlichen Ukraine gingen antijüdische Pogrome Hand in Hand mit Pogromen gegen deutsche Siedlungen, und überall wurden sie begleitet von Pogromen gegen die Grundeigentümer. Gegen Ende 1919 existierte auf ukrainischem Boden kein einziger Gutsherrenbesitz mehr.

Wir müssen uns daher die Pogrome nicht nur als Teil der nationalen Revolution, sondern auch als Bauernaufstand vorstellen. Gewöhnlich beschreibt man revolutionäre Armeen mit ethnischen oder klassenspezifischen Begriffen: Die Rote Armee bestand demnach angeblich aus russischen Arbeitern, die Armee der Ukrainischen Volksrepublik aus ukrainischen Bauern und in der russischen Weißen Armee dominierten Offiziere des alten Regimes. In Wirklichkeit jedoch waren sie alle Bauernheere. Die Landbevölkerung stellte in allen genannten Heeren die Mehrheit dar, und sie trat nicht aus eigenem freien Willen in den Kriegsdienst ein, sondern wurde als Kanonenfutter eingezogen. Es konnte sogar vorkommen, dass ein Bauer zu verschiedenen Zeiten in den Armeen der Weißen, der Roten oder der UNR diente.

An der Laufbahn des Ataman Grigoriev, der einer der schlimmsten Pogromisten war, lässt sich das beispielhaft aufzeigen. In der ersten Jahreshälfte 1919 diente er als ein Befehlshaber in der Armee der Ukrainischen Volksrepublik, als Soldat der Roten Armee und als Anführer einer antibolschewistischen Revolte, bis er schließlich im Sommer 1919 von Nestor Machno – angeblich wegen seiner antisemitischen Pogrome – erschossen wurde. Dieses wie auch andere Beispiele untergraben den Mythos, dass die Pogromisten «nationalbewusste Ukrainer» gewesen seien. Tatsächlich gehörte das Heer der nationalbewussten Westukrainischen Volksrepublik zu den Armeen, die die wenigsten Pogrome verübten.

Die Armee der Ukrainischen Volksrepublik war in erster Linie eine Bauernarmee, vielleicht sogar in höherem Maße als alle anderen. Das führt uns zu einer weiteren möglichen Ursache des oben erwähnten Paradoxons. Wenn wir über das ukrainische Nationalbewusstsein sprechen, müssen wir seine Heterogenität im Blick behalten: Da gab es zum einen den gebildeten Nationalismus der Intelligenzija und zum anderen den spontanen Nationalismus der Bauernschaft. Wie bereits erwähnt, wurde der Bauernschaft erst im Laufe der Kriegs- und Revolutionsjahre allmählich klar, dass sie ein neues Heimatland hatten. Aber ihr Verständnis von diesem Heimatland unterschied sich von dem der gebildeten Schichten. Vor allem in einer Hinsicht wich die Vorstellung, die die Bauern von der Ukraine hatten, radikal von der der Intelligenzija ab: Der Nationalismus der Intelligenzija war primär inklusiv, der der Bauernschaft eher exklusiv. Das kann uns helfen zu verstehen, wie die liberale Gesetzgebung der Intelligenzija neben der Xenophobie und den Pogromen der Landbevölkerung bestehen konnte. Diese Unterscheidungen interessierten natürlich die Menschen nicht, die unter den Pogromen zu leiden hatten – sie sahen darin nur ukrainischen Nationalismus. Tatsächlich initiierten Petljura und andere Führungspersonen der Ukrainischen Volksrepublik keine Pogrome. Ganz im Gegenteil: Sie schufen spezielle Kommissionen, um die Pogromisten zu identifizieren und zu bestrafen. Das Problem war jedoch, dass die Führung der Volksrepublik keinen wirklichen Einfluss auf die Bauernrebellen hatte. Ihre Macht endete oftmals schon wenige Kilometer von ihrem Hauptquartier entfernt.

Damit will ich nicht behaupten, dass Petljura und andere ukrainische Führer völlig unschuldig gewesen wären. In ihren Erklärungen und Schriften «deuteten» sie an, die bolschewistische Regierung sei jüdisch, und anscheinend wurde auch keiner der Initiatoren der Pogrome wirklich bestraft, so hart das formale Strafmaß auch sein mochte, das für diese Tatbestände hätte verhängt werden können. Die mangelnde Strafverfolgung ist wohl nicht allein der Kriegssituation zuzuschreiben. Und es gibt keinen Zweifel, dass es jenseits dieses kleineren «Versagens» auch eine allgemeinere Schuld gab. Es geht hier nicht so sehr um Antisemitismus als vielmehr um Populismus: die Überzeugung, dass das Volk und insbesondere die «arbeitenden Menschen» immer recht haben. Doch die Realität war eine andere. Was die ukrainischen Sozialisten als «das Volk» bezeichneten, wurde in Krisenzeiten schnell zu einem ungebändigten Mob. Und von einem Mob ist schließlich nichts anderes als Lynchjustiz zu erwarten.

Damit ein Staat ordentlich funktionieren kann, sind Anwälte, Polizisten, Gefängniswärter und so weiter erforderlich – Menschen, die für ein Minimum an Sicherheit und Stabilität sorgen können. Ukrainische Bauern waren für diese Rolle völlig ungeeignet. Die Einzigen, die diese Funktionen hätten ausüben können, waren die russischen Beamten und Offiziere und die polnischen Gutsherren – doch genau in diesen Gruppen sahen die Führer der Ukrainischen Volksrepublik schon seit dem Beginn der Revolution die größte Bedrohung ihrer Macht. Die UVR war wie ein Zauberlehrling, der die Geister, die er rief, nicht mehr beherrschen konnte.

Vor diesem Hintergrund der allgemeinen Radikalisierung und Massengewalt wirkte die Westukrainische Volksrepublik (WUVR) wie eine Ausnahmeerscheinung. Ihre Geschichte ist so einzigartig, dass sich die Historiker schwertun, sie in die allgemeine Geschichte der Ukrainischen Revolution einzuordnen. Erstens war, im Gegensatz zur Ukrainischen Volksrepublik, die Mehrheit der direkt in der WUVR aktiven Personen keine Sozialisten, sondern Liberaldemokraten. Zweitens gab es in der Westukraine, im Unterschied zu der Revolution in der übrigen Ukraine, keine weitverbreitete Besitzergreifung der Ländereien der Großgrundbesitzer durch die Bauern. Die galizischen Bauern waren sich weitgehend einig, dass der Landerwerb legal sein müsse und sie dafür bezahlen würden. Drittens gab es auf dem Territorium der WUVR anders als in der Ukrainischen Volksrepublik nur sehr wenige judenfeindliche Pogrome. Und selbst wenn sich Pogrome ereigneten, ging es dabei nur um Plünderungen, nicht um Massenmord. Die Behörden der WUVR bemühten sich, Gewalttätigkeiten sofort zu unterbinden und, wenn möglich, die Opfer zu entschädigen. In Galizien begannen die eigentlichen Pogrome erst, nachdem polnische Truppen eingerückt waren: Die polnischen Soldaten nahmen Rache an den hier ansässigen Juden, weil diese angeblich die Ukrainer unterstützt hatten.

Während der Ukrainischen Revolution waren Skoropadskyjs Regime und die Westukrainische Volksrepublik die einzigen mehr oder weniger erfolgreichen Beispiele für Rechtstaatlichkeit. Allerdings konnte Skoropadskyjs Regierung Recht und Ordnung nur dank der Anwesenheit deutscher Besatzungstruppen aufrechterhalten. Der WUVR hingegen gelang dies ohne fremde Unterstützung. Das lässt vermuten, dass hinter der Welle der Gewalt der lange Schatten russischer autokratischer Herrschaft aufragte und wesentlich zur kriegsbedingten Brutalisierung und allgemeinen Instabilität beitrug. Im Unterschied zu den Untertanen des Österreichisch-Ungarischen Reiches hatten die Untertanen Russlands viel weniger Erfahrung mit der legalen Beilegung gesellschaftlicher Konflikte.

In der Gesamtschau lässt sich feststellen, dass der Kurs der Ukrainischen Revolution auf Sozialismus und nationale Unabhängigkeit gerichtet war, wobei der Demokratie eine besondere Bedeutung beigemessen wurde. Die Stärke, aber auch die Schwäche der ukrainischen Unabhängigkeitsbewegung war ihrer sozialistischen Orientierung zuzuschreiben. Eine Stärke war, dass ihre Führer in den entscheidenden Momenten einen signifikanten Teil der Bevölkerung hinter ihrem Banner versammeln konnten. Die Schwäche ergab sich, weil es ihnen nicht gelang, Rechtstaatlichkeit durchzusetzen, was letztendlich zu einer Eskalation der Gewalt führte.

Je weiter die Konflikte eskalierten, desto weniger konnte die Balance zwischen Nationalismus, Demokratie und Sozialismus aufrechterhalten werden. Ein Flügel wandte sich vom Sozialismus ab. Im April 1920 schloss Symon Petljura ein Bündnis mit Józef Piłsudski, dem Führer des wiederhergestellten Polen. Petljura und Piłsudski hatten ähnliche Weltbilder; beide waren früher Sozialisten gewesen, aber Piłsudski war, wie er es ausdrückte, an der Station «Unabhängigkeit» aus der sozialistischen Straßenbahn ausgestiegen. Das tat auch Petljura, doch dieser ‹verriet› nicht nur den Sozialismus; er ‹verriet› auch die Einheit der ukrainischen Gebiete. Der Preis für die Allianz mit Piłsudski bestand darin, dass die Ukrainische Volksrepublik ihre Ansprüche auf Galizien und Wolhynien widerrufen musste. Petljuras Taktik ähnelte einer Eidechse, die ihren Schwanz abwirft, um einer Gefahr zu entkommen, in der Hoffnung, dass der Schwanz wieder nachwachsen wird. Kaum war der Vertrag unterzeichnet, als polnisch-ukrainische Verbände auf Kyjiw vorrückten und die Stadt für kurze Zeit besetzten. Dieses Abenteuer hätte beinahe zum Tod des jungen polnischen Staates geführt. Die Rote Armee ging schnell in die Offensive und stand im Sommer 1920 unmittelbar vor der Einnahme Warschaus, wurde aber von der polnischen Armee in einer Schlacht besiegt, die als «Wunder an der Weichsel» in die Geschichte eingegangen ist.

Der andere Flügel der Führung der Ukrainischen Volksrepublik bewegte sich in Richtung Bolschewismus. Das spiegelte einerseits die allgemeine Radikalisierung der öffentlichen Meinung in der Ukraine wider, vor allem unter den jungen Bauern. Andererseits waren sie von den kommunistischen Revolutionen beeindruckt, die 1919 überall in Europa siegreich zu sein schienen. Der berühmteste Führer dieser Fraktion war Wolodymyr Wynnytschenko, der sich jedoch weigerte, die Verantwortung für die weiteren Entwicklungen zu übernehmen, und ins Exil ging. Zurück blieben weniger bekannte Politiker, die sich 1920 mit der Partei der Bolschewiki zusammenschlossen und einen nationalen Flügel namens Borotbisty («Kämpfer») formten.

Im Krieg «aller gegen alle» in der Ukraine hatte jedoch niemand einen entscheidenden Vorteil erringen können. Im Mai 1919 betrug das Verhältnis der verschiedenen Kräfte – der Bolschewiki, der Polen, der Armee der Ukrainischen Volksrepublik, der Weißgardisten, der Einheiten Grigorievs und der Armee der WUVR (der ukrainisch-galizischen Armee) – 30:21:14:10:8:17 Prozent. Dabei bleibt Machnos Armee unberücksichtigt, die nach manchen Schätzungen gleich groß oder sogar noch größer war als der 1919 in der Ukraine stehende Teil der Roten Armee. Unter diesen Umständen konnte jeder Vorteil nur kurzlebig sein. So wären die vereinigten Armeen der Ukrainischen Volksrepublik und der WUVR mit 31 Prozent rechnerisch ungefähr gleichstark wie die Bolschewiki (30 Prozent) gewesen, doch hatten die ukrainischen Streitkräfte im Unterschied zu den Bolschewiki weder Zugang zu Medikamenten noch zu Munition, da sich die wichtigsten Fabriken der Rüstungsindustrie des Russischen Reiches, einschließlich des Kyjiwer Arsenalwerks, unter Kontrolle der Bolschewiki befanden. Unterstützung mit Medikamenten und Munition konnte daher nur von außen kommen. Die Entente jedoch hatte es nicht eilig, der ukrainischen Bewegung zu Hilfe zu kommen, da sie diese für prodeutsch und probolschewistisch hielt.

Hätte jemand im Sommer 1919 eine Wette abschließen wollen, dann hätte er vermutlich am ehesten auf die Freiwilligenarmee gesetzt. Sie war gut organisiert und, dank der Entente, gut ausgerüstet. Aber sie kämpfte in erster Linie weit von der russischen Grenze entfernt, da sich die ethnisch russischen Gebiete unter Kontrolle der Bolschewiki befanden. Das war eine der größten Schwächen der Freiwilligenarmee, die von den Bolschewiki aktiv ausgenutzt wurde. Sie betrachteten die Freiwilligenarmee als ein unter fremder Kontrolle stehendes Instrument und stilisierten sich selbst als die wahren Verteidiger nationaler Interessen. Die Weiße Bewegung hätte sich durchsetzen können, wäre sie eine Allianz mit den lokalen Bewegungen eingegangen. Der britische Nachrichtendienst versuchte, Denikin von der Notwendigkeit einer Allianz mit Petljura zu überzeugen. Admiral Alexander Kolchak, der von den Führern der Weißen Bewegung und der Entente als Oberster Regent Russlands anerkannt worden war, empfahl von Sibirien aus dasselbe. Doch Denikin lehnte rundweg ab; für ihn kam ein möglicher Kompromiss mit den ukrainischen Separatisten nicht in Frage.

Die Bolschewiki waren weniger dogmatisch. Man hat Lenin als Genie des Pragmatismus bezeichnet. Das lässt sich gut am Beispiel seiner Einstellung zur Ukraine und der ukrainischen Frage zeigen. Vor dem Krieg hatte Lenin jede Form einer Föderation abgelehnt. Doch unter dem Eindruck seiner Erfahrungen während der Revolution sah er sich gezwungen, seinen Standpunkt zu ändern. Im Interesse des Machterhalts war er nun bereit, Kompromisse einzugehen und eine Art Föderation mit Gruppen an der Peripherie des Reiches zu vereinbaren. Die deutsche Kommunistin Rosa Luxemburg warf Lenin vor, mit dem fanatischen ukrainischen Nationalismus zu flirten. Er antwortete mit dem Verweis auf die Ergebnisse der Wahl zur

Konstituante im Herbst 1917: Die fünf Millionen Stimmen für die ukrainischen Parteien waren nach Lenins Auffassung ein Beweis, dass mit der ukrainischen Bewegung gerechnet werden musste.

Die Kompromissbereitschaft der Bolschewiki in Bezug auf nationale Bewegungen an der Peripherie ist einer der Hauptgründe für ihren Sieg. Der Kompromiss zwischen den beiden Kräften, von denen keine die volle Kontrolle über die Peripherien des ehemaligen Russischen Reiches erlangen konnte, bestand in der Gründung der Union der Sozialistischen Sowjetrepubliken. Ironischerweise entsprach die Union ungefähr der Formel, die Hruschewskyj und Wynnytschenko entworfen hatten – obwohl beide mit der Gründung der UdSSR nichts zu tun hatten. Das strategische Ziel der ukrainischen Bewegung war, Russland in eine föderative Union zu verwandeln, in der die Ukraine eine separate Republik mit weitgehenden nationalen Rechten werden sollte. So betrachtet, war die von den Bolschewiki geschaffene Ukrainische Sozialistische Sowjetrepublik (Ukrainische SSR) die Verkörperung des Traumes, dem die ukrainische Bewegung schon seit den Zeiten der Kyrill-und-Methodius-Bruderschaft angehangen hatte. Mit anderen Worten: Ohne die Ukrainische Volksrepublik hätte es keine Ukrainische SSR gegeben.

Daher ist es ein Fehler, von einem *vollständigen* Scheitern der Ukrainischen Revolution zu sprechen. Dem Historiker Ivan Lysiak Rudnytsky zufolge «erreichte [sie] zwar nicht ihr ultimatives Ziel, führte jedoch zu einer Wiedergeburt innerhalb der ukrainischen Gesellschaft: Sie schuf die Ukraine als moderne politische Nation. Auf dieser Grundlage hat sich das ukrainische Leben seither entwickelt.»

Die Bauernrevolution

Bis Ende 1920 hatte es die bolschewistische Regierung geschafft, sämtliche anderen Armeen in der Ukraine zu besiegen und alle Gruppierungen, die ebenfalls Regierungsanspruch erhoben, zu vertreiben. Eine Kraft jedoch war noch immer vorhanden, die die Bolschewiki weder niederwerfen noch vertreiben konnten. Diese Kraft war die Bauernschaft.

Die Bolschewiki konnten nun aus erster Hand die rebellische Wesensart der ukrainischen Bauernschaft erleben. Zwischen 1917 und 1920 rückten die Bolschewiki dreimal in die Ukraine ein, und dreimal mussten sie sich wieder zurückziehen, jedesmal von den neu auflodernden antibolschewistischen Aufständen vertrieben. Tatsächlich kam es auch in den anderen großen Getreideanbaugebieten des früheren Russischen Reiches zu Bauernaufständen: in Sibirien, in der Wolgaregion und im Kaukasus. Aber einige der größten Bauernaufstände fanden in der Ukraine statt und dauerten noch lange nach 1920 an.

Es war schwer, gegen die Bauern Krieg zu führen. Ihre Taktiken beruhten eher auf Bauernschläue als auf militärischem Wissen, was ihre Aktionen unvorhersehbar machte. Sie kannten ihr jeweiliges Umland viel besser und konnten ohne Vorwarnung auftauchen und wieder verschwinden. Außerdem verfügten sie über feste lokale Stützpunkte. Solidarität war einer der Hauptzüge der traditionellen Bauernkultur. Sie mochten ihre jeweiligen Nachbarn oder Verwandten vielleicht nicht besonders leiden, aber in schweren Zeiten unterstützten sie einander in der Hoffnung, dass auch sie selbst eines Tages auf Hilfe zählen konnten. Deshalb mussten die Bolschewiki schon bald feststellen, dass sie es nicht mit einzelnen Bauernhaufen zu tun hatten, sondern mit der gesamten Bauernschaft.

Einer der bolschewistischen Kommandeure erinnerte sich später, welchen Eindruck ein ukrainisches Dorf, von außen betrachtet, zunächst machte: «... wie ein friedlicher Kirschgarten. Ein Abbild ländlichen Wohlstands mit kleinen, weiß verputzten Häusern, umhüllt von einer Atmosphäre des Friedens und der Stille. Mädchen hinter Flechtzäunen, Ochsen und kreischende Kraniche. Aber all das war nur Maskerade. Die Wirklichkeit, die sich hinter der Szenerie verbarg, hatte keine Ähnlichkeit mit einem bäuerlichen Idyll. Hinter dieser kleinrussischen Opernkulisse lauerten schlüpfrige Banditenbanden, und eine abgesägte Schrotflinte und eine Granate versteckten sich unter dem Rock der ukrainischen Schönheit.»

Von 1917 bis 1920 rebellierten die Bauern nicht nur gegen die Bolschewiki, sondern auch gegen die österreichischen und deutschen Besatzungsbehörden, gegen Skoropadskyjs Truppen, gegen die Freiwilligenarmee und sogar (im Falle von Machnos Armee) gegen die der Ukrainischen Volksrepublik. Doch die Revolten waren weder der einzige noch der Hauptstrang ihrer Aktionen. Das Verhalten der ukrainischen Bauernschaft während der Revolution folgte einem bestimmten Muster. Anfänglich begrüßten die Bauern jede neue Regierung in der Erwartung, dass sie die Landfrage lösen würde. Später, als die Regierung zu Erpressung und Beschlagnahme überging, wurden sie immer frustrierter und wütender. Bis sie sich schließlich verweigerten oder rebellierten – und die nächste Regierung willkommen hießen, woraufhin das Spiel wieder von vorne losging.

Diese heftigen Stimmungsschwankungen mögen den Anschein erwecken, als mangelte es den Reaktionen der ukrainischen Bauern an Logik. Tatsächlich jedoch waren sie vollkommen logisch. Wir müssen uns vergegenwärtigen, dass die Landfrage die eigentliche Triebkraft der Bauern darstellte. Sie glaubten, Gott habe das Land erschaffen, damit Menschen es bestellen und sich von den Produkten ihrer Arbeit ernähren konnten. Deshalb sollte das Land denen gehören, die es bewirtschafteten – den Bauern, nicht den Gutsherren. Die Revolution und die Abdankung des Zaren hatten die letzten Hemmnisse beseitigt, die die Herren vor den Bauern geschützt hatten. Jetzt war die Zeit der Abrechnung gekommen. Von 1917 bis 1919 besetzten die Bauern fast alle Ländereien der Großgrundbesitzer und teilten sie unter sich auf. Sie waren sich allerdings im Klaren darüber, dass die Besitzergreifung illegal war. Deshalb benötigten sie eine Regierung, die bereit war, diesen «gerechtfertigten» Landraub zu legalisieren. Die Unentschlossenheit der Provisorischen Regierung in St. Petersburg, die Landfrage zu lösen, zwang die ukrainischen Bauern, sich an die Regierung in Kyjiw zu wenden. Sie hofften, dass die ukrainische Regierung, die aus den «eigenen» Leuten bestand, sie verstehen und ihrem Anliegen entsprechen würde. Deshalb unterstützten sie die Forderung, Russland in eine föderale Republik umzuwandeln, in der der Ukraine Autonomie zugestanden würde. Für die Bauernschaft war der Begriff «Föderation» gleichbedeutend mit dem Recht auf Landbesitz. Als russische Redner beim Allukrainischen Bauern-Kongress (Juni 1917) ihre Ansprachen mit dem Ruf «Lang lebe die russische demokratische Republik» beendeten, fügten die Bauerndelegierten brüllend und mit den Füßen stampfend hinzu: «Eine föderale!»

Die Juden, die mit der bäuerlichen Bevölkerung zusammenlebten, verfolgten geschockt, wie ihre Nachbarn von einer Art «Dämon» besessen wurden. Bislang friedliche und träge Bauern erwachten nun plötzlich und fingen an, von irgendeiner «Ukraine» zu reden. Als sie ihre Petitionen nun selbst, ohne Hilfe durch gebildete Leute, niederschrieben, klangen ihre Formulierungen auf dem Papier fast wie die Äußerungen von Kindern, die gerade sprechen gelernt hatten: «Mutter Ukraine hat territoriale kulturelle nationale Selbständigkeit, ein nationales Parlament mit Minderheitenrechten.» Das bedeutete aber keineswegs, dass sie sich wie Kinder verhielten. Nur sprachen das revolutionäre Dorf und die revolutionäre Stadt zwei verschiedene Sprachen – und was die Bolschewiki und die ukrainische Bauernschaft anging, handelte es sich sogar um zwei unterschiedliche *nationale* Sprachen.

Nach dem bolschewistischen Coup Ende 1917 verlagerten sich die Sympathien der Bauern auf die bolschewistische Regierung. Die Bolschewiki führten ihren Kampf unter dem Slogan «Nieder mit dem Krieg, Fabriken den Arbeitern, Land den Bauern!» oder in der einfacheren Form «Holt euch zurück, was euch gestohlen wurde!». Als dann zwischen der Zentralrada und den russischen Bolschewiki um den Jahreswechsel 1917/18 Krieg ausbrach, interessierten sich die Bauern nicht sonderlich für den Verlauf des Konflikts. Sie waren mehr mit ihren eigenen «kleinen Kriegen» beschäftigt, in denen es um strittige Gemarkungsgrenzen zwischen den Dörfern ging.

Doch die Bolschewiki konnte man nur aus der Ferne mögen. Kaum hatten sie ihre Macht gefestigt, als sie sich auch schon daran machten, Getreideernten zu beschlagnahmen und die Bauern in «Kolchosen» zu zwingen, also in landwirtschaftliche Produktionsgenossenschaften, bei denen es sich aber eigentlich um Staatsbetriebe handelte. Die Bauern wehrten sich mit Unruhen und Rebellionen.

Die wechselhaften Loyalitäten der Bauernschaft bedeuteten allerdings nicht, dass ihr ein politisches Programm gefehlt hätte. Tatsächlich hatten die Bauern ein Programm, das folgende Hauptforderungen enthielt: a) rechtliche Anerkennung der Umverteilung des Großgrundbesitzes; b) Beendigung der Beschlagnahmung von Getreide und landwirtschaftlichen Erzeugnissen sowie Rückkehr zum freien Markt; c) Selbstverwaltung der Bauernschaft; d) keine Kolchosen; e) Achtung von religiösen Überzeugungen, regionalen Gebräuchen und Traditionen.

Zwar hatte die Bauernschaft diese Forderungen als politisches Programm auch schon im Russischen Kaiserreich immer wieder erhoben, doch wies es jetzt in der Ukraine gewisse Besonderheiten auf. Waren vor der Revolution russische und polnische Gutsherren sowie jüdische Kaufleute die Hauptfeinde der Bauern gewesen, so setzten sie während der Revolution nun auch die Kommunisten auf ihre Feindesliste. Bei den Kommunisten handelte es sich größtenteils nicht um Ukrainer, sondern um Russen, Juden und vereinzelt auch Letten. Allerdings interessierten sich die Bolschewiki nicht sonderlich für unterschiedliche Volksgruppen: Sie waren Internationalisten und verstanden sich in erster Linie als Kommunisten. Mit dieser Sichtweise konnten die Bauern jedoch nichts anfangen. Für sie war die ethnische und religiöse Unterscheidung in «wir» und «sie» von fundamentaler Bedeutung. Der Slogan «Wir sind für eine Sowjet-Regierung, aber ohne Kommunisten!» war sowohl eine nationale als auch eine gesellschaftliche Aussage, die von rein nationalistischen Parolen begleitet wurde: «Lang lebe die unabhängige Ukraine!», «Kein Brot für die Moskowiter!», «Verprügelt die Jids und Moskowiter!» Der Historiker Andrea Graziosi schreibt, «[m]öglicherweise mit Ausnahme der zeitgenössischen Mexikanischen Revolution entwickelte sich hier die erste auf der Bauernschaft basierende nationalsozialistische Befreiungsbewegung in einem Jahrhundert, in dem noch viele weitere folgen sollten. Genau deshalb, weil es die erste war und weil sie ukrainische Besonderheiten aufwies, war sie in ihren Grundzügen manchmal mehrdeutig, gleichwohl unverwechselbar.»

Bauernbewegungen sind zum Scheitern verurteilt. Die Machtzentren befinden sich nicht auf dem Dorf, sondern in der Stadt, und dort entscheidet sich das Schicksal eines Landes. Die Geschichte der Machnowschtschina, eines der größten Bauernheere in der Weltgeschichte, belegt dies eindeutig. Auf ihrem Höhepunkt umfasste die Machno-Bewegung rund 100 000 Bauern. Machno war ein autodidaktischer Anarchist; die Hauptstadt seiner Armee war sein Geburtsdorf Huljajpole im Gouvernement Jekaterinoslaw, das früher Kosakengebiet gewesen war. Machno stand der Ukrainischen Volksrepublik ablehnend gegenüber und stellte sich im Kampf gegen das Skoropadskyj-Regime auf die Seite der Bolschewiki. Im Herbst 1919 bewahrte sein Heer die Bolschewiki vor einer Niederlage, indem es Denikins Weißer Armee in den Rücken fiel, als diese auf Moskau marschierte. Dennoch erklärten ihm die Bolschewiki schon ein Jahr später den Krieg und vertrieben ihn und die Reste seiner Armee im Sommer 1921 aus der Ukraine.

Die Geschichte der Machno-Bewegung öffnet uns den Blick auf die spontane Nationalisierung des Bauernaufstands. Eine Ursache der Ukrainisierung der Machnowschtschina mochte dem Einfluss seiner Frau zuzuschreiben sein, der Ukrainischlehrerin Galina Kusmenko, die Machno im Herbst 1919 geheiratet hatte. Machnos letzte Proklamationen zeigten ein klares nationales Element. Beispielsweise begann einer seiner Aufrufe, der von Galina Kusmenko verfasst und von Machno unterzeichnet worden war, mit den Worten: «Harte Zeiten sind in unserer geliebten Ukraine angebrochen.» Der Aufruf bezeichnet die polnischen Gutsherren als «historische Feinde» der Ukrainer. Im Sommer 1921, als seine Armee darüber beriet, wie sie sich aus der Ukraine zurückziehen solle, dachte Machno allen Ernstes darüber nach, seine Truppen nach Ostgalizien zu entsenden, um die ukrainischen Galizier im Kampf gegen die Polen zu unterstützen und dann später vor dort aus eine neue Offensive gegen die Bolschewiki einzuleiten. Sowohl Machnos Feinde als auch seine Verbündeten schrieben, seine Armee habe sie an das Saporoger Kosakenheer erinnert. Als Machno im Exil seine Memoiren schrieb, war eines seiner Hauptthemen, wie die «russische Revolution in der Ukraine» zur «Ukrainischen Revolution» geworden sei. Er hielt es für seine Pflicht, die anarchistische Bewegung zu «ukrainisieren» und bedauerte, nicht besser Ukrainisch sprechen gelernt zu haben.

Dieser spontane Fokus auf die nationale Identität ging mit der Bolschewisierung der Bauernschaft einher. Doch für die ukrainischen Bauern war der Bolschewismus nicht gleichbedeutend mit dem russischen Bolschewismus. Im Gegenteil: Sie wollten die sowjetische Herrschaft ohne Kommunisten, und vor allem ohne russische oder jüdische Kommunisten. Die Bolschewiki konnten diese Einstellung nicht einfach ignorieren. Vor dem Krieg hatten sie geglaubt, dass der Sozialismus die Zukunft Europas und der Nationalismus nur noch ein Relikt sei. Die bolschewistische Position zur ukrainischen Nationalbewegung war durch zwei sich gegenseitig ausschließende Auffassungen gekennzeichnet: Solange sie in der Ukraine auf der Siegesstraße waren, bezeichneten sie die Bewegung als «Unsinn»; als sie sich unter dem Druck der Aufstände zum Rückzug gezwungen sahen, erklärten sie, man müsse mit ihr rechnen.

Christian Rakowski, ein rumänischer Bulgare, ist ein interessantes Beispiel für diese Wankelmütigkeit. Rakowski war einer der gebildetsten Bolschwiken und ein eingefleischter Internationalist. Bevor er in die Ukraine kam, machte er sich über die ukrainische Bewegung lustig und bezeichnete sie als Wahnvorstellung von ein paar Dutzend städtischen Intellektuellen. Doch als er in den Jahren 1920–1923 an der Spitze der bolschewistischen Regierung in der Ukraine stand, änderte sich seine Perspektive. Rakowski gelangte zu der Auffassung, die ukrainische Nationalbewegung sei zuallererst eine Bauernbewegung und die Bolschewiki könnten sich in diesem Land nur an der Macht halten, wenn sie eine gemeinsame Basis mit der Bauernschaft fänden.

Im Frühjahr 1921 erkannte Lenin, dass die bolschewistische Herrschaft am Rande des Zusammenbruchs stand. Um sie zu retten, mussten Kompromisse eingegangen werden. Für die nationale Frage bestand der Kompromiss in der Gründung der UdSSR mit einer nominell föderalen Struktur. In wirtschaftlicher Hinsicht bestand der Kompromiss in der sogenannten Neuen Ökonomischen Politik. Eines ihrer Hauptmerkmale war, die Konfiskation des Getreides durch ein Besteuerungssystem zu ersetzen. Diese Kompromisse hingen mit den Forderungen der Bauernschaft zusammen, die durch Krieg und Revolution wach geworden war.

Die bolschewistische Herrschaft begann als russische Herrschaft; den Ukrainern erschien sie im Zeitraum 1917–1918 als fremdartig und von außen aufgezwungen. Doch etwa ab 1919 nahm sie auch lokale Merkmale an, was einerseits der Radikalisierung der öffentlichen Meinung, andererseits der Kompromissbereitschaft der Bolschewiki zuzuschreiben war. Doch die Domestizierung des bolschewistischen Regimes in der Ukraine führte nicht dazu, dass sich eine identische Kopie des russischen Regimes entwickelte. Der ukrainische Kommunismus hatte einen deutlich ausgeprägten nationalistischen Unterton. Im Unterschied zu ihren russischen Gesinnungsgenossen waren die ukrainischen Kommunisten überzeugt, dass der Sozialismus in der Ukraine nur auf der Basis der Ukrainischen Sowjetrepublik bestehen könne. Sie stellten Lenin eine unbequeme Frage: «Ist es denkbar, Mitglied der Russischen Kommunistischen Partei zu bleiben und gleichzeitig für die Unabhängigkeit der Ukraine einzutreten?»

Aus Sicht der nationalistischen Kommunisten gab es eine notwendige Bedingung, um eine wahrhaftige Unabhängigkeit der Ukraine zu erreichen: die Transformation der Bolschewistischen Partei der Ukraine von einem regionalen Ableger der großen gesamtrussischen Partei in eine unabhängige Kommunistische Partei der Ukraine. Sie würde in einer Koalition mit anderen sozialistischen ukrainischen Parteien regieren, welche die Interessen der Kleinbürger und der Bauernschaft vertraten.

Die Diskussionen über die Genese des Sowjetregimes befassen sich gewöhnlich vor allem mit dem politischen Kampf in den Großstädten. In Wirklichkeit jedoch entschied sich das Schicksal der Bolschewiki zum großen Teil in ihren Beziehungen zur Bauernschaft. Anfang 1920 wurden diese Beziehungen im Wesentlichen von einem Kompromiss zwischen den beiden Kräften bestimmt, da keine Seite in der Lage gewesen war, selbst die volle Kontrolle über das Territorium zu erlangen. Da es aber beide Seiten vorzogen, sich über den Lauf ihrer

Gewehre hinweg anzustarren, konnte der Kompromiss nicht lange halten. Früher oder später musste es zu einer Entscheidungsschlacht kommen.

Ukrainisierung

Die Sowjetzeit war ein goldenes Zeitalter der politischen Anekdoten. Eine der ersten findet sich im Tagebuch des ukrainischen Aktivisten Serhij Jefremow: «Wenn es weder im Norden noch im Süden noch im Osten und nicht einmal im Westen brennt: Was ist es dann? – Das Feuer der Weltrevolution.»

Nach der Niederwerfung der kommunistischen Aufstände in Deutschland und Ungarn mussten die Bolschewiki in ihrem rückständigen Agrarland allein kämpfen. Das Sowjetregime hing nur noch an einem seidenen Faden. In manchen weit abgelegenen Regionen der sowjetischen Ukraine gab es noch keine einzige kommunistische Zelle. Das trug zu einer Machtlähmung bei. Anfang der 1920er Jahre war Charkiw die Hauptstadt der Ukrainischen SSR. Doch die Beamten der dortigen kommunistischen Regierung konnten nicht einmal Daten über die landwirtschaftliche Ernte sammeln, weil sich die sowjetischen Beamten nicht in die Dörfer wagten, schon gar nicht, wenn sie keine Ukrainer waren. Was die meisten nicht waren, denn die Kommunistische Partei der Ukraine war nicht ukrainisch. Ihre Mitglieder waren mehrheitlich Russen (54 Prozent). Nur 19 Prozent bezeichneten sich als Ukrainer; von diesen nannten nur 11 Prozent Ukrainisch als ihre Muttersprache, und nur 2 Prozent benutzten aktiv die ukrainische Sprache. Dieses Missverhältnis war im bolschewistischen Geheimdienst und in der Armee sogar noch ausgeprägter; Letztere bestand zu 85 Prozent aus Russen.

Im Jahr 1923 verkündete der Kreml eine Politik der Indigenisierung der Partei und des Staatsapparats in den nichtrussischen Republiken. In der Ukraine war die Wirkung dieser «Ukrainisierung» beachtlich: Innerhalb von nur fünf Jahren, von 1923 bis 1928, veröffentlichte die Sowjetregierung zweieinhalbmal mehr Bücher auf Ukrainisch, als der gesamte ukrainischsprachige Buchdruck in den vorangegangenen 120 Jahren (1789–1917) hervorgebracht hatte. Und Anfang der 1930er Jahre machte die ukrainischsprachige Presse bereits 89 Prozent des gesamten Zeitungsmarktes aus. Das war der höchste Anteil in der Geschichte des Landes (zum Vergleich: Im Zeitraum 2010–2015 betrug der Anteil nur 10 bis 20 Prozent). Die Beherrschung des Ukrainischen wurde für die Beamten und Mitarbeiter in den Behörden wie auch in der Partei zur Pflicht. Mitte der 1920er Jahre erreichten die Ukrainer in den wichtigsten strategischen Sektoren, im Staats- und Parteiapparat, aber auch in der großstädtischen Bevölkerung und unter den Beschäftigten zum ersten Mal eine Mehrheit.

Doch diese Zahlen waren größtenteils nur Show. Im Jahr 1925 reiste Wassilij Schulgin inkognito nach Kyjiw. Schulgin war einer der Führer der russischen Weißen Bewegung und ein früherer Herausgeber der vorrevolutionären russischen ultranationalistischen Zeitung *Kyjiwljanin*. Dort bekam er nicht ein einziges ukrainisches Wort von den Kyjiwern oder ihren Kindern zu hören. Dafür brachte er seine Dankbarkeit mit den Worten zum Ausdruck: «Ruhm dir, kleinrussische Bourgeoisie! Nicht in Worten, sondern in Taten verteidigst du die Mutter aller russischen Städte!» Das Russische blieb auch in der Hauptstadt Charkiw weiterhin die vorherrschende Sprache. In Stalino (dem früheren Jusowka und heutigen Donezk) waren zwar die öffentlichen Schilder auf Ukrainisch, aber fast alle waren fehlerhaft. Ein ukrainischsprachiges Schild ohne Fehler wäre die Ausnahme gewesen. Die meisten staatlichen Angestellten, die Ukrainischkurse besucht und die Prüfung bestanden hatten, benutzten danach die Sprache nicht mehr und vergaßen sie schnell wieder.

Wichtiger war jedoch, dass der staatlich geförderten Ukrainisierung klare Grenzen gesetzt wurden. So erstreckte sie sich nicht auf die wichtigsten Positionen. Zum Beispiel wurde kein ethnischer Ukrainer jemals zum Ersten Sekretär der Kommunistischen Partei der Ukraine ernannt. Emmanuel Quiring, der die Position 1923–1925 innehatte, war ein Wolgadeutscher aus Russland und Gegner der Ukrainisierung. Er wurde durch Lasar Kaganowitsch ersetzt (1925–1928), einen Kyjiwer Juden, der fließend Ukrainisch sprach und deshalb mit der weiteren Ukrainisierung beauftragt wurde. Sein Nachfolger als Erster Parteisekretär (1928–1938) war Stanislaw Kossior, ein Pole, dessen Nachfolger wiederum war Nikita Chruschtschow, ein Russe. Ähnliches galt auch für die Leiter des sowjetischen Geheimdienstes (Tscheka) in der Ukraine: Stanislaw Redens (1931–1932) war Pole; Israil Leplewskij (1937–1938) war Jude; Alexander Uspenskij (1938) und Iwan Serow (1938–1939) waren Russen und Amajak Kobulow (Stellvertretender Kommissar, 1938–1939) war armenischer Abstammung, aber in Georgien geboren. Vielleicht hätte Wsewolod Balyzkyj (1923–1931 und 1933–1937) behaupten können, Ukrainer zu sein, doch ließ er sich erst im Zuge der Ukrainisierung als solcher registrieren. Vorher und nachher gab er als Nationalität «Russe» an.

In der Zwischenkriegsperiode nahm trotz der offiziellen Politik der Indigenisierung der Anteil der Russen an der Gesamtbevölkerung weiter zu. Dieses Paradox ist relativ leicht zu erklären, wenn wir uns vergegenwärtigen, dass die Indigenisierung für den Kreml lediglich ein Instrument, aber kein eigentliches Ziel darstellte. Denn das ultimative Ziel war der Triumph des Kommunismus. Das revolutionäre Lied, das junge kommunistische Eisenbahnarbeiter in Kyjiw sangen, brachte dies zum Ausdruck: «Fliege weiter, unsere Lokomotive/ Es gibt einen Bahnhof in der Gemeinde /Wir haben nur einen Weg/ Mit Gewehren in den Händen.» Auf diesem Weg war die «Nation» nur ein Zwischenstopp, nicht die Endstation.

Die Kommunisten glaubten, dass eine großenteils ungebildete Bevölkerung die Botschaft des Kommunismus in einer vertrauten Sprache, das heißt, in einer eigenen Landessprache, besser verstehen würde. Das war kein neuartiges Konzept. Die Führer der Haskala («Jüdische Aufklärung») wandten eine ähnliche Taktik an: Sie führten eine säkulare, auf Jiddisch verfasste Literatur ein, durch die ungebildeten Juden modernes Gedankengut vermittelt werden sollte. Auch Lenins Vater, Ilja Uljanow, ein prominenter russischer Lehrer, wirkte an der Einrichtung von Grundschulen mit, in denen die Tschuwaschen und andere Völker der Wolga-Region in ihren jeweiligen Sprachen unterrichtet wurden. Mit anderen Worten: Um modern werden zu können, war es zuerst einmal nötig, national zu werden.

Der Marxismus bot eine Theorie für die radikale Modernisierung der Welt, aber lange Zeit fehlte ihm eine Theorie des Nationalismus. Sie wurde nicht für notwendig erachtet. So schrieben Marx und Engels im *Kommunistischen Manifest*: «Die Arbeiter haben kein Vaterland.» Lenin und Stalin formulierten ihre Positionen zur nationalen Frage erst 1912, am Vorabend des Ersten Weltkriegs, als die Frage ganz offensichtlich einfach nicht mehr ignoriert werden konnte. Aber Lenins und Stalins Ansatz war von den Grundgesetzen der marxistischen Dialektik gekennzeichnet, der «Einheit der Gegensätze»: Die russischen Bolschewiki traten zwar für das *Recht* der Völker auf Selbstbestimmung ein, sie unterstützten jedoch nicht die Selbstbestimmung *an sich*. Vielmehr waren viele überzeugt, mit dem Aufkommen des Kommunismus würde die Nation durch eine neue historische Gemeinschaft ersetzt werden: das Sowjetvolk. Wie der Feudalismus Französisch sprach und der Kapitalismus Englisch, so würde der Kommunismus Russisch sprechen. Deshalb würde die Indigenisierung zwar alle ethnischen Gruppen betreffen, nicht jedoch das größte Volk, die Russen selbst. Der Kommunismus war demnach schon von Natur aus russisch.

Nirgends wurde die Indigenisierung so weit getrieben wie in der Ukrainischen Sowjetrepublik. Dafür gab es mehrere Gründe. Erstens und besonders wichtig war die geopolitische Bedeutung der ukrainischen Frage: Der Erste Weltkrieg hatte sie zwar aufgeworfen, jedoch nicht gelöst, und die Bolschewiki beabsichtigten, diese Tatsache zu ihren Gunsten zu nutzen. Der V. Weltkongress der Kommunistischen Internationale (1924) bezeichnete die ukrainische Frage als wichtigste ungelöste nationale Frage in Europa. Die Bolschewiki sahen darin eine Art Rammbock, mit dem sie die Tore der kapitalistischen Festung des Westens aufbrechen konnten. Zweitens richtete sich die bolschewistische Nationalpolitik nicht nur auf die Republiken der Sowjetunion, sondern auch auf die Völker Asiens und Afrikas. Der Kreml wollte im dort stattfindenden antikolonialen Kampf einen Verbündeten der kommunistischen Revolution sehen. Man wollte zeigen, dass nur der Kommunismus eine faire Lösung der nationalen Frage anbieten könne, und die ukrainische Frage bot dafür die perfekte Gelegenheit. Die Ukrainer stellten das größte nichtrussische Volk in der UdSSR dar. Über die Landesgrenzen hinaus sollte deshalb die Ukrainisierung als kommunistisches Vorzeigeprojekt dienen.

Von den Rollen als «Rammbock» und als «Vorzeigeprojekt» abgesehen gab es noch einen weiteren Grund, warum die Indigenisierung in der sowjetischen Ukraine am weitesten ging: der lange Schatten der Ukrainischen Revolution. Tatsächlich können wir hier nicht nur von einem, sondern von zwei Ukrainisierungsprozessen sprechen: die Ukrainisierung von oben, vorangetrieben von den Bolschewiki, und die Ukrainisierung von unten, in der sich der nationale revolutionäre Gärungsprozess fortsetzte. Die Logik des erstgenannten Prozesses wurde von Michail Frunse, dem Kommandeur der Roten Armee in der Ukraine, vermittelt. Er war überzeugt, dass mit der starken Zunahme des Anteils ukrainischer Dorfbewohner in der Armee die Gefahr des Petljurismus weiter zunehmen werde. Um diese Bedrohung zu überwinden, müsse die sowjetische Regierung Petljura dessen stärkste Waffe, die ukrainische Sprache, entringen und lernen, sie selbst einzusetzen. Die Logik des anderen, von unten kommenden Ukrainisierungsprozesses beschrieb Mychajlo Hruschewskyj. Als er 1924 aus dem Exil in die Ukraine zurückkehrte, gelangte er zu der Auffassung, dass sich genau jetzt die Zukunft der ukrainischen Nation entscheide – denn ukrainische Bauern zögen in Massen in die Städte und würden schon bald in der Arbeiterschaft und in der Bourgeoisie in der Mehrheit sein. Er forderte, die ukrainische nationale Intelligenzija müsse sich an diesem Prozess beteiligen.

Am weitesten ging die Ukrainisierung in zwei Institutionen, die ihre Wurzeln in der Revolutionszeit hatten: in der Ukrainischen Autokephalen Orthodoxen Kirche und in der Nationalen Akademie der Wissenschaften der Ukraine. Viele führende Köpfe im Ukrainisierungsprozess hatten einen antikommunistischen Hintergrund. Die radikalsten Flügel der wichtigsten sozialistischen Parteien der ehemaligen Zentralrada – der Ukrainischen Sozialdemokratischen Partei und der Partei der Sozialrevolutionäre – traten als die entschiedensten Verfechter der Ukrainisierung innerhalb der Kommunistischen Partei auf. Sie hatten das Land während der Revolution nicht verlassen, sondern sich zu Nationalkommunisten gewandelt und versucht, die kommunistische Bewegung mit dem Nationalinteresse und der Selbstbestimmung zu versöhnen.

Selbst nichtkommunistische ukrainische Patrioten stellten nun überrascht fest, dass die Kommunisten im nationalen Geist für «Unabhängigkeit» zu agieren begannen. Der Volkskommissar für Bildung, der frühere Borotbist Olexandr Schumskyj, forderte 1926 in einem Schreiben an Stalin, im Zusammenhang mit der ukrainischen Neubelebung wichtige Positionen in der Ukrainischen Sowjetrepublik durch Ukrainer zu besetzen. So solle Kaganovitsch durch den Ukrainer Wlas Tschubar ausgetauscht werden. Und im Jahr 1928 veröffentlichte das Journal *Bilschowyk Ukrajiny* den Beitrag eines jungen Ökonomen namens Michail Wolobujew, der darin argumentierte, der Status der Ukraine innerhalb der UdSSR weise alle Merkmale einer Kolonie auf.

Die größte Aufmerksamkeit erregte jedoch der charismatische junge kommunistische Schriftsteller Mykola Chwylowyj. Während Spengler über den Untergang des Abendlandes (Europa) schrieb, glaubte Chwylowyj an die revolutionäre Wiederbelebung des Kontinents. Der Anstoß zu dieser Erneuerung werde vom kommunistischen Osten ausgehen, einschließlich der Ukraine. Das alles bedeute jedoch, dass die junge revolutionäre ukrainische Kultur nicht länger eine Kopie der russischen Kultur sein dürfe, sondern sich den hohen europäischen Standards angleichen müsse. Chwylowyjs Position in der literarischen Debatte der 1920er Jahre lässt sich am besten durch den Slogan «Weg von Moskau! Auf nach Europa!» ausdrücken.

Der Kreml lehnte zwar die gedanklichen Konstrukte eines Schumskyj, Wolobujew und Chwylowyj ab, aber das konnte den Trend nicht umkehren. Vor 1917 war Mykola Skrypnyk einer der wenigen Ukrainer in der bolschewistischen Partei gewesen; seine Laufbahn ist recht charakteristisch. Er hatte eine wichtige Rolle bei der Niederwerfung der nationalen kommunistischen Opposition gespielt, aber nachdem er Schumskyj als Kommissar für das Bildungswesen abgelöst hatte, trieb er die Ukrainisierung noch intensiver als sein Vorgänger voran und plante sogar eine Ukrainisierung des nordkaukasischen Kuban-Gebiets, das zur Russischen Republik gehörte.

Diese Konflikte zwischen dem Kreml und den ukrainischen Kommunisten enthüllen, wie unsicher der in den frühen 1920er Jahren vereinbarte Kompromiss tatsächlich war. Dann goss 1926 das Gespenst eines Krieges gegen England auch noch Öl ins Feuer. Im Mai 1926 kehrte Józef Piłsudski im Nachbarland Polen durch einen Staatsstreich an die Macht zurück. Das weckte Stalins Furcht vor einer möglichen Neuauflage der Allianz zwischen Piłsudski und Petljura. Genau zwei Wochen nach dem Coup wurde Petljura in Paris von dem jüdischen Anarchisten Samuel Schwarzbard als Vergeltung für die Judenpogrome von 1919 in der Ukraine erschossen. Man vermutete, dass bolschewistische Geheimdienste hinter dem Mord steckten. Zwar wurde dafür nie ein schlüssiger Beweis gefunden, doch zeigte sich, dass sich der Mord für den Kreml außerordentlich positiv auswirkte.

Die sowjetische Ukraine entglitt allmählich dem Griff des Kreml. Der revolutionäre Zug, den die Bolschewiki auf die Gleise gesetzt hatten, reagierte nicht mehr auf die Befehle des Lokführers und war im Begriff, auf ein anderes Gleis zu wechseln. Die Ukrainer mauserten sich allmählich zu einer Nation mit eigener politischer Führungsschicht und einer voll entwickelten, gebildeten und keineswegs «bäuerischen» Kultur. Die jüngere Generation der ukrainischen Künstler experimentierte mit modernistischen Bewegungen wie dem Kubismus, Konstruktivismus und Futurismus. Für zwei Kunstformen erwies sich die Ukrainisierung als besonders wichtig: für das Theater (Les Kurbas' experimentelles Theater) und für das Kino (insbesondere Olexandr Dowschenkos Filme). Auch die ukrainische Sprache, das Kernsymbol der ukrainischen Identität, wurde einer Transformation unterzogen. 1926 wurde in Charkiw die ukrainische Rechtschreibung unter Beteiligung ukrainischer Linguisten sowohl aus der sowjetischen als auch aus der polnischen Ukraine neu festgelegt. So konnte man in der Öffentlichen Bibliothek in Charkiw einer Vorlesung über Einsteins Relativitätstheorie auf Ukrainisch folgen, in einer Sprache, die noch fünf oder zehn Jahre zuvor nur als «Bauernsprache» verunglimpft worden war. Ein normaler Journalist konnte nun in seinen Artikeln Wörter verwenden, die ukrainische Patrioten des 19. Jahrhunderts noch gar nicht gekannt hatten.

Die jungen Ukrainer schufen eine völlig neue, moderne Vision der Ukraine. Die traditionellen, kunstvoll bestickten Hemden waren ihnen völlig fremd geworden; als Symbole ihres Landes gehörten sie ihrer Meinung nach ins Museum. Ihre Ukraine war ein Industrieland, repräsentiert durch ukrainischsprachige Ärzte, Mathematiker, Physiker und Metallurgen, die allmählich die Großstädte erobern und dem gesamten Land «einen modernen ukrainischen Stil und Charakter» verleihen würden, wie es der zu dieser Generation gehörende Psychologe Hryhorij Kostjuk ausdrückte.

Das Gefühl breitete sich aus, dass die Ukrainer die russische Kultur nicht mehr brauchten, um sich einen eigenen Weg in die Moderne zu bahnen. Aber natürlich endete der Weg nicht an diesem Punkt. Die kulturelle Emanzipation würde früher oder später zu politischem Separatismus führen. Die Bolschewiki waren nicht die einzigen, die ein solches Ergebnis befürchteten. Die russischen Emigranten im Ausland mochten zwar die Bolschewiki hassen, betrachteten aber die Restauration des Russischen Reiches als wichtigste Leistung der bolschewistischen Regierung. Sie glaubten, der Kommunismus werde irgendwann am Ende sein, doch das Reich werde bestehen bleiben.

Im Land selbst sahen die Dinge ein wenig anders aus. 1929 schrieb der sowjetische Gelehrte Wladimir Wernadskij, gebürtiger Ukrainer und überzeugter Kleinrusse, einen Brief an seinen im Exil lebenden Sohn Georgij, einen Professor für russische Geschichte: «Meine größte Furcht ist der Zusammenbruch des russischen Staates. Es ist im Allgemeinen unmöglich, etwas wiederherzustellen, das zerrissen worden war. Die Ukraine und Georgien sind die größten Risiken.»

Die Situation in der Ukraine konnte sich ungehindert entwickeln, solange der Kreml durch den Machtkampf nach Lenins Tod im Jahr 1924 geschwächt war. Doch 1929 ging Stalin aus diesem Kampf siegreich hervor. Kaum hatte er seine Machtposition gefestigt, als er auch schon einen scharfen Kurswechsel ankündigte. Die Phase des Rückzugs sei vorüber, erklärte Stalin; es sei an der Zeit, in die Offensive zu gehen. Der neue Kurs bedeutete das Ende der Neuen Ökonomischen Politik und der Indigenisierung. Und wieder wurde die Ukraine zu einer Art Lackmustest: Die Pläne zur Ukrainisierung des Kuban-Gebiets wurden 1932 aufgegeben, und dies signalisierte zugleich auch das Ende der Indigenisierungspolitik in der gesamten UdSSR.

Die Entscheidungsschlacht rückte näher.

Der Holodomor

Die Bolschewiki siegten an vielen Fronten, waren aber anscheinend unfähig, die Alltagsprobleme zu meistern. Im Sommer 1930 unternahm der österreichische Klaviervirtuose Paul Wittgenstein, Bruder des Philosophen Ludwig Wittgenstein, eine Konzertreise nach Charkiw, der Hauptstadt der Sowjet-Ukraine. Beim Frühstück im Hotel konnte er keine Milch für den Kaffee bekommen (weil es keine Milch gab), auch nicht Tee mit Zitrone (es gab keine Zitronen) und nicht einmal ein Spiegelei (es gab weder Eier noch Butter). Nur verkrusteter alter Käse war noch zu haben. Wittgensteins Tischnachbar, ein sowjetischer Beamter auf Dienstreise, vertraute ihm an, dass er sich an den Geschmack von Butter gar nicht mehr erinnern könne. Wittgenstein war entsetzt, dass so etwas in der Ukraine möglich sein könne, dem größten Agrarland in Europa!

Ein paar Monate zuvor war eine Welle von Bauernprotesten über das Land hinweggerollt. Die Bauern rebellierten gegen die Bemühungen der Bolschewiki, sie in Kolchosen zu zwingen. Einer der Gründe für die Kollektivierung (allerdings nicht der Hauptgrund) war, dass sich die Bauern geweigert hatten, die Märkte mit Getreide und anderen Agrarprodukten zu beliefern. Es war nicht so, dass es den Bauern selbst an diesen Gütern gemangelt hätte: Noch nie hatte man in den ukrainischen Dörfern besser leben können als in den 1920er Jahren.

Tatsächlich waren es die besten Jahre in der Geschichte des ukrainischen Dorfes. Die alte Utopie der Bauern, von der eigenen Hände Arbeit und mit geringstmöglicher staatlicher Einmischung leben zu können, war Realität geworden. Nach der Revolution war endlich auch der «Landhunger» der Bauernschaft gestillt worden. Die Enteignung der Großgrundbesitzer in den Jahren 1917 bis 1919 hatte einen Zuwachs von 67 Prozent des von Bauern bewirtschafteten Bodens zur Folge. Allerdings war auch das eine bäuerliche Utopie, die sich an der Vergangenheit orientierte. Denn die Revolution und die aus dem Krieg resultierenden Zerstörungen hatten das ukrainische Dorf um mehrere Jahrzehnte in die alte, traditionelle bäuerliche Welt zurückgeworfen. Die Bauernhöfe mussten sich wieder allein auf die Arbeitskraft der Großfamilien einschließlich der Kinder stützen und richteten sich nicht mehr an den Anforderungen der Märkte aus, sondern an den Bedürfnissen der Familie.

Aufgrund der «Preisschere» lohnte es sich nicht, die Produkte der eigenen Arbeit auf dem freien Markt verkaufen zu wollen: Industrielle Produkte waren zu teuer und der für Nahrungsprodukte erzielbare Preis zu niedrig. Die Bauern witzelten: «Auch mit einem neuen Kummet wird eine alte Mähre nicht mehr ziehen können» und «Mit der Arbeiter-Bauern-Union ist es so: Weizen bringt einen Rubel, aber ein Wagen kostet zweihundert.» Um einen landwirtschaftlichen Betrieb zu modernisieren, musste man Kredite für Maschinen und Düngemittel aufnehmen. Eine Lösung war die Gründung von Kooperativen, die Vereinigung mehrerer Höfe, um gemeinsam die nötigen Maschinen anzuschaffen, den Boden zu bewirtschaften und die Produkte auf den Märkten zu verkaufen. Aber auch das löste nur einen Teil der Probleme; eine große, umfassende Lösung würde staatliche Unterstützung erfordern.

Aus dieser Lage führten nur zwei Wege: die Märkte oder die Gewalt. Der Marktweg dominierte in den 1920er Jahren und wurde Neue Ökonomische Politik genannt. Solange die bolschewistische Regierung in der Ukraine schwach war, scheute sie vor dem offenen Kampf mit der Bauernschaft zurück. Aber Stalin schickte die Neue Ökonomische Politik 1926 «in die Hölle». Als klar wurde, dass die kommunistische Weltrevolution gescheitert war, machte er sich daran, den «Sozialismus in einem Land aufzubauen». Er erzwang eine Modernisierung von oben, die die UdSSR zügig von einem Agrar- in ein Industrieland verwandeln sollte.

Stalins Plan umfasste drei Elemente: forcierte Industrialisierung, Kollektivierung und Kulturrevolution. Obwohl die Industrialisierung das wichtigste dieser Elemente war, würde sie sich auf die Kollektivierung stützen müssen, um ihre Ziele zu erreichen. Stalin war überzeugt, dass die Modernisierung im Westen nur durch die Ausbeutung der Kolonien möglich gewesen war. Die UdSSR hatte zwar keine externen Kolonien, wohl aber eine sehr große interne: die Bauernschaft. Mitte der 1920er Jahre schlug Jewgenij Preobraschenskij, ein Gegner der Neuen Ökonomischen Politik, eine Phase der «primitiven sozialistischen Akkumulation» vor. Wer Marx gelesen hatte, wusste, was er damit meinte: In *Das Kapital* beschrieb Marx den Prozess der ursprünglichen Akkumulation des Kapitals in England als gewaltsame Ausraubung der Bauern. Stalin verurteilte Preobraschenskijs Theorie, die selbst ihm zu zynisch erschien. Aber gegen Ende der 1920er Jahre hatte sich Stalins Politik, den «Sozialismus in einem Land aufzubauen», tatsächlich zu einer Version von Preobraschenskijs Theorie gewandelt: Die Bauernschaft würde den größten Preis für die Modernisierung der Sowjetunion zahlen müssen. Indem die sowjetische Regierung den Bauern den Boden wegnahm und Getreide sowie andere Produkte ihrer Arbeit an den Westen verkaufte, würde sie sich die Mittel für die Industrialisierung beschaffen.

Die Bauern mochten die sowjetische Herrschaft nicht. Der Literaturkritiker Serhij Jefremow notierte in seinem Tagebuch, die Bauern bezeichneten ihre eigenen Kämpfer als «Kosaken», während sie für die Bolschewiki das russische Wort für «Genossen» benutzten – und «du solltest hören, wie viel Verachtung sie in das Wort legen». Als 1926 die Gefahr eines Krieges zwischen der UdSSR und Großbritannien heraufzog, berichteten sowjetische Geheimdienstler, dass sich die ukrainischen Bauern auf den Krieg freuten, von dem sie ihre Rettung erhofften. Ihre Hoffnungen richteten sich auf Petljuras Rückkehr. Nach seiner Ermordung blickten sie auf Piłsudski, den exilierten Trotzkij (weil sie glaubten, dass er gegen die Bolschewiki sei) und sogar auf den Papst – eben auf jeden, der die gottlose kommunistische Regierung vernichten konnte.

Seit dem Ausbruch des Ersten Weltkriegs hatte das ukrainische Dorf in ständiger Erwartung der Apokalypse gelebt. In den 1920er Jahren hielt man die Bolschewiki in den Dörfern für den Antichrist. Die feindliche Einstellung der Landbevölkerung zum Sowjetregime beruhte nicht nur auf einer materiellen und politischen, sondern auch auf einer religiösen Grundlage. Die Ziele der Kulturrevolution beinhalteten die Beseitigung des Analphabetismus und des «religiösen Aberglaubens». Die Schließung und Zerstörung von Kirchen, die Auflösung der Klöster und Verhaftung der Priester gingen Hand in Hand mit der Kollektivierung. Und alles zusammen stärkte den bäuerlichen Widerstand nur noch mehr.

Bauernaufstände gegen die Kollektivierung fanden überall in der UdSSR statt, vor allem in den Getreideanbaugebieten. Aber die Ukraine erwies sich am rebellischsten: Fast die Hälfte aller Aufstände fand dort statt. Außerdem erlangten die ukrainischen Aufstände allmählich eine nationale Dimension. Die Appelle der Bauern enthielten auch Aufrufe zum Kampf für eine freie Ukraine. In manchen Dörfern sangen die Rebellen ein Lied, das später zur Nationalhymne werden sollte: «Noch ist die Ukraine nicht gestorben.» Und je näher man der westlichen Grenze zu Polen kam, desto stärker wurde diese nationale Dimension.

Stalin kannte die Zahlen. Er war sich sicher, dass Piłsudski und die Petljuristen für das Ausmaß der ukrainischen Aufstände verantwortlich waren. Darin lag zwar ein Körnchen Wahrheit, aber einer sehr verzerrten Wahrheit. Wie die Sowjets die ukrainische Frage als Rammbock gegen Polen nutzen wollten, so versuchten die Polen genau dasselbe gegenüber der UdSSR. Schon 1922 hatte sich Piłsudski, der Vater des polnischen Staates, aus der Politik zurückgezogen. Doch der katastrophale Zustand des Staates in den ersten Jahren der Unabhängigkeit Polens zwang ihn, seine Pläne noch einmal zu überdenken. 1926 organisierte er einen Staatsstreich und kehrte an die Macht zurück. Seinen Freund, den in Kyjiw geborenen polnischen Künstler und früheren Minister der Petljura-Regierung, Henryk Józewski, ernannte Piłsudski zum Woiwoden (Gouverneur) von Wolhynien. Józewski verfolgte in Wolhynien eine Politik der Ukrainisierung, die praktisch ein Spiegelbild der sowjetischen Ukrainisierung war. Als Charkiw beispielsweise Ukrainer aus Lwiw einlud, sich in der Ukrainischen SSR anzusiedeln und sich damit an der sowjetischen Ukrainisierung zu beteiligen, brachte Józewski frühere Petljura-Offiziere von Warschau in seine Hauptstadt Lutsk und berief sie auf Schlüsselpositionen in der Woiwodschaft Wolhynien. Außerdem gründete oder förderte er ukrainische Schulen, Genossenschaftsbanken und so weiter. Mit seinem «Wolhynien-Experiment» wollte er die Ukrainer in der UdSSR davon überzeugen, dass Warschau besser für die Ukrainer sorgte als Moskau. Doch Józewski hatte auch noch eine geheime Aufgabe: ein polnisches Spionagenetzwerk in der sowjetischen Ukraine aufzubauen. Die Wälder und Sümpfe Wolhyniens waren geradezu ideal geeignet, um polnische Spione über die Grenze zu schleusen. Die meisten waren nur dem Namen nach Polen. Tatsächlich waren sie Petljuras Soldaten und Offiziere, denen Piłsudski Asyl gewährt hatte. Sie sollten den Boden bereiten, falls es zum Krieg zwischen Polen und der UdSSR kommen sollte.

Um 1929/30 berichteten polnische Geheimdienstagenten, dass die Ukraine in den Flammen der Bauernaufstände förmlich verbrenne. Józef Piłsudski sah in diesen Nachrichten ein Signal zum Handeln. Er wies seinen Generalstab an, nach dem Beispiel der Offensive von 1920 einen Plan für eine neue gegen Kyjiw gerichtete Offensive auszuarbeiten. Doch Stalin erfuhr davon: Die sowjetische Gegenspionage hatte das polnische Spionagenetzwerk in der Sowjet-Ukraine enttarnt und neutralisiert und einige Spione als Doppelagenten angeworben. Die Folge war, dass deren Berichte gleichzeitig auf den Schreibtischen sowohl Stalins als auch Piłsudskis landeten. All das «überzeugte» Stalin, dass der starke Widerstand der ukrainischen Bauernschaft und ihre nationalistischen Kampfparolen nichts weiter als das Ergebnis einer Verschwörung polnischer Agenten mit ukrainischen Nationalisten seien.

Piłsudski führte den Feldzug nach Kyjiw dann doch nicht durch. Vielleicht fühlte er sich einfach zu alt für ein solches Abenteuer. Wie auch immer, die Chance blieb ungenutzt, und mangels Unterstützung durch Verbündete waren die Bauernrevolten zum Scheitern verurteilt. Auch hatten die Dörfer keine eigenen Anführer hervorgebracht. Um 1930/31 wurden wohlhabende und unternehmerische Bauern samt ihren Familien als «Kulaken» nach Sibirien deportiert. Den Begriff «Kulak» benutzten die Bolschewiki recht freizügig: Er wurde nicht nur auf relativ wohlhabende Bauern mit großen Höfen angewandt, sondern auch auf jeden, der öffentlich eine antisowjetische Meinung äußerte.

Für die Landwirtschaft erwies sich die Kollektivierung als Katastrophe. Die Bauern wollten nicht in Kolchosen arbeiten, sondern auf eigenen Feldern. Hinzu kam, dass der Kreml völlig überzogene Lieferpläne für Getreide diktiert hatte und es als neue Form bäuerlichen Widerstands ansah, wenn die Planziele nicht erreicht wurden. Um den «Widerstand» zu brechen, konfiszierten die Sowjets nicht nur das Getreide – sie beschlagnahmten jede Art von Nahrungsmitteln. Im Sommer 1930 wurden die ersten Anzeichen des Hungers sichtbar. Bis zum Frühjahr 1932 war die Hungersnot in der Ukraine weit verbreitet.

Der kommunistischen Führung in der Ukraine war vollkommen bewusst, dass die Beschlagnahmung des Getreides eine ungeheuerliche Maßnahme war. Man befürchtete, dass die Umsetzung der Politik zu einer Katastrophe führen werde, für die man letztendlich ihr die Verantwortung zuweisen würde. Ukrainische Kommunisten versuchten, Stalin umzustimmen. Doch Stalin betrachtete ihren Widerstand als Beweis, dass ukrainische Nationalisten und polnische Agenten sogar die obersten sowjetischen Organe infiltriert hatten. Statt zu einem Bollwerk des Bolschewismus zu werden, schien sich die Ukraine in ein Trojanisches Pferd zu verwandeln.

Aus diesem Grund wurde zusätzlich zur weit verbreiteten «spontanen» Hungersnot von 1932 für die Ukraine im Jahr 1933 eine absichtliche Hungersnot herbeigeführt. Diese Entscheidung traf Stalin höchstwahrscheinlich bereits im Sommer 1932. Auslöser mochte ein Bericht des Geheimdienstes über die in der Ukraine herrschende Stimmung gewesen sein, wonach die dortige sowjetische Verwaltung im Wesentlichen aufgehört habe zu funktionieren.

Wir können nicht wissen, was in Stalins Kopf vor sich ging. Doch liegt es nahe zu vermuten, dass er in der ukrainischen Situation in den Jahren 1930 bis 1932 die Gefahr einer Wiederholung der Ereignisse von 1917 bis 1920 sah, als die Bolschewiki mehrere Male gezwungen worden waren, sich von ukrainischem Boden zurückzuziehen. Für Stalin persönlich stellte das eine traumatische Erfahrung dar. Während der Revolution war er Parteiführer und militärischer Befehlshaber im Süden des ehemaligen Russischen Reiches einschließlich der Ukraine gewesen, und im Polnisch-Sowjetischen Krieg wurde er teilweise für die Niederlage der Sowjets im Sommer 1920 verantwortlich gemacht. Außerdem darf man nicht vergessen, dass Stalin selbst ein «Mann aus den Grenzlanden» war. Er stammte aus Georgien und wusste sehr wohl, dass in den Grenzregionen jederzeit Chaos und Revolten ausbrechen konnten. Und schließlich war Stalin, als wichtigster bolschewistischer Theoretiker der nationalen Frage, davon überzeugt, dass die Bauernschaft den Nährboden der Nationalbewegung bildete – und das Verhalten der ukrainischen Bauern schien dies erneut zu bestätigen.

Stalin hatte daher jede Menge Gründe für seinen Entschluss, der Ukraine einen vernichtenden Schlag zu versetzen. Alle Mutmaßungen über Stalins Motive beim Umgang mit der ukrainischen Krise gehen davon aus, dass er rational gehandelt habe. Doch in Wirklichkeit wurde sein Verhalten umso paranoider, je mehr Macht er in seinen Händen konzentrierte – eine häufig zu beobachtende Reaktion bei Menschen, die befürchten müssen, die Kontrolle über eine Situation zu verlieren. Und Stalin hatte in den frühen 1930er Jahren tatsächlich das Gefühl, dass ihm die Ukraine aus dem Ruder lief.

Wie auch immer: Die Hungersnot der Jahre 1932 und 1933 war die größte nationale Katastrophe, die der Ukraine im 20. Jahrhundert widerfuhr. Die Zahl der Hungertoten belief sich auf ungefähr vier Millionen. Die große Mehrheit waren ethnische Ukrainer, aber auch andere Gruppen, die vom Bodenertrag lebten, waren von der Hungersnot betroffen, darunter ländliche Juden und deutsche Siedler.

Noch immer führen die Historiker eine Debatte über die Frage, ob die Hungersnot von 1932–1933 ein Genozid gewesen sei. Die Gegner einer Einstufung der Hungersnot als Völkermord verweisen auf die Tatsache, dass sie sich nicht nur in der Ukraine ereignet habe, sondern auch in den anderen Getreideanbauregionen der UdSSR und dass proportional zur Bevölkerung nicht die Ukrainer, sondern die Kasachen am stärksten darunter gelitten hätten. Wer die Hungersnot jedoch als Genozid (Holodomor – «Tötung durch Hunger») betrachtet, weist darauf hin, dass den ukrainischen Bauern nicht nur das Getreide, sondern auch alle anderen Nahrungsmittel weggenommen wurden und dass die ukrainisch-russische Grenze von Militärkräften abgeriegelt wurde, um ukrainische Bauern an einer Flucht aus ukrainischem Gebiet zu hindern.

Der Streit ließe sich lösen, wenn man die Tatsache anerkennen würde, dass es 1932–1933 in der Ukraine *nicht eine, sondern zwei Hungersnöte* gab. Die erste Hungersnot von 1932 trat überall in der Sowjetunion auf; die zweite im Jahr 1933 war gezielt gegen die Ukraine gerichtet. Ohne die zweite Hungersnot wären die ukrainischen Verluste an Menschenleben sehr viel geringer ausgefallen.

Die gesamte Hungersnot von 1932–1933 brach schließlich der ukrainischen Bauernschaft das Genick. Sie setzte der Umwandlung der Bauernschaft in eine Nation ein Ende, die 1914 als Teil eines paneuropäischen Prozesses so dynamisch begonnen hatte und bis in die 1930er Jahre immer wieder aufgeflammt war. Während im «alten» Europa der Übergang «von den Bauern zur Nation» gegen Ende des 19. Jahrhunderts begann und in der Zwischenkriegszeit weiterging, setzte er in der Ukraine erst später, während des Ersten Weltkriegs und der Revolution, ein. In den frühen 1930er Jahren wurde der Prozess gewaltsam gestoppt und dann rückgängig gemacht. Bauern, die die Hungersnot überlebt hatten, erinnerten sich später, dass man von diesem Zeitpunkt an verhaftet werden konnte, wenn man Wörter wie «Ukraine» oder «Mutter Ukraine» benutzte. Es musste immer «Sowjetische Ukraine» heißen.

Stalins Pläne zum Aufbau des Sozialismus in einem einzigen Land beschleunigten die Transformation der UdSSR von einer formellen Föderation zu einem richtigen Imperium. Seit Beginn der 1930er Jahre, auf dem Höhepunkt der Kollektivierung, appellierte Stalin öffentlich an den russischen Nationalismus. Er behauptete, Russland sei früher nur aufgrund seiner Rückständigkeit von den Türken, Polen, Schweden, Franzosen und Japanern besiegt worden; das werde sich nun aber dank der Revolution nie mehr ereignen.

Kolchosbauern und Arbeiter bildeten die beiden Hauptgruppen des «Sowjetvolks». Zusätzlich beabsichtigten die Bolschewiki, eine weitere soziale Schicht zu schaffen, die sowjetische Intelligenzija, die Träger einer Kultur sein sollte, welche «national in der Form, sozialistisch im Inhalt» sein würde. Als Folge der Ukrainisierung war die junge ukrainische Kultur aber bereits national nach Form *und* Inhalt geworden. Deshalb wurde nun die ukrainische Intelligenzija zur Hauptzielscheibe der stalinistischen Repression. Von den 260 ukrainischen Schriftstellern, die im Jahr 1930 publiziert hatten, starben 230 während der Säuberungen. Auch die kommunistische Führungsschicht der Ukrainischen Sowjetrepublik geriet ins Visier. Als die Säuberungen 1938 endeten, waren nur noch zwei frühere Führungspersonen der Kommunistischen Partei der Ukraine am Leben. Als Nikita Chruschtschow 1938 in der Ukraine eintraf, dachte er zuerst, die Mongolen seien ein weiteres Mal in das Land eingefallen.

Stalins Repressionen bekamen alle sowjetischen Republiken zu spüren, auch Russland. Der Unterschied zwischen der Russischen Republik und den nichtrussischen Republiken bestand darin, dass Russland bereits Teil der Weltkultur war. Selbst der Verlust einer ganzen Generation der Eliten in der Staatsverwaltung und im Kulturbereich konnte die nationale Kultur Russlands nicht völlig auslöschen. Dagegen war die neue Elite für die Ukraine mit ihrer noch jungen Kultur fast alles, was das Land hatte. Die Vernichtung dieser Elite bedrohte die gesamte Existenz der Ukraine als Nation.

Die Reaktion des Westens, oder vielmehr deren Ausbleiben, stellt ein eigenes Kapitel in der Geschichte der Hungersnot dar. Es war kein Geheimnis, dass die Menschen in der Ukraine in großer Zahl starben. Ausländische Botschaften und Konsulate meldeten die Vorgänge ihren Regierungen, und auch einige Journalisten berichteten darüber. Doch die vorherrschende Haltung war, jede Diskussion über dieses Thema zu vermeiden. Das hatte unterschiedliche Gründe. Für einige

Beobachter, etwa Walter Duranty von der *New York Times*, war Schweigen der Schlüssel zum Erfolg. Duranty hatte Zugang zu den höchsten Rängen der sowjetischen Regierung und dachte keinen Moment lang daran, diesen Zugang aufs Spiel zu setzen. Seine Rechnung ging auf: 1932 erhielt er für «die Tiefe, Unparteilichkeit, sein sicheres Urteil und die außergewöhnliche Klarheit» seiner Berichterstattung aus der UdSSR den Pulitzerpreis. Andere fielen auf die Täuschungsmanöver herein, so etwa der frühere französische Premierminister Edouard Herriot. Während seines Besuchs in der UdSSR führte man ihn durch ein speziell arrangiertes «Potemkinsches Dorf» in der Ukraine, wo er wohlgenährte Bauern zu sehen bekam.

Viele wurden getäuscht, weil sie getäuscht werden wollten. Die Hungersnot von 1932–1933 traf mit zwei weiteren Großereignissen zusammen: mit der Weltwirtschaftskrise (1929–1933) und Hitlers Machtergreifung im Januar 1933. Sowohl die Wirtschaftskrise als auch Hitlers Aufstieg waren weitere Belege für die tiefe Krise, in der sich der liberale Westen befand. Die Sowjetunion, die mit dem Versprechen auftrat, eine neue Welt der sozialen Gleichheit und eine anscheinend gegen Krisen immune Wirtschaft aufzubauen, schien eine echte Alternative sowohl zum Liberalismus als auch zum Faschismus zu bieten. Viele Intellektuelle im Westen betrachteten Stalin als Heilsbringer der Humanität und waren daher bereit, ihm alles zu verzeihen.

Die Hungersnot in der Ukraine zeigte die dunkle Seite der Moderne, die viele Menschen lieber ignorieren wollten. In dieser «Schönen Neuen Welt» war es möglich, im Namen des Fortschritts Millionen Menschen auszurauben und zu töten – und dies völlig ungestraft, solange das Morden als «historische Notwendigkeit» begründet wurde.

Westliche Ukraine

Zwischen 1914 und 1939 erlebten die Teile der Ukraine, die unter sowjetische Herrschaft standen, eine unstete Reise: vom *ethnos* (Volk) zur Nation und wieder zurück zum *ethnos*. Für die im Westen, jenseits der Grenze zur Sowjetunion lebenden Ukrainer ging die Reise in der Zwischenkriegszeit nur in eine Richtung: vom Volk zur Nation. Mit anderen Worten: von «Rusinen oder Russynen» (deutsch: Ruthenen) zu Ukrainern. In seinen Memoiren schrieb der abstrakte Maler Karlo Swirynskyj, der aus einem abgelegenen Bergdorf in der Westukraine stammte, dass sich in den 1920er Jahren nur wenige Bewohner seines Heimatdorfs als Ukrainer bezeichnet hätten; in den 1930er Jahren identifizierten sich nur noch wenige als Rusynen.

Die ukrainischen Gebiete, die in den 1920er und 1930er Jahren außerhalb der UdSSR lagen, wurden im Allgemeinen unter der Bezeichnung Westliche Ukraine oder Westukraine zusammengefasst. Diese erschien ein paar Monate lang im offiziellen Namen für das Staatsgebilde der Westukrainischen Volksrepublik (WUVR). Die Westukraine hatte versucht, ihren Herrschaftsbereich auf alle ukrainischen Gebiete des Österreichisch-Ungarischen Reiches auszuweiten, also auf Galizien, die Bukowina und Transkarpatien. Doch ihre Bestrebungen blieben erfolglos: Bis Mitte 1919 kontrollierte die WUVR noch kein einziges dieser Gebiete. Obwohl die Volksrepublik wieder verschwand, blieb der Sammelname «Westukraine» erhalten. Die lokalen ukrainischen Politiker verwendeten die Bezeichnung, ebenso die Bolschewiki (was zu dem Mythos führte, die «Westukraine» sei eine Schöpfung des Kreml). Nachdem Wolhynien, das früher zum Russischen Reich gehört hatte, 1919 von Polen annektiert worden war, wurde es ebenfalls zur «Westukraine» gezählt.

Das Gebiet der Westukraine war zersplittert und fiel teilweise unter drei verschiedene Oberhoheiten. Galizien und Wolhynien gehörten zu Polen, Transkarpatien war Teil der Tschechoslowakei und die Bukowina gehörte zu Rumänien. Auch geografisch war die Westukraine in drei Hauptzonen gegliedert: den südlichen, gebirgigen Teil um die Karpaten; eine mittlere Zone, die von Hügeln und Ebenen geprägt war und im Osten in Podolien überging, und eine nördliche Zone, in der Wälder und Sümpfe vorherrschten. Dieses Gebiet entsprach ungefähr dem Territorium des mittelalterlichen Fürstentums Galizien-Wolhynien. Doch nach seinem Verfall im 14. Jahrhundert hatten sich diese Landstriche fast 600 Jahre lang unter der Herrschaft verschiedener Staaten befunden, die alle ihre Spuren hinterlassen hatten. Am deutlichsten ließ sich das im Charakter der herrschenden Eliten erkennen. Die Elite Galiziens war größtenteils polnisch; in Transkarpatien war sie ungarisch. Zur Elite der Bukowina gehörten viele Rumänen; zu der Wolhyniens zählten viele Russen.

Im Laufe der Jahre hatten diese Staaten verschiedene ethnische oder religiöse Gruppen einwandern lassen, die das Land ökonomisch, aber auch politisch kolonisieren sollten – deutsche und tschechische Bauern, österreichische Beamte in der Bukowina und in Galizien, russische Beamte in Wolhynien und eine Vielzahl jüdischer Gemeinschaften. Die große jüdische Bevölkerung war so gemischt wie die ganze Westukraine. Religiös ließen sich drei Hauptgruppen unterscheiden: orthodoxe, chassidische und progressive Juden. Letztere lebten vor allem in größeren Städten, in denen der Wind des Fortschritts spürbar war, etwa in Lwiw (Lemberg), Czernowitz, Brody und Drohobytsch. Orthodoxe und chassidische Juden lebten dort zwar auch, aber zahlreicher bewohnten sie vor allem kleinere Städte und Dörfer. Der landwirtschaftliche Charakter der Region wurde von dieser jüdischen Landbevölkerung geprägt.

Aus Sicht westlicher Hauptstädte wie London, Paris oder Berlin wirkten die westukrainischen Landstriche wie ein klassisches «Ruritanien» – ein rückständiger, unzivilisierter Winkel der Welt mit karpatischen Burgen, hinter deren Mauern sich die Burgbesitzer verbotenen Freuden hingaben, ein Land voller schmutziger jüdischer Schtetlech und elender Dörfer, in denen primitive, abergläubische Bauern hausten. In diesem Stereotyp der Bewohner «Ruritaniens» war eine nationale Identität der Bevölkerung nicht vorgesehen, denn nationale Identität galt als Vorrecht der gebildeten und zivilisierten «Megalomanen», also der großen Industriestaaten.

Diesem Stereotyp lag tatsächlich etwas Wahres zugrunde. Das lässt sich am Beispiel der ethnischen Ukrainer recht deutlich zeigen. Die Westukraine war ukrainisch, weil Ukrainer die Bevölkerungsmehrheit ausmachten. Insgesamt lebten etwa 7–7,5 Millionen Ukrainer in der Region, der größte Teil davon (5–6 Millionen) in Polen und kleinere Anteile in Rumänien und der Tschechoslowakei (jeweils zwischen einer halben und einer Million). Das war eine signifikante Zahl, größer als die Gesamtbevölkerung aller baltischen Staaten und ungefähr gleich groß wie die damalige Bevölkerung Belgiens. Bei näherer Betrachtung verschwimmt jedoch der ursprüngliche Eindruck einer homogenen ukrainischen Mehrheit. In den Karpaten und im Tiefland und den Sümpfen Polesiens lebten nominal ethnische ukrainische Gruppen, die jedoch ihre eigenen lokalen Kulturen und Identitäten besaßen, darunter die Bojken, Huzulen, Lemken und Polesier. Auch in religiöser Hinsicht teilten sich die Ukrainer in zwei Gruppen: in Galizien und Transkarpatien gehörten sie vorwiegend zu den griechischen Katholiken, während sie in der Bukowina und in Wolhynien häufiger dem orthodoxen Bekenntnis anhingen.

Das ukrainische Nationalbewusstsein war ebenfalls sehr unterschiedlich ausgeprägt. Am stärksten war es in Galizien und der Bukowina, am schwächsten in Polesien, wo sich ein beträchtlicher Teil der Bevölkerung selbst nur als *tutejschtschy* (Einheimische) bezeichnete. In Transkarpatien lag das Nationalbewusstsein irgendwo dazwischen, jedoch eher näher an Galizien, allerdings dem Galizien von 1848 und nicht von 1918. Im Jahr 1848, während des «Frühlings der Völker», hatten sich die galizischen Ruthenen nicht so recht entscheiden können, ob sie Ukrainer, Russen oder Polen waren. Nicht viel anders verhielt es sich in der Zwischenkriegszeit in Transkarpatien, wo sich die Ruthenen noch immer stritten, welchem Volk sie angehörten – Ukrainer, Russen oder Ungarn –, oder ob sie ein eigenständiges Volk bildeten. Letzteres war eine lokale Schöpfung. Ihre Theoretiker waren der Auffassung, dass sich die Ruthenen oder Russynen Transkarpatiens nach Sprache und Gebräuchen nicht nur von den Russen und Ukrainern, sondern sogar von den galizischen Russynen auf der anderen Seite des Gebirgszugs der Karpaten unterschieden.

All das zeigt uns, dass es übertrieben wäre, am Beginn der Zwischenkriegszeit die Westukraine als eine einheitliche, zusammenhängende Region zu bezeichnen. Doch bis zum Ende dieser Periode schien sich dort tatsächlich ein gewisses Einigkeitsgefühl herausgebildet zu haben: Die Zahl der Bewohner, die sich als Ukrainer identifizierten, hatte deutlich zugenommen.

Die Nationalisierung oder das zunehmende Bewusstsein, eine Nation zu sein, lässt sich teilweise dem «Versailles-System» zuschreiben, das auf der Pariser Friedenskonferenz 1919 beschlossen wurde. Es verankerte das Prinzip eines Staates für jede Nation, wobei «Nation» ein Volk bzw. eine ethnische Gruppe bedeutete. Obwohl die Siegermächte das System vereinbart hatten, wurde es nie konsequent umgesetzt. Staatenlose Nationen gab es nach dem Krieg wie zuvor auch. Was das Versailles-System jedoch bewirkte, war, dass die Zahl der staatenlosen Nationen auf dem europäischen Kontinent von 50 Prozent aller anerkannten Nationen auf 25 Prozent abnahm. Nationen, die keinen eigenen Staat hatten oder außerhalb der Grenzen ihres Staates lebten, erhielten den Status nationaler Minderheiten. Der Völkerbund, dem ausschließlich Nationalstaaten angehörten, übernahm die Verantwortung für den Schutz der Rechte nationaler Minderheiten.

Die Nachkriegsordnung in Mittel- und Osteuropa nutzte den Staaten am meisten, die im Krieg Verbündete der Entente gewesen waren – Rumänien und den wieder- bzw. neugegründeten Staaten Polen und Tschechoslowakei. Sie konnten ihre territorialen Ansprüche in größtmöglichem Ausmaß durchsetzen: Rumänien konnte nach dem Krieg sein Territorium fast verdoppeln; die tschechische nationale Elite gewann nicht nur Böhmen, Mähren und Schlesien, sondern auch slowakische und ruthenische Gebiete, und Polen schluckte so viel Territorium, dass es diesen Zuwachs nicht verdauen konnte. Die Entente-Mächte verlangten separate Friedensverträge für Polen und die Tschechoslowakei, in denen die Rechte nationaler Minderheiten geschützt wurden, und forderten zu diesem Zweck für Galizien und Transkarpatien die Unabhängigkeit.

Juden und Ukrainer bildeten in all diesen Staaten nationale Minderheiten; in Polen waren nach der Volkszählung von 1931 die Ukrainer mit 14 Prozent Bevölkerungsanteil die größte Minderheitengruppe. Das Schicksal der weit verstreut lebenden Ukrainer konnte als Lackmustest für die Lebensfähigkeit des Versailles-Systems angesehen werden.

In der Zwischenkriegszeit wurde die ukrainische Frage ungefähr das, was die polnische Frage im 19. Jahrhundert gewesen war: die größte ungelöste nationale Frage Mittel- und Osteuropas. Ihre Lösung sollte sich gravierend auf vier Länder auswirken: die Sowjetunion, Polen, Rumänien und die Tschechoslowakei. Gegen Ende der Zwischenkriegszeit zählten auch Deutschland und Ungarn zu den betroffenen Ländern, die hofften, alle oder einen Teil der ukrainischen Gebiete unter ihre Herrschaft zu bringen. Niemand konnte sich den Luxus leisten, die ukrainische Frage zu ignorieren.

Ende der 1920er Jahre spielte sich jedoch die ukrainische Frage hauptsächlich zwischen der UdSSR und Polen ab. Beide Seiten behaupteten, die Trumpfkarte in der Hand zu halten, nämlich den Kern einer zukünftigen vereinten Ukraine. In den frühen 1920er Jahren hatten die Bolschewiki in Moskau und Charkiw Pläne für einen ukrainischen Aufstand in Wolhynien und Galizien entworfen. Der Kreml finanzierte und ermunterte lokale kommunistische Organisationen, die Exilregierung der Westukrainischen Volksrepublik und, man glaubt es kaum, sogar ukrainische Nationalisten – also die zukünftigen Feinde.

Mitte der 1920er Jahre mussten die Sowjets die Hoffnung auf einen Aufstand in der Westukraine begraben, als klar wurde, dass die Pläne für eine proletarische Weltrevolution bis auf Weiteres aufgeschoben werden mussten. Zu diesem Zeitpunkt ging die aktive Rolle beim Ausspielen der ukrainischen Karte auf Polen über, wo Józef Piłsudski einen Staatsstreich inszeniert hatte und 1926 an die Macht zurückgekehrt war. Seine Rückkehr fiel mit einem diplomatischen Konflikt zwischen der UdSSR und Großbritannien zusammen. Plötzlich lag wieder Kriegsgeruch in der Luft. Der Kreml hielt Piłsudski für einen «Hund an der Leine des britischen Imperialismus» und glaubte, dass Großbritannien mit polnischer Hilfe einen Krieg vom Zaun brechen wolle.

Piłsudski entwarf einen Plan für eine Polnisch-Litauische Föderation. Der Plan war eine Mischung aus Pragmatismus und dem romantischen Motto des polnischen demokratischen Nationalismus des 19. Jahrhunderts: «Für unsere und Eure Freiheit». Die pragmatische Kalkulation wurde von Fragen der nationalen Sicherheit diktiert. Piłsudski betrachtete Russland als Hauptbedrohung der Unabhängigkeit Polens – gleichgültig, ob es ein Rotes oder ein Weißes Russland war. Das veranlasste ihn, den sogenannten «Prometheismus» zu initiieren. Die Bewegung wurde von seinen ehemaligen Mitarbeitern, polnischen Sozialisten und früheren militärischen Verbündeten sowie von Ukrainern, Georgiern und anderen in Warschau lebenden Emigranten unterstützt. Das Ziel des Prometheismus war es, das nationale Erwachen der nichtrussischen Völker zu fördern, was letztendlich zur Auflösung des sowjetischen Vielvölkerstaates führen würde. Die Ukraine und die ukrainische Frage standen für den Prometheismus im Mittelpunkt. Henryk Józewskis «Wolhynien-Experiment» war eine weitere Trumpfkarte, die Piłsudski ausspielen wollte.

Die Ukrainepolitik Piłsudskis und seiner Mitstreiter war von einem bemerkenswerten Mangel an Beständigkeit gekennzeichnet. Während man einerseits die Ukrainisierung Wolhyniens vorantrieb, betrieb man andererseits die De-Ukrainisierung Galiziens. Es wurde sogar eine interne Grenze zwischen den beiden Regionen gezogen, um zu verhindern, dass der «schädliche» Einfluss Galiziens auf Wolhynien überschwappte. In Galizien wurde für die meisten ukrainischen Schulen Zweisprachigkeit angeordnet. Und nicht nur die polnische Sprache, sondern auch polnische Geschichte und Literatur wurden zu verbindlichen Lehrinhalten erklärt. An der Universität Lwiw wurden die ukrainischen Abteilungen geschlossen, und anfänglich durften ukrainische Studierende nur an Lehrveranstaltungen teilnehmen, wenn sie nachweisen konnten, dass sie in der polnischen Armee gedient hatten. Die De-Ukrainisierung machte nicht einmal vor den etablierten Bezeichnungen Halt: Der Name «Galizien» wurde in offiziellen Dokumenten durch «Kleinpolen» ersetzt, und Ukrainer sollten als «Russynen» (Ruthenen) bezeichnet werden. So schuf man neue Gegensätze: «folgsame Russynen» gegen «rebellische Ukrainer». Öffentliche ukrainische Organisationen, in deren Aktivitäten man eine Gefahr für den Staat sah, wurden zweitweise verboten, so etwa die ukrainische Pfadfinderorganisation Plast, die Bauern-Arbeiter-Allianz, die Kulturorganisation Proswita oder die Ukrainische Frauenunion. Um die polnische Präsenz zu stärken, wies man polnischen Veteranen Land in ukrainischen Gebieten zu, obwohl die seit langem ansässige ukrainische Bauernschaft dringend mehr Anbauflächen benötigte.

Wann immer ein «–ismus» zur Staatsideologie mutiert, gerät er unweigerlich in Gefahr, entwertet zu werden. Das sehen wir auch in der Sowjetunion im Hinblick auf den Marxismus. Die Herabsetzung des Nationalismus begann jedoch schon früher mit dem Auftreten eines vereinten Italien und eines vereinten Deutschland in den 1870er Jahren. Diese Staaten unterschieden sich völlig von dem, was sich die liberalen nationalistischen Revolutionäre während des «Frühlings der Völker» 1848 vorgestellt hatten. Der deutsche Reichskanzler Otto von Bismarck stellte fest: «Nicht durch Reden und Majoritätsbeschlüsse werden die großen Fragen der Zeit entschieden – das ist der große Fehler von 1848 und 1849 gewesen –, sondern durch Eisen und Blut.» Diesen Trend zur Herabwürdigung können wir auch im Polen des späten 19. Jahrhunderts sehen, als der polnische Nationalismus «das Hassen erlernte», wie es ein Forscher formulierte. In der Person des Roman Dmowski verkörperte sich diese Entwicklung. Dmowski war Chefideologe der polnischen ultranationalistischen und antisemitischen National-Demokratischen Partei. Er rief die Polen auf, die romantischen Parolen des alten polnischen Nationalismus zu vergessen und sich stattdessen von einem gesunden nationalen Egoismus leiten zu lassen. In Deutschland sah Dmowski die größte Bedrohung der polnischen Unabhängigkeit. Um ihr entgegenzuwirken, war er bereit, sich mit Russland zu verbünden. Die Völker zwischen Polen und Russland stünden vor einer schweren Wahl: entweder für ihre Unabhängigkeit zu kämpfen oder zwischen Russland und Polen aufgeteilt und assimiliert zu werden und irgendwann völlig zu verschwinden.

Im Polen der Zwischenkriegszeit war Dmowski der Hauptgegner Piłsudskis. Ironischerweise folgte Piłsudski tatsächlich Dmowskis politischer Linie, als er 1926 an die Macht zurückkehrte. Unter Piłsudski fanden die entsetzlichsten Verletzungen der Rechte nationaler Minderheiten statt: die sogenannte «Befriedung der Ukrainer». Um 1930 wurde polnischer Grundbesitz in ganz Galizien durch Brandanschläge verwüstet. Zwar übernahmen ukrainische Nationalisten die Verantwortung für die Anschläge, doch wurde die gesamte ukrainische Bevölkerung der umliegenden Dörfer im Zuge der «Befriedung» Galiziens abgestraft.

Von der Politik im Polen der Zwischenkriegszeit sagt man, sie sei nicht nur schlimmer als kriminell gewesen – sondern richtig idiotisch. Statt die Ukrainer enger an sich zu binden und ihre Loyalität zu gewinnen, vor allem im Lichte dessen, was ihren Landsleuten in der sowjetischen Ukraine in den 1930er Jahren angetan wurde, hat man sie weiter entfremdet.

Rumänien betrieb eine ähnliche Politik. Auch dort wurden ukrainische Hochschulabteilungen, Schulen und Organisationen geschlossen oder verboten und loyale Armeeveteranen in den ukrainischen Gebieten angesiedelt. All das gehörte zu einem breiteren Trend: dem Zusammenbruch der Idee eines liberalen Staates und dem Aufstieg des Autoritarismus. In Polen manifestierte sich der Trend in der Einrichtung des Internierungslagers Bereza Kartuska im Jahr 1934, in dem Oppositionelle weggesperrt wurden, oft ohne Gerichtsverfahren. Das betraf nicht nur Kommunisten und ukrainische Nationalisten, sondern auch Mitglieder der polnischen Oppositionsparteien. In Rumänien waren die Aktivitäten politischer Parteien im Rahmen des von 1918 bis 1928 geltenden Kriegsrechts eingeschränkt gewesen. Gegen Ende der 1930er Jahre wurde es erneut verhängt und politischen Parteien, darunter auch den ukrainischen, die politische Betätigung verboten.

Es war naiv zu glauben, junge Staaten, entstanden aus den toten Körpern dreier Reiche, könnten ad hoc Modelle liberaler Demokratien werden. Sowohl in Polen als auch in Rumänien zeigten sich die typischen Probleme junger Staaten: Ihre Staatsapparate wurden von Korruption und die Staatsfinanzen von Inflation geplagt. Beide gehörten zu den ärmsten Ländern Europas und ihr politisches Leben war von extremer Instabilität geprägt. Der erste Präsident Polens, Gabriel Narutowicz, fiel einem Attentat zum Opfer, wie auch zwei rumänische Ministerpräsidenten, Ion Duca und Armand Călinescu. Alle drei Attentate wurden nicht von Ausländern, sondern von eigenen Landsleuten begangen, oder genauer von polnischen bzw. rumänischen Nationalisten. Die Attentate zeigten wieder einmal, dass das Abgleiten in den Autoritarismus eng mit der nationalen Frage zusammenhing.

Formell waren Polen und Rumänien in der Zwischenkriegszeit Nationalstaaten. Tatsächlich wurden sie sogar zu klassischen Beispielen für «sich nationalisierende Staaten» – Staaten, deren herrschende Eliten glaubten, dass es zahlreiche fremde Gruppen in der Bevölkerung gebe, die die Existenz des Staates bedrohten. Nationale Minderheiten galten als solche «fremden» Gruppen. Im Interesse der nationalen Sicherheit mussten sie nationalisiert werden – wenn möglich assimiliert oder wenn nötig neutralisiert. Deutsche und Juden mussten neutralisiert werden. Alle anderen Minderheiten einschließlich der Ukrainer wurden der Assimilierungspolitik unterworfen.

Die Politik der Nationalisierung hatte jedoch genau den gegenteiligen Effekt: Statt assimiliert zu werden, führte sie bei den Ukrainern zu einer weiteren Stärkung ihres Volksbewusstseins als Ukrainer. Niemand trug mehr zur Ukrainisierung der Kinder in galizischen Schulen bei als die Lehrer für polnische Geschichte und Literatur. Denn sie präsentierten die Vergangenheit Polens im bestmöglichen Licht, erzählten begeistert die Geschichten von polnischen Aufständen, polnischen Helden und nationalen Propheten. Die ukrainischen Kinder übertrugen die Stories natürlich auf die aktuelle Lage der Ukrainer. Nach dem Unterricht fragten sie ihre Lehrer: «Und was ist mit unseren Helden?»

Ganz besonders störte die Ukrainer die Tatsache, dass die polnischen Behörden sie nicht nur diskriminierten, sondern auch demütigten. Junge Polen wuchsen mit den historischen Romanen von Henryk Sienkiewicz auf, in denen ukrainische Kosaken als wilde Barbaren aus dem Osten dargestellt wurden. Es herrschte die Überzeugung vor, dass die Ukrainer im Grunde eine minderwertige Rasse seien und wie Hunde einen «schwarzen Gaumen» hätten. Es war üblich, Ukrainer mit «Hallo, Schwein» anzureden. In Lwiw sagte man, die polnische Regierung sei schlimmer als die sowjetische: Die Sowjets wollten einem nur den Körper nehmen, während die polnischen Behörden auch die Seele haben wollten.

Hier muss klar betont werden, dass die Ukrainer nicht die einzigen Opfer einer diskriminierenden Politik waren. Auch Juden hatten unter der Verfolgung zu leiden – in der Zwischenkriegszeit waren sowohl Polen als auch Rumänien für ihren Antisemitismus berüchtigt. Doch im Unterschied zu den Ukrainern konzentrierten sich die Juden in den beiden Ländern nicht mehr oder weniger in einem Gebiet, und es gab auch keine Nachbarstaaten, die Pläne schmiedeten, ihre Gebiete zu annektieren, weshalb man in ihnen nicht die gleiche existenzielle Bedrohung sah. Das jüdische «Heimatland» konnte nur in ferner Zukunft und weitab in Palästina liegen. Daher war der damalige Antisemitismus in Polen und Rumänien sozusagen «optional», während die Diskriminierung der Ukrainer angesichts des ukrainischen Irredentismus als notwendig erachtet wurde.

Aber war diese Diskriminierung wirklich unvermeidbar? Das Beispiel der Tschechoslowakei zwischen den Weltkriegen beweist das Gegenteil. Anders als die Regierungen Polens und Rumäniens siedelten die tschechoslowakischen Behörden keine Veteranen gezielt in ukrainischen Gebieten an und schlossen weder die Schulen für die Kinder von Minderheiten noch verfolgten sie ihre zivilgesellschaftlichen Organisationen. Ganz im Gegenteil: Während der Zwischenkriegszeit wurde das Schulwesen in Transkarpatien verbessert, neue Straßen wurden gebaut und Agrarreformen zum Nutzen der Bauernschaft eingeleitet. Sogar in Prag gab es neben der alten deutschen Universität und der neuen tschechischen nun auch die 1921 neu gegründete Ukrainische Freie Universität. Und es gab noch zwei weitere ukrainische höhere Bildungseinrichtungen: das Ukrainische Höhere

Pädagogische Institut und die Ukrainische Akademie für Ökonomie. Studenten aus Galizien und Wolhynien konnten in Prag studieren, wenn sie Polen verlassen wollten.

Die liberale Politik in der Tschechoslowakei der Zwischenkriegszeit erschien wie eine kleinere Kopie der alten Habsburg-Monarchie. Der Staat konnte sich so viel Liberalismus erlauben, weil er von Österreich-Ungarn eine starke, gefestigte industrielle Basis geerbt hatte und daher eines der reichsten Länder Europas war – denn eine stabile Demokratie erfordert ein gewisses Niveau an Wohlstand.

Natürlich entschied sich die herrschende tschechoslowakische Elite ganz bewusst für die liberale Demokratie. Der Philosoph und erste Staatspräsident der Tschechoslowakei, Tomáš Masaryk, hatte erkannt, dass der Status der nationalen Minderheiten für die Lebensfähigkeit des jungen Nationalstaats entscheidend war. Doch seine diesbezüglichen Folgerungen unterschieden sich kategorisch von den Überlegungen Dmowskis. Masaryk war überzeugt, dass die Minderheiten nicht unterdrückt, sondern vielmehr unterstützt werden sollten. Sein Bestreben war nicht auf eine ethnische Monokultur gerichtet, sondern auf eine politische multikulturelle Nation. Das spiegelte sich sogar im Namen des neuen Staates wider, der nicht Tschechei beziehungsweise Tschechien, sondern Tschechoslowakei genannt wurde.

Die Tschechoslowakei war nicht nur im mittel- und osteuropäischen Kontext eine Ausnahme, sondern auch im gesamten kontinentalen Europa. In den meisten Ländern schwand allmählich die Bedeutung des Versailles-Systems, das auf den Schutz nationaler Minderheiten Wert gelegt hatte. Ein Beispiel hierfür war das Versagen des Völkerbundes, auf die «Befriedung der Ukrainer» zu reagieren. Der Völkerbund erwies sich als zahnlos und scheinheilig. Vor dem Hintergrund dieser Entwicklungen schienen der italienische Faschismus und der deutsche Nazismus zunehmend attraktivere Alternativen anzubieten. Nachdem Hitler 1933 an die Macht gekommen war, zerstörte er das Versailles-System Schritt für Schritt.

Der Aufstieg Hitlers brachte die ukrainische Frage wieder auf die politische Tagesordnung, jetzt allerdings in einem neuen Kontext: der nationalsozialistischen Revolution in Deutschland. Sie sah die Zerstörung des Versailles-Systems und der Sowjetunion vor, was sich mit den Interessen der ukrainischen Nationalisten deckte. Die meisten ukrainischen Parteien im Exil und in der Westukraine hofften, dass Hitler die ukrainische Sache unterstützen würde. Doch die Hoffnung war unbegründet: Die ukrainische Frage gehörte nicht zu Hitlers politischen Prioritäten. So lässt sich nur sagen, dass die Nazi-Propagandisten der 1930er Jahre die Geschichte der ukrainischen Hungersnot nicht ausnutzten, obwohl dieses Thema für sie recht nützlich hätte sein können. Die Nazis wollten lieber die Kooperation mit der Sowjetunion stärken, die ebenfalls am Zusammenbruch des Versailles-Systems interessiert war.

Aus diesem Grund suchten die NS-Machtinhaber nach Gemeinsamkeiten mit den Sowjets. Für Hitler war die Ukraine-Frage nichts weiter als ein Faustpfand bei seiner Vorbereitung eines neuen Krieges. Als er 1935–1938 versuchte, Polen für eine Allianz gegen die UdSSR zu gewinnen, versprach er Polen einen Teil des Gebiets der Sowjet-Ukraine.

Doch entgegen Hitlers Absichten gewann dann die Ukraine-Frage im Herbst 1938 in der Folge der tschechoslowakischen Krise an Bedeutung. Hitler gelang es, die Tschechoslowakei unter dem Vorwand zu zerschlagen, die deutsche Minderheit im Sudetenland schützen zu müssen. Ein Ergebnis war, dass Transkarpatien endlich die lange versprochene Autonomie erhielt. Dies wiederum belebte die Hoffnungen der Ukrainer aufs Neue, dass Hitler ihnen bei der Gründung eines ukrainischen Staates helfen würde. Transkarpatien könnte der Kern werden, um den sich die übrigen ukrainischen Gebiete vereinen würden. Wieder lag Kriegsgeruch in der Luft, dieses Mal zwischen Stalin und Hitler wegen der Ukraine. Westliche Politiker, Diplomaten und Journalisten diskutierten über die Kriegsgefahr. Stalin mokierte sich im März 1939, die Gespräche glichen dem Versuch, einen Elefanten einer Mücke anzugliedern (das heißt, die Sowjetukraine an Transkarpatien). Das hinderte Hitler nicht daran, seinem Verbündeten Ungarn zu erlauben, Transkarpatien zu besetzen. Diese Ereignisse führten zum Abschluss des Molotow-Ribbentrop-Pakts am 23. August 1939 und ebneten Hitler den Weg, den Zweiten Weltkrieg auszulösen.

Die tschechoslowakische Krise wies noch eine weitere, spezifisch ukrainische Dimension auf: Sie legte offen, dass sich in Transkarpatien ein ukrainisches Nationalbewusstsein durchgesetzt hatte. Das gerade erst autonom gewordene Transkarpatien gab sich den Namen «Karpato-Ukraine», auch Karpatenukraine genannt, und ukrainische Aktivisten bildeten das Rückgrat der regionalen Regierung. Als Hitler die ungarische Okkupation Transkarpatiens billigte, erklärte die autonome Regierung die nationale Unabhängigkeit.

Als unabhängiger Staat bestand die Karpatenukraine genau für einen Tag, dann wurde sie von ungarischen Truppen überwältigt. Im Unterschied zur Tschechoslowakei, die sich kampflos ergab, widersetzten sich die Truppen der Karpatenukraine der ungarischen Invasion. Ihr Widerstand war zwar tapfer, aber aussichtslos. Doch der Tod der Verteidiger der Karpatenukraine schuf einen heroischen nationalen Mythos, der der einheimischen Bevölkerung Transkarpatiens bisher gefehlt hatte.

Das Schicksal der Karpatenukraine zeigte, wie drastisch die Bedeutung der ukrainischen Frage abgenommen hatte: Sie war von einer der wichtigsten Fragen im Europa der Nachkriegszeit zu einer Nebensächlichkeit verkommen. Ihre Degradierung erfolgte quasi parallel zum Niedergang der liberalen Demokratie. Bei Ausbruch des Zweiten Weltkriegs konnte man die Zahl der noch verbliebenen liberalen Demokratien an einer Hand abzählen. Die meisten Länder und Völker Europas standen vor einer extrem eingeschränkten Wahl: Kommunismus oder Faschismus. Zu ähnlichen Veränderungen kam es auch in der ukrainischen Nationalbewegung im Westen, als sich der Einfluss der Zentrumsparteien allmählich abschwächte, während die Parteien auf den extremen linken und rechten Flügeln deutlich stärker wurden.

Die Veränderungen hatten auch eine generationenübergreifende Dimension. Der Aufstieg extremistischer Einstellungen hing eng mit der Rebellion junger Ukrainer gegen die älteren Politiker zusammen. Im größten Teil der Westukraine (mit Ausnahme Wolhyniens) war die ältere Generation noch unter dem Einfluss österreichischer Rechtsstaatlichkeit aufgewachsen. Ihre Politik beruhte auf demokratischen Regeln und legalem parlamentarischem Streit. Die liberale Demokratie war die einzige Norm, die sie kannten und die sie auch in der Westukrainischen Volksrepublik (WUVR) etablieren wollten. In der Bukowina der Zwischenkriegszeit konnten sie dieses Ziel aufgrund der Übergriffe des rumänischen Regimes nicht verwirklichen, doch trotz aller Restriktionen blieb ihnen noch Raum für politische Aktivitäten. Wie in den «guten alten österreichischen Zeiten» existierte im gesamten polnischen Galizien ein Netzwerk aus ukrainischen Parteiorganisationen, dörflichen Zweigstellen der Kulturorganisation Proswita und landwirtschaftlichen Genossenschaften, und für eine gewisse Zeit gab es in Lwiw sogar eine ukrainische Untergrund-Universität.

Dieses Netzwerk bildete im Wesentlichen einen «Staat im Staate»; die «Macht» in diesem Staat hielten dieselben Parteien wie vor dem Krieg inne. Die vorherrschende zentristische Partei waren die Ukrainischen Nationaldemokraten – nicht zu verwechseln mit den Polnischen Nationaldemokraten, denn die ukrainische Version war *tatsächlich* demokratisch. Die Opposition bildeten zwei gemäßigte Parteien des linken Flügels, die Radikale Partei und die Sozialdemokraten. Zwischen den Kriegen übertraf die offiziell zugelassene ukrainische Bewegung in mancher Hinsicht sogar die Vorkriegsbewegung. Die landwirtschaftlichen Genossenschaften arbeiteten recht erfolgreich und exportierten ihre Produkte sogar auf die westlichen Märkte, und ukrainischen Organisationen gelang es, zwei Gruppen anzusprechen, die sich nationalen Bewegungen oft als letzte anschlossen: die Frauen und das Landvolk.

Die jungen Ukrainer hatten noch nie eine liberale Demokratie erlebt. Die einzige politische Realität, die sie kannten, waren autokratische Regimes mit Personenkult und ohne Rechtstaatlichkeit, und seit den 1930er Jahren die totalitären Regimes des stalinistischen Kommunismus, des italienischen Faschismus und des deutschen Nazismus.

Das Auftreten einer neuen, nationalistischen Generation war kein spezifisch ukrainisches Phänomen. Es trat auch bei den Polen, Juden, Rumänen und anderen Gesellschaften auf. Alle gehörten der europäischen Zwischenkriegsgeneration an, die mit dem Übergang zum «reaktionären Modernismus» in Verbindung gebracht wird. Dieser Modernismus hasste die Moderne des 19. Jahrhunderts mit ihren Idealvorstellungen von universalem Fortschritt, liberaler Demokratie und freiem Markt. Ihr Hauptmerkmal in ideologischer Hinsicht war die Idealisierung revolutionärer Gewalt, auf politischem Gebiet die Tendenz zum Autoritarismus und in ökonomischer Hinsicht die staatliche Regulierung der Wirtschaft. Mit Blick auf die Ukraine kamen noch zwei weitere Merkmale hinzu: die Verbitterung über die nationale Niederlage und der Mangel an wirtschaftlichen und gesellschaftlichen Chancen.

Nationalismusforscher leiden oft an sozialer Kurzsichtigkeit: Sie übersehen die gesellschaftlichen Wurzeln nationaler Bewegungen. Für den ukrainischen Nationalismus in den ukrainischen Gebieten im Westen war die Tatsache von größter Bedeutung, dass es sich dabei um einige der ärmsten Landstriche Europas handelte. Nach dem Krieg verlangsamte sich zwar die Maschinerie des demographischen Wandels, doch sie blieb nicht stehen. Die Bevölkerung wuchs und mit ihr der Landhunger. Vom Typus des wohlhabenden Bauern in der Ostukraine, «Kulak» genannt, gab es in der Westukraine nur wenige. Wie schon vor dem Krieg mangelte es an Großindustrien, so dass es nur wenige Möglichkeiten gab, außerhalb der Landwirtschaft Arbeit zu finden. Die Bedingungen hatten sich sogar noch weiter verschlechtert: Vor dem Ersten Weltkrieg war es immerhin noch möglich gewesen, nach Nordamerika auszuwandern. Doch dann verfügten die Vereinigten Staaten und Kanada scharfe Einschränkungen der Einwanderung aus Osteuropa. Und natürlich wirkte sich die Weltwirtschaftskrise 1929–1933 auch auf lokaler Ebene aus.

Bildung eröffnete einen Weg aus der Armut. Zumindest theoretisch boten die Zwischenkriegsjahre gute Bildungschancen. In Wolhynien war schon 1922 das Lyzeum Krzemieniec wiedereröffnet worden, und in Berehowe und Mukatschewo in Transkarpatien wurden Gymnasien gegründet. Obwohl das Netzwerk ukrainischer Schulen in Galizien schrumpfte, konnten galizische Ukrainer und transkarpatische Ruthenen die neu gegründeten Gymnasien in der Tschechoslowakei besuchen. Doch etwas hatte sich grundlegend geändert: Der direkte Weg von der Matura (dem gymnasialen Schulabschluss) in eine Position im öffentlichen Dienst war unterbrochen. In Wolhynien und Galizien wurden die lokalen Behörden von polnischen Beamten beherrscht, in der Bukowina von rumänischen und in Transkarpatien von tschechischen. Hingegen hatten die Ukrainer nur stark begrenzten oder gar keinen Zugang zu öffentlichen Positionen. Wer vor dem Krieg Beamter gewesen war, verlor nach dem Krieg seine Stellung und damit auch die Pensionsansprüche. Das Schicksal von Jaroslaw Okunewsky ist hierfür ein Beispiel. Okunewsky war Admiral der Österreichisch-Ungarischen Marine gewesen. Nach dem Krieg erhielt er keinerlei Unterstützung und beging schließlich Selbstmord. Es gab zwar Möglichkeiten, in den öffentlichen ukrainischen Organisationen Arbeit zu finden, vor allem in den Genossenschaften. Dort erhielten auch Veteranen des Befreiungskampfes materielle Unterstützung. Aber diese Beschäftigungsmöglichkeiten waren, gemessen am Bedarf der ukrainischen Bevölkerung, nichts weiter als ein Tropfen auf den heißen Stein.

In der allgemeinen Geschichte der Modernisierung in Europa zeigt sich ein einfaches Muster: Je weiter man nach Osten geht, desto größer wird die Rolle des Staates bei ihrer Umsetzung. Der Staat wurde immer mehr zum wichtigsten Arbeitgeber. Das bedeutete, dass das Scheitern des ukrainischen Staates nicht nur eine nationale Niederlage, sondern auch eine sozioökonomische Katastrophe für die Ukrainer war.

Junge, gebildete Ukrainer bekamen das besonders drastisch zu spüren. Sie wurden im Grunde zu einem intellektuellen Proletariat. Ihr Zorn richtete sich nicht nur gegen die fremde Regierung, sondern auch gegen die ältere Generation ihres Volkes: Die Älteren waren es, die die nationale Revolution hatten scheitern lassen und damit auch die Chance auf ein besseres Leben vertan hatten.

Das Scheitern der nationalen Ambitionen führte zu einer Radikalisierung der ukrainischen Bewegung in zwei Richtungen gleichzeitig: eine «Wende nach links» und eine «Wende nach rechts». Die «Wende nach links» manifestierte sich in den 1920er Jahren in Form der «Sowjetophilie», der Sympathie für die Sowjet-Ukraine. In ihr sahen viele galizische Ukrainer die wahre Verkörperung des ukrainischen Staates. Sie forderten, Galizien müsse seine Bestrebungen aufgeben, Zentrum eines ukrainischen Staates zu werden. Viele zogen in die Ukrainische Sowjetrepublik, manche aus patriotischen Gründen, um den ukrainischen Staat aufbauen zu helfen, andere einfach nur, um Arbeit zu finden.

In der westlichen Ukraine ließ sich die Sowjetophilie in den Aktivitäten der Kommunistischen Partei der Westukraine beobachten. Deren soziale Zusammensetzung unterschied sich von Region zu Region sehr stark. In Galizien war die kommunistische Bewegung besonders bei jungen Intellektuellen populär; ihr Kommunismus hatte eine stark nationale Dimension. Als es 1926 zum Konflikt zwischen den ukrainischen nationalen Kommunisten einerseits und Stalin andererseits kam, stellten sich die jungen Intellektuellen auf die ukrainische Seite. In der Geschichte der internationalen kommunistischen Bewegung war das eine der ersten Revolten gegen den Kreml. In Wolhynien jedoch bestand die Kommunistische Partei vornehmlich aus Bauern und nicht aus Intellektuellen.

Vor dem Hintergrund des Holodomor und der stalinistischen Repression gegen die Ukraine in den 1930er Jahren verflüchtigte sich jegliche sowjetophile Sympathie. Fast alle Westukrainer, die in diesen Jahren in die Ukrainische Sowjetrepublik migriert waren, fielen den Repressalien zum Opfer. 1938 versetzte Stalin dem westukrainischen Kommunismus den Todesstoß, als er die Auflösung der Kommunistischen Parteien sowohl in Polen als auch in der Westukraine unter dem

Vorwand anordnete, Trotzkisten und Agenten des polnischen Geheimdienstes hätten angeblich die jeweiligen Parteiführungen unterwandert.

In den 1930er Jahren galt nicht mehr Sowjetophilie als Alternative zu den zentristischen Parteien, sondern ein radikaler, «integraler» ukrainischer Nationalismus. Am klarsten wurde er von der 1929 gegründeten Organisation Ukrainischer Nationalisten (OUN) vertreten. Unterstützung für die OUN boten vor allem zwei Gruppen: Die erste bestand hauptsächlich aus Militärveteranen des Befreiungskampfes, die bereits 1920 eine militärische Untergrundorganisation gebildet hatten. Ihr maßgeblichstes Mitglied war Oberst Jewhen Konowalez, der zum ersten Führer der OUN gewählt wurde. Führende Nationalisten sahen die OUN als eine Art Untergrundarmee, die die legale ukrainische Zivilgesellschaft verteidigen sollte.

Die andere wichtige Unterstützung der OUN kam von den Hochschul- und Universitätsstudenten. Sie betrachteten legale Aktivitäten als eine Art Kollaboration. Diese jüngeren Nationalisten waren nicht sonderlich am politischen Schachspiel interessiert – sie fegten das Spielbrett samt den Figuren vom Tisch. Ihr jugendliches Ungestüm beschrieb der Dichter Oleh Olschytsch mit den Worten, das Alter sei «so grausam wie ein Wolf». Sie waren arm, deshalb verachteten sie jede Bequemlichkeit. Statt des Nationalismus des 19. Jahrhunderts, der Liebe gelehrt hatte, entschieden sie sich für einen neuen Nationalismus, der Hass lehrte. In ihren Texten zeigt sich Todesverachtung. Das erste Gebot der «Zehn Gebote des ukrainischen Nationalisten» (der sogenannte «Dekalog») lautete: «Du wirst den ukrainischen Staat erkämpfen oder im Kampf für ihn sterben.» Da ihnen das eigene Leben nichts galt, respektierten sie auch nicht das Recht auf Leben anderer Menschen.

Obwohl die OUN erklärtermaßen extrem nationalistisch war, waren ihre Aktivitäten transnational: Die Organisation wurde in Wien gegründet, manche Mitglieder waren Prager Studenten, zu ihren Führern zählten Veteranen des Unabhängigkeitskrieges gegen das zaristische Russland, ihr wichtigstes Operationsgebiet war das Polen der Zwischenkriegszeit und ihr Hauptfeind war die UdSSR. Ganz allgemein glich die OUN vielen anderen revolutionären Gruppierungen, einschließlich der russischen Narodniki (einer sozialrevolutionären Bewegung der 1870er und 1880er Jahre im Russischen Kaiserreich) oder den polnischen Befreiungsgruppen. Piłsudskis in Polen erschienene Memoiren galten bei der Ausbildung ukrainischer Nationalisten als Pflichtlektüre. Darin beschrieb Piłsudski, wie er sich in seiner revolutionären Frühzeit am Überfall auf einen Postzug beteiligt hatte, um die Parteikasse aufzufüllen. Im Unterschied zu den russischen Narodniki, polnischen Revolutionären und älteren ukrainischen Freiheitskämpfern erhielten viele junge ukrainische Nationalisten keine richtige Ausbildung, weil es an Geldmitteln fehlte oder weil sie sich in Haft befanden – Gefangenenlager waren ihre einzigen Universitäten. Das jedoch wirkte sich nachteilig auf ihre intellektuelle Reife aus. Mit komplexen Theorien konnten sie nichts anfangen; sie verstanden nur einfache Formulierungen und Parolen. Und diese lieferte ihnen Dmytro Donzow, ein ukrainischer Nationalist aus dem Russischen Reich, den Konowalez und seine Kollegen nach Lwiw gebracht hatten. Donzow wurde Herausgeber einer der populärsten Zeitschriften jener Zeit, des *Literarisch-wissenschaftlichen Boten*. Er war die ukrainische Version von Dmowski und trat beharrlich für die Notwendigkeit eines nationalen ukrainischen Egoismus ein. Er verachtete Drahomanow und dessen Gefolgsleute, welche die ukrainischen Bestrebungen im Kontext eines universalen Fortschritts hin zur Demokratie sahen. Nach Donzows Auffassung untergruben sie mit ihrem Humanismus das ukrainische Freiheitsstreben. Stattdessen orientierte er sich an seinen Vorbildern Mussolini und Hitler. Donzow verstärkte einen Trend, der schon vor dem Krieg in Galizien entstanden war, wonach Russland und nicht Polen als Hauptfeind der ukrainischen Sache gesehen werden müsse. Die Tatsache, dass in Russland inzwischen eine andere Regierung an der Macht war, spielte für ihn keine Rolle: Die bolschewistische Regierung stehe der Ukraine genauso feindselig gegenüber wie das frühere Zarenregime. Donzow zufolge war es egal, wer das Sagen hatte: Russland sah er als eine im Grunde asiatische Macht, die nicht nur für die Ukraine eine Bedrohung darstellte, sondern auch für ganz Europa. Den Antirussismus machte Donzow zu einem Gradmesser des wahren – europäischen –

Charakters der Ukraine. Er argumentierte, der Geist des neuen Europa manifestiere sich darin, dass die liberale Demokratie zugunsten eines aggressiven Nationalismus aufgegeben werden müsse.

Mit diesem Gedankengut ausgestattet, wandten sich die jungen Nationalisten gegen ihre älteren Mitkämpfer. Die Ukrainische Griechisch-Katholische Kirche unter der Führung des Metropoliten Andrej Scheptyzkyj wurde zu einem ihrer ersten Angriffsziele. Für christliche Moral gab es in ihrer Vision des Nationalismus keinen Raum. 1933 boykottierten sie die von der Griechisch-Katholischen Kirche durchgeführte Versammlung «Ukrainische Jugend für Christus» und versuchten, junge Menschen unter ihrem eigenen Banner zu mobilisieren. Aber auch die ältere Generation der Nationalisten nahmen sie ins Visier, der sie vorwarfen, «Stammtisch-Nationalisten» zu sein, die nicht auf den echten Kampf vorbereitet seien. Hinzu kam, dass die meisten Veteranen im Exil lebten; sie hatten somit geringere Kenntnis von den tatsächlichen Ereignissen, und ihre gesellschaftlichen Kreise waren von ausländischen Geheimdienstagenten infiltriert. Eine Weile gelang es mit der Autorität von Jewhen Konowalez, die «Revolte der Jungen» zu mäßigen, aber nachdem dieser 1938 von einem sowjetischen Agenten ermordet worden war, ging die Führung an einen anderen Veteranen – Andrij Melnyk – über. Doch die jungen Nationalisten lehnten Melnyk ab und wählten stattdessen Stepan Bandera. 1940 spaltete sich die OUN in zwei unversöhnliche Lager, die Melnykisten (OUN-M) und die Banderisten (OUN-B).

Das nächste Kapitel des ukrainischen Nationalismus ist direkt mit Bandera verknüpft. Seit Anfang der 1930er Jahre war Bandera in der Führung der galizischen OUN tätig und verkündete deren Übergang zu aktivem Terrorismus. Ihre bekannteste Aktion war der 1934 erfolgte tödliche Anschlag auf den polnischen Innenminister Bronisław Pieracki, der für die pazifistische Politik Polens verantwortlich war. Banderas furchtloses Auftreten bei seinem Prozess wegen Pierackis Ermordung verschaffte ihm viele Unterstützer. Er weigerte sich, bei seinem Verhör auf in polnischer Sprache gestellte Fragen zu antworten und antwortete auf jede Frage mit ukrainisch-nationalistischen Parolen. Sein Todesurteil nahm er gefasst entgegen (es wurde später in eine lebenslange Freiheitsstrafe umgewandelt). Banderas Verhalten stillte das brennende psychische Bedürfnis der ukrainischen Jugend nach einem Nationalhelden.

Die jungen Nationalisten proklamierten eine «permanente Revolution», zu der auch Terrorismus gehören sollte. Sie erklärten nicht genau, wie sie eine Revolution in einem Gebiet anzetteln wollten, in dem die Ukrainer über kaum mehr als ein paar hundert Jagdgewehre verfügten. Höchstwahrscheinlich ging es ihnen nur darum, das politische Leben gezielt zu destabilisieren und die Unzufriedenheit zum Überkochen zu bringen, sobald der «richtige Zeitpunkt» gekommen war. Die Liste ihrer Opfer belegt, dass die regionale Führung der OUN weniger auf die polnischen Behörden fokussiert war als vielmehr auf Ukrainer, die legalen Aktivismus unterstützten, und auf Polen, die für eine polnisch-ukrainische Aussöhnung eintraten. Die jungen Nationalisten wollten das gesamte ukrainische Leben in den Untergrund drängen, wo sie selbst automatisch zur wichtigsten politischen Kraft werden konnten.

Anfänglich war die OUN eine reine Randgruppe. Doch die Berichterstattung über ihre Strafprozesse verschaffte ihnen zunehmende Aufmerksamkeit und Popularität. Denn die Prozesse bewiesen die Heuchelei der polnischen Behörden – selbst in den Augen junger Polen: Junge ukrainische Nationalisten wurden für die gleichen Verbrechen zum Tode verurteilt, die auch Piłsudski und andere polnische Nationalisten schon vor 1914 begangen hatten. Aufgrund der Verhaftungen und Prozesse geriet die OUN in den Jahren 1935–1938 in eine Krise. Sie unterstützte aktiv die Karpatenukraine und bildete sogar den Kern der Karpaten-Sitsch. Und sie akzeptierte die «Feuertaufe» und setzte damit ein Beispiel heroischer Selbstopferung für die nationale Sache.

In mancher Hinsicht schien die OUN Ähnlichkeit mit den deutschen und italienischen Faschisten aufzuweisen: der Kult des starken Führers, die Grußformen, die unverhüllte Xenophobie und so weiter. Eine der wichtigsten Debatten über die Geschichte der OUN dreht sich daher um die Frage, ob die ukrainischen Nationalisten als Faschisten zu betrachten seien. Auf diese Frage gibt es keine eindeutige

Antwort. Schon deshalb nicht, weil sich Historiker kaum jemals auf etwas einigen können, aber auch aufgrund bestimmter Merkmale des Diskussionsgegenstandes, also der OUN. Denn erstens vertraten die OUN-Mitglieder sehr unterschiedliche politische Ansichten. Ein Flügel hegte Überzeugungen, die als faschistisch angesehen werden konnten. Aber andere waren keineswegs faschistisch oder waren sogar antifaschistisch eingestellt. In dieser Hinsicht unterschied sich also die OUN völlig von den Nationalsozialisten oder den Bolschewiki, die ideologische Heterogenität nicht tolerierten. Zweitens: Die Einstellung der OUN gegenüber Nazismus und Faschismus hing von der jeweiligen Haltung der Nazis und Faschisten in Bezug auf die ukrainische Unabhängigkeit ab. Auch hier zeigte sich ein breites Spektrum von Einstellungen, das von der Hoffnung auf Hitler als Verbündeten in der ukrainischen Sache bis hin zu Enttäuschung und sogar Feindseligkeit reichte, vor allem, nachdem Hitler die Karpatenukraine «verraten» hatte.

Die Frage, ob die OUN faschistisch war oder nicht, muss daher neu formuliert werden: *In welchem Maße* war sie faschistisch oder nicht? Seit Mitte der 1930er Jahre wurde innerhalb der OUN eine Strömung stärker, die man als profaschistisch bezeichnen könnte. Es lässt sich jedoch nicht sagen, ob sie tatsächlich faschistisch geworden wäre. Als die Deutschen am 30. Juni 1941 in die Sowjetunion einmarschierten, proklamierten die Banderisten in Lwiw sofort einen unabhängigen ukrainischen Staat. Kurz danach, am 1. und 2. Juli, kam es in Lwiw zu einem riesigen Pogrom gegen die Juden. Es ist noch immer strittig, ob die beiden Ereignisse zusammenhingen. Der Staat selbst überlebte nur ein paar Tage, dann wurde er von den Nazi-Behörden aufgelöst. Viele Bandera-Anhänger wurden verhaftet, auch Bandera selbst sowie Jaroslaw Stezko, der Ministerpräsident des gerade erst ausgerufenen Staates. Einige der Verhafteten wurden sofort hingerichtet. Ironischerweise waren es vielleicht die Nazis, die verhinderten, dass sich die OUN zu einer vollkommen faschistischen Organisation entwickeln konnte.

Während der Nazi-Besatzungszeit wandelte sich die OUN von einer nationalistischen Organisation im Stil Donzows allmählich in eine sozialdemokratische. Nach dem Krieg kam es zu weiteren Rissen in den Rängen der ukrainischen Nationalisten. Dieses Mal drehten sich die Differenzen um Bandera selbst, dessen weiteres Schicksal nun dem seiner Vorgänger, der «älteren Nationalisten», glich. Von dem Augenblick an, als er 1934 verhaftet wurde, bis zu seiner Ermordung durch einen sowjetischen Agenten im Jahr 1959, lebte er zwar nicht mehr in der Ukraine, änderte aber nie seine Überzeugungen.

István Deák, ein auf Mittel- und Osteuropa spezialisierter amerikanischer Historiker, setzte sich mit der Fremdenfeindlichkeit jener Zeit auseinander. Er zitiert einen der OUN-Schlachtrufe: «Lang lebe die größere unabhängige Ukraine ohne Juden, Polen und Deutsche; die Polen zurück über den Fluss San; die Deutschen nach Berlin und die Juden an den Galgen.» Deák schreibt: «Ich weiß nicht, wie viele Ukrainer diesem Slogan zustimmten. Aber ich habe keine Zweifel, dass Millionen Europäer die ihm zugrunde liegende Philosophie teilten.»

Es war der Geist jener Zeit. Er rechtfertigt nicht die furchtbaren Taten, die von Ukrainern begangen wurden. Er ist jedoch einer der Belege, die zeigen, dass die ukrainische Idee fest mit der europäischen Idee verbunden war und sich mit ihr entwickelte.

Wenn wir uns hier mit der «Westlichkeit» der Westukraine befassen wollen, müssen wir uns zunächst einmal vor Augen führen, was der Westen damals war und welches Beispiel er abgeben wollte.

Die ukrainische Frage im Zweiten Weltkrieg

Jewgenij Chaldej wurde 1916 in Jusowska (heute Donezk) in eine jüdische Familie geboren. Seine Mutter wurde 1918 bei einem Pogrom ermordet. Das tödliche Geschoss durchschlug ihren Körper und blieb in ihrem zweijährigen Sohn Jewgenij stecken. Er wurde von einem örtlichen Arzt gerettet. Chaldej wuchs in Armut auf; mit 13 Jahren verließ er die Schule, um in einer Fabrik zu arbeiten. Anders als viele seiner Altersgenossen blieb er jedoch kein Fabrikarbeiter: Er wurde Fotograf. Seine erste Kamera baute er selbst aus einer Brille und den Materialien, die ihm zur Verfügung standen. 1930 fotografierte er den Bau des Dnipro-Wasserkraftwerks und lichtete den berühmten

Bergarbeiter Alexej Stachanow ab, einen Helden der Sozialistischen Arbeit. 1941 wurde Chaldej eingezogen und als Kriegsfotograf an die Front geschickt. Aus dieser Zeit stammen seine besten Arbeiten.

Chaldejs berühmtestes Foto zeigt das Hissen der sowjetischen Flagge auf der Ruine des Reichstags. Es wurde am 2. Mai 1945 aufgenommen, als die Kämpfe in Berlin bereits geendet hatten. Die Idee für das Foto war Chaldej allerdings schon ein Jahr zuvor gekommen. Nach der Befreiung von Sewastopol fand er in einer Straße eine Postkarte, die ein deutscher Soldat während des Rückzugs verloren hatte. Es zeigte die Parade der preußischen Armee am Brandenburger Tor vor den jubelnden Berlinern, als sie nach ihrem Sieg über die Franzosen im Jahr 1871 zurückkehrte. Chaldej beschloss, ein ähnliches Foto aufzunehmen, sobald die Rote Armee in Berlin eingezogen wäre. Aus dem Moskauer Büro seiner Zeitung stahl er ein rotes Tischtuch und bat seinen Onkel, einen Schneider, daraus eine Flagge zu machen. Die geplante Aufnahme übte er in jeder Stadt, die die Rote Armee beim Vormarsch nach Westen eroberte.

In Berlin forderte er ein paar Soldaten der Roten Armee auf, auf dem Dach des Reichstags zu posen. Er wählte das Foto aus, auf dem der Soldat mit der Flagge von unten von einem sowjetischen Offizier gestützt wird. Nachdem das Foto entwickelt worden war, entdeckte man, dass der Offizier an beiden Handgelenken Uhren trug. Chaldej kratzte eine der Uhren mit einer Nadel auf dem Negativ weg; außerdem retuschierte er Rauch hinein, um den Eindruck zu erwecken, dass das Foto mitten im Kampf aufgenommen worden sei.

Als Stalin das retuschierte Foto zu sehen bekam, fragte er, wer die beiden mutigen Krieger waren. Ein Russe und ein Ukrainer, erklärte man ihm. Stalin antwortete, es dürfe kein Ukrainer auf dem Foto zu sehen sein. Seither lautet die Legende des Fotos «[Der Russe] Jegorow und [der Georgier] Kantaria hissen die Flagge auf dem Reichstag». Generationen von Sowjets wuchsen mit diesem Foto in ihren Geschichtsbüchern auf. Tatsächlich belegt dieses Foto perfekt die gängige Art sowjetischer Geschichtsschreibung: eine retuschierte Story, die auf Lügen beruht – von der Tischdecke und den Armbanduhren bis hin zur gefälschten Identität der beteiligten Soldaten.

Stalins Misstrauen gegenüber den Ukrainern ist durch zahlreiche Beispiele belegt. Den Sieg über Hitler nutzte Stalin, um die entscheidende Rolle des großen russischen Volkes hervorzuheben, «des größten aller Völker». Auch die Gewohnheit, die ukrainische Erfahrung des Zweiten Weltkriegs schönzufärben, geht auf Stalins Zeit zurück. Die Nichtbeachtung der Ukraine ist eklatant ungerecht. Nach einer Reise in die Ukraine im Jahr 1945 schrieb der amerikanische Journalist Edgar Snow:

> Was manche so gern als «Russische Glorie» abtun, war in Wahrheit und im Hinblick auf die Kosten zuallererst ein ukrainischer Krieg ... Kein anderes europäisches Land hat in seinen Städten, seiner Industrie, seinem Ackerland und seiner Menschlichkeit so schwere Wunden erleiden müssen.

Diese Gewohnheit, den «Russischen Sieg» zu beschreiben, ist in den Büchern über den Zweiten Weltkrieg sowohl im Westen als auch im Osten fest verankert. Was ich hier versuche, ist, die Ukraine in die Geschichte des Zweiten Weltkriegs zurückzuholen, wobei ich den Fokus auf die wichtigsten Aspekte begrenze.

Der erste Aspekt betrifft die sowjetische Annexion der Westukraine. Der Zweite Weltkrieg löste die ukrainische Frage umgehend. Am 17. September 1939, nur zwei Wochen nach dem deutschen Angriff auf Polen, überschritt die Rote Armee die polnisch-sowjetische Grenze und rückte in Galizien und Wolhynien ein. Ein paar Wochen später wurden beide Gebiete bereits offiziell der sowjetischen Ukraine angegliedert. Im Sommer 1940 erlitten die Bukowina und Bessarabien, rumänische Gebiete, die der Kreml durch Drohungen und Erpressung eingenommen hatte, das gleiche Schicksal. Gegen Ende des ersten Kriegsjahres wurden fast alle ethnisch von Ukrainern besiedelten Gebiete mit Ausnahme Transkarpatiens der Ukrainischen Sowjetrepublik angegliedert.

Mit der Annexion der westlichen ukrainischen Gebiete wurde der Vorkriegsplan teilweise umgesetzt, eine vollständig sowjetische Ukraine zu schaffen. Der Krieg lieferte die Gelegenheit, die kommunistische Zone näher zum «alten Westen» hin auszudehnen. Gleichzeitig konnte mit dieser Annexion die alte russische Vision teilweise verwirklicht werden, die «Länder der Rus» zusammenzubringen. Auch das westliche Belarus sowie die baltischen Republiken wurden annektiert. Die sowjetische Armee unternahm ferner den Versuch, eine weitere ehemalige russische Provinz – Finnland – zu annektieren, aber die Finnen verteidigten im Russisch-Finnischen Krieg ihre Unabhängigkeit erfolgreich. Etwa ab 1939–1941 verschmolzen die kommunistischen mit den imperialistischen Plänen des Kreml. Die Annexion der Westukraine und anderer westlicher Regionen waren weitere Belege, dass sich die UdSSR von einer kommunistischen Föderation zu einem kommunistischen Imperium gewandelt hatte.

Die bolschewistische «Revolution von außen» in den Jahren 1939–1941 war praktisch eine Wiederholung der «Revolution an der Spitze der Bajonette» von 1917–1920. Der Unterschied bestand darin, dass die Bolschewiki in den dazwischenliegenden zwei Jahrzehnten ihr rückständiges Land in einen modernen, industrialisierten Staat verwandelt hatten. 1936 verkündete Stalin, die Sowjets hätten den Sozialismus im Wesentlichen bereits erreicht und im Verlauf des Prozesses sei ein neuer gesellschaftlicher Typus, der Sowjetmensch, geformt worden. Die Sowjetunion werde als Beispiel dienen, um der Welt die Vorzüge des Kommunismus gegenüber dem Kapitalismus aufzuzeigen. Die Geschichte der Westukraine im Zeitraum 1939–1941 zeigte allerdings, dass es nur sehr wenige oder gar keine Vorzüge gab. Als die Soldaten der Roten Armee im September 1939 die sowjetisch-polnische Grenze überschritten, waren sie überzeugt, dass sie die einheimischen Belarussen und Ukrainer vor dem Verhungern retten würden. Doch als sie dort ankamen, mussten sie feststellen, dass es der dortigen Bevölkerung viel besser ging und dass in kapitalistischen Ländern größerer Wohlstand herrschte als unter dem Kommunismus. Sowjetische Beamte wetteiferten um jede Gelegenheit, in die Westukraine reisen zu dürfen, wo es Waren zu kaufen gab, die man sich in der Sowjetunion nicht einmal vorstellen konnte. Und das war nur die Westukraine, der ärmste Teil Polens, das wiederum eines der ärmsten Länder im Europa der Zwischenkriegszeit war!

Die Sowjetisierung der Westukraine sah in den ersten drei Kriegsjahren wie eine Ukrainisierung aus. Ukrainisch wurde zur Behörden- und Geschäftssprache; Straßen wurden nach wichtigen ukrainischen Kulturschaffenden umbenannt und so weiter. Aber es war eine «Ukrainisierung ohne Indigenisierung»: Sowjets rückten an die Spitze des Staates und der Parteiorgane. Einheimische Ukrainer wurden nicht auf höhere Positionen in Staat und Partei befördert, und die lokalen Kommunisten der ehemaligen Kommunistischen Partei der Westukraine gehörten zu den ersten Opfern der Repression.

Anfänglich erfolgte die Sowjetisierung der Westukraine recht vorsichtig: Es gab keine Übergriffe auf die Griechisch-Katholische Kirche, keine Massenkollektivierung und keine Massenexekutionen – jedenfalls nicht bis zu den letzten Tagen unter der Herrschaft der Sowjets, als sich diese infolge des deutschen Angriffs auf die UdSSR am 22. Juni 1941 sehr schnell zurückziehen mussten. Zuvor jedoch hatte es Repressalien gegeben: Schließungen lokaler Parteizentralen und zivilgesellschaftlicher Organisationen, Beschlagnahme von persönlichem Besitz und Massendeportationen nach Sibirien. Diese Maßnahmen, die von kommunistischer Indoktrination und der Öde und Armut des sowjetischen Lebens begleitet wurden, machten die sowjetische Verwaltung verhasst – nicht nur bei den einheimischen Polen, die gerade ihren Staat verloren hatten, sondern auch bei den Ukrainern und den Juden, die doch angeblich aus der Unterdrückung durch das aristokratische Polen befreit werden sollten. Viele Einheimische waren daher außerordentlich glücklich, als das sowjetische Regime im Sommer 1941 zurückweichen – oder vielmehr fliehen – musste.

In den ersten Jahrzehnten nach dem Zweiten Weltkrieg erinnerte man sich in der Westukraine an die «ersten Sowjets» als die Guten: Sie verschwanden so schnell, wie sie gekommen waren. Das war der Unterschied zu den «zweiten Sowjets», die 1944 einrückten und blieben. In manchen Anekdoten spiegeln sich die Erfahrungen der Sowjetisierung im Zeitraum 1939–1941 wider. Der ukrainische Komponist Stanislaw Ljudkewytsch soll gesagt haben: «Na gut, wir wurden befreit; dagegen kann man nichts machen.» Und ein unbekannter

Jude aus Wolhynien erklärte angeblich: «Vielen Dank auch für die Befreiung – aber sorgt dafür, dass das nie wieder passiert!»

Doch was sich im Sommer 1941 abspielte, hatte mit Scherzen nichts mehr zu tun. Die abziehenden Sowjets erschossen ihre Gefangenen, darunter auch Menschen, die sie aufgrund von Denunziationen oder einfach nur auf Verdacht von der Straße weg verhaftet hatten. Die Deutschen rissen als Erstes die Gefängnistore auf, damit die Bevölkerung sehen konnte, was sich dort abgespielt hatte. Der Anblick verstümmelter, in der Sommerhitze verwesender Leichen schrie förmlich nach Rache. Nach dem sowjetischen Rückzug wurde die gesamte Region vom Baltikum bis zum Schwarzen Meer von Pogromen erschüttert: Die Juden wurden für die sowjetischen Gräueltaten verantwortlich gemacht. Beim Ausbruch der Pogrome spielten mehrere Faktoren eine Rolle. Zum einen gab es einen weitverbreiteten Glauben an die Macht des «Judäo-Bolschewismus». (Diese Überzeugungen beruhten darauf, dass in den Rängen des sowjetischen NKWD, des Volkskommissariats für Innere Angelegenheiten, Juden überrepräsentiert waren, was jedoch nicht bedeutete, dass die einheimischen Juden, die größtenteils tiefreligiös waren, die Kommunisten unterstützt hätten.) Auch manche einheimischen litauischen und ukrainischen Nationalisten begünstigten den Antisemitismus. Die deutschen Behörden ermunterten die Pogrome ganz offen. Aber es war auch ein sowjetischer Faktor am Werk. Wir sollten bedenken, dass die Pogrome im gesamten Territorium gleichzeitig stattfanden, dem kurz zuvor die Sowjetisierung aufgezwungen worden war. Die Sowjetisierung hatte die lokalen Eliten und gesellschaftlichen Strukturen vernichtet, die derartige Gewalttätigkeiten hätten eindämmen können. Sie hatte zur Atomisierung der Gesellschaft geführt, begleitet von einem vollständigen Verlust des öffentlichen Vertrauens und der Solidarität. In der Folge gab es fast keine Kräfte mehr, die sich der Gewalt hätten entgegenstellen können. Es ist sehr leicht, einer atomisierten Gesellschaft die eigene Macht und den eigenen Willen aufzuzwingen; jede gut organisierte Minderheit kann das schaffen.

Die Annexion der Westukraine und der baltischen Staaten gilt als einer der größten Fehler Stalins. Bis zum Ende der sowjetischen Herrschaft waren die Westukrainer und die baltischen Völker die am wenigsten sowjetisierten Bevölkerungen; sie trugen wesentlich zum Zusammenbruch der UdSSR bei. Die 1939–1941 gesammelten Erfahrungen zeigten, dass die Sowjets schon seit dem Beginn des Zweiten Weltkriegs Probleme mit der Westukraine hatten. Die sowjetische Herrschaft wirkte nicht nur auf die Westukraine ein; die Westukraine wirkte auch auf die Ukrainische SSR ein.

Ein weiterer Aspekt der ukrainischen Erfahrung im Zweiten Weltkrieg war die Katastrophe der sowjetischen Armee infolge des deutschen Angriffs am 22. Juni 1941. Die Ukraine fiel sofort dem deutschen Blitzkrieg zum Opfer und war schon im September vollständig besetzt. Die Deutschen wurden als Befreier willkommen geheißen, nicht nur im westlichen Teil. Mit Blumen und dem traditionellen Gastgeschenk von Brot und Salz begrüßte die Bevölkerung die Soldaten. Angesichts der warmherzigen Begrüßung schrieb ein deutscher Offizier in sein Tagebuch, es gebe doch «immer noch Menschen, die uns Deutsche lieben». Die Wehrmacht erwiderte die Begrüßung, indem sie eine Reihe ukrainischer Kriegsgefangener freiließ, wobei diese aber helfen mussten, die Ernte einzubringen, die von der deutschen Armee dringend benötigt wurde.

Die Einheimischen waren von der Disziplin und dem Auftreten der deutschen Wehrmacht beeindruckt, die sich drastisch vom jämmerlichen Zustand der Roten Armee unterschied. Gerüchte machten die Runde, dass der ukrainische Staat wiederhergestellt würde, angeführt von Wynnytschenko und anderen Führungsfiguren der Ukrainischen Volksrepublik. Nationalisten aus Galizien kooperierten in den besetzten Gebieten mit den Deutschen. Offiziell arbeiteten sie als Dolmetscher und in anderen Hilfsfunktionen in den lokalen Verwaltungen und beim Aufbau des Kulturlebens in der Zentral- und Ostukraine. In den ersten Wochen unter deutscher Besatzung konnte man sogar eine gewisse nationale Wiederbelebung beobachten: Zweigstellen der Kulturorganisation Proswita wurden neu eröffnet, die Autokephale Kirche und ihre Pfarreien wurden wieder zugelassen; es gab wieder Bücher über die Geschichte der Ukraine zu kaufen, die seit den 1930er Jahren verboten gewesen waren; in den Großstädten kamen Zeitungen auf Ukrainisch heraus, und Konzerte fanden statt, bei denen verschiedene zuvor verbotene Lieder gesungen wurden, darunter auch «Noch ist die Ukraine nicht gestorben».

All das überzeugte Stalin und die sowjetische Führung, dass die Ukraine im Sommer 1941 zu Hitler übergelaufen sei. Sowjetische Piloten befürchteten, beim Überfliegen der besetzten Ukraine abgeschossen zu werden, und glaubten, die Ukrainer würden sie sofort an die Deutschen ausliefern. Als sich die Sowjets zurückzogen, ließen sie viele Parteimitglieder zurück, die den Untergrundwiderstand organisieren und gegen die Besatzer kämpfen sollten. Doch während des ersten Jahres gab es nur wenige glaubwürdige Berichte über die Aktivitäten von Partisanengruppen in der Ukraine. Die meisten Kommunisten zogen es vor, sich zu ergeben. So gut befriedet schien die Ukraine, dass Hitlers Favorit, der Architekt Albert Speer, in den ersten Kriegsmonaten ohne Begleitung durch die ukrainischen Wälder reisen konnte.

Das Verhalten der Ukrainer im Sommer 1941 war die Folge der in den Jahren zuvor gemachten Erfahrungen mit der Kollektivierung, der Hungersnot, den Deportationen und den Säuberungen. Forschungen belegen, dass auch in anderen besetzten Gebieten eine allgemeine Erleichterung vorherrschte, ein «Gott sei Dank, die Deutschen sind endlich gekommen», sogar in Russland. Doch in einer Hinsicht unterschieden sich die Ukrainer vom Rest der sowjetischen Bevölkerung: Die Bewohner mittleren Alters und die noch älteren konnten sich noch immer an die deutsche Besatzung von 1918 erinnern.

Die Erinnerungen an den letzten großen Krieg dienten manchmal auch in diesem Krieg als Leitlinien bei wichtigen Entscheidungen. Aber das Gedächtnis ist ein schlechter Ratgeber. Im Sommer 1941 weigerten sich manche Kyjiwer Juden, nach Osten zu ziehen, weil sie noch die Deutschen von 1918 als Kulturnation in Erinnerung hatten. Sie hielten die Geschichten über die von Nazis begangenen Gräueltaten und Hitlers Antisemitismus für sowjetische Propaganda.

Auch die westukrainischen Nationalisten ließen sich von Erinnerungen in die Irre führen. Sie sorgten sich, dass es zu einer Wiederholung der Situation nach dem Ersten Weltkrieg kommen könne, als unmittelbar nach Kriegsende ein neuer polnisch-ukrainischer Krieg ausgebrochen war. Damals hatte die militärische Überlegenheit der Polen den Ausgang des Konflikts bestimmt. Diese Befürchtungen führten nun zur Gründung der Galizischen Division, einer ukrainischen Einheit innerhalb der deutschen Wehrmacht. Und sie lieferten auch die Motivation für die präventiven ethnischen Säuberungen von Polen in der Westukraine.

Auch Hitlers Haltung gegenüber den Ukrainern wurde von Erinnerungen an die erste deutsche Besatzung beeinflusst. Er glaubte, den Ukrainern fehle jede Dankbarkeit oder jedes Verantwortungsbewusstsein. Als Beweis führte er die «Tatsache» an, dass sie 1918 «den größten Freund des ukrainischen Volkes» ermordet hätten: Marschall Hermann von Eichhorn, Befehlshaber der deutschen Besatzungstruppen. In Wirklichkeit war Eichhorn von einem russischen sozialistischen Revolutionär ermordet worden, aber das war für Hitler völlig nebensächlich. In seinen Augen waren die katastrophalen Verluste der Ukraine in den 1930er Jahren nur eine Bestätigung, dass sie einen eigenen Staat nicht verdienten.

Die Nazis hatten allerdings keinen soliden Plan für die Ukraine. Sie passten ihre Planungen immer den Umständen an. Im Juli 1940, ein Jahr vor dem Überfall auf die UdSSR, spielte Hitler mit dem Gedanken, einen ukrainischen Staat als deutsches Protektorat zu schaffen, ähnlich den Regimen, die es bereits in der Slowakei und in Kroatien gab. Für ein solches Szenario sprach sich auch der prominente Nazi-Ideologe Alfred Rosenberg aus: Er befürwortete die Schaffung eines stark erweiterten ukrainischen Staates, der sich «von Lwiw bis Saratow» erstrecken sollte und von einer deutschen Elite regiert würde.

Im Sommer 1941 gab Hitler diese Pläne auf. Es ist nicht bekannt, was ihn veranlasste, seine Meinung zu ändern. Vielleicht schwindelte ihm angesichts seines Erfolgs. Erst im Spätsommer 1941 wurden die endgültigen Pläne für die Ukraine verkündet. Sie sahen eine Aufteilung in mehrere Zonen vor. Der größte Teil der ukrainischen Gebiete würde von einem Reichskommissariat Ukraine verwaltet werden. Verwaltungshauptstadt würde die Provinzstadt Riwne in Wolhynien werden, nicht die ukrainische Hauptstadt Kyjiw. Damit wollten die Nazis demonstrieren, dass sie das Reichskommissariat nicht als Nationalstaat und die Ukrainer nicht als Volk betrachteten. Galizien wurde an das Generalgouvernement für die besetzten polnischen Gebiete übertragen und Krakau zur Hauptstadt bestimmt, was der Vision von einer ukrainischen Unabhängigkeit einen weiteren schweren Schlag versetzte. Die Bukowina sowie Bessarabien wurden an Rumänien zurückgegeben. Ein schmaler Streifen des ukrainischen Südens einschließlich der Hafenstadt Odessa wurde als Gouvernement Transnistrien an Rumänien angeschlossen. Transkarpatien war bereits 1939 Ungarn übertragen worden, einem weiteren Verbündeten des Deutschen Reiches. Die gesamte östliche Ukraine mit ihren Industrieregionen blieb weiterhin unter militärischer Verwaltung der Wehrmacht.

Erich Koch, einer der Rivalen Rosenbergs, wurde zum Reichskommissar der Ukraine ernannt. Rosenberg hatte gehofft, dass Koch an die Spitze der Verwaltung Russlands berufen werden würde, wo das Besatzungsregime besonders brutal sein würde, aber es kam anders. Koch bezeichnete sich selbst als «bösartigen Hund», und in der deutschen Heeresleitung galt er als «ein zweiter Stalin, der beste Mann für die Aufgabe in der Ukraine». Wenn Koch über Bestrafungsmethoden entscheiden musste, wählte er gewöhnlich die grausamsten: Erschießen oder Strang. Unter Kochs Regime glich die Ukraine einem riesigen Konzentrationslager. Die Einheimischen wurden wie Gefangene behandelt, deren Leben völlig wertlos war. Hinrichtungen und Körperstrafen wurden öffentlich bei Tageslicht durchgeführt, manchmal unter musikalischer Begleitung.

Was die Deutschen in der Ukraine sahen, festigte sie in der Überzeugung, dass die Ukrainer «rassisch minderwertig» seien. Vor allem das Ausmaß der Armut angesichts des großen natürlichen Reichtums ließ sie vermuten, dass dieses Volk nicht in der Lage sei, mit den Ressourcen sinnvoll umzugehen. Trotz der Industrialisierung und Verstädterung unter den Sowjets lebten die meisten Ukrainer noch immer in kleinen Dörfern, in reetgedeckten Bauernkaten ohne Strom und fließendes Wasser.

Hitler «besuchte» die Ukraine häufig. Er hatte einen eigenen Bunker am Stadtrand von Winnyzja und reiste gewöhnlich an, um den Stand der Dinge an der Ostfront zu inspizieren. Hier, umgeben von all den Naturschätzen, erging er sich oft in Fantasien über die Ukraine. Innerhalb von 20 Jahren würden hier 20 Millionen Deutsche leben, und nach 300 Jahren wäre dann die Ukraine ein Paradies für deutsche Bauern geworden. Großstädte und Industriezentren müssten vollständig zerstört werden; die einheimische Bevölkerung würde auf ein angemessenes Minimum reduziert, um der arischen Rasse dienen zu können. Die übrigen Ukrainer würden entweder liquidiert oder nach Sibirien deportiert. Die Intelligenzija und die Einwohner der Großstädte würde man absichtlich verhungern lassen. Im Sommer 1942 begann man junge, gesunde Ukrainer als Zwangsarbeiter nach Deutschland zu deportieren. Öffentliche Organisationen und Universitäten wurden geschlossen. Hitlers Plan zufolge mussten die Ukrainer nur lesen und schreiben und Verkehrsschilder lesen können, damit sie den deutschen Fahrzeugen nicht vor die Räder gerieten und ihre Fahrt behinderten.

In der Nazi-Rassenhierarchie der einheimischen Völker standen die Ukrainer unter den Esten, Letten und Litauern, aber über den Polen, Belarussen und Russen. Roma und Juden standen in der Rassenpyramide ganz unten, sie waren für die vollständige Vernichtung bestimmt.

Der Holocaust war eine Katastrophe globalen Ausmaßes. Es ist denkbar, dass die Entscheidung, den Holocaust einzuleiten, mit der Herausforderung zusammenhing, die die Besetzung der Ukraine bedeutete. Im Sommer 1941 gab es 2,7 Millionen Juden in der Ukraine, eine der größten jüdischen Bevölkerungsgruppen Europas. Die Tatsache, dass der fruchtbare ukrainische Boden so viele «zusätzliche Münder» ernähren musste, veranlasste die Nazi-Behörden zu einer extremen Entscheidung. Die systematische Ermordung der Juden begann fast unmittelbar nach dem deutschen Einmarsch im Sommer 1941 mit einer ersten Pogromwelle und setzte sich danach praktisch bis zum letzten Tag der deutschen Besatzungszeit fort. Die Roma ereilte das gleiche Schicksal.

Auch die Kriegsgefangenen der Roten Armee wurden in großer

Zahl umgebracht. Die Tatsache, dass die UdSSR das Genfer Abkommen über die Behandlung von Kriegsgefangenen nicht unterzeichnet hatte, lieferte den Nazis eine Ausrede, die gefangenen sowjetischen Soldaten als «Untermenschen» zu behandeln. Im Unterschied zu den Juden wurden die meisten Kriegsgefangenen nicht erschossen; vielmehr wurden sie in Lagern unter freiem Himmel und vor den Augen der Einheimischen zu einem langsamen und qualvollen Tod durch Hunger, Krankheit und körperliche Erschöpfung verurteilt.

Die Tatsache, dass das Territorium der Ukrainischen SSR fast völlig von den Nazis besetzt war, ermöglicht einen Vergleich des sowjetischen mit dem deutschen Regime. Was sofort auffällt, ist, wie sehr die Nazi-Besatzungsmacht dem sowjetischen Regime glich. So behielten die Deutschen das sowjetische Kolchossystem bei. Die Ukrainer erlebten die Beschlagnahme von Getreide und landwirtschaftlichen Produkten durch die Deutschen nicht viel anders als durch die Sowjets. Auch die Deutschen deportierten Ukrainer als Zwangsarbeiter nach Deutschland, so wie die Sowjets sie nach Sibirien deportiert hatten. Und das Aushungern der Kriegsgefangenen und der Einwohner der Großstädte erinnerte die Ukrainer an den Holodomor. Das war nicht einfach nur Zufall. Deutsche Funktionäre debattierten öffentlich darüber, dass es notwendig sei, bestimmte Elemente des sowjetischen Regimes beizubehalten, um die ukrainischen Ressourcen möglichst effektiv ausbeuten zu können.

Doch es gab auch grundsätzliche Unterschiede. Das sowjetische System verlangte von den Bürgerinnen und Bürgern ständige Loyalitäts- und Liebesbeweise. Das deutsche Regime machte sich nichts aus solchen «Nebensächlichkeiten»; es verlangte vielmehr Gehorsam, und dieser Gehorsam wurde fast ausschließlich durch Terror erzwungen. Ein weiterer Unterschied betraf auch den Terror selbst. Die Sowjets verbargen den Terror, Verhaftungen erfolgten nachts und Hinrichtungen wurden in Kellern und Lagern durchgeführt. Die Nazi-Behörden führten Bestrafungen am helllichten Tag auf öffentlichen Plätzen aus. Die Massenermordung von Juden und Roma bildete die Ausnahme: Sie wurden an abgelegenen Orten unter Ausschluss der Öffentlichkeit erschossen.

In einer Hinsicht jedoch hatte der deutsche Terror einen «Vorteil»: Sowjetischer Terror konnte jeden und jede treffen, sogar Stalins inneren Kreis; es gab keine Möglichkeit, sich vor ihm zu verstecken. Im deutschen Terrorregime konnte man sich retten, wenn man seine Logik begriff und seine Regeln beachtete – solange man nicht Jude oder Rom war.

Die Ideologie des Nationalsozialismus war der wichtigste Faktor, der das Verhalten der deutschen Besatzungsmacht bestimmte. Jüngere Forschungsarbeiten haben jedoch noch auf einen weiteren Faktor aufmerksam gemacht: die koloniale Macht, wie sie von den europäischen Mächten zu Beginn des 20. Jahrhunderts in Afrika ausgeübt wurde. Das ist ein weiterer Aspekt, der die ukrainische Geschichte mit der Weltgeschichte verbindet. Die Deutschen verwalteten die Ukraine wie eine Kolonie und behandelten die Ukrainer wie Sklaven. Der sowjetische Machtapparat ließ den Bürgerinnen und Bürgern zumindest noch einen gewissen Rest an Menschenwürde; die deutsche Reichsregierung sah dafür keine Notwendigkeit.

Für die Deutschen endete die Besatzung der Ukraine in einer totalen Katastrophe. Im Gegensatz zum Klischee von deutscher Disziplin und Organisation waren die Maßnahmen der deutschen Besatzungsmacht von Chaos, Korruption und Ineffizienz gekennzeichnet. Wie schon 1918 schafften es die Deutschen auch dieses Mal nicht, der Ukraine genügend Nahrungsmittel für die Versorgung ihrer Armee und der Besatzungstruppen abzupressen. Statt Kohle aus dem Donezbecken nach Deutschland zu exportieren, mussten die Besatzer deutsche Kohle in die Ukraine importieren. Die deutschen Beamten sorgten allerdings gut für sich selbst und ihre Familien. Die Besatzungsmacht ließ fast nichts in der Ukraine zurück außer Massengräbern und einem ruinierten Land. Die einzige Ausnahme waren die Autobahnen, die für militärische Zwecke gebaut wurden: Sie leisten der Ukraine auch heute noch gute Dienste, einem Land, in dem der Mangel an guten Straßen ein großes nationales Problem ist.

Zusammenfassend lässt sich feststellen, dass die zweijährige deutsche Besatzung dramatische Veränderungen der öffentlichen Meinung zur Folge hatte. Hatten die Ukrainer die Deutschen mit einer

Mischung aus Hoffnung und Optimismus begrüßt, so war das vorherrschende Gefühl am Ende von Hass gezeichnet. Hatte es 1941 fast keine Partisanen in der Ukraine gegeben, so befanden sich 1943 manche Distrikte unter Kontrolle der Partisanen und warteten auf Rettung durch die Rote Armee.

Die einzige Ausnahme war Galizien, wo das Besatzungsregime weit weniger brutal agierte. Dort stuften die Deutschen die Ukrainer auf ihrer rassischen Hierarchie höher ein als Polen und Juden, wenngleich noch weit unter sich selbst. Für die galizischen Ukrainer war daher das Sowjetregime noch immer der Hauptfeind, vor dessen Rückkehr sich das Volk fürchtete.

Die Nazi-Besatzung endete im Herbst 1943. Nach dem Sieg der Roten Armee bei Stalingrad im Winter 1942/43 und der Schlacht bei Kursk im Sommer 1943 verlagerte sich der Frontverlauf in die andere Richtung. Im Frühherbst 1943 befreite die Rote Armee die Donbass-Region von den Deutschen, im Spätherbst eroberte sie Kyjiw zurück, und bis zum Ende des Sommers 1944 hatte sie Galizien und Wolhynien befreit und war bis zur Grenze von 1941 vorgerückt. Im Spätherbst 1944 wurde schließlich auch das letzte ukrainische Gebiet, Transkarpatien, erobert und der Ukrainischen SSR angegliedert.

Mitunter wird behauptet, Hitler hätte siegen können, hätte er in Kyjiw nicht das Hakenkreuz, sondern den ukrainischen Dreizack aufhängen lassen. Aber dann wäre er nicht Hitler gewesen. Stalin spielte die ukrainische Karte viel geschickter aus. Die Ereignisse im Sommer 1941 bestärkten ihn in der Überzeugung, dass die Ukraine vollkommen unzuverlässig war. In seiner Geheimrede über den Stalin-Kult vor dem XX. Parteitag der KPdSU im Februar 1956 behauptete Nikita Chruschtschow, Stalin habe die Deportation aller Ukrainer nach Sibirien beabsichtigt; sie seien diesem Schicksal nur entkommen, weil ihre Zahl einfach zu groß gewesen sei. Die Aussage wird auch in den Memoiren anderer sowjetischer Führungspersonen wiedergegeben, obwohl es keinen dokumentarischen Beweis dafür gibt. Es besteht jedoch keinerlei Zweifel, dass Stalin ein tiefes Misstrauen gegen die Ukrainer hegte, vor allem gegen jene, die die deutsche Besatzungszeit 1941–1944 erlebt hatten.

Viele Offiziere und Soldaten der Roten Armee teilten dieses Misstrauen. In seinen Memoiren beschrieb der jugoslawische Kommunist Milovan Đilas seine Eindrücke vom Leben in der Zentralukraine kurz nach ihrer Befreiung von der deutschen Besatzung. Er kam dort zusammen mit sowjetischen Militäreinheiten und einem Führungskader der Kommunistischen Partei an und spürte sofort die Spannungen zwischen den einheimischen Ukrainern und den sowjetischen Siegern:

> In der Tat ließ sich die Passivität der Ukrainer gegenüber dem Krieg und den sowjetischen Siegen nicht verbergen. Die Bevölkerung hinterließ den Eindruck einer düsteren Zurückhaltung, und die Leute schenkten uns keine Beachtung. Obwohl die Offiziere, mit denen wir in Kontakt standen, das Verhalten der Ukrainer bemäntelten oder beschönigten, verfluchte unser russischer Fahrer ihre Mütter, weil die Ukrainer nicht besser gekämpft hatten und die Russen sie jetzt befreien mussten.

Đilas schrieb ferner, dass die im Untergrund operierende Ukrainische Aufständische Armee (*Ukrajinska powstanska armija*, kurz UPA) für die sowjetischen Behörden ein weiteres Problem darstellte. Die UPA ermordete General Nikolaj Watutin, den Kommandanten der Einheiten der Roten Armee, die Kyjiw befreit hatten. Unter ihrem offiziellen Namen war die UPA nur wenig bekannt; ihre Kämpfer wurden vielmehr nach dem Anführer des revolutionären Flügels der Organisation Ukrainischer Nationalisten (OUN) «Banderisten» genannt. Bandera selbst war von den Deutschen verhaftet und ins Konzentrationslager Sachsenhausen verbracht worden, nachdem er versucht hatte, einen ukrainischen Staat zu proklamieren. Zwei seiner Brüder kamen in Auschwitz ums Leben. Die Banderisten wurden verbannt und von den deutschen Behörden verfolgt. Wer sich erwischen ließ, wurde gefangengenommen und hingerichtet.

Das gleiche Schicksal ereilte später auch die Melnykisten. Sie hatten ihre Aktivitäten vor allem auf Kyjiw konzentriert und arbeiteten mit den lokalen Behörden zusammen, zeigten aber zu viel Eigenständigkeit und wurden allmählich unvorsichtiger. Im Winter 1941/42 verhafteten die Deutschen einen Teil ihrer Anführer und erschossen sie; Melnyk selbst wurde in dasselbe Lager geschickt, in dem Bandera einsaß. Die Banderisten und Melnykisten, die entkommen konnten, bildeten in Wolhynien Partisanengruppen. Seit dem Sommer 1941 operierten auch die von Taras Borowez (besser bekannt als Taras Borowez-Bulba) gegründeten Einheiten in Polesien, wo Borowez versuchte, seinen eigenen Ministaat, die Polesische Sitsch, zu gründen. Gegen Ende 1942 nahmen Mitglieder aller drei Gruppierungen – Bandera, Melnyk und Borowez – Verhandlungen zur Gründung einer ukrainischen Partisanenarmee auf.

In dieser neuen Armee erlangten die Banderisten schließlich die Kontrolle. Sie unterwarfen die Einheiten der anderen Gruppen; Abweichler wurden ermordet. Eine der ersten Entscheidungen der UPA war die ethnische Säuberung Wolhyniens durch Vertreibung oder Ermordung der polnischen Minderheit. Es ist zwar nicht bekannt, wer den Befehl zum Angriff gab, aber die antipolnische Aktion war gründlich geplant und durchgeführt. In einer einzigen Nacht – vom 11. auf den 12. Juli 1943 – wurden zwischen 50 und 100 polnische Dörfer angegriffen.

Der Kampf der UPA als «dritte Kraft» sowohl gegen Hitler als auch gegen Stalin stellt einen weiteren bedeutsamen Aspekt der ukrainischen Dimension des Zweiten Weltkriegs dar. Die UPA kämpfte gegen alle: Sie kämpfte gegen die Polen und die Deutschen. Es ist fast sicher, dass sie auch die Juden vernichtete, die sich in den Wäldern Wolhyniens versteckten. Aber der Hauptfeind der UPA war das sowjetische Regime; im Kampf gegen die sowjetische Herrschaft schlug ihre große Stunde. Sie bekämpften die Sowjets sogar noch bis in die frühen 1950er Jahre hinein (und einige Einheiten operierten sogar noch länger), was ohne Unterstützung durch die einheimische ukrainische Bevölkerung unmöglich gewesen wäre. Fast 400 000 Menschen waren zu irgendeinem Zeitpunkt in ihren Einheiten aktiv – doppelt so viele wie in den Einheiten der Roten (Sowjetischen) Partisanen, die von der sowjetischen Regierung und der Armeeführung organisiert und ausgerüstet wurden. Die UPA hingegen erhielt keine Unterstützung, weil sie gemäß ihrem Motto der Eigenständigkeit gegen alle kämpfte. Sie hatte gehofft, dass Hitler und Stalin ihre Ressourcen im ständigen Kampf gegeneinander erschöpfen würden. Die UPA glaubte, nach dem Zweiten Weltkrieg würde ein neuer Krieg ausbrechen, doch dann zwischen der UdSSR und den Verbündeten der UPA, Großbritannien und USA. Erwähnenswert ist, dass sowohl Washington als auch London diese Illusion zynischerweise förderten, welche die «Waldbrüder» – so die Eigenbezeichnung der Banderisten und litauischen Widerstandskämpfer – unmittelbar nach dem Krieg hegten. Hinzu kam, dass die britischen Geheimdienste von sowjetischen Agenten infiltriert worden waren, wie auch Teile der Führung der Aufständischen. Infolge der fehlenden externen Unterstützung war die UPA dem Untergang geweiht. Das war die chronische Krankheit des ukrainischen Nationalismus: Immer wieder sah er sich in kritischen Augenblicken mit mehreren Feinden konfrontiert. Das allerdings macht die bloße Existenz der UPA noch erstaunlicher. Die UPA war alles andere als perfekt und ihre Aktionen waren zweifellos kriminell. Dennoch war ihr Kampf eines der wichtigsten Beispiele für einen Massenwiderstand gegen den Kommunismus, durchaus vergleichbar mit dem Ungarischen Volksaufstand von 1956, dem Prager Frühling von 1968 und der polnischen Solidarność-Bewegung in den 1980er Jahren.

Die Situation der Ukraine in den letzten Jahren des Krieges erinnert an die Lage des Landes um 1919. Wieder war es die gleiche Art eines Krieges «alle gegen alle». Die deutschen und sowjetischen Armeen lieferten sich heftige Schlachten auf offenem Feld und um große Städte. In den Wäldern Wolhyniens operierten drei große Partisanengruppen: die Rote Armee, die Ukrainische Aufständische Armee und die Polnische Heimatarmee. Ukraine, Belarus, Griechenland, Italien, Frankreich und Jugoslawien gehörten zu den wenigen Territorien des von Deutschland besetzten Teils Europas, in denen sich größere Partisanenkämpfe entwickelten. Die Mehrheit der europäischen Bevölkerung zog es vor, entweder mit den Deutschen zu kollaborieren oder die Besatzung still zu ertragen.

Betrachtet man das Ausmaß des Widerstands gegen die deutsche Besatzung, wirken Aussagen über eine weitreichende Kollaborationsbereitschaft der Ukrainer befremdlich, vor allem mit Blick auf die ukrainischen Nationalisten, deren Führer während des Krieges in deutschen Konzentrationslagern einsaßen. Doch das Ausmaß der Kollaboration wird von der Besatzungsmacht bestimmt, nicht von der besetzten Bevölkerung. In Osteuropa agierte das Nazi-Regime weit brutaler als in Westeuropa. In den besetzten Gebieten im Osten praktizierten die Deutschen nicht, wie im Westen, die «indirekte Herrschaft» – eine eigene kommunale Verwaltung aufzubauen war den Ukrainern nicht gestattet; sie durften sich nur auf den untersten Ebenen an der Verwaltung beteiligen. Für viele war das die einzige Möglichkeit, zu überleben und ihre Familien zu ernähren. Und es gab auch keine klare Trennlinie zwischen Kollaboration und Widerstand: Ein und dieselbe Person mochte tagsüber mit dem Besatzungsregime kooperieren und nachts Flugblätter verteilen oder feindlichen Radiosendern lauschen.

Damit will ich nicht behaupten, es habe in der ukrainischen Bevölkerung keine aktiven Kollaborateure gegeben. Die Kollaborationsbereitschaft vieler Ukrainer und vor allem auch die Beteiligung der ukrainischen Polizei am Holocaust gehören zu den schändlichsten Kapiteln des Geschichtsbuchs der Ukraine. Ohne hier ins Detail gehen zu können, ist es doch interessant, ein kleines Gedankenexperiment durchzuführen. Stellen wir uns vor, wie die Historiker die Ukrainer beurteilen würden, hätte Hitler den Krieg gewonnen. Man kann fast sicher annehmen, dass sie als sowjetische Kollaborateure hingestellt würden, besonders angesichts des hohen Anteils ukrainischer Soldaten in der Roten Armee (sogar in Galizien kämpften mehr junge Männer in der sowjetischen Armee als in der UPA) und ihrer Mitwirkung in den unteren Rängen der sowjetischen Verwaltung. Die Banderisten würden höchstwahrscheinlich zu den sowjetischen Kollaborateuren gerechnet werden, zumal sie von der deutschen Propaganda allgemein als «Agenten des Kreml» verunglimpft wurden.

Das gleiche Phänomen war in der Zeit nach dem Krieg auch in der Ukrainischen Sowjetrepublik zu beobachten: Ukrainer bevölkerten sowohl die Ränge der Kollaborateure als auch die der Dissidenten. Doch beide Gruppen waren in der Minderheit. Die Mehrheit nahm eine Haltung ein, die irgendwo dazwischen lag und sich je nach der vorherrschenden Situation in die eine oder andere Richtung verschob. Es ist schwierig, die Identität dieser Mehrheit klarer zu bestimmen. Wenn sie «wir» sagten, konnten damit auch Belarussen, Russen und manchmal, allerdings weniger häufig, auch galizische Ukrainer und sogar Georgier gemeint sein. Das «Wir» umfasste jedoch niemals Polen, Juden oder Deutsche. Und es beruhte auch nicht auf nationaler Identität. Eher entsprach es einer «Rus»-Identität (Ostslawisch), die älter war als das Konzept der Nation. Das ist keine Überraschung. Die Sowjets und die Nazis hatten den aktivsten Teil der Gesellschaft zweimal vernichtet, jenen Teil also, der ein nationales Bewusstsein artikulierte und jene zivilen Institutionen aufbaute, die den Nährboden für eine solche Identität bieten konnten. Nach diesen Erfahrungen ist es nicht verwunderlich, dass die meisten Ukrainer wieder zu traditionellen, vormodernen Denkweisen zurückkehrten.

Niemals war die gesamte Bevölkerung der ukrainischen Gebiete einer Meinung – weder vor noch nach der deutschen Besatzungszeit. Vielmehr gab es eine ganze Bandbreite unterschiedlicher Perspektiven.

Für Stalin bedeutete die Ukraine auch weiterhin ein Problem. Inzwischen waren die Ukrainer während der deutschen Besatzung unter feindlichen Einfluss geraten. Die Rote Armee war kaum eingerückt, als sie sich auch schon daran machte, die Ukraine zu bändigen. Um 1943/44 fanden Massenrepressionen statt. Wann immer die Rote Armee ein Dorf oder eine Stadt eingenommen hatte, wurden alle, die von den sowjetischen Behörden als Kollaborateure verdächtigt wurden, erschossen oder gehenkt. Eine weitere Repressalie stellte die Mobilisierung der männlichen Einwohner zwischen 17 und 50 Jahren dar. Der Akt der Vergeltung bestand dabei nicht in der eigentlichen Mobilisierung, sondern in dem, was tatsächlich mit den zwangsrekrutierten Männern geschah: Sie wurden ohne jegliche Ausbildung und fast ohne Waffen (ein Gewehr für 10 bis 15 Männer) in die Schlacht und damit in den fast unvermeidlichen Tod geschickt, um so ihre Schuld gegenüber der Regierung mit ihrem Blut abzugelten. Noch bis zum Ende der UdSSR stellte es ein Hindernis für eine Karriere in der Partei oder der Staatsverwaltung dar, wenn man eine Zeitlang unter der deutschen Besatzung gelebt hatte.

Aber das Sowjetregime hätte niemals siegen können, wenn es sich ausschließlich auf Repression verlassen hätte. Nach dem Sieg über Hitler lag die «weiche» Macht des Sowjetregimes in der Tatsache, dass es sich jetzt damit brüsten konnte, die Ukraine vor dem Faschismus gerettet zu haben. Das ist keine reine Fiktion. Man kann sich das Schicksal der Ukrainer nur schwer vorstellen, hätte die deutsche Besatzung noch länger gedauert. Obwohl es Hitler nicht auf die völlige physische Auslöschung der Ukrainer – im Unterschied zu den Juden und Roma – abgesehen hatte, war es doch seine Absicht, so viele wie möglich zu eliminieren. Hitler stellte daher eine tödliche Bedrohung für die Existenz der Ukrainer als Volk und als Nation dar. Zwar sorgte auch Stalin dafür, dass sich die Ukrainer nicht zu einer richtigen, vollständigen Nation entwickeln konnten, doch ergriff er Maßnahmen, um wenigstens den Anschein eines Nationalstaates in der Ukraine zu schaffen. So wurden im Februar 1944 in der Ukrainischen SSR die Ministerien für Auswärtige Angelegenheiten und für Verteidigung gegründet. Und im Herbst 1945 wurden die Sowjetrepubliken Ukraine und Belarus Gründungsmitglieder der Vereinten Nationen.

Ein emigrierter Schriftsteller beschrieb die paradoxe Situation, die sich am Ende des Krieges ergab, recht zutreffend mit der Feststellung, dass die Ukrainer eine unfreie Nation mit einem eigenen Staat seien. Ein Nationalstaat war die Ukraine insofern, als ihre ethnischen Gebiete innerhalb eines einzigen Staatsgebildes vereinigt waren, der nicht nur das Adjektiv «ukrainisch» im Namen trug, sondern auch weitere strukturelle Merkmale eines Staates aufwies: eine Hauptstadt, eine Elite, eine Hochkultur in der ukrainischen Sprache (nicht nur in der Folklore). Aber diese Elemente waren letztendlich nur ein Trugbild: Die wirklich wichtigen Entscheidungen über die Ukraine wurden nicht in Kyjiw, sondern in Moskau getroffen. Nichtsdestotrotz war es offiziell ein ukrainischer Nationalstaat.

Welche Zukunft dem Land unter Stalin blühte, kann man aus der Antwort herauslesen, die ein Parteifunktionär gleich nach dem Krieg dem polnischen Dichter Czesław Miłosz gab, der ihn gefragt hatte, was nun mit Litauen geschehen werde: «Es wird ein Litauen geben, aber keine Litauer.» Die Litauer, wie auch die Ukrainer, Georgier und andere Völker, würden in einer einzigen sowjetischen Nation aufgehen. Ein Schritt in diese Richtung bestand darin, die Ukrainer aus der Geschichte des Zweiten Weltkriegs zu tilgen. Ein weiterer Schritt war es, alles auszuradieren, das darauf hindeutete, dass sich die Ukrainer von den Russen unterschieden.

Stalin löste die ukrainische Frage, indem er alle Ukrainer in einem einzigen ukrainischen Staat vereinte und diesen dann seiner internationalen Existenz beraubte. Fortan würden die Ukrainer innerhalb der Grenzen der Sowjetunion wie in einer Sardinenbüchse hermetisch eingeschlossen sein. Von diesem Zeitpunkt an und bis zum Zusammenbruch des kommunistischen Regimes war die Ukraine aus Sicht der UdSSR nur noch eine interne Angelegenheit.

Ein letzter Aspekt, der in Bezug auf die ukrainische Erfahrung im Zweiten Weltkrieg betrachtet werden muss, betrifft die Zahl der Opfer, die vielleicht die klarste Vorstellung vermitteln kann, welche Wirkung der Krieg in der Ukraine erzeugte. Leider ist es unmöglich, genaue Zahlen anzuführen, weil die sowjetische Regierung die Verluste absichtlich unterschätzte. Man wollte den Eindruck erwecken, dass die UdSSR aufgrund der Vorteile des sozialistischen Systems und nicht aufgrund bloßer Zahlen gesiegt habe. Daher untertrieb man die Zahlen, um sie den Verlusten der Wehrmacht (4,3 Millionen) anzunähern. Unmittelbar nach dem Krieg sprach Stalin von 7 Millionen Opfern. Unter Chruschtschow und Breschnew stieg die Zahl auf 20 Millionen Tote. Gorbatschow verwies auf 27,5 Millionen Tote, und im Jahr 2017 veröffentlichte die Staatsduma der Russischen Föderation die bislang höchste Zahl von Todesopfern: 42 Millionen, davon 19 Millionen militärische und 23 Millionen zivile Opfer. Doch auch das sind nur grobe Schätzungen; es existiert keine Aufschlüsselung nach Republiken oder ethnischen Gruppen. Eine sehr grobe Vorstellung der ukrainischen Verluste hat man, wenn man berücksichtigt, dass die Ukraine ungefähr 20–25 Prozent der Soldaten der Roten Armee stellte und ungefähr 40 Prozent der besetzten Gebiete ausmachte. Bezieht man diese Angaben in die Berechnung ein, kann man vermuten, dass die Ukraine ungefähr 13–14 Millionen

Menschen verlor, davon 3,8–4,7 Millionen militärische und 9,2 Millionen zivile Opfer. Eine eher konservative Schätzung kommt auf 8–9 Millionen Tote.

Je nachdem, ob die Berechnung von 8 oder von 14 Millionen Toten ausgeht, ergibt sich für die Ukraine ein Verhältniswert von Todesopfern zur Gesamtbevölkerung von 1:3 bis 1:5. Diese Relation ist sehr viel höher als für andere Länder: Für Jugoslawien beträgt die Proportion 1:8, für die gesamte UdSSR 1:11, für Griechenland 1:14, für Deutschland 1:15, für Frankreich 1:77 und für Großbritannien 1:125. Nur die polnische Verlustrelation (1:5) gleicht in etwa der ukrainischen, und nur Belarus hatte noch höhere Ziffern. Doch in absoluten Zahlen hatte die Ukraine die höchsten Verluste aller europäischen Länder zu beklagen; weltweit waren nur die Verluste Chinas noch höher. Während des Zweiten Weltkriegs verlor China ungefähr 20 Millionen Menschen, Deutschland 7,4 Millionen, Polen bis zu 5,8 Millionen, Japan 3,1 Millionen, Jugoslawien 1,7 Millionen, Rumänien 1,2 Millionen, Frankreich 0,6 Millionen, Italien 0,5 Millionen, Großbritannien 0,45 Millionen und die Vereinigten Staaten 0,42 Millionen.

Natürlich sind all diese Zahlen nur Schätzungen. Oft spiegelt sich darin der Wunsch bestimmter Länder oder Gruppen, die sogenannten «Oppression Olympics» zu gewinnen. Dafür können die Opferzahlen anderer Länder zweckdienlich sein, vor allem die der Juden, deren Schicksal die zentrale Tragödie des Zweiten Weltkriegs ist. Doch gleichgültig, wie zutreffend die Zahlen auch sein mögen, sie zeigen doch eindeutig, wo das «Herz der Finsternis» (Joseph Conrad) schlug. Und sie dienen auch als traurige Illustration der Metapher in dem Masepa zugeschriebenen Lied, dass die Ukraine wie eine Möwe sei, die ihr Nest zu nahe an der Straße gebaut habe.

1914–1945: Zusammenfassung

Die Geburt der Ukraine als moderne Nation geschah im Zeitraum 1914–1945, inmitten der Flammen von Kriegen und Revolutionen, und stellt ein klar ausgeprägtes Kapitel der Geschichte des Landes dar. Ich werde in dieser Zusammenfassung bestimmte Prozesse und Phänomene herausgreifen, etwa den nationalen Freiheitskampf, die Genesis und Etablierung des Bolschewismus, die Nazi-Besatzung, den Holodomor, den Holocaust, das Wolhynien-Massaker, die Deportationen, die Kollaboration und den Widerstand.

Mein Ansatz zielt darauf ab, all diese Ereignisse und Phänomene als zusammenhängend zu betrachten, als Elemente einer in sich verwobenen Geschichte, in der dennoch ein übergreifendes Thema erkennbar ist: Modernisierung. Beide Weltkriege und die Revolution waren gewaltige und brutale Invasionen der Moderne in die Welt der ukrainischen Dörfer, der jüdischen Schtetlech und der Siedlungen der Krimtataren, die zur beinahe vollständigen Zerstörung der traditionellen Gesellschaft führten. Zugleich wurden große ethnische Gruppen eliminiert, die über Jahrhunderte wichtige Akteure der ukrainischen Geschichte gewesen waren. Hitler ließ den größten Teil der hier lebenden Juden ermorden, und Stalin befahl die Deportation von Polen, Deutschen und Krimtataren aus der Ukraine. Diese Gruppen verschwanden zwar nicht völlig, doch nahm ihr Anteil an der Gesamtbevölkerung von 20 bis 30 Prozent vor dem Krieg auf nur 1 bis 2 Prozent danach ab. Sie wurden zu bedeutungslosen Minderheiten. Die einzige Gruppe, die nicht nur stabil blieb, sondern sogar noch wuchs, waren die Russen. Insgesamt wurde die Ukraine ethnisch deutlich homogener und eine im Wesentlichen urbane Gesellschaft – kurzum, eine moderne Nation.

In diesem Sinne ist 1914 ein ebenso mächtiges Symbol wie 1492. Das waren die beiden Zeitpunkte, an denen die Weltgeschichte eng mit der nationalen Geschichte der Ukraine verbunden wurde und jene weitreichenden Veränderungsprozesse in Gang setzte, welche die Ukraine auf die Weltkarte brachten.

Beide Prozesse begannen im «alten» Europa. Das trifft sogar auf den Bolschewismus zu: Der Marxismus mit seiner Idee einer Weltrevolution entstand nicht im Osten, sondern im Westen. Aber in Russland zeigten sich die tödlichen Mutationen, die dieses Konzept hervorbringen konnte, wenn es sich über sein «historisches Heimatland» hinaus verbreitete.

Die Gewalt stand im Mittelpunkt beider Prozesse. Das kann nicht häufig genug betont werden, weil wir nicht selten eine sehr stark bereinigte Vorstellung von der Modernisierung hegen. Mit dem Begriff «Moderne» meinen wir oftmals Phänomene und Prozesse, die das menschliche Leben leichter und bequemer machen: Eisenbahnen, moderne Kommunikationsmittel, medizinischer Fortschritt und die Entwicklung des Bildungswesens. Aber all diese Innovationen bildeten die zweite Welle der globalen Modernisierung, die im «langen» 19. Jahrhundert stattfand, dem – das sei noch einmal angemerkt – friedlichsten der neueren europäischen Geschichte. Im Gegensatz dazu verliefen die erste Welle der Globalisierung, die 1492 einsetzte, und die dritte Welle, die 1914 begann, außerordentlich gewaltsam.

In der *Göttlichen Komödie* schreibt Dante, wir könnten die Größe des Menschen nicht erkennen, solange wir nicht auch die Tiefen seines größten Verhängnisses sähen. Das gilt auch für die Modernisierung: Wir können ihr Leuchten nicht verstehen, solange wir ihre finstere Seite nicht sehen wollen. Im ukrainischen «kurzen» 20. Jahrhundert dominierte diese finstere Seite. Die ukrainische Identität manifestierte sich am klarsten während der revolutionären und militärischen Krisen.

Damit will ich nicht andeuten, dass die ukrainische Nation ohne Krieg und Revolution nicht entstanden wäre. Das 19. Jahrhundert hatte anscheinend unaufhaltsame Prozesse der «Nationenbildung» in Gang gesetzt. Schon vor 1914 war der russische Minister Sergej Witte zu der Überzeugung gelangt, dass der Adel in den nächsten 50 Jahren vollständig verarmen und aus der soziopolitischen Szene verschwinden würde. Auch Anton Tschechow präsentierte dieses Bild, wenn auch in anderen Worten, in seinem gesellschaftskritischen Schauspiel *Der Kirschgarten*, das übrigens in der Umgebung von Charkiw spielt. In den frühen 1920er Jahren sprach Stalin von der historischen Unvermeidlichkeit («Man kann sich nicht gegen die Geschichte stellen») einer Ukrainisierung der Städte in der Ukraine. Als Beleg führte er das Schicksal Rigas in Lettland oder der ungarischen Städte an, die einst deutsch gewesen, dann aber ungarisch geworden seien. Der Wirtschaftshistoriker Franciszek Bujak trug im Blick auf das österreichische Galizien ein ähnliches Argument vor. Er verglich die Zukunftsaussichten der einheimischen Polen mit dem Schicksal der englischen Siedler in Irland und der deutschen Siedler in tschechischen Gebieten und in Schlesien. In den 1890er Jahren waren die ukrainischen Marxisten überzeugt, dass die ruthenisch-ukrainische Bauernschaft in Galizien dazu verurteilt sei, aus dem Gebiet zu verschwinden. In der Massenauswanderung der Landbevölkerung nach Nordamerika sahen sie das Anfangsstadium dieses Prozesses.

Bei unserer Suche nach einer Antwort auf die Frage, ob Modernisierung ohne Gewalt möglich ist, kann uns die Auswertung statistischer Daten der damaligen Zeit helfen. Im Gefolge der bolschewistischen Kulturrevolution verdoppelte sich die Alphabetisierungsrate in der Sowjetunion im Zeitraum 1926–1939 von 44 auf 88 Prozent. Im von der Tschechoslowakei beherrschten Transkarpatien verdreifachte sie sich beinahe – von 22 Prozent im Jahr 1910 auf 60 Prozent im Jahr 1930. (Für 1939 sind keine Daten verfügbar, doch können wir mit Sicherheit annehmen, dass dann die Rate noch höher war.) Mit anderen Worten: Transkarpatien erlebte eine kleine Kulturrevolution ohne Kollektivierung der Landwirtschaft, ohne Schließung und Zerstörung der Kirchen, Unterdrückung des Klerus und so weiter. Selbst im «rückständigen» Wolhynien wurden unter polnischer Herrschaft in den Zwischenkriegsjahren neue Schulen und Straßen gebaut, die Stromversorgung verbessert – eben all das, was wir als zivilisatorische Veränderungen bezeichnen. Treten wir einen Schritt zurück, um unsere Sicht zu erweitern, erkennen wir, dass sich in der Zeit zwischen den beiden Weltkriegen viele Länder an der europäischen Peripherie – Bulgarien, Griechenland, Spanien, Portugal, Türkei, Schweden, Jugoslawien – langsam modernisierten und aufholten.

Mit anderen Worten: Die traditionelle Gesellschaft begann überall in Europa zu bröckeln und abzusterben, und das ohne Krieg oder Revolution. Die auf das osteuropäische Judentum spezialisierte amerikanische Wissenschaftlerin Barbara Kirshenblatt-Gimblett hat eine herausragende Zusammenfassung der Balance zwischen Tradition und Moderne vorgelegt, die sich in der ersten Hälfte des 20. Jahrhunderts ergab. Sie schreibt, dass zwar viele Juden bereits in den Anfangsjahren des 20. Jahrhunderts die traditionelle Welt des Schtetl hinter sich gelassen hätten, es aber der Russischen Revolution und des Holocaust bedurft habe, die letzten Nägel in den Sarg zu schlagen. Die Analogien zum ukrainischen Dorf und zum Holodomor sind offensichtlich.

Natürlich hätte die Ukraine ohne den Krieg und die Revolution vermutlich andere Grenzen. Um es ganz offen zu sagen: Es ist eher unwahrscheinlich, dass sich die ukrainische Nation ohne diese Ereignisse von Transkarpatien im Südwesten so weit bis zum Donbass im Osten hätte erstrecken können. Die Vereinigung all dieser Gebiete zu einem einzigen Staat war ganz ohne Zweifel den Bolschewiki zuzuschreiben. Aber sie führten diese Landstriche nicht aus reinem Wohlwollen zusammen. Vielmehr wollten sie die Kontrolle über die geopolitisch wichtigen und ressourcenreichen Grenzgebiete erreichen. Ohne sie wäre es ihnen schwer gefallen, sich im Zentrum der Ukraine an der Macht zu halten.

Es muss hier noch einmal wiederholt werden: Die Ukraine wurde aus den Flammen des Krieges und der Revolution geboren. Und das bedeutet, dass sie ein Geburtstrauma von Kriegs- und Revolutionsgewalt in sich trägt.

Das erste Trauma betrifft die materiellen Schäden. Als 1991 die ukrainische Unabhängigkeit proklamiert wurde, hätte man kaum eine Familie gefunden, deren Besitz über drei Generationen weitervererbt worden wäre – von Großeltern zu Eltern zu Kindern. Nur wenige, eher nebensächliche Dinge überdauerten: ein altes, vergilbtes Foto, ein besticktes Hemd aus einer alten Truhe, ein Musikinstrument. Aber es gibt fast keine Beispiele dafür, dass das Hauptkapital einer Familie – etwa Häuser, Schmuck, Aktien, Ersparnisse – über drei Generationen hinweg weitergegeben wurde. Jede Generation musste wieder von vorn anfangen.

Gewiss traten materielle Verluste als Folge der beiden Weltkriege ein. Aber der schwerste Schlag gegen das Eigentum wurde durch die Kollektivierung der Bauernhöfe verursacht. Sie führte dazu, dass sich die Einstellung zu Eigentum und Besitz grundlegend veränderte. So wurde beispielsweise ein Diebstahl im traditionellen Dorf sehr hart geahndet: Die Diebe wurden bestraft, manchmal sehr hart, und bei einem Pferde- oder Viehdiebstahl konnte es vorkommen, dass sie zu Tode geprügelt wurden. Für die strengen Regeln gab es einen einleuchtenden Grund: In einer Gesellschaft auf Subsistenzniveau konnte der Verlust eines Pferdes oder einer Kuh eine Familie in eine Hungersnot stürzen. Doch nach der Kollektivierung änderte sich das: Da es nun kein Privateigentum mehr gab, wurde der Diebstahl zur Regel. In der Sowjetzeit verbreiteten sich neue Sprichwörter: «Nur wer stiehlt, bleibt am Leben.» Die Logik ist recht einfach: Da der Staat uns beraubt hat und weiterhin beraubt, haben wir das Recht und sogar die heilige Pflicht, uns in gleicher Weise zu wehren. Die neue «Tradition» überdauerte die Sowjetära. Die Eigentümer großer moderner Agrarfirmen in der Ukraine klagen darüber, dass Diebstahl ihre Gewinne um bis zu 30 Prozent schmälert. Schon wenn es gelänge, diese Verluste auf 7–8 Prozent zu reduzieren, wäre das eine gewaltige Leistung.

Eine weitere Veränderung betraf die Städte. Anders als im Ersten Weltkrieg, als die meisten Schlachten außerhalb der Städte ausgetragen wurden, kam es bei den größten Schlachten des Zweiten Weltkriegs auch zu Orts- und Häuserkämpfen. Auch die Zielgruppen, die als erste beseitigt werden sollten, lebten vornehmlich in größeren Ortschaften und Städten: die Juden und die politischen und kulturellen Eliten. Während des Krieges erlitten die Stadtbevölkerungen enorme Verluste – in einigen Fällen, beispielsweise in Kyjiw und in Lwiw, bis zu 80 Prozent der Einwohnerschaft. Das bedeutete, dass ein beträchtlicher Teil der Menschen, die nach dem Krieg in die Städte umsiedelten, in Häuser und Wohnungen zog, die vor dem Krieg jemand anders gehört hatten.

Die Geringschätzung des Eigentums wird zur Normalität – das können wir bei den sogenannten Heuschrecken-Attacken auf andere Firmen oder Besitztümer beobachten, aber auch bei Beamten, die derartige Angriffe tolerieren oder sie mitunter sogar selbst organisieren. Auf jeden Fall zeigt uns die ukrainische Geschichte, dass es viel Zeit und Mühe erfordern wird, eine ehrliche Geschäftskultur zur neuen Norm zu machen.

Eine weitere Folge ist die Korruption. Natürlich handelt es sich dabei um ein komplexes Phänomen mit einer großen Bandbreite von Ursachen. Aber oftmals sind die korruptesten Länder jene, die extreme Gewalt erleiden mussten. Das ist verständlich: Unter solchen Umständen ist Korruption eine Überlebensstrategie. Die heutige, unabhängige Ukraine ist für eine grassierende Korruption berüchtigt. Wie lange diese Spuren einer extremen Gewalterfahrung noch vorhanden sein werden, kann man nur vermuten.

Aber das größte ukrainische Geburtstrauma ist sozio-demographischer Natur. Die Kriege verursachten gewaltige Verluste in allen Bevölkerungsgruppen. Doch manche Gruppen erlitten proportional die größten Verluste: Juden, Männer im kriegsdienstfähigen Alter und die Mittelschichten. Man könnte von einer umgekehrten Darwin'schen Selektion sprechen: Die Männer, die schon frühzeitig an der Front starben, hatten oftmals zu den aktivsten, ehrlichsten, intelligentesten und am härtesten arbeitenden Bevölkerungsgruppen gehört. Unter den Überlebenden befanden sich nicht selten die Opportunisten, Menschen, die niemals Stellung bezogen und gesellschaftlich apathisch waren. In der Summe beraubten die Kriege und die Revolution im Zeitraum 1914–1945 die ukrainische Gesellschaft einer großen Zahl ihrer engagiertesten Mitglieder. Eine derart reduzierte Gesellschaft lässt sich leichter beherrschen und manipulieren.

Das soll nicht heißen, dass es keine Ukrainer gab, die das sowjetische Regime unterstützten. 1941 gab es nicht viele, aber 1943–1944 waren es schon sehr viel mehr Menschen. Die Erfahrungen an der Front und unter der deutschen Besatzung stellten den Wendepunkt dar. Aus dem Krieg ging eine neue Generation von Eliten hervor:

Männer mit direkter Fronterfahrung. In ständiger Todesgefahr an der Frontlinie leben zu müssen, hatte ihnen die Furcht vor Stalins Terror genommen und sie proaktiv und selbstbewusst werden lassen. Der Sieg über Nazi-Deutschland verlieh dem sowjetischen Regime neue Legitimität. Die Ukrainer hatten das Gefühl, dass sie ihr Überleben dem Kreml und ihrem Bündnis mit dem russischen Volk zu verdanken hatten.

In der Nachkriegsukraine gab es daher zwei Formen der ukrainischen Identität: die nationale und die sowjetische. In geographischer Hinsicht verlief die Unterscheidungslinie zwischen den beiden Formen ungefähr entlang der Vorkriegsgrenze von 1939. In der Westukraine dominierte die nationale Form der Identität, während sich die sowjetische in allen anderen Gebieten durchsetzte. Schon vor dem Krieg hatte es bemerkenswerte Differenzen innerhalb der ukrainischen Bevölkerung gegeben. Der Krieg verschärfte sie um ein Vielfaches, was den sehr verschiedenartigen Erfahrungen der deutschen Besatzungszeit und des antikommunistischen nationalistischen Untergrunds zuzuschreiben war.

Aber die Vorstellung von «zwei Ukrainen», einer sowjetischen und einer nationalen, beschreibt die tatsächliche Situation nicht sehr treffend. Weder die eine noch die andere Form hat eine ukrainische Mehrheitsidentität hervorgebracht. Die Mehrheit der Ukrainer lebte im Zustand einer tiefgreifenden Uneindeutigkeit, gekennzeichnet durch Fragmente beider Identitäten.

Dieser Zustand ist die Folge der kumulativen Wirkungen der von den Sowjets und den Nazis ausgeübten Gewalt, die die Ukrainer apathisch und passiv werden ließ. Selbst als der Kommunismus fiel, wollten die Ukrainer einander nicht vertrauen – das Vertrauen erstreckte sich kaum über die eigene Familie und einen engen Freundeskreis hinaus. Forschungen belegen, dass das Verhalten der Menschen unter der deutschen Besatzung durch einen tiefgreifenden Mangel an Vertrauen geprägt war. Allerdings war die ukrainische Gesellschaft schon lange vor dem Einmarsch der Deutschen im Jahr 1941 von diesem Zustand gekennzeichnet gewesen. Die Auflösung sozialer Bindungen begann schon während des Ersten Weltkriegs und der Revolution;

der sowjetische Terror der 1930er Jahre versetzte dem Auflösungsprozess den letzten Stoß.

Doch der Begriff «Uneindeutigkeit» beschreibt nicht nur den Zustand der ukrainischen Sowjetgesellschaft; er kennzeichnet auch die allgemeinen Wirkungen der «Modernisierung durch Gewalt». Im Laufe der Zeit verwandelte sich so mancher Sieg in eine Niederlage. Von den 1960er bis zu den 1980er Jahren konnten selbst die «besiegten» europäischen Länder deutlich bessere soziale und ökonomische Indikatoren vorweisen als die «siegreiche» UdSSR. Irgendwann war es nicht mehr wichtig, wer den Krieg gewonnen oder verloren hatte, sondern wer es schaffte, sich erfolgreich und ohne Krieg oder Revolution zu modernisieren. Das Geheimnis erfolgreicher Modernisierung ist nicht eine möglichst schnelle, sondern eine nachhaltige Entwicklung. Die UdSSR mag sich in den 1920er und 1930er Jahren schnell modernisiert und dabei schwindelerregende Ergebnisse erzielt haben. Doch die sowjetische Modernisierung erwies sich als immer weniger konkurrenzfähig, je mehr die Wirkung von Massengewalt auf dem europäischen Kontinent zu schwinden begann. Denn Gewalt kann nichts Nachhaltiges hervorbringen.

INTERMEZZO

Eine kurze Geschichte der Gewalt

Wenn Sie an Herzproblemen leiden, sollten Sie dieses Intermezzo besser überspringen und gleich zum nächsten Kapitel übergehen. Ansonsten sollten Sie es jedoch lesen, um sich eine Vorstellung vom Ausmaß der Gewalt in der Ukraine im Zeitraum 1914–1945 zu verschaffen.

Natürlich gibt es Statistiken, die uns in nüchternen Zahlen die Größenordnung der Gewalt aufzeigen. Aber Statistiken haben nur geringe Wirkung auf unsere Vorstellungskraft; außerdem berauben sie die Opfer ihrer Persönlichkeit. In seinem Buch *Bloodlands* weist Timothy Snyder auf einen wichtigen Punkt hin: Wenn wir über Millionen Tote reden, sollten wir stets daran denken, dass wir nicht über abstrakte Millionen sprechen, sondern über Millionen konkrete, individuelle Todesfälle.

Der direkteste Weg, die Gleichgültigkeit statistischer Daten zu überwinden, besteht darin, sich beim Lesen dieser Zahlen vorzustellen, dass unter den Getöteten ein geliebter Mensch war – ein eigenes Kind, die Ehefrau, der Ehemann, Mutter, Vater, Schwester, Bruder.

Denn so gruben sich die Ereignisse in die Vorstellung von Kindern ein, die diese Gewalt persönlich erlebten. Mitte der 1920er Jahre fragten Lehrer in Przemyśl ihre Schüler nach den Kindheitserlebnissen, die ihnen am klarsten in Erinnerung geblieben waren. Sie beschrieben, wie ein Freund von den Feinden erschossen, ein Bruder von einem Erschießungskommando hingerichtet oder eine ältere Schwester vergewaltigt wurde: Ihre lebhaftesten Erinnerungen handelten vom Tod und von Leichen auf dem Schlachtfeld.

Das Jahr 1914 wurde zum Auslöser der Massengewalt. Schon in den ersten Kriegswochen fielen ihr Zivilisten in Scharen zum Opfer. Menschen, die für unzuverlässig gehalten oder des Verrats verdächtigt wurden, schickte man in Konzentrationslager oder sie wurden gehenkt. Auf der österreichisch-ungarischen Seite fiel der Verdacht schon bald auf die Ruthenen (Russynen) in Galizien und Transkarpatien, vor allem auf die russophilen Russynen. Auf der russischen Seite traf es vor allem die Deutschen, Juden und nationalbewussten Ukrainer. Ein kleines, aber bezeichnendes Detail, das sich auch später immer wieder ereignete, zeigt die Verrohung der Gesellschaft: Die Vollstrecker der Todesurteile, die zuvor oftmals ganz normale Bürger gewesen waren, ließen sich gerne vor den Leichen der Menschen fotografieren, die sie gerade hingerichtet hatten, selbst wenn es sich bei den Getöteten um Kinder oder Frauen handelte – wie stolze Jäger vor der Beute, die sie erlegt hatten, ihren Jagdtrophäen.

Am 15. September 1914 verübten ungarische Soldaten während des Rückzugs der österreichisch-ungarischen Truppen in Przemyśl ein Massaker. Eine Gruppe von Gefangenen aus einem Dorf in der Nähe, die unter dem Verdacht des Hochverrats festgenommen worden waren, wurde durch die Stadt geführt. Einer der ungarischen Soldaten glaubte mehrere Gefangene wiedererkannt zu haben, die am Angriff auf eine ungarische Kavalleriepatrouille teilgenommen und seine Kameraden getötet hätten. (Wie sich später herausstellte, lag das Dorf nicht einmal im Kampfgebiet.) Der Soldat hielt den Gefangenenzug an, ging zu einem 17-jährigen Mädchen, hielt ihr den Revolver an den Kopf und drückte ab. Der Schuss löste ein Massaker aus. Die gefangenen Dörfler wurden mit Säbeln niedergemetzelt oder mit Stöcken zu Tode geprügelt. Die Wächter des Gefangenenzugs sahen zu, griffen aber nicht ein. Der Überfall dauerte eine halbe Stunde. Als die Polizei endlich am Schauplatz des Massakers ankam, fand sie fast nur noch zu Brei zerschlagene Leichen vor. Von den 46 Gefangenen überlebten nur zwei.

Die Machtergreifung der Bolschewiki im November 1917 löste eine neue Welle des Massenterrors aus. Die Gewalterscheinungen in Krieg und Revolution hingen unmittelbar zusammen. Forschungen zu den Pogromen der Jahre 1918 und 1919 zeigen, dass viele der daran Beteiligten schon zu Beginn des Krieges als Soldaten einer regulären Armee an antijüdischen Aufständen teilgenommen hatten. Und das trifft auch auf die gegen die Grundbesitzer gerichteten Aufstände von 1917 zu, die oft von Soldaten angezettelt wurden, die gerade erst von der Front nach Hause zurückgekehrt waren. Die gegen die Grundbesitzer gerichtete Welle der Gewalt verlief allerdings relativ unblutig. Die meisten Grundherren wurden nicht ermordet – sie und ihre Familien wurden «nur» von ihrem Besitz vertrieben. Diese «sanfte» Welle endete schon Anfang 1918.

Das war der Zeitpunkt, an dem der Rote Terror begann. Am 23. Januar 1918 rückten bolschewistische Truppen unter dem Kommandanten Michail Murawjow in die ukrainische Hauptstadt Kyjiw ein. Noch am selben Tag erließ Murawjow eine Order, mit der er zur «rücksichtslosen Beseitigung aller Offiziere und Kadetten, Hajdamaken, Monarchisten und Feinden der Revolution» aufrief. Buchstäblich alles konnte als Vorwand für eine Hinrichtung dienen: ein «bürgerliches Aussehen» (wie fehlende Schwielen an den Händen) oder ein «nationalistischer» Kosakenschnurrbart. Der Terror dauerte drei Tage (26.–28. Januar), in denen die Bolschewiki Schätzungen zufolge zwischen 1300 und 5000 Menschen ermordeten.

Die Bolschewiki verurteilten zwar später die Ausschreitungen in Kyjiw, wandten sich jedoch nicht von der revolutionären Gewalt ab. «Glaubt ihr wirklich», fragte Lenin, «dass wir die Macht nur übernommen haben, um dann unsere Feinde zu verhätscheln?» Der bolschewistische Terror nahm allerdings eine Dimension an, die weit über das Ausmaß des Terrors anderer Regime hinausging. Manch andere Anstifter des Terrors mochten Furcht und Schrecken verbreiten, aber mit ihren spontanen Pogromen und Massakern wirkten sie oftmals fast dilettantisch. Der bolschewistische Terror hingegen war professionell organisiert, proaktiv und systematisch und auf bestimmte strategische Ziele ausgerichtet. So erhielt Moskau zum Beispiel Beschwerden aus der Region Odessa über die Gräueltaten bolschewistischer Einheiten, die nicht nur das Getreide der Bauern beschlagnahmt, sondern sie auch ausgeraubt und erschossen hätten.

Der Leiter des Revolutionskomitees von Odessa, Pawel Bljachin, wurde mit Ermittlungen in dieser Sache beauftragt. Doch obwohl seine Untersuchung ergab, dass die Anschuldigungen berechtigt waren, drückte er in seinen Schlussfolgerungen das Gegenteil von dem aus, was man hätte erwarten können: Bljachin riet zu noch mehr revolutionärem Terror. Er solle strategischen Zielen dienen und sei notwendig, um «die Schraube Ukraine immer stärker anzuziehen, bis ihr Blut nicht nur bis Charkiw, sondern den ganzen Weg nach Moskau fließt».

Die erste Welle des bolschewistischen Terrors ebbte im Frühjahr 1918 ab, als die Bolschewiki nach dem Abschluss des Vertrags von Brest-Litowsk gezwungen wurden, sich aus den ukrainischen Gebieten zurückzuziehen. Statt ihrer rückten nun deutsche und österreichisch-ungarische Besatzungstruppen ein. Die Städte, in denen die Truppen stationiert waren, wurden zu Oasen des Friedens und der Stabilität, vor allem im Vergleich zu dem, was in Russland unter bolschewistischer Herrschaft geschah. Auf dem Land allerdings war die Situation eine ganz andere: Die Besatzungsbehörden wollten den Grundherren ihren Besitz wieder zurückgeben, gleichzeitig aber das Getreide der Bauern beschlagnahmen, um den Bedarf der Armee und der Heimatfront zu befriedigen. Als sie damit auf Widerstand stießen, verhängten sie schwere Strafen. Die Bauern wurden ausgepeitscht oder erschossen; ihre Häuser und ihr Besitz wurden niedergebrannt.

Als der Krieg endete, drehte sich das Rad der Gewalt immer schneller. Nach der Kapitulation der Mittelmächte zogen sich die österreichisch-deutschen Besatzungstruppen aus der Ukraine zurück. Mit ihnen verschwand jeder Anschein von Stabilität. Eine neue Welle der Gewalt gegen die Grundbesitzer begann. Dieses Mal wurden die Großgrundbesitzer umgebracht; damit war sichergestellt, dass sie nie mehr zurückkommen würden. Ein Arzt in Poltawa notierte die Stimmung der Rebellen in seinem Tagebucheintrag vom 29. November 1918, als Truppen der Ukrainischen Volksrepublik in die Stadt einzogen. Sie hätten darüber diskutiert, Poltawa in mehrere Bezirke aufzuteilen und «die gesamte Bourgeoisie, die älter als zehn Jahre war [zu töten], weil sie sonst nur zu noch mehr Bourgeoisie heranwachsen werden».

Während in den Teilen der Ukraine, die zum Russischen Reich gehört hatten, die Angriffe auf die Landbesitzer weitergingen, brach in Galizien der Polnisch-Ukrainische Krieg aus. Später bezeichnete man diesen Konflikt als den letzten der «romantischen» Kriege des 19. Jahrhunderts, weil sich beide Seiten in der Schlacht gegenseitigen Respekt zollten und Repressalien gegen die Zivilbevölkerung vermieden. Zwar gab es einige Fälle einer solchen Galanterie, aber sie kennzeichneten sicherlich nicht den Krieg insgesamt. Wie in jedem Krieg gab es auch damals Verhaftungen, Internierungslager und Hinrichtungen. Die unromantische Seite des Krieges wurde in dem antijüdischen Pogrom deutlich, das polnische Truppen schon kurz nach der Einnahme von Lwiw am 22. November 1918 verübten. Offiziere und Soldaten glühten förmlich vor Verlangen, sich an den Juden zu rächen, die sich angeblich auf die Seite der ukrainischen Behörden gestellt hatten. Verschiedenen Schätzungen zufolge wurden zwischen 50 und 150 Juden ermordet, über 50 jüdische Häuser niedergebrannt und über 500 Läden geplündert. In offiziellen Berichten wurden Behauptungen aufgestellt, die dann auch in anderen Berichten zitiert wurden: Sogenannte «Unruhestifter», Arbeiter und Verbrecher, die die Ukrainer angeblich bei ihrem Rückzug aus den Gefängnissen freigelassen hatten, seien für die Tötungen und Plünderungen verantwortlich gewesen. In Wahrheit wurde das Pogrom jedoch, wie spätere Forschungsarbeiten zeigten, von der regulären Armee verübt; die polnische Intelligenzija verfolgte mit Freude, wie Juden aus ihren brennenden Häusern flohen und erschossen wurden, während polnische Damen ihre Hausmädchen mitbrachten, die ihnen die geplünderten Waren nach Hause tragen mussten.

In einer Episode drang ein elegant aussehender polnischer Soldat mit zwei Kameraden in die Wohnung der Familie Neuer ein. Sie erschossen den Wohnungseigentümer, einen jüdischen Soldaten der österreichischen Armee, der nur ein paar Wochen zuvor aus russischer Gefangenschaft nach Hause zurückgekehrt war. Der Pogromist nahm ihm den Ehering und eine Taschenuhr ab und stahl den

Schmuck, den seine Frau unter ihrem Rock versteckt hatte. Dann schlug er ihr mit dem Revolver einen Goldzahn aus und prügelte auf ihre schreienden Kinder sowie auf ihre alte Mutter ein. Als er müde wurde, setzte er sich ans Klavier im Nebenzimmer und spielte mit beachtlichem Können eineinhalb Stunden lang, danach kehrte er ins Wohnzimmer zurück und raubte die Frauen weiter aus. Bevor er die Wohnung mit zwei prall gefüllten Taschen Diebesgut verließ, stieß er die Frau neben dem Toten auf den Boden und sagte: «Kümmert euch um die Leiche.»

Das Pogrom von Lwiw verblasste jedoch gegen das, was sich auf der anderen Seite der früheren österreichisch-russischen Grenze ereignete. Dort begann gegen die Juden die größte Pogromwelle der Geschichte, die nur noch vom Holocaust übertroffen werden sollte. Dazu gehörte auch das berüchtigte Pogrom in Proskurow (dem heutigen Chmelnyzkyj) am 14.–15. Februar 1919. Als Vorwand diente der Versuch einer Revolte junger jüdischer Bolschewiki gegen die Ukrainische Volksrepublik. Der Aufstand scheiterte. Doch dann wandte sich Ataman Iwan Semesenko an die ukrainischen Soldaten: «Die Juden sind der gefährlichste Feind des ukrainischen Volkes. Sie müssen abgeschlachtet werden, um die Ukraine zu schützen.» Die Soldaten stellten sich in Formation auf und marschierten unter den Klängen einer Musikkapelle in die Stadt ein. Die ortsansässigen Juden wussten allerdings nichts über den bolschewistischen Aufstandsversuch. Die meisten waren gläubige Juden; Bolschewismus und Politik lagen ihnen fern. Das Pogrom begann am Sabbat, kurz nachdem die Juden von der Synagoge zurückgekommen waren und nun beim Abendessen saßen. Aufgrund der Ergebnisse einer Untersuchung und von Zeugenaussagen können wir die Ereignisse nachvollziehen. In einem Haus wurde eine alte Frau durch Bajonettstiche so verstümmelt, dass selbst ihr eigener Sohn sie kaum noch identifizieren konnte. Die Leichen ihres zweiten Sohnes und zweier Töchter lagen neben ihr. Ein Mädchen aus der Nachbarschaft überlebte, wurde aber durch 28 Stiche schwer verletzt. In einem anderen Haus flehte eine Mutter die Soldaten an, ihre Kinder am Leben zu lassen, und bot ihnen Geld an, aber sie antworteten, dass sie «nur ihre Seele holen» wollten. In einem anderen Haus trafen die Pogromisten auf ein Mädchen, das so schön war, dass keiner es erstechen wollte; der Soldat, der es dann doch tötete, prahlte danach mit seiner Tat. Ein ortsansässiger orthodoxer Priester, ein gewisser Klymentyj Kuchurowsky, rannte auf die Straße hinaus, packte ein Kind, das vor den Pogromisten fliehen wollte, und schrie ihnen entgegen: «Ihr seid Christen! Wie könnt ihr das tun?» Sie ermordeten ihn und das Kind auf der Stelle. Beim Pogrom von Proskurow kamen fast 1500 Menschen ums Leben, nahezu 10 Prozent der jüdischen Stadtbevölkerung, ohne Rücksicht auf Geschlecht oder Alter.

Wie bereits erwähnt, verübte Machnos Armee keine antijüdischen Pogrome. Stattdessen griffen seine Truppen deutsche Siedler an und ermordeten sie. Und nicht nur das. Das zeigt eine Episode, die Machnos Stabschef Wiktor Bilasch schilderte:

> Machnos Zug stand am Bahnsteig, und um die Lokomotive drängte sich eine Menschenmenge. Machno brüllte: «Werft den zerlumpten Teufel in den Heizkessel! Schaut nur, wie fett sich der Parasit von uns ernährt hat!» Als wir näher kamen, sahen wir Schtschchus, Lujty und Lenetschenko, die auf der Lok mit einem extrem dicken, bärtigen alten Mann in schwarzem Priestertalar rangelten, der direkt vor dem Heizkessel auf den Knien lag … Die anderen standen einfach nur dabei. Der Priester versuchte, sich zu wehren, aber sie hielten ihn fest. Dann verschwand sein Kopf in der Kesseltür, während er sich mit den Händen noch sträubte. Einen Augenblick später verschwanden auch sein Beine. Die Flammen loderten auf, schwarzer Rauch stieg aus dem Rauchfang. Ohne ein Wort spuckten die Zuschauer auf den Boden und gingen davon.
> Wie sich herausstellte, war der Priester zum Bahnhof gekommen, um die Rebellen anzuflehen, im Namen Gottes und der Menschlichkeit aufzuhören, die Deutschen zu bekämpfen …

Ohne Ausnahme verübten alle lokalen Truppen Pogrome. In der Roten Armee war Semjon Budjonnyjs Kavallerie besonders «berühmt»; sie wird in Isaac Babels Buch *Die Reiterarmee* (deutsch 1926) beschrieben. Doch insgesamt war die Zahl der Pogrome, die von Bolschewiki angeführt wurden, relativ gering: Sie bevorzugten den systematischen Massenterror. Letztendlich verbot die bolschewistische Führung die Pogrome und bestrafte die Täter. Daher ist es wenig überraschend, dass viele Juden in der Roten Armee ihre Beschützerin sahen und sich junge Juden als Freiwillige meldeten. Oft allerdings war Rache das Hauptmotiv (deutsche Siedler taten dasselbe und schlossen sich der Weißen Armee an, um sich an den Machnowisten zu rächen). Hier folgt die Beschreibung einer Szene nach einer Schlacht, bei der eine Einheit der Roten Armee einen Trupp der Ukrainischen Volksrepublik besiegte und die ukrainischen Soldaten verwundet auf dem Schlachtfeld lagen:

> Ein jüdischer Soldat aus Berdytschiw drehte durch. Immer wieder wischte er im Gras das Blut von der Säbelklinge und brüllte bei jedem Kopf, den er abhackte: «Das ist für meine ermordete Schwester, das ist die Quittung für meine ermordete Mutter!» Die Judenmenge stand schweigend dabei und hielt den Atem an.

Die sowjetische Regierung ermöglichte jungen Juden einen gesellschaftlichen Aufstieg, den sie sich unter dem alten Regime niemals hätten vorstellen können. Am deutlichsten wurde das bei den staatlichen Vollzugsorganen. Vor der Revolution gab es in den Polizeikräften oder bei der Russischen Reichsgarde keinen einzigen Juden; nach der Revolution machten sie einen beträchtlichen Teil der Sicherheitsorgane aus, vor allem im ehemaligen sogenannten Ansiedlungsrayon (das Westgebiet des Russischen Kaiserreichs, auf das das Wohn- und Arbeitsrecht der Juden beschränkt war). Hier ein Ereignis aus Stalins Terrorzeit, das sich Ende der 1930er Jahre zutrug. Die Ukraine war eines seiner Hauptziele. Im Jahr 1938 unterstellte Nikolaj Jeschow, der Chef der sowjetischen Geheimpolizei NKWD, die «ukrainische» Operation seiner direkten Kontrolle. Bevor er nach Kyjiw abreiste, rief er die Moskauer Mitarbeiter des NKWD zusammen, die ihn in die Ukraine begleiten sollten. Jeschow fragte: «Wer von euch spricht Ukrainisch?» Einer von ihnen lachte nur: «Es gibt dort [in der ukrainischen NKWD] keine Ukrainer, nur Juden.» Jeschow ließ daher die Mitarbeiterliste der ukrainischen NKWD überprüfen. Als ihm das

Ergebnis vorlag, sagte er: «Ich habe mir die Liste angeschaut; das ist nicht die Ukraine, es ist reines Birobidschan» (die Jüdische Autonome Oblast im russischen Föderationskreis Fernost).

Materialien in Bezug auf die Uman-Gruppe, die aus dem Gefängnis der Stadt Uman operierte, werfen Licht auf manche Formen des stalinistischen Terrors. Um Geständnisse zu erzwingen, mussten die Gefangenen 10 bis 15 Tage lang stehen bleiben. Die Gefängniskommandanten organisierten «Konzerte», wie sie es nannten, und befahlen den Gefangenen, sich gegenseitig zu schlagen, zu singen und zu tanzen. Wer gestand, wurde sofort im Gefängnishof erschossen, dann schlug man ihnen mit dem Revolver die Goldzähne aus und die Wärter verteilten die Besitztümer der Gefangenen unter sich. Attraktive Mädchen unter den Gefangenen wurden vergewaltigt und dann mit verschiedenen Gegenständen penetriert.

Die zahlenmäßig größte Gruppe der Opfer des stalinistischen Terrors waren die Bauern. Einem NKWD-Offizier in Charkiw zufolge waren die Ukrainer für den Kommunismus nicht «geeignet», weshalb sie durch «ethnographisches Material» ersetzt werden sollten. Die Unterwerfung der ukrainischen Bauernschaft erfolgte in mehreren Wellen. Die wirkungsvollste und letzte Welle war der Holodomor der Jahre 1932–1933.

Verhungern ist eine der schlimmsten Todesarten. Der Tod durch die Kugel oder durch den Säbel ist schnell, aber der Tod durch Verhungern dauert lange. Oftmals kam zum körperlichen Leiden die emotionale Qual hinzu, wenn der Verhungernde das Leiden und das langsame Dahinsiechen geliebter Angehöriger mitansehen musste. Die Hungersnot zerstörte die interne Solidarität, die das zentrale Element der Kultur des traditionellen Dorfes gewesen war. Die Überlebenden berichteten, dass die Menschen angesichts des Hungers und der Qualen vor nichts mehr Halt machten. Nur wenige Menschen haben einen Glauben, der stärker ist als der Körper. Für eine Brotkruste waren sie zu jedem Verbrechen bereit: Diebstahl, Mord, Plünderung. Und manchmal versuchten sie sich durch Kannibalismus zu retten. In seinen Memoiren gibt Nikita Chruschtschow eine Episode aus der späteren Nachkriegs-Hungersnot von 1946–1947 wieder, die ihm der Erste Sekretär des KP-Komitees von Odessa erzählt habe. Kyrytschenko habe beschrieben, wie er das Haus eines Kolchosbauern betrat und die Frau sah, die gerade die Leiche ihres Kindes auf dem Tisch zerlegte. Sie sagte: «Manetschka haben wir schon gegessen, jetzt pökeln wir Wanetschka ein. Das wird uns eine Weile reichen.» Der Hunger hatte sie in den Wahnsinn getrieben; sie hatte die eigenen Kinder erstochen. Kann man sich das vorstellen?», habe Kyrytschenko gefragt.

Während die Bauernschaft in der sowjetischen Ukraine vernichtet wurde, unterwarf man die ukrainischen Dörfer im polnischen Galizien einer «Befriedung». Die Befriedungsmaßnahmen dauerten von Juli bis Dezember 1930 und betrafen ungefähr 450 Dörfer; 1700 Einwohner wurden verhaftet. Die Operationen folgten immer dem gleichen Muster: Eine Polizeieinheit rückte in das Dorf ein, riegelte es ab und durchsuchte die Häuser nach Waffen und nationalistischer Lektüre. Während der Durchsuchung wurde der Besitz der Dorfbewohner und der ukrainischen Zivilorganisationen zerstört; dann begannen die physischen Gewalttätigkeiten. Die Dorfbewohner wurden ohne Rücksicht auf Geschlecht oder Alter (das jüngste Opfer war drei, das älteste 83 Jahre alt) mit Gewehrkolben und Schlagstöcken verprügelt, manchmal bis zur Bewusstlosigkeit, danach mit Wasser wiederbelebt und erneut geschlagen. Begleitet wurde das alles von dem Gebrüll: «Hier hast du deine Ukraine!» Die Bewohner wurden gezwungen zu rufen: «Lang lebe Piłsudski», die polnische Hymne zu singen und Dreck zu essen, bis sie sagten, wem der Boden gehörte – den Polen oder den Ukrainern.

Im Sommer 1938 erreichte der staatlich geförderte Terror in Polen auch die Regionen von Chełm (Cholm) und Podlasie, Gebiete, in denen es bisher so gut wie keine ethnischen Spannungen gegeben hatte. Diesmal bildete die Orthodoxe Kirche das Hauptziel. Das Motto der Operation lautete: «Rückforderung all dessen, was vor den Teilungen (Polens) polnisch oder katholisch gewesen war.» Die Behauptung lautete, während des Russischen Reiches seien die lokalen Bevölkerungen gezwungen worden, den orthodoxen Glauben anzunehmen; jetzt sei die Zeit gekommen, die historischen Ungerechtigkeiten zu korrigieren. Im Laufe von zwei Monaten wurden 127 orthodoxe Kirchen zerstört. Menschen, die in ihre Kirchen fliehen wollten, wurden mit Gewehrkolben und Schlagstöcken vertrieben. Es gab zwar keine Todesopfer, aber es floss jede Menge Blut. Das Ereignis bildete ein entscheidendes Hindernis für jeden Versuch einer polnisch-ukrainischen Versöhnung. Der polnische Kunsthistoriker und Dichter Tadeusz Chrzanowski, der seine Kindheit in der Zwischenkriegszeit in der Region Chełm verbracht hatte, erinnert sich, wie sein Vater, nachdem er von der brutalen Zerstörung der orthodoxen Kirchen erfahren hatte, «die polnische Regierung verfluchte ... und erklärte, dafür würden wir (die Polen) hier von den Russynen erbarmungslos abgeschlachtet, wir würden dafür bezahlen müssen».

So verstörend die Angriffe auf die ukrainischen Einwohner im Polen der Zwischenkriegszeit auch gewesen sein mochten, mit dem bolschewistischen Terror waren sie doch in keiner Weise zu vergleichen. So wurden beispielsweise während der sogenannten Befriedung rund 90 Prozent der Verhafteten freigesprochen und freigelassen – unter den Sowjets war das völlig undenkbar! Für das Sowjetregime war der Terror nicht nur ein Instrument, sondern bildete den Kern der sowjetischen Machtausübung. Blicken wir einmal auf die Daten der Repressionen auf dem Territorium Polens für die Jahre 1939–1941, als sich das Land unter deutsch-sowjetischer Besatzung befand. Die Quoten für physische Unterdrückung, einschließlich Gefangenschaft, Deportation und Mord, waren in der sowjetischen Besatzungszone drei- bis viermal höher als in der deutschen Zone.

Der letzte Akt der sowjetischen Gewalttätigkeiten in der Westukraine im genannten Zeitraum fand unmittelbar nach der deutschen Invasion statt und kostete zwischen 10 000 und 40 000 Gefangene das Leben. Viele waren einfach auf bloßen Verdacht oder infolge von Denunziation von der Straße weg gefangen genommen worden. Die Gefangenen gehörten unterschiedlichen ethnischen Gruppen oder gesellschaftlichen Schichten an, darunter waren auch viele Mitglieder polnischer oder jüdischer Organisationen und vor allem viele Ukrainer. Als die Deutschen Ende Juni 1941 in Lwiw und anderen westukrainischen Städten einmarschierten, öffneten sie die Tore der Gefängnisse, um die vom sowjetischen Geheimdienst NKWD verübten Gräueltaten offenzulegen. Am Zustand vieler verstümmelter Leichen waren die Spuren von Folter klar zu erkennen. Und dann verübten die Deutschen, gemeinsam mit Ukrainern aus den neu geschaffenen Polizeikräften, Angehörigen der ermordeten Gefangenen und auch gewöhnlichen Einwohnern, ein riesiges Massaker an den einheimischen Juden, denen vorgeworfen wurde, das sowjetische Regime unterstützt zu haben.

Der Sohn eines Lemberger Rabbis beschrieb das Pogrom in seinen Erinnerungen:

> Ich kann mich noch deutlich an einen der ukrainischen Polizisten erinnern. Er trug ein gesticktes Hemd und eine elegante, traditionelle Jacke. Der Mann verprügelte uns mit einer Eisenstange. Allmählich wurden die Schläge methodischer und trafen nun auch unsere Köpfe. Jeder Schlag riss ein Stück Fleisch aus unseren Körpern. Einigen Leuten stach er die Augen aus und riss ihnen die Ohren ab. Als sein Stab endlich zerbrach, nahm er ein Stück Brennholz und schlug meinen Nachbarn auf den Kopf. Das Gehirn spritzte aus dem aufgeplatzten Schädel und etwas davon traf mich im Gesicht und auf den Kleidern. Der Mann starb sofort. Keuchend lehnte sich sein Mörder an die Wand, um wieder zu Atem zu kommen. Mit seinem blutrünstigen Gesicht, den rot unterlaufenen Augen und geschwollenen Adern sah er entsetzlich und widerlich aus.

Die ethnischen Deutschen waren die einzige Gruppe in der besetzten Ukraine, die vom deutschen Terror nicht betroffen war: die sogenannten Volksdeutschen und die deutschen Siedler. Im Unterschied zu den westeuropäischen Juden, die in den Todeslagern umkamen, wurden die osteuropäischen Juden im sogenannten «Holocaust durch Kugeln» ermordet. Beim Massaker von Babyn Jar in Kyjiw erschossen die Nazis, unterstützt von der örtlichen Polizei, an einem einzigen Tag, dem 29. September 1941, ungefähr 34 000 Juden. In der gesamten Ukraine gab es schätzungsweise 5000 Hinrichtungsstätten der Nazis.

Die Ukraine wurde zu einem Experimentierfeld für die Vernichtung der Juden. Hier erprobten die Deutschen zuerst das zynisch als

«Sardinenbüchse» bezeichnete Verfahren: Die Opfer mussten sich ausziehen und auf den Boden einer Grube legen. Dort wurden sie erschossen und ihre Leichen wurden mit Erde zugedeckt. (Das führte dazu, dass viele Menschen, vor allem auch Kinder, lebendig begraben wurden.) Um Platz zu sparen, wurde die nächste Leichenschicht darauf gelegt und so weiter, bis die Grube voll war. In fast allen Dörfern gab es Berichte, dass sich die Erde über den Gruben noch Tage nach den Erschießungen bewegte.

Das Auslöschen jüdischer Kinder schuf ein eigenes «Problem». Während der deutschen Sommeroffensive von 1941 stießen Militärpfarrer in einem ukrainischen Dorf auf ein Haus voller Kinder, deren Eltern in den Tagen zuvor erschossen worden waren. Die Kinder waren in der Hitze ohne Wasser oder Nahrung zurückgelassen worden. Die Pfarrer waren entsetzt, unter welchen Bedingungen die Kinder hausen mussten. Mit christlicher Nächstenliebe hatten ihre Empfehlungen allerdings nichts zu tun: In ihrem Bericht beklagten sie, dass die deutschen Soldaten und die ukrainischen Dorfbewohner das ständige Weinen der Kinder hören konnten. Sie empfahlen, in Zukunft dafür zu sorgen, dass diese Dinge der Öffentlichkeit verborgen blieben.

Von 1941 bis 1944 starben in der Ukraine 1,5 Millionen Juden, ein Viertel der 6 Millionen Todesopfer des Holocaust. Der Holocaust bildet die Spitze der Pyramide der Gewalt in ukrainischen Gebieten – er ist der «reinste» und «vollständigste» Genozid. Darunter stehen noch weitere Genozide, nicht so vollständig, aber dennoch mit hohen Opferzahlen. Dazu gehört auch der Massenmord an den Kriegsgefangenen der Roten Armee durch die Nazis. Die Zahl der Toten rückt mit 4 Millionen, darunter 1,6 Millionen in der Ukraine, in die Nähe der Opferzahlen des Holocaust.

Es ist nicht möglich, die Verluste an der Front des sowjetisch-deutschen Krieges hinreichend genau einzuschätzen. Im Sommer 1941 schnitten die deutschen Truppen durch sowjetisches Territorium wie ein Messer durch weiche Butter. In den Worten eines Veteranen gab es nur einen Weg, sie aufzuhalten – «Blut auf die Messerklinge zu gießen. Dann wird es allmählich stumpf und rostig und kommt nur noch langsam voran.» Befehle, die Kampfhandlungen bis zu bestimmten Zeitpunkten einzustellen, führten zu besonders schweren Verlusten. So befahlen beispielsweise die Sowjets ihren Truppen, Kyjiw rechtzeitig zum Jahrestag der Oktoberrevolution am 7. November 1943 einzunehmen. In der Folge starben in der Schlacht am Dnipro jeden Tag im Durchschnitt 27 300 Soldaten und Zivilisten.

Sowjetische Soldaten wurden sinnlos in den Tod geschickt. Die Offiziere trieben sie, ein Regiment nach dem anderen, ins Verderben. Manche Offiziere hatten ein Gewissen, gingen mit ihren Männern in die Schlacht und starben mit ihnen. Wer zurückwich, wurde von NKWD-Agenten niedergemäht, die direkt hinter den Schützengräben in Stellung lagen. Folglich fürchteten sich die Soldaten vor dem NKWD genauso wie vor den Deutschen. Frontveteranen, die die Wahrheit über die Geschehnisse erzählten, nannten es den «Stalin-Hitler-Völkermord».

Auch hinter den Frontlinien war der Partisanenkrieg von extremer Gewalt geprägt, vor allem in Wolhynien. In den Wäldern und Sümpfen Wolhyniens operierten drei Partisanenarmeen: sowjetische Partisanen, die Polnische Heimatarmee und die Ukrainische Aufständische Armee (UPA). Auch andere Gruppen versteckten sich in den Wäldern, darunter auch Juden, die vor den Deutschen geflohen waren, Gruppen von Borowez' Männern und einfache Banditen. Angesichts dieser verworrenen Lage konnte jeder Zwischenfall eine lange Kette der Gewalt auslösen. So konnten etwa sowjetische Partisanen in der Nähe ukrainischer Dörfer eine Provokation starten; die Polizei, die hauptsächlich aus Ukrainern bestand, wurde entsandt, um die Dorfbewohner als vermeintliche Provokateure zu bestrafen. Doch die Polizisten weigerten sich dann meistens, auf andere Ukrainer zu schießen, und liefen schließlich zur UPA über. Viele Polizisten hatten schon bei der Vernichtung der Juden mitgewirkt und waren bereit, erneut zu töten. Wenn die ukrainischen Polizisten im Wald verschwanden, wurden sie von den deutschen Behörden durch einheimische Polen ersetzt. Die polnischen Polizisten waren sehr viel eher bereit, sich mit den ukrainischen Bauern zu befassen: Der lange Schatten der polnisch-ukrainischen Feindseligkeiten von 1918 bis 1939 lag noch immer über Wolhynien. Später im Krieg kam noch ein weiterer Faktor hinzu:

Als die Rote Armee von Osten heranrückte und amerikanische Truppen in Süditalien landeten, drängte sich die Frage auf, wer nach dem Krieg die westukrainischen Gebiete besitzen solle – ein wiederhergestelltes Polen oder die Ukraine?

Im Sommer 1943 beschloss die UPA, vollendete Tatsachen zu schaffen, um das Problem zu lösen. In der Nacht auf Sonntag, den 11. Juli 1943, griffen UPA-Einheiten gleichzeitig mehrere Dutzend polnische Dörfer an. Der Kommandant der Aufständischen Armee, Dmytro Kljatschkiwskyj (Deckname Klym Sawur), war einer der Anführer der Strafaktion. Von einem Grabhügel aus beobachtete er den Verlauf des Angriffs und genoss, wie sich ein Nationalist erinnerte, den Anblick der in der ganzen Umgebung brennenden Dörfer. Für Sawur war das ein «Protest gegen alle Eindringlinge und Ausländer, die es auf die Freiheit und das Land der Ukraine abgesehen haben».

Eine der berüchtigsten antipolnischen Aktionen fand im Dorf Poryck (ukr. Pawliwka) statt. Ein Trupp Banderisten drang während der Messe in die katholische Kirche ein. Innerhalb einer halben Stunde ermordeten sie 300 Polen ohne Rücksicht auf Geschlecht oder Alter; danach steckten sie die Kirche in Brand. Nachdem sie die Dorfbevölkerung ausgelöscht hatten, zogen sie weiter ins Nachbardorf und in zwei Weiler. Dort töteten sie weitere 180 Menschen, wieder ohne Rücksicht auf Alter oder Geschlecht, raubten das Vieh, plünderten die Häuser und brannten sie nieder.

Auch die ukrainischen Nachbarn der Polen beteiligten sich an den Überfällen. Das beweist die Tatsache, dass die Opfer nicht nur durch Kugeln umkamen, sondern auch durch Sicheln, Sensen und Äxte. Es ist mitunter sehr schwierig, eine eindeutige Linie zwischen Bauern und Aufständischen zu ziehen. Die UPA war zum großen Teil ein Bauernheer, und ukrainische Aufständische benutzten auch Äxte als Waffen. Als sie beispielsweise in ihren Rängen einen Gestapo-Agenten entdeckten, verurteilte ihn ein UPA-Gericht zur Enthauptung mit einer Axt. Das Urteil wurde dann öffentlich durch einen der Befehlshaber vollstreckt – einer von denen, die zusammen mit Klym Sawur an der Zerstörung der polnischen Dörfer beteiligt gewesen waren.

Die Polnische Heimatarmee ging zu Präventions- und Vergeltungsschlägen über. Das Massaker von Pawłokoma ereignete sich vom 1. bis zum 3. März 1945, nachdem die Kriegsfront bereits nach Westen vorgerückt war. Auslöser war, dass eine bis heute nicht identifizierte Militäreinheit sieben Polen verhaftete und in den Wald führte. In dieser Gegend operierten zu diesem Zeitpunkt keine UPA-Einheiten; Spekulationen zufolge könnte es sich daher auch um eine getarnte NKWD-Einheit gehandelt haben. Wie auch immer, die entführten polnischen Männer verschwanden spurlos. Bei einer Versammlung in einem benachbarten polnischen Dorf beschlossen die Heimatarmee unter Führung von Leutnant Józef Biss sowie Männer aus dem Dorf, Rache an den Ukrainern zu üben und alle über 15 Jahre alten ukrainischen Männer zu töten. Während der Vergeltungsaktion wurde das Mindestalter deutlich abgesenkt, und auch das Geschlecht spielte keine Rolle mehr. Das Dorf wurde umzingelt, während die Dorfbewohner in der Kirche waren. Überlebenden zufolge trennten die Polen die Mädchen unter zehn und die Jungen unter sieben Jahre vom Rest der Dorfbewohner ab und erschossen die meisten anderen auf dem griechisch-katholischen Friedhof neben der Kirche. Mehrere Männer wurden mit Ketten zu Tode geprügelt. Die Angreifer schnitten ein Kreuz auf die Brust des orthodoxen Priesters, wickelten ihn in Stacheldraht, schleiften ihn mit Pferden rund um die Kirche und schlugen ihn mit Ketten. Bevor die Opfer starben, zogen sie ihnen Schuhe und Kleider aus und verteilten sie unter sich. Die überlebenden Frauen und Kinder wurden in den Wald geführt. Die Angreifer befahlen ihnen: «Schwimmt durch den Sbrutsch und kommt nie mehr zurück!»

Sowjetische Partisanen verübten ähnliche Angriffe. Im Jahr 1943 überfielen sie das Dorf Rafałówka Stara (Stara Rafaliwka). Eine Abteilung der Banderisten hatte das Dorf kurzzeitig besetzt und einen kleinen Außenposten zurückgelassen. Am nächsten Morgen griffen die sowjetischen Partisanen an. Die Dorfbewohner versteckten sich, so gut es ging. Ein Mädchen rannte zu einer Scheune, um ihre Kätzchen in Sicherheit zu bringen. Die Sowjets steckten die Scheune in Brand und warfen das Mädchen lebend hinein. Ihre verkohlten Überreste wurden später gefunden. In einem Erdkeller wurde ein Junge gefunden, dessen Bauch mit einem Bajonett aufgeschlitzt worden war. Seine Mutter hatte ihn verstecken wollen. Nachdem man ihn gefunden hatte, trug sie die Leiche im Dorf herum; die Trauer hatte sie wahnsinnig werden lassen. Die Partisanen führten mehrere Männer zu einem Hügel, den die Banderisten zum Gedenken an ihre Toten aufgeschüttet hatten. Dort wurden die Dörfler gezwungen, den ganzen Hügel mit bloßen Händen einzuebnen. Als sie damit fertig waren, wurden sie erschossen. Vom Dorf blieben nur ein paar Bauernkaten übrig.

Man könnte nun meinen, dass die Berichte der Augenzeugen über die Gräueltaten übertrieben seien, aber es gibt auch Erinnerungen der Täter selbst, die beweisen, dass das nicht der Fall ist. Olexandr Dowschenko schrieb auf, was ihm ein Bekannter, der beim NKWD arbeitete, erzählte: «Ich hängte den Nationalisten mit dem Kopf nach unten, zündete unter ihm ein kleines Feuer an und schnitt ihm das Fleisch stückweise ab (...) und die Schlange schrie noch im Sterben immer wieder: ›Ruhm der Ukraine!‹ Ich schlachtete so viele von ihnen ab ...»

Die Beispiele helfen uns, das Wesen extremer Gewalt zu begreifen. Sie wird oft als Terror eines brutalen Regimes gegen eine bestimmte große Gruppe beschrieben: Nazi-Deutschland gegen die Juden oder das Sowjetregime gegen die ukrainischen Bauern. Dieses Bild mag im Allgemeinen zutreffen, vermittelt aber ein zu enges Verständnis. Es gab noch viele weitere Ereignisse von Massenterror, die oftmals miteinander zusammenhingen und sich häufig in einer Welle nach der anderen ereigneten, zwischen denen kurze oder lange Pausen lagen. Die Gewalt bauschte sich auf, bis sie ein extremes Ausmaß erreichte und keine Gruppe mehr verschont blieb. In jeder ethnischen, gesellschaftlichen oder Berufsgruppe gab es sowohl Täter als auch Opfer. Die Grenzen zwischen Militär und Zivilbevölkerung verschwammen. Oftmals nahmen die Morde einen fast intimen Charakter an: Täter und Opfer kannten einander vom Sehen und hatten in Friedenszeiten normale, vielleicht sogar freundschaftliche Beziehungen.

Die hohe Zahl der Opfer in der Ukraine war das Ergebnis einer außergewöhnlichen geopolitischen Instabilität. Große Truppenverbände kämpften um die Oberhoheit, und die Herrschaftsverhältnisse änderten sich ständig. Der Staat verlor sein Monopol für die Anwendung von Gewalt; sie schwappte hinaus auf die Straßen und wurde zur Standardlösung jedes Konflikts. In vielen Perioden des Terrors, so beispielsweise im Jahr 1919, war die Ukraine der perfekte Beweis der alten Maxime, wonach selbst ein schlechter Staat besser ist als überhaupt kein Staat.

Aber auch diese Maxime trifft nur zum Teil zu. Es war nicht nur der Kollaps des Staates, der die ungezügelte, extreme Gewalt freisetzte. Sie war vielmehr der Tatsache zuzuschreiben, dass auf dem Gebiet der Ukraine ein neuer Staatstypus entstanden war: der sogenannte «Spoiler State» – das heißt, ein Staat, der weit über das staatliche Gewaltmonopol hinausgeht: Gewalt wird vielmehr zum Wesensmerkmal des Staates, der ohne sie nicht bestehen kann.

Sowohl die UdSSR als auch Nazi-Deutschland waren solche Staaten. Der Staatstypus trat ungefähr gleichzeitig mit dem Aufkommen moderner Technologien in Erscheinung, vor allem Technologien der Gewalt. Der russische Exilphilosoph und Publizist Alexander Herzen prognostizierte, das Symbol des zukünftigen Russland könne ein «Dschingis Khan mit Telegraph» sein, und Bucharin soll Stalin als «Dschingis Khan mit Telefon» bezeichnet haben. Dieser Linie folgend, könnte man Hitler als «Dschingis Khan mit Gaskammern» bezeichnen: Hitlers Konzentrationslager wurden zu modernen Tötungsfabriken, deren Schornsteine denen normaler Fabrikanlagen glichen.

Natürlich ist die moderne Technologie nicht allein schuld an der extremen Ausprägung des Terrors. Die Schlüsselrolle spielte die Tatsache, dass sowohl das bolschewistische als auch das Nazi-Regime revolutionäre Regime mit globalen Ambitionen waren.

Das bolschewistische Regime bekannte sich zum Ziel einer Weltrevolution, während Hitlers Missionsziel eine nationalsozialistische Revolution war. Erstere sollte zu einer Weltherrschaft des Proletariats führen, Letztere zur globalen Dominanz der arischen Rasse. Revolutionen sind Perioden des «schönen Wahns» – die Illusion, dass eine «schöne neue Welt» gleich hinter der nächsten Ecke wartet. So bleibt nichts anderes mehr zu tun, als die letzten Hindernisse auf dem Weg zum Sieg zu zerstören: Grundherren, Kulaken, Juden und so weiter.

Die Initiatoren des Massenterrors wähnten die Wahrheit und die Logik der Geschichte auf ihrer Seite und rechtfertigten so die Hekatombe an Menschenleben als eine historische Notwendigkeit.

Die Regime der Sowjets und der Nazis waren nicht die einzigen, die tausendjährige Visionen hegten. Die Bauern sahen sowohl im Ersten Weltkrieg als auch in der Revolution von 1917 die Vorzeichen der Apokalypse. Das erklärt auch, warum sie so bereitwillig das Urteil des «Jüngsten Gerichts» über ihre Unterdrücker vollstreckten und sich für die Ungerechtigkeiten rächten, die ihnen 1917–1919 angetan worden waren. In ähnlicher Weise pflegten auch die Banderisten mit ihrer «permanenten Revolution» eine tausendjährige Vision: ein unabhängiger ukrainischer Staat, der sich aus den ukrainischen Opfern und den Leichen ihrer Feinde erheben würde.

In jüngeren russischen und polnischen Darstellungen wird der ukrainische Nationalismus im Allgemeinen samt der Bandera-Bewegung im Besonderen als größte und gewalttätigste Kraft dieser Periode porträtiert. Doch das trifft nicht zu. Der Terror wurde nicht von den Banderisten entfesselt. Wie die ukrainische Dichterin Marianna Kijanowska so treffend ausführte, wäre Bandera ein gewöhnlicher, unbedeutender Agrar-Ökonom geblieben, hätte es keinen Piłsudski gegeben. Außerdem steht die Zahl der Todesopfer, die Bandera zur Last gelegt wird, in keinem Verhältnis zum Ausmaß des bolschewistischen und des Nazi-Terrors.

Das lange 19. Jahrhundert in der Ukraine wird mitunter als «Labor der Moderne» bezeichnet. Die Erfahrung der Periode 1914–1945 ermöglicht es uns, diese Metapher in einem anderen Sinne zu verwenden: Die Geschichte der Ukraine gibt uns die Gelegenheit, Gewalt als Aspekt der Moderne mit forensischer Präzision zu studieren. Der Gedanke einer Verbindung zwischen der Moderne und der Gewalt ist keineswegs neu. Der Sozialwissenschaftler Zygmunt Bauman untersuchte die Verbindung in Relation zum Holocaust, der größten Tragödie der modernen Geschichte. Die Geschichte der Ukraine bietet uns die Gelegenheit, diese Verbindung im Kontext einer ganzen Region und über drei Jahrzehnte hinweg zu betrachten.

Seltsamerweise haben bislang nur wenige Menschen die ukrainische Geschichte von dieser Warte aus betrachtet und daraus die entsprechenden Folgerungen gezogen. Dafür lassen sich mehrere mögliche Gründe anführen. Erstens versucht jede Gesellschaft, ihre Erfahrung zu normalisieren. Sozialpsychologen erklären dies damit, dass die meisten Menschen selbst während der Phasen eines tiefgreifenden, umfassenden Wandels versuchen, ihr normales Leben weiterzuführen: Sie suchen einen Arbeitsplatz, verlieben sich, ziehen Kinder groß ... Hinzu kommt, dass Menschen, die schwere Traumata durchleben mussten, oft nicht mehr darüber sprechen wollen, um zu vermeiden, dass sie die traumatische Erfahrung noch einmal durchleben müssen, oder weil sie ihre Kinder und Enkel schützen wollen.

Zweitens spielte die sowjetische Politik der kollektiven Amnesie nach dem Krieg eine wichtige und sogar entscheidende Rolle. Spezifisch in der Ukraine scheint die Politik auf die Spitze getrieben worden zu sein (mehr dazu später). Die Situation änderte sich, als der Kommunismus zusammenbrach. Doch hier kommen nun die selektive nationale Erinnerung und der Wunsch nach einer «bequemen Vergangenheit» ins Spiel. Alle Länder, die aus den Trümmern des kommunistischen Imperiums hervorgegangen sind, reden viel lieber über *ihre Opfer* als über *ihre Täter*. Im heutigen Russland gilt die negative Darstellung der russischen Geschichte als Verbrechen. Die Ukraine bezeichnet den Holodomor als einen der größten Völkermorde der Weltgeschichte und macht ihn zum Kern ihrer Erinnerungspolitik, bringt jedoch nicht den Mut auf, offen über die Beteiligung von Ukrainern am Holocaust und an den Massakern in Wolhynien zu sprechen. Die frühere nationalistisch-populistische polnische Regierung interpretierte das Wolhynien-Massaker als Genozid an den Polen, weigerte sich jedoch, über die Beteiligung der Polen an der Vernichtung der Juden und Ukrainer zu diskutieren. Die Juden wiederum wollen nicht zugeben, dass es jüdische NKWD-Agenten gab, und ziehen es vor, sie als Kommunisten und nicht als Juden zu betrachten.

Eine Alternative zu dieser egoistischen Moral bestünde laut Albert Camus darin, dass wir uns bemühen sollten, «nicht auf der Seite der Henker zu stehen». Vielmehr müsse unsere Solidarität den Opfern gelten. Diese Haltung ist nicht nur moralisch ehrlich, sondern entspricht auch genau der Geschichte: Das ukrainische Volk besteht nicht nur aus Helden. Tatsächlich waren sowohl die Henker als auch die Helden immer in der Minderheit. Die Ukrainer waren eher Opfer. Obwohl sie, in absoluten Zahlen gemessen, die meisten Opfer zu beklagen hatten, mussten alle Volksgruppen, die in diesen Gebieten lebten, extreme Gewaltexzesse erdulden, ob sie nun Ukrainer, Juden, Krimtataren oder irgendeine andere der vielen Volksgruppen waren.

Natürlich kann sich eine Nation nicht ausschließlich auf ihrer Opferrolle gründen. Aber es kommt auch keine Nation ohne einen Heldenmythos aus, vor allem nicht in Zeiten größter Umwälzungen oder wenn sie sich gegen einen externen Aggressor zur Wehr setzen muss. Genau das ist die Situation der heutigen Ukraine. Sie ist dramatisch, aber nicht hoffnungslos. Um eine neue ukrainische Nation aufzubauen, benötigen wir nicht nur Helden, die bereit sind, ihr Leben für ihre Ideale zu opfern. Wir brauchen auch Helden, die einfach nur menschlichen Anstand bewahren und bereit sind, ihr Leben zum Wohle anderer einzusetzen. Für diese Art Heldentum gibt es viele Beispiele. In Berichten über die Gefangenen in Hitlers oder Stalins Lagern stoßen wir fast immer auf ehemalige Insassen, die ihr Überleben einem Helfer zu verdanken hatten.

Diese Art von Heroismus verkörperte der griechisch-katholische Priester Omeljan Kowtsch. Kowtsch wurde 1884 im damals österreichischen Galizien geboren und lebte in seinen 60 Lebensjahren unter fünf verschiedenen Regimen. Während der Revolution diente er als Seelsorger in der ukrainisch-galizischen Armee. Als er zusammen mit anderen Gefangenen zur Hinrichtung gefahren wurde, rettete ihn ein Soldat der russischen Roten Armee, der ihn aus dem Zug aussteigen ließ, wobei er ihm sagte: «Vergessen Sie nicht, für Luka zu beten.» Im Polen der Zwischenkriegszeit setzte sich Kowtsch für die Rechte der Ukrainer ein und könnte auch Mitglied der OUN gewesen sein. Im Zeitraum 1939–1941, unter sowjetischer Herrschaft, unterstützte er die Familien polnischer, nach Sibirien deportierter Offiziere. Während der deutschen Besatzungszeit rettete er viele Juden und kam dafür ins Konzentrationslager Majdanek, wo er starb. Als ein Verwandter versuchte, seine Freilassung zu erwirken, schrieb er in einem Brief:

> Ich weiß, dass du versuchst, mich zu befreien. Aber ich bitte dich, nichts mehr zu tun … Außer dem Himmel ist hier der einzige Ort, an dem ich sein möchte. Hier sind wir alle gleich: Polen, Juden, Ukrainer, Russen, Litauer und Esten. Ich bin der einzige Priester unter ihnen. Ich kann mir nicht einmal vorstellen, was sie ohne mich tun würden … Sie alle beten, wenn ich die Liturgie feiere. Sie beten in verschiedenen Sprachen, aber versteht der Herr nicht jede Sprache? Sie sterben auf unterschiedliche Weise, und ich helfe ihnen, über diese Brücke zu gehen.

Der derzeitige russisch-ukrainische Krieg verlangt der Ukraine größte Opfer ab, aber er wird auch viele Helden hervorbringen, einschließlich – oder vor allem – Menschen, die sich für andere opfern. Die meisten von ihnen werden wahrscheinlich noch nie von Omeljan Kowtsch gehört haben. Aber ich hoffe, dass nach dem Krieg Menschen wie dieser griechisch-katholische Priester den höchsten Platz im Pantheon der ukrainischen Helden einnehmen werden.

KAPITEL 6

Nachkriegs-Ukraine

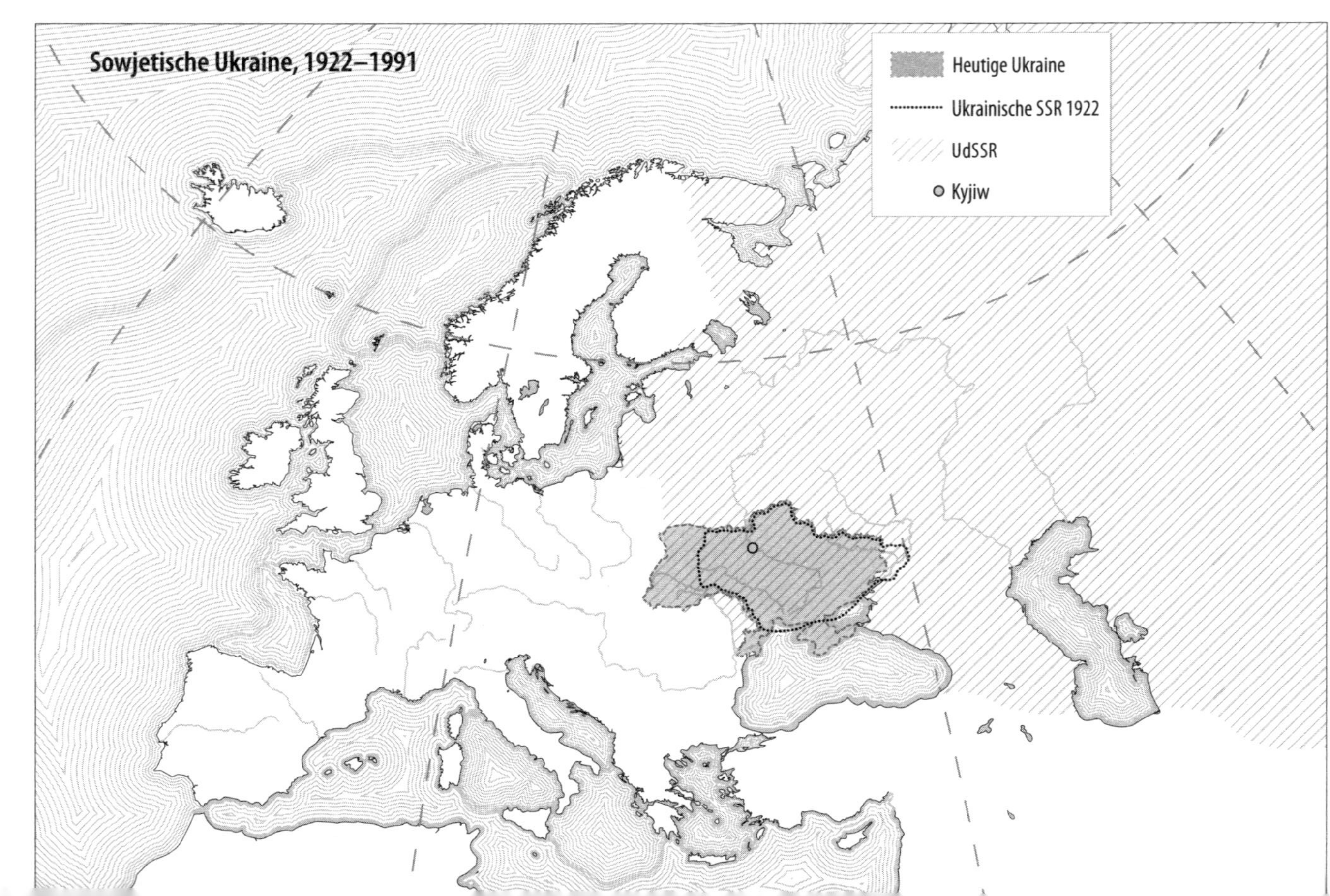
Sowjetische Ukraine, 1922–1991
Heutige Ukraine
Ukrainische SSR 1922
UdSSR
Kyjiw

Ein Land ohne Vergangenheit

Das Schicksal der Verbrecher, die für ihre Gewalttaten 1914–1945 «berühmt» wurden – also was aus ihnen persönlich wurde oder aus der Erinnerung an sie nach dem Krieg –, sagt Wichtiges über die sowjetische Ukraine nach 1945 aus. Beginnen wir mit denen, die an den drei größten Pogromen der revolutionären Phase beteiligt waren: den Pogromen von Kyjiw und Lwiw 1918 und dem Pogrom in Proskuriw 1919.

Michail Murawjow, der Organisator des Massenterrors in Kyjiw im Februar 1918, wurde von den Bolschewiki wenige Monate später erschossen – nicht wegen des Pogroms, sondern wegen seiner Beteiligung an einem antibolschewistischen Putsch im Juli 1918.

Iwan Semessenko, der militärische Befehlshaber bei dem Pogrom von Proskuriw, wurde eben dort wegen seiner Syphilis behandelt. Laut einer jüdischen Legende erschien ihm eines Nachts der Geist eines lokalen Rabbi und befahl ihm, die Stadt sofort zu verlassen. Die Regierung der Ukrainischen Volksrepublik untersuchte Semessenkos Fall und verurteilte ihn zum Tod. Dieses Urteil wurde nicht vollstreckt, weil Kamjanez-Podilskyi, der Sitz der ukrainischen Regierung, von der Armee Denikins angegriffen wurde. Das Gericht floh, und Semessenko kam frei. Wie sich herausstellte, wurde er dennoch hingerichtet, aber erst ein Jahr später im Frühjahr 1920 während des Marsches polnisch-ukrainischer Truppen auf Kyjiw. Laut einer Version wurde er wegen des Pogroms hingerichtet, laut einer anderen, weil er sich gegen Petljura aufgelehnt hatte. Im Grunde decken sich die beiden Versionen, wenn man bedenkt, dass Semessenko Petljura scharf dafür kritisierte, dass er «versuchte, sowohl den Sozialisten als auch den

Rechten zu gefallen, den Bauern und den Grundbesitzern, den Juden und Europa». Allerdings hatte er unter den Anhängern Petljuras einige Bewunderer. Ein Veteran des ukrainischen Befreiungskampfes schrieb in seinen Memoiren voller Bedauern über Semessenko: «Unter anderen revolutionären Umständen hätte die Ukraine in der Figur dieses eisernen Diktators ihren eigenen Mussolini gehabt.»

Czesław Monczynski, der für das Pogrom an den Lwiwer Juden im November 1918 verantwortlich war, hatte mehr Glück. Er bekleidete im Zwischenkriegspolen hohe militärische Posten und wurde sogar Parlamentarier. Nach seiner Pensionierung verbrachte er den Rest seines Lebens auf einem Gut in der Region Ternopil. Im Jahr 1935 wurde er mit militärischen Ehren auf dem Friedhof der Verteidiger von Lwiw beigesetzt, für dessen Gründung er selbst eingetreten war und der die Größe und Unbesiegbarkeit des polnischen Kampfgeistes demonstrieren sollte.

Diese drei großen Pogrome und ihre Hauptakteure wurden in der sowjetischen Nachkriegs-Ukraine mit keinem Wort erwähnt. Es interessierten nur die revolutionären Ereignisse, die die heroische Version des Sieges der Bolschewiki bestätigten. Zu den Schöpfern des bolschewistischen Mythos zählte Pawel Bljachin, der Mann, der Anfang der 1920er Jahre gefordert hatte, alle Bauern der Region Odessa zu erschießen. Nach der Revolution wurde er Schriftsteller und schrieb eine Abenteuergeschichte mit dem Titel *Krasnyje Djawoljata* (Rote Teufelchen). Einer der ersten sowjetischen Abenteuerfilme von 1923 basierte auf dieser Story. Das Schicksal meinte es gut mit Bljachin. Er zählte zu den Altbolschewiki, und die wenigsten seiner Sorte starben eines natürlichen Todes – die meisten wurden in den 1930er Jahren erschossen, inhaftiert oder in die Verbannung geschickt. Er hatte im Sommer 1941 noch einmal Glück, als er an die Front geschickt wurde und seine Division während der Verteidigung Moskaus im Herbst fast völlig aufgerieben wurde: Er überlebte. Nach dem Krieg wurde er Mitglied des Schriftstellerverbands und starb 1961 eines natürlichen Todes. Nach seinem Tod wurden drei Filme im Stil einer sowjetischen Westernkomödie auf der Grundlage seines Romans gedreht: *Die geheimnisvollen Rächer* (1966), *Neue Abenteuer der geheimnis-*

vollen Rächer (1968) und *Die Krone des Russischen Reiches oder Rückkehr der Geheimnisvollen* (1971). Die Haupthandlung erzählt die Geschichte junger Kommunisten, die heldenhaft gegen Petljura-Banditen und grausame Weiße Garden kämpfen. Alle drei Filme waren in der UdSSR sehr beliebt und wurden später in der unabhängigen Ukraine im Fernsehen gezeigt.

Nikolaj Jeschow wiederum wurde in der nächsten Welle von Stalins Terror erschossen. Zu seinen Ermittlungsunterlagen zählte die Denunziation eines NKWD-Agenten, der Jeschows Bemerkung, der Ukrainische NKWD sei eher aus «Birobidschan», meldete. Dieser Agent wurde später ebenfalls erschossen.

Im April 1941 wurde Samuil Abramowytsch, der Direktor des Gefängnisses Uman, zu sechs Jahren Gefängnishaft verurteilt. 1943 wurde er vorzeitig entlassen und in den Krieg geschickt. Allerdings kam er nicht an die Front, sondern an einen sichereren Ort als Fahrer. Nach dem Krieg wurden ihm der Orden des Roten Sterns und die Medaille für Verdienste im Kampf verliehen. Zwei Mitglieder der Uman-Gruppe, die zu kürzeren Haftstrafen verurteilt worden waren, wurden ebenfalls wegen des Krieges vorzeitig entlassen. Beide «kämpften» auf ihrem Spezialgebiet: im NKWD. Einer stieg sogar bis zum Posten des Vizedirektors der Ersten Belarussischen Front von SMERSCH (Kürzel für *Smert schpionam*, «Tod den Spionen») auf, der Abteilung für Spionageabwehr.

Lasar Kaganowitsch, einer der Hauptorganisatoren des Holodomor, erreichte das hohe Alter von 98 Jahren und starb im Sommer 1991 in Moskau. Den Zusammenbruch der UdSSR verpasste er nur um wenige Monate. Im Jahr 1997 wurden seine Memoiren, die er im Ruhestand geschrieben hatte, veröffentlicht. Nicht nur versäumt er es, auch nur ein Wort der Reue zu äußern, er erwähnt die ukrainische Hungersnot nicht einmal. Schon zu Stalins Lebzeiten wurde Kaganowitsch viermal mit dem Lenin-Orden geehrt und erhielt etliche andere Auszeichnungen. Viele Orte und Einrichtungen wurden nach ihm benannt, auch Städte in Sowjetrussland und in der sowjetischen Ukraine, die Moskauer Metro und mehrere höhere Bildungseinrichtungen. Als er nach Stalins Tod den Machtkampf verlor, ließ Chruschtschow seinen Namen von öffentlichen Einrichtungen entfernen, und im Jahr 1957 wurde er aus der Regierung ausgeschlossen. Die Erinnerung an Kaganowitsch wurde nach dem Fall der UdSSR unerwartet rehabilitiert. Man benannte ein Dorf in Russland nach ihm, und im Jahr 2018 wurde in Jekaterinburg ein Denkmal errichtet, das Kaganowitsch zusammen mit Felix Dserschinskij zeigt. Außerdem gibt es auf der Krim ein Dorf namens Lasariwka. Im Jahr 2016 beschloss das ukrainische Parlament, ihm wieder seinen krimtatarischen Namen zurückzugeben. Diese Entscheidung wird umgesetzt werden, sobald die Krim wieder zur Ukraine gehört.

Wie Kaganowitsch erreichte auch Erich Koch, der Haupthenker der Nazis in der Ukraine, ein hohes Alter. Nach dem Krieg versteckte er sich in der britischen Besatzungszone und bezog sogar Arbeitslosenhilfe, bis er sich, durch eigene Dummheit, versehentlich selbst entlarvte. Er wurde verhaftet und den sowjetischen Behörden übergeben, die ihn anschließend an das kommunistische Polen auslieferten. Dort wurde er nicht wegen der Verbrechen in der Ukraine verurteilt, sondern wegen des Todes von 400 000 Polen, die während seiner Amtszeit als Gauleiter von Westpreußen umkamen (1939–1941). Die Ermittlung dauerte beinahe zehn Jahre. Während der Verhöre behauptete Koch, er habe sich gegen die Pläne Rosenbergs ausgesprochen, einen ukrainischen Staat zu bilden. Im Jahr 1959 wurde er schließlich zum Tod verurteilt. Doch das Urteil wurde nicht vollstreckt. Laut einem Erklärungsversuch wurde er nicht hingerichtet, weil er unheilbar krank war; laut einem anderen war er ein Geheimagent Stalins. Aus dem polnischen antikommunistischen Widerstand hieß es, Koch führte im Gefängnis ein angenehmes Leben, mit Zugang zum Fernsehen und zu Tageszeitungen. Er starb im Jahr 1986 im Alter von 90 Jahren. In einem Interview mit einem westdeutschen Journalisten nicht lange vor seinem Tod erklärte Koch, er bedaure nichts und empfinde nicht das Bedürfnis, irgendetwas zu bereuen.

Einer der Initiatoren der Massaker in Wolhynien, Klym Sawur (Dmytro Kljatschkiwskyj), starb am 12. Februar 1945 in einem Kampf gegen den sowjetischen NKWD im Alter von 34 Jahren. Die Führung der Ukrainischen Volksarmee verlieh ihm posthum den Verdienstorden des Eisernen Kreuzes und das Eiserne Kreuz militärischer Verdienste, Erster Klasse. In der unabhängigen Ukraine sind Straßen in Luzk, Ternopil und Riwne nach ihm benannt, und zwei Denkmäler wurden für ihn errichtet: eins in seiner Heimatstadt Sbarasch und eins in Riwne. Aus einer aktuellen Studie geht hervor, dass Leute in Riwne, die täglich an diesem Denkmal vorbeigehen, nur eine vage Vorstellung davon haben, wer Klym Sawur war.

Józef Biss, der Kommandeur der Einheit der polnischen Heimatarmee, die das Massaker in Pawłokoma beging, wurde unmittelbar nach dem Krieg von den polnischen Behörden verhaftet. Der Mord an den Ukrainern war anfangs Teil der Anklage, doch später wurden diese Punkte fallengelassen. Er wurde lediglich wegen der Beteiligung am antikommunistischen bewaffneten Untergrund zu acht Jahren Gefängnis verurteilt und büßte nur die Hälfte seiner Strafe ab. Biss wurde nach der Entlassung mehrere Male verhaftet. Einmal wurde ihm sogar der Eintritt in die Polnische Kommunistische Partei angeboten, er lehnte aber ab, weil er sich für einen «Ehrenmann» hielt. Biss starb 1977 eines natürlichen Todes, und im Jahr 1992 widerrief ein polnisches Gericht posthum alle Anklagen gegen ihn und ordnete die Zahlung einer Entschädigung an seine Familie an.

Die Identität des NKWD-Offiziers, der im Tagebuch des Drehbuchautors und Regisseurs Olexandr Dowschenko beschrieben wird, ist nicht genau bekannt – des Mannes, der einen Anhänger Banderas über einem kleinen Feuer röstete und ihm die Haut abzog. In Lwiw hörte ich, dass Dowschenko Anton Oducha meinte, der vor dem Krieg mehrere Male als NKWD-Agent gearbeitet hatte, ein Elektroingenieur und Schullehrer. Im Krieg befehligte er eine Partisaneneinheit und wurde mit dem Titel «Held der Sowjetunion» geehrt (1944). Nach dem Krieg wurde Oducha zum Direktor der Wissenschaftlichen Wassyl-Stefanyk-Bibliothek in Lwiw ernannt, der zweitgrößten akademischen Bibliothek in der Ukraine. Diesen Posten behielt er zehn Jahre lang, danach wurde ihm der Sonderstatus eines «politischen Pensionärs» gewährt. Selbst wenn Oducha nicht jener NKWD-Offizier war, so wurden ihm doch andere «Großtaten» zugeschrieben. Dorfbewohner vom Rand der Region Chmelnyzkyj, wo seine Guerilla-Truppe operierte, erinnern sich, dass er für Plünderungen, Vergewaltigungen und den Mord an Alten und Kindern die Verantwortung trug. Unmittelbar nach seinem Tod im Jahr 1967 wurde ihm in Slawuta ein Denkmal errichtet. Laut Wikipedia wurde es im Februar 2022 zerstört.

Was diese «Helden» miteinander gemein haben, ist die Tatsache, dass kein einziger wegen der Verbrechen, die sie in der Ukraine begangen hatten, zur Rechenschaft gezogen wurde. Die wenigen, die überhaupt vor Gericht kamen, wurden in der Regel für ihre Verbindungen zum deutschen Besatzungsregime oder zum ukrainischen nationalistischen Untergrund verurteilt. Die beiden Gruppen wurden häufig in einen Topf geworfen, um den Eindruck zu erwecken, alle ukrainische Nationalisten seien Nazi-Kollaborateure gewesen. Bei Soldaten der Ukrainischen Volksarmee kannte man keine Gnade. Sie wurden zu Höchststrafen von bis zu 25 Jahren oder zum Tod verurteilt. Die letzte Hinrichtung eines Mitglieds wurde im Sommer 1989 vollstreckt.

Der KGB organisierte auch die Ermordung der Führer der nationalen Bewegung Lew Rebet im Jahr 1957 und Stepan Bandera 1959. Sie wurden heimlich im Exil ermordet, genau wie Jewhen Konowalez 1938 in Rotterdam und höchstwahrscheinlich Symon Petljura 1926. Die systematische Vorgehensweise, mit der die sowjetischen Geheimdienste die Führer des ukrainischen Nationalismus töteten, lässt darauf schließen, dass der Kreml die Bewegung sehr ernst nahm, auch wenn er in der Öffentlichkeit als unbedeutende Kraft dargestellt wurde, die keinen Rückhalt in der Bevölkerung habe und sich lediglich dank dem Westen halte: dank dem deutschen Generalstab während der Revolution und des Ersten Weltkrieges, den Nazis im Zweiten Weltkrieg und dank den amerikanischen und westdeutschen Regierungen in den Nachkriegsjahren.

Die ganze Schuld an den Massenrepressionen wurde später Stalin persönlich zugeschoben, wie in Chruschtschows berühmter Rede von 1956 «Über den Personenkult und seine Folgen» auf dem 20. Parteitag. Chruschtschow hatte selbst Blut an den Händen, genau wie jeder andere im engeren Kreis um Stalin, aber er gab es nie zu. Die «Geheimrede», wie man sie nannte, wurde in der UdSSR erst 1989 veröffentlicht. Von 1956 bis 1989 ließ sich die sowjetische Hauptargumentationslinie auf die Formel reduzieren: «Lenin gut, Stalin böse.» Repressionen der Stalin-Ära wurden als Abweichung in der sowjetischen Regierungsarbeit ausgegeben. In Wahrheit begann der Terror nicht unter Stalin, sondern unter Lenin. Zudem war er keine Verzerrung, sondern die eigentliche Essenz der kommunistischen Macht. Erst gegen Ende der Perestroika unter Gorbatschow begannen Leute, offen diese Tatsache auszusprechen. Und auch dann war es nicht die Regierung, sondern die antikommunistische Opposition, die die Diskussion anstieß. Die Regierung selbst zog es vor, Stalin überhaupt nicht zu erwähnen, abgesehen von gelegentlichen Versuchen, ihn angesichts seiner angeblichen Leistungen, wie dem Aufbau des Sozialismus, dem Sieg im Krieg und der Verwandlung der UdSSR in eine Supermacht, zu rehabilitieren.

Die Sowjetunion hatte eins mit der Welt von Harry Potter gemeinsam: Es gab Namen, die auf keinen Fall genannt werden durften. Die Juden, die im Holocaust umkamen, durften nicht Juden, sondern nur «sowjetische Bürger» genannt werden. Das Gleiche galt für den «bürgerlichen, ukrainischen Nationalismus»: Er existierte zwar, aber ohne die Namen Hruschewskyj, Petljura und Bandera. Schon die Nennung dieser Namen galt als verschleierte Propaganda für den ukrainischen Nationalismus. Nach Stalins Tod schaltete Chruschtschow seine Rivalen in dem darauffolgenden Machtkampf aus und wurde der Erste Sekretär des Zentralkomitees der KPdSU. Er hielt sich auf dem Posten, bis er 1964 von Breschnew abgesetzt wurde, wonach auch Chruschtschow nicht mehr namentlich genannt werden durfte. Es gab ein ungeschriebenes Gesetz: Sobald der Glanz eines hohen Parteiführers verblasste, durfte sein Name nie wieder laut ausgesprochen werden (ein sowjetischer Führer war immer ein Mann, nie eine Frau!). Es gab keine offizielle Anweisung, wer oder was vergessen werden musste. Bewusste Sowjetbürger mussten das selbst spüren.

Beim historischen Gedächtnis geht es nicht nur um das, was eine Gesellschaft in Erinnerung behält, sondern auch um das, was besser vergessen wird. Die Linie des kollektiven Vergessens ist für eine Gesellschaft, die einen radikalen Wandel durchläuft, besonders wichtig: Amnesie erleichtert einen reibungslosen Übergang. Das war der Fall in Westdeutschland nach dem Sturz Hitlers, in Spanien nach dem Tod des Diktators Franco und sogar in Israel nach der Gründung als junger Nachkriegsstaat. In allen diesen Fällen galt die Linie des Vergessens jedoch nur partiell und hatte lediglich ein oder zwei Jahrzehnte lang Bestand. Danach, als der Umbruch vorüber war, wurden Diskussionen über die Vergangenheit von Neuem entfacht. Die Politik des Kremls unter Chruschtschow und in den ersten Jahren Breschnews kann man auch als Bemühungen werten, das sowjetische System neu zu starten. Doch diese Bemühungen brachen Ende der 1960er Jahre ab. Anstelle von Reformen hatte Stabilität oberste Priorität. Deshalb hielt sich die Linie der kollektiven Amnesie in der Sowjetunion fast bis zu deren Zerfall.

Das traf auf jede einzelne Sowjetrepublik zu, aber allem Anschein nach äußerte sich diese Linie in der Ukraine in einer Extremform. Nicht nur musste die sowjetische Repression vergessen werden – alles, was auf irgendwelche Unterschiede zwischen der ukrainischen und der russischen Geschichte schließen ließ, musste ebenfalls verdrängt werden. Dieser Bann erstreckte sich auf so gut wie jeden Kosaken-Hetman, mit Ausnahme Chmelnyzkyjs. Schewtschenkos Werke wurden zwar nicht offiziell verboten, aber seine antirussischen Gedichte wurden nicht öffentlich gelesen, das nicht genehmigte Ablegen von Blumen an seinem Denkmal wurde mit antisowjetischer Tätigkeit gleichgesetzt, und Forschungsarbeiten zur Kyrill-und-Method-Bruderschaft, die in den 1960ern erscheinen sollten, landeten jahrzehntelang in der Schublade, bis sie 1990 endlich veröffentlicht wurden. Man könnte einen ganzen Band mit den Werken Iwan Frankos füllen, die von den Sowjets zensiert wurden. Die Werke der russischen vorrevolutionären Historiker Solowjow und Kljutschewskij wurden in der Nachkriegs-UdSSR millionenfach aufgelegt, während die Werke des ukrainischen Historikers Hruschewskyj verboten waren – trotz der Tatsache, dass er am Ende seines Lebens ein sowjetisches Akademiemitglied war.

Der Zweite Weltkrieg war das zentrale Ereignis der offiziellen Erinnerungspolitik. In der Sowjetunion hieß er der «Große Vaterländische Krieg» und war um zwei Jahre verkürzt: Der Krieg begann mit dem «verräterischen Überfall Nazi-Deutschlands» am 22. Juni 1941, als hätte der Hitler-Stalin-Pakt nicht erst grünes Licht zu diesem Krieg gegeben und als wäre die Rote Armee nicht seit September 1939 im Krieg gewesen. Die Erinnerung an den Krieg verdrängte die Erinnerung an die Revolution. Das ist kein Wunder: Während die Revolution und der anschließende Bürgerkrieg die Bevölkerung in mehrere feindliche Lager spaltete, galt der Große Vaterländische Krieg als Symbol der Einheit der Sowjetbürger im Kampf gegen einen gemeinsamen Feind. Anders gesagt, er eignete sich ideal, um das Bild einer geschlossenen und homogenen Gesellschaft zu zeichnen.

Dieses Modell der Erinnerung dominierte seit den ersten Jahren unter Breschnew. Im Jahr 1965 wurde der 9. Mai, der Tag an dem die Deutschen vor der Roten Armee kapitulierten, zum staatlichen Feiertag erklärt (unter Stalin und Chruschtschow war er noch ein gewöhnlicher Arbeitstag). Auch wenn der Personenkult 1956 offiziell verurteilt wurde, ließ man in Wahrheit die Kulte um Chruschtschow und Breschnew entstehen. Ein Beispiel ist die Geschichte der Verteidigung von Malaja Semlja, eines kleinen Vorpostens im Zweiten Weltkrieg, die in Breschnews amtlicher Biographie zu einem großen Ereignis aufgebläht wurde und über die er auch selbst ein Buch schrieb. Unter Breschnew kursierte ein Witz: «Was ist der Große Vaterländische Krieg? Eine lokale Episode in der Schlacht um Malaja Semlja.»

Die Realität an der Front wurde diesem Erinnerungsmodell geopfert: Breschnew «kämpfte» als Parteifunktionär niemals auch nur in der Nähe der Frontlinie. Nikolaj Nikulin, ein Offizier der vordersten Front, schrieb:

> Memoiren werden von Menschen geschrieben, die sich irgendwo in der Nähe des Krieges befanden: in der zweiten Reihe, im Hauptquartier … Sie werden überleben, nach Hause zurückkehren und irgendwann den Kern der Veteranenverbände bilden. Sie werden dick werden, die Haare verlieren, ihre Brust mit ausgezeichneten Medaillen und Orden bedecken und erzählen, wie heldenhaft sie gekämpft, wie sie Hitler besiegt haben. Und sie werden es selbst glauben! Damit werden sie die Erinnerung an jene begraben, die

fielen ... Sie werden den Krieg, von dem sie in Wahrheit so wenig wissen, mit einem romantischen Heiligenschein schildern. Wie gut alles doch war, wie wundervoll! Was für Helden wir sind! Und die Tatsache, dass Krieg der Horror ist, Tod, Hunger und die absolute Hölle, wird in den Hintergrund treten. Und diejenigen, die wirklich an der Front waren, von denen nur eineinhalb Menschen noch übrig sind und selbst diese sind stumpfsinnig und zerstört, sie werden schweigen.

Ein weiteres Opfer dieser Erinnerung ist der Preis, den die Ukraine für den Sieg zahlte. Olexandr Dowschenko schrieb in sein Tagebuch:

> Die Ukraine verlor im Krieg 13 Millionen Menschen. Selbst diese Zahl ist vermutlich zu niedrig. ... Folglich verlor die Große Witwe 40 Prozent ihrer Bevölkerung, die getötet, verbrannt, gefoltert, verbannt und in fremde Länder vertrieben wurden, um bis in alle Ewigkeiten umherzuziehen. ... Kein einziger hat mir jemals unter Tränen oder auch nur voller Trauer von diesen historischen Gräueln erzählt. Nein. Entweder schweigen sie oder sie vermeiden es, darüber zu reden, sind gleichgültig oder lächeln auf eine Weise, dass kein Mensch sagen kann, sie seien beunruhigt, denn das wäre politisch riskant.

Über gewisse Akte der Massengewalt gegen Zivilisten musste der Mantel des Schweigens gebreitet werden. In der Sowjetunion war es nicht nur unmöglich, über den Holodomor zu sprechen, auch der Holocaust und das Massaker von Wolhynien waren tabu. Das Schweigen um den Holocaust in der Nachkriegs-Ukraine erreichte ein extremes Ausmaß. In der Estnischen Sozialistischen Sowjetrepublik hingegen wurde der Holocaust sogar in amtlichen Schulbüchern diskutiert. In Litauen wurde die Geschichte zwar erzählt, aber ein wenig geschönt. Unterdessen wurde in der 1977–1979 veröffentlichten amtlichen Geschichte der Ukrainischen SSR der Holocaust mit keinem Wort erwähnt, geschweige denn die Existenz von Juden. Folglich wurden die Opfer der Massengewalt zweimal getötet: einmal physisch und dann noch einmal, indem die Erinnerung an sie ausgelöscht wurde.

Die Existenz einer Nation hängt von ihrer Erinnerung ab. Nimmt man ihr die Erinnerung, so verliert sie die Fähigkeit, unabhängig zu handeln. Zuerst vergisst die Nation sich selbst, und dann beginnt die Welt, sie zu vergessen. Genau das geschah in der Nachkriegs-Ukraine. Sie besaß immer noch die formalen Merkmale eines Nationalstaates, aber ihr wurde jede Erinnerung an sich als Nation geraubt.

Die UdSSR bestand aus 15 Sowjetrepubliken, aber es durfte nur eine Nation geben: «eine neue historische Gemeinschaft: das Sowjetvolk». Seine Hauptmerkmale waren die gemeinsame sozialistische Heimat, gemeinsame sozialistische Wirtschaft, gemeinsame sozialistische Kultur und das gemeinsame Ziel des Aufbaus des Kommunismus. Der Kreml hatte schon vor dem Krieg über die Gründung dieser Gemeinschaft gesprochen. Auf dem 22. Parteitag (1961) verkündete Chruschtschow, dass die sozialistische Gesellschaft verwirklicht worden sei. Der Unterschied zwischen dem «Sowjetvolk» vor und nach dem Krieg zeigte sich am Status der Ukrainer besonders deutlich. Vor Stalins Tod vertraute man den Ukrainern nicht einmal die Regierung ihrer eigenen Republik an – kein einziger Erster Sekretär der Ukrainischen Kommunistischen Partei war Ukrainer gewesen. Das änderte sich nach Stalins Tod schlagartig. Im Jahr 1953 wurde Oleksij Kyrytschenko, der Mann, der Chruschtschow von den Gräueln der ukrainischen Hungersnot erzählt hatte, zum Ersten Sekretär ernannt. Von da an tauchten Ukrainer nicht nur in Führungspositionen in der Ukrainischen SSR auf, sondern hatten allmählich auch maßgeblich Anteil an der Regierung der UdSSR. Sowohl Chruschtschow als auch Breschnew hatten eine Zeitlang Führungspositionen in der sowjetischen Ukraine inne, ehe sie zu Führern der UdSSR aufstiegen. Bei ihrem Machtkampf im Kreml stützten sie sich auf ihre ukrainischen Verbindungen, und als sie an die Macht kamen, holten sie ihre ukrainischen Verbündeten nach Moskau.

Im Jahr 1954 feierte die UdSSR den 300. Jahrestag der «Wiedervereinigung der Ukraine mit Russland». Hinter den Kulissen wurde ein «neuer Vertrag von Perejaslaw» ausgearbeitet: Den Ukrainern wurde die Partnerschaft bei der Leitung des Reiches angeboten. Im Gegenzug sollten sie die neuen Spielregeln akzeptieren. Zu den Anforderungen zählte, dass sie ihre eigene nationale Erinnerung ablehnten. Es lässt sich unmöglich sagen, wie viele Ukrainer diese Regeln akzeptierten. Der Hinweis mag genügen: Es waren viele. Wie die «kleinrussische Kolonie» in St. Petersburg um die Wende zum 19. Jahrhundert so nahm in den letzten Jahrzehnten der Sowjetunion auch die «ukrainische Gruppe» eine dominante Stellung in Moskau ein. Manche Russen in der Nomenklatura beschwerten sich, die *chochly* hätten «wie Küchenschaben» jeden Platz in Beschlag genommen und Russland leide nunmehr, nachdem es sich vom tatarisch-mongolischen Joch befreit habe, unter dem «Chochol-Joch an der Spitze».

Die neuen Spielregeln zahlten sich nicht nur in Form hoher Posten aus. Die sowjetische Version der Vergangenheit war hilfreich, weil sie die traumatischen Ereignisse überdeckte. Wer die Vergangenheit nicht kannte, konnte die Welt durch die Märchenbrille betrachten – jenem Märchen vom Kampf zwischen dem kommunistischen Guten und dem kapitalistischen Bösen, der mit dem Sieg über dieses Böse auf der ganzen Welt enden würde. Durch den Aufbau des Kommunismus konnte sich die sowjetische Bevölkerung persönlich an diesem Sieg beteiligt fühlen. Die Diskrepanz zwischen Wahrnehmung und Realität wurde als vorübergehendes Problem abgetan. Derartige Diskrepanzen konnten im Namen des künftigen Sieges ausgehalten werden – so wie die vorige Generation es getan hatte, als sie die Bürde des Krieges gegen den Nationalsozialismus ertragen hatte. Das war die sowjetische Version von Fortschritt. Sie fasste besonders stark unter jungen Leuten Fuß, die noch nie eine andere Realität als die sowjetische gesehen hatten. Es war tatsächlich möglich, in der Sowjetunion eine glückliche Kindheit zu verbringen. So gut wie alle, die in der UdSSR geboren wurden, erinnern sich an das Glücksgefühl, das Lehrer und Lehrerinnen in der Grundschule verbreiteten – ein Glück, dass wir hier und nicht im Westen zur Welt kamen, wo Kinder in Armut lebten und von Kapitalisten gnadenlos ausgebeutet wurden. Der Preis dieses «Glücks» war die Unkenntnis von allem, was den älteren Generationen zugestoßen war.

Es war jedoch unklar, wie lange man die Gesellschaft in diesem Zustand halten konnte. So gut wie jeder kannte Familiengeschichten, die der sowjetischen Version der Vergangenheit widersprachen. Auch wenn Kinder von diesen Geschichten im Namen ihrer Sicherheit und geistigen Verfassung abgeschirmt wurden, so erfuhren sie auf die eine oder andere Weise doch von der Vergangenheit, wenn sie älter wurden. Es ist logisch anzunehmen, dass Menschen sich mit einer geringeren Wahrscheinlichkeit an die schreckliche Vergangenheit erinnern, wenn ihr persönliches Leben ihnen keinen Anlass dazu gibt. Doch das Beispiel Westeuropas nach dem Krieg zeigte, dass auch das Gegenteil zutreffen kann. Eben die Generation, die nicht persönlich die Massengewalt erlebte und in den 1960er Jahren erwachsen wurde, fing an, unbequeme Fragen zur Vergangenheit zu stellen.

Die Generation der 1960er

Am 4. September 1965 feierte der Spielfilm *Tini sabutych predkiw (Schatten vergessener Ahnen*; auch: *Feuerpferde)* im Kino Ukrajina in Kyjiw Premiere. Der Film basiert auf einer gleichnamigen Kurzgeschichte von Mychajlo Kozjubynskyj, einer ukrainischen *Romeo-und-Julia*-Geschichte. Er vereint volkstümliche Elemente und avantgardistische Bilder und wurde in einem speziellen Genre des poetischen Kinos produziert, das Olexandr Dowschenko in den 1930er Jahren begründet hatte. *Schatten vergessener Ahnen* wurde in der Ukraine und darüber hinaus hochgelobt und erhielt auf internationalen Filmfesten mehrere Preise und Auszeichnungen.

Bevor der Film am Premierenabend gezeigt wurde, trat der junge Literaturkritiker Iwan Dsjuba auf die Bühne. Statt über den Film zu sprechen, gab er bekannt, dass erst kürzlich Dutzende junger Leute in der Ukraine verhaftet worden seien. Der Direktor des Filmtheaters versuchte, ihm das Mikrofon wegzunehmen, aber Dsjuba fing an, die Namen derjenigen zu verlesen, die verhaftet wurden. Jemand löste den Feueralarm aus, um ihn zu übertönen. Da rief Wjatscheslaw Tschornowil, ein junger Journalist, noch lauter als die Sirene: «Wenn ihr gegen Tyrannei seid – steht auf!» Ein Drittel des Publikums erhob sich. Schließlich begann der Spielfilm. In der Pause wandte sich Wassyl Stus, ein Doktorand am Kyjiwer Literaturinstitut, erneut an das Publikum: «Jeder muss protestieren: Heute nehmen sie die Ukrainer, morgen werden es Juden sein und die Russen sind die nächsten!» Der Regisseur, Sergej Paradschanow, ein Armenier, der in Kyjiw lebte, schloss sich den Protestierenden an.

Das Jahr 1965 liegt genau in der Mitte zwischen dem Kriegsende (1945) und Gorbatschows Aufstieg zur Macht (1985), als das sowjetische System seinen Todeskampf begann. Chronologisch gesehen kam dieser Protest der jungen Kyjiwer Intelligenzija in der Mitte der Nachkriegsära auf. Er war auch in einer anderen, allgemeineren Hinsicht zentral: Er stand sinnbildlich für das Heranwachsen einer neuen weltweiten Generation, die in der Folge weitgehend die Umrisse der modernen Welt definierte. In der Ukraine wurde diese Generation von Iwan Dsjuba, Wjatscheslaw Tschornowil und Wassyl Stus vertreten. In der Sowjetunion nannte man sie einfach *Schestidessjatniki*, also die Sechziger. Trotz der Tatsache, dass junge Leute im kommunistischen Osten und kapitalistischen Westen durch den Eisernen Vorhang voneinander getrennt waren, hatten sie doch manche Merkmale miteinander gemeinsam.

Jede Generation formt in der Zeit des Heranwachsens ihre Werte. Die Sechziger wurden in den 1930er und 1940er Jahren geboren. In den ersten Nachkriegsjahrzehnten waren sie also noch Teenager. Aus politischer Sicht waren es Jahrzehnte der Liberalisierung. Im Westen äußerte sich das in der Rückkehr der liberalen Demokratie, eines politischen Modells, das im Zwischenkriegseuropa geschwächt worden war. Im kommunistischen Osten bedeutete Liberalisierung ein Ende des Massenterrors. Nach Stalins Tod im Jahr 1953 hörten Massenverhaftungen, Gefängnisstrafen und Hinrichtungen auf, Gefangene wurden aus den Lagern entlassen (insbesondere nach einer Welle von Lageraufständen, an denen ukrainische Nationalisten zufällig federführend beteiligt waren) und das Lagersystem selbst wurde 1960 abgeschafft. Die Generation der 1960er Jahre war die erste Generation, die nicht durch Krieg und Repressionen dezimiert werden sollte. Sie empfanden ein Gefühl der Sicherheit, das den vorigen Generationen verwehrt war.

Auch in wirtschaftlicher Hinsicht veränderte sich vieles. Die 1960er waren das beste Jahrzehnt, das die Weltwirtschaft bislang durchgemacht hatte, das Jahrzehnt der «Wirtschaftswunder»: das deutsche, französische, italienische, japanische etc. Wunder. Die westliche Volkswirtschaft erreichte in den 1950er Jahren den Vorkriegsstand vor 1914 und wuchs weiter. Diese quantitativen Veränderungen gingen mit qualitativen einher. In den 1960ern begannen westliche Volkswirtschaften den Übergang von der industriellen zur postindustriellen Phase. Die postindustrielle Gesellschaft basierte auf wissensintensiven Technologien – das Bruttosozialprodukt kam also, um in der Bildsprache zu bleiben, nicht aus Fabrikschornsteinen, sondern von einer Tasse Kaffee. Radioapparate, Kühlschränke, Fernsehgeräte und sogar Autos waren in fast jeder Familie selbstverständlich. Die Arbeitslosigkeit war sehr niedrig. Junge Leute suchten nicht nach Arbeitsplätzen; die Arbeitsplätze suchten nach ihnen. Eine weitere Innovation in Westeuropa war die Einführung des Sozialstaatsmodells: eines Staates, der Beschäftigte im Falle von Arbeitslosigkeit unterstützte, ihnen bezahlten Urlaub oder Mutterschutz verschaffte, damit sie sich um Neugeborene kümmern konnten. Deshalb fühlten sich junge Leute nicht nur politisch, sondern auch sozial beschützt.

In der Sowjetunion war der Lebensstandard niedriger als im Westen. Zum Beispiel waren Autos immer noch ein Luxusartikel. Aber sogar hier waren die 1960er Jahre wirtschaftlich das beste Jahrzehnt. Das sowjetische Bruttoinlandsprodukt wuchs jährlich um 6 Prozent. Im Jahr 1961 sagte der Wirtschaftsexperte und Nobelpreisträger Paul Samuelson voraus, dass die UdSSR bei ihrem derzeitigen Entwicklungstempo die Vereinigten Staaten frühestens im Jahr 1984, spätestens jedoch 1997 einholen würde. Diese Ankündigung deckte sich mit Chruschtschows Appell von 1957, Amerika «einzuholen und zu überholen»! Auf dem 20. Parteitag der Kommunistischen Partei verkündete Chruschtschow, dass in der Sowjetunion der Sozialismus aufgebaut sei und die nächste Generation bereits unter dem Kommunismus leben werde.

Es fällt schwer, sowjetischen Statistiken Glauben zu schenken:

Sorgfältige Studien haben nachgewiesen, dass die wirtschaftlichen Indikatoren aufgebläht waren. Es gab jedoch einen weiteren, zuverlässigeren Indikator: die Lebenserwartung. Die 1960er waren das einzige Jahrzehnt, in dem die Lebenserwartung in der sowjetischen Ukraine genauso hoch wie in Europa war.

Zu guter Letzt waren die Nachkriegsjahrzehnte Phasen des sozialen Aufstiegs. Bis zu einem gewissen Grad lag dies an der Notwendigkeit, die demographischen Verluste des Krieges auszugleichen. Es kam jedoch ein weiterer Faktor hinzu. Die Industriezweige der neuen Wirtschaft brauchten Ingenieure, Forscher und Manager. Folglich stieg die Zahl der Studierenden beträchtlich an. In westlichen Ländern verdoppelte oder gar verdreifachte sich die Zahl. Die gleichen Prozesse spielten sich auch in der UdSSR ab: In der sowjetischen Ukraine verdoppelte sich die Zahl der Studierenden in den 1960ern von 400 000 auf 800 000. Junge Leute waren viel gebildeter als ihre Eltern oder Großeltern und hatten folglich auch Jobs, die keine schwere körperliche Arbeit erforderten.

Die Werte einer Gesellschaft verändern sich hauptsächlich durch die Veränderung der Generationen. Dafür gibt es direkte Beweise in soziologischen Studien, die zu Beginn und am Ende der Nachkriegszeit durchgeführt wurden, also vor dem Auftreten einer neuen Generation und nach dem Erreichen des Erwachsenenalters. Aus einer Studie unter ukrainischen Flüchtlingen in den Vereinigten Staaten Anfang der 1950er ging hervor, dass sie trotz ihrer allgemeinen Feindseligkeit gegen das sowjetische System gewisse Basiselemente akzeptierten, wie die Garantie eines Arbeitsplatzes und die staatliche Kontrolle über die Schwerindustrie. Die ersten genehmigten Umfragen in der sowjetischen Ukraine Ende der 1980er ergaben eine unerwartet hohe Unterstützung für individuelle Rechte und freie, demokratische Meinungsäußerung – was man grob «westliche Werte» nennen könnte.

Höhere Bildung war die Eintrittskarte in die Mittelschicht, die im Westen ebenso wie im Osten wuchs. Während sie im Westen aus unabhängigen Akademikern und Intellektuellen bestand, nahm sie im Osten die Form der sowjetischen technischen und sozialen Intelligenzija an. Weil sich die Prozesse ähnelten, keimten optimistische Hoffnungen auf, dass die kapitalistischen und kommunistischen Systeme im Lauf der Zeit verschmelzen würden, indem sie sich immer stärker anglichen.

Optimismus war ein weiteres Merkmal der 1960er. In der UdSSR äußerte sich dies besonders lebhaft in der Musik, Literatur und in Filmen, die das «goldene Zeitalter» der sowjetischen Massenkultur hevorbrachte. Es herrschte das Gefühl, dass alles möglich sei. Wie es in einem beliebten Lied aus der Zeit hieß: «Du bist zwanzig, ich bin zwanzig, und der siebte Himmel ist nicht weit». Im Übrigen, wenn man unter älteren Ukrainern heute einer Sehnsucht nach der Sowjetzeit begegnet, so handelt es sich häufig um eine Sehnsucht nach den glücklichen 1960ern. Optimismus charakterisiert eine Generation, die von sozialen Aufstiegsmöglichkeiten profitiert. In dieser Hinsicht ähnelte die ukrainische Jugend der 1960er der Generation Ende des 19. Jahrhunderts oder den ukrainischen nationalen Kommunisten der 1920er.

Ein Glaube an den Sozialismus verstärkte noch die Ähnlichkeit zwischen Ost und West. Im Westen erlebte der Sozialismus eine Renaissance. Seit Anfang der 1950er Jahre hatte so gut wie jeder westeuropäische Staat eine sozialistische oder sozialdemokratische Regierung. Die Tatsache, dass die Sowjetunion die Hauptlast des Krieges getragen und Nazi-Deutschland dennoch besiegt hatte, überzeugte viele von den Vorteilen des kommunistischen Systems. Viele westliche Intellektuelle waren sich sicher, dass es nur eine Frage der Zeit sei, bis sowjetische Truppen in Paris einmarschierten. Die Enthüllung der Verbrechen Stalins und der antikommunistische Aufstand in Budapest 1956 untergruben den Glauben an den Kommunismus, zerstörten ihn aber nicht ganz. Weitere sowjetische Errungenschaften wie der Start eines Weltraumsatelliten (1957) und der erste Mensch im Weltall (1961) gaben dem Sozialismus neuen Auftrieb. Es herrschte das Gefühl, einem neuen Sozialismus, nicht dem stalinistischen, sondern einem Sozialismus «mit menschlichem Antlitz» gehöre die Zukunft.

Die meisten Mitglieder der Gruppe der Sechziger in der Ukraine teilten diese Überzeugung. Mit Ausnahme der Vertreter aus der Westukraine glaubten die meisten an die Ideale des Kommunismus. Von den Ideen des ukrainischen Nationalismus wussten sie kaum etwas und interessierten sich auch nicht dafür. Vor allem waren die meisten Menschen, die möglicherweise diese Ideen geteilt hätten, entweder in den Auseinandersetzungen nach dem Krieg umgekommen oder in den Westen ausgewandert. Den Überlebenden, die aus den sowjetischen Lagern entlassen wurden, gestattete man es in der Regel nicht, sich in großen Städten niederzulassen, die zu Inkubatoren der gebildeten Jugend geworden waren. Überdies war der ukrainische Nationalismus in den Augen vieler junger Leute von dem Bild kompromittiert, das von der sowjetischen Propaganda verbreitet wurde. Ukrainischer Nationalismus wurde dort mit Nationalsozialismus gleichgesetzt. Auf jeden Fall gab es keine Verbindungen zwischen den Kämpfern der Ukrainischen Volksarmee und den Sechzigern.

Dabei sollte man nicht vergessen, dass die Gruppe der Sechziger ursprünglich keineswegs antisowjetisch war. Ihre Mitglieder waren alle Produkte des sowjetischen Systems. Das lässt sich am eindeutigsten an einem Merkmal ablesen, das sie eklatant von der Sechziger-Generation im Westen unterschied: Es gab keine Jugendkultur mit «Sex, Drugs and Rock'n'Roll». In der UdSSR spielten Dichter die Rolle von Rockstars, insbesondere die russischen Dichter und Dichterinnen Bella Achmadulina, Andrej Wosnessenskij, Jewgenij Jewtuschenko und Robert Roschdestwenskij. Die Ukraine hatte ihr eigenes Dichterquartett: Mykola Winhranowskyj, Iwan Dratsch, Lina Kostenko und Wassyl Symonenko.

Worin die Mitglieder der Sechziger in der Ukraine am stärksten den Sechzigern im Westen ähnelten, war das Streben nach Selbstverwirklichung. Dieser Aspekt war eine Folge ihrer prägenden Erfahrung: Sobald die Grundbedürfnisse nach Sicherheit und Überleben befriedigt sind, kommt der Wunsch auf, sich zu äußern. Walentyn Moros gehörte den Sechzigern an und wurde später zum Dissidenten. Er schrieb, sie seien Künstler, die malen wollten, aber nicht nur Porträts von Lenin; Dichter, die Gedichte schreiben wollten, aber nicht nur über Stalin und Frieden; Wissenschaftler, die Forschungen durchführen wollten, nicht nur Anweisungen von oben befolgen. Sie seien «Körper auf der Suche nach Seelen».

Die 1960er Jahre hatten auch ihre dunklen Seiten: den Bau der Berliner Mauer, die Raketenkrise in Kuba, politische Morde unter anderem an John F. Kennedy und Martin Luther King Jr. und den amerikanischen Krieg in Vietnam. Und über all dem ragte drohend der Schatten eines Atomkrieges. In der Sowjetunion hätte eine Wirtschaftskrise Anfang der 1960er beinahe eine weitere Hungersnot ausgelöst. Seit dieser Zeit bis zum Ende der UdSSR waren sowjetische Regierungen gezwungen, große Mengen an Getreide von den Vereinigten Staaten und Kanada zu kaufen – und das trotz der Tatsache, dass sie einen Teil des fruchtbarsten Bodens auf der ganzen Welt kontrollierten! Chruschtschows Tauwetter wurde durch Leonid Breschnews Machtübernahme 1964 beendet. In der Ukraine war diese Rückkehr zur Vergangenheit sofort durch eine Serie von Verhaftungen im Jahr 1965 zu spüren, seit dem Tod Stalins die erste Welle dieser Art. Außerdem wirkten sich die Verbesserungen im Lebensstandard kaum auf das Leben der Arbeiter in den bäuerlichen Kollektiven aus, die rund 40 Prozent der Bevölkerung ausmachten. Ihre Arbeit war schwer, ihr Einkommen karg, und ihr gesetzlicher Status hatte Ähnlichkeit mit der Leibeigenschaft: Bis 1974 erhielten sie keine Pässe, was sie davon abhielt, das Dorf zu verlassen, und ihre Kinder wurden automatisch für die Arbeit in der Kolchose herangezogen, sobald sie sechzehn waren.

Die Lage in der Ukraine hatte einige spezifische Merkmale, die sich auch auf das Schicksal der Gruppe der Sechziger auswirkten. Die Ukraine zählte zu den Republiken, die am stärksten vom Krieg betroffen waren. In Großstädten war der Grad der Zerstörung besonders hoch. Fast alle hatten mehr als die Hälfte ihrer Bewohner verloren, und Industriebetriebe lagen in Trümmern. Für den Wiederaufbau brauchte man eine starke Arbeiterschaft, also musste die ukrainische Sowjetregierung es Jugendlichen vom Land erlauben, in die Städte zu ziehen. Von 1959 bis 1970 waren Ukrainisch sprechende Einwanderer vom Dorf in den Metropolen Kyjiw und Lwiw die am schnellsten wachsende Gruppe. In den 1960er Jahren lebten zum ersten Mal in der ukrainischen Geschichte mehr Menschen in städtischen Zentren als auf dem Land. Das gilt als einer der Hauptindikatoren für die Modernisierung einer Gesellschaft, also wurde die Ukraine offiziell zu einer modernen, urbanisierten Nation.

Die kollektive Biographie der Sechziger spiegelte diese Veränderungen wider. Die meisten Mitglieder wurden auf dem Land geboren und zogen zum Studium in die Stadt, nachdem sie die Schule auf dem Dorf abgeschlossen hatten. Sie vereinten zwei Kulturkreise: Die dörfliche Volkskultur blieb ihnen lieb und teuer, doch die russische Kultur war ihnen nicht fremd, und deren moralische Helden waren Vorbilder, denen man nacheifern konnte. Doch das Gleichgewicht wurde gestört, sobald sie herablassenden oder gar feindlichen Haltungen gegenüber der ukrainischen Kultur begegneten, wenn sie in die Städte kamen. Für Menschen, die im Geist des kommunistischen Internationalismus aufgewachsen waren, war dies eine eklatante Ungerechtigkeit und ein Verstoß gegen leninistische Prinzipien: Lenin hatte die Ukrainisierung der Städte als positiven Prozess beschrieben!

Die Lektüre von Lenins Texten öffnete ihnen die Augen für andere Unstimmigkeiten zwischen der kommunistischen Theorie und der sowjetischen Praxis. Beispielsweise hatte Lenin gefordert, dass die Bezüge der Nomenklatura der Kommunistischen Partei nicht die Löhne der Arbeiter übersteigen dürften – doch daran hatte man sich noch nie gehalten. Alle diese Unstimmigkeiten konnte man als Vermächtnis des Stalinismus betrachten, aber der Stalinkult war in der Sowjetunion offiziell verurteilt worden! Im Jahr 1958, fünf Jahre nach Stalins Tod, wurde in der ganzen UdSSR eine Schulreform durchgeführt. Nach diesen Reformen war es möglich, die ukrainische Sprache in ukrainischen Schulen zu lernen, Russisch blieb jedoch Pflichtfach.

Im Lauf der Zeit nahmen nationale Unterschiede allmählich den Charakter sozialer Unterschiede an. Diese und andere Unstimmigkeiten bewogen Iwan Dsjuba dazu, seinen Aufsatz von 1965 mit dem Titel *Internationalismus oder Russifizierung?* zu schreiben, der zum politischen Manifest der Sechziger wurde. Er schrieb über den Bau des Kyjiwer Wasserkraftwerks, wo Ukrainer hauptsächlich mit körperlicher Arbeit beschäftigt waren, während sämtliche Führungsposten (Bauleiter, Chefingenieur, Leiter der meisten Abteilungen und Ämter) mit Russen besetzt waren, die aus Russland in die Republik gekommen waren. Von was für einer leninistischen Nationalitätenpolitik können wir sprechen, fragte er, wenn im fünfzigsten Jahr der Sowjetherrschaft eine Republik mit einer Bevölkerung von 45 Millionen, mit etlichen Universitäten, Hochschulen und Forschungseinrichtungen außerstande sei, den eigenen nationalen Personalbedarf zu decken?

Zusätzlich zum «Verstoß gegen leninistische Prinzipien» bestand auch die Gefahr einer Rückkehr zu stalinistischen Repressionen. Die Sechziger betrachteten die Verhaftungen junger ukrainischer Intellektueller im Jahr 1965 als Beweis für diese Gefahr. Die Spannungen nahmen zu. In gewisser Weise entwickelten sich die Ereignisse zu einem Konflikt zwischen zwei Generationen der ukrainischen sowjetischen Elite: der älteren Generation, die bereit war, die Bedingungen des «neuen Vertrags von Perejaslaw» zu akzeptieren, und der jüngeren Generation, die ihn als Verletzung kommunistischer Grundsätze ansah.

Eine «Generation» ist ganz offensichtlich ein amorpher Begriff. Einerseits gab es auch unter der älteren Generation einige, die sich an die Seite der jungen stellten, wie die Schriftsteller und Kriegsveteranen Oles Hontschar und Wiktor Nekrassow. Andererseits kann man kaum davon ausgehen, dass eine Melkerin aus Poltawa, ein Dorfbewohner aus Transkarpatien, ein Bergarbeiter aus dem Donbass und eine Studentin aus Kyjiw, Lwiw oder Charkiw viel miteinander gemein hatten, nur weil sie im gleichen Zeitraum auf die Welt kamen und innerhalb der Grenzen derselben Republik lebten. Generationen sind wie ungesäuerter Teig, sie haben keinen eigenen Geschmack. In den 1960er Jahren bestand eine Chance, dass die Denker und Künstler der Sechziger das Salz ihrer Generation würden und Menschen aus verschiedenen Regionen der Ukraine durch die Musik des jungen Liedermachers Wolodymyr Iwasjuk, die Gedichte Lina Kostenkos und die Filme Sergej Paradschanows vereint würden.

Am Ende lautete die Frage genauso wie vor dem Beginn der stalinistischen Repressionen der 1930er Jahre: Ist es möglich, eine sowohl ukrainische als auch sowjetische Modernisierung durchzuführen? Es ist bemerkenswert, dass diese Frage von einer Generation gestellt wurde, die keine Bindungen zum ukrainischen Nationalismus vor und während des Krieges hatte, einer Generation, die fast völlig ein Produkt des poststalinistischen sowjetischen Systems war. Das zeigte, dass das sowjetische System in der Ukraine inhärente strukturelle Probleme hatte, die so gut wie jedes wichtige Thema zu einer nationalen Frage werden ließen.

Die Revolution, die nicht stattfand

Den Aufstieg der 1960er Generation hat man eine «stille Revolution» genannt. Im Jahr 1968 wurde die Revolution dann laut. Im Mai dieses Jahres gingen in Paris Studierende auf die Straße, und zum ersten Mal seit der Pariser Kommune tauchten auf den Straßen der Hauptstadt Barrikaden auf. In kurzer Zeit breiteten sich Studentenstreiks und Krawalle auf große Universitäten auf der ganzen Welt aus, von San Francisco bis Tokio. Es war eine jugendliche Rebellion gegen die ältere Generation und das politische Establishment; und häufig wurden linke Parolen skandiert.

Etwas Ähnliches fand im kommunistischen Polen, in der Tschechoslowakei und in Jugoslawien statt, aber während sich Studierende im Westen gegen den Kapitalismus auflehnten, forderten die Jugendlichen in Warschau und Aufständische in Prag, dem Sozialismus ein «menschliches Antlitz» zu verleihen. In der UdSSR allgemein und insbesondere in der sowjetischen Ukraine gab es keine Massenproteste, aber es gab viele individuelle Akte der Auflehnung. Man muss sich vor Augen führen, dass es zusätzlich zu dem Eisernen Vorhang, der Europa in den kapitalistischen Westen und den kommunistischen Osten spaltete, noch eine zweite inoffizielle Mauer gab, die entlang der Westgrenze der UdSSR verlief und die Ukraine und andere westliche Sowjetrepubliken von den Nachbarländern Polen, Tschechoslowakei, Ungarn und Rumänien trennte.

In den Nachkriegsjahren blieb die ukrainische Frage fast ausschließlich eine innere Frage der UdSSR. Innerhalb der Sowjetunion löste sich ihr explosives Potenzial jedoch nie ganz auf. Die Ereignisse von 1968 untermauern diese Beobachtung. Auch wenn die Revolution von 1968 an der Ukraine vorbeiging, gab es tatsächlich auch einen ukrainischen Faktor. Der «Prager Frühling» wurde durch die Invasion der sowjetischen Armee zerschlagen. Der Mann, der am energischsten darauf drängte, sowjetische Panzer in Prag einrücken zu lassen, war Petro Schelest, der Erste Sekretär der Ukrainischen Kommunistischen Partei. Seine Logik war fehlerlos und klar. Im Jahr 1968 legalisierten Führer der Tschechoslowakei die Griechisch-Katholische Kirche, die in der slowakischen Region Prešov noch beliebt war, wo eine starke ukrainische Minderheit lebte. Seit 1946 war diese Kirche in der Westukraine verboten. Schelest befürchtete, dass sich ihre Legalisierung in Prešov gefährlich auf das benachbarte Transkarpatien und auf Galizien auswirken könnte, zwei Regionen, in denen die Mehrheit der ukrainischen Bevölkerung vor dem Krieg griechisch-katholisch gewesen war. Außerdem war die Erinnerung an den antikommunistischen Untergrund in Galizien und Wolhynien noch frisch. Die letzten Einheiten der Volksarmee waren erst Anfang der 1960er Jahre liquidiert worden, und selbst die Ausschaltung des nationalistischen Untergrunds hatte das Problem der Westukraine nicht gelöst. Sie zählte, neben den baltischen Republiken, immer noch zu den am wenigsten sowjetisierten und russifizierten Gebieten der UdSSR. Im sowjetischen kollektiven Bewusstsein waren Westukrainer immer noch «Westler» und «Bandera-Anhänger». Der Hinweis mag genügen, dass Galizien die Heimat von lediglich 10 Prozent der Bevölkerung der sowjetischen Ukrainer war, dass aus der Region jedoch ein Drittel aller ukrainischen Dissidenten kam und in ihr ein Viertel aller orthodoxen Gemeinden in der UdSSR lag. (Nach dem Verbot der Griechisch-Katholischen Kirche besuchten die Gläubigen orthodoxe Gemeinden in der Ukraine.)

Dabei kam der Entwicklung von Lwiw zur heimlichen Kulturhauptstadt der Ukraine besondere Bedeutung zu. Es fing mit dem sowjetischen Drang zur Industrialisierung nach dem Krieg an. Vor dem Zweiten Weltkrieg war Lwiw kein Industriezentrum; die sowjetische Herrschaft brachte Fabriken und Unternehmen in die Stadt. Wie in allen ukrainischen Städten strömten junge Leute aus den umliegenden Dörfern in die Stadt, um den Bedarf an Arbeitskräften zu decken. Aber während diese jungen Arbeiter in anderen Städten rasch die russischsprachige, städtische Kultur übernahmen, ukrainisierte in Lwiw die dörfliche Jugend die Stadt. Zum ersten Mal in seiner Geschichte wurde Lwiw zu einer ukrainischsprachigen Stadt – genaugenommen zur größten ukrainischsprachigen Stadt im ganzen Land.

Lwiw mochte zwar die heimliche Hauptstadt der Ukraine gewesen sein, doch Kyjiw war die richtige Hauptstadt. Am Ende der sowjetischen Herrschaft hatte sie mit 2,6 Millionen fast genauso viele Einwohner wie die beiden nächstgrößten Städte zusammen (Charkiw mit einer Bevölkerung von 1,6 Millionen und Odessa mit 1,1 Millionen). Kyjiw hatte endlich seinen Rang als «erste Stadt» der Ukraine etabliert. Es war der Sitz der größten Einrichtungen der höheren Bildung, von Forschungseinrichtungen, Verlagshäusern, Filmstudios, Theaterhäusern und Redaktionen der beliebtesten Zeitungen und Zeitschriften. Dank dieses Status lockte Kyjiw Menschen aus allen Regionen der sowjetischen Ukraine an. Hier war der Ort, wo sich der ukrainische Osten und der ukrainische Westen am intensivsten miteinander vermischten.

Diese Vermischung hatte zur Folge, dass sich eine Lwiw-Kyjiw-Achse herausbildete. Sie äußerte sich besonders stark in den Aktivitäten der Sechziger. Zu Beginn der 1960er Jahre kamen junge, kreative Köpfe der Intelligenzija beider Städte miteinander in Kontakt. Nach einem Besuch schrieb der Kyjiwer Dichter Wassyl Symonenko ein Gedicht, das mit folgenden Zeilen endet:

> Graues Lwiw! Hauptstadt meiner Träume,
> Epizentrum meiner Freude und Hoffnungen! …
> Zu dir kam ich im Hochgefühl eines Sohnes
> Der Steppen, wo der Dnipro seine Mythen webt,
> Damit mir dein tapferes Löwenherz
> Einen Tropfen Kraft ins Herz spritzt.

Ein weiteres wichtiges Gebiet der sowjetischen Ukraine war der Donbass. Die Rohstoffindustrie neigt dazu, eine Beziehung auf einem Kult der Gewalt zu errichten, ob es nun die Gewinnung von Diamanten in Afrika oder der Goldbergbau in Kalifornien ist. Im Donbass kommen die einzigartigen Merkmale der Region zu dieser Formel hinzu. Die harten Arbeitsbedingungen und der unaufhörliche Bedarf an Arbeitskräften hatten zur Folge, dass Kriminelle und andere «sowjetfeindliche Elemente» hierher zur Arbeit geschickt wurden, nachdem sie ihre Strafen abgebüßt hatten. Laut einem Historiker der Stadt Donezk lag in den Nachkriegsjahren «alles, was mit Gefängnissen und Lagern assoziiert wird, buchstäblich in der Luft. Das ist kein Wunder, wenn man bedenkt, dass ein Fünftel der Bevölkerung hier den Strafvollzug durchlaufen hat.» Rebellion steckte im Kern der hiesigen Kultur, und der Donbass brachte nach dem Krieg viele Dissidenten hervor, darunter Iwan Dsjuba, Wassyl Stus, Iwan Switlytschnyj, den geistigen Vater der Sechziger, seine Schwester, die Dissidentin Nadija Switlytschna und den sowjetischen Dissidenten Natan Scharanskij, der heute zu den bekanntesten politischen Figuren in Israel zählt.

Die Sowjetunion war eine industrielle Zivilisation. Donezk hätte aufgrund seines Status als Hauptstadt eines großen Industriezentrums eine sowjetische Modellstadt sein müssen. Auch wenn ein echter Kult um die Arbeiterklasse betrieben wurde, standen der sowjetischen Propaganda die hohen Verletzungsraten und die niedrige Lebenserwartung der Bergarbeiter entgegen. Außerdem waren diese an die tagtägliche Gefahr bei der Arbeit in den Minen gewöhnt und hatten deshalb nichts zu verlieren. Während der Ernährungskrise Anfang der 1960er Jahre traten Arbeiter im Donbass in den Streik, und regierungskritische Flugblätter wurden verteilt. Im Jahr 1968 versuchte ein lokaler Ingenieur, Wladimir Klebanow, eine unabhängige Gewerkschaft ins Leben zu rufen, um die Umsetzung der Arbeitergesetze und Sicherheitsvorschriften zu überwachen. Im Sommer des Jahres versicherte der Erste Sekretär des regionalen Parteikomitees von Donezk, Degtjarjow, auf einer geschlossenen Sitzung des Zentralkomitees der KPdSU in Moskau dem Plenum, dass der Donbass loyal bleiben werde – auf derselben Sitzung wurde im Übrigen das Schicksal des Prager Frühlings entschieden. Allerdings sagte der Parteisekretär auch, dass nationalistische und revisionistische Elemente unter der lokalen Arbeiterklasse die Saat des Protestes säen würden.

Es gibt zahlreiche Beispiele für Solidarität mit der tschechoslowakischen Revolution in anderen Sowjetrepubliken. Die Lage der Ukrainischen Republik war jedoch insofern einzigartig, als sie direkt an die Tschechoslowakei angrenzte. Die Führung der sowjetischen Ukraine forderte, sowjetische Truppen nach Prag zu schicken, weil sie fürchtete, die Kontrolle in der Ukraine zu verlieren. Diese Befürchtungen lösten sich auf, nachdem der Prager Frühling im Sommer 1968 niedergeschlagen war.

Die Revolutionen von 1968 scheiterten nicht nur in Prag; sie scheiterten auf der ganzen Welt. Das politische Establishment blieb überall an der Macht. In dieser Beziehung glichen die Revolutionen von 1968 den Revolutionen von 1848, die einmal der «Wendepunkt, an dem man es versäumte zu wenden» genannt wurden. Allerdings wurden, genau wie 1848, die Veränderungen, die die Revolutionäre anfangs nicht erreichten, nur wenige Jahrzehnte später zu einer neuen Realität – für die Generation der 1960er in den Jahren 1989–1991.

Verlorene Jahrzehnte

Nur zwei Jahre nach der Zerschlagung des Prager Frühlings stand Schelest selbst, die treibende Kraft bei der Invasion in die Tschechoslowakei, auf wackeligen Füßen. Im Jahr 1970 veröffentlichte er ein Buch mit dem Titel *Ach Ukraine, unser sowjetisches Land*. Der Kreml verurteilte das Buch als ein Werk von «geringer ideologischer Qualität», und die ganze Auflage von 100 000 Exemplaren wurde beschlagnahmt. Schelests Sünde bestand in der «Idealisierung der ukrainischen Vergangenheit», insbesondere der ukrainischen Kosaken, und in seiner Aufmerksamkeit für die außergewöhnlich wichtige Rolle der Ukraine in der sowjetischen Volkswirtschaft.

Schelest war kein ukrainischer Nationalist. Im Gegenteil, er nannte den Nationalismus «beängstigend». Er fiel Machtspielen und seinen eigenen Ambitionen im Machtkampf zum Opfer. Unabhängig von seiner persönlichen Haltung durchlief die sowjetische Ukraine jedoch unter seiner Herrschaft Prozesse, die man eine Ukrainisierung nennen könnte. In den 1970er Jahren waren bereits drei Viertel aller Führungsposten in der ukrainischen Republik von Ukrainern besetzt. Als deren Anteil in der lokalen Nomenklatura wuchs, tauchten auch autonome Tendenzen auf. Zum Beispiel forderten schon 1963, noch vor Schelests Machtantritt als Erster Sekretär, Vertreter auf einer Konferenz an der Kyjiwer Universität die Anerkennung von Ukrainisch als offizieller Amtssprache. Im Jahr 1965 machte der Bildungsminister den Vorschlag, die höhere Bildung zu ukrainisieren. Schelest selbst schickte Briefe an zentrale Moskauer Einrichtungen, in denen er die verfassungsmäßigen Rechte der Ukraine als souveräne Republik forderte und auf die zentrale Rolle der Ukraine für den Erhalt der UdSSR verwies.

Schelest überschätzte seine Macht. Der Kreml ärgerte sich zunehmend über seine Initiativen, und im Jahr 1972 wurde er entlassen. Der Erste Sekretär der georgischen Kommunistischen Partei Wassilij Mschawanadse wurde ebenfalls geschasst, vermutlich wie Schelest aufgrund falscher Vorwürfe. Ihre Entlassung ließ einen gewissen Trend erkennen: Die Symptome des «nationalen Abweichlertums» waren in den «Grenz»-Republiken wie Armenien, Estland, Georgien, Lettland, Litauen und Ukraine am stärksten ausgeprägt, wo ein entwickeltes nationales Bewusstsein unter der Bevölkerung kombiniert wurde mit einer starken Vertretung in der Parteiführung. Nationalismus erwies sich als stärker als Marxismus.

Die Säuberung von «nationalen Abweichlern» war Teil einer breiteren Kampagne in den 1960er Jahren, um abweichende Meinungen in der ganzen Sowjetunion zu bekämpfen. Von 1971 bis 1974 wurden rund 60 000 Menschen verhaftet und/oder «präventiven Maßnahmen» unterzogen. In reinen Zahlen war das nicht einmal 1 Prozent der ganzen Gesellschaft. Aber es handelte sich um einen sehr hochwertigen Prozentsatz. Darunter waren zwei Nobelpreisträger: der Physiker Andrej Sacharow und der Schriftsteller Alexander Solschenizyn, Dichter, Filmregisseure, Philosophen, Historiker. Mit anderen

Worten, Menschen, die normalerweise als die Perle jeder Nation gelten würden, nur nicht des «Sowjetvolkes»! Nach der Niederschlagung jeder abweichenden Meinung wurde alles «Sowjetische» zu einem Synonym für Stumpfheit, absolutes Fehlen von Geschmack und Langeweile. Die Ukraine erlebte eine neue Verhaftungswelle. Alle Akteure der Premiere von *Schatten vergessener Ahnen* wurden inhaftiert, auch der Regisseur Paradschanow.

Wolodymyr Schtscherbyzkyj (russ. Wladimir Schtscherbizkij) löste Schelest in Kyjiw ab. Er vertrat eine genau entgegengesetzte Linie wie Schelest. Wer Schtscherbyzkyj kannte, erinnerte sich gut an einen Mann, der Feindseligkeit gegen alles Ukrainische ausstrahlte. Es ist bemerkenswert, dass er in der Öffentlichkeit nur Russisch sprach und am Ende seiner Laufbahn unter Nationalität «russisch» und nicht «ukrainisch» angab, wie schon vor seiner Amtszeit als Erster Sekretär der Republik. Schtscherbyzkyj versuchte, die Ukraine zur loyalsten Sowjetrepublik zu machen. Es durfte nicht einmal den Hauch einer autonomen Politik geben. Eine Frage, die nach seinem Machtantritt im ukrainischen Zentralkomitee diskutiert wurde, lautete: «Macht das Zentralkomitee der Kommunistischen Partei der Ukraine Politik oder setzt sie sie um?» Politik zu machen heißt, sie zu leiten; und nur das Zentralkomitee der Kommunistischen Partei (in Moskau) darf die Politik leiten! Sie entschieden sich für «umsetzen».

Schtscherbyzkyj kam aus dem industriellen Dnipropetrowsk (inzwischen umbenannt in Dnipro), aus der Stadt, in der Leonid Breschnew viele Jahre lang tätig war. Zu Breschnews Zeit kursierte ein beliebter Witz über die russische Geschichte. Demnach kann man die russische Geschichte in drei Phasen einteilen: die vor-petrinische (vor Peter dem Großen), die petrinische (unter Peters Herrschaft) und die Dnipro-petrinische (die Dnipropetrowsk-Phase). Tatsächlich war die Ukraine unter Breschnew und Schtscherbyzkyj vergleichbar mit der «guten alten Zeit», als Kleinrussen in der zaristischen Verwaltung noch Karriere machen konnten.

Anders als im Zarenreich waren die ukrainische Sprache und Literatur unter den Sowjets nicht verboten. Ukrainer konnten Schewtschenko lesen (zensiert, versteht sich), Programme auf Ukrainisch anhören und ansehen (allerdings in einer so künstlichen Sprache, dass niemand außer Fernsehmoderatorinnen so redete) und einige ihrer Lieder singen (solange sie auch russische und sowjetische Lieder sangen). Sie hatten wie glückliche, einfache Kollektivbauern oder frisch eingetroffene Arbeiter und Intellektuelle auszusehen, die die Geschenke der sowjetischen Zivilisation mit Dankbarkeit und voller Freude annahmen.

Die Wirklichkeit sah ein wenig anders aus. Die russische Sprache dominierte so gut wie jeden Lebensbereich. Der Anteil der Ukrainisch sprechenden Bevölkerung in der Ukraine ging während der ganzen 1960er Jahre bis in die 1980er zurück. Das Verlagswesen, einer der zentralen Indikatoren bei der Nationsbildung, bietet ein ähnliches Bild. Was die Zahl der Bücher pro Kopf in der Landessprache anging, nahm die Ukraine in den 1970er Jahren den letzten Platz unter allen Republiken der UdSSR und den sogenannten Volksdemokratien (wie das kommunistische Polen, die Tschechoslowakei oder Ungarn) ein.

Offiziell wurde dies als Manifestation unvermeidlicher, natürlicher Prozesse angesehen. Weil der Sozialismus aufgebaut und das Sowjetvolk geformt werde, würden nationale Unterschiede aussterben. Wie Chruschtschow einmal sagte: Je früher wir anfingen, Russisch zu sprechen, desto früher werde der Kommunismus kommen.

In Wahrheit war die Russifizierung keineswegs eine natürliche Erscheinung – sie wurde konsequent vom Zentrum aus vorangetrieben. Auch wenn die wahren Motive des Kremls nie offen diskutiert wurden, erhalten wir aus dem, was sowjetische Führer im privaten Kreis äußerten, einen Einblick. Fedir Owtscharenko, der ehemalige Sekretär für Ideologie der ukrainischen kommunistischen Partei, erinnerte sich an seine erste Begegnung mit Breschnew 1968, bei der der Generalsekretär ihm mitteilte, dass er den Kampf gegen den bürgerlichen ukrainischen Nationalismus verschärfen und die Assimilierung der ukrainischen Nation auf jede erdenkliche Weise beschleunigen müsse.

Die sowjetische Politik gegenüber der Ukraine basierte auf einer Kombination aus Zuckerbrot und Peitsche. In Anbetracht der Größe und des Rangs der Republik stand viel auf dem Spiel. Eine große Zahl Ukrainer war sowohl unter denen, die das Sowjetreich aufbauten, als auch unter denen, die es stürzten. Während der Stagnation unter Breschnew waren so viele Ukrainer am Aufbau des Sowjetstaats beteiligt, dass Apparatschiks bereits von einer Phase der «ukrainischen Dominanz» sprachen. Was die Gegner des Regimes anging, so machten Ukrainer unter Breschnews Herrschaft 50 bis 70 Prozent aller Häftlinge in den Lagern aus.

Das galt auch für die Sechziger: Ihre Mitglieder zerfielen in beide Gruppen. Manche bereuten und wurden von den Behörden verhätschelt, während andere zu Dissidenten wurden. Wie auch immer, das Ergebnis war das Gleiche: Die Sechziger wurden nie die Stimme ihrer Generation.

Gegen Ende der Sowjetunion dominierte die Stimme der «Breschnew-Generation», also derjenigen, die vor dem Zweiten Weltkrieg oder während des Aufstiegs der Sowjetmacht geboren wurden. Ende der 1970er und Anfang der 1980er Jahre hatten sie die Lage völlig unter Kontrolle, und jede abweichende öffentliche Meinung war zum Schweigen gebracht worden. Allerdings gab es noch starke Faktoren, die gegen sie arbeiteten. Allen voran das Alter. Das durchschnittliche Alter in Breschnews engerem Kreis lag bei 75 Jahren. Laut einem damals kursierenden Witz begann der Arbeitstag der Politbüromitglieder mit künstlicher Reanimation; jeder, der zu spät zur Arbeit kam, war bereits gestorben. Der Kreml versagte bei einem zentralen Element politischer Stabilität: der Einbindung der jüngeren Generation in Machtstrukturen.

Die zweite Herausforderung für Breschnew und seine Leute war ein Verlust der politischen Legitimierung. Die Zerschlagung des Prager Frühlings 1968 zerstörte jeden Glauben, dass der Sozialismus wiederbelebt werden und ein menschliches Antlitz erhalten könne. Wie Leszek Kołakowski, ein ehemaliger Marxist, selbst schrieb: «Dieser Schädel wird nie wieder lächeln.» Die alternde sowjetische Elite hatte nichts mit der kommunistischen Begeisterung der frühen Sowjetzeit gemeinsam. Ohne Glauben an kommunistische Ideale glich die sowjetische Nomenklatura allenfalls gelangweilten, alten Bürokraten, die untereinander um Einfluss und Macht kämpften.

Die dritte und größte Herausforderung für die sowjetische Macht war das Alltagsleben selbst. Das sowjetische System konnte Raketen ins Weltall schicken, aber es konnte keine Kartoffeln von den Feldern der Kolchosen ernten oder sie in die Auslagen der Lebensmittelgeschäfte zaubern. Der ständige Mangel an grundlegenden Konsumartikeln war ein dauerhaftes Merkmal des sowjetischen Alltags sowohl vor als auch nach dem Krieg. Der Unterschied bestand darin, dass die UdSSR nach dem Krieg und nach dem Tauwetter weniger stark abgeschottet war als vor dem Krieg. Ausländische Filme und importierte Waren wirkten wie Löcher im Eisernen Vorhang, durch die Menschen einen Blick auf den höheren Lebensstandard im Westen erhaschten. Das ließ ein massenhaftes Konsumdenken aufkommen, das wiederum die Legitimität des kommunistischen Systems untergrub, die letztlich auf dem Versprechen eines besseren Lebens beruhte.

Eins der größten Löcher im sowjetischen System rissen die Transistorradios: Rundfunkwellen durchdrangen die ideologische Blockade. In großen Städten und in westlichen Regionen der Sowjetunion war es gang und gäbe, dass die Leute sowjetfeindliche Sender wie Radio Liberty, Voice of America oder BBC hörten. Den sowjetischen Behörden gelang es zwar, ihre eigenen Künstler und Aktivisten der Sechziger zum Schweigen zu bringen, doch mit dem Aufstieg der Transistorradios konnten sie die Lawine der Musiker der 1960er aus dem Westen nicht aufhalten. Junge Leute hörten lieber Rockmusik als sowjetische Musik. Rockmusik vermittelte das Gefühl von Schwung und innerer Freiheit; im Gegensatz zu sowjetischen Liedern konnte man zu Rockmusik nicht marschieren. Für die junge Generation konnte Lenin es nicht mit Lennon aufnehmen. Und weil Rock in der UdSSR nicht legal existieren durfte, wurde jeder, der ihn anhörte, zu einem potenziell sowjetfeindlichen Aktivisten, wie die Generation der Sechziger vor ihnen.

Diese einzelnen Geschichten ergeben gemeinsam ein breiteres Bild: das Scheitern der sowjetischen Modernisierungsformel. Chruschtschow rief dazu auf, die Vereinigten Staaten von Amerika bei der Produktion von Agrarerzeugnissen, Stahle, Kohl und Erz einzuholen und zu überholen. Er erkannte nicht, dass er in die falsche Richtung lief. Amerika und der Westen bewegten sich in den 1960er Jahren bereits auf eine postindustrielle Wirtschaft zu. Die zentralisierte Leitung der Wirtschaft hatte während der industriellen Phase, von den 1920ern bis in die 1950er hinein, beeindruckende Ergebnisse erzielt. Der Bau sowjetischer Fabriken, Werke und Industriezentren glich dem Bau der ägyptischen Pyramiden, die beide eine starke Vertikale der Macht erforderten, um eine diensteifrige Bevölkerung zu mobilisieren, der für ihre schwere Arbeit kollektive Unsterblichkeit versprochen wurde. Aber eine zentralisierte Leitung war wertlos, wenn es um kreative Wirtschaftssektoren ging.

Die Krise der sowjetischen Modernisierung zeigte sich am dramatischsten in dem Unfall im Kernkraftwerk bei Tschernobyl am 26. April 1986. Das Kraftwerk war unter eklatanten Verstößen gegen Sicherheitsvorschriften gebaut worden, noch dazu in einer umweltpolitisch sensiblen Region, unweit der Hauptstadt, wo eine große Konzentration an Menschen lebte. Wissenschaftler und Journalisten hatten wiederholt vor der Gefahr gewarnt. Als der Unfall geschah, versuchten die sowjetischen Behörden zunächst, ihn zu verschweigen. Zum Tag der Arbeit waren Feierlichkeiten geplant, an denen viele Kinder teilnehmen sollten. Als Schtscherbyzkyj den Kreml anrief, um die Parade abzusagen, wurde ihm mit der Absetzung gedroht.

Tschernobyl ist zu einem der bekanntesten globalen Symbole der Gefahr geworden, die moderne Technologie mit sich brachte. Im Kontext der sowjetischen Geschichte zeigte die Katastrophe, dass dem sowjetischen System, ungeachtet aller poststalinistischer Veränderungen und Versuche, es zu liberalisieren, immer noch jeglicher Respekt für Menschenleben fehlte. Sie warf auch ein Licht auf die

Stellung der Ukraine als Kolonie: Die lokale Führung durfte selbst in lebensbedrohlichen Fragen keine unabhängigen Entscheidungen treffen, und das Zentrum hatte kein Interesse daran, die einheimische Bevölkerung zu beschützen.

Die Katastrophe von Tschernobyl ereignete sich etwa ein Jahr, nachdem der junge Michail Gorbatschow («nur» 54 Jahre alt!) im Kreml an die Macht gekommen war. Er versuchte genau das zu tun, was die sowjetische Regierung in den 1960er Jahren versäumt hatte: das System neu zu starten. Gorbatschow war selbst bis zu einem gewissen Grad ein Mann der 1960er: Seine Weltanschauung war in der damaligen, optimistischen Stimmung geprägt worden, und er hielt noch an der Illusion der Verwirklichung eines Sozialismus «mit menschlichem Antlitz» fest. Was die Ukraine anging, so hielt er sie für die loyalste Sowjetrepublik. Einige Leute in seinem Umfeld warnten ihn, dass «die Ukrainer ihren wahren Charakter erst noch zeigen» würden, aber Gorbatschow beschloss, diese Stimmen zu ignorieren.

Es lässt sich unmöglich sagen, wie aufrichtig Gorbatschow wirklich war. Aber im Fall der Ukraine stimmten seine politischen Maßnahmen nicht mit seinen Worten überein. Die Ukraine blieb noch lange nach Gorbatschows Machtantritt eine Oase der Stagnation. In der Parteiführung war Schtscherbyzkyj der letzte von Breschnews Mohikanern. Er blieb bis September 1989 an der Macht und setzte sich erst drei Monate, nachdem die antikommunistische Opposition die Wahlen im benachbarten Polen gewonnen hatte, und zwei Monate vor dem Fall der Berliner Mauer zur Ruhe. Es hat den Anschein, dass der Kreml die Sprengkraft der ukrainischen Frage erkannte und sich deshalb bemühte, die Entwicklung der Ereignisse in der Ukraine zu kontrollieren. Indirekt lässt sich das etwa daran ablesen, dass die Zeitschrift *Ogonjok,* die viele Verbrechen des Kommunismus zur Sprache brachte und sehr beliebt war, bis 1989 nicht über ukrainische Themen berichtete – und das trotz der Tatsache, dass ihr Chefredakteur der Kyjiwer Dichter Wadym Korotytsch war, der der Gruppe der Sechziger angehört hatte.

Die großen öffentlichen Diskussionen und Massenkundgebungen

fanden in Moskau, Leningrad und in den baltischen Republiken statt, aber nicht in der Ukraine, mit Ausnahme der westlichen Regionen Lwiw und Galizien. Hier folgten die Ereignisse dem polnischen und baltischen Szenario: Zuerst entwickelten sich inoffizielle Organisationen und eine unabhängige Presse, dann kam es zu Massenkundgebungen unter den verbotenen Landesfahnen (blau und gelb). Die ersten demokratischen Wahlen fanden im Frühjahr 1990 statt, und die Kommunisten wurden in allen drei Regionen Galiziens vernichtend geschlagen. Als die demokratische Opposition an die Macht kam, zählte die Zerstörung der Lenin-Statuen zu ihren ersten Maßnahmen.

Die Entkommunisierung hatte jedoch noch früher im Donbass begonnen. Mit einer Reihe von Arbeitsniederlegungen im Sommer 1989 hatten die Bergarbeiter die Parteiorganisationen aus den Minen vertrieben. Ungeachtet der Behauptungen Degtjarjows von 1968 war der Donbass keineswegs unter Kontrolle. Das zeigte sich, sobald die zentralisierte Macht Moskaus allmählich schwächer wurde.

Mit seiner großen Schicht kreativer und technischer Beschäftigter war Kyjiw ein drittes Zentrum der Opposition. Die Idee der Ruch, einer oppositionellen Massenorganisation nach dem Vorbild der polnischen Solidarność und der litauischen Ruch, kam in Kyjiw auf. Es war unmöglich, diese Idee in die Realität umzusetzen, solange Schtscherbyzkyj an der Macht war. Es galt aber auch das Gegenteil: Als Ruch endlich ihren Gründungskongress veranstaltete, trat Schtscherbyzkyj prompt zurück. Die ukrainische kommunistische Partei selbst war in eine Gruppe gespalten, die den Status quo bewahren wollte, und eine andere, die unter dem Druck der laufenden Veränderungen einen stärker national orientierten Charakter entwickeln wollte. Leonid Krawtschuk, der sich anfangs gegen Ruch ausgesprochen hatte, wurde zum Führer der Parteifraktion, die Veränderungen unterstützte.

Es heißt, Teilnehmer an den friedlichen Revolutionen von 1989 in Berlin, Warschau und Prag hätten Plakate mit der Aufschrift «68» hochgehalten, was auf den Kopf gestellt «89» heißt. Sie zogen eine Verbindung zwischen den Revolutionen von 1968 und 1989. Diese

Verbindung war nicht nur symbolischer Natur, sondern auch wörtlich gemeint: Einige Führer im Jahr 1989 hatten als junge Menschen an den Rebellionen von 1968 teilgenommen.

Auch in der Ukraine bestand ein Zusammenhang zwischen 1968 und 1989. Wie im Jahr 1968 waren Galizien, Kyjiw und der Donbass die Hauptzentren des Widerstands gegen die Zentralregierung. Die ukrainische Opposition war 1989 nicht so groß wie im benachbarten Polen. Sie hatten jedoch miteinander gemein, dass sich viele Führer sowohl der polnischen Solidarność als auch der ukrainischen Ruch aktiv an den Bewegungen der 1960er Jahre beteiligt hatten.

Die ukrainische Opposition war nicht stark genug, um einen umfassenden politischen Wandel herbeizuführen. Der größte Teil der Bevölkerung wartete erst einmal ab. Im Frühjahr 1990 stellte sich die öffentliche Meinung wie folgt dar: Die Mehrheit (70 Prozent) der Ukrainer stimmte für den Erhalt der UdSSR, jedoch verbunden mit einer Anerkennung der ukrainischen Souveränität, lediglich Galizien sprach sich für eine völlige Unabhängigkeit aus.

Als das Moskauer Machtzentrum schwächer wurde, wurde die Opposition jedoch mutiger. Der Sommer 1991 war ein Wendepunkt. Im Juni vereinbarten Führer von Ruch und die Bergarbeiter im Donbass, gemeinsam gegen das Zentrum vorzugehen. Ende des Sommers war dieses selbst allerdings zusammengebrochen. Vom 19. bis 21. August inszenierte die Nomenklatura in Moskau einen Putschversuch, um Gorbatschow abzusetzen. Als deutlich wurde, dass der Putsch gescheitert war, erklärte der Oberste Sowjet der Ukrainischen SSR am 24. August 1991 die völlige Unabhängigkeit der Ukraine und ihren Austritt aus der Sowjetunion.

Imperien gehen nicht an separatistischen Tendenzen an den Grenzen zugrunde, sondern an Krisen im Zentrum. Im Fall der UdSSR war der Machtkampf in Moskau die entscheidende Krise: zwischen Gegnern und Anhängern der Perestroika auf der einen Seite und im Perestroika-Lager zwischen dem sowjetischen Präsidenten Michail Gorbatschow und dem frisch gewählten russischen Präsidenten Boris Jelzin.

Die Hauptrolle der Nationalbewegungen in den Grenzgebieten bestand darin, die Nähte festzulegen, entlang derer das Reich zerfallen würde. In der Ukraine gab die strategische Allianz dreier sehr außergewöhnlicher Verbündeter den Ausschlag: Westukraine, Kyjiw und Donbass. Ohne dieses Bündnis ist es schwierig, die weiteren Entwicklungen zu begreifen, auch die Ergebnisse des Referendums vom 1. Dezember 1991. Das Referendum enthielt *eine* Frage: «Unterstützen Sie die Unabhängigkeitserklärung der Ukraine?» 91 Prozent der ukrainischen Bevölkerung antworteten mit «Ja», und im ganzen Land gab es eine Mehrheit dafür, auch im Donbass und auf der Krim.

Heute wird über die Rahmenbedingungen diskutiert, unter denen die Ukraine unabhängig wurde. Manche behaupten, die Unabhängigkeitserklärung sei von der lokalen kommunistischen Elite manipuliert worden, weil es keine antikommunistische nationale Bewegung in der Ukraine gegeben habe, die mit denen in den baltischen Republiken oder im benachbarten Polen, der Tschechoslowakei oder Ungarn vergleichbar wäre. Diese Theorie basiert auf einem Missverständnis, wie der Kommunismus in Mittel- und Osteuropa tatsächlich gestürzt wurde. In Wahrheit tauchte 1989 eine völlig neuartige Form der Revolution auf. Ihr zentrales Symbol war nicht die Guillotine, wie 200 Jahre zuvor im revolutionären Frankreich, sondern der Runde Tisch. Unter dem Druck massiver ziviler Proteste setzte sich die alte kommunistische Regierung zu Verhandlungen mit der antikommunistischen Opposition an diesen Tisch und erklärte sich bereit, die Macht abzugeben.

Anfangs mochte es den Anschein haben, als gelte dieses Szenario nur für Polen. Dort war die Opposition tatsächlich eine Massenbewegung. Auf ihrem Höhepunkt umfasste Solidarność beinahe 80 Prozent der Arbeiterschaft. Nach einer langen Geschichte der Konfrontation zwang sie die kommunistische Regierung zu Verhandlungen und zur Machtübergabe. In den Jahren 1989 bis 1991 folgten unter anderem Litauen, Lettland und Estland einem ähnlichen Pfad. In der Westukraine war die Situation vergleichbar. Hingegen war die Opposition in der Tschechoslowakei, Ungarn, Ostdeutschland, Rumänien und den meisten Sowjetrepubliken keine Massenbewegung. Dort brach der Kommunismus unter seinem eigenen Gewicht zusammen, statt unter dem Druck von unten, seitens einer organisierten Zivilgesellschaft. Antikommunistische Demonstrationen hatten erst in den letzten Monaten oder gar Wochen massenhaften Zulauf. Mit anderen Worten: Diese Revolutionen waren «nicht-zivilgesellschaftliche» Revolutionen, und die Ereignisse in der Ukraine von 1991 fallen in diese Kategorie.

Die Unabhängigkeit der Ukraine im Jahr 1991 war das Ergebnis eines Kompromisses zwischen mehreren Kräften, von denen keine stark genug war, eine eigene Herrschaft über das Land zu etablieren. So gesehen glich das Ende der Ukrainischen Sozialistischen Sowjetrepublik ihrem Anfang. Der Hauptunterschied bestand darin, dass sie seit ihrer Existenz eine lange und komplexe Entwicklung durchlaufen hatte. Ohne ein neues Verständnis für diese Entwicklung ist es unmöglich zu verstehen, wie die unabhängige Ukraine entstand.

Die Ukraine neu denken

Wie der polnische Dissident Adam Michnik einmal scherzte, sei das Schlimmste am Kommunismus das, was danach komme. Der Kommunismus löse keine Probleme, er treibe sie lediglich in den Untergrund und verleihe ihnen dadurch Sprengkraft. Das galt vor allem für die nationale Frage. Im Dezember 1969 schrieb Jerzy Giedroyc, der Herausgeber der polnischen Emigrationszeitschrift *Kultura* an Czesław Miłosz:

> Seit inzwischen mehreren Jahren und insbesondere seit Neuestem beschäftigt mich der Gedanke an eine bevorstehende Katastrophe. Ich meine natürlich vor allem Osteuropa, mit Russland an der Spitze ... Ich glaube nicht, dass ich übertreibe: Im Jahr '70 oder spätestens '71 werden wir eine Explosion erleben, nicht nur in Polen, sondern auch in der Sowjetunion. Nicht weil die Leute dort so furchtbar eifrig über Freiheit, Demokratie, Verbesserung des Sozialismus etc. nachdenken würden, sondern weil sie einfach nicht so weiterleben können, wenn es um die «alltäglichen» Bedingungen geht. ... Politisch stehen wir vor dem Aufstieg NS-ähnlicher Nationalismen. Das ist der Fall in Russland selbst, das ist der Fall in der Ukraine

und den anderen Republiken, das ist der Fall in Polen selbst... Wenn es zu dieser Explosion kommt, so wird sie absolut blind sein, Menschen werden sich gegenseitig umbringen, das Problem Lwiws, der Frieden von Riga etc. werden wiederbelebt werden, und dieses Mal müssen wir darauf gefasst sein, für immer unter den Trümmern dieses Kataklysmus unterzugehen.

Der russisch-sowjetische Schriftsteller Konstantin Paustowskij äußerte ähnliche Befürchtungen. Nach Stalins Tod wurde es Paustowskij erlaubt, für eine Vortragsreise durch Europa zu fahren. Bei seiner Rede in Paris, eben jener Stadt, in der Giedroyc die Zeitschrift *Kultura* herausgab, sagte Paustowski, dass er, wenn der Kommunismus enden sollte und die Zeit der Abrechnung käme, voller Angst an die Ukraine denke, weil die Ukrainer alle Juden und Russen massakrieren würden.

Auch der amerikanische Präsident George H. W. Bush sprach die Gefahr an, die ein Wiederaufleben des ukrainischen Nationalismus mit sich bringe. Am 1. August 1991 besuchte er Kyjiw und hielt vor dem Obersten Sowjet der Ukrainischen Republik eine Rede. Er erklärte, die Vereinigten Staaten würden nicht jene unterstützen, die auf der Basis von ethnischem Hass nach Unabhängigkeit strebten und einen selbstmörderischen Nationalismus predigten. Bushs Kyjiwer Rede (in der amerikanischen Presse die «Chicken Kiev»-Rede, also die Rede vom «Feigling» Kyjiw) war ein klassisches Beispiel für Kurzsichtigkeit. Er hielt sie nur 20 Tage, bevor die Ukraine sich für unabhängig erklärte.

Die Warnung vor einem «selbstmörderischen Nationalismus» hatte jedoch eine gewisse Logik. Bushs Berater, die die Rede geschrieben hatten, dachten an den Jugoslawienkrieg, der im Juni 1991 begonnen hatte. Josip Broz Tito, dem langjährigen Kommunistenführer Jugoslawiens, hatte man das Verdienst zugesprochen, die lokalen Nationalbewegungen auf dem Balkan einzudämmen und auf diese Weise die nationale Frage zu lösen. Nach seinem Tod dauerte es nur ein Jahrzehnt, bis diese Nationalbewegungen wieder auftauchten und zum blutigen Zerfall Jugoslawiens samt Völkermord führten.

Das «jugoslawische Szenario» hing drohend über der Ukraine, als die UdSSR zusammenbrach. Das ukrainische Szenario war wegen der 200 ballistischen Raketen und 2000 atomaren Sprengköpfe auf ihrem Gebiet zum Zeitpunkt des Zerfalls der Sowjetunion besonders bedrohlich. Nach der Unabhängigkeitserklärung wurde die Ukraine schlagartig die drittgrößte Atommacht der Welt. Ein Konflikt in der Ukraine oder um die Ukraine hätte sich zu einem Dritten Weltkrieg auswachsen können.

Es gelang der Ukraine, Pogrome und eine atomare Apokalypse zu vermeiden. Gemeinhin wird angenommen, dass dies nicht zuletzt daran lag, dass Vertreter der kommunistischen Elite in der unabhängigen Ukraine die Macht übernahmen. Das garantierte einen reibungslosen Übergang und politische Stabilität. In postsowjetischen Ländern, in denen die Opposition an die Macht kam, kam es zu heftigen ethnischen Konflikten wie in den baltischen Staaten und sogar zum Bürgerkrieg wie in Georgien.

Doch das Verhalten der alten kommunistischen Elite ist nicht der einzige Grund dafür, dass die Ukraine nicht in das jugoslawische Szenario abglitt. Auch die antikommunistische Opposition wollte den interethnischen Frieden in der Ukraine bewahren. Selbst wenn sie an die Macht gekommen wäre, hätte die Lage in der Ukraine kaum anders ausgesehen. Vor dem Zusammenbruch der Sowjetunion erklärte Iwan Dratsch, der Führer der Ruch und ein Dichter der Sechziger: «Ein Jude in der Ukraine sollte besser leben als in Israel, ein Russe in der Ukraine sollte besser leben als in Russland.»

Um die Radikalität dieser Aussage zu begreifen, sollten wir uns die gesellschaftlichen Einstellungen ansehen. Eine Umfrage unter jüdischen Einwanderern, die Ende der 1990er Jahre aus der UdSSR in die Vereinigten Staaten ausgereist waren, ergab, dass die Ukraine und die Ukrainer unter den Ländern und Völkern, die die negativsten Reaktionen auslösten, den ersten Platz einnahmen. Und das trotz der Tatsache, dass viele Befragten ukrainische Freunde oder sogar Familienangehörige hatten: Klischees sind stärker als die Realität. Umfragen im benachbarten Polen nach dem Sturz des Kommunismus ergaben vergleichbare Resultate: Ukrainer lösten unter Polen überwiegend negative Empfindungen aus.

Für die nationalen Führer der Ukraine gab es hier viel zu tun. Der erste bemerkenswerte Schritt war Iwan Dsjubas Rede im Jahr 1966 auf einer inoffiziellen Versammlung in Babyn Jar zum Gedenken an den 25. Jahrestag der Massenerschießung Kyjiwer Juden. Seine Rede war spontan – die Leute, die sich versammelt hatten, wollten, dass einer der anwesenden Schriftsteller eine Rede hielt. Dsjubas grundlegende Ablehnung des Antisemitismus oder jeder anderen Form von Fremdenfeindlichkeit war typisch für die Schriftsteller der Sechziger. Dsjuba sagte, dass er sich als Ukrainer dafür schäme, dass es unter der ukrainischen Nation einen Antisemitismus gebe. Er sagte, Ukrainer müssten jede Äußerung von Antisemitismus oder Missachtung gegenüber Juden bekämpfen. Er forderte außerdem eindringlich, dass umgekehrt Juden in der Ukraine jede Missachtung für die ukrainische Kultur und Sprache bekämpfen und sich bemühen sollten, nicht jeden Ukrainer als heimlichen Antisemiten zu betrachten. Dsjuba schloss mit der Erklärung, dass dieses Ringen um gegenseitigen Respekt das sei, was sie den Opfern des Despotismus, dem ukrainischen Land und der Menschheit schuldeten.

Die Opposition erledigte den größten Teil ihrer Hausaufgaben zu ukrainisch-jüdischen Beziehungen in den Lagern Breschnews. Das sowjetische Regime war gegen den Zionismus ebenso feindselig eingestellt wie gegen den ukrainischen Nationalismus, und deshalb zählten Ukrainer und Juden zu den zahlenmäßig stärksten Gruppen unter den politischen Häftlingen. Nichts vereint Menschen so stark wie ein gemeinsamer Feind, und Gefangenschaft bietet Zeit und Gelegenheit für tiefsinnige Gespräche, von denen sich einige mit dem gegenseitigen nationalen Kummer befassten. Die Vorwürfe des Antisemitismus wurden durch das Verhalten ukrainischer Häftlinge widerlegt, auch durch das der Soldaten der Ukrainischen Volksarmee, die jüdische Häftlinge unterstützten. Ein jüdischer Häftling antwortete auf ukrainische Mahner, dass Juden schuld am Bolschewismus gewesen seien, mit den Worten: «Selbst wenn wir tatsächlich halfen, diesen Staat aufzubauen, so werden wir ihn auch zerstören.»

Auch ukrainische Dissidenten und Krimtataren fanden eine gemeinsame Sprache. Im Zuge der Massendeportation von 1944 waren die meisten Krimtataren ins sowjetische Usbekistan deportiert worden, während die übrigen nach Kasachstan und in ausgewählte Regionen Russlands gebracht wurden. Zu den lautstärksten Verteidigern der Rechte der Krimtataren zählte der ehemalige sowjetische General Petro Grigorenko, der ein ukrainischer Dissident wurde. Die Zusammenarbeit zwischen den Dissidenten und den Krimtataren ließ das Gefühl eines gemeinsamen ukrainischen Raums aufkommen.

Geopolitische Veränderungen spielten bei der Wandlung der ukrainischen Nationalbewegung ebenfalls eine eigene Rolle. Anfang der 1970er Jahre verkündete der Kreml eine Linie der internationalen Entspannung. Im Wesentlichen bedeutete das den Verzicht auf das Konzept der kommunistischen Weltrevolution und die Suche nach einem Modus vivendi mit dem kapitalistischen Westen. Im Jahr 1975 wurde das Helsinki-Abkommen unterzeichnet, das den Nachkriegsstatus in Europa anerkannte und eine Verpflichtung zur friedlichen Lösung internationaler Konflikte einschloss. Mit der Unterzeichnung der Schlussakte verpflichteten sich die sowjetische Regierung und andere Länder ebenfalls, die Menschenrechte zu achten, darunter die Freiheit der Meinung, des Gewissens und der Religionsausübung. Die antisowjetische Opposition erkannte sofort ihre Chance. Künftig würde sie den sowjetischen Staat auf gesetzlichem Weg aufgrund der internationalen Abkommen bekämpfen, welche die UdSSR ratifiziert hatte.

Im Jahr 1976 tauchte in Moskau die erste Helsinki-Gruppe auf. Die zweite entstand in der Ukraine, danach wurden Gruppen in Litauen, Georgien und Armenien ins Leben gerufen. In den nicht-russischen Republiken nahm der Kampf für diese Rechte den Charakter eines Kampfs um nationale Rechte an, doch die Verknüpfung der nationalen Rechte mit Menschenrechten wirkte in beide Richtungen. Die ukrainische Opposition erklärte, dass in einer freien Ukraine nicht nur die Rechte der Ukrainer respektiert würden, sondern auch die Rechte der Russen, Juden, Tataren und anderer nationaler Minderheiten. Es war ein echter Wandel. Ukrainische Dissidenten lehnten die Logik sowohl des integralen Nationalismus als auch des Kommunismus ab und bereiteten die ukrainische Bewegung auf den Kampf für Demokratie vor. Im Wesentlichen handelte es sich um eine Rückkehr zu den demokratischen Traditionen der ukrainischen Bewegung an der Wende zum 20. Jahrhundert, aber diesmal spiegelten die nationalen demokratischen Parolen nicht nur lokale, sondern auch globale Bedingungen wider.

In diesem Dialog der interethnischen Versöhnung gab es keine Polen; das war in der sowjetischen Ukraine unmöglich. Nach den Massendeportationen nach dem Krieg hatte es de facto keine nationale polnische Minderheit in der Ukraine mehr gegeben. Zwischen der sowjetischen Ukraine und dem kommunistischen Polen gab es keine Reisefreiheit. Deshalb fand der polnisch-ukrainische Dialog im Exil statt. Eine zentrale Frage lautete, was nach dem Sturz des Kommunismus mit den westukrainischen Gebieten passieren würde, die bis 1939 zum Zwischenkriegs-Polen gehört hatten. Die Zeitschrift *Kultura* wurde zur Hauptdiskussionsplattform. Einer der ersten Vorschläge regte ein gemeinsames polnisch-ukrainisches Protektorat an. Dann machte ein polnischer Priester aus Südafrika, Józef Majewski, einen radikalen Vorschlag: Zum Wohle Polens sollten die Polen zustimmen, dass Vilnius eine litauische und Lwiw eine ukrainische Stadt wären. Dieser Vorschlag war so radikal, dass selbst Giedroyc nicht wagte, ihn sofort anzunehmen. Und als er sich dazu durchrang, zog er sofort scharfe Kritik seitens der polnischen Exilregierung in London und der polnischen Diaspora auf sich. Für sie kam die Aufgabe Lwiws (poln. Lwów) einem Verrat gleich.

Doch die in Paris erscheinende *Kultura* war unter der antikommunistischen Opposition in Polen sehr beliebt. Sie übernahmen die «Giedroyc-Doktrin» als Teil ihres Programms. Jacek Kuroń hatte besonders großen Einfluss unter den polnischen Oppositionellen. Sein Vater war ein polnischer Sozialist aus Lwiw und hatte seinen Sohn im Geist des sozialistischen Internationalismus erzogen. Ihre Familie wurde nach dem Krieg nach Polen deportiert. Dort gründete Kuroń eine kommunistische Jugendbewegung, die sich die Walteristen nannte. Der Name der Bewegung ging auf den kommunistischen polnischen General Karol Świerczewski (Deckname Walter) zurück, der im Jahr 1947 von Soldaten der Ukrainischen Volksarmee getötet wurde. Der Mord an Świerczewski hatte die Zwangsumsiedlung von Ukrainern aus ethnisch ukrainischen Gebieten im kommunistischen Polen während der Aktion Weichsel ausgelöst. Kuroń organisierte in dieser Region Lager für die Walteristen, und als er die leeren Dörfer sah, begriff er allmählich, wie viel Unrecht die polnischen Behörden den Ukrainern angetan hatten. Kuroń reagierte sehr empfindlich auf menschliche Ungerechtigkeit und wurde zu einem kompromisslosen Verfechter der ukrainischen Sache.

Adam Michnik war ein Schüler Kurońs, und Michniks Vater Ozjasz Szechter wurde in einem galizischen Dorf einige Dutzende Kilometer von Lwiw entfernt geboren. Szechter war in seiner Jugend Mitglied der kommunistischen Partei der Westukraine gewesen. Als die ukrainischen Mitglieder sich im Jahr 1926 vom Kreml abwandten, schloss sich Szechter vielen anderen polnischen und jüdischen Kommunisten an, die Stalin unterstützten. Später hielt er das für den größten Fehler seines Lebens und sagte zu seinem Sohn, er werde, sollte Adam sich jemals gegen die Ukrainer stellen, aus dem Grab kommen und ihn verfluchen. Im Juni 1989 gewann Solidarność die Wahlen in Polen und kam an die Macht. Drei Monate später sprach Michnik auf dem ersten Kongress der Ruch in Kyjiw. Sein Auftritt auf der Bühne wurde von den Abgeordneten mit Ovationen begrüßt. Damals wiederholte er den alten Wahlspruch: «Ohne eine freie Ukraine gibt es kein freies Polen.» Die Presse berichtete, er sei als Delegierter der Solidarność nach Kyjiw gekommen. Michnik erwiderte, er sei als Delegierter seines Vaters gekommen. Als er nach Warschau zurückkehrte, ging er direkt zum Grab seines Vaters und teilte ihm mit: «Vater, ich habe getan, was du mir aufgetragen hast.»

Es gab viele derartige Geschichten von polnischen und ukrainischen Emigranten im Westen. Drei Emigranten verdienen hier eine besondere Erwähnung: Ihor Ševčenko, Omeljan Pritsak und Ivan Lysiak Rudnytsky. Ševčenkos Vater war ein Offizier unter Petljura, der nach der Niederlage der ukrainischen Revolution in Warschau Zuflucht suchte. Sein Sohn ging mit den Kindern der polnischen Intelligenzija zur Schule. Lysiak Rudnytsky wurde in eine galizische, jüdisch-ukrainische Familie geboren, und Pritsaks Stiefvater war Pole. Die multikulturelle intellektuelle Umgebung, in der diese drei Männer aufwuchsen, trug dazu bei, dass sie nicht unter den Einfluss des Kommunismus oder Nationalismus gerieten. Sowohl Pritsak als auch Lysiak Rudnytsky bezeichneten ihre Lektüre von Wjatscheslaw Lypynskyj als Gegengift gegen radikale Ideologien. Lypynskyj lehnte alle Formen von Totalitarismus ab und sprach sich schon zu Beginn des 20. Jahrhunderts für das Konzept einer bürgerlichen, inklusiven ukrainischen Identität aus.

Alle drei Männer überlebten den Krieg als Schüler in NS-Deutschland und wanderten nach dem Krieg in die Vereinigten Staaten aus. Dort widmeten sie sich dem Hauptprojekt ihres Lebens: die ukrainische Geschichte neu denken. Der wissenschaftliche Aspekt des Projekts bestand darin, die ukrainische Geschichte aus dem Schatten der russischen Geschichte zu führen und in den breiteren Kontext einzuordnen, jeweils auf ihrem eigenen Fachgebiet: byzantinisch (Ihor Ševčenko), türkisch (Omeljan Pritsak) und europäisch (Ivan Lysiak Rudnytsky). Der politische Aspekt des Projekts bestand im Brückenbau zwischen Ukrainern, Juden, Polen und Russen.

Um diesen Prozess fortzuführen, waren Institutionen erforderlich. Im Jahr 1973 wurde an der Harvard University das Ukrainian Research Institute gegründet. Das Institut war das geistige Kind Omeljan Pritsaks, der Anfang der 1960er Jahre in das Kollegium von Harvard eingetreten war. Damals schien es völlig unrealistisch. Ukrainische Geschichte existierte im größten Teil der akademischen Welt nicht einmal als Studiengegenstand. Jeder, der ukrainische Geschichte studierte, wurde als Nationalist und damit zugleich als Antisemit und Kollaborateur der Nazis gebrandmarkt. Pritsaks Idee wurde dank der Unterstützung seitens seiner Kollegen in Harvard Ihor Ševčenko, Wiktor Weintraub, Richard Pipes und Adam Ulam Realität. Sie waren Mitglieder des Committee on Ukrainian Studies, das den Kern des Instituts bildete. Alle fünf kamen aus dem Zwischenkriegs-Polen, somit war das Komitee eine Art «Harvard-Rzeczpospolita». Zudem waren Weintraub, Pipes und Ulam allesamt polnische Juden. Ihre Teilnahme gewährleistete gewiss, dass das ukrainische Institut in

Harvard keine «nationalistische Einrichtung» würde. Im israelischen Sechstagekrieg von 1967 spornte Omeljan Pritsak ukrainische Studenten an, eine ukrainische Legion zur Unterstützung der Israelis zu bilden und so der Welt und allen Juden zu beweisen, dass Ukrainer bereit seien, für ihre Sünden mit dem eigenen Blut zu sühnen.

Ivan Lysiak Rudnytsky war 1976 maßgeblich an der Gründung eines vergleichbaren Instituts in Kanada beteiligt: dem Canadian Institute of Ukrainian Studies an der University of Alberta. Sein bedeutendster Beitrag zu den ukrainischen Studien bestand darin, die Ukraine selbst neu zu definieren, zu bestimmen, wie man mit den politischen Realitäten nach dem Krieg in Osteuropa, insbesondere in der sowjetischen Ukraine umgehen solle. Die meisten ukrainischen Emigranten hielten die sowjetische Ukraine nicht für einen Staat, waren der Meinung, die Ukraine existiere unter einem Besatzungsregime. In hohem Grade traf dies auch zu. Allerdings brachte die Leugnung des nationalen Charakters der Ukrainischen Sozialistischen Sowjetrepublik auch zwei wesentliche Probleme mit sich: Erstens untergrub dies die Bedeutung der ukrainischen Frage, die in Wirklichkeit für das Überleben der UdSSR ganz zentral war. Zweitens stellte sie die Abtretung der Westukraine an den ukrainischen Staat infrage.

Der Ausweg aus dieser Zwickmühle bestand in der Anerkennung der Ukrainischen SSR als Staat mit allen zugehörigen Elementen: Nachkriegsgrenzen, eine Hauptstadt und eine Elite, aber selbstverständlich nur als Quasi-Nation. Diese Haltung nahmen liberale und linke ukrainische Emigranten ein, die sich selbst «Realisten» nannten. Ivan Lysiak Rudnytsky wurde zum führenden Theoretiker dieser Gruppe. Er vertrat die Haltung, dass die sowjetische Ukraine nicht aus einer Laune Lenins, Stalins und ihrer ukrainischen Kollaborateure heraus entstanden sei. In Wahrheit sei sie ein Nachfolgestaat der revolutionären Ukrainischen Volksrepublik: Ohne die Volksrepublik hätte es auch keine Ukrainische SSR gegeben. Deshalb werde nach dem Zusammenbruch des Kommunismus aus der sowjetischen Ukraine wieder eine unabhängige Ukraine entstehen. Lysiak Rudnytsky und andere Realisten versuchten, Kontakte zu allen Kreisen «im Land» zu halten, die auf diese Wiedergeburt, sei es bewusst oder nicht, hinarbeiteten, etwa zu den Sechzigern, Dissidenten und Vertretern der sowjetischen Nomenklatura.

Die Realisten waren in der ukrainischen Diaspora eine Randgruppe. Ukrainische Nationalisten dominierten die Emigration, hauptsächlich Banderiten. Sie betrachteten die Anerkennung der sowjetischen Ukraine als einen Akt des Landesverrats und Kontakte mit sowjetischen Ukrainern als Kollaboration. Banderas Konzept war die «nationale Revolution, nicht regime-feindlicher Widerstand». Ukrainische Nationalisten glaubten, eine unabhängige Ukraine werde aus einer nationalen Revolution gegen das Besatzungsregime hervorgehen und betrachteten den nationalen Befreiungskampf von 1914 bis 1940 als deren Prototyp.

Die Hauptfrage der Diskussion zwischen Realisten und Nationalisten lautete: «Evolution oder Revolution?» Unter der polnischen Emigration gab es einen ähnlichen Konflikt. Die polnische Exilregierung in London lehnte die Anerkennung des kommunistischen Polen als legitimen polnischen Staat ab, hingegen stand die Gruppe um *Kultura* in Paris der Haltung der ukrainischen Realisten näher. Die Ähnlichkeiten zwischen den polnischen und ukrainischen Gruppen wurden durch die Tatsache noch verstärkt, dass sie regelmäßig miteinander in Kontakt standen und bisweilen auch zusammenarbeiteten.

Die Debatte «Evolution oder Revolution?» endete zugunsten der Realisten. Der Kommunismus ging an der eigenen inneren Erschöpfung zugrunde, nicht aufgrund einer revolutionären Explosion. Und im polnischen und ukrainischen Teil der kommunistischen Welt fiel er in aller Stille und ohne Blutvergießen.

Am Abend des 1. Dezember 1991, als die Stimmen zum Referendum über die ukrainische Unabhängigkeit ausgezählt wurden, fanden Lech Wałęsa, der ehemalige Führer der Solidarność und frisch gewählte Präsident des neuen Polen, sowie Jacek Kuroń und Adam Michnik keinen Schlaf. Sie warteten auf die Bekanntgabe der Ergebnisse. Das unabhängige Polen sollte als erstes Land auf der Welt die unabhängige Ukraine anerkennen. Sie waren «besorgt», dass Kanada mit seiner großen und einflussreichen ukrainischen Gemeinde ihnen zuvorkommen könnte.

Polen und Kanada erkannten in der Tat als erste Länder die Unabhängigkeit der Ukraine an – aber Polen lag vor Kanada. Russland erkannte sie später zusammen mit anderen Ländern an. Man sollte meinen, dass Russland die wenigsten Probleme mit der ukrainischen Unabhängigkeit hätte. Immerhin war Russland, nicht die Ukraine, als erste Republik aus der UdSSR ausgetreten, indem es sich schon im Juni 1990 für souverän erklärt hatte. Außerdem ließen die ersten freien Umfragen keine Feindseligkeit zwischen Russen und Ukrainern erkennen. Die Erwartung unproblematischer russisch-ukrainischer Beziehungen wurde jedoch nicht Realität. Es gab keinen «russischen Giedroyc».

Am ehesten kam für diese Rolle der Nobelpreisträger und antikommunistische Schriftsteller Alexander Solschenizyn infrage. Seine Mutter war Ukrainerin, und er schrieb, dass Ukrainisch und Russisch in seinem «Blut, Herzen und Verstand» miteinander vereint seien. Im Herbst 1990 hatte er einen langen Artikel mit der Überschrift *Die Neugestaltung Russlands* veröffentlicht. Darin plädierte er für die Bewahrung der Union der drei slawischen Völker und Kasachstans, das große russische und ukrainische Minderheiten hatte. Er rief außerdem die Ukrainer auf, sich nicht separat für unabhängig zu erklären – und er konnte sich nicht zurückhalten, die ukrainische Sprache als «künstlich» zu bezeichnen.

Wenn Solschenizyn Russlands Giedroyc hätte werden können, dann wäre Boris Jelzin wohl das russische Gegenstück zu Wałęsa. Er gewann im Sommer 1990 als Kandidat der Opposition die russische Präsidentschaftswahl und erkannte die Unabhängigkeit der Ukraine an. Inoffiziell waren er und sein engerer Kreis jedoch überzeugt, dass die ukrainische Unabhängigkeit nicht lange Bestand haben werde und dass die Ukraine nach einer Weile «auf den Knien angekrochen kommen» und darum betteln werde, wieder aufgenommen zu werden. Als die Ukraine sich abspaltete, gab Jelzins Pressesekretär eine Stellungnahme ab, dass Russland sich das Recht vorbehalte, die russisch-ukrainische Grenze auf die Tagesordnung zu setzen.

Im Rückblick auf diese Ereignisse fällt es leichter zu verstehen, weshalb es, ungeachtet der Befürchtungen von Giedroyc, nach dem Fall des Kommunismus keinen polnisch-ukrainischen Krieg um Lwiw gab und warum es nunmehr einen russisch-ukrainischen Krieg um den Donbass, die Krim und andere russischsprachigen Teile der Ukraine gibt. Die wenigsten Menschen ahnten diesen Krieg voraus; vor dem Überfall sagten die Leute, das sei unmöglich. Aber in der Geschichte ist nichts unmöglich. Wir können die historische Realität nicht als etwas hinnehmen, das bereits vorherbestimmt ist, wir müssen dagegen angehen, um eine neue Realität zu schaffen.

Genau das taten ukrainische, polnische, jüdische und krimtatarische Intellektuelle in den Lagern und im Exil. Die Geschichte ihres Werkes überzeugt uns, dass die Vergangenheit überwunden werden kann. Das ist Teil des Gesamtmusters der Überwindung der Vergangenheit im Nachkriegseuropa. Die beiden Weltkriege begannen auf dem europäischen Kontinent. Somit wurde «Nie wieder» zum Wahlspruch für den Wiederaufbau nach dem Krieg. Die Schaffung der Europäischen Gemeinschaft für Kohle und Stahl im Jahr 1951 diente als Ausgangspunkt für die Vereinigung Europas. Der Gründungsvertrag der Gemeinschaft wurde von Italien, Deutschland, Frankreich und den drei Benelux-Staaten Belgien, Niederlande und Luxemburg unterzeichnet – eben jene Gebiete, die in beiden Weltkriegen der Schauplatz der größten Schlachten in Westeuropa waren. Der französische Außenminister Robert Schuman hatte die Union im Jahr 1950 vorgeschlagen. Er glaubte, ein derartiges Bündnis würde einen Krieg sowohl ideologisch als auch materiell unmöglich machen. Elsass und Lothringen, die beiden großen Industrieregionen, wo Kohle gefördert und Stahl produziert wurde, standen im Mittelpunkt dieses Vertrags. Frankreich und Deutschland hatten seit 1870 um diese Regionen gekämpft.

Was die französisch-deutsche Versöhnung für Westeuropa war, war die polnisch-ukrainische Versöhnung für Osteuropa. Sie vermied einen neuen polnisch-ukrainischen Krieg um Wolhynien und Galizien nach dem Fall des Kommunismus und verschob die Formel für europäische Versöhnung weiter nach Osten. Wie weit nach Osten, ist eine der zentralen Fragen der aktuellen Geopolitik. Die Region Donbass und die russisch-ukrainische Grenze spielen im heutigen Osteuropa die gleiche Rolle wie einst das Elsass und Lothringen für Frankreich und Deutschland. Giedroyc war überzeugt, dass die polnisch-ukrainische Versöhnung nie wirklich abgeschlossen sein könne, solange mit Russland noch keine Einigung erzielt sei. Der derzeitige Kreml kennt die Sprache der Versöhnung nicht – für ihn sind Kompromisse ein Ausdruck von Schwäche. Die einzige Sprache, die er versteht, ist die Sprache der Stärke.

Das soll nicht heißen, dass eine ukrainisch-russische oder polnisch-russische Versöhnung grundsätzlich unmöglich wäre. Sie wird möglich sein, wenn Putin Vergangenheit ist und ein neues Russland entsteht. Immerhin schlug auch Schuman keine französisch-deutsche Versöhnung vor, solange Hitler an der Macht war und Deutschland Frankreich besetzt hielt. Die Hauptvorbedingung war die Niederlage NS-Deutschlands gewesen.

Aber bevor es zu einer ukrainisch-russischen Versöhnung kommt (wenn es jemals so weit sein sollte), müssen sich die Ukrainer auf die ukrainisch-ukrainische Versöhnung konzentrieren, um zu einer gemeinsamen Vision der Vergangenheit und der Zukunft zu gelangen. Ukrainische Führungspersonen schafften es, in den 1960er und 1980er Jahren unter erheblich schwierigeren Bedingungen die Ukraine neu zu denken. Die Tatsache, dass sie am Ende Erfolg hatten, sollte Hoffnung machen, dass es wieder gelingen könnte.

Das wirft eine andere Frage auf: die Rolle der Intellektuellen bei der Ausarbeitung des Konzeptes der Nation. In seinem Standardwerk über Nationen und Nationalismus argumentierte Ernest Gellner, nationale Denker würden «keinen wesentlichen Unterschied ausmachen. Wenn einer von ihnen stürzte, nahmen andere seinen Platz ein. … Niemand war unverzichtbar. Die Qualität der nationalen Denkweise wurde von derartigen Substitutionen kaum beeinträchtigt. Ihre genauen Doktrinen sind es kaum wert, sie zu analysieren.» Es fällt schwer, dieser These zuzustimmen. Das Beispiel der Nachkriegs-Ukraine etwa widerlegt sie. Man versuche einmal, sich eine Welt ohne Dsjuba, Stus, Lysiak Rudnytsky, Giedroyc, Kuroń,

Michnik und andere oppositionelle Denker vorzustellen. Ohne sie wäre es nicht nur eine völlig andere Welt; ohne sie würde es, in Anbetracht der Gefahr einer atomaren Apokalypse, die sie um jeden Preis verhindern wollten, diese Welt womöglich überhaupt nicht mehr geben.

INTERMEZZO

Eine kurze Geschichte der ukrainischen Sprache

Als Beweis dafür, dass Ukrainer und Russen ein Volk seien und deshalb auch in einer Nation leben müssten, führt Russland vor allem das Argument der Sprache an. Der Kreml behauptet, Russisch und Ukrainisch stammten aus der gleichen Quelle und seien sich so ähnlich, dass ihre Völker ohne Übersetzer miteinander kommunizieren könnten. Sie behaupten sogar, Russen und Ukrainer hätten in der Vergangenheit einmal die gleiche Sprache gesprochen und die einzigen Unterschiede seien auf die Polonisierung jener Länder zurückzuführen, die der Rzeczpospolita angehört hatten. Aus diesem Grund sei die ukrainische Sprache ein künstliches Konstrukt, genau wie das ukrainische Volk und der ukrainische Staat.

In Wirklichkeit wachsen Sprachen nicht auf Bäumen. Wie alle Früchte der Zivilisation sind sie in der Tat künstlich, von Menschen geschaffen. Polnisch, Russisch, Ukrainisch und Belarussisch unterschieden sich schon voneinander, bevor die polnisch-litauische Rzeczpospolita überhaupt existierte. Die derzeitigen Ähnlichkeiten zwischen Ukrainisch und Russisch sind das Ergebnis der 200 Jahre, in denen Russisch auf ukrainischem Boden einen höheren Status hatte und die meisten Ukrainer Russisch lernten. Ukrainer, die ohne russischen Einfluss, etwa in Westeuropa oder Nordamerika, aufgewachsen sind, verstehen eigentlich nicht viel Russisch.

Ukrainer aus der Ukraine verstehen auch nicht viel Polnisch. Im westlichen Teil des Landes lebende Menschen verstehen mit einer größeren Wahrscheinlichkeit Polnisch, weil sie länger unter direktem polnischem Einfluss standen als der Rest des Landes. Außerdem gestattete ihre Nähe es ihnen, während der Sowjetzeit polnische Radio- und Fernsehsender einzustellen, deren Programme um ein Vielfaches besser waren als das, was aus Moskau gesendet wurde.

Diese Beispiele für russischen und polnischen Einfluss illustrieren eine Realität, die banal klingen mag, aber allzu häufig vergessen wird: Sprache ist ein Mittel der Kommunikation. Die Ähnlichkeit und gegenseitige Verständlichkeit zweier beliebiger Sprachen hängen hauptsächlich von der Intensität der kommunikativen Beziehungen zwischen den beiden ab.

Eine vergleichende Analyse des Wortschatzes und der Grammatik zeigt, dass das heutige Ukrainisch ebenso weit vom Polnischen wie vom Russischen entfernt ist. Belarussisch ist dem Ukrainischen näher als beide, was in Anbetracht der engen historischen Verbindungen zwischen Belarus und der Ukraine auch nicht verwundert.

Während die Russen behaupten, Ukrainer und Russen seien ein Volk, hört man bisweilen von ukrainischer Seite eine andere These: Russen seien überhaupt keine Slawen, sondern slawisierte, finnougrische Stämme; und die ukrainische Sprache sei älter als Russisch und mindestens so alt wie Sanskrit, mit dem es Ähnlichkeiten habe.

Die Argumente beider Seiten demonstrieren hervorragend, wie Eliten Sprache als Instrument für den Aufbau entweder von Imperien oder von Nationalstaaten einsetzen. Wer eine andere Nation oder ethnische Gruppe absorbieren möchte, bemüht sich darum, die Unterschiede zwischen ihrer Sprache und der Sprache derjenigen, die man assimilieren will, kleinzureden; man raubt der anderen Sprache ihre Würde. Wer hingegen die Verschiedenartigkeit bewahren und vermeiden möchte, dass man geschluckt wird, hebt die Unterschiede hervor und verleiht der Sprache eine fast schon heilige Bedeutung.

Trotz ihrer gegenseitigen Feindseligkeit sind sich beide Lager in einer Reihe von Überzeugungen einig: a) Sprache ist die Basis nationaler Identität; b) die Sprache ist ebenso alt wie die Nation; c) die Grenzen der Nation erstrecken sich so weit, wie die Sprache gesprochen wird. Diese Palette von Kriterien nennt man gemeinhin «ethnolinguistischen Nationalismus», und sie ist in Mittel- und Osteuropa besonders stark verbreitet. Das erklärt nicht zuletzt, weshalb die

Sprachenfrage zwischen Russland und der Ukraine so heikel ist. Die Anschauung geht auf die Überzeugungen der deutschen Nationalbewegung des 19. Jahrhunderts zurück. Der Dichter Ernst Moritz Arndt (1769–1860) brachte das linguistische Credo des Nationalismus mit dem Anspruch zum Ausdruck, Deutschland reiche, «so weit die teutsche Zunge klingt».

Wenn es um das Alter einer Sprache geht, können selbst die brillantesten Sprachwissenschaftler nicht exakt sagen, wann eine Sprache geboren wurde. Die Wahl eines Ursprungsdatums für eine Sprache ist willkürlich und wird häufig von politischen oder anderen subjektiven Präferenzen bestimmt. Wir können nur sehr grob sagen, dass Ukrainisch wie andere slawische Sprachen aus einem Proto-Slawischen hervorging, das sich wiederum irgendwann im 6. Jahrhundert von der baltisch-slawischen Sprachgruppe abspaltete. Ukrainisch kristallisierte sich um das 11. Jahrhundert allmählich als eigene Sprache heraus, folglich können wir schätzen, dass die Entwicklung der ukrainischen Sprache fast tausend Jahre währte.

Die ersten schriftlichen ukrainischen Spuren sind in den Inschriften an den Wänden der Sophienkathedrale in Kyjiw und in anderen Kirchen der Alten Rus zu finden. Die Inschriften weisen bereits Merkmale auf, die für das heutige Ukrainisch charakteristisch sind und im Russischen nicht existieren: den Kasus Vokativ (den das Russische nicht mehr kennt), die ukrainische Form des Dativs und die ukrainische Form des Fürstennamen («Wolodymyr» anstelle von «Wladimir»). Ukrainische Elemente sind auch im Evangelistar von Reims, einem der ältesten Texte, die auf ukrainischem Boden entstanden, zu finden. Allerdings handelt es sich hier lediglich um isolierte Spuren. Wie ein großer Teil der Wandschriften in der Kirche ist auch das Evangelistar von Reims in Altkirchenslawisch geschrieben. Genauer, in der ukrainischen Variante des Altkirchenslawischen.

Kirchenslawisch basiert auf der Sprache, die Kyrill und Method sprachen, die die Evangelien und andere christliche Texte in diese alte slawische Sprache übersetzten. Dank ihrer Übersetzungen wurde Kirchenslawisch zur Sakralsprache der ostchristlichen Kirche und breitete sich mit dieser Kirche aus. Phasenweise erstreckte sie sich auch über das Gebiet der Ostslawen hinaus (zu bestimmten Zeiten war es die liturgische Sprache unter den Tschechen, Kroaten und Rumänen). Neben der ukrainischen Fassung des Kirchenslawischen gab es auch russische, serbische, slowakische, kroatische und mährische Varianten. Diese Varianten entstanden nicht wegen einer bewussten Sprachpolitik der lokalen Herrscher oder Schreiber. Sie entwickelten sich spontan, weil Kirchenslawisch, als es sich von seinen Ursprüngen im altbulgarischen Königreich ausbreitete, unweigerlich Elemente der einheimischen Dialekte aufnahm – in unserem Fall ukrainische Eigenheiten. Andere historische Kirchensprachen, darunter Latein und Arabisch, weisen vergleichbare Merkmale auf. Sehr wenig Menschen konnten sie schreiben oder sprechen; und diejenigen, die es konnten, ließen Fehler in die Texte einfließen, die deren Herkunft verrieten.

Die große Mehrzahl der Menschen waren Analphabeten und sprachen lokale Umgangssprachen. Die genaue Zahl dieser lokalen Varianten lässt sich unmöglich bestimmen. Der Autor der *Nestorchronik* zählt 25 slawische Stämme auf, von denen acht auf dem Gebiet der heutigen Ukraine lebten. Laut dem Chronisten hatten alle diese Stämme «ihre eigenen Gebräuche und das Gesetz ihrer Väter und die Überlieferungen». Es gehört nicht viel Fantasie dazu, sich zu denken, dass sie auch eigene Dialekte hatten. Mit Sicherheit lässt sich das allerdings nicht bestätigen, weil von den lokalen Stämmen kaum schriftliche Texte überliefert sind. Es gibt jedoch Dokumente auf Birkenrinde, kurze Texte auf Rindenstücken, die im Norden der alten Rus anstelle von Papier benutzt und in dem wassergesättigten Lehmboden von Nowgorod konserviert wurden. Analysen dieser Texte ergeben eindeutig, dass die Dialekte der nördlichen slawischen Stämme in der Umgebung von Nowgorod erheblich von denen um Kyjiw abwichen.

Allerdings ist auch bekannt, dass Sprecher dieser Dialekte sich gegenseitig verstanden. Reisende, die zwischen dem 14. und 17. Jahrhundert aus Konstantinopel nach Lwiw oder von Wien nach Moskau reisten, berichteten, dass eine Person, die einen slawischen Dialekt beherrschte, sich mit anderen Slawen unterhalten konnte, ohne dass sie einen Übersetzer brauchte. Die Unterschiede zwischen slawischen

Dialekten waren nicht so signifikant wie zwischen, sagen wir, verschiedenen Dialekten des heutigen Englischen, Deutschen oder Französischen.

Diese Ähnlichkeiten zwischen slawischen Dialekten lassen nicht darauf schließen, dass die Bewohner der alten Rus alle die gleiche «altrussische Sprache» gesprochen hätten. Es ist unwahrscheinlich, dass eine derartige Sprache überhaupt existierte. Sie ist die Ausgeburt der Fantasie von Politikern und gewissenlosen Gelehrten. Gleichzeitig existierten aber auch die ukrainische, belarussische und russische Sprache nicht. Was damals existierte, war der Rohstoff für deren Schaffung. Sprachwissenschaftler nennen fünf große Regionen, die als Basis dienten, auf der sich die heutigen ostslawischen Sprachen herausbildeten: Kyjiw-Polesien, Galizien-Podolien, Polozk-Smolensk, Nowgorod-Twer und Murom-Rjasan. Die ukrainische Sprache entstand in den ersten beiden Regionen, Belarussisch in der dritten und Russisch in den beiden letzten.

Das Belarussische ist der einfachste Fall: Das Verhältnis der Sprache zur Region ist 1:1. Ein wenig schwieriger zu erklären, aber dennoch verständlich ist, weshalb sich Russisch auf dem Gebiet zweier verschiedener Regionen entwickelte. Nachdem das Moskauer Fürstentum Nowgorod erobert und unterworfen hatte, war die Wahrscheinlichkeit eher gering, dass sich eine separate «Nowgoroder Sprache» entwickeln würde. Schwieriger zu erklären ist, weshalb Ukrainisch auf dem Gebiet zweier verschiedener Regionen entstand. Immerhin eroberte Kyjiw niemals Lwiw und Lwiw niemals Kyjiw. Die Geographie liefert eine Erklärung. Der größte Teil der ukrainischen Länder liegt auf der weiten osteuropäischen Ebene. Auf dieser Ebene gibt es keine natürlichen Barrieren, die den Kontakt zwischen verschiedenen Regionen behinderten; und das trug dazu bei, ein gewisses sprachliches Kontinuum zu schaffen. Zu den Ausnahmen zählen die relative geographische Isolation Polesiens mit seinen Sümpfen und die Gebiete auf der anderen Seite der Karpaten. Die Dialekte in diesen beiden Gegenden weichen erheblich von anderen Regionen ab. Der zweite entscheidende Faktor war die Entscheidung der west- und ostukrainischen Eliten im 19. Jahrhundert, eine gemeinsame Literatursprache zu schaffen. Es war keine einfache oder naheliegende Entscheidung. Damals wurde heftig darüber diskutiert, welcher Dialekt die Basis der ukrainischen Literatursprache bilden sollte. Doch das ändert nichts an der allgemeinen Schlussfolgerung: Nicht die Sprache schafft die Nation, sondern die Nation schafft die Sprache.

Auf jeden Fall war die Entstehung der heutigen ukrainischen Sprache keine simple Fahrt von A nach B auf einer einspurigen Schnellstraße. Sie glich eher einem Ausflug mit unzähligen Abstechern. Zum Beispiel wäre durchaus vorstellbar gewesen, dass sich eine gemeinsame belarussisch-ukrainische Sprache statt zweier separater Sprachen entwickelte. Es gibt keine Kriterien, die einem schon im Voraus sagen, welche Dialekte oder Gruppen von Dialekten am Ende als eigenständige Sprachen anerkannt werden. So gibt es kein Gesetz der Sprachwissenschaft, das uns sagt, weshalb der russynische Dialekt in der Slowakei als eigene Sprache anerkannt, in der Ukraine aber als Dialekt angesehen wird. Dialekte werden zu standardisierten Sprachen, sobald sie kodifiziert werden – wenn sie eine einheitliche Grammatik, Aussprache, Wörterbücher und eine hinreichend große Zahl schriftlicher Texte einschließlich Lehrbüchern erwerben.

Die Politik hat ebenfalls Anteil an der Erhöhung eines gesprochenen Dialekts zu einer Schriftsprache. Die simpelste Definition lautet, eine Sprache ist ein Dialekt mit einer Armee. Die militärischen Einheiten der ersten Kyjiwer Fürsten sprachen höchstwahrscheinlich einen skandinavischen Dialekt. Als ihre warägische Militärhandelskompanie zu einem Staat heranreifte, brauchten sie eine Sprache für die Buchhaltung, und so entstand die Schriftsprache der Rus, *prosta mova* (einfache Sprache). Sie verwendeten keine skandinavische Sprache, sondern eine slawische. Die Sprache der ersten (nicht-slawischen) Eroberer Bulgariens durchlief eine ähnliche Entwicklung, als sie allmählich unter dem Einfluss der überwiegend slawischen Umgebung slawisiert wurde. Die *prosta mova* basierte höchstwahrscheinlich auf den Dialekten Kyjiws, weil Kyjiw die Hauptstadt der Rus war.

Die *prosta mova* der Rus überlebte die Kyjiwer Rus als Kanzleisprache und wurde im Fürstentum Moldau und im Großfürstentum Litauen zu einer der Amtssprachen. Unter den Wissenschaftlern herrscht kaum Einigkeit, was den Charakter der Sprache angeht. Man kann sie als eine Übergangsform von einer Sprache für die Buchhaltung zu einer Literatursprache ansehen. Sie wurde nicht ausschließlich für amtliche Dokumente benutzt; auch polemische Schriften, Versdichtung und Dramen wurden in *prosta mova* verfasst. Auch wenn sie ukrainische Elemente enthielt, so glich die in Litauen genutzte ruthenische Sprache stärker dem heutigen Belarussisch. Das liegt daran, dass die Hauptzentren des ruthenischen kulturellen Lebens in der Rzeczpospolita Vilnius, Nawahrudak, Polozk und Smolensk waren. Später, an der Wende zum 16. Jahrhundert, wurden sie allmählich von Lwiw, Ostroh, Luzk und Kyjiw überholt. Im Lauf der Zeit nahm die *prosta mova* auf ukrainischem Boden immer mehr lokale Merkmale an, bis sie als Altukrainisch erkennbar wurde. Diese Veränderungen lassen sich durch Dokumente nachverfolgen, deren Verfasser sich bemühten, das, was sie hörten, so exakt wie möglich wiederzugeben. Beispielsweise kann ein moderner Ukrainer problemlos eine Rede von Chmelnyzkyj lesen, die ein Schreiber vor 400 Jahren dokumentiert hatte.

Aufgrund der Entlehnung von Wörtern aus dem Polnischen, Deutschen, Tschechischen und Lateinischen glich der Wortschatz der *prosta mova* eher den westslawischen Sprachen als dem Russischen. Als die Kosakengebiete unter die Herrschaft des Moskauer Zaren kamen, mussten großrussische Beamte Übersetzer einstellen, um mit den ukrainischen Kosaken zu kommunizieren.

Die kosakische Phase der ukrainischen Geschichte lag in einer Schlüsselphase für die Herausbildung moderner standardisierter Sprachen auf dem europäischen Kontinent. Zum ersten Mal erschienen Grammatiken und Lehrbücher in hohen Auflagen. Die Reformation hatte maßgeblich daran Anteil. Der Protestantismus führte die Vorstellung ein, dass das Wort Christi für jeden zugänglich und verständlich sein müsse, nicht nur für Priester und Mönche. Die Übersetzungen der Bibel in lokale Umgangssprachen können als Geburtsdatum der europäischen Literatursprachen gelten. Das Evangeliar von Peressonyzja und andere Übersetzungen in die Landessprache erschienen in den 1550er bis 1560er Jahren zuerst auf ukrainischem Boden.

Hinzu kam, dass der katholische Druck auf die Orthodoxe Kirche erstaunlicherweise zu einer Wiedergeburt des Kirchenslawischen führte. Bemühungen, sich gegen den katholischen Einfluss zu wehren, veranlassten die Veröffentlichung der Ostroger Bibel, welche die Heilige Schrift in eine neue, modernisierte Fassung des Altkirchenslawischen übertrug. Um die gleiche Zeit tauchten die ersten kirchenslawischen Grammatiken und Wörterbücher von Meletius Smotrycki, Pamwo Berynda und Lawrentij Sysan auf.

Die sprachliche Situation der vorneuzeitlichen und frühneuzeitlichen Epochen wird am besten als Diglossie oder Triglossie beschrieben: die Koexistenz zweier oder sogar dreier Sprachen, jeweils mit einem eigenen Verwendungsbereich. Zum Beispiel beteten Kosakenoffiziere auf Kirchenslawisch, führten auf Altukrainisch Buch und sprachen mit Bauern und Dienern in der lokalen Mundart.

Es gab zwischen diesen Sprachen keine unüberwindlichen Barrieren, die Varietäten gingen eher ungehindert ineinander über. In seinen Briefen an die Geliebte wechselte Iwan Masepa in die Umgangssprache, wenn er leicht verstanden werden wollte. Die Masepa zugeschriebenen Gedichte (*Duma* und *Möwe*) sind in der gleichen Umgangssprache verfasst. Aufgrund der Wechselwirkung der verschiedenen Niveaus der Diglossie oder Triglossie kann eine gemeinsame Landessprache entstehen. Eine wichtige Voraussetzung ist die möglichst breite Durchdringung aller Schichten der Gesellschaft. Anfang des 18. Jahrhunderts näherte sich Altukrainisch rasch diesem Zustand.

Diese sprachliche Entwicklung brach Ende des 18. Jahrhunderts ab. In dem Teil der ukrainischen Länder, die unter der Herrschaft der Rzeczpospolita blieben, entwickelte sich Altpolnisch stärker weiter als Altukrainisch und erreichte etwas, was dem Altukrainischen nicht gelungen war: Altpolnisch verdrängte fast vollständig die Sakralsprache (in ihrem Fall Latein) als Sprache der Bildung und Literatur. Es verdrängte auch Altukrainisch. Polnisch verbreitete sich nicht nur unter den weltlichen, sondern auch unter den kirchlichen Eliten, und nicht nur unter griechisch-katholischen oder protestantischen, sondern sogar unter orthodoxen Gläubigen.

Im Kosakenstaat hielt sich Altukrainisch länger. Aber nach der Niederlage Masepas 1709 und der Umwandlung des Moskauer Reiches in das russische Zarenreich 1721 unterlag es einer verstärkten Russifizierung, und als das Hetmanat aufgelöst wurde, wurde Altukrainisch durch Russisch ersetzt. Ein ähnliches Schicksal ereilte die lokale Fassung des Kirchenslawischen: Staatliche Verbote der ukrainischen Sprache hatten zur Folge, dass sie durch die russische Version ersetzt wurde. Die ukrainische Version des Kirchenslawischen überlebte lediglich in Galizien, das nach der Auflösung der Rzeczpospolita unter österreichische Herrschaft fiel. Hier nahm es die Form der *Jasytschija* an, einer Mischung aus Kirchenslawisch, Polnisch, Ruthenisch und Russisch, die bis ins späte 19. Jahrhundert die Kultursprache der galizischen Ruthenen blieb. In der Habsburger Monarchie wurde die Sprache Ruthenisch als eine der 14 Amtssprachen anerkannt. Diesen Status hatte sie in Galizien mit Deutsch und Polnisch gemein, in der Bukowina mit Deutsch und Rumänisch und in Transkarpatien mit Deutsch und Ungarisch.

Mit Ausnahme Galiziens hatten die Bemühungen der ruthenischen Elite, zwei eigene Sprachen zu entwickeln, eine sakrale und eine weltliche, damit geendet, dass sie keine von beiden hatten. Sie mussten neu anfangen. Der erste Beitrag zu diesem Neuanfang war Iwan Kotljarewskyjs Parodie der *Äeneis*, die 1798 in einer neuen Umgangssprache geschrieben wurde.

Für die Entstehung dieser modernen Sprache mussten größere Hindernisse als beim Altukrainischen überwunden werden. Zum einen hatte die ruthenisch-ukrainische Gesellschaft ihre Schicht der staatlichen und säkularen Elite verloren. Sie hatte sich von einer Nation der Kosaken in eine Nation der «Priester und Bauern» verwandelt. Hinzu kam, dass inzwischen die Konkurrenz der russischen Sprache existierte, die im Gegensatz zum Ukrainischen größere politische und kulturelle Ressourcen hatte, einschließlich einer langen, ununterbrochenen Entwicklungsphase. Im 18. Jahrhundert setzte sich Russisch in dem Wettbewerb zwischen den beiden Sprachen an die Spitze. Die heutige russische Sprache umfasste auch viele Elemente des Kirchenslawischen, die Russisch einen besonderen, fast schon heiligen Status verliehen. Dennoch blieb in den ukrainischen Gebieten der ehemaligen Rzeczpospolita Polnisch die dominierende Sprache der Elite, selbst nachdem es Anfang des 19. Jahrhunderts den Rang einer Amtssprache verlor.

Die ethnisch ukrainischen Gebiete waren zudem Teil von «Jiddischland», der Gebiete, in denen osteuropäische Juden lebten. Ein Vergleich damit erleichtert das Verständnis für die Einzigartigkeit des ukrainischen Falls. Während Hebräisch die Sakralsprache der Juden war, war Jiddisch die Alltagssprache. Jiddisch ist eine germanische Sprache mit vielen Wörtern und Begriffen, die aus lokalen Kulturen übernommen wurden. Es bestehen signifikante Unterschiede zwischen den nördlichen («litauischen»), zentralen («polnischen» oder «galizischen») und südlichen («ukrainischen») Dialekten des Jiddischen.

Als die jüdische Elite sich säkularisierte, schlug sie zwei sprachliche Pfade ein. Ein Teil der Elite beschloss, die lokal vorherrschende Sprache anzunehmen: Deutsch, Polnisch oder Russisch, je nach Zeitraum und Wohnsitz. Andere schlugen den gleichen Weg wie die ukrainische Elite ein: Sie versuchten, aus der Alltagssprache eine moderne Literatursprache zu machen. Der Schriftsteller Scholem Alejchem (1859–1916), der in ukrainischen Gebieten geboren wurde und den größten Teil seines Lebens dort verbrachte, wählte diesen Pfad und schrieb hauptsächlich auf Jiddisch. Im Jahr 1917 wurden Ukrainisch und Jiddisch die beiden Amtssprachen der Ukrainischen Volksrepublik. Es kommt jedoch selten vor, dass eine hauptsächlich mündliche Sprache zur Amtssprache eines Staates wird, und der Staat Israel entschied sich für Hebräisch anstelle von Jiddisch.

Aufgrund der sprachlichen Vielfalt ähnelten Mittel- und Osteuropa fast schon dem Turm von Babel. Neben den großen Gemeinden der Belarussen, Juden, Polen, Russen, Slowaken, Ukrainer und Tschechen gab es noch Armenier, Griechen, Karaiten, Krimtataren, Roma und russische Altgläubige. Jede Gruppe hatte ihre eigene Sprache oder Mundart. Ein Blick auf die Situation im österreichischen Galizien vermittelt einen Eindruck von der sprachlichen Vielfalt der Region. Die vier dominierenden Sprachen waren Deutsch, Russisch, Polnisch und

Jiddisch, doch die Liste der im Alltag genutzten Wörter umfasste auch Lehnwörter aus dem Rumänischen, Ungarischen, Lateinischen, Armenischen, Französischen, Tschechischen, Kirchenslawischen, Russischen, Italienischen, Englischen, Türkischen und Arabischen.

Diese Vielfalt hinderte die Bewohner dieser Territorien allerdings nicht daran, miteinander zu kommunizieren. Die Kenntnis einiger hundert grundlegender Wörter reichte aus. Menschen aus der Region sagten im Scherz, dass sie «drei Sprachen nicht beherrschten» – soll heißen: sie sprachen alle schlecht. Das erforderliche Niveau der Sprachfertigkeit einer Person hing von deren Status und Beruf ab. Ein Bauer, der den Boden bearbeitete, brauchte eine oder zwei Sprachen, während ein Händler, der mit der breiten Bevölkerung handelte, mehrere Sprachen beherrschen musste.

Häufig gibt es eine Lingua franca, eine Sprache der interethnischen Kommunikation, die von der gebildeten Öffentlichkeit genutzt wird. Im Mittelalter war eine der Sakralsprachen wie Latein oder Arabisch die Lingua franca. Im frühneuzeitlichen Europa war es Französisch, die Sprache des größten und mächtigsten Staates in Europa. Im 19. Jahrhundert, nach den Revolutionen von 1789 bis 1870, verlor Französisch diesen Status und wurde in Mitteleuropa von Deutsch und im Zarenreich von Russisch verdrängt. Im 20. Jahrhundert wurde Englisch zu einer weltweiten Lingua franca. Bei einer Di- oder Triglossie hing die Entscheidung für eine Sprache von den Umständen ab. Beispielsweise schützte Französisch polnische Adlige vor einer Russifizierung oder Germanisierung. Aber wenn sie ihre Überlegenheit über den Kleinadel unterstreichen wollten, wechselten sie kurzerhand zu Englisch.

Das sind alles Nuancen. Sie sollten uns nicht davon abhalten, zwei grundlegende Merkmale der vormodernen sprachlichen Situation zu erkennen: Erstens gab es kaum große Gebiete, die rein monolingual waren. Sogar in isolierten Bergdörfern in den Karpaten oder in Siedlungen in den Sümpfen Polesiens existierte die Sprache der Kirche Seite an Seite mit einem lokalen ruthenischen Dialekt. Zweitens wurde Sprache lange Zeit weder im Zusammenhang mit der Nationalität noch mit imperialer Loyalität gesehen. Der ukrainische Separatist Wassyl Kapnist schrieb 1783 seine *Ode an die Sklaverei* auf Russisch. Der russische (und polnische) Adel sprach am Vorabend des Krieges mit Napoleon Französisch. Der größte ukrainische Dichter Taras Schewtschenko führte sein Tagebuch auf Russisch. Ein anderer großer ukrainischer Dichter, Iwan Franko, schrieb seiner Geliebten, der Tochter eines griechisch-katholischen Priesters, auf Deutsch.

Vormoderne Obrigkeiten interessierten sich in der Regel kaum dafür, welche Sprache ihre Untertanen sprachen – viel wichtiger waren ihnen die Abgaben an den Fiskus und Rekruten für die Armee.

Die moderne Gesellschaft ist anspruchsvoller. Wenn die Bauern von gestern imstande sein sollen, in einer Fabrik zu arbeiten oder in der Armee zu kämpfen, so brauchen sie ein Grundwissen, und Bildung sollte in einer einzigen Sprache angeboten werden, die ohne Weiteres von den Studierenden verstanden wird. Diese Ansprüche bieten Dialekten die Chance, sich zu standardisierten Sprachen zu entwickeln. Neben diesen pragmatischen Anforderungen spielen ideologische Überlegungen ebenfalls eine Rolle. Das 19. Jahrhundert war eine Zeit der sozialen Emanzipation, der Geburt der Massenpolitik und neuer Ideologien. Jedes dieser Projekte erforderte die Loyalität der Massen, und Loyalität braucht eine emotionale Bindung: Es fällt schwer, unter Zwang eine Zuneigung zu entwickeln. Hier treten erneut Dialekte auf den Plan. «Hochsprachen» sind wichtig für kognitive Veränderungen, indem sie den Bauern von gestern und deren Kindern die Fähigkeit vermitteln, in abstrakten Begriffen zu denken, damit sie moderne Technologien beherrschen oder bei Wahlen abstimmen. Aber die emotionale Bindung gilt immer noch der traditionellen, mündlichen Sprache, der Sprache, die sie zuhause als Kinder gehört haben.

Das 19. Jahrhundert war eine Ära der sprachlichen und politischen Umwälzungen. Die Romantik verlieh diesem Umbruch eine geradezu heilige Dimension. Die Romantiker waren überzeugt, dass die bäuerliche Kultur, die von der Zivilisation noch unverdorben war, eine tiefe, uralte Weisheit und Wahrheit barg. Der weitgehend bäuerliche Charakter des Ukrainischen verlieh ihm in den Augen europäischer Romantiker einen höheren Status. Das erklärt, weshalb die Begründer der neuen ukrainischen Literatursprache, trotz eines Mangels an Ressourcen und trotz der Probleme des sprachlichen Wettbewerbs, relativ problemlos die Hindernisse auf ihrem Weg überwinden konnten: Der frische Wind füllte ihnen die Segel. Während der Romantik erschienen Grammatiken, Wörterbücher und Lehrbücher in der Landessprache. Und vor allem tauchten auch Nationaldichter auf. Diese Nationaldichter hatten alle einen Zug gemeinsam: Sie kannten die Bauernsprache gut, sei es, weil sie aus Familien von Bauern oder Dorfpriestern stammten, sei es, weil sie von bäuerlichen Ammen aufgezogen wurden, die sie mit traditionellen Schlafliedern in den Schlaf wiegten und ihnen Märchen erzählten. Auf jeden Fall beherrschten sie diese Sprache fließend.

Die Sprache, die diese Dichter benutzten, war nicht exakt die Bauernsprache. Der mündlichen Kultur der traditionellen bäuerlichen Gesellschaft fehlten gewisse Begriffe, um komplexe Empfindungen und Gedanken auszudrücken. Zum Beispiel wussten Bauern, dass man einem Bettler an der Kirche Almosen geben soll und dass man einem Gast etwas zu Essen und einen Platz zum Bleiben anbieten soll, aber sie kannten die Wörter «Opfer» und «Gastfreundschaft» nicht. Die abstrakten Begriffe mussten aus den Sprachen der hohen Kultur entlehnt oder geformt werden. Deshalb sind moderne Sprachen an sich synkretistisch – sie werden aus mehreren Quellen geschaffen. Schewtschenko schuf seine Sprache auf der Basis dreier ukrainischer Dialekte (südöstlich, nördlich und nordwestlich), kirchenslawischer Elemente und dem sprachlichen Material früher, ukrainischer literarischer Werke. Die Qualität der Synthese war ausschlaggebend; sie sollte für ein ungeübtes Ohr melodisch klingen. Wenn die Bauern Schewtschenkos Gedichte hörten, mochten sie sie nicht ganz verstehen. Aber sie hörten nie auf zu staunen: Wie konnte so etwas in ihrer Sprache existieren?

Nationale Aktivisten behaupten, die Sprache sei der Kern der nationalen Identität, in der Überzeugung, sie verschlüssele den kulturellen Code und das historische Gedächtnis der Nation. Der Wechsel zu einer anderen Sprache gilt als die schwerste Sünde. Im Jahr 1869 schrieb der ukrainische Dichter Sydir Worobkewytsch:

Heimische Sprache, heimisches Wort!
Wer immer dich vergisst,
Hat in der Brust einen Stein
Anstelle eines Herzens.

Aufgrund der Tatsache, dass in Mittel- und Osteuropa weit mehr Sprachen als Nationen vorhanden waren, drehte sich die Nationsbildung unweigerlich um die Frage: Welche Sprache ist es wert, eine Landessprache zu werden? Es gab viele Kandidaten, wenig Preise und die Entscheidung war ein Nullsummenspiel: Ich gewinne, du verlierst. Eben deshalb war die Sprachenfrage besonders akut und emotional aufgeladen. Hetman Pawlo Skoropadskyj, selbst ein Mann der russischen Kultur und Kritiker der «galizischen [d. h. ukrainischsprachigen] Ukraine», schrieb, dass die zaristischen russischen Emigranten in Kyjiw im Jahr 1918 nichts so sehr hassten wie die ukrainische Sprache.

Wenn eine Sprache Landessprache werden soll, muss sie auf allen Ebenen funktionieren, von unten bis oben, einschließlich gelehrter Arbeiten. Die deutschsprachige Elite machte sich über die Versuche der Polen lustig, in Lwiw eine polnische Universität zu gründen: Obwohl es gute polnische Literatur gab, würden nur Amateure Polnisch in wissenschaftlichen Artikeln verwenden. Dennoch gründeten die Polen erfolgreich eigene Universitäten und technische Hochschulen. Als die Ukrainer dann versuchten, in Lwiw ihre eigene Universität zu eröffnen, benutzten die Polen genau das gleiche Argument wie die Deutschen: Ukrainisch mochte zwar eine reiche volkstümliche Literatur haben, doch es konnte keinesfalls eine wissenschaftliche Terminologie wiedergeben!

Alle diese Sprachenstreite und Kränkungen drehten sich um eine Schlüsselfrage: Konnte Ukrainisch eine Sprache der Moderne werden? Das war keine sprachwissenschaftliche Frage, sondern eine rein politische. Im Prinzip kann jede Sprache mit geeigneter Anstrengung und Unterstützung die Anforderungen einer modernen Gesellschaft erfüllen. Der Staat übernahm die Rolle des Schiedsrichters in dieser Angelegenheit. Bis zu seinem Ende lautete die offizielle Linie des russischen Zarenreiches: «Die ukrainische Sprache hat niemals existiert, existiert nicht und wird auch nie existieren.»

Historiker streiten sich darüber, ob die Entscheidung, den Gebrauch der ukrainischen Sprache in der Öffentlichkeit zu verbieten, eine strategische Entscheidung oder einfach eine Reaktion auf die veränderten Bedingungen nach dem polnischen Aufstand von 1863 war. Die Antwort darauf ergibt sich, wenn man eine breitere Perspektive einnimmt. Im russischen Zarenreich wurde nicht nur die moderne («bäuerliche») ukrainische Sprache unterdrückt, sondern auch die beiden früheren: die ukrainische Fassung des Kirchenslawischen und das Ruthenische. Die russischen Behörden wollten auf keinen Fall eine der drei historischen ukrainischen Sprachen zu einer Sprache der Verwaltung, Bildung oder Kirche aufsteigen lassen. Folglich war es eine strategische Entscheidung: den Ukrainern eine eigene Sprache zuzugestehen, konnte zu einem ukrainischen Separatismus führen. Und in Anbetracht der Bedeutung der Ukraine im imperialen System hätte dies das Ende des Reiches selbst heißen können.

Im Habsburger Reich zählte Ruthenisch (wie es in Österreich-Ungarn hieß) zu den 14 Amtssprachen. Verglichen mit den anderen war es jedoch wie ein historisches Überbleibsel, das sich für moderne Anforderungen kaum eignete. Sogar der ruthenische griechisch-katholische Klerus sprach privat hauptsächlich Polnisch! Eine andere Frage war die Nutzung einer «etymologischen Rechtschreibung», nach der die Schreibweise eines Wortes nicht mit der Aussprache übereinstimmte (vergleichbar mit dem Fall des Englischen und Französischen). In den Augen der österreichischen und polnischen Eliten war die ruthenische Sprache deshalb dem Russischen verdächtig ähnlich, das ebenfalls eine etymologische Rechtschreibung verwendete. Und damit stand die Loyalität der ruthenischen Untertanen im Fall eines österreichisch-russischen Krieges infrage. Als Folge wurde Ruthenisch jahrelang zum Gegenstand von Rechtschreibkriegen. Es gab Versuche, das lateinische Alphabet einzuführen, um sich so weit wie möglich vom Russischen zu distanzieren. Die stärker ukrainisch orientierte ruthenische Elite fing an, eine vereinfachte phonetische Schreibweise zu verwenden, nach dem Grundsatz: «Schreib, was du hörst, und lies, was du siehst.» Die Auseinandersetzung zwischen etymologischer und phonetischer Schreibweise war ein Ringen zwischen Tradition und Moderne. In Galizien wurde von einem russophilen Großvater berichtet, der seinen Enkel mit einem Stock zu Tode prügelte, als er ihn beim Lesen einer Zeitung in phonetischer Schrift ertappte. Im Jahr 1890 drängte Wien auf eine Einigung zwischen den polnischen und ukrainischen Fraktionen, weil die Regierung sich bemühte, interne Streitigkeiten in Vorahnung eines potenziellen Krieges gegen Russland aus der Welt zu schaffen. In der Einigung wurde der phonetischen Schreibweise ein offizieller Status gewährt.

Polnische Beamte benutzten weiterhin den veralteten Begriff «Rus» und behaupteten, Ukrainisch selbst sei eine bolschewistische Erfindung. Nein, die Bolschewiki erfanden keineswegs Ukrainisch. Sie benutzten jedoch Schewtschenkos Dichtung für revolutionäre Propaganda und stellten das zaristische Verbot des Ukrainischen als weiteren Grund dar, das Regime zu bekämpfen. Die Revolution von 1917 und der nationale Befreiungskampf führten zu einer erstaunlichen Ausdehnung des Gebrauchs der ukrainischen Sprache. Zum ersten Mal wurde Ukrainisch die Sprache des Regierungsapparats. Selbst die Niederlage des ukrainischen nationalen Befreiungskampfes von 1917 bis 1920 hielt diese Entwicklung nicht auf, weil es die Sprache des revolutionären Bauernelements war, die die bolschewistische Regierung nicht missachten durfte. Schon vor der offiziellen Ukrainisierungspolitik der 1920er Jahre verlangte Lenin, dass alle Militäreinrichtungen der Roten Armee in der Ukraine Übersetzer aus dem Russischen ins Ukrainische hätten. Und während der Ukrainisierung schrieb der revolutionäre, bolschewistische Dichter Wladimir Majakowskij:

> Ich sage mir selbst: Genosse Moskowiter,
> Spotte nicht über die Ukraine.
> Lerne diese Sprache von ihren roten Bannern,
> Diese ebenso majestätische wie simple Sprache:
> «Völker, hört die Signale! Auf zum letzten Gefecht ...»

(Die letzte Zeile ist im Original ein Zitat aus einer ukrainischen Übersetzung der «Internationalen».)

Die 1920er Jahre markieren einen Höhepunkt in der Entwicklung der ukrainischen Sprache. Die offizielle Ukrainisierung von oben und die inoffizielle Ukrainisierung von unten bewirkten gemeinsam, dass Ukrainisch zu einer modernen Sprache wurde. Doch selbst an diesem Höhepunkt stieß die Entwicklung an eine Glasdecke. Sie wurde in den großen Städten nie allgemein akzeptiert. Das hätte mehrere Generationen gedauert, doch die Ukrainisierung hielt kaum ein Jahrzehnt lang an. Außerdem gelangte Ukrainisch nie bis in die höchsten Ebenen des Sowjetregimes: die bolschewistische Elite, die Sicherheitsorgane oder die Armeeführung.

Als die Ukrainisierung in den 1930er Jahren eingeschränkt wurde, verlor die ukrainische Sprache erneut an Bedeutung. Die Politik des Zarenreichs und der Sowjetunion kann man definitiv einen sprachlichen Völkermord nennen. An manchen Punkten ging er einher mit einem physischen Genozid. Es ist bemerkenswert, dass ein beträchtlicher Anteil der Völker, die nicht länger ihre traditionelle Sprache sprechen, ebenfalls Nationen sind, die eine Massenhungersnot überlebten, darunter die Iren, Kasachen und Ukrainer. Die meisten Gründer und Unterstützer der Ukrainisierung wurden im Zuge des stalinistischen Terrors getötet. Die verborgenen Grenzen der Ukrainisierung der 1920er Jahre wurden zu den festen Grenzen der sowjetischen Folterkammern und Lager in den 1930ern. Nicht nur Ukrainer litten unter der stalinistischen Repression, auch die ukrainische Sprache. Laut den «Rechtschreibreformen» von 1933 wurden die meisten Elemente und Merkmale, die Ukrainisch von Russisch unterschieden, entfernt. Dazu zählte die Abschaffung des ukrainischen Buchstabens für den harten Laut «g», den es im russischen Kyrillisch nicht gab, sowie Änderungen bei der Transliteration, etwa die Bestimmung, dass der deutsche Diphthong «ei» künftig so umgeschrieben werden sollte, dass er eher russisch als deutsch klang (aus Einstein würde etwa Ejnstejn).

Nach Stalins Tod war die Bildungsreform, die das Pflichtfach Ukrainisch an Schulen innerhalb der Ukraine abschaffte, der nächste schwere Schlag für das Ukrainische. Russisch blieb obligatorisch. Tatsächlich war das eine Todesstrafe für die Sprache. Ukrainisch wurde schrittweise aus allen Bereichen des modernen Lebens verdrängt, als die sowjetische Modernisierung ihren Höhepunkt erreichte: Die Ukraine wurde zum ersten Mal zu einer urbanisierten Gesellschaft, die Pflicht zur weiterführenden Bildung wurde eingeführt, und neue Kommunikationsmittel wie Rundfunk und Fernsehen kamen auf. Wer in der sowjetischen Ukraine städtisch, gebildet und erfolgreich sein wollte, musste fasst automatisch russischsprachig sein.

Von den 1960er bis in die 1980er Jahre erlangte Russisch den inoffiziellen Status der «normalen» Alltagssprache in der sowjetischen Ukraine. Eine Redewendung bekam man immer wieder zu hören, wenn jemand in der Öffentlichkeit, im Bus oder in Bibliotheken Ukrainisch sprach: «Sprechen Sie wie ein Mensch!» Als würde die ukrainische Sprache nicht von Menschen gesprochen!

Zur Zeit Breschnews scherzten die Leute, dass in Kyjiw nur Akademiker und Putzkräfte Ukrainisch sprächen. Die Akademiker, weil sie mussten, und die Putzkolonnen, weil sich niemand darum scherte. Für alle anderen galt, eine normale berufliche Laufbahn in der sowjetischen Ukraine erforderte den Gebrauch der «normalen» Sprache, also des Russischen.

Die ukrainische Sprache starb aus, gemäß dem offiziellen Prinzip, dass unter dem Kommunismus die Nationen verschwinden werden. Wenn das sowjetische Regime noch eine Generation länger Bestand gehabt hätte, wäre sie womöglich ganz ausgestorben.

Der Zusammenbruch der UdSSR und die Erklärung der ukrainischen Unabhängigkeit warfen das Thema Sprache von Neuem auf: Ein Nationalstaat braucht eine Landessprache. Die Ukraine hatte im Oktober 1989 Ukrainisch zur Amtssprache erklärt. Das geschah unmittelbar nach dem Rücktritt des letzten Mohikaners von Breschnew, Wladimir Schtscherbyzkij, der in der Ukraine einen Kurs der aktiven Russifizierung verfolgt hatte. Im Jahr 1996 wurde der Status des Ukrainischen als Amtssprache in der Verfassung verankert.

In der unabhängigen Ukraine steht der Status des Ukrainischen als Amtssprache nicht infrage. In diesem Punkt herrscht Konsens. Der Streit dreht sich um den Status des Russischen. Obwohl die meisten

Bewohner des jungen ukrainischen Staates Ukrainisch als ihre Muttersprache nennen, geben sie an, häufiger Russisch zu sprechen (im Jahr 1991 57 Prozent). Viele forderten die Anerkennung von Russisch als zweiter Amtssprache.

In der Theorie sollte das kein Problem sein. Irland und Kanada haben beide zwei offizielle Landessprachen. Belgien und Luxemburg haben drei, Singapur hat vier, Südafrika dreizehn und Bolivien mehr als 37. Länder mit mehr als einer Amtssprache haben in der Regel eine Geschichte der Kolonialisierung: Eine Sprache ist die Sprache der Metropole, und die anderen sind lokale Sprachen. Die Ukraine war eine Kolonie, allerdings eine merkwürdige. Weder den irischen noch den kanadischen Eliten, geschweige denn denen Singapurs oder Boliviens war es erlaubt, im imperialen Zentrum zu regieren, und ihr Einfluss auf die Sprache des Reichs war allenfalls minimal. Im Gegensatz dazu wurden Ukrainer während zwei separater Phasen in die Nähe des Machtzentrums gelassen: einmal im 18. Jahrhundert und erneut nach Stalins Tod. Deshalb war ihr Einfluss auf die Entstehung der Sprache und Kultur des russischen Zarenreichs und der UdSSR recht bedeutend. Andererseits wurde die ukrainische Sprache sowohl im Zarenreich als auch in der UdSSR systematisch unterdrückt und aus der öffentlichen Sphäre verdrängt. Deswegen ist sie eher mit dem Fall des Irischen innerhalb des Britischen Empires vergleichbar. Im Gegensatz zum Irischen blieb Ukrainisch jedoch für einen großen Teil der Bevölkerung die Sprache des Alltags.

Also begannen die Ukrainer im russischen und später sowjetischen Reich als Schotten und endeten als Iren. Russischsprachige in der Ukraine drohten, den gleichen Weg von Loyalität zu Separatismus zu gehen, wenn ihre Sprache nicht als Amtssprache anerkannt werde. Offiziell forderten sie die Etablierung der Zweisprachigkeit. In der Realität verlangten sie die Bewahrung der Einsprachigkeit in den Regionen, in denen sie die Mehrzahl bildeten: im industrialisierten Osten und Süden der Ukraine. Ironischerweise hätten die Bewohner dieser Regionen, wenn sie wirklich eine Zweisprachigkeit gewollt hätten, nur Ukrainisch lernen müssen – ukrainische Muttersprachler konnten bereits Russisch!

Die Ukraine wird für gewöhnlich als ein zweisprachiges Land bezeichnet, und es heißt, die Spaltung in den ukrainischsprachigen Westen und den russischsprachigen Osten sei schuld an dem hohen Maß an politischen Konflikten. Dabei ist die sprachliche Situation in der Ukraine in Wirklichkeit viel komplizierter als eine Spaltung in Sprecher des Ukrainischen gegen Sprecher des Russischen. Ein beträchtlicher Teil der Bevölkerung benutzt regelmäßig sowohl Russisch als auch Ukrainisch oder eine Mischung der beiden, die man *Surschyk* nennt. Mit Ausnahme der Krim herrschte in der Ukraine nie eine sonderlich starke sprachliche Trennung. Sogar im weitgehend russischsprachigen Donezk geben mehr Menschen ihre Nationalität als ukrainisch statt russisch an (und noch mehr beanspruchten eine hauptsächlich Donezker Identität). In dem Streben nach Macht zog die Elite aus Donezk nach Kyjiw, und jeder russischsprachige Präsident lernte Ukrainisch, sobald er an die Macht kam.

In der unabhängigen Ukraine hängen Sprache und nationale Identität nicht zwangsläufig miteinander zusammen. Für Ukrainisch-Sprecher sind sie miteinander verknüpft, aber nicht für Russisch-Sprecher: Die meisten Russisch-Sprecher betrachten sich als Ukrainer, nicht als Russen. Es trifft zu, dass soziologische Forschungen vor dem Krieg zeigten, dass Russisch-Sprecher insgesamt weniger Wert auf die ukrainische Unabhängigkeit legten, dass ihre Bereitschaft, sie zu verteidigen, geringer war, dass sie eine nicht ganz so negative Haltung gegenüber Russland als Aggressor hatten und eher dazu bereit waren, Ukrainer und Russen als eng verwandt oder sogar als ein Volk zu betrachten. Diese Unterschiede zwischen Ukrainisch- und Russisch-Sprechern sind jedoch eher quantitativ als qualitativ. Es gibt unter den Russisch-Sprechern keine prorussische Mehrheit. Im Gegenteil, die meisten betrachten sich als Teil der ukrainischen Tradition und haben gegenüber Putin eine negative Einstellung.

Sergej Lojko ist ein russischer Journalist für die *Los Angeles Times*, der über den Krieg im Donbass berichtete. Im Jahr 2014 fand er sich am heißesten Punkt des Krieges wieder: in der Schlacht um den Flughafen von Donezk. In einem Interview beschrieb er die Schlacht als eine Szene aus dem *Herrn der Ringe*, in der das «absolut Gute» das «absolut Böse» bekämpfte. Er merkte noch an, dass beide Seiten fast ausschließlich auf Russisch kommunizierten, und kommentierte, dass die ukrainischen Soldaten tendenziell ein reineres, gebildeteres Russisch sprächen.

Die überwältigende Mehrheit der Ukrainer betrachtet die Sprache nicht als das gesellschaftliche Hauptthema in dem Land. Zwei Faktoren haben zur Steigerung der Spannung in der Sprachenfrage beigetragen: Erstens hat die Frage der Sprache starke emotionale Bindung und spricht eher das Herz als den Kopf an. Damit eignet sie sich hervorragend für politische Manipulation, vor allem während Wahlen. Der zweite Faktor ist Russland: Die französische Sprache hätte sich in Quebec wohl kaum frei entfalten können, wenn Frankreich jemals in Kanada einmarschiert wäre!

Bis vor kurzem erschien die sprachliche Situation in der Ukraine wie ein Patt. Diejenigen, die für Russisch den Status einer Amtssprache forderten, drohten, dass die Ukraine sonst zerfallen werde. Und die Gegner wiederum waren überzeugt, dass die Ukraine zerfallen werde, wenn Russisch der Rang einer Amtssprache gewährt würde.

Historisch gesehen war die Ukraine nie einsprachig, und die große Frage ist jetzt, ob sie zweisprachig bleiben wird und wenn ja, wie lange. Eine Möglichkeit wäre eine dreisprachige Ukraine, in der Englisch zur Voraussetzung für eine erfolgreiche Berufslaufbahn wird. Die Leute hätten gegen diese Lösung nichts einzuwenden. Laut soziologischen Umfragen in der unabhängigen Ukraine mochten sich die Ukrainer um die beste Sprache für den Unterricht streiten, doch es herrscht breiter Konsens, dass Englisch die zweite obligatorische Sprache sein sollte.

Russisch hat nicht zuletzt wegen seines Rangs als Weltsprache seine Stellung in der Ukraine halten können. Im Lauf der letzten zwei Jahrhunderte hat Russisch dank der staatlichen Unterstützung und mit der Entwicklung der russischen Kultur im 19. Jahrhundert sowie dem Export des Kommunismus im 20., den Sprung von einer Provinzsprache zu einer Sprache der Weltkultur geschafft. Für viele Ukrainer war Russisch die Eintrittssprache in die weite Welt, und das förderte seine Ausbreitung und Popularität.

Nach dem Zusammenbruch der UdSSR verlor Russisch allmählich seinen Status als Weltsprache. Schätzungen belegen, dass die Zahl der russischen Muttersprachler außerhalb Russlands kontinuierlich abnimmt und Russisch schon bald nicht mehr zu den zehn weltweit am meisten gesprochenen Sprachen zählen wird.

Im Jahr 2000 gaben noch die meisten Ukrainer Russisch als ihre Hauptkommunikationssprache an. Im Jahr 2002 hatte Ukrainisch bereits Russisch eingeholt und der Anteil der Ukrainisch-Sprecher steigt seither stetig an, insbesondere nach dem Euromaidan und dem russischen Angriff. Es gibt demographische Veränderungen, die diese Zahl beeinflussen, darunter das Auftreten einer Generation, deren Bildung vollständig nach der ukrainischen Unabhängigkeit erfolgte, und die Unmöglichkeit, Russisch-Sprecher im Donbass und auf der Krim zu befragen. Das sinkende Prestige der russischen Sprache ist jedoch ein weiterer Faktor. Das heutige Russland hat der Welt nichts als Gas und Krieg zu bieten. Wie Hugh Laurie scherzte, taugt selbst der russische Wodka nur noch zum Putzen des Ofens.

Russland hat seine Chance zur Modernisierung verpasst, und damit hat die russische Sprache ihren Rang als Sprache der Modernisierung verloren. Außerdem ist Russisch, im Gegensatz zu Englisch, Spanisch, Deutsch und Französisch, nicht zu einer Sprache der Demokratie geworden – es gibt keinen Staat mit Russisch als Landessprache, der als Demokratie eingestuft wird.

Die unabhängige Ukraine ist womöglich das letzte Land gewesen, in dem Russisch eine Chance hatte, eine Sprache der Demokratie zu werden. Unmittelbar nach dem Sieg des Euromaidan 2014 gab es Aufrufe, ein eigenes ukrainisches Russisch offiziell anzuerkennen, mit seinen unzähligen Entlehnungen aus dem Ukrainischen, die es von dem in Russland gesprochenen Russisch abhoben. Die Idee wurde nie weiterverfolgt.

Putin erklärte unter dem Vorwand, die russischsprachige Bevölkerung der Ukraine zu schützen, den Krieg, doch die Realität sieht ganz anders aus. Der Krieg wird hauptsächlich in den russischsprachigen Teilen des Landes geführt, und während Putin und die russische Armee behaupten, sie würden die russischsprachige Bevölkerung beschützen, vernichten sie sie systematisch. Russische Angriffe und Bombardements von Mariupol, Odessa, Charkiw und Cherson töten Menschen und zerstören deren Häuser. Sie zerstören auch den Sonderstatus der russischen Sprache und Kultur in der Ukraine. Ein Jahr nach der umfassenden Invasion erklären 45 Prozent der Leute, die sich als russischsprachig oder bilingual identifizierten, dass sie jetzt verstärkt Ukrainisch sprächen. Insgesamt geben 22 Prozent der Menschen an, häufiger Ukrainisch zu sprechen.

Krieg ist ein großer Katalysator und macht Unmögliches möglich. Das gilt mit Sicherheit für die Sprachenfrage in der Ukraine, die sich schlicht in Luft auflöst, während die Kolonialgeschichte der Ukraine im Feuer des derzeitigen Krieges verbrennt.

Höchstwahrscheinlich ergeht es der russischen Sprache in der Ukraine genauso wie dem Ungarischen in der Slowakei und dem Deutschen in Polen nach dem Zweiten Weltkrieg: Sie wird ihre Sonderstellung verlieren und zu einer Minderheitssprache unter vielen absinken. Und so wird Russisch eben jenes Schicksal erleiden, das russische und sowjetische Regierungsvertreter versuchten, dem Ukrainischen aufzuzwingen. Die Geschichte liebt das Paradox.

AUSBLICK

Die unabhängige Ukraine

◇◇◇◇◇◇◇◇◇◇◇◇◇◇◇◇◇◇◇◇◇◇◇◇◇◇◇◇◇◇

Ereignisse

Zu Beginn der 1990er Jahre wurde der Zerfall der UdSSR zum wichtigsten Beitrag der Ukraine zur Weltgeschichte. Zwar war der Kommunismus gescheitert, doch hätte die Sowjetunion ohne die baltischen und die kaukasischen Republiken weiterexistieren können. Nach der Proklamation der Unabhängigkeit der Ukraine war das jedoch nicht mehr möglich; ohne die Ukraine hatte die Sowjetunion ihren Daseinszweck verloren.

Das Erscheinen der unabhängigen Ukraine wird mitunter auf eine Stufe mit den beiden anderen wichtigsten Ereignissen der Geschichte des 20. Jahrhunderts gestellt: dem Ersten und dem Zweiten Weltkrieg. Der Austritt der Ukraine aus der Union der Sowjetrepubliken setzte der globalen Supermacht ein Ende, die nach dem Ersten Weltkrieg entstanden und nach dem Zweiten Weltkrieg immer weiter erstarkt war und die schließlich die Welt mit einem Dritten Weltkrieg bedroht hatte.

Die Unabhängigkeitserklärung der Ukraine war der letzte Akt im Drama der antikommunistischen Revolutionen der Jahre 1989–1991. Revolutionen werden mitunter «Zeiten des schönen Wahns» genannt. Der Untergang des Kommunismus verführte die Menschen zum Glauben, die Geschichte sei zu einem glücklichen Ende gelangt. Das jedenfalls war es, was Francis Fukuyama 1989 in einem breit diskutierten Artikel und 1992 in seinem Buch *Das Ende der Geschichte* vortrug. Er stützte sich dabei auf Hegels Geschichtsphilosophie, wonach die Geschichte eine Bedeutung habe und diese in der graduellen Befreiung der Menschheit von verschiedenen Formen der Unterdrückung bestehe. Zu dieser Folgerung war Hegel unter dem Einfluss der

Französischen Revolution von 1789 und der Haitianischen Revolution von 1791 gelangt – Letztere war der erste erfolgreiche Sklavenaufstand der Neuzeit. Genau 200 Jahre später markierte der Sieg der westlichen liberalen Demokratie über den Kommunismus den Höhepunkt der Geschichte: Sie sei damit zu Ende, weil es niemanden mehr gebe, der befreit werden müsse. Kleinere Konflikte würden zwar nicht verschwinden, aber es würde keine großen Kriege mehr geben. Das Leben würde damit zwar eintöniger, aber dafür bequem und sicher.

An der Wende der 1980er zu den 1990er Jahren zeigte sich erneut, dass die ukrainische eng mit der Weltgeschichte verknüpft war. Doch dieses Mal war die Verbindung von starkem Optimismus gekennzeichnet. Im Jahr 1990 veröffentlichte die Deutsche Bank eine Einschätzung des ökonomischen Potenzials aller 15 Sowjetrepubliken. Dabei wurden verschiedene Indikatoren herangezogen: Niveau der Industrialisierung und der landwirtschaftlichen Entwicklung, Bildungsniveau der Bevölkerung, natürliche Ressourcen und so weiter. Die Ukraine wurde dabei als die Republik mit dem größten ökonomischen Potenzial eingestuft.

Hinzu kam, dass die Ukraine über die Grundlagen verfügte, sich den weltweit einflussreichsten Akteuren anzuschließen: Sie hatte nach dem Zusammenbruch der Sowjetunion ein nicht unerhebliches Arsenal an Nuklearwaffen geerbt, das sie nach den USA und Russland zur drittgrößten Atommacht der Welt machte. Nach ihrem Territorium war sie das größte Land Europas und nach der Bevölkerungszahl nur wenig kleiner als das Vereinigte Königreich, Italien oder Frankreich. Auch im russischsprachigen Süden und Osten der Ukraine wurde die Unabhängigkeit von großen Erwartungen befeuert und stark unterstützt.

Doch die «15 Minuten Ruhm» der Ukraine waren schnell wieder vorbei. Die hohen Erwartungen wichen tiefer Desillusionierung. Die alte sowjetische Wirtschaftsbasis des Landes bröckelte, viele Fabriken mussten schließen, Massenarbeitslosigkeit griff um sich und trieb Millionen Ukrainer unter die Armutsgrenze. Während das Nachbarland Polen den Schock schneller, tiefgreifender Reformen erfolgreich bewältigte, erlebte die Ukraine den gegenteiligen Schock der ausbleibenden Reformen. Im Jahr 1993 betrug die Jahresinflationsrate 4735 Prozent (im Dezember 1993 stellte sie mit 10 200 Prozent gegenüber dem Vorjahresmonat den Weltrekord auf).

Bald darauf verlor die Ukraine noch einen weiteren wichtigen Vorteil – ihren Status als eine der größten Atommächte. Von Russland und den Vereinigten Staaten unter Druck gesetzt, erklärte sich Kyjiw mit der nuklearen Abrüstung des Landes einverstanden. Im Dezember 1994 unterzeichnete die ukrainische Regierung gemeinsam mit dem Vereinigten Königreich, der Russischen Föderation und den Vereinigten Staaten das Budapester Memorandum. Darin erkannten die Vertragsparteien die Unabhängigkeit, Souveränität und Grenzen der Ukraine an; im Gegenzug verzichtete die Ukraine auf ihren Status als Nuklearmacht.

Das Land geriet jedoch in eine schwere politische Krise. Aus drei wichtigen politisch aktiven Gruppen, die früher Verbündete gewesen waren – die rechtszentrischen Nationaldemokraten, die ukrainischen Kommunisten und die Bergarbeiter im Donbass –, waren Feinde geworden. Die neue ukrainische Elite bestand aus einer Mischung der beiden erstgenannten Gruppierungen, den Kommunisten und den Nationaldemokraten. Sie stand vor einer großen Herausforderung: Wie baut man einen Staat auf, dem sich weite Teile der Bürgerinnen und Bürger nicht zugehörig fühlen?

Vor diesem Problem hatten auch schon viele andere junge Nationalstaaten gestanden. Nach der Vereinigung Italiens im Jahr 1861 erklärte ein italienischer Politiker: «Italien haben wir gemacht, jetzt müssen wir Italiener machen.» Ähnlich verhielt es sich mit der Ukraine: Ihre Elite hatte die Ukraine «gemacht», jetzt musste sie Ukrainer machen. Die Nachbarländer Russland und Polen standen nicht vor diesem Problem, weil ihre nationale Identität nicht infrage gestellt wurde. Sie konnten radikale Wirtschaftsreformen einleiten, ohne zuerst den Schritt der Nationalstaatsbildung unternehmen zu müssen.

Im russischsprachigen Osten provozierte die Nationalstaatsbildung Widerstand. Dort forderten die politischen Führer eine Föderalisierung des Landes und die Anerkennung des Russischen als zweite

Amtssprache. Im Sommer 1993 traten die Bergarbeiter im Donbass in Streik und trugen ihn auch nach Kyjiw. Unter diesem Druck beschloss das ukrainische Parlament, die Präsidentschaftswahl auf den Sommer 1994 vorzuverlegen. Die beiden Hauptkandidaten waren der amtierende Präsident Leonid Krawtschuk und sein früherer Ministerpräsident Leonid Kutschma. Krawtschuk wurde vor allem im ukrainischsprachigen Westen unterstützt, Kutschma dagegen vom russischsprachigen Osten. Die Tatsache, dass die politische Trennlinie mit den linguistischen und regionalen Grenzen grob übereinstimmte, machte die Situation besonders brisant. Ende 1993 prognostizierte die CIA, dass die Ukraine auf einen Bürgerkrieg zusteuere, mit dem verglichen die damaligen Jugoslawienkriege wie ein harmloser Parkspaziergang erscheinen würden. Einen Monat vor der Präsidentschaftswahl von 1994 veröffentlichte *The Economist* einen Artikel mit der alarmierenden Überschrift «Ukraine: Geburt und möglicher Tod eines Landes».

Um diese Zeit erlebte auch Russland eine tiefe Krise. Die radikalen Wirtschaftsreformen waren nicht so erfolgreich verlaufen wie in Polen, und die russischen Demokraten konnten keine breite Unterstützung durch die Bevölkerung mobilisieren, wie es der antikommunistischen Oppositionsbewegung in Polen gelungen war. Im Dezember 1992 lehnte das russische Parlament die Ernennung von Jegor Gajdar, dem «Vater der Wirtschaftsreformen» zum Ministerpräsidenten ab. Präsident Jelzin reagierte mit der Auflösung der Staatsduma und ordnete Neuwahlen an, woraufhin das Parlament ein Amtsenthebungsverfahren gegen Jelzin einleitete. Der rückte mit Truppen und Panzern vor das Parlamentsgebäude und ließ es unter Beschuss nehmen. Anfang Oktober 1993 starben mehrere Hundert Personen bei Zusammenstößen auf den Straßen und Plätzen Moskaus.

Im Unterschied zur russischen Krise wurde die ukrainische politische Krise ohne Blutvergießen beigelegt. Krawtschuk verlor die Wahl, und die Macht ging friedlich an Kutschma über. Das Ereignis markierte einen entscheidenden Augenblick auf den auseinanderstrebenden politischen Wegen der Ukraine und Russlands. Wie der russische Historiker Dmitrij Furman schrieb, hatten die Ukrainer den Demokratietest erfolgreich bestanden, die Russen jedoch nicht. Und es muss auch darauf hingewiesen werden, dass die Ukrainer den Test sozusagen «auf nüchternen Magen» bestanden, weil die wirtschaftliche Situation der Ukraine damals viel schlechter war als die Russlands.

Die Wahl von 1994 war ein entscheidender Moment für die Geburt der ukrainischen Demokratie. Sie zeigte, dass das Land einen erfolgreichen Mechanismus für den Machtübergang zwischen den herrschenden Eliten geschaffen hatte. Seit ihrer Unabhängigkeit hat die Ukraine sechs Präsidenten kommen und gehen sehen, Russland im selben Zeitraum jedoch nur drei – in Wirklichkeit sogar nur zwei, weil Putin auch während der Präsidentschaft Dmitrij Medwedews alle Hebel der Macht in den Händen behielt.

Von den sechs ukrainischen Präsidenten regierte Leonid Kutschma mit zwei Amtszeiten (Juli 1994 bis Januar 2005) am längsten. In den ersten Monaten seiner Amtszeit berief er ein Team von Reformern und leitete nötige Reformen ein. Vor dem Hintergrund günstiger Weltmarktbedingungen führte dies zu einem kontinuierlichen Wachstum der ukrainischen Wirtschaft, das von Ende 1990 bis zur Weltfinanzkrise im Jahr 2008 anhielt.

Kutschma war mit dem Versprechen gewählt worden, die Ukraine enger an Russland heranzuführen. Doch kaum war er im Amt, als er auch schon einen scharfen Kurswechsel einleitete. Er benutzte die ukrainische Sprache und schrieb sogar ein Buch mit dem Titel *Die Ukraine ist nicht Russland*. Zwar versuchte er, gute Beziehungen zu Russland aufrechtzuerhalten, richtete die Ukraine jedoch neu auf den Westen aus und erklärte die europäische Integration seines Landes zum Ziel.

Kutschmas Richtungswechsel war eine Reaktion auf das Verhalten Russlands. Seit den ersten Tagen der ukrainischen Unabhängigkeit hatten russische Politiker immer wieder darüber geklagt, dass die Ukraine Gebiete besitze, die historisch zu Russland gehörten. Der Kreml verhinderte aktiv, dass die Schwarzmeerflotte der Ukraine unterstellt wurde. Auf der Halbinsel Krim entstand eine Separatistenbewegung. Dank seines entschlossenen und friedfertigen Handelns schon in den ersten Monaten seiner Präsidentschaft gelang es Kutschma, den Konflikt für mehrere Jahre unter Kontrolle zu halten.

Kyjiw war erfolgreich, solange Moskau schwach war. Doch alles änderte sich, als Putin 1999 an die Macht kam. Schon 2003 eskalierte ein Streit zwischen beiden Ländern um die Schwarzmeerinsel Tusla beinahe zu einem bewaffneten Konflikt. Wir haben uns daran gewöhnt, Putin als Produkt des sowjetischen Geheimdienstes KGB zu sehen. Dabei vergessen wir jedoch, dass er seine politische Karriere auf der Seite der russischen Demokraten begann. Noch vor dem Zusammenbruch der UdSSR dachte man in dieser Bewegung darüber nach, was mit der Ukraine geschehen solle. Die vorherrschende Auffassung war, dass der Ukraine erlaubt werden solle, die Union zu verlassen. Doch diese Erlaubnis gründete auf dem Kalkül, dass sich der ukrainische Staat als nicht überlebensfähig erweisen und die Unabhängigkeit folglich nicht von Dauer sein würde. Früher oder später würde die Ukraine als Bittsteller und auf Knien liegend wieder an die Tore Russlands klopfen, das dann den Ukrainern härtere Bedingungen für die Wiedervereinigung diktieren würde.

Die Zeit verging, aber die Ukraine kehrte nicht zurück. Ganz im Gegenteil: Kutschmas erste Amtszeit (1994–1999) war eine Periode politischer und ökonomischer Stabilisierung der ukrainischen Unabhängigkeit. Bald nach Beginn seiner zweiten Amtszeit änderte sich dies jedoch. Im November 2000 veröffentlichte einer der Oppositionsführer die Tonbandaufzeichnung geheimer Gespräche in Kutschmas Büro, die Kutschmas Leibwächter Mykola Melnytschenko angefertigt hatte. Der sogenannte «Kassetten-Skandal» schien unter anderem zu zeigen, dass der ukrainische Präsident das von den USA gegen den Irak verhängte Waffenembargo verletzt und ein hochentwickeltes Radarsystem an den Irak verkauft habe. Ob es sich wirklich so verhielt, konnte nie bewiesen werden, aber der Vorfall belastete die Beziehungen zwischen der Ukraine und den USA schwer.

Manche Beobachter wähnten die Hand der russischen Geheimdienste hinter dem Skandal, aber Kutschma hatte auch eine Menge anderer Probleme. In seiner Regierungszeit konnte sich das Oligarchensystem fest in der Ukraine etablieren. Die meisten Oligarchen hatten ihr Vermögen durch persönliche Beziehungen zu den Institutionen in Moskau und Kyjiw gemacht. Die Korruption nahm derartige Dimensionen an, dass sie zu einer der Hauptsäulen der staatlichen Macht zu werden schien: Sie zu beseitigen, würde den Staat zusammenbrechen lassen. So konnten systemische Korruption, Missbrauch des Justizsystems und inoffizielle Zensur tiefe Wurzeln schlagen.

Im September 2000 verschwand der junge Journalist Heorij Gongadse spurlos. Er hatte mehrere Skandale recherchiert, in die die Regierung verwickelt schien. Ein paar Wochen später wurde seine enthauptete Leiche in einem Vorort Kyjiws gefunden. Melnytschenkos Tonbänder implizierten, dass Kutschma indirekt in die Ermordung Gongadses verwickelt gewesen sein könnte. Im Winter 2000/01 rollte eine Welle von Protesten unter dem Motto «Ukraine ohne Kutschma» über die Ukraine hinweg, die von den Ordnungsbehörden gewaltsam aufgelöst wurden. Zum ersten Mal entwickelte sich in der Ukraine eine revolutionäre Situation.

Kutschmas Geschichte ist die vieler autokratischer Herrscher. Sie kommen mit dem Versprechen an die Macht, die Forderungen nach Verbesserungen zu erfüllen. Und oft haben sie anfänglich Erfolg. Doch dann führt das Wirtschaftswachstum zum Aufstieg einer breiten Mittelschicht, die das autokratische Regime nicht mehr hinnehmen will und umfassende politische Freiheiten fordert. Hier wiederum zeigt sich ein Paradox: Zu politischen Protesten gegen die Regierung kommt es oftmals nicht, wenn sich die Wirtschaftslage verschlechtert, sondern wenn sie sich verbessert.

Die Ukraine war auf dem Weg in den Autoritarismus. Kutschma versuchte zwar nicht, die Ukraine linguistisch oder kulturell zu russifizieren, er versuchte dies aber in politischer Hinsicht, indem er russische Politikmuster kopierte. Wie Jelzin seine Macht direkt auf Putin übertrug, wollte Kutschma am Ende seiner zweiten Amtszeit die Macht an den Ministerpräsidenten Wiktor Janukowytsch weiterreichen.

Bevor er Ministerpräsident wurde, war Janukowytsch Gouverneur der Oblast Donezk gewesen. Er gehörte außerdem zur Führungsschicht des Donezk-Clans, der aus der Verschmelzung der lokalen Elite mit der kriminellen Unterwelt hervorgegangen war. Er war bereits zweimal zu Gefängnisstrafen verurteilt worden. Von den Einheimischen wurde der Clan auch «Donezk-Mafia» genannt. Der Donezk-Clan plante, die von Kutschma angeführte Dnipro-Gruppe zu verdrängen. Gegen Ende von Kutschmas Amtszeit zersplitterte sich die Dnipro-Gruppe, und Julija Tymoschenko, die ursprünglich zum Dnipro-Clan gehört hatte, übernahm in der Anti-Kutschma-Opposition die Führung. Abspaltungen wurden vom Donezk-Clan nicht toleriert. Der Boss der Donezk-Mafia, Rinat Achmetow, war der reichste Oligarch der Ukraine; er hatte sich nach der Ermordung seines Geschäftspartners Achat Bragin (1995) an die Spitze des Donezk-Clans gesetzt. Der Mord an Bragin war nur einer von mehreren, die den Kampf um Macht und Besitz im Donbass begleiteten. Die regionale Arbeiterbewegung war machtlos und zog sich aus der politischen Arena zurück.

Man kann sich kaum einen schlechteren Kandidaten für die Präsidentschaft vorstellen als Wiktor Janukowytsch. Kutschmas Motive, Janukowytsch als Nachfolger auszuwählen, sind nicht bekannt geworden. Er hätte sich auch für seinen früheren Ministerpräsidenten, den Ökonomen Wiktor Juschtschenko, entscheiden können, der die Finanzreformen von 1996 eingeleitet und die Staatspleite während der Krise von 1998 geschickt vermieden hatte. Juschtschenko hatte sich Kutschma gegenüber lange Zeit loyal verhalten und stimmte nur zögernd zu, die Führung der Opposition zu übernehmen.

Kutschma entschied sich höchstwahrscheinlich für Janukowytsch, weil er von ihm Loyalität als Gegenleistung erwartete: Während Janukowytsch Gouverneur der Oblast Donezk war, kam es dort als einziger Region zu keinen Massenprotesten gegen Kutschma. Der frühere KGB-Offizier Putin empfand für Janukowytsch nichts als Verachtung. Doch gefiel es ihm, dass dieser als neuer Präsident ausgewählt worden war, weil damit die Rückkehr der Ukraine in die russische Einflusssphäre so gut wie sicher schien. Janukowytschs Wahlkampf wurde daher von politischen Operativen des Kreml gemanagt. Sie beabsichtigten, die Präsidentschaftswahl als ein apokalyptisches Szenario erscheinen zu lassen, in dem die Ukraine an den Rand des Zusammenbruchs zu driften schien. Gleb Pawlowskij, einer dieser Operativen, erklärte später, die Wahl sollte als eine Art Wettstreit zwischen zwei Monstern aus Hollywoodfilmen inszeniert werden – *Alien* gegen *Predator*. Juschtschenko sollte in der Rolle des Alien porträtiert werden. Die politischen Strategen in Janukowytschs Lager präsentierten Juschtschenko als extremen Nationalisten und sogar als Nazi. Dagegen brauchten Juschtschenkos Gefolgsleute nicht viel Fantasie, um Janukowytsch als einen Beute machenden «Prädator» darzustellen – mit seinem Mafia-Hintergrund war er das ohnehin.

Die russischen Politikberater nutzten die Ukraine als Übungsfeld. Dort konnten sie die Pläne ausprobieren, die sich später in den russischen Wahlen verwenden ließen. Eines ihrer «Experimente» war die Vergiftung Juschtschenkos am Vorabend der Wahl – eine Praktik, die der Kreml immer wieder gegen Opponenten einsetzt. Umfragen am Vorabend der Wahl deuteten auf einen klaren Sieg für Juschtschenko hin, aber die Wahlkommission erklärte dennoch Janukowytsch zum Sieger. Als Reaktion auf diese zynischen Manipulationen zogen tausende Bürgerinnen und Bürger auf den Majdan Nesaleschnosti («Unabhängigkeitsplatz»), den zentralen Platz der ukrainischen Hauptstadt. Wochenlang weigerten sie sich nachzugeben und trotzten Schnee und Kälte, bis ihrer Forderung nach einer Neuwahl entsprochen wurde.

Diese Ereignisse gingen als «Orangene Revolution» in die Geschichte ein. Sie markiert das Debut der Zivilgesellschaft in der Ukraine. In einem breiteren Kontext war sie Teil einer neuen Welle von Revolutionen, den «Farbrevolutionen» der frühen 2000er Jahre, die mit einem Machtwechsel in Serbien (2000) begannen und in mehreren anderen Ländern stattfanden: 2003 in Georgien, 2004 in der Ukraine, 2005 in Kirgistan, im Libanon und in Usbekistan. Die Orangene Revolution wirkte wie eine verspätete Neuauflage der Revolutionen von 1989 in Polen, Ungarn, Ostdeutschland und der Tschechoslowakei. Und wie die anderen Revolutionen war auch sie eine friedliche Massenversammlung auf dem zentralen Platz der Hauptstadt, getragen von einem großen Gefühl der Solidarität und der revolutionären Kreativität, ganz anders als Guillotine und Revolutionsterror, die die großen Revolutionen von 1789 und 1917 geprägt hatten. Nach längeren Verhandlungen, an denen Kutschma und der polnische Präsident Aleksander Kwaśniewski teilnahmen, stimmten beide Kandidaten einer Neuwahl zu, aus der Juschtschenko als Sieger und neuer Präsident der Ukraine hervorging.

Juschtschenkos Präsidentschaft (2005–2010) erwies sich als eine Phase der verpassten Chancen. Statt die Korruption zu bekämpfen, konzentrierte er sich auf die Kulturpolitik, etwa den Status der ukrainischen Sprache und die nationale Erinnerungspolitik. Ende 2006 unterzeichnete Juschtschenko ein Gesetz, durch das der Holodomor als Genozid anerkannt wurde. Doch das sollte seine einzige Leistung bleiben. Die Koalitionsregierung wurde durch seinen persönlichen Konflikt mit Julija Tymoschenko gespalten, die während der Orangenen Revolution berühmt geworden war. Beide versuchten, Koalitionen mit Janukowytsch zu schließen, um sich gegenseitig zu verdrängen. Hinzu kam, dass Juschtschenkos Amtszeit mit der Weltwirtschaftskrise 2008 zusammenfiel, die der Ukraine sehr großen Schaden zufügte und sie die seit fast einem Jahrzehnt erreichten Verbesserungen kostete. Die Orangene Regierungszeit endete in einem Fiasko. Bei der Präsidentschaftswahl von 2010 kam Juschtschenko im ersten Wahlgang nur noch auf den fünften Platz und Tymoschenko verlor die Stichwahl gegen Janukowytsch.

Damit wurde Wiktor Janukowytsch erneut Präsident der Ukraine. Wieder sah sich das Land mit der Gefahr des Autoritarismus konfrontiert, doch nahm dieser jetzt eine viel bedrohlichere Form an. Janukowytsch setzte sich über mehrere politische Konsense hinweg, die sich während der ersten zwei Jahrzehnte der Unabhängigkeit etabliert hatten. So hatte bisher das unausgesprochene Verständnis gegolten, dass ein Wahlsieger den Verlierer nicht verfolgen würde, weil er beim nächsten Mal selbst zu den Verlierern gehören könnte. Doch kaum war Janukowytsch an der Macht, als er auch schon Julija Tymoschenko und Jurij Luzenko, eine weitere Führungsfigur der Orangenen Revolution, ins Gefängnis werfen ließ.

Ein weiterer ungeschriebener Konsens besagte, dass es einen Machtausgleich zwischen den verschiedenen Regionen geben müsse. Bisher war jeder neue Präsident entweder aus dem ukrainischsprachigen

Westen oder dem russischsprachigen Osten gekommen, aber keiner hatte genügend Machtbefugnisse an sich gezogen, um allein regieren zu können. Alle hatten informelle Kompromisse mit den regionalen Eliten aus anderen Teilen der Ukraine eingehen müssen. Man sagt, Kompromisse seien das Herz einer funktionierenden Demokratie. So betrachtet, etablierte sich in der unabhängigen Ukraine eine Demokratie, die weniger auf demokratischen Verfahrensweisen gründete als vielmehr auf akzeptierten Nomen.

Doch Janukowytsch setzte sich über diese Normen hinweg. Überall im Land hievte er Leute aus dem Donbass in Führungspositionen. Jedem offiziellen Gouverneur einer Oblast stellte er einen inoffiziellen «Aufpasser» zur Seite – eine Funktion, die die Donezk-Mafia aus der kriminellen Unterwelt in die politische Sphäre hob. Der Aufpasser war persönlich verantwortlich, dass sämtliche illegalen Geldströme «zur Spitze» umgeleitet wurden. Dort wurden sie an Janukowytsch, seine Familie und seine engsten Freunde verteilt. Hatte Kutschma noch versucht, in die Rolle eines Vermittlers zwischen den verschiedenen Oligarchengruppen zu schlüpfen, so richtete Janukowytsch sein Augenmerk ganz offen darauf, selbst zum größten Oligarchen zu werden.

Auch das Parlament stand unter der Aufsicht eines parlamentarischen «Betreuers», der damit prahlte, die parlamentarische Opposition auf das Niveau hilfloser Kätzchen reduziert zu haben. Das war eine radikale Abkehr von allen bislang geltenden Regeln, die das politische Leben in der Ukraine bestimmt hatten: Selbst Kutschma hatte mit der Opposition zurechtkommen müssen. Nachdem die Donezk-Mafia erst einmal ihre Kontrolle über das Parlament konsolidiert hatte, machte sie sich daran, den Status des Ukrainischen als Amtssprache zu untergraben und die ukrainische Geschichte umzuschreiben, um sie so eng wie möglich an der russischen Version auszurichten.

Der Kreml war mit diesem Kurs natürlich hochzufrieden. Putin unterstützte Janukowytsch ganz offen. Während der manipulierten Wahl von 2004 hatte er ihm sogar zweimal zu seinem «Sieg» gratuliert. Nach dem Sieg im Jahr 2010 wurden die Gespräche über eine mögliche Allianz Russlands mit Belarus und der Ukraine wiederbelebt. Doch bislang hatte ein Umstand verhindert, dass die Ukraine allmählich von der Russischen Föderation absorbiert wurde: Janukowytschs persönliche Gier. Denn der ukrainische Präsident hatte nicht vor, seinen Machtbereich mit irgendjemandem zu teilen. Im Jahr 2013 überraschte er alle mit der Ankündigung, die Ukraine in Richtung einer europäischen Integration führen zu wollen.

Mit Kutschma und Janukowytsch hatte der Kreml nun zwei Beispiele, die ihn überzeugten, dass sogar Präsidenten aus dem russischsprachigen Osten engere Verbindungen zum Westen anstreben könnten, sobald sie an der Macht waren. Wie die meisten autoritären Führer hält auch Putin nichts von Rede- und Meinungsfreiheit oder spontanen öffentlichen Protesten. Aus seiner Sicht waren die Orangene Revolution in der Ukraine wie auch die ihr vorangegangene Rosenrevolution in Georgien nichts als Verschwörungen des Westens gegen Russland und insbesondere gegen seine Regierung. Im August 2008 fiel Russland in Georgien ein. Nach dem schnellen und leichten Sieg dort leitete der Kreml nun auch im Blick auf die Ukraine eine neue militärische Strategie ein. Sie gründete auf der Absicht, der Ukraine das gleiche Schicksal zufügen zu wollen wie Georgien, wenn sie ihre Politik der Westorientierung fortsetzte. Eine Niederlage der Ukraine würde ihre Zerstückelung bedeuten. Der russischsprachige Osten würde, zusammen mit der Krim und der gesamten Schwarzmeerküste, von Russland annektiert werden. Die Westukraine – der Landesteil mit den stärksten antirussischen Empfindungen – könnte gehen, wohin sie wollte, zum Teufel damit. Der restliche Teil der Ukraine würde zu einem kleinen landwirtschaftlichen Vasallenstaat mit einer Marionettenregierung in Kyjiw geschrumpft werden.

Als diese Pläne zur Presse durchgestochen wurden, wollte niemand sie wirklich glauben – sie klangen zu sehr wie Science Fiction. Doch mit dem Euromaidan gewannen sie plötzlich wieder an Bedeutung. Der Euromaidan wurde durch Janukowytschs einseitige Entscheidung ausgelöst, seine Unterschrift unter dem Assoziationsabkommen zwischen der Ukraine und der Europäischen Union zu verweigern. Diese Ankündigung machte er nur wenige Tage vor der geplanten Unterzeichnung und unmittelbar nach seinem Besuch in Moskau. Möglicherweise hatte ihm Putin bei dieser Begegnung seine Pläne für die Ukraine enthüllt.

In Kyjiw löste Janukowytschs Rückzieher Massendemonstrationen aus. Im Mittelpunkt standen die Studenten. Am 30. November 2013, dem zehnten Tag der Proteste, prügelten Polizeikräfte brutal auf sie ein. Am nächsten Tag zog es bis zu einer Million Menschen auf die Kyjiwer Straßen. Sie verlangten die strafrechtliche Verfolgung derer, die für den Angriff auf die Demonstranten verantwortlich waren, außerdem forderten sie, der Präsident solle zurücktreten und den Weg zu Neuwahlen freimachen. Die Proteste dauerten den gesamten Winter hindurch an. In mancher Hinsicht glichen sie dem Maidan 2004, da sie am selben Ort stattfanden und sich gegen denselben Feind richteten: Wiktor Janukowytsch. Doch dieses Mal hatte die Regierung nicht die Absicht, sich auf Verhandlungen einzulassen. Sie entschied sich für die Gewalt. Im Dezember unternahm die Regierung den Versuch, den Euromaidan mit Gewalt aufzulösen. Mitte Januar erklärte das ukrainische Parlament die Proteste für illegal, und am 22. Januar wurden drei Demonstranten getötet: Jurij Werbitzkyj, Sergeij Nigojan und Michail Schysneuski. Die Zusammenstöße von Regierungstruppen und Aufständischen dauerten einen Monat lang an. Vom 18. bis zum 20. Februar wurden über 100 Euromaidan-Teilnehmer von den Truppen getötet. Sie werden seither als «die Himmlischen Hundert» bezeichnet.

In den letzten Wochen des Euromaidan wurde deutlich, dass nicht mehr Janukowytsch, sondern Putin das Hauptproblem der Ukraine war. Es gab Warnungen, dass den Protestierenden nur noch bis zum Ende der Olympischen Spiele in Sotschi im Februar 2014 Zeit bleiben würde: Unmittelbar nach der Olympiade würde die russische Armee einmarschieren. Und genau das geschah dann auch. Am 21. Februar floh Janukowytsch aus der Ukraine, und am Tag darauf fielen russische Streitkräfte auf der Krim ein. Doch dabei wurde offenkundig, wie sehr sich Putin verkalkuliert hatte. Er hatte geglaubt, die Russen würden in der Ostukraine als «Befreiungsarmee» mit Blumen willkommen geheißen werden und eine Welle von Aufständen und Machtübernahmen – ein «Russischer Frühling» – würde durch die russischsprachigen Städte rollen. Das jedoch geschah nicht. Tatsächlich wurde das russischsprachige Dnipro eines der stärksten Zentren des Widerstands gegen die russische Aggression. Dnipro war der Geburtsort von Breschnew, Kutschma und eines großen Teils der ukrainischen Elite, darunter auch eines der reichsten Oligarchen der Ukraine, Ihor Kolomojskyj – der den Widerstand Dnipros gegen die russische Invasion anführte.

Der «Russische Frühling» von 2014 hielt den Sommer und Herbst über an und war Ende Dezember vorbei. Russlands einzige Eroberungen waren die Krim und Teile des Donbass. Doch selbst im Donbass reichte der regionale Separatismus nicht für einen spontanen Aufstand aus; dazu war eine Invasion russischer Spezialkräfte nötig. Hätte die russische Invasion nicht stattgefunden, wären die Beziehungen zwischen dem Donbass und Kyjiw zwar angespannt geblieben, aber es ist unwahrscheinlich, dass es zum Krieg gekommen wäre.

Die Abtrennung des Donbass war eine relativ kleine Leistung, wenn man sie mit den ehrgeizigen russischen Plänen für die Aufteilung der Ukraine und ihre Verwandlung in einen Vasallenstaat vergleicht. Dass Putin mit seinen Plänen scheiterte, beweist einmal mehr, dass er die Ukraine weder kennt noch versteht. Zwar trifft zu, dass das Land in den ersten Jahrzehnten seiner Unabhängigkeit mit internen Konflikten kämpfte. In seinem 1996 (deutsch 1997) erschienenen Buch *Der Kampf der Kulturen* führt Samuel Huntington die Ukraine als eines der Beispiele für einen «cleft state» (gespaltenen Staat) an. Das Bild von «zwei Ukrainen» – einer West- und einer Ostukraine, «und niemals treffen sich die beiden» (Kipling) – hält sich in den Beschreibungen der ukrainischen Situation ganz besonders hartnäckig.

Doch dieses Bild ist eine grobe Vereinfachung. In Wirklichkeit sind weder der ukrainische Westen noch der Osten homogene Gebilde – beide sind in kleinere Regionen untergliedert, die ihre eigenen politischen und kulturellen Merkmale aufweisen. Auf der politischen Landkarte der Ukraine stellten tatsächlich dieser gedachte Osten und der gedachte Westen gegensätzliche Pole dar, zwischen denen ein viel größeres und ambivalenteres Zentrum stand. Und mitten in diesem Zentrum liegt die Hauptstadt Kyjiw, die, dem Harvard-Historiker

Roman Szporluk zufolge, dieselbe Sprache wie der Osten sprach, jedoch wie der Westen abstimmte. Die Ukrainer können sich den Mund über den Status des Ukrainischen und des Russischen und über ihre jeweiligen Volkshelden fusselig reden, und manchmal gleichen diese Dispute sogar einem kalten Bürgerkrieg. Aber in der Frage der Unabhängigkeit waren sie sich völlig einig. Würde das Referendum vom 1. Dezember 1991 zu irgendeinem Zeitpunkt wiederholt, wäre das Ergebnis Umfragen zufolge unverändert: eine Mehrheit würde sich für die Unabhängigkeit aussprechen. Nur der Grad der Unterstützung änderte sich im Laufe der Jahre: Er nahm ab, wenn sich die Wirtschaftslage verschlechterte, und nahm zu, wann immer Russland irgendeine Drohung aussprach, ob sie nun real war oder nur eingebildet. Die Befürwortung der Unabhängigkeit nahm während der beiden Tschetschenienkriege, des russisch-georgischen Kriegs und des Konflikts über die Insel Tusla zu und erreichte nach der Annexion der Krim im Jahr 2014 einen neuen Spitzenwert.

Anfang der 1990er Jahre meinte der damalige britische Botschafter in Kyjiw, die unabhängige Ukraine erinnere ihn an das «Hummel-Paradoxon». Es besagt, dass Hummeln den Gesetzen der konventionellen Aerodynamik zufolge eigentlich nicht fliegen können sollten, und doch können sie fliegen. So ähnlich sollte es die Ukraine als unabhängigen Staat eigentlich nicht geben, wie immer wieder behauptet worden war – und doch gibt es sie. Trotz ihrer internen Spaltungen hat sich die Ukraine als relativ stabile politische Gemeinschaft erwiesen. Das ist genau das, was der Kreml nicht sehen konnte und nicht sehen wollte. Putin und seine Anhänger denken ähnlich wie die deutschen Nationalisten des 19. Jahrhunderts, die meinten, Deutschland müsse sich über alle Gebiete erstrecken, in denen die deutsche Sprache gesprochen wurde. Weil viele ukrainische Bürgerinnen und Bürger Russisch sprechen, müssen sie demnach Russen sein.

Doch das ist nicht der Fall. In Wirklichkeit hat sich in den Jahren der Unabhängigkeit des Landes eine neue ukrainische Identität herausgebildet, die nicht auf Sprache oder Ethnizität beruht. Vielmehr basiert sie auf der politischen Loyalität zur Ukraine als unabhängigem Staat. Die neue politische Identität hat nicht die alten ethnischen

Identitäten ersetzt – sie bestehen nebeneinander. Doch seit einer ganzen Weile ist die politische Identität die dominante. Den Beweis hierfür stellen die beiden ukrainischen Präsidenten dar, die seit dem Ausbruch des Krieges im Donbass gewählt wurden: Petro Poroschenko (2014) und Wolodymyr Selenskyj (2019). Beide errangen Mehrheiten im ganzen Land und nicht nur im Osten oder im Westen.

Prozesse

Die politischen Turbulenzen weisen auf viel tiefer greifende Prozesse hin – auf die große gesellschaftliche Transformation, die die Ukraine seit der Unabhängigkeit durchlaufen hat. Das zentrale Symbol hierfür kann man im Euromaidan sehen, der neuerdings in der Ukraine als Revolution der Würde oder Revolution der Werte bezeichnet wird. Das sind nicht einfach nur schöne Phrasen; in den Bezeichnungen spiegeln sich die neuen ukrainischen Realitäten. In der Bevölkerung tritt eine neue, große Gruppe mit einem neuen Wertekanon in Erscheinung, die einen fundamentalen Wandel in der Geschichte der unabhängigen Ukraine repräsentiert. Wir können sie als neue urbane Mittelschicht bezeichnen.

Wie die meisten historischen Phänomene können wir auch das Erscheinen dieser Bevölkerungsschicht nicht einem einzigen Faktor zuschreiben. Vielmehr haben mehrere Faktoren dazu beigetragen, von denen der ökonomische der wichtigste ist. Mitte der 2000er Jahre wurde zum ersten Mal in der Geschichte des Landes ein signifikanter Anteil des Bruttoinlandsprodukts nicht im Industriesektor, sondern im Dienstleistungssektor generiert, also durch Technologie, Massenmedien, Unterhaltung, Gastronomie und Tourismus, Bildungs- und Kulturinitiativen und dergleichen. Der industrielle Sektor ist in Osteuropa traditionell eng mit dem Staat verbunden, während der Dienstleistungssektor eher von unten aus privatem Unternehmertum erwächst. Die Folge ist, dass die Ukraine nun über einen großen Wirtschaftssektor verfügt, der dem staatlichen Einfluss weniger unterworfen und weniger stark von Korruption durchsetzt ist. In diesem

Wirtschaftsbereich müssen sich die Unternehmer und ihre Arbeitnehmer darauf verlassen können, dass sich alle an dieselben Regeln halten, wenn sie überleben und sich erfolgreich gegen die Konkurrenz durchsetzen wollen. Das macht sie zu potenziellen Antriebskräften des Wandels.

Durch den wirtschaftlichen Wandel verändern sich auch die Grundstrukturen der Regionen. Zwar spielt der industrialisierte Osten weiterhin eine wichtige Rolle in der Wirtschaft, doch entwickeln sich das Zentrum und der Westen auf dem Weg in die Dienstleistungsökonomie dynamischer. Seit den 2000er Jahren wanderte das wirtschaftliche Kapital von Osten nach Westen, während sich das soziale Kapital einer organisierten Zivilgesellschaft von Westen nach Osten ausweitete. Dieser bilaterale Austausch begann zwar schon früher, doch ist er durch den 2014 im Donbass einsetzenden Krieg beschleunigt worden und hat sich zu einem kontinuierlichen Trend entwickelt.

Die regionalen Unterschiede sind nicht verschwunden, aber es hat sich eine weitere Bruchlinie herausgebildet: Generationenunterschiede. Dieser Wandel ist vor allem einer Generation zuzuschreiben, die in der unabhängigen Ukraine aufgewachsen ist. Ihre Mitglieder wurden kurz vor oder nach dem Zusammenbruch der UdSSR geboren und Ende der 1990er und frühen 2000er Jahre volljährig. Das war die Zeit des Wirtschaftswachstums und des Übergangs in eine Dienstleistungswirtschaft. Ein Blick auf historische Analogien hilft uns zu verstehen, wie wichtig hierbei der Zeitpunkt ist. Im Westen setzte der Wandel zu einer Dienstleistungsökonomie in den 1960er Jahren ein. Er wurde vom Entstehen einer jungen Generation begleitet, für die Selbstverwirklichung ein zentraler Wert war. Dies hatte die Jugendunruhen der 1960er Jahre zur Folge. Etwas Ähnliches war die Generation der sogenannten «Sechziger» in der Sowjetunion, deren führende Köpfe jedoch von den sowjetischen Behörden neutralisiert und zum Schweigen gebracht wurden. In der Ukraine ist seit der Unabhängigkeit eine Generation herangewachsen, die Unterdrückung niemals erlebt hat, sich nicht an die Sowjetunion erinnern kann und keine Zuneigung zu Russland empfindet. Infolgedessen verhält sie sich völlig anders als ihre Eltern.

Diese generationsbedingten Unterschiede lassen sich teilweise durch einen Vergleich des ersten mit dem zweiten Maidan aufzeigen. Der erste Maidan wäre ohne eine Führungsfigur unmöglich gewesen, und das war Juschtschenko. Der zweite Maidan hatte drei Führungspersönlichkeiten, die aber fast nur Show waren. Der tatsächliche Führer war der Maidan selbst. Mit anderen Worten: War der erste Maidan ein Beispiel für vertikale Mobilisierung, so war der zweite ein Beispiel für horizontale Selbstorganisation. Der Unterschied zwischen dem ersten und zweiten Maidan lässt sich durch die Tatsache erklären, dass die jungen Erwachsenen des zweiten Maidan von 2014 beim ersten Maidan (2004) noch Kinder oder Teenager gewesen waren. Der Euromaidan von 2014 war vor allem *ihre* Revolution. Besonders deutlich wird das in der Unterstützung des Euromaidan in den sozialen Medien. Eine Mehrheit der Nutzer sozialer Medien (außer auf der Krim und im Donbass) unterstützten den Euromaidan. Und da soziale Medien vor allem von jungen Menschen genutzt werden, war die Unterstützung des Euromaidan von einer generationellen Dimension geprägt.

Die sozialen Medien generieren andersartige Normen des Verhaltens. Sie sind von einem egalitären Ethos durchdrungen. Alle beginnen auf gleichem Niveau, so ähnlich wie die Wikinger in ihren Schiffen oder die Kosaken in der Steppe. Das Ethos der Industriegesellschaft hingegen ist hierarchisch: Industrielle Großunternehmen erfordern Zentralisierung und Disziplin. Im Industriezeitalter waren politische Bewegungen ohne Parteihierarchie oder Parteiführer nicht möglich. Im Gegensatz dazu funktionieren postindustrielle Gesellschaften auf der Ebene horizontaler Vernetzungen und kommen ohne klare Hierarchien aus.

Die sozialen Medien sind inhärent global. Sie durchbrachen den Provinzialismus, den die Sowjets auch der Ukraine aufgezwungen hatten. Die ukrainischen Dissidenten waren so etwas wie intellektuelle Robinson Crusoes. Sie mussten eigenständig Ideen vertreten, die außerhalb des kommunistischen Lagers längst frei verfügbar waren. Das galt auch für die Personen, die 1991 in der Ukraine an die Macht kamen. Unter ihnen gab es niemanden, der die Mechanismen wirklich begriffen hatte, die bei der Transformation zu einer Markwirtschaft wirksam waren. Im Großen und Ganzen glaubten sie, dass sich diese Probleme von allein lösen würden, sobald sich die Ukraine aus der Kontrolle des Kreml gelöst hätte. Die Bergarbeiter im Donbass bezogen ihre Vorstellungen von der Welt dort draußen vor allem aus Raubkopien von Hollywoodfilmen, deshalb forderten sie Lohnschecks wie die Amerikaner und Sozialleistungen wie die Schweden.

Die Unabhängigkeits-Generation ist anders. Junge Ukrainer leben nicht isoliert vom Rest der Welt. Sie haben freien Zugang zum Internet, viele unternehmen Auslandsreisen oder studieren im Ausland. Ein großer Teil dieser Generation hat akademische Abschlüsse erworben. Während in früheren Generationen diejenigen, die in höhere Bildungslaufbahnen eintraten, in der Minderheit waren, stellen nun jene, die das nicht tun, die Minderheit dar. Heute gehört die Ukraine zu den Ländern mit hohem Bildungsniveau, und im Bereich der höheren Bildung werden ständig weitere Reformen durchgeführt. Zwar gibt es immer noch Raum für Verbesserungen. Dennoch zeigen Studien, dass Menschen, die eine höhere Lehranstalt besucht haben – selbst wenn es eine mit niedrigem Ranking ist –, einem ganz anderen Wertekanon folgen als ihre Altersgenossen, die direkt von der Schule in die Arbeit wechseln.

Auch in den Nachbarstaaten Belarus und Russland vollzog sich ein ähnlicher Wertewandel in der Mittelschicht. So fanden 2012 Massenproteste gegen die Manipulationen bei Putins Wiederwahl statt, und auch in der belarussischen Hauptstadt Minsk kam es zu großen Demonstrationen gegen den Wahlbetrug bei der Wiederwahl Lukaschenkos. In beiden Fällen wurden die Proteste durch Regierungstruppen niedergemacht. Wenn eine Veränderung des Wertekanons politisch erfolgreich sein soll, muss ein günstiges Klima herrschen – ein Mindestmaß an Demokratie. In der Ukraine war eine Generation junger Menschen in Freiheit aufgewachsen. In Belarus und Russland war das nicht der Fall.

Die 2010er Jahre erinnern an die 1960er Jahre, allerdings mit einem entscheidenden Unterschied. Die jüngere Generation der 1960er Jahre wurde im wirtschaftlichen Aufschwung der Nachkriegszeit volljährig, einer Zeit, in der eine starke Nachfrage nach Arbeitern, aber auch nach gut Ausgebildeten bestand; Bildung war die Eintrittskarte für ein relativ stabiles, angenehmes Leben. Die heutigen Jugendlichen werden mitunter als «Prekariat» bezeichnet. Obwohl sich bei ihnen viele Gewohnheiten und Normen zeigen, die die Mittelschichten kennzeichnen, fehlen ihnen, wie dem Proletariat, stabile Zukunftsaussichten. Die junge Generation wird nicht so gut leben können wie ihre Eltern. Wie lautet der Spruch? Sag mir dein Geburtsjahr, und ich sage dir, wie arm du sein wirst. Obwohl diese Prekarität überall zu beobachten ist, scheint der Mangel an stabilen Zukunftsaussichten in Ländern mit autoritären und oligarchischen Regimen besonders akut zu sein. Unter solchen Umständen sind revolutionäre Aufstände die natürliche Antwort auf die Probleme der modernen Welt.

Strukturen

Der Euromaidan sollte jedoch nicht nur mit dem Maidan von 2004 verglichen werden, sondern auch mit anderen ähnlichen Revolutionen der 2010er Jahre: der «Occupy Wall Street»-Bewegung in den USA und dem Arabischen Frühling von 2011, den Protesten im Istanbuler Gezi-Park (2013), der Revolution in Armenien (2018), den Studentenprotesten in Bulgarien und den Massenprotesten in Hongkong (2019).

Dabei lassen sich auffällige Ähnlichkeiten feststellen. Das zeigt die folgende kurze Beschreibung der Ereignisse in Chile im Jahr 2019. Die Proteste begannen zunächst als Studentendemonstrationen, die von den Behörden brutal aufgelöst wurden. Als die Massenmedien über die Ereignisse berichteten, wuchs sich die Bewegung zu riesigen Demonstrationen gegen die Regierung aus. Am größten Protestzug beteiligten sich über eine Million Menschen. Der zentrale Platz der Hauptstadt, die Plaza Italia, wurde zum Mittelpunkt der Proteste; er wurde von den Demonstranten in «Platz der Würde» umbenannt. Der Präsident rief den Notstand aus. Er erklärte, die Proteste würden von feindlichen ausländischen Kräften befeuert; die Regierung sei im Recht und werde die öffentliche Ordnung wiederherstellen. Hatten sich die Demonstranten bisher friedlich verhalten, so kam es nun zu Zusammenstößen mit den Polizeikräften. Straßenkämpfer, bewaffnet mit selbstgefertigten Schutzschilden und mit Pflastersteinen und Molotowcocktails, verteidigten die Frontlinie und hinderten die Polizei erfolgreich daran, ins Zentrum der Proteste vorzudringen. Demonstranten jeden Alters und jeder sozialen Herkunft unterstützten die Kämpfer an der Frontlinie. Sie bildeten Sanitätergruppen, verteilten Wasser und Sandwiches, fertigten Molotowcocktails und lieferten Nachschub an Pflastersteinen an die Front. Das alles mag chaotisch ausgesehen haben, aber der chilenische Aufstand funktionierte wie eine gut geölte Maschinerie. Die Straßengewalt wurde von einer Art Karnevals- und Volksfeststimmung begleitet.

Doch selbst hier gab es einen «russischen Faktor»: Eine Mehrheit russischsprachiger Emigranten in Chile unterstützte die Regierung. Sie richteten eine Facebook-Gruppe namens «Russen in Chile» ein, auf der sie forderten, die Revolutionäre zu erschießen, während die Maßnahmen der Regierung gelobt wurden. Es dürfte kaum überraschen, dass die meisten von ihnen der Russisch-Orthodoxen Kirche angehörten und die russischen Kosaken und Putin verehrten.

Ersetzt man Chile durch Ukraine und Santiago durch Kyjiw, erhält man ein recht zutreffendes Bild der Ereignisse während des Euromaidan. Nicht nur die ukrainischen und chilenischen, sondern auch andere Massenproteste wiesen ähnliche Strukturen auf: Sie hatten keine Anführer, ihr Kern bestand aus jungen, gebildeten Leuten, und sie trugen keine klaren Forderungen vor. Sie verlangten Dinge, die schwer zu konkretisieren und noch schwerer zu messen sind: Gerechtigkeit und Achtung der Menschenwürde. Ihre revolutionäre Sprache war die Sprache der Werte, nicht der Interessen.

Man kann das Jahr 2019 auch als «Jahr der Revolutionen» bezeichnen. Es weist eine globale Geographie auf: Paris, La Paz, Beirut, Bogotá, Kairo, Hongkong, Seoul, Teheran, Neu-Delhi und so weiter. Es waren «führerlose Revolutionen», bei denen die Menschen in größtenteils friedlichen Massenprotesten auf die Straßen gingen. Ihr

Mobilisierungsgrad glich ungefähr dem der Samtenen und der Farbenrevolutionen, doch waren sie weniger erfolgreich. Lagen die Erfolgsquoten solcher Proteste am Ende des 20. Jahrhunderts noch bei 50 bis 70 Prozent, so fielen sie bei den Protesten zwischen 2010 und 2019 auf rund 30 Prozent.

Der Euromaidan in der Ukraine war einer der Erfolge. Die Erklärung sollte in der Frage der nationalen Identität gesucht werden: Revolutionen mit einer nationalen und antikolonialen Dimension enden mit höherer Wahrscheinlichkeit erfolgreich. Die Teilnehmenden des Euromaidan kämpften nicht nur gegen Janukowytsch, sondern auch gegen Putin und Russland. Anne Applebaum schreibt, dass die Demokratie siegt, wenn die Bürgerinnen und Bürger ein tiefes Gefühl der Zugehörigkeit zu ihrer Sprache, Literatur und Geschichte empfinden. Das Gegenteil trifft ebenfalls zu: Länder oder Regionen ohne nationales Bewusstsein sind eher anfällig für Korruption und Anarchie, hier dominieren Krawallmacher und Söldnergruppen, genau wie im Donbass.

Die zentrale Herausforderung für Länder wie die Ukraine besteht darin, dieses aufwogende nationale Bewusstsein in ein faires Rechtssystem und effektive, funktionale demokratische Institutionen zu überführen. Denn ohne diese Veränderungen wäre die Ukraine zur Stagnation verurteilt. Statistiken für die Jahre vor 2013 belegen, dass die Ukraine die schlechtesten Indikatoren aller ehemals kommunistischen Länder Europas aufwies, einschließlich der ehemaligen Sowjetrepubliken. Die Geschichte der ukrainischen Unabhängigkeit scheint erneut zu beweisen, dass die alte biblische Weisheit eben doch zutrifft: Die Ersten werden die Letzten sein.

Die Ukraine war und ist noch immer ein reiches Land armer Menschen. Diese Diskrepanz treibt Millionen Ukrainer auf die Straßen und Plätze, um gegen eine ineffiziente und korrupte Regierung zu protestieren. Wie ein Motto des Euromaidan lautete: «Hört zu: Uns reicht's jetzt!»

Der Euromaidan siegte sowohl auf kurze wie auf lange Sicht. Sein kurzfristiger Erfolg war, dass Petro Poroschenko, der mit dem Euromaidan verbunden war, aber zuvor Juschtschenkos Team angehört hatte, an die Macht kam. Und den längerfristigen Erfolg des Protests kann man darin sehen, dass es im Unterschied zum ersten Maidan keine gegenrevolutionäre Wendung gab, als Poroschenko 2019 die Wahl verlor. In Selenskyjs Wahl kann man eine Fortsetzung der Jugendrevolution sehen: Nach seiner Wahl verdoppelte sich die Zahl der gewählten Abgeordneten unter 40 Jahren im ukrainischen Parlament von 29 Prozent im Jahr 2012 auf 57 Prozent im Jahr 2019.

Vor dem Krieg ähnelte Selenskyjs Team dem Poroschenkos. Nachdem sie an die Macht gelangt waren, leiteten beide Teams schnelle und radikale Veränderungen ein. Doch nach ein paar Monaten im Amt kehrten sie wieder zu den alten Spielregeln mit all den Korruptionsskandalen, dem Druck auf die Opposition und so weiter zurück, ohne die eingeleiteten Reformen jemals zu vollenden.

Einer der reformwilligen Minister beschrieb die Herausforderung, vor der das Land stand, als «Last-Mile-Problem». In den 30 Jahren seit der Unabhängigkeit hat die Ukraine einen langen Weg zurückgelegt und hätte beinahe einen radikalen Neustart geschafft. Aber «beinahe» reicht eben nicht. Wir müssen auch die entscheidende «letzte Meile» schaffen und die Reformen vollenden. Die Geschichte kennt zu viele Beispiele von Ländern, die aus dem Gleis gerieten oder wieder auf «Start» zurückgeworfen wurden.

Wenn wir uns die Situation der Ukraine als sportlichen Wettkampf vorstellen, hätte das Land nach dem Euromaidan das Finale erreicht – im Wettkampf zwischen Ländern, die gegen Unterdrückung und Autoritarismus kämpfen, und jenen, die den Autoritarismus verkörpern; zwischen Ländern, die sich gegen alle Widerstände zu modernisieren versuchen, und jenen, die dabei scheiterten und dies nun durch einen «kurzen, siegreichen Krieg» zu kompensieren versuchen; zwischen Ländern, die die Vergangenheit mit ihren Hauptmerkmalen Armut und Gewalt überwinden wollen, und jenen, die immer tiefer in der Vergangenheit versinken und die gesamte Welt mit sich ziehen wollen.

Krieg

Bleiben wir noch einen Moment beim Bild des sportlichen Wettkampfs: Russland ist das andere Team im Finale. Am 24. Februar 2022 entfachte Putin einen großen Krieg gegen die Ukraine. Er begründete ihn mit dem Vorwand, dass Russen und Ukrainer ein Volk seien, dass die Existenz einer von Russland getrennten Ukraine ein historischer Irrweg sei und dass der Westen die Ukraine nur erschaffen habe, um Russland zu bedrohen. Russland habe daher gar keine andere Wahl, als die Bedrohung zu eliminieren.

Putin hatte mit einem Blitzkrieg gerechnet. Die Ukrainer machten diesen Plan recht schnell zunichte. In den ersten Kriegstagen stießen die russischen Truppen bis zu den Randbezirken Kyjiws vor und besetzten große Gebiete im Süden und Osten. Doch innerhalb von Wochen wurden sie zurückgetrieben und der Krieg wurde zu einem sich lang hinziehenden Stellungskrieg. Die ukrainische Regierung agiert effektiv und genießt zum ersten Mal seit der Unabhängigkeit das Vertrauen der Bürgerinnen und Bürger. Die ukrainische Armee kämpft besser als die russische und wird durch die freiwillige Arbeit einer starken Bürgerbewegung unterstützt.

Der Krieg rückt einige Dinge zurecht, die bisher unklar waren oder missverstanden wurden. Vor dem Krieg war die Ukraine im Allgemeinen von Ambivalenz geprägt. Ihre Situation war weder so gut noch so schlecht, wie es scheinen mochte. Es gab zwar eine starke Zivilgesellschaft, aber auch korrupte politische Eliten. Die Ukrainer bauten ihre Demokratie auf, aber die wichtigsten Indikatoren zeigten einen negativen Trend; das Land hatte sich zwar von der «russischen Welt» wegbewegt, hatte aber das westliche Ufer noch nicht erreicht. Der Krieg beendete diese Ambivalenz. In den Flammen des Krieges verbrannte der Teil der ukrainischen Vergangenheit, der das Land noch mit Russland verbunden hatte. Die Ukraine zog sich von Russland zurück.

Die Ukrainer vereitelten auch noch andere Pläne Putins. Er hatte den Krieg in der Überzeugung vom Zaun gebrochen, dass es einen

«Westen» als solchen nicht gebe, sondern nur einzelne westliche Länder. Folglich nahm er an, dass jedes westliche Land seinen eigenen individuellen Interessen folgen würde und dass die «westlichen Werte» ein Trugbild seien. Diese Annahmen haben sich als falsch erwiesen. Die Unterstützung der Ukraine einte die Demokratien weltweit. Der Krieg unterstrich die Bedeutung von Freiheit und Menschenwürde. Ohne die finanzielle und militärische Unterstützung des Westens könnte sich die Ukraine nicht so wirkungsvoll gegen Russland zur Wehr setzen. Aber es ist immer noch allein die Ukraine, die die Kämpfe austragen muss. Und sie kämpft nicht nur um die eigene Zukunft, sondern um die Zukunft der Welt.

Der russisch-ukrainische Krieg ist ein Wendepunkt der Weltgeschichte. Er schließt ein Kapitel ab, das mit dem Fall des Kommunismus aufgeschlagen wurde und Hoffnungen mit Blick auf das «Ende der Geschichte» weckte. Doch die Geschichte ist wieder da: Die Ereignisse in der Ukraine beweisen es. Die ersten 30 Jahre der Unabhängigkeit der Ukraine waren nicht von Geborgenheit und Sicherheit geprägt, sondern von Kriegen und Revolutionen. Man gerät in Versuchung, diese Zeit mit der Periode 1914–1945 zu vergleichen. Natürlich ist ein solcher Vergleich ungenau; die derzeitigen ukrainischen Verluste sind nicht mit den damaligen Verlusten vergleichbar. Doch manche Aspekte des Vergleichs mit dem «Zweiten Dreißigjährigen Krieg» (dem des 20. Jahrhunderts) sind dennoch sinnvoll. Acht Millionen Ukrainer, zum größten Teil Frauen und Kinder, sind in die Sicherheit anderer europäischer Länder geflohen. Russland hat weitere zwei Millionen Menschen auf das eigene Territorium deportiert. Das Ausmaß der Verluste auf dem Schlachtfeld erreicht bei Weitem nicht die Zahl der Opfer in den beiden Weltkriegen, ist aber dennoch höher als in den meisten Kriegen der jüngeren Zeit. Nehmen wir nur die Zahl der zivilen Opfer, so sind im ersten Jahr des Krieges in der Ukraine 8000 Menschen gestorben, darunter 500 Kinder; 13 000 wurden verwundet und weitere 15 000 werden noch vermisst. Auch hier gilt, was wir schon für die Verluste zwischen 1914 und 1945 feststellten: Wann immer man diese Zahlen liest, sollte man sich vorstellen, das eigene Kind, die Ehefrau, Mutter, Vater, Bruder, Schwester oder ein enger Freund befände sich unter den Toten. Doch viele Ukrainer müssen sich das gar nicht vorstellen: 37,5 Prozent der ukrainischen Bevölkerung kennen mindestens eine Person, die im ersten Kriegsjahr verwundet oder getötet wurde.

Die Wiederkehr der Geschichte bedeutet auch die Rückkehr des Völkermords in diese Gebiete. Putin und seine Gefolgsleute machen kein Hehl daraus, dass sie entschlossen sind, die Ukraine von der politischen Landkarte zu tilgen. Aber Putin kann nicht alle Ukrainer umbringen. Er will deshalb die aktivsten Teile der Gesellschaft töten, also all jene, ohne die das Land keine Nation mehr sein kann, sondern nur noch von schweigenden Untertanen bewohnt sein wird. Ein weiterer Teil des Völkermordplans sieht vor, die Ukraine unbewohnbar zu machen. Städte und Dörfer werden ausgelöscht. Geschäfte, die Einrichtungen für Kommunikation, Energie und Wasserversorgung werden zerstört. Millionen Haustiere, Vieh und Wildtiere wurden bereits getötet. Und Millionen Hektar fruchtbares Land und Wälder wurden in Einöden verwandelt, vermint oder mit schädlichen Substanzen verseucht. Innerhalb weniger Kriegsmonate hat Russland der Ukraine noch nie dagewesene Zerstörungen zugefügt.

Die russische Aggression droht die ganze Welt in einen Abgrund zu reißen. Schon 2009 warnte der wissenschaftliche Chefberater des Vereinigten Königreichs, die nächsten 20 Jahre könnten für das Fortbestehen der menschlichen Zivilisation auf dem Planeten entscheidend sein. Ein beispielloses Wachstum der Weltbevölkerung und der Wirtschaft könne schon im Jahr 2030 zu einem akuten Mangel an Nahrung, Energie und Wasser führen. Die Welt stehe am Rande eines «perfekten Sturms». Natürlich wurden diese Prophezeiungen bereits vor dem gegenwärtigen Krieg vorgetragen. Doch jetzt erscheint die Prognose noch bedrohlicher.

Es wäre schwierig, einen Winkel der Welt zu finden, der vom Krieg in der Ukraine nicht betroffen ist. So können etwa Probleme der Holzindustrie und Ausfälle bei der Düngemittelproduktion zur Abholzung des Amazonas-Regenwaldes beitragen, der die natürliche Lunge des Planeten ist.

Wieder einmal zeigt sich, dass die ukrainische und die Weltgeschichte eng miteinander verknüpft sind. Das ist ein weiterer Beleg für Hannah Arendts Vorhersage, dass das Problem des «radikal Bösen» auch weiterhin die grundlegende Frage der Geschichte bleibt. Die Generationen, die den Zweiten Weltkrieg in der Ukraine und in den benachbarten «Bloodlands» erlebten, verstanden das sehr klar. «Der Teufel in der Geschichte» ist nicht nur eine Metapher, sondern war ihr reales Erleben. Die Nachkriegsgenerationen im Westen, aufgewachsen im Wohlstand zwischen den 1960er und den 1980er Jahren, darunter auch die Generation eines Francis Fukuyama, verstanden die Realität des Bösen nicht mehr. Die Ironie ist darin zu sehen, dass im selben Jahr, in dem Fukuyama mit seinem Buch das *Ende der Geschichte* proklamierte (1992), die höchste Zahl militärischer Konflikte seit 200 Jahren verzeichnet wurde.

Die letzten 200 Jahre der Menschheitsgeschichte sahen auch einen Quantensprung in Bezug auf Freiheit – Freiheit von den Kräften der Natur und von verschiedenen Formen der Unterdrückung. Mangels eines besseren Ausdrucks wollen wir es hier als «Quantensprung-Modernisierung» bezeichnen. Während dieser 200 Jahre der Modernisierung gab es kein einziges friedliches Jahr. Es gab zwar ein paar wenige Jahre, in denen kein neuer Krieg begann, aber kein einziges Jahr ohne Krieg. Stellen wir diese beiden Fakten nebeneinander, ergibt sich unweigerlich die Frage: Ist historischer Fortschritt ohne Katastrophen überhaupt möglich?

Für die Ukraine ist die Frage besonders akut. Denn einerseits wurde die ukrainische Nation aus dem Prozess der Modernisierung geboren. Andererseits musste sie einen exorbitant hohen Preis für die Modernisierung zahlen, und sie zahlt ihn immer noch.

Die Modernisierung ist ein globaler Prozess, der jedoch in verschiedenen Ländern zu verschiedenen Zeiten und auf unterschiedlichen Ebenen des Erfolgs verläuft. Die unabhängige Ukraine erlebt die typischen Probleme eines jungen Staates, der Demokratie und Marktwirtschaft aufzubauen versucht. Statt die Ukraine mit viel älteren, etablierten Staaten zu vergleichen, sollte man sie sinnvoller mit den Vereinigten Staaten von 1805 oder dem Frankreich von 1820 vergleichen. Nicht alle diese Staaten konnten erfolgreich zu dem werden, was ihre jungen Revolutionäre erträumt hatten. Politikvergleiche lassen vermuten, dass derartige Transformationsprozesse ungefähr 50 Jahre erfordern. Großbritannien und die Vereinigten Staaten durchliefen ihre Modernisierungsphase zwischen 1800 und 1850, Frankreich schloss sie um 1880 ab, die Asiatischen Tigerstaaten nach dem Zweiten Weltkrieg. Natürlich ist der Zeitraum von 50 Jahren eine grobe Schätzung. Manche Länder Europas konnten die Transformation schneller bewältigen, so etwa Spanien nach dem Tod Francos oder die Länder Mittelosteuropas und im Baltikum nach dem Fall des Kommunismus. Aber fast alle diese Länder mussten lange Perioden von Revolutionen und Kriegen hinter sich bringen. So scheint es, als sei Fortschritt ohne Katastrophen unmöglich und als sei auch für die Ukraine der Zeitpunkt gekommen, an dem sie diesen historischen Trend erleben muss.

Vor dem Hintergrund ihres Status als geopolitisch wichtiges, aber verletzliches Grenzland, dem historischen Erbe des östlichen Christentums, des russischen Kaiserreiches und des Kommunismus ist der Pfad der Ukraine ins «Königreich der Freiheit» besonders schwierig und verschlungen. Vor dem Krieg bewegte sich das Land langsam, aber stetig auf diesem Pfad voran. Doch ein Krieg ist ein großer Zeitbeschleuniger. Er verkürzt jene letzte Meile auf wenige hundert Meter. Der Demokratieindex für 2022 stellte fest: «In historischer Sicht sind Kriege die größten Triebkräfte des politischen und gesellschaftlichen Wandels; das könnte auch für die Ukraine der Fall sein, wenn sie siegt.»

Für die Ukraine kann die Frage nicht lauten, *ob* sie siegt, sondern *wann*. Selbst mit einem tieferen Geschichtsverständnis lässt sich diese Frage nicht beantworten. Wie ich schon in der Einleitung anmerkte, ist das Wissen über die Vergangenheit keine große Hilfe, um eine «Roadmap» zu zeichnen. Aber die Geschichte kann uns als Kompass dienen, kann uns informieren, welche Richtung wir einschlagen sollten.

Der Kompass hat eine bemerkenswerte Fähigkeit: Trotz aller möglichen Variationen zeigt sein Zeiger immer in eine Richtung. So ähnlich verhält es sich auch mit der ukrainischen Geschichte. Die Widerstandskraft des Landes ist eine seiner durchgängigen Eigenschaften: Gegen unzählige Hindernisse und Gefahren haben es die Ukrainer geschafft zu überleben und ein Volk engagierter Bürgerinnen und Bürger zu werden.

Ihr Überleben haben die Ukrainer ihren eigenen Entscheidungen zu verdanken. Kann man sich vorstellen, was aus der Ukraine geworden wäre, wenn Selenskyj das Angebot westlicher Regierungen akzeptiert hätte, ihn schon in den ersten Kriegstagen aus dem Land zu holen? Oder wenn die Einwohner der Kyjiwer Außenbezirke gemeinsam mit den Militäreinheiten den Vorstoß russischer Truppen auf die Hauptstadt nicht aufgehalten hätten?

In entscheidenden Augenblicken ihrer Geschichte demonstrieren die Ukrainer das, was zwei ihrer größten Dichter forderten. Taras Schewtschenko sagte uns, «Kämpft, dann werdet ihr siegen!», und Iwan Franko rief die Ukrainer auf, «Kämpft gegen den Stachel, schwimmt gegen die Flut!» Der Historiker Timothy Garton Ash weist darauf hin, dass das ukrainische Wort *wolja* zwei Bedeutungen besitzt – sowohl «Wille» als auch «Freiheit». Dieses Wort *wolja* mag uns daher die kürzeste Antwort auf die Frage nach der Beziehung zwischen Fortschritt und Katastrophe bieten: Das wahrscheinlichste Ergebnis aller möglichen Szenarien ist jenes, für das wir uns aus freiem Willen entscheiden und das wir standhaft verteidigen.

Die ukrainische Geschichte bietet eine Grundlage für einen begrenzten, gleichwohl gerechtfertigten Optimismus. In diesem Sinne ist das nichts Ungewöhnliches. Denken wir nur an David und Goliath, die griechisch-persischen Kriege, den Zerfall von Faschismus und Kommunismus oder an die Geschichten von Frodo oder Harry Potter. Dabei spielt es keine Rolle, ob diese Stories wahr oder fiktiv sind. Wichtig ist nur, dass sie uns daran erinnern, dass der Teufel – ob in der Bibel oder in der Geschichte – eine erbärmliche Gestalt ist. Er mag zerstören, versklaven oder korrumpieren können, aber er kann nicht siegen.

Letzten Endes hängen wir von den Geschichten ab, die wir einander erzählen. Ich hoffe, dass diese Erzählung der ukrainischen Geschichte unseren Glauben daran stärken wird, dass Fortschritt zwar ohne Katastrophen unmöglich sein mag, aber auch trotz aller Katastrophen möglich ist. Auch am nächsten scharfen Wendepunkt unserer Geschichte werden sich die Ukrainer erneut für *wolja* entscheiden. Und diese Entscheidung gibt uns Hoffnung auf eine bessere Welt.

DANK

Das vorliegende Buch wurde drei Monate vor Kriegsbeginn erstmals auf Ukrainisch veröffentlicht. In dieser Ausgabe habe ich all meinen Kolleginnen und Kollegen – Historikern und Historikerinnen – gedankt, die mir bei dem Verfassen des Textes halfen, Kommentare dazu beisteuerten und mich vor allzu großen Vereinfachungen, Verzerrungen und schlicht klaren Fehlern bewahrten – allesamt Dinge, die den Ruf eines Akademikers zunichte machen können.

Seither wurde das Buch mehrfach neu aufgelegt, wurde zu einem Bestseller und in mehrere Sprachen übersetzt. Für die englischsprachige Version, nach der die deutsche übersetzt wurde, werde ich nicht alle Danksagungen aus dem ukrainischen Original wiederholen. Ich beschränke mich vielmehr auf einige wenige, besonders wichtige.

Zu allererst möchte ich Professor Frank Sysyn meinen Dank aussprechen, einem der wenigen Historiker, die zielsicher durch mehrere Epochen sowohl der ukrainischen als auch der nichtukrainischen Geschichte ihren Weg finden. Genaugenommen müsste er die Globalgeschichte der Ukraine schreiben. Seine Anmerkungen waren bisweilen recht pointiert, aber stets relevant und gutgemeint.

Ein besonderer Dank gebührt ferner meiner Frau Olenka Dschedschora. Sie hat ihre Studierenden viele Jahre lang in Weltgeschichte unterrichtet und das Fach dabei auch mir näher gebracht. Während ich diese globale Geschichte der Ukraine schrieb, arbeitete sie an einem Lehrbuch über Weltgeschichte. Von Zeit zu Zeit blickten wir einander am Bildschirm über die Schulter und diskutierten gemeinsame Themen. Das waren die schönsten Momente bei der Arbeit an diesem Buch.

Ich hatte außerordentliches Glück, dass sich die Leiterin von Portal Books Olena Chirgiy für mein Buch interessierte. Sie hat sich für ihren

Verlag ein ambitioniertes Ziel gesteckt: Bücher über ukrainische Geschichte veröffentlichen, die uns helfen, unser Land zu verstehen und zu verändern. Der Krieg hat sie, wie so viele andere, aus dem Land vertrieben. Aber sobald sie mit ihren Kindern in London angekommen war, setzte sie ihre Arbeit fort. Insbesondere begann sie die Verhandlungen für die Veröffentlichung dieses Buches auf Englisch. Ohne sie würde es das Buch weder in einer ukrainischen noch in einer englischen oder deutschen Fassung geben. Und dafür schulde ich ihr doppelt Dank.

Den größten Anteil an der Arbeit hatte Nadiyka Gerbish. Nadiyka ist eine begabte ukrainische Autorin. Wie so viele ukrainische Schriftsteller ist sie auch eine inoffizielle Botschafterin für die Ukraine in der Welt. Das Schicksal führte uns zusammen, als wir gemeinsam an *A Ukrainian Christmas* arbeiteten. Nadiyka erklärte sich bereit, die Veröffentlichung meiner Geschichte der Ukraine zu leiten. Das machte sie beim ukrainischen Original, und sie führt es auch bei den Übersetzungen in andere Sprachen fort. Was sie leistet, kann ich nicht beschreiben, geschweige denn ihr angemessen dafür danken. Ich kann nur sagen, dass es enorm viel ist, und ebenso groß ist auch meine Dankbarkeit.

Mein Glück hat mich auch bei der englischen Übersetzerin des Buches, Dominique Hoffman, nicht verlassen. Sie hat es geschafft, das Werk unter enormem Zeitdruck zu übersetzen, aber noch wichtiger als die Geschwindigkeit ist die Qualität ihrer Übersetzung. Ich habe den Eindruck, dank ihrer Bemühungen klingt mein Buch auf Englisch besser als auf Ukrainisch. Ich danke ihr dafür.

Jon Appleton vom britischen Verlag achtete darauf, dass das Buch straffer wurde und eher dem Geschmack und den Erwartungen englischer Leser und Leserinnen entsprach. Catherine Burke, die stellvertretende Redaktionsleiterin bei der Little, Brown Book Group und Cheflektorin für den Imprint Sphere, übernahm die allgemeine Koordination des ganzen Projektes.

Ich möchte mit der üblichen Erinnerung schließen, dass alle diese Menschen zu den besten Aspekten dieses Buches beigetragen haben. Für alle verbliebenen Schwächen trage ich ganz allein die Verantwortung.

ANHANG

ZUR TRANSLITERATION

Personen- und Ortsnamen werden nach der (leicht modifizierten) Duden-Umschrift aus dem ukrainischen und russischen Alphabet transliteriert. Polnische Schreibweisen bleiben unverändert. Alle Orte werden in der Regel nach der Bezeichnung des jeweiligen Landes benannt, in dessen international anerkannten Grenzen sie heute liegen. Sofern eine gebräuchliche Schreibweise von der Standardumschrift abweicht (zum Beispiel Moskau oder Warschau), wird die vertraute Schreibweise verwendet.

AUSWAHLBIBLIOGRAPHIE

Das vorliegende Buch stützt sich auf unzählige bereits erschienene Werke. Die Hauptinspirationsquelle war das von Ivan Lysiak Rudnytsky angeregte Projekt für eine Neubewertung der Vergangenheit der Ukraine, siehe: Ivan L. Rudnytsky, John-Paul Himka (Hg.), *Rethinking Ukrainian History,* Edmonton, Alberta: CIUS Press 1981. Seine Hauptthesen greife ich in mehreren Kapiteln des Buches auf (siehe: Ivan L. Rudnytsky, *Essays in Modern Ukrainian History,* Edmonton, Alberta: CIUS Press 1987). Das gilt auch für das Werk eines weiteren einflussreichen ukrainischen Historikers, Roman Szporluk, der mich und viele Kollegen lehrte, die Modernisierung einzuordnen und über sie zu schreiben (siehe die Sammlung seiner Essays: Roman Szporluk, *Russia, Ukraine, and the Breakup of the Soviet Union,* Washington, DC: Hoover Institution Press 2000). Was die Weltgeschichte angeht, so waren die wichtigsten Werke für mich Douglass C. North, John Joseph Wallis und Barry R. Weingast, *Violence and Social Orders: A Conceptual Framework for Interpreting Recorded Human History,* Washington, DC: Hoover Institution Press 2009 (deutsch: *Gewalt und Gesellschaftsordnungen. Eine Neudeutung der Staats- und Wirtschaftsgeschichte,* Tübingen: Mohr Siebeck 2011); Daron Acemoglu, James A. Robinson, *Why Nations Fail: The Origins of Power, Prosperity, and Poverty,* London: Profile 2012 (deutsch: *Warum Nationen scheitern. Die Ursprünge von Macht, Wohlstand und Armut,* Frankfurt am Main: Fischer 2013); Ronald Inglehart, Christian Welzel, *Modernization, Cultural Change, and Democracy: The Human Development Sequence,* Cambridge: Cambridge University Press 2005; Robert Putnam, *Making Democracy Work: Civic Traditions in Modern Italy,* Princeton, NJ: Princeton University Press 1993; Hernando de Soto, *The Mystery of Capital: Why Capitalism Triumphs in the West and Fails Everywhere Else,* New York: Basic Books, 2003 (deutsch: *Freiheit für das Kapital! Warum der Kapitalismus nicht weltweit funktioniert,* Berlin: Rowohlt 2002). Wie im Fall der Artikel von Ivan Lysiak Rudnytsky und Roman Szporluk greife ich die wichtigsten Thesen dieser Werke in verschiedenen Kapiteln dieses Buches auf.

Einleitung

Zu den Verteidigern von Irpin siehe Petro Schtscherbyna, *Bytwa sa Irpin* [Kampf um Irpin], Kyjiw 2022. Maryna Tkatschuks Artikel «Jakby ne bylo ›Schirafa‹ i nas, Kyjiw by dobrjatsche potripaly» [Wenn es keine ›Giraffe‹ und uns gegeben hätte, hätte es Kiew heftig erwischt] schildert, wie die Kämpfer der Territorialverteidigung von Irpin den Angriff auf die Hauptstadt mit bloßen Händen aufhielten, *Novynarnia,* 22. Juni 2022, novynarnia.com/2022/06/22/irpinska-tro-giraffe. Der Gedanke, das Jahr 1492 habe bei der Entstehung einer neuen Welt eine wichtige Rolle gespielt, stammt aus Felipe Fernández-Armesto, *1492: The Year the World Began,* New York: Harper Collins 2009. Bei der Arbeit an der ersten Fassung dieses Buches erfuhr ich, dass Omeljan Pritsak in seinen Vorlesungen an der Harvard University in den frühen 1970er Jahren über die Konsequenzen der Entdeckung Amerikas für ukrainische Gebiete gesprochen hatte. Diese Vorlesungen sind immer noch unveröffentlicht, aber unlängst wurden sie auf der Website des Canadian Institute of Ukrainian Studies (CIUS) zugänglich gemacht: cius-archives.ca/items/show/2503.

In der Einleitung zitiere ich Alexander Gerschenkron, *Economic Backwardness in Historical Perspective: A Book of Essays,* Cambridge, Mass.: Harvard University Press 1962, S. 6; Marc Bloch, *Apologie der Geschichte oder Der Beruf des Historikers,* Stuttgart: Ernst Klett Verlag 1974, S. 43; und Norman Davies, «The Misunderstood Victory in Europe», in: *The New York Review of Books,* 25. Mai 1995.

Kapitel 1: Was sagt ein Name aus?

Die vollständigste Schilderung der Entwicklung der Bezeichnungen «Rus» und «Ukraine» hat A. L. Choroschkewitsch vorgelegt («W labirinte etno-politiko-geografitscheskich naimenowanii Wostotschnoj Ewropy serediny XVII weka [Im Labyrinth der ethnisch-politisch-geographischen Bezeichnungen Osteuropas Mitte des 17. Jahrhunderts]», in: *Russkije ob Ukraine i ukrainzach* [Russen zur Ukraine und den Ukrainern], St. Petersburg: St. Petersburg Press 2012, S. 8–68). Zur Bezeichnung «Tscherkassen» siehe Hamed Kazemzadeh, *The Circassian Question: The Formation of Linguistic and Cultural Identity in the Caucasus from the Mid-Nineteenth Century to Modern Times,* Ph. D. Dissertation 2018. Zum Namen «chochol» siehe Boris Floria, «Kto takoj ›chochol‹? [Was ist ein ›chochol‹?]», in: *Rodina* (1999) Nr. 8, S. 58 f. Zur komplexen Beziehung zwischen Russland und Ukraine siehe auch Andreas Kappeler, *Russland und die Ukraine. Verflochtene Biographien und Geschichten,* Wien: Böhlau Verlag 2012.

Zur Moderne und Theorien der Modernisierung siehe: Hans-Ulrich Wehler, *Die Gegenwart als Geschichte. Essays,* München: Beck 1995, S. 13–60, und Jacques Le Goff, Geschichte und Gedächtnis, Frankfurt am Main: Campus 1992, S. 49–86. Zur Unterscheidung zwischen moderner und vormoderner Welt siehe Rodney Stark, *The Victory of Reason: How Christianity Led to Freedom, Capitalism, and Western Success,* New York: Random House 2005, S. 233 (auf Deutsch erschienen als: *Der Sieg des Abendlandes. Christentum und kapitalistische Freiheit,* Lüdinghausen, Berlin: Manuscriptum 2019).

Kapitel 2: Rus

Zu Beginn des Kapitels zitiere ich Wassyl Stus, *Twory* [Werke]. Band 4, Kyjiw 1994; A. A. Tschekalowa (Hg.), *Mir Aleksandra Kaschdana. K 80-letiju so dnja roschdenija* [Die Welt Alexander Kaschdans. Zum 80. Geburtstag], St. Petersburg: Aleteja 2003, S. 486; Ihor Ševčenko, *Ukraine Between East and West: Essays on Cultural History to the Early Eighteenth Century*, Edmonton, Alberta: CIUS Press 1996, S. 10.

In diesem Kapitel stütze ich mich hauptsächlich auf zwei Werke: Christian Raffensperger, *Reimagining Europe: Kievan Rus' in the Medieval World,* Cambridge, Mass.: Harvard University Press 2012, und A. P. Tolotschko, *Otscherki isnatschalnoj Rusi* [Skizzen der ursprünglichen Rus], St. Petersburg: Aleteja 2015.

Insbesondere verdanke ich Tolotschko die These, die Gründung der Ukraine sei das Ende der Rus gewesen – siehe: Oleksij Tolotschko, « ›Rus‹ otschyma ›Ukrajiny‹: w poschukach samoidentyfikaziji i kontynuitetu» [«Die ›Rus‹ aus der Sicht der ›Ukraine‹: auf der Suche nach Selbstidentifikation und Kontinuität»], *Sutschasnist* (1994) Bd. 1, S. 111–117.

Zur ukrainischen Steppe als dem Ort, wo Pferde zuerst domestiziert wurden, siehe: David W. Anthony, Dorcas R. Brown, «The Origins of Horseback Riding», in: *Antiquity*, Bd. 65, März 1991, S. 22–38. Zur Geschwindigkeit der Ausbreitung slawischer Völker siehe: Peter Heather, *Empires and Barbarians: The Fall of Rome and the Birth of Europe*, Oxford: Oxford University Press 2010 (deutsch: *Invasion der Barbaren. Die Entstehung Europas im ersten Jahrtausend nach Christus*, Stuttgart: Klett Cotta 2011). Zur Tatsache, dass die Slawen im Schatten byzantinischer Befestigungsanlagen ihren Ursprung hatten, siehe: Florin Curta, *The Making of the Slavs: History and Archaeology of the Lower Danube Region c. 500–700*, Cambridge: Cambridge University Press 2001, S. 350. Zum Zusammenhang zwischen «sclavus» und «Slavs» siehe: Thomas M. Prymak, «Say ›Goodbye‹, but Pause a Sec before Saying ›Chow‹!», slideshare.net/ThomasMPrymak/say-goodbye-but-pause-a-sec-before-saying-chow-56408079. Für eine Diskussion der Legende um Wolodymyrs Wahl der Religion siehe: D. E. Furman, «Wybor knjasja Wladimira [Die Wahl des Fürsten Wladimir]», in: *Woprosy filosofii* (1988), 6, S. 90–103.

Zur spärlichen geistigen Tradition der frühen Rus und ihrer sklavischen Abhängigkeit von Byzanz, siehe: George Fedotov, *The Russian Religious Mind, Kievan Christianity: The 10th to the 13th Centuries*, Cambridge, Mass.: Harvard University Press 2014, S. 38, 370, 380. Zu der Tatsache, dass Byzanz selbst kaum etwas mit der Entwicklung der Wissenschaft zu tun hatte, siehe: Cyril Mango, «Byzantium's Role in World History», in: E. Jeffreys, J. Haldon, und R. Cormack (Hg.), *The Oxford Handbook of Byzantine Studies*, Oxford: Oxford University Press 2008, S. 358. Die These, dass das westliche Christentum eher zu Aristoteles tendiert, das östliche hingegen stärker zu Platon, stammt aus dem Buch: Yves Congar, *After Nine Hundred Years: The Background of the Schism between the Eastern and Western Churches*, New York: Fordham University Press 1959, S. 44. Zu den Gründen, weshalb die gelehrte (akademische) Tradition in der östlichen Christenheit nicht übernommen wurde, siehe: T. W. Tschumakowa, «Rezepzija Aristotelja w drewnerusskoj kulture [Die Rezeption Aristoteles' in der altrussischen Kultur]», in: *Tschelowek*, Nr. 2, S. 58–69.

Einen vollständigen Katalog russischer Bücher aus dem 10. bis 17. Jahrhundert und einen Vergleich ihrer Gesamtzahl mit der Bibliothek eines byzantinischen Klosters enthält: Francis J. Thomson, *The Reception of Byzantine Culture in Mediaeval Russia*, London: Routledge 1999. Ein Vergleich der Zahl der Bücher, die im katholischen und im orthodoxen Kulturraum erschienen sind, ist zu finden in Markus Osterrieder, «Von der Sakralgemeinschaft zur modernen Nation. Die Entstehung eines Nationalbewußtseins unter Russen, Ukrainern und Weißruthenen im Lichte der Thesen Benedict Andersons», in: Eva Schmidt–Hartmann (Hg.), *Formen des nationalen Bewußtseins im Lichte zeitgenössischer Nationalismustheorien*, München: Oldenbourg Verlag 1994, S. 197–232. Das Zitat zu Nationen als Bücher lesenden Stämmen ist entnommen aus Yuri Slezkine, *The Jewish Century*, Princeton: Princeton University Press 2004, S. 11 (deutsch: *Das jüdische Jahrhundert*, Göttingen: Vandenhoeck & Rupprecht 2006). Zum Zitat bezüglich der symbolischen Dramatik von Canossa, siehe: George Schöpflin, «The Political Traditions of Eastern Europe», in: *Daedalus,* Bd. 119, 1 (Winter 1990), S. 57. Auszüge aus der *Nestorchronik* oder der *Powest wremennych let* (Erzählung längst vergangener Jahre) sind online abrufbar unter https://digi20.digitale-sammlungen.de/de/fs1/object/display/bsb00043511_00001.html; vgl. *Die Nestorchronik,* hrsg. und übers. Ludolf Müller, München: Wilhelm Fink Verlag 2001.

Intermezzo: Eine kurze Geschichte des ukrainischen Brotes

Zum Anteil der Schwarzerde in der Ukraine siehe: G. Markov, I. Stebelsky, *Soil Classification, Encyclopedia of Ukraine Vol. IV: Ph-S,* Toronto–Buffalo 1993. Zur Verbreitung der Beleidigung cham/Ham in slawischen Sprachen: Adam Leszczyński, *Ludowa historia Polski: Historia wyzysku i oporu. Mitologia panowania* [Geschichte des polnischen Volkes. Eine Geschichte von Ausbeutung und Widerstand. Mythen der Herrschaft], Warschau: WAB 2020, S. 21 f. Zur These, dass ethnische und soziale Konflikte auf ukrainischem Boden in der Neuzeit weitgehend mit dem Kampf um Land zusammenhingen, siehe: Daniel Beauvois, *La bataille de la terre en Ukraine, 1863–1914: Les Polonais et les conflits socio-ethniques,* Presses Universitaires du Septentrion 1993; Slawomir Tokarski, *Ethnic Conflict and Economic Development: Jews in Galician Agriculture 1868–1914,* Warschau: TRIO Press 2003. Darüber hinaus zitiere ich den Artikel: « ›Marching towards starvation‹: UN Warns of Hell on Earth if Ukraine War Goes On», *Guardian,* 17. Juni 2022. Die Meinungsumfrage, nach der die Ukraine das am wenigsten antisemitische der postkommunistischen Länder ist, ist abrufbar unter: pewresearch.org/fact-tank/2018/03/28/most-poles-accept-jews-as-fellow-citizens-and-neighbors-but-a-minority-do-not.

Das Hitler-Zitat zu den «unermesslichen Getreideflächen» der Ukraine stammt aus Max Domarus (Hg.), *Hitler. Reden und Proklamationen 1932–1945.* Bd. 1 Triumph. 2. Halbband: 1935–1938, Wiesbaden 1973, S. 642.

Kapitel 3: Der Kosakenstaat

Dieses Kapitel stützt sich hauptsächlich auf die Werke der drei führenden Experten zur Geschichte der Kosaken: Zenon Kohut, *Russian Centralism and Ukrainian Autonomy: Imperial Absorption of the Hetmanate, 1760s–1830s,* Cambridge, Mass.: Harvard University Press 1989; *Korinnia identytschnostji: Studiji s rannjomodernoji ta modernoji istoriji Ukrajiny* [Wurzeln der Identität. Studien zur frühneuzeitlichen und neuzeitlichen Geschichte der Ukraine], Kyjiw: Krytyka 2004; Serhiy Plokhy, *The Cossacks and Religion in Early Modern Ukraine,* Oxford: Oxford University Press 2001, und Frank Sysyn (seine zahlreichen Artikel sind bisher leider nicht in einem Sammelband erschienen).

Zur Erwartung des Endes der Welt im Jahr 1492 in den Ländern der Rus, siehe: Michael Flier, «Till the End of Time: The Apocalypse in Russian Historical Experience Before 1500», in: Valerie A. Kivelson und Robert H. Greene (Hg.), *Orthodox Russia: Studies in Belief and Practice,* University Park, Pa.: Pennsylvania State University Press 2003, S. 149. Das Zitat vom Westen, der im polnischen Gewand daherkommt, stammt aus Ševčenko, op. cit., S. 3 f. Zur Geographie des Ursprungs der Kosaken: Susanne Luber, *Die Herkunft von Zaporoger Kosaken des 17. Jahrhunderts nach Personennamen,* Wiesbaden: Harrassowitz 1983, S. 108 f. Zur Bezeichnung des Aufstands von Bohdan Chmelnyzkyj als Revolution, siehe: Frank E. Sysyn, «War der Chmel'nyckyj-Aufstand eine Revolution? Eine Charakteristik der ›großen ukrainischen Revolte‹ und der Bildung des kosakischen Het'manstaates», in: *Jahrbücher für Geschichte Osteuropas,* Neue Folge, Bd. 43, H. 1 (1995), S. 1–18. Zur Frage, ob aus einem Bündnis zwischen Altgläubigen und Don-Kosaken eine Nation hätte entstehen können, siehe: Geoffrey Hosking, *Russia: People and Empire, 1552–1917,* London: Harper Collins 1997 (deutsch: *Russland. Nation und Imperium: 1552–1917,* Berlin: Siedler 2000). Zum Aufstand Masepas in einem vergleichenden Kontext: Orest Subtelny, *The Mazepists: Ukrainian Separatism in the Early Eighteenth Century,* New York: Columbia University Press 1981. Zur Funkton Masepas als Modernisierer: Wassyl Kononenko, *Modernisazija Hetmanschtschyny: projekty kosazkoji administraziji 1687–1764* [Die Modernisierung des Hetmanats. Projekte einer Kosakenverwaltung], Kyjiw: Institute of History of Ukraine, NAS of Ukraine 2017.

Intermezzo:
Eine kurze Geschichte des ukrainischen Liedguts

Zum Kompromiss zwischen den beiden Sichtweisen zur Entstehung von Nationen: «We Study Empires as We Do Dinosaurs: Nations, Nationalism, and Empire in a Critical Perspective», Interview mit Benedict Anderson, *Ab Imperio,* 3/2003, S. 57–73. Zum Begriff «Ukraine» in ukrainischen Volksliedern: George Luckyj, «Rosdumy nad slowom ›Ukrajina‹ u narodnych pisnjach [Überlegungen über das Wort ›Ukraine‹ in Volksliedern]», *Sutschasnist* (1993) 8, S. 117–122. Zu den Dumas oder Heldenliedern der Kosaken und ihrer Rolle im Repertoire der Kobsare: Natalie Kononenko, *Ukrainian Minstrels: … and the Blind Shall Sing,* London: M. E. Sharpe 1998. Zur «Energie der Selbstidentifikation» im Volkstum der ukrainischen Ostarbeiter siehe: K. Tschistow, *Preodolenije rabstwa. Folklor i jazyk ostarbaiterow, 1942–1944* [Überwindung der Knechtschaft. Volkstum und Sprache der Ostarbeiter], Swenja 1998, S. 9–51. Die Briefe der Ostarbeiter wurden auszugsweise veröffentlicht in Bella E. Cistova, Kirill V. Cistov (Hg.), «*Fliege mein Briefchen, von Westen nach Osten …» Auszüge aus Briefen russischer, ukrainischer und weißrussischer Zwangsarbeiterinnen und Zwangsarbeiter 1942–1944,* Bern u. a.: Peter Lang 1998 (Zitat auf S. 63 f.).

Kapitel 4: Das lange 19. Jahrhundert

Zur Völkertafel siehe: Franz K. Stanzel, *Europäer. Ein imagologischer Essay,* Heidelberg: Winter 1997. In diesem Kapitel habe ich bewusst eine kürzlich erschienene Weltgeschichte des 19. Jahrhunderts ignoriert, nicht zuletzt weil der Autor die Geschichte der Ukraine völlig ausgeklammert hat: Jürgen Osterhammel, *The Transformation of the World: A Global History of the Nineteenth Century,* Princeton, NJ.: Princeton University Press, 2014 (deutsch: *Die Verwandlung der Welt. Eine Geschichte des 19. Jahrhunderts,* München: C.H.Beck 2016). Stattdessen führe ich die Thesen meines Buches *Ivan Franko and His Community* (Brighton, MA: Academic Studies Press 2019) weiter aus. Dieses Buch enthält eine detaillierte Bibliographie. Einige besonders lesenswerte Artikel möchte ich hier herausheben: Orest Pelech, «The State and the Ukrainian Triumvirate in the Russian Empire, 1831–47», in: Bohdan Krawchenko (Hg.) *Ukrainian Past, Ukrainian Present,* London: Palgrave Macmillan 1992, S. 1–17; Patricia Herlihy, «Ukrainian Cities in the Nineteenth Century», in: *Rethinking Ukrainian History,* Edmonton, Alberta: CIUS Press 1981, S. 135–155; Stephen Velychenko, «Identities, Loyalties and Service in Imperial Russia: Who Administered the Borderlands?», in: *The Russian Review* (1995) 2, S. 188–208. Bei der Diskussion der nationalen Wiedergeburt der Ukraine und der geopolitischen Orientierung der ukrainischen Elite stütze ich mich auf die Sichtweise der Standardwerke: Miroslav Hroch, *Social Preconditions of National Revival in Europe: A Comparative Analysis of the Social Composition of Patriotic Groups among the Smaller European Nations,* New York: Columbia University Press 2000 (deutsch: *Das Europa der Nationen. Die moderne Nationsbildung im europäischen Vergleich,* Göttingen: Vandenhoeck & Rupprecht 2005); Albert O. Hirschman, *Exit, Voice, and Loyalty,* Cambridge, Mass.: Harvard University Press, 1970 (deutsch: *Abwanderung und Widerspruch. Reaktionen auf Leistungsabfall bei Unternehmungen, Organisationen und Staaten,* Tübingen: Mohr 1974). Das Zitat von Johann Georg Kohl findet sich in Johann Georg Kohl, *Reisen im Innern von Rußland und Polen. 2. Theil: Die Ukraine, Kleinrussland,* Dresden, Leipzig 1841, S. 323.

Zum russischen imperialen Konzept der «Orthodoxie, Autokratie, Nationalität» als Antwort auf die Parole der Französischen Revolution «Liberty, Equality, Fraternity», siehe: Andrei Zorin, *By Fables Alone: Literature and State Ideology in Late-Eighteenth and Early-Nineteenth Century Russia,* Brighton, MA: Academic Studies Press 2014. Das Zitat von Johann Gottfried Herder stammt aus *Journal meiner Reise im Jahr 1769,* zitiert nach https://www.projekt-gutenberg.org/herder/jour1769/jour07.html.

Der Gedanke, dass der allgemeine Konflikt zwischen der politischen und wirtschaftlichen Modernisierung im russischen Zarenreich ein extremes Ausmaß annahm, stammt aus: Theodore H. Friedgut, *Iuzovka and Revolution. Vol. 1. Life and Work in Russia's Donbass, 1869–1924,* Princeton, NJ: Princeton University Press 1989. Lenins Aufsatz «Kritische Bemerkungen zur nationalen Frage» ist online abrufbar unter: http://kpd-ml.org/doc/lenin/LW20.pdf.

Intermezzo:
Eine kurze Geschichte des ukrainischen Grenzlands

Die umfassendste Erörterung des Themas der Grenzregionen in der ukrainischen Geschichte ist in einer eigens diesem Thema gewidmeten Ausgabe der Zeitschrift *Ukrajina Moderna* zu finden (Nr. 18/2011) mit dem Titel «Pohranyschtschija – okrajiny – peryferii [Randgebiete – Grenzregionen – Peripherie]». Ferner nutze ich folgende Werke: Alfred J. Rieber, *The Struggle for the Eurasian Borderlands: From the Rise of Early Modern Empires to the End of the First World War,* Cambridge: Cambridge University Press 2014; Olherd Ipolit Botschkowskyj, *Wybrani prazi ta dokumenty* [Ausgewählte Arbeiten und Dokumente], Band II, Moderna 2018; Holger H. Herwig, op. cit. Zum Problem der Pripjat-Sümpfe siehe: A. Filippi, *Pripjatskaja problema. Otscherk operatywnogo snatschenija Pripjatskoj oblasti dlja wojennoj kampanii 1941* [Das Pripjat-Problem. Skizze der operativen Bedeutung der Region Pripjat für den Feldzug 1941], Moskau 1959.
Zur Sterblichkeit in der Ukraine und in Westeuropa, 1900–2006: E. M. Libanowa (Hg.), *Smertnist nasselennija Ukrajiny u trudoaktywnomu witsi* [Sterblichkeit der Bevölkerung der Ukraine im arbeitsfähigen Alter], Kyjiw: Instytut demohrafii ta sozialnych doslidschen' NAN Ukrajiny 2007, S. 50 f.

Kapitel 5: Ukraine, 1914–1945

Dieses Kapitel ist stark von dem Werk zweier Historiker beeinflusst: Mark von Hagen und Andrea Graziosi. Mark von Hagen war ein Historiker der russischen Revolution und des Bürgerkriegs. Andrea Graziosi machte auf die Rolle der Bauernfrage beim Aufstieg und bei der Entstehung des Sowjetregimes aufmerksam, siehe insbesondere sein Buch *The Great Soviet Peasant War: Bolsheviks and Peasants, 1917–1933* (Cambridge, Mass.: Harvard University Press 1996). Außerdem legte er meiner Meinung nach die überzeugendste Interpretation des Holodomor vor: «The Soviet 1931–33 Famines and the Ukrainian Holodomor: Is A New Interpretation Possible, What Would Its Consequences Be?», in: *Harvard Ukrainian Studies,* 2004/05, 1/4; S. 97–115. Zu seinem Vergleich der ukrainischen und mexikanischen Revolutionen siehe Graziosi, *Stalinism, Collectivization and the Great Famine,* Cambridge, Mass.: Ukrainian Studies Fund 2009, S. 181.

Zum Ersten Weltkrieg als massivstem Vorstoß der Moderne in die traditionelle Welt Osteuropas siehe Leonid Heretz, *Russia on the Eve of Modernity: Popular Religion and Traditional Culture under the Last Tsars,* Cambridge: Cambridge University Press 2008. Zur zentralen Bedeutung der Ukraine im Ersten und Zweiten Weltkrieg siehe Dominic Lieven, *Towards the Flame: Empire, War and the End of Tsarist Russia,* London: Allen Lane 2015; Timothy Snyder, «Germany's Historical Responsibility to Ukraine», ein Transkript ist erhältlich unter: marieluisebeck.de/artikel/20-06-2017/timothy-snyder-germanys-historical-responsibility-ukraine. Timothy Sniders Buch *Bloodlands: Europe between Hitler and Stalin,* New York: Basic Books 2010 (deutsch: *Bloodlands. Europa zwischen Hitler und Stalin,* München: C.H.Beck 2012) ist ein absolutes Muss für jeden, der verstehen möchte, was sich in der Ukraine und in ihrem Umfeld in den 1930er und 1940er Jahren abspielte. Zu den russischen Weißen Garden als liberaler Bewegung und ihrer Haltung gegenüber der Ukraine siehe Anna Procyk, *Russian Nationalism and Ukraine: The Nationality Policy of the Volunteer Army during the Civil War,* Edmonton, Alberta: CIUS Press 1995; Christopher Lazarski, *The Lost Opportunity: Attempts at Unification of the Anti-Bolsheviks, 1917–1919: Moscow, Kiev, Jassy, Odessa,* Lanham: University Press of America 2008. Zu antijüdischen Pogromen in der Ukraine während der Revolution siehe Henry Abramson, *A Prayer for the Government: Ukrainians and Jews in Revolutionary Times, 1917–1920,* Cambridge, Mass.: Harvard University Press 1999. Zur Entwicklung der Haltung Christian Rakowskys gegenüber der ukrainischen Frage siehe Pierre Broué, *Rakovsky ou la Révolution dans tous les pays,* Paris: Fayard 1996. Zur gleichen Entwicklung Nestor Machnos siehe Frank Sysyn, «Nestor Makhno and the Ukrainian Revolution», in: Taras Hunczak (Hg.), *The Ukraine, 1917–1921: A Study in Revolution,* Cambridge: Cambridge University Press 1977, S. 295–304. Die Anekdote über den Brand der Weltrevolution stammt aus den Tagebüchern von Serhij Jefremow, *Schtschodennyky, 1923–1929* [Tagebücher], Kyjiw 1997, S. 586. Schulgins Kommentare zum Sprachgebrauch in Kyjiw stammt aus W. W. Schulgin, *Tri stolizy* [Drei Hauptstädte], Moskau: Sowremennik 1991, S. 125. Zu den Haltungen der ukrainischen Jugend gegenüber der modernen Kultur siehe Hryhorij Kostjuk, *Sustritschi i proschtschannja: Spohady* [Begegnungen und Trennungen. Erinnerungen], Edmonton, Alberta: CIUS Press 1987, Buch 1, S. 184. Zu dem Zitat von Wernadski siehe W. I. Wernadski, *Denwniki 1917–1921: oktjabr 1917–janwar 1920* [Tagebücher: Oktober 1917 – Januar 1920], Naukowa Dumka 1994, S. 269. Zur Geschichte Paul Wittgensteins in Charkiw siehe Alexander Waugh, *The House of Wittgenstein: A Family at War*, London: Bloomsbury 2008 (deutsch: *Das Haus Wittgenstein. Die Geschichte einer ungewöhnlichen Familie,* Frankfurt am Main: Fischer 2009). Den besten Überblick über die Veränderung des ukrainischen Dorfes in den 1920er Jahren bietet: Wolodymyr Kalinitschenko, *Seljanske hospodarstwo Ukrajiny w period nepu: Istoryko-ekonomitschne doslidschennja* [Die Landwirtschaft der Ukraine in der NEP-Zeit. Historisch-ökonomische Schlussfolgerungen], Kyjiw: Osnowa 1997. Zur nationalen Dimension der Bauernaufstände gegen die stalinistische Kollektivierung siehe Lynne Viola, *Peasant Rebels under Stalin: Collectivization and the Culture of Peasant Resistance,* New York: Oxford University Press 1996, S. 120. Zum «polnischen Faktor» siehe Timothy Snyder, *Sketches from a Secret War: A Polish Artist's Mission to Liberate Soviet Ukraine,* New Haven: Yale University Press 2005. Einen allgemeinen Überblick über die Westukraine zwischen den Kriegen bietet John-Paul Himka, «Western Ukraine between the Wars», in: *Canadian Slavonic Papers/Revue Canadienne des Slavistes* (1992) 4, S. 391–412. Die beste Darstellung der sozialen Wurzeln des ukrainischen Nationalismus ist Senon Pelenskij, «Misch dwoma konetschnostjamy. Prytschynok do soziolohiji ukrajinskoho nazionalno-wyswolnoho rewoljuzijnoho ruchu w Sachidnii Ukrajini misch oboma switowymy wiinamy» [Zwischen zwei Extremen. Soziologische Motive der ukrainischen nationalrevolutionären Befreiungsbewegung zwischen den beiden Weltkriegen], in: *Jewhen Konowalez ta joho doba* [Jewhen Konowalec und seine Zeit]. 1974, S. 502–514. Die beste Darstellung seiner Ideologie bietet Myroslav Shkandrij, *Ukrainian Nationalism. Politics, Ideology, and Literature, 1929–1956,* New Haven: Yale University Press 2015. István Deák habe ich zitiert nach István Deák, *Essays on Hitler's Europe,* Lincoln: University of Nebraska Press 2001, S. 92 f. Die Geschichte von Jewgenij Chaldej wird erzählt auf der Basis von Tatyana Tolstaya, «Missing Persons», in: *New York Review of Books,* 15. Januar 1998; und Ernst Volland, «Die Flagge des Sieges», in: Jewgeni Chaldej, *Der bedeutende Augenblick,* Neuer Europa Verlag 2009, S. 112–123. Edgar Snow wird zitiert in Bohdan Krawchenko, *Social Change and National Consciousness in Twentieth-Century Ukraine,* New York: Macmillan 1985, S. 123. Zum Vergleich der Repressionen in den westlichen und deutschen Besatzungszonen des ehemaligen Zwischenkriegs-Polen und der Sowjetunion als Spielverderber: Jan T. Gross, *Revolution from Abroad: The Soviet Conquest of Poland's Western Ukraine and Western Belorussia,* Princeton: Princeton University Press 1988. Zu Hitler und seinen Plänen für die Ukraine siehe Alexander Dallin, *German Rule in Russia 1941–1945: A Study of Occupation Policies,* London: Macmillan 1957 (deutsch: *Deutsche Herrschaft in Russland 1941–1945. Eine Studie über Besatzungspolitik,* Düsseldorf: Droste 1958), S. 160 f. sowie Henry Picker, *Hitlers Tischgespräche im Führerhauptquartier. Mit bisher unbekannten Selbstzeugnissen Adolf Hitlers, Abbildungen, Augenzeugenberichten und Erläuterungen: Hitler, wie er wirklich war*, Stuttgart: Seewald 1976. Zu den Kriegserinnerungen von Djilas siehe Milovan Djilas, *Conversations with Stalin,* New York: Penguin Books 1962 (deutsch: *Gespräche mit Stalin,* Frankfurt am Main: Fischer 1962), S. 46–49.

Eine Anmerkung zum Kalender: Bis Februar 1918 galt in Russland der Julianische Kalender, der zu der Zeit 13 Tage hinter dem gregorianischen Kalender zurücklag, der in ganz Europa genutzt wurde. Das führt dazu, dass die Revolutionen von 1917, die als Februar- und Oktoberrevolution bekannt sind, nach dem neuen

Kalender in Wirklichkeit im März und November stattfanden. Deshalb wurde die «Große Oktoberrevolution» in der Sowjetunion am 7. November gefeiert. Die ursprünglichen Daten werden mit AS (alter Stil) gekennzeichnet.

Intermezzo: Eine kurze Geschichte der Gewalt

Meine allgemeine Inspirationsquelle für diesen Abschnitt war das Buch von Christian Gerlach, *Extremely Violent Societies: Mass Violence in the Twentieth-Century World,* Cambridge: Cambridge University Press 2010 (deutsch: *Extrem gewalttätige Gesellschaften. Massengewalt im 20. Jahrhundert,* München: DVA 2011). Folgende Titel werden im Text zitiert: Olena Betlij, «Bilschowyzkyj teror u Kyjewi u sitschni–ljutomu 1918 r.: schertwy i pamjat [Der bolschewistische Terror in Kyjiw im Januar-Februar 1918. Opfer und Gedenken]», *Krajesnawstwo* (2018), 3, S. 178–195; Wladyslaw Werstjuk, *Machnowschtschyna; Seljanskij powstanskij ruch na Ukrajini (1918–1921)* [Machno-Bewegung. Bäuerliche Aufstandsbewegung in der Ukraine], Kyjiw: Naukowa Dumka 1991; W. Serhijtschuk, *Pohromy w Ukrajini: 1914–1920. Wid schtutschnych stereotypiw do hirkoj prawdy, prychowuwanoj w radjanskych archiwach* [Pogrome in der Ukraine: 1914–1920. Von künstlichen Stereotypen zur bitteren Wahrheit, die in sowjetischen Archiven verborgen ist], Kyjiw: Wyd-wo imeni Oleny Telihy 1998; Grzegorz Gauden, *Lwów – kres iluzji. Opowieść o pogromie listopadowym 1918* [Lwow – Grenzen der Fantasie. Geschichte des Pogroms im November 1918], Kyjiw: Universitas 2019; Natalja Kowaljowa, *Seljany, pomyschtschyky i derschawa: konflikty interessiw. Ahrarna rewoljuzija w Ukrajini* 1920–1922 [Bauern, Gutsherren und Staat. Interessenkonflikte. Die Agrarrevolution in der Ukraine], Lira 2016; Fedir Morhun, *Stalinsko-hitleriwskyj henozyd ukrajinskoho narodu. Fakty i naslidky* [Der Stalin-Hitlersche Genozid am ukrainischen Volk. Fakten und Schlussfolgerungen]. 2. Auflage, Dywosvit 2008); Roman Wyssozkyj (Hg.), *Pazyfikazija Galytschyny 1930 roku. Dokumenty* [Die Pazifizierung Galiziens 1930. Dokumente]. Band 1, Wyd-wa UKU 2019; Zvi Gitelman, *A Century of Ambivalence. The Jews of Russia and the Soviet Union, 1881 to the Present,* London 1988; Marc Jansen und Nikita Petrov, *Stalin's Loyal Executioner: People's Commissar Nikolai Ezhov, 1895–1940,* Stanford: Hoover 2002; «Arestowannyje drug druga isbiwali, peli i pljassali. Antologia tschekistskich isdewatelstw nad sakjutschennymi. K 80-litiju umanskogo dela [Die Verhafteten erschlugen sich gegenseitig, sangen und tanzten. Antologie der tschekistischen Verhöhnung der Häftlinge. Zum 80. Jahrestag der Akte Umanski]», *Nowaja Gaseta,* Nr. 55, 24. Mai 2019, novayagazeta.ru/articles/2019/05/22/80619-arestovannye-drug-druga-izbivali-peli-i-plyasali; David Kahane, *Lvov Ghetto Diary,* Amherst 1990; Mykola Androschtschuk, «Woronii», *Sapysky powstanzia* [«Raben». Aufzeichnungen des Aufstands], Litopys UPA , Buch 13, Toronto–Lwiw 2011; Alexander Gogun, *Stalins Kommandotruppen 1941–1944. Die ukrainischen Partisanenformationen,* Stuttgart: Ibidem Verlag 2015; Olexandr Dowschenko, *Satscharowana Desna Opowidannja. Schtschodennyk (1941–1956)* [Die verzauberte Desna. Geschichte. Tagebuch], Dnipro 2001.

Über die Eigenheiten der sowjetischen Geschichtspolitik zum Holocaust in der sowjetischen Ukraine siehe Zvi Gitelman, «Soviet Reactions to the Holocaust, 1945–1991», in: L. Dobroszycki und J. S. Gurock (Hg.), *The Holocaust in the Soviet Union: Studies and Sources on the Destruction of the Jews in the Nazi-Occupied Territories of the USSR, 1941–1945*, Routledge 1993, S. 3, 9–11. Nikolaj Nikulin wird zitiert aus seinen *Wospominanija o woine* [Erinnerungen an den Krieg], Isd-wo Gos. Ermitascha 2008. Beschwerden über das «Joch der Chochly» an der Spitze der sowjetischen Regierung stammen aus Georgij Mjasnikow, *Stranizy is dnewnika (1964–1992)* [Seiten aus dem Tagebuch], Institut nazionalnych problem obrasowanija 2008, S. 409, 557. Über die Gruppe der «Sechziger» wurde viel geschrieben. Zum jüngsten Werk auf Englisch siehe Simone Attilio Bellezza, *The Shore of Expectations: A Cultural Study of the Shistdesiatnyky*, Edmonton, Alberta: CIUS 2019. Zum Wertewandel in der sowjetischen Gesellschaft siehe William M. Reisinger, Arthur H. Miller, Vicki L. Hesli, und Kristen Hill Maher, «Political Values in Russia, Ukraine and Lithuania: Sources and Implications for Democracy», in: *British Journal of Political Science* (1994) 2, S. 183–223. Zur Rolle der ukrainischen Frage bei der Niederschlagung des Prager Frühlings 1968 und zu Galizien und Donbas als Schwachpunkte des sowjetischen Regimes in die Ukraine siehe: Mark Kramer, «Ukraine and the Soviet–Czechoslovak Crisis of 1968: New Evidence from the Ukrainian Archives», in: *Cold War International History Project Bulletin*, 14/15, S 273–368. Zu Petro Schelest und Wolodymyr Schtscherbyzkyj siehe die Biographien: *Partijnij «nazionalist»: Paradoksy Petra Schelesta* [Ein Partei «Nationalist». Die Paradoxa Petro Schelests], von Jurij Schapowal, Wydawnytstwo Anetty Antonenko 2020, und *Wolodymyr Schtscherbyzky. Polityk sa obstawyn tschasu* [Politiker der letzten Stunde], von Jurij Schapowal und Olexandr Jakubez, Instityut Krytyky 2019. Zur Katastrophe von Tschernobyl siehe Serhii Plokhy, *Chernobyl: The History of a Nuclear Catastrophe*, New York: Basic Books 2018. Zur Arbeiterbewegung im Donbas siehe: A. M. Rusnatschenko, *Probudschennja: robitnytschyj ruch na Ukrajni w 1989–1993* [Erwachen. Arbeiterbewegung in der Ukraine 1989–1993], KM Academia 1995; Lewis H. Siegelbaum, Daniel J. Walkowitz, *Workers of the Donbas Speak: Survival and Identity in the New Ukraine, 1989–1992*, State University of New York Press 1995. Den Gedanken der «nicht-zivilgesellschaftlichen Revolution» habe ich übernommen von Stephen Kotkin und Jan T. Gross, *Uncivil Society: 1989 and the Implosion of the Communist Establishment*, New York: Modern Library 2010. Zur Vereinigung von Galizien, Kyjiw und Donbas als zentralem Faktor für die Erringung der ukrainischen Unabhängigkeit siehe Andreas Wittkowsky, *Fünf Jahre ohne Plan. Die Ukraine 1991–96. Nationalstaatsbildung, Wirtschaft und Eliten*, Hamburg: Lit 1998. Jerzy Giedroycs Brief an Czesław Miłosz wird zitiert nach: *Nowa Europa Wschodnia*, 3/4 (2011). Konstantin Paustowskis Äußerung wird zitiert nach Aleksandr Wat, *Mój wiek. Pamiętnik mówiony. Opracowanie naukowe* [Mein Jahrhundert. Gesprochene Memoiren, Forschungsbericht]. Bd. 1, Universitas 2011, S. 382. Zu den Umständen der Äußerung Jerzy Gedroycs siehe Janusz Korek, *Paradoksy paryskiej «Kultury»: ewolucja myśli politycznej w latach 1947–1980* [Paradox der Pariser «Kultura». Entwicklung des politischen Denkens 1947–1980], Almqvist & Wiksell International 1998. Adam Michnik erzählte mir persönlich seine Familiengeschichte. Zu Harvard siehe: Oleksandr Avramchuk, *Pisząc historię narodu «niehistorycznego». Powstanie studiów ukraińskich i polsko-ukraiński dialog historyczny w USA (1939–1991)* [Die Geschichte einer «unhistorischen» Nation schreiben. Der Aufstieg der Ukrainistik und der polnisch-ukrainische historische Dialog in den USA], Ph. D. Dissertation, Warschau 2020. Das Zitat von Ernest Gellner stammt aus Ernest Gellner, *Nations and Nationalism,* Wiley-Blackwell 1983 (deutsch: *Nationalismus und Moderne,* Berlin: Rotbuch-Verlag 1991), S. 124.

Intermezzo: Eine kurze Geschichte der ukrainischen Sprache

Die besten Geschichten der ukrainischen Sprache sind: George Y. Shevelov, «Evolution of the Ukrainian Literary Language», in: *Rethinking Ukrainian History,* S. 216–231; Michael Moser, *New Contributions to the History of the Ukrainian Language,* University of Alberta Press 2016. Zu dem Gedanken, dass die russische Regierung systematisch alle drei Sprachen unterdrückte, die sich auf ukrainischem Boden entwickelten (die ukrainische Fassung des Kirchenslawischen sowie die weltlichen ruthenischen und ukrainischen Literatursprachen) siehe Andrii Danylenko und Halyna Naienko, «Linguistic russification in Russian Ukraine: Languages, imperial models, and policies», in: *Russian Linguistics* (2019) 43 (1), S. 19–39. Zur Verbindung zwischen Genozid und Unterdrückung einer Sprache siehe Andrea Graziosi und Frank E. Sysyn (Hg.), *Genocide: The Power and Problems of a Concept,* McGill-Queen's University Press 2022. Ich zitierte Sergej Lojkos Äußerungen über den Flughafen im Donbas nach dem Artikel «Sapreschtschonny efir» [Verbotener Äther], *Echo Moskwy,* 31. Oktober 2014. Der Gedanke, dass es keine Demokratien mit Russisch als Landessprache gibt, stammt aus dem Artikel von Tomasz Kamusella «World Languages and Democracy», *Ukraïna moderna,* 28. Januar 2002, unter: uamoderna.com/war/russian-and-democracy.

Ausblick: Die unabhängige Ukraine

Zur Wertung der Entstehung einer unabhängigen Ukraine als einem der drei bedeutendsten europäischen Ereignisse des 20. Jahrhunderts siehe Zbigniew Brzezinski: «Ultimately Ukrainian independence can only be built and sustained by the Ukrainian people themselves», *Den,* 31. März 1998, day.kyiv.ua/en/article/personality/zbigniew-brzezinski-ultimately-ukrainian-independence-can-only-be-built-and. Zur Analyse der Deutschen Bank des wirtschaftlichen Potenzials der sowjetischen Republiken siehe: *The Soviet Union at the Crossroads: Facts and Figures on the Soviet Republics,* Frankfurt am Main: Deutsche Bank 1990. Zu den Voraussagen des Zusammenbruchs und möglichen Endes einer unabhängigen Ukraine siehe D. Williams und R. J. Smith, «US Intelligence Sees Economic Flight Leading to Breakup of Ukraine», *Washington Post,* 25. Januar 1994, S. A 7; «The birth and possible death of a country», *The Economist,* 331, 7862 (5. Juli 1994). Dmitrij Furman zitierte ich nach dem Artikel, «Ukrajina i my. Nazionalnoje samososnanije i politischeskoje raswitije [Die Ukraine und wir. Nationales Bewusstsein und politische Entwicklung]», *Swobodnaja mysl,* 1995, 1, S. 70. Zur Diskussion unter russischen Demokraten 1991, wie man mit der Ukraine umgehen solle, siehe: Alexandr Tsipko «Stalin, holodomor i druschba narodow [Stalin, Holodomor und die Freundschaft der Völker]», *Nesawisimaja Gaseta,* 16. Dezember 2008. Zur Theorie «zweier Ukrainen» und der zugehörigen Diskussion, insbesondere zu den Gedanken Roman Szporluks über das Zentrum, siehe Szporluk «Why Ukrainians Are Ukrainians. A Commentary on Mykola Riabchuk's ›Ukraine: One State, two Countries?‹», *Eurozine,* 12. September 2002. Veränderungen im ukrainischen Regionalismus sind zu finden in: *Ukraine. Urbanization Review,* World Bank, International Bank for Reconstruction and Development 2015. Zur Unterstützung für den Euromaidan auf sozialen Medien siehe: «Nowa polytytschna realnist Ukrajiny [Neue politische Realität der Ukraine]», siehe: statistika.in.ua/vk/pislyamaidan. Über 2019 als Jahr der Revolutionen siehe Robin Wright, «The Story of 2019: Protests in Every Corner of the Globe», *New Yorker,* 30. Dezember 2019. Informationen über die Proteste in Chile stammen aus der gleichen Ausgabe. Zu den positiven Aspekten des Nationalismus siehe Anne Applebaum, «Nationalism Is Exactly What Ukraine Needs. Democracy fails when citizens don't believe their country is worth fighting for», *The New Republic,* 13. Mai 2014. Zu den Verlusten der Ukraine nach dem ersten Kriegsjahr: «Sozialno-ekonomitschne samopotschuttja hromadjan Ukrajiny: pidsumky roku wijny» [Sozialökonomische Lage der Bürger in der Ukraine: Ergebnisse des Kriegsjahres] Februar/März 2023, razumkov.org.ua/napriamky/sotsiologichni-doslidzhennia/sotsialnoekonomichne-samopochuttia-gromadian-ukrainy-pidsumky-roku-viiny-liutyi-berezen-2023r. Myla Rukhman, «Ad na semle: Rossija tworit w Ukrajine ekologitscheskuju katastrofu, perwyje dannyje uschasajut» [Hölle auf Erden: Russland führt in der Ukraine eine ökologische Katastrophe herbei, die ersten Daten beängstigen], *Detali,* 27. Dezember 2022; Thomas L. Friedman, «Putin's War Is a Crime against the Planet», *New York Times,* 27. September 2022. Zur Statistik über zeitgenössische Kriege, insbesondere zur Tatsache, dass 1992 die größte Zahl an Kriegen erlebte, siehe: Meredith Reid Sarkees und Frank Whelon Wayman (Hg.), *Resort to War, 1816–2007,* CQ Press 2010. Timothy Ashs Äußerungen über die doppelte Bedeutung des ukrainischen Wortes «wolja» ist enthalten in Timothy G. Ash, «Ukraine in Our Future», *New York Review of Books,* 23. Februar 2023.

PERSONENREGISTER

Abramowytsch, Samuil 353
Acemoglu, Daron 13
Achat Bragin 434
Achmadulina, Bella 368
Alejchem, Scholem 410
Alexander II., Zar 90, 163
Alexander VI., Papst 97
Anacharsis 51
Anderson, Benedict 141 f.
Andrej Bogoljubskij, Fürst v. Wladimir-Susdal 72
Anna v. Byzanz, Fürstin d. Rus 53, 62 f.
Antonowytsch, Wolodymyr 193
Applebaum, Anne 448
Archimedes 38
Aristoteles 65–67, 69
Arndt, Ernst Moritz 403
Augustus, röm. Kaiser 51

Babel, Isaac 332
Baczyński, Julian 184
Balyzkyj, Wsewolod 258
Bandera, Stepan 92, 216, 293–296, 310 f., 344, 355–357, 373, 396
Basileios II., bzyant. Kaiser 62
Batory, Stefan, poln. König 116
Bauman, Zygmunt 344
Beasley, David 93
Beauplan, Guillaume le Vasseur de 20, 110
Berend, Iván T. 228
Berynda, Pamwo 408
Bilasch, Wiktor 332
Billy the Kid 114
Bismarck, Otto von 280
Biss, Józef 341, 355
Bljachin, Pawel 329, 352
Bloch, Marc 10
Borowez(-Bulba), Taras 311, 339
Botschkowskyj, Olgerd 213
Breschnew, Leonid I. 204, 316, 357, 359, 361, 369, 378–380, 378, 383, 390, 418
Brodsky, Joseph 186
Bucharin, Nikolaj I. 343
Budjonnyj, Semjon 332
Bujak, Franciszek 320
Bunge, Nikolaj von 196
Burke, Edmund 182
Bush, George H. W. 388
Byron, George G., Baron 179

Călinescu, Armand 282
Camus, Albert 345
Cervantes, Miguel de 67
Chaldej, Jewgenij 296 f.
Chayyam, Omar 67
Chevalier, Pierre 128
Chmelnyzkyj, Bohdan, Hetman 21, 76, 90, 99, 113, 116, 118, 123–126, 128–130, 132–134, 136, 140
Chmelnyzkyj, Jurij, Hetman 125, 129
Chmelnyzkyj, Tymisch 129
Chruschtschow, Nikita S. 204, 258, 272, 309, 316, 334, 353 f., 356–359, 361, 365, 369, 379, 382
Chrzanowski, Tadeusz 336
Chwylowyj, Mykola 261
Clemens von Rom, Papst 52 f.
Conrad, Joseph 317
Cromwell, Oliver 102, 128 f.
Cyprian, Metropolit 30
Czartoryski, Adam, Fürst 169

Dante Alighieri 319
Davies, Norman 14

Deák, István 296
Denikin, Anton I. 239, 247, 253, 351
Descartes 66
Đilas, Milovan 310
Diwowytsch, Semen 32
Dmitrij, falscher Zar 75
Dmowski, Roman 280 f., 284, 292
Dmytro, Woiwode 73
Dołęga-Chodakowski, Zorian 146
Donzow, Dmytro 292, 295
Dostojewski, Fjodor M. 185
Dowschenko, Olexandr 262, 342, 355, 360, 363
Drahomanow, Mychajlo 22, 164, 183, 185, 292
Dratsch, Iwan 368 f.
Dserschinskij, Felix 354
Dsjuba, Iwan 363 f., 370, 375, 390, 399
Duca, Ion 282
Duchinski, Franciszek 169
Duranty, Walter 273

Eichhorn, Hermann v. 304
Elisabeth, Zarin 132
Engels, Friedrich 184, 259

Fedorow, Iwan S. 121
Fedotow, Georgij P. 67
Ferdinand, span. König 98, 111 f.
Fra Mauro 31
Franco, Francisco 454
Franko, Iwan 143, 165, 183–185, 358, 412, 455
Frunse, Michail 260
Fukuyama, Francis 427, 453
Furman, Dmitrij 430, 463

Gajdar, Jegor 430
Garton Ash, Timothy 455
Gellner, Ernest 399
Gerschenkron, Alexander 10, 14, 462
Giedroyc, Jerzy 387 f., 392, 397–399
Giesel, Innozenz 136
Goethe, Johann Wolfgang v. 175, 180
Gogol, Nikolai (Mykola Hohol) 22, 159, 171, 180 f.
Gongadse, Heorij 433
Gorbatschow, Michail S. 37, 316, 357, 364, 383, 385
Graziosi, Andrea 252
Gregor VII., Papst 81
Grigorenko, Petro 391
Grigoriev, Nikifor, (Matwij Hryhorjew), Ataman 240, 242, 246

Halyzkyj, Danylo, Fürst v. Galizien-Wolhynien 73
Haushofer, Karl 215
Hegel, Georg Wilhelm Friedrich 10, 427
Heinrich I., dt. König 53
Heinrich IV., dt. Kaiser 80 f.
Helga (Olha), Fürstin d. Rus
Helgi (Oleh), Woiwode 56
Herder, Johann Gottfried 179
Herodot 8, 12, 50–52, 57, 83
Herriot, Edouard 273
Herzen, Alexander 343
Hitler, Adolf 84, 211, 215, 273, 284–286, 292, 295, 298, 303–306, 309, 311, 313, 315, 318, 339, 343, 346, 358–360, 399
Hlibowytsch, Wolodymyr, Fürst
Holowazkyj, Jakiw 162
Homer 38, 65
Hontschar, Oles 371
Horaz 65, 139
Howard, Robert 50
Hrintschenko, Borys 199
Hrorekr (Rurik), Fürst d. Rus 56, 58
Hruschewskyj, Mychajlo 41, 165, 232, 238, 248, 260, 357 f.
Hughes, John 191
Hugo Capet, franz. König 63
Hugo, Victor 179
Huntington, Samuel 440
Huschalewytsch, Iwan 41

Ibn Chaldun 56
Ilarion, Metropoliten 64
Illarionow, Andrej 24
Inglehart, Ronald, 13
Ingvar (Ihor), Fürst d. Rus 56
Iow (Hiob) Borezkyj, Metropolit 122
Isabella, span. Königin 98, 111
Isidor, Metropolit 119
Isjaslaw, Fürst v. Kyjiw 81 f.
Iwan III., Zar 28, 74

Iwan IV. d. Schreckliche, Zar 75, 121
Iwasjuk, Wolodymyr 371
Jadwiga, poln. Königin 75
Jagiello, lit. Fürst 75
Jánošík, Juraj 114
Janukowytsch, Wiktor 433–439, 448
Jaropolk, Fürst v. Kyjiw 81 f.
Jaroslaw, Fürst d. Rus 53, 56, 63, 72, 81
Jefremow, Serhij 256, 266
Jelzin, Boris N. 385, 397, 430, 433
Jeschow, Nikolaj 333, 353
Jewtuschenko, Jewgenij 368
Johannes Paul II. (Karol Wojtyła), Papst 46
Józewski, Henryk 267 f., 279
Jurij II. Bolesław von Masowien 31, 74
Juschtschenko, Wiktor 434–436, 444, 448

Kaganowitsch, Lasar 195, 257, 261, 353 f.
Kapnist, Wassyl 171, 412
Karl der Große, röm.-dt. Kaiser 63
Karl I., engl. König 128 f.
Karl XII., schwed. König 131
Kasparow, Garry 30
Katharina II., Zarin 51, 125, 132, 137 f., 182
Kazhdan, Alexander 46 f., 77
Kennedy, John F. 369
Kijanowska, Marianna 344
King Jr., Martin Luther 369
Kipling, Rudyard 11, 440
Kirshenblatt-Gimblett, Barbara 321
Kljatschkiwskyj, Dmytro 340, 354 f.
Kljutschewskij, Wassil O. 358
Klymowskyj, Semjen 142
Kobulow, Amajak 258
Koch, Erich 305, 354
Kohl, Johann Georg 169
Kohut, Zenon 134
Kołakowski, Leszek 380
Kolchak, Alexander 247
Kolomojskyj, Ihor 440
Kolumbus, Christopher 11, 98 f., 112, 214, 226
Konowalez, Jewhen 291–293, 356
Konstantin, röm. Kaiser 53 f.
Kopernikus 38
Korotytsch, Wadym 383
Kossior, Stanislaw 258
Kostenko, Lina 368, 371
Kostjuk, Hryhorii 263
Kostomarow, Mykola 145 f., 178, 182
Kotljarewskyj, Iwan 165, 409
Kotschubej, Wiktor 170 f.
Kowbasjuk, Mychajlo 158
Kowtsch, Omeljan 346 f.
Kozjubynskyj, Mychajlo 363
Kozko, Adam 185
Krasiński, Zygmunt 175
Krawtschuk, Leonid 384, 430
Kuchurowsky, Klymentyj 332
Kulisch, Pantelejmon 159, 178
Kurbas, Les 262
Kuroń, Jacek 392
Kusmenko, Galina 253
Kutschma, Leonid 430–434, 436–438, 440
Kwaśniewski, Aleksander 436
Kyrill v. Saloniki 52, 65, 403
Kyrytschenko, Olexij 335, 361
Kysil, Adam, Woiwode 106
Kysselow, Leonid 149

La Fontaine, Jean de 38
Laurie, Hugh 422
Lemkin, Raphael 209
Lenin, Wladimir, I. 167, 194, 215, 225, 228, 247 f., 254 f., 258 f., 263, 328, 357, 368, 370, 381, 395, 416
Leplewskij, Israil 258
Leskow, Nikolaj 172 f., 181
Lieven, Dominic 221
List, Friedrich 196
Ljudkewytsch, Stanislaw 300
Locke, John 133
Lojko, Sergej 420
Ludwig XIV., franz. König 137
Lukaschewytsch, Platon 143, 146
Luther, Martin 112, 160
Luxemburg, Rosa 247
Luzenko, Jurij 436
Lypynskyj, Wjatscheslaw 394
Lysiak Rudnytsky, Ivan 248, 393–395, 399

Machiavelli, Niccolò 67
Machno, Nestor 216, 239, 240–242, 250, 253, 332 f.
Mackinder, Halford John 214 f.
Magocsi, Paul 14
Majakowskij, Wladimir 416
Majewski, Józef 392 f., 396, 399
Majstrenko, Iwan 204
Mandelstam, Ossip 45
Mannerheim, Carl 236
Marx, Karl 154, 183 f., 228 f., 266
Masaryk, Tomáš 284
Masepa, Iwan, Hetman 118, 130–134, 138 f., 159, 172, 179 f., 207, 317, 408 f.
Maxymowytsch, Mychajlo 146, 178
Mazzini, Giuseppe 156
Medwedew, Dmitrij A. 24, 431
Melnyk, Andrij 204, 216, 293, 311
Melnytschenko, Mykola 432 f.
Method v. Saloniki 65, 403
Metternich, Clemens Wenzel v., Fürst 167, 177
Michailowskij-Danilewskij, Alexander 169
Michnik, Adam 387, 393, 396, 400
Mickiewicz, Adam 175
Mieszko, poln. Fürst 64
Migranjan, Andranik 197
Miłosz, Czesław 315, 387
Monczynski, Czesław 352
Moros, Walentyn 368
Mschawanadse, Wassilij 377
Müller, Gerhard Friedrich 26 f.
Murawjow, Michail 328, 351
Mussolini, Benito 292, 352

Napoleon Bonaparte 132, 144, 158, 168 f., 172, 176, 179, 412
Narutowicz, Gabriel 282
Nekrassow, Nikolaj 45
Nekrassow, Wiktor 371
Newton 38, 66
Nigojan, Sergeij 439
Nikon, Patriarich 124
Nikulin, Nikolaj 359
North, Douglass 13

Obama, Barack 24, 27
Oducha, Anton 355
Okunewsky, Jaroslaw 289
Olhowytsch, Ihor, Fürst 81
Olschytsch, Oleh 291
Ostroskyj, Kostjantyn 75, 120, 122
Otto I., dt. König 63
Ovid 51 f.
Owtscharenko, Fedir 379

Paisios, Patriarch 123
Paradschanow, Sergej 364, 371, 378
Paul von Aleppo 136 f.
Paustowskij, Konstantin 388
Pawlowskij, Gleb 434 f.
Peter I., der Große, Zar 30, 76, 131 f., 134 f., 138, 179, 182, 378
Petljura, Symon 238 f., 243, 245–247, 260, 262, 266–268, 351–353, 356 f., 393
Petőfi, Sándor 175
Petrus Abaelardus 67
Piłsudski, Józef 102, 245, 262, 266–268, 278 f., 281, 292, 294, 335, 344
Pipes, Richard 394
Pizarro , Francisco 50
Platon 38, 65–67
Pljuschtsch, Leonid 148
Poroschenko, Petro 442, 448 f.
Potocki, Andrzej, Graf 185
Preobraschenskij, Jewgenij 266
Pritsak, Omeljan 393–395
Prokopowytsch, Feofan 118, 135
Ptolemäus 38
Puschkin, Alexander 146, 175, 186
Putin, Wladimir W. 8 f., 24, 32, 77 f., 215, 399, 420, 422, 431–434, 437–441, 445, 447 f., 450, 452
Putnam, Robert D. 13

Rafe, Moses 214
Rakowski, Christian 254
Rasumowskyj, Alexej 132
Rasumowskyj, Kirill 132
Redens, Stanislaw 258
Renan, Ernest 142
Rinat Achmetow, 434
Robin Hood 114
Rohrbach, Paul 223

Rosanow, Wassilij 181
Roschdestwenskij, Robert 368
Rosenberg, Alfred 304 f., 354
Rudnyzkyj, Mychajlo 23
Rylskyj, Maxym 147

Sachariw, Oleschka 21
Sacharow, Andrej 377
Sahajdatschnyj, Petro Konaschewytsch, Hetman 99, 110, 122
Samuelson, Paul 365
Sawur, Klym s. Kljatschkiwskyj, Dmytro
Scharanskij, Natan 375
Schaschkewytsch, Markijan 162
Schelest, Petro 373, 376–378
Scheptyzkyj, Andrej, Metropolit 184, 293
Schewtschenko, Taras 23, 160, 165, 175 f., 178, 181–186, 200, 226, 358, 378, 412 f., 416, 455
Schiller, Friedrich 175
Scholz, Olaf 8
Schöpflin, George 81
Schtscherbyzkyj, Wolodymyr (Wladimir Schtscherbizkij) 378, 382–384, 418
Schulgin, Wassilij 257
Schuman, Robert 398 f.
Schumskyj, Olexandr 261
Schwarzbard, Samuel 262
Schysneuski, Michail 439
Scyles, skyth. König 51
Selenskyj, Wolodymyr 8, 442, 449, 455
Semessenko, Iwan, Ataman 331, 351 f.
Serow, Iwan 258
Ševčenko, Ihor 47, 100, 127, 393 f.
Shakespeare, William 23, 67, 160
Sienkiewicz, Henryk 283
Sigismund II. August, poln. König 102
Sigismund III., poln. König 119
Simeon, bulg. König 68 f.
Sitschynskyj, Myroslaw 184
Skarga, Piotr 118
Skoropadskyj, Pawlo, Hetman 216, 230, 236 f., 245, 250, 253
Skoworoda, Gregorius 160
Skrypnyk, Mykola 261
Słowacki, Juliusz 175
Smotrycki, Meletius 29, 105, 408
Snow, Edgar 298
Snyder, Timothy 209 f., 326
Solowjow, Sergej M. 358
Solschenizyn, Alexander 377, 397
Soto, Hernando de 13
Speer, Albert 303
Sresnewskyj, Ismajil 178
Stachanow, Alexej 297
Stalin, Josef W. 45, 76, 146, 210 f., 215, 353
Stanisław Leszczyński, poln. König 131
Stezko, Jaroslaw 295
Sting 10
Streljanyj, Anatolij 114
Struve, Peter 191, 194
Stus, Wassyl 45–47, 304, 375, 399
Świerczewski, Karol 392 f.
Swift, Jonathan 38
Swirynskyj, Karlo 274
Switlytschna, Nadija 375
Switlytschnyj, Iwan 375
Swjatoslaw, Fürst d. Rus 56, 58 f., 61 f.
Sylvester Kossiw, Metropolit 123
Symonenko, Wassyl 368, 374
Symyrenko, Platon 192
Symyrenko, Wassyl 192
Sysan, Lawrentij 408
Szechter, Ozjasz 393
Szporluk, Roman 441

Theophanes III., Patriarch 122
Thomas von Aquin 65 f., 133
Tito, Josip Broz 388
Tolstoi, Lew N. 185
Trotzkij, Lew 266
Tschaikowsky, Peter 171
Tschechow, Anton 171, 185, 319
Tschornowil, Wjatscheslaw 363 f.
Tschubar, Wlas 261
Tschuraj, Marusja 142
Turner, Frederick Jackson 212, 215
Tymoschenko, Julija 434, 436

Ukrajinka (Kossatsch), Laryssa 22, 184 f.
Ulam, Adam 394
Uljanow, Ilja 258

Uspenskij, Alexander 258
Uwarow, Sergej S. 177 f.

Vergil 38, 65,
Voltaire 21, 137

Wahylewytsch, Iwan 162
Wałęsa, Lech 396 f.
Walujew, Pjotr 163, 168
Wassilij Schujskij, Zar 75
Watutin, Nikolaj 310
Weber, Max 196
Weintraub, Wiktor 394
Werbitzkyj, Jurij 439
Wernadskij, Georgij 263
Wernadskij, Wladimir 263
Wernyhora, Moses 179 f.
Wilson, Woodrow 215, 225
Winhranowskyj, Mykola 368
Wiśniowiecki, Michał Korybut, poln. König 105
Witte, Sergej 196, 319
Wittgenstein, Ludwig 246
Wittgenstein, Paul 246
Wolobujew, Michail 261
Wolodymyr (Wladimir d. Heilige), Fürst d. Rus 47, 53, 56, 62, 72
Wolodymyr Monomach, Fürst d. Rus 71
Worobkewytsch, Sydir 413
Wosnessenskij, Andrej 368
Wyhowsky, Iwan, Hetman 130
Wynnytschenko, Wolodymyr 204, 238, 246, 248, 302
Wyschnewezkyj, Dmytro Bajda 105
Wyschywanij, Wasil 224

Zaleski, Wacław 146
Zertelew, Nikolaj 146